AI시대의 경영전략

전략의 고수가 되는 비법

조동성 · 문휘창 공저

서울경제경영

머리말

장수는 전쟁에 나가기 전에 자신의 무예를 연마해야 하고, 전쟁에 나가서 승리해야 한다. 마찬가지로 경영자는 사전에 준비하고 현장에서 행동해야 한다. 이를 경영자의 과제와 역할이라 부른다. 이 책은 전략을 평생 연구해온 저자가 경영자의 과제와 역할에 대한 다음 두 가지 질문에 답변을 구하는 과정에서 시작되었다. 첫째 질문은 "경영자는 인공지능(Artificial Intelligence: AI)시대에 어떤 과제를 준비해야 하는가?"였고, 둘째 질문은 "경영자는 경영성과를 올리기 위해서 어떤 역할을 해야 하는가?"였다.

첫째 질문에 대한 답은 간단했다. "AI를 공부해서 자기 것으로 만들어야 한다." 둘째 질문에 대한 답은 조금 더 복잡했다. "원하는 메커니즘을 먼저 구축하고, 그 기반 위에서 구체적인 전략을 개발하고 실행해야 한다."

첫째 질문인 경영자의 과제에 대해 "AI를 공부해야 한다"는 답이 나온 이유는 2020년부터 우리를 괴롭게 한 코로나 바이러스와 밀접한 관계가 있다. 세계를 휘몰아친 코로나 바이러스로 인해 많은 기업들이 휘청거렸지만, 역경을 극복하는 과정에서 해법으로 AI를 찾은 기업들은 위기를 기회로 만들었다. 많은 기업이 망하거나 어려움을 겪었지만, 기업세계에는 과거 어느 때보다 더 많은 거대기업들이 나타났고, 과거 어느 때보다 더 많은 창업기업들이 출현했다. 2016년 이세돌 선수와 알파고(AlphaGo)의 5번기 이후 모든 프로바둑선수들은 기존의 정석과 바둑 책들을 버리고 AI를 스승으로 모시면서 공부하기 시작했다. 기업 경영자들도 경영학자나 경영 컨설턴트 대신 AI에 의존하기 시작했다. 경영학 역시 과거 경험하지 못한 태풍 속에서 'AI시대의 경영학'이라는 새로운 싹을 틔울 때가 되었다. 저자 역시 경영전략을 연구하는 학자로서 AI를 받아들이지 못한다면 아마추어로 전락할 것이라는 불안이 엄습했다. 그냥 불안에 떨고 있어서는 안되겠다는 생각이 들었다. 4년간의 인천국립대학교 총장직을 끝낸 직후인 2020년 9월 어시스트 대학교 서울경영대학원(Seoul Business School at aSSIST University)의 'AI전략경영MBA'과정에 등록했다. 이 과정에서 AI공부를 하다보니 마음속에 AI꽃이 피어났고, AI로 코로나 바이러스 위기를 돌파할 수 있으리라는 확신이 생겼다. 처음에는 저자가 이미 출판했던 『조동성 전략경영』을 개정하려고 했으나, 진행하면서 생각이 바뀌었다. 아예 『AI시대의 경영전략』을 새롭게 만들어 기업 경영자들을 돕고 싶은 마음이 생겼다.

둘째 질문인 경영자의 역할에 대해 "원하는 메커니즘을 먼저 구축해야 한다"는 답이 나온 이유는 공저자인 문휘창 교수 덕분이다. 문 교수는 저자가 2002년에 개발한 '조합-순열-시간 모델(Combination-Permutation-Time Model: CPT Model)'에 중요성을 뜻하는 가중치, 즉 '비중(Weight)'이라는 개념을 추가해 주었고, 그 결과 우리는 '비중-순서 모델(Weight-Sequence Model: WS Model)'을 개발할 수 있었다. 저자가 1973년에 시작한 '주체-환경-자원-메커니즘 패러다임(Subject Environment Resource-Mechanism Paradigm: SER-M Paradigm)'과 1990년대에 만든 '메커니즘기반관점(Mechanism-Based View: MBV)'에 2021년에 문교수와 공동으로 개발한 WS모델이 3부작으로 서로 연계가 된 것이다. 이제 우리는 목표와 성과 사이에서 그 과정을 총괄하는 전략이라는 거대한 블랙박스를 하나의 논리체계로 완성하였다. 문교수가 제시해 준 가중치는 실로 화룡점정(畵龍點睛)이 되어 메커니즘이라는 그림 속의 용을 하늘로 날아가게 해 주었다. 독자는 이 책에 소개된 세 가지 모델을 "전략의 고수가 되는 비법"으로 삼아 전략분야에서 무림의 고수가 되기 바란다.

저자는 위 두 가지 질문에 대한 답을 정리한 책을 『AI시대의 경영전략: 전략의 고수가 되는 비법』이란 제목으로 출판하기로 하고, 이 책에 다음 세 가지 특징을 담았다.

첫째, 문휘창 교수를 공저자로 모셨다. 서울대 국제대학원 원장을 역임한 문 교수는 경영전략의 세계적 권위자이다. 미국 캘리포니아에서 가장 역사가 오래된 퍼시픽 대학(University of the Pacific)의 정년보장교수로 있다가 서울대로 옮겨온 문 교수는 손자(孫子)가 저술한 손자병법(孫子兵法)과 마이클 포터(Michael Porter)가 저술한 경쟁전략을 비교연구한 결과를 세계에서 가장 명성이 높은 캠브리지 대학 출판사(Cambridge University Press)에서 책으로 출간했고, 저자와 함께 60여 주요 국가의 국가경쟁력을 평가하는 작업을 2000년부터 22년째 진행해오고 있다. 또한 2020년부터는 세계 주요 대학의 혁신경영을 평가하는 혁신대학(World's Universities with Real Impact: WURI) 랭킹 발표를 주관하고 있다.

둘째, AI사례를 포함한 세계기업 사례와 최신 사례 13개를 개발해서 적절한 장에 배치했다. 그 이유는 독자들이 전략개발의 각 단계에서 마주치게 되는 AI관련

이슈를 검토할 때 자연스럽게 AI를 적용할 수 있는 분야와 그 효과를 이해하게 될 것이기 때문이다. 아마존, 아디다스, 테슬라, 마이크로소프트, 애플, 세일즈포스, 넷플릭스 등 AI분야를 선도하는 세계적인 기업들과 카카오, 네이버, SK텔레콤 등 한국에서 시작해서 세계경제로 나아가는 기업들을 통해서 AI시대를 만난 기업들이 추구하는 경영트렌드를 파악하는데 도움을 얻도록 했다.

셋째, '메커니즘 구축'을 전략에 포함시켜서 '전략 = 메커니즘구축전략 + 행동선도전략'이라는 틀을 채택했다. 메커니즘 구축을 전략에 포함시킨 이유는 여러 기업 구성원들을 원팀(One team)으로 만들어내는 메커니즘이야말로 기업이 추구하는 성과를 달성해야 하는 경영자의 숙명적인 역할이기 때문이다. 전략을 세워서 목표를 달성하고자 할 때, 구성원 대부분이 건성으로만 따르고 마음은 다른 곳에 가 있다면 어떻게 성과를 올릴 수 있겠는가? 갤럽이 2009~2010년에 142개 나라에서 23만명을 대상으로 조사한 결과에 의하면 직원 중 13%만 자신의 업무에 몰입되어 있다고 한다(Gallup, 2013). 87%, 즉 8명중 7명이 몸은 회사에 두고 마음은 다른 곳으로 출근해 있는 셈이다. 이런 기업의 경영자라면 다음 두가지 역할 중 어디에 집중하겠는가?

- 역할 1: 업무에 몰입하지 못하는 직원 87%을 대상으로 그들이 원팀이 되도록 하는 메커니즘을 구축한다.
- 역할 2: 업무에 몰입하고 있는 직원 13%를 대상으로 그들이 행동에 옮길 전략을 개발한다.

경영자가 역할 1만 수행하고 역할 2는 수행하지 않는다면 그 기업은 준비만 갖추고 행동이 따르지 않아서 목표를 달성하지 못할 것이고, 반대로 역할 2만 수행하고 역할 1은 수행하지 않는다면 직원 전원을 활용해서 올릴 수 있는 목표의 13%밖에 달성하지 못할 것이다.

경영자는 전략을 가지고 목표를 달성하는 역할을 하는 사람이다. 그렇다면 경영자는 위 두가지 역할 중 어느 하나도 다른 사람에게 위임해서는 안된다. 다만 경영자를 비전을 제시하고 그 비전을 구성원들과 공유하는 메커니즘구축자(Mechanism builder)와 비전을 구체화한 목표를 구성원들과 함께 실행에 옮기는 행동선도자(Action leader)로 나눠보자. 이 경우 기업구성원들을 원팀으로 만드는 메커니즘구축전략(Mechanism-Building Strategy: MBS)은 전자가 맡고 다각화, 국제화와 같이 구성원들이 행동으로 실천해야 하는 행동선도전략(Action Leading Strategy: ALS)은 후자가 맡으면 된다. 일반적으로 여러 사업부로 나뉜 대기업이라면 회장이나 사장과 같은 최고경영자는 메커니즘구축전략을 담당하고, 사업부장들은 행동선도전략을 담당하는 것이 보통이다.

최고경영자들이 메커니즘구축자로서 구성원들에게 어떤 비전을 제시해서 공감대를 만드는지 몇 가지 예를 살펴보자.

> 나이키(Nike) 설립자 필 나이트(Phil Knight) — "규칙대로 행동하되, 맹렬하게 달려드십시오. (Play by the rules, but be ferocious.)"
>
> 버진그룹(Virgin Group) 설립자 리차드 브랜슨(Richard Branson) — "비즈니스 기회는 버스와 같아서, [이번에 못타더라도] 언제나 다른 버스가 가까이 오고 있습니다. (Business opportunities are like buses, there's always another one coming.)"
>
> 마이크로소프트(Microsoft) 설립자 빌 게이츠(Bill Gates) — "가장 불만스러워하는 고객이야말로 가장 커다란 학습의 원천입니다. (Your most unhappy customers are your greatest source of learning.)"
>
> 구글(Google) 설립자 래리 페이지(Larry Page) — "고객이 기대하는 것보다 더 많은 것을 제공하십시오. (Always deliver more than expected.)"

애플(Apple)의 설립자 스티브 잡스(Steve Jobs)가 구성원들에게 한 말은 하도 많아서 무엇부터 인용할지 모를 정도다.

> "배고픈 상태로, 멍청한 상태로 [항상 배우는 자세를 유지하십시오], 현재에 안주하지 마십시오. 무모해도 좋으니 새로운 것을 추구하십시오. (Stay hungry. Stay foolish.)"
>
> "창의성은 사물을 연결하는 것입니다. (Creativity is just connecting things.)"
>
> "여러분이 회사에서 하는 일은 여러분 인생의 대부분을 채울 것입니다. 이 과정에서 여러분이 진정으로 만족하고 싶다면 지금 하고 있는 일이야말로 가장 위대한 일이라고 믿는 것입니다. 그리고 위대한 일을 하는 유일한 방법은 여러분이 하고 있는 일을 사랑하는 것입니다. 아직 사랑할 만한 일을 찾아내지 못했다면 계속 찾으십시오. 타협하지 마십시오. (Your work is going to fill a large part of your life, and the only way to be truly satisfied is to do what you believe is great work. And the only way to do great work is to love what you do. If you haven't found it yet, keep looking. Don't settle.)"
>
> "양보다 질이 중요합니다. 홈런 1개가 2루타 2개보다 훨씬 낫습니다. (Quality is more important than quantity. One home run is much better than two doubles.)"

"제가 추구하는 비즈니스 모델은 4인조 밴드 비틀즈(The Beatles)입니다. 그들 각각은 완벽하지도 않고 잘못하는 부분도 많았습니다. 그러나 서로서로 다른 구성원들이 잘못하는 부분을 보완해주면서 균형을 이루었습니다. 그 결과 각자가 따로따로 가진 능력을 합친 것보다 네명의 합이 더 컸습니다. (My model for business is The Beatles. They were four guys who kept each other kind of negative tendencies in check. They balanced each other and the total was greater than the sum of the parts. That's how I see business: Great things in business are never done by one person. They're done by a team of people.)"

"우리는 혁신할 때 실수를 하기도 합니다. 이 때에는 실수를 빨리 인정하고 다른 혁신 방법을 찾아서 실수를 만회하면 됩니다. (Sometimes when you innovate, you make mistakes. It is best to admit them quickly, and get on with improving your other innovations.)"

삼성그룹 창업자인 이병철 회장의 경구이다. "경청은 그냥 듣는 것이 아니라 '귀를 기울여 듣는 것'입니다." "말하는 걸 배우는 데는 2년이 걸렸지만, 말하지 않는 법을 익히는 데는 60년이 걸렸다."

현대그룹 창업자인 정주영 회장의 경구는 직설적이다. "이봐, 해봤어?" "기업인은 주판을 엎고 일할 때도 있는 거야."

대우그룹 창업자인 김우중 회장이 쓴 책의 제목이다. "세상은 넓고 할 일은 많다."

삼성그룹의 2대 회장인 이건희 회장의 외침 역시 정곡을 찌른다. "마누라와 자식 빼고 다 바꿔라."

피터 드러커(Peter Drucker)는 경영을 직접 담당하지 않았지만, 주옥같은 경구를 남기면서 20세기 최고의 경영구루로 평가받는다.

"미래를 예측하는 가장 좋은 방법은 미래를 만드는 것입니다. (The best way to predict your future is to create it.)"

"새로운 걸 원한다면, 오래된 걸 그만둬야 합니다. (If you want something new, you have to stop doing something old.)"

"소통에서 가장 중요한 것은 사람들이 말하지 않은 것을 듣는 능력입니다. (The most important thing in communication is to hear what isn't being said.)"

"효율성은 주어진 일을 제대로 하는 것입니다. 효과는 옳은 일을 하는 것입니다. (Efficiency is doing things right. Effectiveness is doing the right thing.)"

"비즈니스의 목적은 고객을 창출하고 유지하는 것입니다. (The purpose of business is to create and keep a customer.)"

"측정된 것만이 개선됩니다. (What's measured improves.)"

"비즈니스에는 마케팅과 혁신이라는 두 가지 기능만 있습니다. (Business has only two functions — marketing and innovation.)"

영국 국민을 원팀으로 모아서 제2차 세계대전을 승리로 이끈 윈스턴 처칠(Winston Churchill)이 한 말을 보자. "성공은 [우리가 추구하고자 하는] 최종결과가 아니다; [한두번의 전쟁에서] 실패한다고 해서 [우리가] 파멸하는 것도 아니다. [우리에게] 중요한 것은 [우리가 믿는 것을 중단하지 않고] 계속하는 용기이다. (Success is not final; failure is not fatal: It is the courage to continue that counts.)"

서양 철학의 시조인 소크라테스(Socrates)의 2,500년 된 조언 역시 오늘날의 기업 구성원들에게 시사하는 바가 크다. "변화하고 싶으면 너의 모든 에너지를 과거와 싸우는데 쓰지 말고 미래를 만드는데 써라 (The secret of change is to focus all your energy not on fighting the old but on building the new.)"

경영자는 정치가, 철학자와 마찬가지로 비전을 제시하면서 구성원의 힘을 하나로 모으는데 전력을 집중한다. 경영자가 제시한 비전을 구성원들이 공감하게 되면 기업의 문화가 만들어진다. 그 결과 그 기업의 문화 안에는 기업가가 가진 가치관과 철학이 메커니즘으로 자리잡게 된다.

문제는 경영자가 비전을 문화로 바꾸는 구체적인 방법이다. 우리는 비전을 문화로 바꾸는 방법을 MBS로 표현하고자 한다. 경영자가 원하는 메커니즘을 구축하는 것이야말로 경영자의 전략과제인 셈이다. GE의 잭 웰치(Jack Welch) 회장 역시 "훌륭한 기업지도자는 비전을 창조하고 그 비전을 열정적으로 자기 것으로 만들어서, 끊임없이 경쟁력을 구축하는데 쓴다. (Good business leaders create a vision, passionately own the vision, and relentlessly drive it to competition.)"고 했다. 그도 '끊임없이(relentlessly)'라는 단어를 사용해서 막연하게나마 비전을 현실로 이끄는 메커니즘의 중요성을 강조한 것이다.

전략은 하늘에서 내려오는 행운이 아니라 전략가가 체계적인 공식을 이용해서 개발한 결과이다. 전략은 빈틈없고 중복되지 않아야 한다. 이를 위해서는 두 단계를 거쳐야 한다. 제1단계는 MBS를 개발하는 단계이다. SER-M 패러다임으로 경영자가 주체, 환경, 자원을 결합해서 원하는 기업 메커니즘을 만드는 단계로서, 그 메커니즘은 MBV에 입각해서 경영자가 창조하고 혁신하고 개선하는 플랫폼으로 작동해야 한다. 그 결과 조직 구성원들은 공동목표를 추구하는 원팀(One team)이 되어야 한다. 제2단계는 ALS를 개발하는 단계이다. WS 모델로 경영자가 선도하는 전략을 개발해서 이를 행동에 옮겨 성과를 만들어 내야 한다.

그러나 지금까지 경영학계에서는 메커니즘 구축을 전략적 행위로 보지 않았다. 앞에 소개한 정치가, 철학자, 경영리더들이 한 얘기들을 구루들의 경구로만 돌리고, 그 내용을 과학적으로 분석하고 이론화하지 않았다. 이제 이러한 잘못된 관행은 버려져야 한다. 이제부터 전략을 다루는 경영자는 구루들의 경구를 기업내의 메커니즘으로 변환하는 역할을 해야 하고, 경영학자들은 경영자들이 원하는 메커니즘을 만들 수 있는 방법을 이론으로 구체화해야 한다. 다시 말해서 MBS를 이론으로 정립해야 한다. 우리는 이러한 맥락(context) 하에서 전략의 내용(content)을 MBS와 ALS로 나누고, MBS를 ALS에 선행하는 핵심 전략으로 인식하고 이론화한 최초의 책을 펴낸다. 독자가 이 책에서 집중적으로 소개된 SER-M 패러다임, MBV, WS 모델을 자신의 비법으로 만들면 전략개발에서 천하무적의 고수가 될 것이다.

이 책을 만드는데 여러분이 도와주었다. 김기찬 가톨릭대학교 교수는 "경영자는 경영성과를 올리기 위해서 어떤 역할을 해야 하는가?"라는 화두를 제시해 준 선구자이다. 김문수 어시스트 대학교 전 부총장은 문 교수와 함께 수강하고 있는 AI전략경영MBA과정을 통해 우리를 AI의 세계로 이끌어주었다. 강준영, 김기현, 김효진, 서주연, 윤민정, 이동현 연구원은 다양한 경영분야에서 찾아낸 AI적용 사례를 개발해서 이 책을 AI시대를 위한 경영전략 교과서로 탈바꿈하는데 큰 역할을 했다. 김보영 서울과학종합대학원 교수는 연구원들이 개발한 AI사례를 자상하게 지도해주어 완성시켜주었다. 산업정책연구원 김유진 박사와 정민선 박사는 지속경영 메커니즘에 대한 보완작업을 완벽하게 해주었다. 나라온 연구원은 경영전략에 대한 정확한 이해를 바탕으로 이 책의 원고를 처음부터 끝까지 교정하는 작업을 성실하게 수행했다. 김은중 서울경제경영 대표는 수많은 표와 그림이 들어가는 방대한 출판 작업을 자상하게 이끌어주었다.

2020년 9월에 시작한 집필 작업을 12개월 내에 끝낼 수 있었던 가장 큰 원인은 코로나바이러스로 인해 하루 식사 세번을 모두 집에서 하게 된 사회적 조건이었다. 어려운 상황에서 따뜻한 밥을 준비해준 아내 인숙에게 고마움을 전한다.

아무쪼록 이 책이 독자 여러분에게 AI시대를 경쟁력 있게 살고, AI이후의 미래를 준비하고 도전하는 능력과 자세를 갖추는 데 도움이 되기 바란다.

코비드-19 속에서도 봄을 기다리는 2022년 2월,

조동성

머리말

이 책은 다음과 같은 특징이 있다.

첫째, 포괄적 시각(Wide Perspective)
전략이란 영어단어 Strategy는 고대 그리스의 Strategos라는 단어에서 유래한다. Strategos는 군대의 장군이라는 뜻으로 장군은 여러 종류의 자원과 여러 개의 전투에 임해야 하기 때문에 처음부터 한 곳에 선택과 집중을 하는 것이 아니라 전체를 보고 큰 그림을 그리면서 전략을 짜야 한다. 경영전략 분야의 이론적 틀이 대부분 경영의 주체(Subject), 환경(Environment), 자원(Resource), 또는 메커니즘(Mechanism) 중에서 주로 1개 분야에만 집중해서 만들어진 반면 이 책에서는 이 모든 것을 다 포함해서 포괄적 시각으로 경영전략을 접근한다.

둘째, 깊이 있는 이해(In-depth Understanding)
기존의 많은 경영전략 교과서들이 여러 가지 전략적 모델을 나열하면서 설명을 하고 있는 것에 반해 이 책에서는 특히 중요한 전략적 모델의 깊이 있는 이해에 중점을 두고 있다. 바둑의 예를 들면 많은 수의 정석을 단순한 설명으로 나열하는 것이 아니라 우선 중요한 정석의 핵심을 파헤쳐 행마의 원리를 깊게 이해하는 것이다. 예를 들어 마이클 포터의 본원적 전략, 5가지 힘의 모델, 다이아몬드 모델의 경우는 이러한 모델들의 전과 후의 발전과정을 깊이 있게 고찰해 보면서 이들을 제대로 이해할 수 있고, 현실에서도 더욱 효율적으로 사용할 수 있다.

셋째, 체계적 분석(Systematic Analysis)
자연과학이건 사회과학이건 과학적 방법의 정수는 복잡한 현상을 체계적으로 설명할 수 있고 이와 관련된 미래에 대해서도 준비를 할 수 있는 방법을 제시하는 것이다. 이를 위해서는 독립변수들이 중복되지 않고(no overlapping), 누락되지 않는(no missing) '상호배제 전체포괄(Mutually Exclusive Collectively Exhaustive,

MECE)이 되어야 한다. 그러나 전략가들이 흔히 하는 브레인스토밍의 결과는 물론 기존의 꽤 유명한 전략 모델들도 이러한 원칙에 잘 맞지 않아 불안정한 경우가 많다. 이 책에서는 MECE에 맞게 기존의 모델들을 발전시키면서 새로운 모델들도 소개한다.

넷째, 쉽게 이기는 방법(Easy Victory)
동서고금을 통틀어 최고의 전략서로 꼽히는 <손자병법>에서 '知彼知己 百戰不殆'라는 유명한 문구에서 '百戰百勝'이 아니라 '百戰不殆'라고 한 이유는 百戰百勝하려면 쉽지도 않고 자원도 많아야 하기 때문이다. 전략의 핵심은 많은 자원을 사용해서 적을 통쾌하게 무찌르는 것이 아니라 최소의 자원으로 쉽게 이기는 것이다. 이러한 견지에서 이 책에서는 자원을 강조하는 자원기반견해(Resource-Based View, RBV)의 문제점을 밝히고 경쟁자에 비해서 자원이 비슷하거나 모자란 경우에도 쉽게 이길 수 있는 방법(Easy Victory, 易勝)인 메커니즘기반견해(Mechanism-Based View, MBV)를 제시한다.

위의 4가지 특징의 영어 첫 자들을 모으면 WISE가 된다.

1978년 조동성 교수님을 사제지간으로 처음 만난 이래 40여년이 지났다. 그동안 그 누구보다 열정적이고 긍정적으로 끊임없이 새로운 아이디어를 내시며 연구해 오신 조 교수님을 항상 존경해 왔다. 지금까지 여러 편의 논문과 책을 조 교수님과 공동으로 집필해 왔지만 교과서 공동집필은 처음이다. 현재 이 책에서의 저의 공헌은 미미하지만 앞으로 조 교수님과 함께 계속 연구하면서 이 책의 내용을 더욱 풍부하고(Wide), 깊고(In-depth), 체계적이며(Systematic), 쉽게(Easy) 읽힐 수 있게 발전시킬 것을 약속한다.

문휘창

차례

교재, 부교재, 목차의 구성

학이불사즉망 사이불학즉태(學而不思則罔 思而不學則殆). 논어에 나오는 글이다. "배우기만 하고 생각하지 않으면 망하고, 생각만 하고 배우지 않으면 위태롭다"는 직역을 해석해 보면 다음과 같다. "배우기만 하고 스스로 사색하지 않으면 체계가 안 생기고, 사색만 하고 배우지 않으면 오류와 독단에 빠질 위험이 있다." 독자가 학(學)과 사(思), 즉 경영전략에 대한 배움과 생각을 동시에 할 수 있도록, 교재(text)와 부교재(auxiliary text)를 이 책에 함께 포함시켰다. 교재에는 기업전략의 이론, 부교재에는 이론–현실 간의 맥락(context)을 다루는 시론, 연구노트, 특강, 대담, 경험담, 사례를 담았다. 교재는 제목을 숫자(1, 2, 3 등)로 표시했고, 부교재는 제목을 기호(●)로 표시해서 구분하고 박스 안으로 넣어서 교재와 구별했다.

여기에서 한걸음 더 나아가고 싶었다. 독자가 기업전략의 내용을 체계적으로 이해해서 두뇌에 갈무리해두고 필요할 때 꺼내쓸 수 있도록 해드리고 싶었다. 목차만 가지고도 기업전략의 틀을 한 눈에 파악할 수 있도록 만들고 싶었다. 그래서 이 책을 구성하고 내용을 분류하는 방법에 대해서 숱한 고민을 했다. 최종적으로 책의 체계를 숫자로 구성된 '파트 1'→'챕터 1'→'1절'→'1.'→'1)'→'(1)'로 정리했다. 다만 이론의 체계를 잡아줄 필요가 있는 부분에 대해서는 '영어 알파벳 대문자(A, B, C 등)'를 사용했다.

저자들은 인공지능(Artificial Intelligence: AI)이 화두로 떠오르고 있는 시대에 이 책을 집필했다. 따라서 이 책을 AI로 시작하고 AI로 끝내기로 했다. 제일 앞에 "(프롤로그) AI가 인간에게 묻는다"를 제일 뒤에 "(에필로그) 인간이 AI에게 답한다"를 배치했다.

이 책의 내용은 세 부로 나눴다. "파트 1, SER-M 패러다임으로 바라보는 AI시대의 경영전략"에서는 '기업'이 가진 시대적 의미와 기업에서 일어나는 활동인 '경영', 그리고 이 경영의 핵심 내용인 '경영전략'에 대한 개념을 다룬다. 경영전략은 두 단계로 나눈다. 첫째 단계는 "파트 2, MBV에 의한 메커니즘구축전략"에서 소개하고, 둘째 단계는 "파트 3, WS 모델을 적용한 행동선도전략"에서 소개한다.

AI가 인간에게 묻는다.[1]

이 프롤로그는 AI시대로 진입한 2020년대에 경영자가 맞이한 새로운 환경을 받아들이는 데 있어 극복해야 하는 고정관념을 깨자는 입장에서 마련되었다. 이 글의 목적은 이 책의 중심축인 AI에 대해서 그 실체, 미래 발전방향, 기업경영에서 활용될 수 있는 가능성과 한계에 대해 이해를 하는 것이다. 구체적인 내용으로는 먼저 AI의 5단계 발전방향에 대해 살펴보고, 단계별로 AI가 할 수 있는 일과 할 수 없는 일을 나눠본 다음, AI와 인간이 조화롭게 살아갈 수 있는 지혜를 탐구해 본다. 여기서 제기된 질문에 대해서는 이 책의 제일 마지막에 있는 "(에필로그) 인간이 AI에게 답변한다"에서 해답을 구하기로 한다.

아마추어로 전락한 경영자와 경영학자

2016년 3월 15일, 그리고 2019년 12월 31일(한국은 2020년 1월 20일)을 기억하는가? 2016년 3월 15일은 <그림 0.1>에서 보듯이 세계 바둑 챔피언 이세돌 선수가 인공지능(Artificial Intelligence: AI) 프로그램 개발 전문기업인 딥마인드(Deep-Mind)[2]가 만든 알파고(AlphaGo)를 상대로 5번기를 둔 마지막 날이고, 2019년 12월 31일은 세계보건기구(World Health Organization: WHO)가 우한에서 발생한 COVID-19(Corona Virus Disease: 코비드-19) 확진자를 처음으로 보고받은 날이다. 한국에서는 2020년 1월 20일에 첫 코비드-19 확진자가 발견되었다.

그림 0.1
알파고와 이세돌의 대결

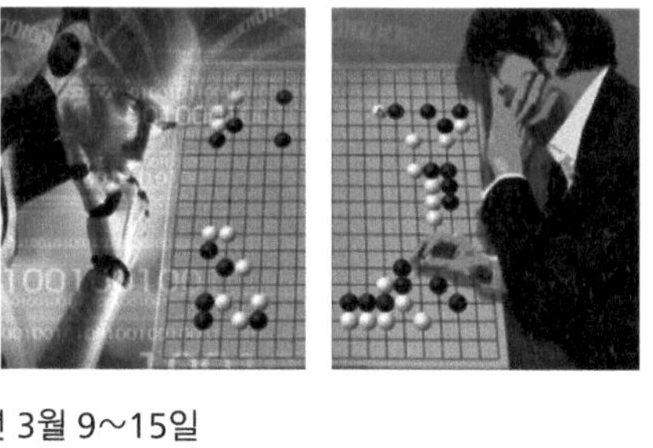

일시: 2016년 3월 9~15일

장소: 대한민국 서울 광화문 포시즌스 호텔

대국 결과: 4:1로 알파고 승리

이세돌의 인터뷰: 시간을 되돌린다면 바둑을 배우더라도 바둑 기사가 되지 않을 것(이다).

그 후, 이세돌은 프로바둑기사로서 은퇴했다.

별로 관계가 없을 듯한 이 두 날짜는 이 책의 독자 여러분이 앞으로 경영자로서 살아가는 데 있어서 잊어버릴 수 없는 날짜가 되었다. 그 이전까지 전세계 경영자들이 공부해온 전통적인 경영학은 이 두 날짜를 계기로 해서 환골탈태가 필요해졌고, 여러분이 새로운 시대에 맞는 경영학을 공부하지 않는다면 영원한 아마추어 경영자로 남을 것이기 때문이다.

새로운 경영학은 AI를 기반으로 해서 새롭게 만들어져야 한다. 2016년 이세돌 선수가 알파고 앞에서 아마추어 수준으로 전락한 것처럼 기존 경영학에 의존하는 경영자가 AI로 무장한 기업을 상대한다면 그 결과는 뻔하다. 다만 대부분의 경영자들은 AI가 만든 변화를 쉽게 받아들이지 못했다. 그러다 2019년 말에 터진 코비드-19를 겪으면서 사람과 사람의 접촉이 불가능한 비대면(non-contact, contactless, contact-free, no touch)[3] 사회를 경험하게 되었다. 경영자들이 드디어 정신을 차려보니, AI를 일찍 받아들인 마이크로소프트(Microsoft), 애플(Apple), 구글(Google), 페이스북(Facebook), 아마존(Amazon), 테슬라(Tesla) 등 머리 글자를 따서 MAGFAT로 불리는 기업들이 저 앞으로 훌쩍 나가 있는 모습을 보게 된 것이다.

우리나라 기업 중에서도 네이버, 카카오 등 몇몇 AI기업들을 빼놓고는 AI를 받아들이는 데 주저하면서 허송세월을 했다. 그러나 아직 늦지는 않았다. 이제부터라도 경영자들은 AI를 받아들이는 결정을 과감하게 내려야 한다. 경영학자도 마찬가지이다. AI를 받아들이지 못한 경영학자는 이미 아마추어로 전락했다. 기업경영자는 더 이상 전통적인 경영학에 매몰된 경영학자를 필요로 하지 않는다. 경영학자는 자신의 전공영역을 AI로 재무장해서 경영자에게 제공해야 한다.

AI는 모든 영역에서 인간보다 유능한가?

AI는 "인간보다 똑똑한 기계"이다. 그러나 모든 영역에서 인간보다 똑똑할 수는 없다. 앞으로 AI가 진화를 거듭한다면 인간이 풀어야 하는 대부분의 문제를 풀 때가 올 것이다. 그러나 그런 시기는 아직 멀었다. 다시 말해서 AI는 인간보다 똑똑한 기계이지만, 만병통치약은 아니다. 앞으로 AI가 계속 진화해서 완벽한 모습이 될 때의 능력을 10^5, 즉 100,000이라고 한다면 현재 개발된 AI의 능력은 10^2이나 10^3, 즉 100에서 1,000 정도에 불과하다. AI는 걸음마를 배우는 수준의 신생학문이다. 따라서 AI가 발전하게 될 방향과 발전과정에서 거쳐 갈 단계를 안다면 현재의 AI가 답변하지 못할 질문을 찾아낼 수 있다.

AI의 발전방향에 대한 다양한 견해

AI가 어떤 단계를 거쳐 발전할 것인가에 대한 예측은 전문가마다 다르다. AI기술을 공급하는 과학기술계에서는 AI의 발전단계가 양자컴퓨터를 비롯한 기반기술의 발전에 따른 종속변수라고 주장할 것이고, AI프로그램을 활용하는 경제경영계에서는 소비자가 원하는 방향으로 발전할 것이라고 기대한다. 어느 쪽 예측이 맞을지 내기를 한다면 흥미로운 게임이 될 것이다.

나는 두 가지 견해가 다 일리가 있다고 본다. 다만 AI가 기업을 비롯한 시장에서 적극적으로 활용되기 이전에는 기반기술의 종속변수로 보는 견해가 맞을 듯하고, 시장에서 AI기술개발에 적극적으로 R&D 자금을 제공하는 시점부터는 시장이 주도하는 방향으로 흘러갈 것이다. 마틴과 무어(Martin & Moore) 역시 "AI기술자들은 기술을 뛰어넘어 그 이후를 생각해야 한다(AI Engineers Need to Think Beyond Engineering)"고 주장한다.[4]

과학기술에서 경제경영 시각으로 AI의 발전방향에 대한 주도권이 바뀌는 터닝포인트는 언제쯤일까?

<표 0.1>을 보면 AI를 응용한 세계시장 매출액이 2020년을 변곡점으로 해서 폭발적으로 늘 것으로 예상된다. 내 판단으로는 2016년 3월 9~15일 알파고가 이세돌 선수를 4 대 1로 이기는 순간 AI시대가 열렸고, 2020년 코로나 19로 인해 전 세계 인구가 온라인 소통이라는 대변환을 경험하면서 AI사회를 받아들였다고 본다. 따라서 2020년까지 AI기반기술이 AI의 발전을 이끌었다면, 2021년부터는 시장의 소비자들이 자금력을 가진 기업을 통해서 AI의 향후 발전 방향을 주도할 것이다.

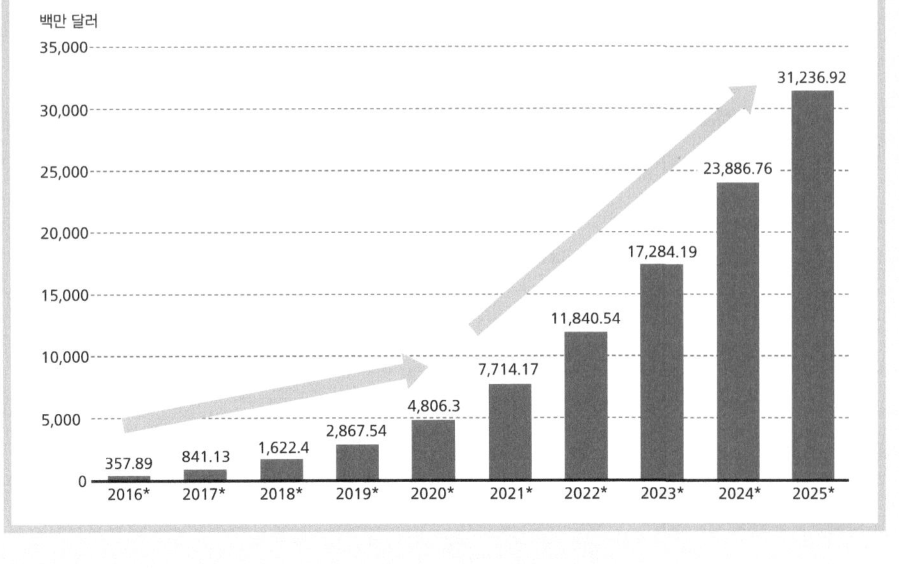

표 0.1
AI를 응용한 B2B 세계시장 매출액 (2016~2025)

경제경영계에서도 AI의 발전방향에 대해 다양한 견해가 있다. 이 중에서 가장 좁은 견해는 기업내부경영을 대상으로 AI가 발전하는 모습을 본 슐렝커(Schlenker, 2019)의 3단계 분류방법이다. 그는 AI가 기업에서 조직변동과 시장예측에 관한 비용을 줄일 가능성을 기준으로 해서 좁은 AI(Narrow AI), 넓은 AI(Broad AI), 보편적 AI(General AI)로 나누었다. 여기에서 좁은 AI는 계획, 조직화, 예산배정을 하는 등의 경영관리활동에 투입되는 비용을 빠르고 정확하게 집행하는 일을 도와준다. 넓은 AI는 기업과 시장의 본질적 기반을 흔들어버리는 중복사업, 중복영역에 관련된 지원을 해준다. 미래에 나타날 보편적 AI는 경영자가 업무에 대해 가지고 있는 관점과 논리에 대한 인지적 능력을 통합해준다.[5]

반대로 시각을 크게 넓혀보면 인간을 모방하면서 출발한 AI가 인간을 뛰어넘는 과정으로 AI의 진화과정을 설명할 수 있다. 바이와(Bajwa, 2019)는 1950년대에 초기 컴퓨터와 함께 개발된 전통적인 AI(Traditional AI)가 2008년에 와서 링크드인(Linkedin)과 페이스북(Facebook)이 연합해서 데이터과학(Data Science)이라는 용어를 AI와 결합하고, 2012년에 빠른 속도로 이미지를 읽어낼 수 있는 GPU(Graphical Processing Unit)를 활용한 인공신경망을 이용할 수 있게 되면서 현대적 AI(Modern AI)로 발전했다고 한다.[6] 그는 여기서 더 나아가 AI가 결과는 알려주지만, 그 과정에서 어떤 체계를 거쳤는지 알려주지 않는 현재 AI의 블랙박스를 "설명할 수 있는 AI(Explainable AI: XAI)가 나타날 것이고, 빅데이터에 의존하고 있는 심층학습 AI(Deep Learning AI)에서 스몰데이터(Small Data)만으로도 예측력을 높일 수 있는 AI가 나타나리라 예측한다.[7]

그러나 인간이 만들어내는 가치는 인간이 단지 자연이 만들어내고, 자연 속에서 살아가는 존재, 즉 인공적 피조물이 아니기 때문이다. <그림 0.2>에 묘사된 원시인류부터 현대인까지 진화된 인간의 모습을 보라. 인간이 AI였다면 지난 300여만 년의 진화가 가능했겠는가? 인류사를 언급하지 않더라도, 오늘날 인간이 향유하는 문화, 예술은 정교한 AI가 만들어낸 산물이 아니라 인간이 실수와 실패를 반복하면서 갈등과 좌절, 절망과 비애를 경험하면서 이루어진 산물이다. 따라서 궁극적인 AI의 발전은 AI를 뛰어넘는 단계에서 끝나는 것이 아니라, 다시 인간과 같아지는 단계, 즉 실수와 실패를 거듭하면서 희로애락을 느끼는 단계까지 발전할 것이다.

출처: Bajwa, Awais, "Traditional AI vs. Modern AI. The evolution of Artificial Intelligence and the new wave of Future AI." Towards Data Science, Dec 6, 2019.
https://towardsdatascience. com/traditional-ai-vs-modern-ai-5117b469a0c9

그림 0.2
인간에서 AI로의 진화

여기서는 지금까지 AI가 발전해온 과정을 과학기술계가 제시하는 대로 AI 1.0과 AI 2.0이라는 두 단계로 정리하고, 앞으로 발전해 나가는 과정을 경제경영적 시각에서 AI 3.0, AI 4.0, AI 5.0이라는 세 단계로 예측해보겠다.

AI의 5단계 발전[8]

AI 1.0: 기계학습(Machine Learning)

AI 1.0은 '머신러닝(Machine Learning)', 즉 기계학습이다. 1950년 앨런 튜링은 "기계는 생각할 수 있는가?(Can machines think?)"라는 질문에 대한 답으로 생각하는 기계, 즉 AI의 가능성을 제시했다. 이 단계에서는 컴퓨터가 규칙에 따라 사람이 입력한 데이터를 분석하고, 학습해서 판단과 예측을 한다. 계산기는 내가 덧셈보다 뺄셈을 더 많이 사용한다고 해서 화면에 덧셈 기능 앞에 뺄셈 기능을 올려놓지는 않는다. 그러나 네이버는 머신러닝을 이용해서 내가 여러 번 검색한 단어를 화면 상단에 올려준다. 내가 입력한 데이터를 분석해서 쓰기 편하게 위치를 바꿔주는 것이다. 전통적 프로그래밍은 컴퓨터가 분석하는데 적용하는 규칙을 인간이 입력하기 때문에 화이트박스(White Box)라고 부르지만, 머신러닝은 컴퓨터가 인간의 지시로부터 독립해서 자율적 학습을 통해 스스로 문제를 풀기 때문에 블랙박스(Black Box)라고 부른다.

AI 2.0: 심층학습(Deep Learning)

AI 2.0은 '딥러닝(Deep Learning)', 즉 심층학습이다. 인간의 뇌신경회로를 모델로 해서 해답을 찾아내는 알고리즘이다. 머신러닝의 여러 모델 중 하나에 불과했던 인공신경망(人工神經網, Artificial Neural Network: ANN)을 심층신경망(深層神經網, Deep Neural Network: DNN)으로 진화시켜서 심층학습을 통해서 설명력을 대폭 향상시킴으로써 오늘날과 같은 AI시대를 열었다. <그림 0.3>은 인간의 두뇌 구조를 모방해서 입력층(input layer), 은닉층(hidden layer), 출력층(output layer)으로 구성된 인공신경망을 보여준다. 여기에서 은닉층을 여러 단계의 중층구조로 확장한 모델이 딥러닝이 가능한 심층신경망으로, <그림 0.4>에 소개되어 있다. <그림 0.3>의 인공신경망은 심층신경망에 비해 단순하다는 의미에서 얕은 신경망(Shallow Neural Network)으로 불리기도 한다.

딥러닝은 머신러닝을 압도하는 연산능력으로 더욱 정교한 데이터분석은 물론이고, 머신러닝으로는 절대 할 수 없었던 새로운 일들을 해내며 놀라움을 주고 있다. 작곡, 작문, 미술 등 창조영역은 물론이고 과학연구, 전투기 조종, 농사 등 인간이 도맡아 하던 대부분의 일을 월등히 잘 해내기 시작했다. 아마존에 들어가서 사고자 하는 상품을 고르면 '이 상품을 구매한 고객들이 함께 산(customers who bought related items also bought)' 상품들이 여러 개 나열된다. 이 정보는 고객과 기업 모

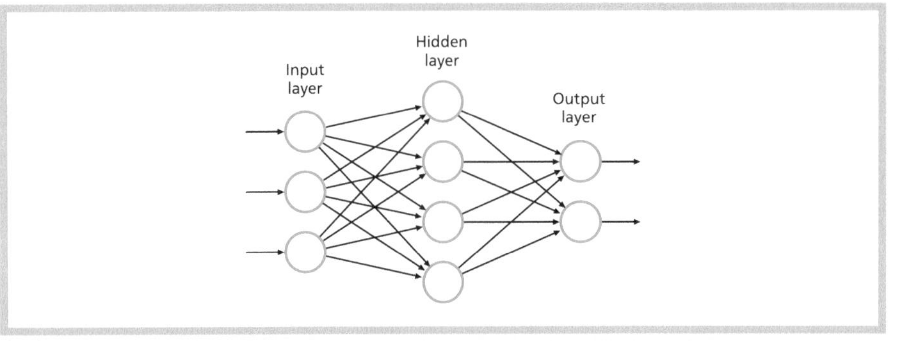

그림 0.3
인공신경망(얕은 신경망)의 구조

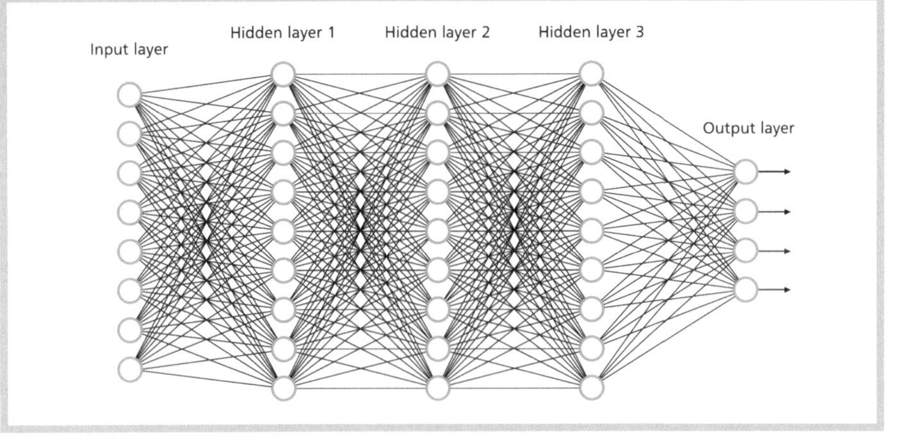

그림 0.4
심층신경망의 구조

두에게 도움이 된다. 고객에게는 쇼핑하는 시간을 단축해 주고, 기업에는 적중률이 높은 해답을 고객에게 알려 줌으로써 매출액을 높일 수 있다. 딥러닝 역시 머신러닝과 마찬가지로 은닉층의 내용이 무엇인가에 대해서는 알 수 없는 블랙박스의 특징을 가지고 있다는 점이 아쉬움으로 남는다.

AI 3.0: 체계학습(System Learning)

여기까지는 과학기술이 발전한 방향으로 AI기술이 진화했다. 앞으로는 세계 주요 기업들이 천문학적 자금을 쏟아붓는 분야로 AI프로그램이 발전해나갈 것이다. <표 0.1>을 보면 AI를 응용한 B2B 세계시장 매출액이 2016년 불과 3억 5,789만 달러에서 2020년 48억 630만 달러로 13.4배 늘고, 다시 2025년 312억 3,692만 달러로 6.5배 늘어날 것으로 예측된다. AI는 이러한 AI 매출액 증가가 일어나는 방향으로 발전해 나아갈 것이다.

앞으로 나타날 AI 3.0은 '시스템 러닝(System Learning)', 즉 체계학습이다. 이 단계에서는 딥러닝에서 블랙박스로 간주한 데이터와 해답 사이에 존재하는 규칙을 알게 된다. 우리는 AI 3.0에서 제시한 해답을 맹목적으로 따라가지 않고 사전에 우리 활동을 디자인할 수 있게 된다. 판매회사는 고객이 상품을 구매하려는 이유를 사전에 파악하고 고객이 인터넷에 접속하는 순간 그에 맞는 상품을 제시한다. 물론 그 회사는 그 고객이 어떤 이유로 인해 해당 상품을 원하는지 알고 있다. 따라서 고객에게 "귀하는 이런 이유로 인해 저런 상품을 원할 것이다."라는 설명을 할 수 있게 된다. 다만 이런 표현은 고객을 섬찟하게 할 것이므로, 직접적인 표현보다는 고객이 불쾌감을 느끼지 않도록 표현을 자제한다. 이 글을 쓰고 있는데 미국에 사는 딸로부터 문자가 왔다. "언젠가부터 마음속에서 자전거를 살 생각을 했는데, 유튜브에 자전거 광고가 뜨는 경험을 하게 됩니다. 우연의 일치인지는 모르겠지만, 구글이 제 머리속까지 읽고 있는 것인지 너무나 섬찟합니다." AI 3.0시대가 이미 온 것인가?

우리나라 최고호텔인 A호텔의 미래전략을 생각해보자. 이 호텔은 서울 중심부에 있는 최고 등급 호텔이다. 그러나 2020년 코비드-19로 인해 직격탄을 맞은 호텔 객실사업 매출액은 2019년 대비 10% 이하로 떨어졌다. 호텔 내 식당 매출액은 조금 낫지만 사회적 거리 두기 지침을 준수하느라 전년대비 40% 이하로 떨어졌고, 노동집약적 성격으로 인해 손실률은 객실사업보다도 더 나쁘다.

2021년 수준의 AI 2.0프로그램으로는 과거 매출액과 이익이 저조했던 시대의 데이터를 가지고 지금과 같은 상황에서 매출액과 이익이 어느 수준으로 떨어질 것인지 파악할 수 있다. 그러나 과거 매출액과 이익이 높았던 시대의 데이터로부터 높은 성과를 내게 된 전략을 알려주지는 않는다. 왜냐하면 현재 수준의 AI프로그램은 입력한 데이터와 출력된 성과 사이에 존재하는 기업내부 전략에 대해 알려주지 않는 블랙박스이기 때문이다.

이제부터 가상현실(Virtual Reality)로 가서 이 호텔 CEO가 미래 전략을 어떻게 설계하고, AI가 이 전략을 어떻게 찾아내는지 검토해보자.

AI 3.0이 상용화되는 미래의 어느 날, A호텔 CEO는 새로운 전략을 개발하기 위해 AI 3.0 프로그램을 이용하기로 한다. CEO가 AI프로그램에 입력할 자료는 주체, 환경, 자원이다. A 호텔의 주체는 CEO 자신인데 그는 장기간에 걸친 업계 1등과 명성을 최고 수준으로 유지하는 목표를 가지고 있다. 코비드-19의 후유증으로 인해 환경은 가히 최악이다. 그런데도 A 호텔은 서울 시내 중심부에 있는 프리미엄 위치와 훌륭한 시설, 그리고 최고의 명성이라는 자원을 보유하고 있다.

과거 AI 2.0시대에 사용된 Beta-Ho(β-Ho)였다면 A호텔의 CEO가 원하는 목표에 부합하는 결과를 낼 수 있지만, 그 결과를 도출하기 위해 CEO가 채택해야 하는 전략은 가르쳐주지 않았다. β-Ho AI 2.0 프로그램은 그 내부에서 어떤 작용이 일어났는지 설명해주는 화이트박스 능력을 갖추고 있지 못하기 때문이다.

그러나 CEO가 사용하는 β-Ho AI 3.0 프로그램은 달랐다. 전략을 가르쳐준 것이다. CEO가 물어보니 β-Ho는 단기 투숙을 하러 오는 해외 고객들이 사라진 상황에서 A호텔의 최고 스위트 룸에서 장기간 투숙하는데 경제적부담이 없는 국내 VIP들에게 한국을 방문한 왕이나 대통령과 같은 외국 원수들에게 최고 수준의 서비스를 제공하는 프로그램을 개발하라는 것이었다. 이와 함께 VIP들을 위해 서울시내 특급 병원과 계약을 맺어 호텔내에서 모든 의료 서비스를 제공해 주고, 미셸린 별 세 개 수준의 식당은 물론, 온라인으로 모든 쇼핑을 할 수 있도록 세심한 서비스를 제공하라는 전략을 제안한 것이다.

앞으로 만들어질 새로운 AI 3.0시대의 프로그램은 A호텔이 높은 성과를 낼 전략을 CEO가 선택할 수 있도록 제시해 주어야 한다. 이를 위해서는 입력데이터와 출력데이터 사이에 있는 프로세스를 설명해 줄 수 있도록 해주어야 한다. <그림 0.3>, <그림 0.4>와 같이 내부가 들여다보이지 않는 블랙박스를 <그림 0.5>와 같이 내부가 들여다보이는 화이트박스로 전환하기 위해 AI 3.0이 갖춰야 할 기반 기술은 무엇일까? 여기에는 다양한 대안이 있겠지만 내 판단으로는 시스템 다이내믹스(System Dynamics: SD)기법이 가장 가능성이 클 듯하다. SD기법은 조직에서 일어나는 모든 과정에 들어있는 변수 사이의 관계가 일방적인 흐름이 아니라 상호교류하는 관계로 파악한다. 그 다음 프로세스 안에 존재하는 변수들을 찾아내서 그 둘의 관계를 화살표로 설명한다. AI 2.0과 SD기법이 만나는 곳에서 AI 3.0의 개발이 이루어질 것으로 기대해본다.

그림 0.5
AI 3.0이 개발될 미래세계에서 AI 3.0을 통해서 도출하게 될 A호텔의 경영전략 메커니즘

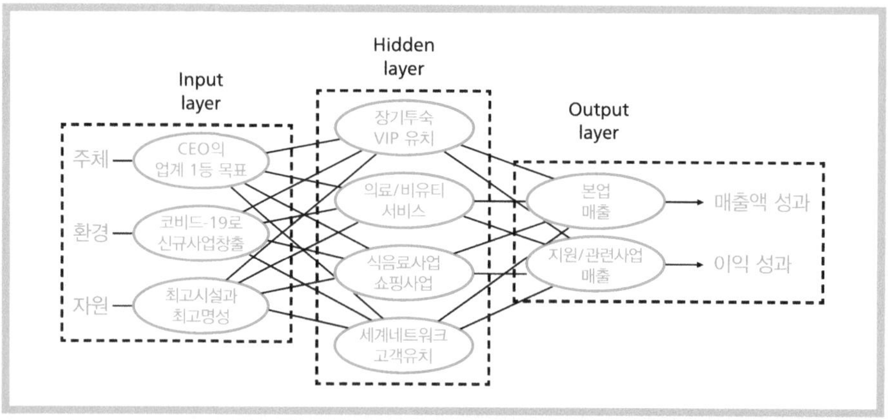

AI 4.0: 동태학습(Dynamic Learning)

그 다음으로 나타날 AI 4.0은 '다이내믹 러닝(Dynamic Learning)', 즉 동태학습이다. '퓨처 러닝(Future Learning)', 즉 미래학습이라고 부를 수도 있겠다. 데이터와 기존 패턴에 의존하는 AI 1.0, 2.0, 3.0은 과거와 현재를 설명해 주는 데서 끝난다. 그러나 우리가 살아야 하는 곳은 미래이다. AI가 데이터로부터 해방될 때, 미래가 다가온다.

피터 드러커(Peter F. Drucker)는 1969년에 저술한 책 『단절의 시대(The Age of Discontinuity)』[9]에서 지식기술, 세계경제, 조직사회, 지식사회 분야에서 단절이 나타나서 과거의 경험을 무용지물로 만들고 있다는 견해를 피력했다. 그는 이미 50년도 더 전에 데이터와 기존 패턴을 가지고 미래를 예측하는 데 도움이 되지 못하는 사회가 오고 있다는 것을 알았다.

스티브 잡스(Steve Jobs)는 시장을 조사한다고 해서 그들이 미래에 필요로 하는 제품과 서비스를 예측할 수는 없다는 것을 간파하고 있었다. "사람들은 당신이 보여주기 전까지는 무엇을 원하는지 모릅니다. 그래서 나는 절대로 시장조사에 의존하지 않는다. 우리의 과제는 아직 책에 쓰이지 않은 것을 읽어내는 일이다. (People don't know what they want until you show it to them. That's why I never rely on market research. Our task is to read things that are not yet on the page.)" 그래서 스티브 잡스는 소비자분석이 아닌 다른 방법, 즉 미래에 대해 자신이 가진 꿈과 현실에 대한 남다른 감각을 이용해서 애플의 모바일폰을 개발한 것이다.[10]

일론 머스크(Elon Musk)도 스티브 잡스처럼 직설적인 표현은 안 썼지만, 소비자 의견에 의존하지 않고, 평소 자신의 신념에 따라 자동차 산업의 업(業: Business Model)을 재구성해서 테슬라의 전기자동차 신제품을 개발했다.

테슬라는 약 100년 역사의 자동차 비즈니스를 송두리째 바꾸고 있다. 매력적인 차를 대량으로 팔고 애프터서비스 및 부품 판매를 통해 돈을 버는 시대에서 모빌리티 서비스로 '업'을 재정의하고 있다는 것이다. 일례로 테슬라는 판매 단계에서 원가절감을 통해 가성비가 뛰어난 차를 파는 게 아니라 '소유 기간 내 총비용'이라는 관점에서 사업에 접근한다. 소비자가 차를 산 이후에도 가치가 떨어지지 않는 방식을 도입한 것. 무선 업데이트를 통한 지속적인 업그레이드가 대표적인 예다. 머스크는 2020년 7월 2분기 실적발표 후 "풀 셀프 드라이빙(완전자율주행) 기술이 앞으로 계속 발전하고 규제 문제만 해결된다면, 기존 테슬라 차량의 가치는 최소 5배 이상 상승할 것"이라고 했다.[11]

일론 머스크가 테슬라와 별도로 설립한 스페이스 X사의 사업도 마찬가지이다. "전기차 업체 테슬라 창업자 일론 머스크가 세상에서 가장 비싼 승차 공유(Ride-share) 사업을 시작했다. 자신이 소유한 민간 우주업체 '스페이스X' 로켓으로 100개가 훌쩍 넘는 위성을 한꺼번에 지구 궤도에 올려주고 개당 100만 달러(약 11억 원)씩 받는 서비스다. 우주인과 보급품을 우주로 실어 나르는 '우주택시', 수많은 미니위성으로 전 세계에 인터넷을 제공하는 '스타링크' 사업도 순항 중이다. 불과 몇 년 전만 해도 허황하게 들리던 우주 사업을 '황금알 낳는 거위'로 만든 것이다. 우주를 향한 머스크의 집념 덕분에 '2026년 인류를 화성에 착륙시키고 거대한 식민지를 건설해 이주하겠다'라는 황당무계한 계획이 차츰 현실과 가까워지고 있다.[12]

이렇듯 단절의 시대는 우리에게 다가오기도 하고, 인간계의 누군가가 과거와 단절된 미래를 새롭게 창조하기도 한다. 과거와 단절된 미래를 스티브 잡스, 일론 머스크는 어떤 방식으로 창조할까? 만일 우리가 창조적인 기업가들이 미래를 창조하는 방법을 안다면, 과거 데이터나 기존 패턴에 대한 이해 없이도 미래를 예측할 수 있지 않을까?

잡스와 머스크가 데이터와 패턴에 의존하지 않고, 새로운 미래를 만들어나가듯, 우리도 세상 이치와 우리 삶의 원리에서 미래를 생성하는 메커니즘의 원리, 즉 패턴을 찾아낸 후 이를 미래로 확장해서 해석하면 미래를 예측하는 알고리즘을 개발할 수 있다. 이렇게 찾아낸 4단계 AI를 동태학습, 또는 미래학습을 갖춘 AI 4.0이라고 부르자.

AI 5.0: 인간학습(Human Learning)

그 다음으로 나타날 AI 5.0은 '휴먼 러닝(Human Learning)', 즉 인간학습이다. 인간은 실수한다. 고로 존재한다. 우리는 모두 '호모 에라투스(Homo Erratus)', 즉

'실수하는 인간'이다. 그러기 때문에 기계가 만들어낼 수 없는 감성과 정서를 지니고, 그래서 존재한다. 기계가 따라올 수 없는 인간의 가치는 실수와 실패를 하고, 이로 인해 괴롭고, 슬프고, 아픈 데서 나온다. 따라서 이 단계를 실수학습(Error Learning)이라고 부를 수도 있겠다. AI의 궁극적 단계는 이러한 실수를 하는 인간다운 기계에 장착할 알고리즘이다.

실수하는 AI 5.0이 나오는 순간 AI는 더 이상 기계가 아니다. '바이센테니얼 맨(Bicentennial Man)'이라는 1999년 영화에서 로봇 앤드류가 주인집 손녀 포샤를 사랑하게 된다. 앤드류는 끊임없는 노력 끝에 인간이 되어 포샤와 결혼할 권리를 의회로부터 인준받는다.

로봇 앤드류가 인간적인 감정을 갖게 된 원인은 조립과정 중의 사소한 실수에서 비롯됐다. 리처드에게 배달될 로봇 NDR-114를 만들던 엔지니어가 샌드위치를 먹다가 마요네즈 한 방울을 로봇의 복잡한 회로 위에다 떨어뜨린 것이다. 이로 인해 로봇의 신경계에 엄청난 사건이 생겨났다. 바로 로봇에게는 '있을 수도 없고 있어서도 안 되는' 지능과 호기심을 지니게 된 것![13]

스필버그의 2001년 영화 'AI'에서 인간을 사랑하게끔 프로그래밍 된 AI 어린이 데이비드가 자신이 부서지고 망가지는 것을 각오하면서도 인간 어머니 모니카를 지구 끝까지 찾아가듯,[14] 인간이 되기를 꿈꾸는 AI는 인공의 시대를 끝내면서 자발적 해체 단계로 접어들게 된다. AI가 우리 사회와 융합되어 인간과 기계가 하나가 되어 AI가 더 이상 새로운 이슈가 아닌 때가 올 것이다. 그때가 되면 어떤 이슈가 새롭게 등장할까?

AI의 능력과 가치

AI 1.0에서 AI 5.0까지 각 단계의 AI 능력은 학습능력에 의해서 결정되고, 학습능력이 인간에 활용되는 가치에 의해서 측정될 수 있다. AI의 학습능력이 다음 단계로 넘어간다는 것은 단순히 그 적용 범위가 확장되는 것을 의미하는 것이 아니라 새로운 축이 만들어진다는 것을 의미한다. 기하학에서 축, 즉 차원이 추가되면, 그 가치는 승수로 늘어난다. 따라서 AI 1.0이 10의 가치를 가진다면 AI 2.0은 100, AI 3.0은 1000, AI 4.0은 10000, AI 5.0은 100000의 가치를 가진다고 볼 수 있다. 여기서 '10'이라는 숫자는 10진법으로 '열'일 수도 있고, 2진법으로 '둘'일 수도 있다. '100000' 역시 10진법으로는 '십만'이고 2진법으로는 '서른둘'이다.

AI 3.0~5.0이 현실화하는 시점

우리는 현재 AI 1.0을 지나, AI 2.0세상에서 살고 있고, AI 3.0 문을 두드리고 있다. AI 전문가들은 3.0의 알고리즘을 아직 개발하지 못했다. 그러나 시스템 다이내믹스 기법을 AI와 융합하면 이 알고리즘을 찾아낼 수 있다. 시스템 다이내믹스는 이 세상이 거대한 하나의 생태계라고 보고 수많은 인자 사이의 인과관계를 무수한 화살표로 연결해서 인과지도를 그리는 기법이다. 딥러닝에서 블랙박스로 간주하는 데이터와 해법의 관계를 인과지도로 그려낼 수 있는 알고리즘을 개발하는 연구자가 AI 3.0의 선구자가 될 것이다.[15] 유럽 집행위원회(European Commission)는 2019년 입법예고를 통해 신뢰할 수 있는 '인공지능 윤리 가이드라인(Ethics Guidelines for Trustworthy Artificial Intelligence)'을 발표했다. 이 가이드라인은 AI로 처리한 결과가 어떤 과정을 거쳐 결정이 이루어졌는지를 설명하도록 요구할 예정이다. 이런 속도라면 향후 AI 3.0이 우리 생활에 적용될 시점이 2022년쯤 될 듯하다.

미래를 예측하는 AI 4.0은 AI의 발전단계에서 가장 난해한 영역이다. 따라서 AI 4.0이 우리 세상에 들어오는 시기는 4~5년 후가 될 듯하다. 그러나 이 세상 모든 AI 연구자들은 SMS로 연결되는 하나의 네트워크 속에서 실시간으로 공동연구를 진행하고 있다. 오늘날 대부분의 연구성과를 무상으로 공유하는 copyleft시대에서 AI 4.0은 예상을 뛰어넘어 더 빨리 개발될 수도 있고, AI 5.0에 추월당해서 더 늦게 개발될 수도 있다. 물론 초기에 개발될 AI 4.0은 아주 미세한 영역에서 시작되어 점차 적용 범위를 넓혀갈 것이다. 그리고 AI 4.0은 3,200여 년 전 천문과 지리를 이용해서 64괘(卦)라는 디지털 접근 방법으로 인간의 운명을 분류한 '주역'의 알고리즘에서 개발의 실마리가 풀릴 가능성이 높다.

2026년이면 AI 5.0 상품을 판매하는 상점이 길가에, 그리고 온라인 시장에 나타나지 않을까? 이때 실수하는 인간을 뜻하는 '호모 에라투스(Homo Erratus)'가 시장에서 판매하는 AI 로봇의 브랜드로 등장해도 놀라지 말자. 이때까지는 아직 완벽한 'AI 에라투스(AI Erratus)'가 완성되지 않을 것이기 때문이다. 그러나 초기에 판매될 호모 에라투스야말로 완벽하지 않기 때문에 완벽한 걸작으로 평가될 것이다.

AI가 인간에게 던지는 6가지 질문

현재는 AI 2.0 단계를 지나고 있는 시기이다. 따라서 AI 1.0, 2.0은 답변할 수 없고, AI 3.0, 4.0, 5.0은 답변할 수 있는 질문을 던지면 AI는 답변하지 못하고 인간에게 되물을 것이다. 지금은 없지만 앞으로 나타날 AI 3.0, 4.0, 5.0이라면 답변할 수 있는 질문을 각각 2개씩 6개 뽑아본다.

블랙박스 안에 있는 규칙

1~2년 후 AI 3.0 '시스템 러닝(System Learning)', 즉 체계학습 능력을 가진 AI에 던질 만한 질문은 AI 1.0~2.0이 갖추지 못한, '블랙박스 안에 있는 규칙'에 관한 질문이다.

1) 경쟁력

20세기 경영은 GE, 엑손모빌, 월마트와 같은 오프라인 기반 제조업과 유통업이 이끌었다. 21세기 들어와 오프라인 제조유통 사업이 온라인 네트워크 사업으로 바뀌고 인간 중심 경영이 AI 기반 경영으로 바뀌고 있는 변혁기에는 소위 MAGFAT로 불리는 마이크로소프트, 애플, 구글, 페이스북, 아마존, 테슬라가 이끌고 있다. 그러나 AI가 확실하게 자리잡아 더 이상 AI가 경쟁력의 원천이 될 수 없는 때가 오면 기업 내부에 타 기업이 흉내 낼 수 없는 차별화된 경쟁력을 갖춘 기업이 선도할 것이다. 이런 기업은 아직 시장에 나타나지 않고 있을지도 모른다. 이때가 되면 AI가 블랙박스로 간주하고 있는 시스템 내부의 규칙에서 기업의 진정한 경쟁력이 나올 것이다. 이같이 AI 3.0을 이끌 기업들은 어떤 모습일까? 그리고 이들 리딩 기업들의 '경쟁력'의 원천은 어떤 내용일까?

2) 차별화전략

수많은 전통기업이 AI 1.0, 2.0 시대를 버티지 못하고 도태되거나 몰락하고 있다. 아마존이 나타나면서 130년 전통을 가졌던 반스앤노블이 무너지고,[16] 길거리 서점이 더욱 왜소해졌다. 반면 온라인 서점이 침범하지 못하는 차별화된 전략이 나타나서 여행전문 서점과 같은 전문서점, 서점과 카페, 꽃가게 등을 함께 운영하는 숍인숍(shop-in-shop) 등이 시장을 더욱 다양하게 확대하고 고객의 니즈를 충족시켜주고 있다. 이제 아직 살아남은 전통기업들, 그리고 새롭게 참여하는 신생기업들은 과감히 AI 위에 올라타야 하는가? 아니면 AI가 좀처럼 침범하지 못하는 영역을 찾아 AI에서 더 멀리 떨어져 나가야 하는가? 이런 기업들에는 어떤 '차별화 전략'이 요구되는가?

미래 예측

3년 후 AI 4.0 '다이내믹 러닝(Dynamic Learning)', 즉 동태학습 능력을 갖춘 AI에 던질 만한 질문은 AI 1.0~3.0이 갖추지 못한, "데이터와 패턴에 의존하지 않고, 이 세상 이치와 우리 삶의 원리에서 패턴을 찾아낸 후 이를 미래로 확장해서 해석하는 미래 예측"에 관한 질문이다.

1) 생존전략

제1차 세계 대전에서 큰 활약을 했던 통계학자들은 1918년 종전과 함께 대거 기업에 들어왔다. 이들은 과거 통계자료에 따라서 미래 방향을 예측하는데 탁월한 역할을 했고 많은 기업이 의존했다. 그러나 1929년 전대미문의 대공황을 맞았을 때 이를 예측하지 못한 통계학자들은 기업 내에서 힘을 상실했다. 제2차 세계 대전은 다시 통계학자들을 전면에 나서게 했고, 이들은 1945년 종전과 함께 또다시 기업으로 진출했다. 그러나 1973년 발생한 석유위기는 '단절의 시대(The Age of Discontinuity)',[17] '불확실성의 시대(The Age of Uncertainty)'[18] 라는 말을 낳으면서 과거자료에 입각할 수밖에 없는 통계학자들의 기업 내 입지를 약화했다. 2016년 이세돌과 알파고의 5번기 바둑 시합은 인간들과 AI 전문가들이 맞붙은 제3차 세계 대전이었다. 이 전쟁에서 승리한 AI 전문가들은 우리 사회에서, 그리고 기업 내에서 주도권을 차지했다. 그러나 대공황과 석유 위기와 같은 대이변은 앞으로도 일어날 수 있고, 이런 이변은 자칫 AI 전문가들의 몰락으로 이어질 수 있다. 대이변은 언제, 어떤 모습으로 일어날 것일까? AI는 대이변을 어떻게 예측하고, 이를 극복하기 위한 기업의 '생존 전략'을 어떻게 제안할 것인가?

2) 지속가능전략

"이기는 자가 살아남는 것"이 아니라 "살아남는 자가 이기는 자"라는 말이 있다. 20세기 기업의 목표가 부귀영화였다면, 21세기 기업의 목표는 무병장수이다. 아니 기업의 목표는 원래 무병장수였다. 다만 지난 100여년 사이에 우리 사회의 주역이 교회, 군대, 정부로부터 대기업으로 확실하게 바뀌는데 주역을 했던 20세기 경영학이 '이익 극대화'라는 미시적인 목표를 기업에게 부과하면서 생겼던 일시적인 현상이었다. 그 결과 이익극대화만을 추구하고 정도경영을 등한시했던 엔론(Enron)이 2001년 12월 불과 14일 만에 흔적도 없이 사라졌고, 그 후에도 수많은 기업이 비슷한 길을 걸었다. 이제 기업은 기업가치와 사회가치를 동시에 추구하는 '공유가치창출(Creating Shared Value: CSV)'을 기업전략의 중심에 세우고, 환경, 사회에 대한 공헌과 함께 기업구조를 건전하게 가져가겠다는 각오를 '환경, 사회, 지배구조(Environmental, Social, and Governance: ESG)경영'이라는 구호로 구체화하고 있다. 과연 ESG, CSV 등은 경영자가 살아남고 장수하는 기업을 만들기 위한 필요충분조건인가? AI는 기업의 무병장수 목표를 어떻게 도와줄 것인가? 보다 구체적으로 AI가 알려줄 기업의 '지속가능 전략'은 무엇인가?

인간의 감성

4~5년 후 AI 5.0 '휴먼 러닝(Human Learning)', 즉 인간학습 능력을 갖춘 AI에 던질 만한 질문은 AI 1.0~4.0이 갖추지 못한, '실수와 실패를 하고, 이로 인해 괴롭고, 슬프고, 아픈 데서 나오는 인간의 감성'에 관한 질문이다.

1) 리더십

이제 조직의 리더 자리를 놓고 인간과 AI 간에 경쟁이 일어날 것이다. 기업구성원의 리더십에 대한 판단 기준은 능력, 공정성, 투명성이다. 같은 값이면 기업구성원들은 AI보다 인간을 리더로 모시는 상황을 더 원할 듯하다. 그러나 인간은 AI만큼 유능하기도 어렵고, 공정하기도 어렵고, 투명하기도 어렵다. 이런 불리한 상황에서 인간이 AI와의 '리더십' 경쟁에서 이기려면 어떤 역량을 갖춰야 하는가?

2) 지혜

인간은 실수한다. 고로 존재한다. 우리는 모두 '호모 에라투스(Homo Erratus)', 실수하는 인간이다. 인간이 실수를 연발하면서도 잘 살아갈 수 있다면 얼마나 좋겠는가? 현실은 크게 다르다. AI 5.0이 현실이 되기 전까지는, 리더가 인간이건 AI건 관계없이, 우리의 실수를 용납하지 않을 것이다. 이런 숨막히는 조직에서 AI 5.0이 나올 때까지 살아가는데 필요한 '지혜'는 무엇인가?

이상 6가지 AI의 질문에 대한 인간의 대답은 이 책 제일 마지막에 있는 "에필로그: 인간이 대답한다"에서 찾을 수 있다.

PART 1

SER-M 패러다임으로 바라보는 AI시대의 경영전략

STRATEGIC MANAGEMENT in the Age of Artificial Intelligence

파트 1에서는 AI시대를 맞이해서 기업과 그 기업을 이끌고 나가는 경영자가 다루어야 하는 경영, 그리고 경영전략에 대한 새로운 이해를 하도록 한다. 구체적으로 1장에서는 경영전략의 내용과 역사적 발전과정 및 한계점을 설명하고, 2장에서는 SER-M 패러다임의 이론적 기반과 WS 모델을 소개한 후, 3장에서는 이러한 새로운 접근법이 현실에 어떻게 적용되는가를 보여준다.

시론

경영학의 위기: 종말인가, 재도약인가?[1]

위기에 빠진 경영학이 재도약하기 위한 대응책은 네 가지이다. 첫째, 경영대학은 경영학 교수, 경영학 박사로만 구성돼야 한다는 고정관념을 깨야 한다. 둘째, 대학이 현장 실무자들의 어려움을 해소하는 교육을 제공해야 한다. 셋째, 경영학 교수도 경영자와 마찬가지로 AI 역량을 키워야 한다. 넷째, 경영학 이론도 AI로 융합하는 방식으로 재창조해야 한다. <표 1.1>은 경영학의 위기에 대한 대응책을 요약해서 보여준다.

표 1.1
경영학의 위기: 종말인가, 재도약인가?

	1 위기의 징후	2 위기의 원인	3 위기의 결과	4 종말을 피하기 위한 준비
Subject 주체	최고경영자 과정의 쇠퇴	경영대의 생산중심 사고	경영학=경영대 등식 파괴	경영대는 교수구성을 다양화하라
Enviroment 환경	네오부티크 대학의 약진	대학의 현실 외면	대학의 독점 지위 상실	대학은 현장으로 가라
Resources 자원	경영학교수의 자성	경영학의 상식화	경영학교수의 경쟁력 상실	AI로 새 능력을 갖춰라
Mechanism 메커니즘	코로나바이러스로 인한 생태계 파괴	유연근무의 내재적 장점 알게됨	존재이유 상실 ⇒ 경영학의 종말?	AI로 융합하라 ⇒ 경영학의 재도약!

기업을 둘러싼 환경변화

기업을 둘러싼 기술 환경과 사회 환경이 크게 변하고 있다. AI가 기업의 기술적 기반을, 코비드-19가 사회적 기반을 뿌리째 흔들었다. 앞으로 인간 능력의 상당부분을 대체할 수준으로 발전할 AI 기술을 외면한 기업은 경쟁력을 잃고 향후 성장에 한계가 생길 것이다. 또 코비드-19 사태에 따른 새로운 경영 방식을 따르지 않는 기업은 적응력을 잃고 도태될 것이다. 기업은 기술과 사회 양쪽의 변화를 좇아야 하는 양수겸장의 위기에 놓여있다. AI를 습득하지 않은 경영자는 아마추어라는 평가를, 팬데믹이 끝나면 우리 사회와 기업이 예전으로 돌아갈 것이라고 기대하는 경영자는 순진함을 넘어 어리석다는 평가를 받을 것이다.

이러한 변혁의 시대에 경영학은 경영 현장에 어떤 영향을 미치고 있을까? 경영자들은 전례 없는 위기 속에 고군분투하고 있지만, 경영학은 별다른 도움을 주지 못하고 있다. 경영학 역시, AI를 기반으로 하지 않거나 팬데믹 위기 이전의 상황을 전제로 한다면 기업에 전혀 도움이 되지 않을 수밖에 없다. 뒷짐만 지고 있다가는 경영학이란 학문의 주도권을 경영자들이 갖게 될지도 모른다. 경영학을 하는 '경영학자'의 종말을 피하려면 이 학문에 대한 혁신과 재도약을 추진해야 한다. <그림 1.1>에 소개된 SER-M 패러다임을 활용해 경영학의 위기의 징후와 그 원인을 살펴보고, 잃어버린 경쟁력을 찾기 위해 경영학자들이 해야 하는 임무가 무엇인지 설명해보고자 한다.

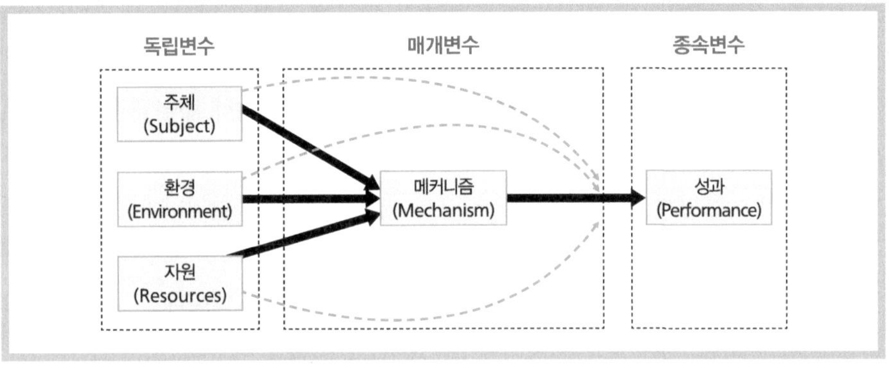

그림 1.1
SER-M 패러다임[2]

경영학 위기의 징후

경영학에 나타나는 위기 징후는 크게 네 가지 측면에서 찾아볼 수 있다. 첫째는 주체(Subject), 즉 경영학을 주관하는 경영대학이다. 경영대학에서 개설한 경영자 과정에 앞다퉈 오던 경영자들이 요즘은 인문대가 기획한 경영자를 위한 인문학 과정, 미술대의 문화예술 과정 등으로 발길을 돌리고 있다.[3] 오늘날 경영자들이 당면한 기업 현실의 문제들은 생산, 마케팅, 인사조직, 재무와 같은 전통적인 경영학 분야가 아니다. 경영자들은 시장에 있는 소비자와 기업 내부에 있는 구성원들을 독자적인 가치관과 존엄성을 가진 보편적 존재인 인간으로 이해하고 이들에게 공감하고자 한다. 또 기후변화와 같은 전 지구적인 변화에 대응하기 위해 인간과 자연환경을 탐구하는 인문학, 예술문화, 의학, 환경학 등에서 해법을 찾고 있다. 이런 해법을 제공해주지 못하는 경영학의 위기는 경영학자들의 위기와 다름없다.

둘째는 환경(Environment), 즉 경영대학이 소속된 대학교다. 최근 규모는 작지만 한두 가지 학문 분야에 집중해 철저히 현장 교육 중심으로 가르치는 네오부티크대학(Neo-Boutique University)들이 나타나면서 기존의 대학교들을 위협하고 있다. 네오부티크대학의 목적은 미래의 경영 현장에 100% 적합한 인재를 확실하게 양성하는 것이다. 기업, 창업가, 컨설턴트들이 직접 설립하며, 고도로 전문화된 한두 개 전공에 특화된 경우가 많다.

일례로 일본의 도요타는 TOYOTA Technology Institute라는 자동차 학원을 만들어 대학 수준의 교육을 제공하고 있다. 한국의 SADI는 삼성 디자인교육원으로, 고등학교 졸업 이상의 학력 소지자 중 매년 40명을 선발해 3년 동안 어느 대학교보다도 앞선, 그리고 기업 현장에 꼭 필요한 디자인을 가르치고 있다. 중국의 장강상학원(Cheung Kong Graduate School of Business, CKGSB)과 한국의 서울과학종합대학원(aSSIST)은 기업 최고경영자들에게 현장 경영학을 제공하는 베이징과 서울의 정규 대학이다. 일본 경제를 이끄는 한국계 경영자 마사요시 손(손정의) 회장은 사이버 유니버시티를 만들었다.

교육 혁신으로 유명한 미네르바대학이 미국 샌프란시스코에 설립됐으며 프랑스의 에꼴(Ecole) 42는 교수 없이 IT 교육을 실시하며 현장 감각을 가르치는 대학 아닌 대학으로 이름났다. 호반대학(Hupan University)은 중국 알리바바의 마윈 회장이 2018년 세운 대학이며, 국내에서도 최태원 SK 회장은 2019년 구성원의 혁신 역량을 육성하기 위해 SK University를 설립했다. 다만 비인가 대학에는 대학이란 이름을 쓰지 못하게 하는 교육부 지침에 mySUNI로 이름을 바꿨다. mySUNI는 AI, DT, 행복, 사회적 가치 등 10개 프로그램을 담당하는 10개의 칼리지를 운영하면서 현장에 필요한 교육을 제공하고 있다.

셋째는 자원(Resources), 즉 경영대 교수들이다. 기업에서 경영자 교육과 자문 활동을 활발하게 진행하던 경영대학 교수들이 점점 기업으로부터 멀어지고 있다. 2019년 8월 열린 한국경영학회 총회에서 김경원 세종대 학장은 '경영학 교육의 문제점'이라는 주제로 발표를 하면서 "대학과 기업 간의 지적 격차가 축소되고 있다"고 말했다. 기업의 요구를 대학이 교육 콘텐츠로 제공해주지 못하고 있는 현실을 지적한 것이다. 창업 교육으로 유명한 미국 뱁슨칼리지(Babson College)의 스테픈 스피넬리 주니어(Stephen Spinelli Jr) 총장은 2000년 초 "MBA 프로그램에 위기가 오고 있다. 가장 인기가 높았던 스탠퍼드 MBA마저도 지원자가 6% 줄었다. 이제 비즈니스스쿨은 변신을 택하지 않으면 안 된다"고 자성의 목소리를 내기도 했다.

필자도 주변에 있는 경영학 교수들에게 간단하게 카톡으로 질문해봤다. "여러분은 지난 1년 동안에 기업에 얼마나 자주 갔으며 가서 무엇을 했는가? 기업에 가서 강의를 했는가? 아니면 논문을 쓰기 위한 연구를 했는가? 아니면 현장을 방문해서 경영자를 면담했는가? 다른 활동을 했는가?" 이 질문에 답변을 준 경영학 교수 16명 중 11명이 기업 현장을 방문했다고 답했다. 그중 5명은 강의 목적으로, 7명은 자문이나 회의에 갔고, 3명은 IoT나 AI, VR, AR과 같이 소위 4차 산업혁명이 일어나고 있는 현장을 방문했다고 한다.[4] 경영학은 현장을 전제로 존재하는 학문이다. 고고학자가 고분을 발굴하면서 현장에서 연구하고 이론을 개발하듯 경영학자는 기업을 찾아가 현장에 어떤 문제가 있는지 경영자들과 함께 고민하면서 문제를 풀어야 한다. 그런데 실제 기업 현장을 찾은 경영학자는 16명 중 3명에 불과하다는 현실은 현장에 대한 고민이 아직 미흡함을 보여준다.

넷째는 메커니즘(Mechanism), 즉 기업 경영 방식이다. AI 도입으로 가속화된 데이터 의존형 의사결정 방식과 코비드-19로 인한 재택근무를 비롯한 새로운 사무 환경에 필요한 경영 이론은 경영학 교과서에서 쉽게 찾아볼 수 없다.

코비드-19가 창궐한 2020년 2월 이후 비대면 경영과 재택근무는 대세를 넘어 뉴노멀, 새로운 표준이 됐다. 2021년 2월 직장인 867명을 대상으로 진행한 설문 조사에서 재택근무 경험이 있는 이들은 42.4%에 달했다.[5] 대면 결재 시스템이 파괴된 결과, 현장과 최고경영자 사이에 존재하는 중간관리자의 역할이 사라졌다. 전통적인 피라미드 조직이 납작해져 피자 조직으로 바뀌는 상황이다.

과거에는 중간관리자가 숫자로 표현하지 못하는 현상을 정성 평가했는데 재택근무하에서는 이런 정성 평가가 불가능하다. 보상에 있어서도 과거에는 성과가 높은 구성원과 낮은 구성원이 좌우에서 정상분포 곡선을 보였다. 그러나 재택근무 환경에서는 쌍봉 곡선, 즉 성과 높은 구성원 집단과 낮은 구성원 집단이 이분화되고 이 과정에서 성과가 높은 구성원은 과거보다 더 높은 보상을 받고, 성과가 낮은 구성원은 아예 감원 대상이 돼버리는 현상이 나타나고 있다.

재택근무를 두고 직장인 10명 중 4명은 불편함이 더 커졌다고 한다.[6] 그 이유로는 업무 집중도가 떨어지고 근태 관리 간섭이 늘었기 때문이라고 한다. 근무자 입장에서 재택근무를 가로막는 장애물로는 '협업 · 의사소통 곤란', '돌발 업무 · 리스크 관리의 어려움', '업무 효율 저하'가 지적됐다.[7] 이렇듯 코비드-19로 인해 발생한 어려움의 원인을 해결해줄 수 있는 경영학 이론은 현재 존재하지 않거나 부족한 상황이다.

2016년 3월 이세돌 선수는 알파고에 1대4로 진 후 "인공지능 컴퓨터가 나오면서 아무리 잘 둬도 못 이길 것 같더라. 상식적으로 봐도 이기기가 어렵다."[8]고 말했다. 이처럼 한 분야에서 프로였던 전문가들이 AI의 등장과 함께 아마추어처럼 보이게 된 현상은 프로바둑뿐 아니라 의료계, 법조계 등 모든 분야에서 나타나고 있다. 경영학계도 예외는 아니다. 지난 100여 년간 인간은 상식과 경험에 따라서 경영학 이론을 만들었다. 그러나 1978년 노벨경제학상 수상자인 허버트 사이먼이 갈파한 '제한적 합리성(Bounded Rationality)'에 의하면 인간은 자신만이 경험한 제한된 범위 내에서만 합리성을 가질 뿐 미지의 세계에서 사는 사람들과 그곳에서 일어난 사건에 대해서는 합리적 판단을 할 수 없다. 따라서 이 세상의 모든 정보를 빅데이터로 처리해서 입력한 AI가 인간의 제한된 상식과 경험을 뛰어넘는 합리성을 가지고 새로운 경영학 이론을 만들면 기존의 경영학 이론은 빛을 잃을 수 있다. 그 결과 AI에 기반을 두지 않은 경영학자들은 아마추어로 전락하게 될지 모른다.

글로벌 제조업체들도 빠르게 AI 기업으로 변신하고 있다. 테슬라(Tesla)는 겉보기에는 자동차 제조 기업이지만 속을 들여다보면 완벽한 AI 기업이다. 일론 머스크(Elon Musk)는 테슬라를 통해 지금까지 아무도 생각하지 못했던 방식으로 전기자동차 사업을 추진함으로써 기존 자동차 제조회사들과 전혀 다른 새로운 산업을 만들어 내고 있다. 2020년에 자동차 50만 대를 판 테슬라가 향후 매년 1,000만 대를 팔아 전 세계에 1억 대를 보급하게 되면 일론 머스크는 전 세계 구석구석을 누비는 모든 테슬라 자동차에 장착된 정보 전달 장치를 이용해 이 세상의 온갖 데이터를 실시간으로 수집하게 될 것이다. 머스크는 여기에 그치지 않고 자신이 별도로 설립한 스페이스엑스(Space X)사의 스타링크 사업을 통해 지구 저궤도에 인공위성 1만2000개를 쏘아 올려 지구 상공을 그물망처럼 연결하고 있다. 땅에서 굴러다니는 전기자동차 1억 대와 하늘을 날아다니는 인공위성 1만 2천개가 하나의 네트워크로 연결되는 미래를 상상해보라. 머스크는 전통적인 최고경영자(Chief Executive Officer: CEO)가 아니다. 세계 모든 지역을 실시간으로 완벽하게 연결하는 정보중계산업(Infomediary Industry)이란 미래 산업을 창조한 최고몽상가(Chief Dreaming Officer: CDO)이다.

또 앞으로는 AI 도입에 따른 새로운 의사결정과 관련된 문제에 봉착하게 될 것이다. 최근 한국기원 소속 김모 기사가 시합하면서 AI를 사용했다는 이유로 1년 자격 정지 처벌을 받은 사례가 있었다.[9] 이 처벌은 합당한가? 앞으로 학생들이 리포트를 내고, 박사 과정 학생들이 논문을 쓸 때 AI를 기반으로 한 GPT-3(Generative Pre-trained Transformer 3)이라는 프로그램을 사용하면 표절인가, 아닌가? 이게 바로 우리가 지금 당면한 문제다. AI는 이미 회계학, 재무 관리, 생산 관리 분야에 진입해 ERP (Enterprise Resource Planning), 증시 예측, 자동화, 무인공장, SCM (Supply Chain Management) 등에서 대세가 됐다. 마케팅, 인사 조직에서도 소비자 행동, 신입사원 채용과 교육훈련에 AI가 활용되고 있다. AI는 앞으로 전략 분야까지 진출할 것이고, 그때가 되면 최고경영자라는 직업은 경리부장, 재무부장, 공장장, 재무 분석가, 인사부장과 함께 AI로 인해 사라진 직업 리스트에 포함될지도 모른다. 경영 환경이 바뀌는 속도로 경영자뿐 아니라 경영학자도 바뀌어야 한다.

경영학 위기의 원인과 예상되는 결과

경영학 위기의 네 가지 징후에는 제각기 원인이 있다. 첫째, 경영대학 경영자 과정이 상대적으로 쇠퇴하고 있는 원인 중 하나는 경영대학의 교수 구성이다. 경영대학 교수는 대부분 경영학 박사로 구성돼 있다. 필자가 1978년부터 2014년까지 교수로 근무한 서울대 경영대학에는 현재 교수가 56명인데 그중 경영학 박사 49명, 경제학 박사 4명, 산업공학박사 2명, 심리학 박사 1명이다. 또 필자가 2016년부터 2020년까지 총장을 지낸 국립 인천대 경영대학에는 교수 19명 중 경영학 박사 17명, 관광경영 박사 1명, 경제학 박사 1명으로 전원이 경영학과 경제학 전공이다.

반면 하버드 경영대학에는 교수 233명 중 경영학 박사가 120명으로 절반에 불과하며 나머지 110여 명은 역사학, 인류학, 심리학, 정치학, 경제학, 물리학, 화학, 공학 등이다. 명실상부하게 모든 학문을 망라한 학자들로 구성된 셈이다. 그렇기 때문에 하버드 경영대학은 기업 경영자가 원하는 모든 학문을 통합해서 제공할 수 있다. 한국의 경영대학이 현재 경영학자가 '아는 것'을 가르치는 대학이라면 미국의 대학은 경영자가 '원하는 것'을 가르치는 대학이라고 볼 수 있다. 그러다 보니 한국 대학에서는 경영자가 원하는 다양한 교육을 경영대학이 아닌 인문대, 예술대, 의대에서 가르치는 실정이지만 미국 대학에서는 경영대학이 모든 과정을 운영하기에 타 대학이 경영자를 위한 프로그램을 만들 필요가 없는 것이다.

경영자는 경영학만 가지고 기업을 운영하지 않는다. 한국의 경영대학은 경영학 교수들이 경영학 박사 중심의 순수혈통 문화를 고수하면서 결국 자기 발등을 찍은 형국이 됐다. 경영학자를 교육하고, 경영을 연구하는 기관으로서 경영대학이 지난 100여 년 누려왔던 독점성은 인문대, 사회대 등이 참여하면서 사라졌다. '경영학=경영대', 다시 말해서, 경영대가 경영의 전부를 가르친다는 인식이 사라졌다. 경영대학의 위기를 경영학 교수들이 절감하고, 폐쇄회로에서 벗어나 경영자가 원하는 다양한 교육을 제공해야 한다.

둘째, 네오부티크대학이 약진하게 된 원인은 기업이 원하는 현장 지향적 교육을 대학이 외면했기 때문이다. 한국의 대학은 상아탑을 지킨다는 전통에 대한 집착 때문에 네오부티크대학의 약진에 눈을 감고 있는 불감증 환자다. 하지만 이런 대학교의 현실 외면은 오래가지 못한다. 기업은 이제 인재 교육을 기존의 경영대학에 의존하지 않고 현장 교육을 제공할 수 있는 대학을 직접 설립하고 있다.

한자대학동맹(Hanseatic League of Universities: HLU)은 2020년 6월에 발표한 '세계혁신대학(World's Universities with Real Impact: WURI)' 랭킹에서 각국 교육부가 정규 대학으로 인정한 일반적인 대학뿐 아니라 대학 혁신의 아이콘으로 자리 잡은 미국의 미네르바대학[Minerva University (formerly Minerva Schools at KGI)], 창업자를 양성하는 교육기관인 미국의 싱귤래리티대학(Singularity University), 교수가 없는 프랑스의 에꼴42(Ecole 42), 현장 감각을 강조하는 삼성디자인교육원(SADI) 등 정규 대학으로 인정받지 않은 대학까지 포함해 랭킹을 매겼다. 그 결과 전통적인 대학 랭킹과는 전혀 다른 결과가 나왔다. 미네르바대학이 5등, 싱귤래리티대학이 16등, 프랑스의 에꼴42가 17등, 도요타기술대학이 63등, 삼성디자인교육원(SADI)이 68등, 미국의 파운드리칼리지(Foundry College)가 89등, 맥도날드가 만든 햄버거대학(Hamburger University)이 95등을 차지하는 등 네오부티크대학들이 오랜 역사와 수만 명의 학생을 거느린 기존 대학들을 물리치고 세계 100위권 안으로 들어선 것이다. 이제는 대학과 비대학이 함께 어울려서 경쟁, 협력함으로써 새로운 대학 생태계를 만들어나가는 때가 왔다.

대학은 교육 시장에서 독점적 위치를 상실했다. 기업들도 블라인드 채용을 하고 있다. 앞으로 기존 대학, 특히 명성이 높은 대학에 대한 막연한 신뢰는 사라질 것이다. 네오부티크대학의 숫자는 점점 더 늘어날 것으로 예측된다. 네오부티크대학들이 대학의 독점적 위치를 깨고 현장 중심 교육에서 우위를 점한다.

셋째, 경영대 교수들이 기업으로부터 멀어지게 된 원인은 기업 경영자들이 경영학 교수 못지않게 공부를 많이 하고 있기 때문이다. 경영학은 경영학 교수의 전유물이 아니라 상식화된 학문으로 바뀌었다. MBA는 물론, 박사 학위를 받은 경영자들이 많다. 그런 사람들이 경영학 교수로 가지 않고 기업으로 향해 경영자로서 현장 경험까지 한 것이다. 경영학 이론과 경영학 현실을 다 알고 있는 경영자들에게 학교 안에서만 사는 경영학 교수들이 독점적으로 가르칠 수 있는 영역은 사라졌다.

경영학이 상식이 되면서 경영자 중 상당수는 경영학 교수들보다 더 뛰어난 통찰력을 자랑한다. 그런데도 경영학 교수들은 자신이 원하는 주제만 연구할 뿐 원하지 않는 주제는 연구하지 않는다. 연구하더라도 현실과 동떨어진 내용을 전제로 이론을 전개한다. 경영학자들이 점점 사회와 동떨어진 존재가 되는 것이다. 경영학 교수들은 이들 못지않게 학문적 기반을 갖추고 있는 데다 거기에 더해 기업 경험까지 함께 갖춘 기업 경영자들에게 한 수 가르칠 수 있는 경쟁력을 상실하고 있다.

넷째, 경영학 이론이 현실을 쫓아가지 못하게 된 원인은 AI 등 최신 기술을 배운 경영자들이 현장에서 유연 근무, 재택근무를 통한 경영 효율성을 향상하고 잘못된 관행들을 직접 현장 상황에 부딪혀가며 해소하고 있기 때문이다. 경영학 교과서에는 이런 변화에 대해 언급이 없다. 기업이 미래로 숨가쁘게 나아가고 있는데 경영학은 이런 변화의 흐름에서 제 역할을 해내지 못하고 있다.

비대면 소통이 대세가 되면서 기업 운영의 투명성과 효율성이 대폭 강화되는 예상치 못한 결과가 나왔다. 재택근무를 하다 보니 인사 조직의 기존 시스템이 파괴되고 중간관리자는 멸종하고 있다. 투명하고 공정한 평가가 가능해지고 보상에서 양극화가 벌어지면서 기업은 오히려 더 효율적으로 된다. 이런 기업에 새로운 문화와 다양한 경영학 이슈가 나타나고 있다. 그런데 이런 새로운 비대면 경영의 내재적 효율성을 현재의 경영학 이론은 제대로 설명하지 못하고 있다.

종말을 피하기 위한 준비

그렇다면 경영대학과 경영학자는 잃어버린 경쟁력을 되찾기 위해 무엇을 해야 할까? 첫째, '경영대학은 경영학 교수로 구성되고, 경영학 교수는 경영학 박사로 구성된다'는 고정관념을 깨야 한다. 이제 경영대는 경영자가 원하는 모든 학문을 골고루 제공해 주는 종합대학이 돼야 한다. 경영대 교수 역시 경영학뿐 아니라 인문학, 예술, 자연과학을 비롯한 모든 학문을 망라하는, 기업에 필요한 모든 학문을 전공한 교수들로 구성돼야 한다.

둘째, 대학은 더 이상 상아탑에 안주하면 안 된다. 대학이 직접 현장으로 달려가서 현장에 있는 실무자들의 어려움을 찾아내고 해결해줘야 한다.

셋째, 경영학 교수도 경영자들과 마찬가지로 AI를 배워야 한다. 이제 AI에 기반을 두지 않는 경영학은 아마추어 경영학으로 끝날 수밖에 없다. 경영학 교수들이 AI를 자신이 전공하는 학문의 기반으로 삼아 새로운 경영학을 만들어내기 전에는 경쟁력을 되찾을 수 없다.

넷째, 경영학은 AI를 융합하는 방식으로 재도약해야 한다. 경영학은 누구를 위한 학문인가? 간단한 비유를 들겠다. 어느 한국 회사가 미국 회사에 인수가 됐다. 이 한국 회사 임원들이 영어를 모른다. 이럴 때 임원들은 영어를 배우거나 퇴사를 하고 한국 회사에 가서 재취업해야 한다. AI라는 블랙홀로 들어간 경영학자한테도 두 가지 옵션이 있다. AI를 배우거나 AI가 없는 세상으로 가는 것이다. 그러나 아쉽게도 AI가 없는 세상은 더 이상 존재하지 않는다. 그래서 필자도 2020년 9월, AI 석사 과정에 입학했다. 새로운 경영학은 경영학 교수들이 컨설턴트, 경영자, AI 전문가들과 협력해 만들어야 한다. 경영학자들도 AI를 기반으로 하는 경영학 이론을 새로 만들어서 경영학의 종말 대신 경영학의 재도약을 이끌어 나가야 한다.

CHAPTER 01

경영전략의 발전과 한계

기업의 직접적 기능은 생산과 마케팅, 그리고 직접적 기능을 지원하는 간접적 기능인 인사와 재무이다. 기업은 전략을 활용해서 이러한 기능들을 잘 연결해서 이익을 창출한다. 이 장에서는 전략의 의미, 현대 경영학에서 경영전략이 차지하는 위치, 경영전략과 그 문제점, 새로운 전략 패러다임의 도입 등에 대해서 알아보기로 한다.

1절 전략의 내용[10]

1. 기업에서 전략이 차지하는 위치

이 책은 경영학의 여러 분야 중에서 가장 포괄적이면서 최종 영역인 경영전략에 관한 것이다. 우선 '포괄적'이란 단어가 뜻하는 바를 이해하기 위해 앞장의 <그림 1.1>에 국경선을 넘어가는 국제경영을 포함시켜서 확장한 <그림 1.2>를 보기로 한다.

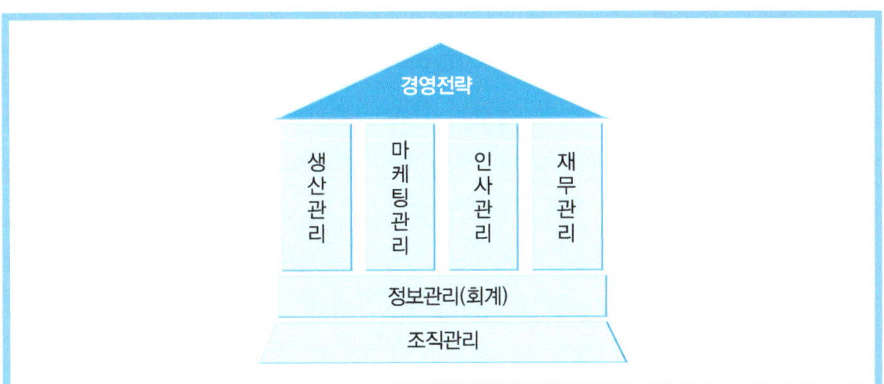

그림 1.2
경영활동의 구성요소-확장

<그림 1.2>에서 설명한 것과 같이 기업이 기초를 갖추기 위해서는 일차적으로 조직 및 정보 시스템을 확립하고, 여기서 파생되는 자료를 처리하기 위한 회계 및 통제 체제를 만들어야 한다. 이와 같은 조직 및 회계라는 하부구조 위에 생산, 마케팅, 인사, 재무 부문이 4개의 기둥으로서 경영활동의 중심적 역할을 담당한다. 경영활동의 국제화가 이루어진 기업의 경우에는 <그림 1.2>에서 보듯이 4개 중추 기능을 기반으로 해서 국제경영 분야가 있다. 그리고 이러한 모든 경영 분야, 즉 국제조직, 국제회계, 국제생산, 국제재무, 국제마케팅, 국제인사 및 국제경영을 포괄적으로 지배하고 조정하는 역할을 담당하는 국제경영전략이 마치 지붕과 같이 가장 위에 놓여 있다.

기업에서 전략이 담당하는 역할은 생산, 재무 등과 같이 고유한 전문 영역을 담당하지 않고, 기둥 간에 또는 기둥과 기초 간에 생길 수 있는 마찰과 갈등을 전사적인 차원에서 해결하고 균형을 유지함으로써 기업의 목표를 달성하는 것이다. 경영전략의 개념에 대해 좀 더 구체적으로 살펴보기로 하자.

2. 전략의 정의

1) 경영전략의 여명기에 함께 사용된 용어: 전략과 정책

전략(strategy)과 정책(policy)은 뜻이 다소 다르면서도 동의어로 함께 쓰인다. 원래 전략은 1950년대까지만 해도 기업보다는 전쟁과 정치에서 주로 사용되던 단어였다. 당시 기업에서는 정책이란 단어를 보편적으로 썼고, 따라서 경영정책(business policy)이란 용어가 널리 사용됐다. 하버드경영대학원(Harvard Business School)도 '경영정책'을 경영학석사(MBA)과정 2학년에 필수과목으로 채택하고, 이 과목을 가르치던 러니드(Edmund P. Learned), 크리스텐슨(C. Roland Christensen), 앤드류즈(Kenneth R. Andrews), 구스(William D. Guth) 등 교수 네 명이 함께 쓴 『경영정책: 교과서와 사례(Business Policy: Text and Cases, 1965)』[11]를 교과서로 사용했다.

그러다가 1960년대에 들어오면서 전략이란 단어가 보편화되기 시작했다. 앤소프(Igor Ansoff)가 쓴 『기업전략: 성장과 확장을 위한 경영정책에 대한 분석적 접근(Corporate Strategy: An Analytic Approach to Business Policy for Growth and Expansion)』[12]이라는 책이 이 분야의 고전으로 꼽히는 이유이다. 엄격하게 보면 정책과 전략은 서로 다른 용어이다. 정책은 조직의 의사결정자가 따라야 하는 생각과 행동의 지침이고, 전략은 의사결정자가 조직 목적을 달성하기 위해서 실천해야 하는 행동이다. 즉 경영자는 정책의 틀 속에서 전략이란 행동을 해야 하는 것이다. 그러나 실제로 기업은 물론, 학계에서도 경영정책과 경영전략을 동의어로 쓴다.

하버드경영대학원의 러니드를 비롯한 교수 네 명이 제시한 경영정책/전략에 대한 세 가지 주요 명제는 다음과 같다.

명제 1: 전략은 경영활동 이전에 갖춰야 하는 전제조건이다. 즉 '기업이 어떤 사업들을 하고 또 해야 하는가, 그리고 기업이 어떤 성격을 갖고 있고 또 가져야 하는가를 정의하는 목표(objectives), 목적(purposes or goals), 그리고 그러한 목적을 달성하기 위한 주요 정책(policies)과 계획(plan)의 형태(pattern)'이다.

명제 2: 전략은 원하는 결과를 끌어내기 위한 전략계획과정과 전략실행과정으로 구성된다. 즉 전략개발(strategy formulation)과 전략실행(strategy implementation)이라는 두 가지의 중요하고 상호 관련된 과업들을 포함한다. 원하는 결과를 끌어내기 위해서는 PDS, 즉 '계획(Plan)－실행(Do)－평가(See)'라는 세 단계가 필요하다는 것이 20세기 후반에 널리 알려지게 되었다. 1960년대에는 아직 PDS 중 계획과 실행만 인식되었을 뿐 평가는 경영학자들에게도 생소한 개념이었다.

명제 3: 전략은 전략대안을 만들어내는 전략계획과정의 구체적 표현이다. 전반경영자(general manager)는 전략개발을 위해서 다음과 같은 요소 간의 적합관계가 이루어지도록 해야 한다.

- 전략정보 1: 외부 산업환경으로부터 오는 기회들
- 전략정보 2: (내부) 기업의 강점과 약점들
- 전략정보 3: 주요 전략실행자들의 개인적 가치
- 전략정보 4: 기업에 대한 보다 넓은 사회적 기대

명제 3은 명제 2의 전략계획과정에 국한해서 구체적인 방법론을 제시하고 있다. 즉 네 가지 전략정보를 수집해서 이에 맞는 전략대안을 개발하는 것을 전략으로 보는 것이다.

<그림 1.3>은 전략에 대한 명제 3에서 설명된 네 가지 주요 영역에 중점을 두면서 전략의 개념을 간결하고 명확하게 설명해주고 있다. 이 모델은 후일 매킨지(McKinsey & Co.) 등의 컨설팅회사들이 널리 소개한 'SWOT 모델'의 이론적 기초가 된다. 즉 첫 두가지 변수인 '내부 기업의 강점(Strengths: S)과 약점(Weak-

nesses: W)들'과 '외부 산업환경으로부터 오는 기회(Opportunities: O)와 위협(Threats: T)'들을 각각 X축과 Y축에 놓고 네 가지 상황에서 전략을 개발하는 모델이다.

그림 1.3
전략개발의 고려요소

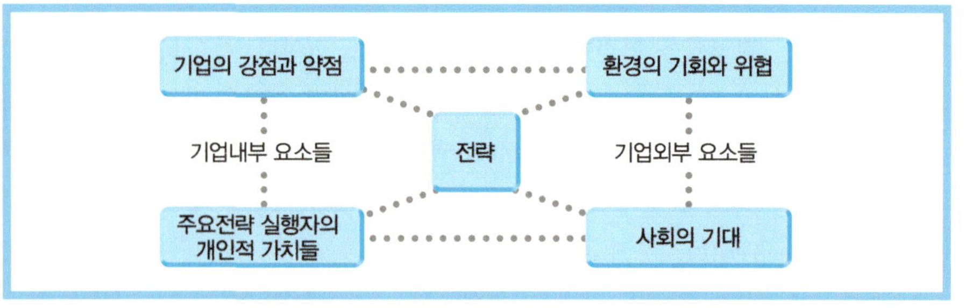

2) 전략에 대한 현대사회의 다양한 정의

전략에 대한 1960년대의 정의에서 보듯이, 전략은 환경이 요구하는 기업 내의 필수적인 변화를 촉진시킬 뿐만 아니라 모든 구성원의 협동 그리고 기업이 나아가야 할 방향 및 가져야 할 목적을 제공하면서, 기업의 모든 주요한 활동들을 포함하는 다차원적인 개념이다. 1970년대 이래 전략 분야의 수많은 학자들이 전략이라는 새롭고도 중요한 학문의 개념을 세우기 위해 다양한 시도를 해 왔다. 그러나 장님이 코끼리를 만지듯, 각 학자는 전략이라는 복잡한 개념에 대해서 서로 다른 일면만을 강조했을 뿐, 전략에 대한 보편적 정의를 끌어내지 못했다. 지금까지 제기된 전략에 대한 핵심 정의들을 하나하나 검토해서 전략개념의 다양한 차원을 포괄적으로 포함하는 통합적인 견해를 만들어 내야 할 과제가 우리에게 주어지고 있다.[13] 지금까지 여러 학자가 제기한 다양한 전략개념을 다음 다섯 가지로 정리해 보자.

견해 1 - 기업내부의 기획관리 과정: 첫째는 전략을 회사 내부의 다양한 의사결정이 긴밀하게 결합되어 있는 프로세스(process)라고 보는 견해이다. 이 견해를 따르는 학자들은 전략을 기업 전체를 포괄적으로 통합하는 중요한 기능으로 보고, 기업 전체의 기본적 목적을 충족시키는 계획을 수립하는 과정을 효율적으로 진행하는 작업을 전략을 담당한 경영자의 역할이라고 주장한다.[14] 전략은 기업 내 기획실장의 역할이 되고, 전략의 목표는 주어진 시간 내에 구성원들이 동의하는 결과를 끌어내는 작업이 된다. 다시 말해서 전략은 모든 기업이 일상적으로 다루는 기업 의사결정의 패턴이다.

견해 2 - 기업목적 달성수단: 둘째는 전략을 조직의 장기적 목표, 행동 프로그램, 그리고 자원 할당의 순위를 매김으로써 조직 목적으로 설정된 장기적 목표를 달성하는 수단으로 보는 견해이다. 이러한 견해는 경영전략을 군사전략과 같은 논리체계로 보는 전통적인 개념이다. 여기서 전략은 조직의 장기적인 목적과 목표들을 명확히 정의하고, 그러한 목표들을 달성하는데 필요한 행동 프로그램과 자원을 확보하는 대안을 발굴하고 이에 대한 우선순위를 정하는 작업이 된다.[15] 견해 1이 전략을 기획실장이 담당하는 내부 의사결정 프로세스로 본다면, 견해 2는 견해 1에서 한 걸음 더 나아가 내부 프로세스에 목표와 전략이란 콘텐츠(contents)를 추가한 CEO의 역할이다.

견해 3 – 사업포트폴리오 선정: 셋째는 전략을 기업이 시장에서 경쟁할 영역에 대한 선택으로 보는 견해이다. 기업이 현재 진출하고 있거나 앞으로 진출하려는 사업들을 고르는 작업이다. 이 견해를 따르면 전략은 성장, 다각화, 철수 등의 방법을 통해 사업 포트폴리오를 짜는 작업이 된다. 이러한 전략개념에서는 "우리는 어떤 사업에 위치하고 있는가", "우리는 어떤 사업에서 빠져나오고 어느 사업으로 들어가야 하는가"라는 기본적인 물음이 주어진다. 기업은 보스턴 컨설팅 그룹(Boston Consulting Group: BCG)이 개발한 제품 포트폴리오 매트릭스(Product Portfolio Matrix: PPM)와 같은 기법을 사용해서 기존 사업의 시장 매력도와 성장가능성을 파악한 후, 향후 사업전략을 짜게 된다. 이 견해에 따르면 기업의 CEO를 포함해서 사업부 책임자들이 함께 전략을 개발하게 된다.

견해 4 – 경쟁우위에 입각한 경쟁전략: 넷째는 전략을 경쟁우위를 성취하기 위한 외부 기회와 위협, 그리고 내부 강점과 약점들에 대한 대응으로 보는 견해이다. 여기서 전략의 목표는 기업이 참여하는 모든 사업에서 기업의 주요 경쟁자들에 대해 장기적으로 유지 가능한 우위를 차지하는 데 있다. 이러한 전략은 우월한 경쟁 위치를 모색하는데 유용한 방법론적인 접근 방법을 기반으로 한다. 구체적으로 포터의 경쟁우위 개념을 이용해서 기업활동의 가치사슬(Value Chain)을 분석한 후, 기업이 직접 담당할 활동과 아웃소싱할 활동을 구별해서 저원가와 차별화 전략으로 직접 담당할 활동의 경쟁력을 독점력으로 바꿈으로써 높은 수익을 올리자는 산업구조론에 입각한 분석적인 접근 방법이다.[16] 이 견해를 따르게 되면 전략은 더 이상 CEO의 고유한 역할이 아니라 산업구조에 대한 정밀한 분석에 입각한 전략전문가의 영역이 된다.

견해 5 – 이해관계자에게 공헌할 수 있는 지배구조: 다섯째는 전략을 기업이 이해관계자에게 주는 경제적, 비경제적 공헌을 극대화하는 역할로 보는 견해이다. 이해관계자란 직접 또는 간접으로 기업의 행동으로부터 유발되는 이득을 받거나 비용을 부담하는 사람들을 지칭하는 용어로, 주주, 종업원, 경영자, 고객, 공급자, 채권자, 지역사회, 정부 등을 망라한다. 이 견해는 주주의 부를 극대화하는 것보다 더 넓은 범위에서 기업의 역할과 책임을 강조한다. 즉 전략을 다양한 후원자들에게 영향을 미치는 사회적 효용을 생산해내는 계약의 설정수단으로 간주하는 것이다. 여기서 계약은 자유 의지로 개인들에 의해 이루어진 결정을 의미한다. 따라서 전략은 기업구성원들이 가진 철학과 조직문화를 기반으로 해서 이루어지는 가치창조과정과 창조된 가치의 분배를 다루게 된다. 그 결과 전략은 기업이 현재, 그리고 앞으로 되고 싶은 경제적, 사회적 조직을 결정하는 역할을 담당하게 된다.

기업이 고객들을 적절히 만족시키지 않는다면 경쟁력과 수익성 손실로 인해 도태되고 결국 다른 기업에 시장을 뺏긴다. 똑같은 논리가 고객 아닌 기업 종업원, 공급자와 같이 기업을 둘러싼 사회 구성원들에게 적용될 수 있다. 기업이 이들과 공정한 상호 이익관계를 형성한다면 장기적 이익이 증진되겠지만, 단기적인 재무 이익을 위해서 불공정한 관계를 형성한다면 이러한 관계는 장기적으로 유지될 수 없을 것이다. 결국 기업이 속해 있는 지역사회나 다른 외부 기관들과 좋은 관계를 유지하는 것이 기업 이미지를 증진하고 건전한 사회적 책임을 충족시켜 기업의 생존과 번영이 약속되는 것이다.

위에서 개괄한 대로 전략은 1960년대 이후 다섯 가지 갈래로 발전해왔다. 물론 다섯 갈래가 동시대에 나타난 것은 아니다. 견해 1은 전략이 본격적으로 등장하기 전인 1950년대 후반 미국 경기가 침체기를 맞이하면서 이를 극복하기 위한 기업 내부 대책으로 나타났고, 견해 2는 1960년 중반에 전략에 대한 관심이 고조되는 과정에서 초기 학자들에 의해 제시되었다. 견해 3은 오일쇼크가 발생한 1970년대 후반 다각화가 매력적인 전략적 대안으로 부상하면서 컨설팅회사들에 의해 전개되었고, 견해 4는 포터의 경쟁전략이 세상에 나온 1980년부터 급속하게 퍼졌다.

견해 5는 21세기에 들어와서 지나치게 분석 일변도적인 전략이 차갑고 오만한 최고경영자를 양산하면서 그 반작용으로 전개되었다. 특히 2001년 파산한 엔론(Enron)사의 회계분식과 반사회적 행위, 그리고 2008년의 미국금융위기 와중에 파산한 리먼브러더스(Lehman Brothers)사 직원들의 잘못된 판단이 하버드를 비롯한 미국 유수대학의 MBA과정을 우수한 성적으로 졸업한 비도덕, 비윤리적 기업인에 의해 야기되었다는 것이 널리 알려졌다. 그 후 돈만을 아는 이기적인 기업에 대한 사회적 비판이 2011년의 '월스트리트 점령(Occupy Wall Street)' 사태로 시작되어 전 세계로 비화되었다. 경영학계는 그대로 있다가는 기업과 사회가 공멸할 것이라는 우려를 하게 되었다. 전략 분야에서도 단순히 투자이익률이 높은 위대한 기업보다 사회로부터 존경과 사랑을 받는 좋은 기업을 만들기 위한 연구를 시작했다. 그 결과 불과 20여 년 전인 20세기에는 기업들이 좀처럼 받아들이기 어려웠던 사회적기업, 공유가치창조와 같은 사회적 가치를 추구하는 기업에 대한 연구가 전략연구에서도 대세를 차지하게 되었다.

3) 통합적인 이해가 필요한 전략

앞에서 서술한 다섯 가지 견해는 제각기 전략의 다양한 구성 요인 중 하나, 또는 일부를 강조한 것이다. 이들 견해는 모두 적절하고 의미 있으며, 전략전문가가 기업의 전략적 과업을 달성하는 데 도움이 된다. 전략전문가는 기업 조직의 구석구석을 망라하고, 환경과 자원을 끊임없이 연결시키며, 다양한 이해관계자들이 추구하는 기업의 모든 목적을 동시에 추구해야 한다. 따라서 앞으로 전략을 체계적이고 포괄적으로 이해할 필요가 있다.

전략에 대한 통합적인 정의를 내리기 위해서 위에서 다룬 다섯 가지 전략개념을 열거해보자.

견해 1 – 기업내부의 기획관리 과정
견해 2 – 기업목적 달성수단
견해 3 – 사업포트폴리오 선정
견해 4 – 경쟁우위에 입각한 경쟁전략
견해 5 – 이해관계자에게 공헌할 수 있는 지배구조

견해 1과 견해 2는 파트3의 8장에서, 견해 3과 견해 4는 파트3의 9장에서, 견해 5는 파트2의 6장과 파트3의 7장에서 다룰 예정이다. 그렇다면 1~5장은 무엇을 다루는가? 1~3장에서 다루는 SER-M, 4장에서 다루는 MBV, 5장에서 다루는 CPT는 바로 기존의 전략이론이 간과했던 전략에 대한 체계적이고 포괄적인 접근방법(SER-M), 전략에 대한 새로운 관점으로서의 메커니즘(MBV), 그리고 전략메커니즘을 구축하는 방법(CPT)이다.

3. 전략의 수준

경영자는 조직에서 차지하는 위치에 따라 제각기 다른 전략적 책임을 진다. 경영자가 기업 전체를 책임지는 전반경영자(general manager)인 CEO라면 기업 전략(corporate strategy), 기업 안에 있는 이익사업부를 책임지는 전반경영자인 사업부장이라면 사업전략(business strategy), 사업부 안에 있는 생산, 마케팅과 같은 특정 기능을 책임지는 기능경영자(functional manager)라면 기능별 전략(functional strategy)을 책임지게 된다. 여기서 기능경영자는 이익극대화가 아니라 이익극대화에 공헌을 하는 매출액증대(마케팅 책임자의 경우)나 원가감소(생산 책임자의 경우)를 책임지지만, 전반경영자는 매출액증대와 원가감소를 동시에 다루면서 그 차이인 이익극대화를 책임진다.

기업전략이 경영자가 "어떤 사업분야에 참여할 것인가"를 결정하게 하는 것이라면, 사업전략은 "선택된 사업에서 어떻게 경쟁할 것인가"를 모색하고 결정하는 일이다. 원칙적으로 기능별 전략은 생산, 마케팅과 같은 해당 기능에서 다루고, 기업전략과 사업전략은 경영전략 분야에서 다룬다.

1) 기업전략

기업 전체 차원의 전략은 주로 기업의 미션을 정의하고, 사업수준과 기능수준에서 나오는 제안들을 검토하며, 관련된 사업단위들 사이의 연계성을 발견하고 전략적 우선순위에 의한 자원 할당과 관련된 이슈들을 포함한다. 기업이 여러 사업에 참여해서 경영활동을 수행하려면 기업 전체에 수익을 가져다줄 수 있는 사업들을 선택해야 한다. 이렇게 사업포트폴리오를 구성할 때, 신규사업을 기존사업과의 관련성을 고려해서 관련다각화 사업에서 찾을 것인지 관련도가 낮은 사업에서 찾을 것인지 결정해야 한다. 신규사업에 진출하는 방법에서도 기존기업을 인수합병하는 방법과 직접 신설하는 방법이 있다. 즉 기업전략은 다각화, 수직적 통합, 기업인수합병, 해외사업 진출과 같은 결정을 의미하며, 각 사업분야에 경영자원을 배분하거나 신규사업 진출과 기존사업 부문 철수와 같은 결정을 내리는 작업을 포함한다.

다양한 사업단위들의 특성을 고려해서 각 사업단위에 적합한 장·단기목표를 부여하고 목표를 수행하는 데 필요한 자원을 배분하는 것 또한 기업전략의 주요 과제이다. 사업단위 간의 매력도에 따라 투자 우선순위를 결정해서 기업의 한정된 자원을 최적으로 배분하는 것이 변화하는 경영환경에 적응하는 일이며, 기업 전체적으로 볼 때 장기적 경쟁위치를 유지시킬 뿐만 아니라 수익성을 향상시키는 의사결정이기 때문이다.

기업전략은 사업단위들을 독립기업으로 운영하지 않고 다각화된 사업들을 통합해서 운영함으로써 사업단위 간에 존재하는 시너지효과(synergy effect)를 끌어낼 수 있다는 가능성을 전제로 한다. 일반적으로 기술, 유통채널, 고객, 운영 방식 등에서 유사한 관련사업으로 다각화하는 것이 비관련사업으로 다각화하는 것에 비해 시너지효과가 발생할 가능성이 커진다. 관련사업으로 진출할 경우, 기존사업이 보유하고 있는 관련기술이나 경험을 신규사업으로 이전하거나 시설이나 기자재를 공유함으로써 비용을 절감할 수 있기 때문이다.

2) 사업전략

사업수준에서는 각 사업 내에서 해당 사업의 경쟁적 위치를 증진하는 데 필요한 모든 활동들을 다루게 된다. 즉 외부의 기회와 위협을 제대로 인식하고 기업전략에 의해 기업 전체적으로 자원이 분배되면, 사업전략에서는 기업 내부의 자원을 활용해서 경쟁기업과 경쟁할 구체적인 방향과 방법을 강구하게 된다.

사업전략은 개별 사업단위의 목표를 성공적으로 달성하기 위해 사업의 장기적 경쟁우위를 어떻게 구축하고 공고히 할 것인가에 초점을 둔다. 원료조달, 생산, 마케팅 등 기업의 핵심활동을 수행함에 있어서 경쟁기업보다 상대적으로 앞서는 차별화 요소를 만들어 활용함으로써 사업(부)의 경쟁우위를 확보할 수 있다.

3) 기능별 전략

기능수준에서는 경쟁우위를 유지하는 데 필요한 재무, 관리적 하부구조, 인적자원, 기술, 조달, 로지스틱스, 제조, 유통, 마케팅, 판매, 서비스 등에 있어서 필요한 기능적 능력들을 개발하는 핵심적인 작업을 다루게 된다. 기능별 전략은 사업전략을 실행하기 쉽도록 각 기능조직 단위로 실행할 전략을 규정하고 구체화하는 것으로, 개별 사업부 내에 있는 인사, R&D, 재무관리, 생산, 마케팅 등의 기능별 조직에서 제품기획, 영업활동, 자금조달 등 세부적인 수행방법을 결정한다.

이처럼 기업, 사업, 기능이라는 조직에서의 위계수준에 따른 차이점을 인식하고, 기업전략, 사업전략, 기능별 전략을 순차적으로 만든 다음, 이를 조화롭게 통합하는 것이야말로 전략결정의 핵심이다. 그러나 전략적 과업을 기업, 사업, 기능이라는 전통적인 위계에 따라 세분화하는 것이 불가능한 경우도 있고, 그럴 필요가 없는 경우도 있다. 예를 들어 단일사업으로 이루어진 기업은 기업전략과 사업 전략이 일치한다. 또 다각화된 사업들이 모여 있으면서 극도로 분권화되어 있는 복합기업(conglomerate)에서는 사업부 책임자의 권한강화와 사기를 위해서 기업 전략을 의도적으로 포기하기도 한다. 특히 1973년 석유위기 이전의 복합기업들은 기업전략을 가지지 않거나 제한적으로 사용했다. 그 반대 경우는 1997년 경제 위기 이전까지의 한국의 재벌그룹에서 찾을 수 있다. 당시 재벌그룹의 단위회사 사업전략은 그룹 전체의 기업전략에 가려 제 역할을 발휘하지 못한 채 그룹 전체를 위한 자금줄이 되거나 희생양이 되는 경우가 많았다.

그런 의미에서 기업, 사업, 기능이라는 전략의 세 가지 수준이라는 것은 세 가지의 서로 다른 전략적 관심들이 존재한다는 것을 의미한다.[17] 그러나 전략은 한가지 기준으로만 평가하기 어려운 면이 있다. 특히 전략을 경쟁자와 차별화하기 위한 수단이란 관점에서 보면, 다른 경쟁기업들이 기업, 사업, 기능으로 전략을 나눌 때 기업은 이 세 가지 전략을 새로운 방식으로 재분류하거나 통합함으로써 전략적 우위를 가져올 수 있다.

4. 전략형성과정

앞에서 언급한 내용(content)으로서의 경영전략은 실제 기업에 있어서 나타나는 프로세스(process)로서의 전략 형성과정, 즉 전략경영과 분리할 수 없다. 경영전략이 기업이 전략을 형성하는 과정에 스며들어 있기 때문이다. 전략경영이 경영전략을 포함하고 있다고 보는 과정학파(process school)[18]는 전략을 다음 세 가지 과정의 결과로서 생각한다.

과정 1: 환경과 기업의 내부능력을 합리적으로 이해하는 개인들의 인지적 과정(cognitive processes)
과정 2: 내부 커뮤니케이션과 공감대의 개발에 공헌하는 사회적 · 조직적 과정(social and organizational processes)
과정 3: 조직 내 권력의 창출, 보존, 이전 등을 나타내는 정치적 과정(political processes)

전략경영을 이러한 관점에서 정의할 때 최고경영자(CEO)의 업무는 이들 세 가지 과정에 대한 관리가 된다. 즉, 전반경영자는 기업이 전략경영을 통해서 목표를 추구할 수 있도록 구성원 개인, 사회조직, 그리고 정치적 조직으로 이루어진 네트워크를 관리해야 한다. 이 세 가지 과정이 결합되면서 논리적으로 바람직한 과정과 실제로 나타나는 과정 간에 괴리가 발생하기도 하고, 전략을 만들기 전에 가졌던 의도와 실제로 만들어진 전략에 차이가 발생하기도 한다. 아래에서는 전략개발과정의 특성 및 전략 자체의 특성에 대해 서로 충돌이 일어나는 관점들에 대해서 살펴보자.

1) 공식적-분석적 과정과 권력-행위 접근법

기업 내에서 전략 형성과정은 공식화되어야 하는가? 이 이슈는 전략개발에 있어 대단히 중요한 논쟁거리다. 공식적-분석적 과정을 지지하는 사람들은 통합적 의사결정 시 전략적 사고의 질을 높이려면 의사결정에 참여하는 모든 수준의 경영자들에게 필요한 분석적 도구와 방법론을 제공해주어야 하고, 투명하게까지는 않더라도 그 과정에 가급적 많은 구성원들이 참여하도록 해야 한다고 주장한다. 그들은 전략개발과정에서 기업, 사업, 기능적 전략을 정확하게 구분하고, 이들 간의 관계를 체계적으로 접근해서 연결할 수 있으며, 이 작업을 사전에 치밀하게 준비하는 데 목적을 둔 잘 정의된 조직의 공식적이고 훈련된 과정으로 생각한다. 이러한 접근방법을 선호하는 사람들은 공식적인 계획시스템, 경영 통제, 그리고 전략적 의사결정에 참여하는 모든 구성원을 위한 보상 메커니즘을 사용해야 한다고 주장한다.[19]

이들에게 있어 기업전략, 사업전략, 기능별 전략은 최고경영자의 개입에 있어 정도의 차이가 있을 뿐, 본질적으로는 기업의 반복적이고 일상적 의사결정이라는 점에서 차이가 없다. 또 이 과정에서 만들어지는 전략내용 자체도 최소한의 대외비는 지켜져야겠지만 기본적으로는 기업이 가진 수많은 의사결정 결과의 하나라는 데 있어 큰 차이가 없는 것으로 본다.

권력-행위 접근법을 지지하는 학파는 조직의 다목적 구조, 전략적 결정들의 정치성, 실무자의 협상력, 기업 내 부서 간에 의견 불일치나 충돌이 일어나는 의사 결정에 있어서 부서 간 타협(compromise)이나 연합(coalitions)의 문제를 해결해 나가는 전략책임자의 실제 능력을 강조한다.[20] 반드시 그런 것은 아니지만 이 학파가 보는 전략은 기밀이 요구되거나 행간을 이해해야 하는 이중적 구조를 가지는 경우가 많다.

이러한 두 학파의 서로 다른 생각과 접근방법을 통합해서 실제 사용할 수 있는 모델은 아직 개발되지 못했다. 그 결과, 전략을 다루는 경영자는 이 두 가지 접근방법이 모두 도움이 된다는 것은 알고 있지만 두 가지 접근 방법 중 한 가지에 의존하게 된다. 그래서 전략이 성공적으로 결정되지 못하거나 결정된 전략이 기대하는 성과를 만들어내지 못하는 경우 전략결정을 담당했던 경영자는 이사회나 반대 진영으로부터 비판을 받는 빌미를 제공하게 된다. 그런 의미에서 두 가지 접근 방법의 통합은 앞으로 경영전략에서 해결해야 할 가장 큰 실제적 이슈이다.

2) 과거 행동들의 패턴으로서의 전략과 미래 투시 계획으로서의 전략

전략개발에 있어 두 번째로 논란이 되는 요소는 시간이라는 연속선에 던져진 전략에 대한 해석이다. 전략은 미래를 밝히는 청사진인가, 과거의 자랑스러운 유산인가?

일부 학자들은 전략을 기업의 미래 방향을 묘사하는 수단으로 생각한다. 이들에게 있어 전략은 조직의 미래 변화를 관리하는 데 지향을 둔 목표의 집합과 행동 프로그램이다. 반면 다른 일부 학자들은 전략을 기업이 과거에 내린 의사결정으로부터 나오는 행동을 정형화된 패턴으로 생각한다. 이 학파의 선두주자는 전략을 '의사결정 흐름의 패턴'이라고 정의한 민츠버그(Henry Mintzberg)다. 이 견해에 따르면 전략은 기업의 과거 행동에서 관찰된 행동의 결과일 뿐, 미래를 향한 일관성이고 의도와는 관계가 없다.[21] 일견 소수의견 같지만 두 번째 주장은 조직의 중요성을 강조하는 학자들 사이에 절대적으로 받아들여지고 있다. 특히 경영사학자인 챈들러(Alfred D. Chandler)가 제기한 “구조는 전략을 따른다. (Structure follows strategy.)”는 명제에 대해 조직학자들은 “전략은 구조를 따른다. (Strategy follows structure.)”로 응대하면서 전략론자와 조직론자간에 불꽃 같은 논쟁을 점화했다. 전략학자는 “새 술은 새 부대에 담아야 하는 것처럼 새로운 전략을 만든 다음에는 조직을 바꿔서 새 전략을 실천하는데 기존 조직이 걸림돌이 안되도록 해야 한다”는 주장을 하지만, 조직학자들은 “조직이란 기업의 역사와 문화, 전통, 그리고 기업의 강점이 녹아 있는 그릇이다. 따라서 조직을 무시한 전략을 만들면 혈액형이 다른 피를 수혈한 환자가 몸에서 거부반응을 일으켜 죽듯이 그 전략을 실행하는 과정에서 조직으로부터 거부반응을 일으켜 실패로 돌아가고 만다”라는 반론을 제기한다. 과연 이러한 논란에 대해 정답이 있을까?

대규모의 복잡한 조직들에서 수많은 의사결정이 매일 일어나고 있다. 이러한 의사결정을 일관성 있게 하는 가장 확실한 방법은 그러한 의사결정들이 만들어질 수 있는 패턴, 즉 기업의 존재방식에 대한 논리적 틀(framework)과 전략적 방향에 대한 사고방식(mindset)을 그 기업의 과거 역사로부터 찾아내는 것이다. 그런데도 전략을 너무 경직되게 과거의 의사결정에서 나타나는 패턴으로 이해하는 것은 기업이 새로운 방향을 설정하는 데 큰 어려움을 줄 수 있다. 사후에 보면 대부분 전략은 그 기업의 도도한 역사적 흐름 속에서 이루어지고 있다는 것을 명백하게 파악할 수 있다. 그러나 기업 미래를 책임지는 경영자의 관점에서 볼 때 사후에 밝혀질 전략은 아무런 쓸모가 없다. 실제로 전략은 과거와 단절된 상황에서 지금 의도하고 있는 변화를 다룰 때 중요한 역할을 하게 된다. 전략은 기업의 과거 유산에 대한 기록물이지만, 동시에 미래를 내다보는 청사진이기 때문이다. 결국 전략개발이란 과거 전략 패턴에 대한 인식을 토대로 미래를 향한 새로운 계획들을 세우는 작업이다.

그럼에도 불구하고 전략이 조직보다 앞서야 하는 당위성은 여러 사례에서 나타나고 있다. 휴대폰 사업에서 과거 고무장화를 만들던 시대로부터 단절해 나와 세계 시장의 40%를 차지하면서 승승장구했던 노키아를 보자. 자신의 과거를 부정함으로써 성공 신화를 썼던 노키아는 2009년 이후 승리에서 나오는 부자 몸조심형의 관성에 빠져 애플과 삼성전자의 공격에 대해 선제공격은커녕 효과적인 대응을 하지 못하다가 결국 패배의 나락으로 빠졌다. 앞으로 노키아가 다시 성공기업의 반열에 선다면 그것은 기존 구조를 지키면서가 아니라 처절한 자기부정을 전제로 과거와 단절한 후일 것이다.

2절 기업경영이론이 발전해온 과정

경영전략의 역사는 경영학사(經營學史)와 궤를 같이한다. 경영학의 태동은 19세기 후반 독일을 중심으로 한 유럽에서 이루어졌지만, 20세기 초반에 시작한 미국의 경영학이 전 세계를 휩쓰는 시대가 되었다. 따라서 오늘날의 경영전략 분야가 어떻게 생성되고 발전되어 왔는가를 미국 경영학사를 중심으로 살펴보자.

1. 생산관리시대(1900~1919년)

20세기에 들어오면서 기업경영에서는 능률 향상을 위한 획기적인 연구가 활발히 일어났는데, 그중 하나가 테일러(Frederic Taylor)가 제안한 과학적 관리법이다. 테일러는 건강악화로 인해 입학했던 하버드대학(Harvard University)을 다니지 못하고 펜실베이니아에 있는 삼촌 집에 머물다가 삼촌이 운영하는 석탄회사가 광부에게 주던 시간급을 능률급으로 바꾸는 과정에서 미국 상원에서 연 청문회에 경영자 대표로 출석해서 능률급이 광부 개인과 기업, 더 나아가 사회에 미치는 긍정적 효과를 논리적으로 제시한 결과 일약 청문회 스타로 떠올랐다. 그 후 테일러는 당시 경험을 기초로 해서 노동 능률을 좌우하는 작업량 · 작업속도 · 작업 동작 · 작업 방법 등을 과학적으로 분석해서 공장관리 및 작업관리 체계를 확립시켰으며, 기업에서는 이를 통해 종전의 주먹구구식 경영으로부터 탈피, 생산성의 향상을 실현했다.

과학적 관리법은 경영관리에 커다란 변혁을 가져왔으며, 이를 기점으로 대량생산 체계가 이룩되었다. 대표적인 사례가 포드(Henry Ford)에 의한 대량생산 체계로서 일명 '포드 시스템(Ford System)'이라고 불리는 것이다. 이 체계는 테일러가 분석 방법으로 의존했던 시간 연구(time study) 및 동작 연구(motion study)에서 한층 진보한 것으로, 자동차를 생산하는 데 있어 컨베이어시스템(conveyor system)에 의한 일관작업을 수행함으로써 공장에서의 생산성을 극대화하는 데 크게 기여했다.[22] 이와 때를 같이해서 1907년 미국의 펜실베이니아 대학(University of Pennsylvania)을 시작으로 해서 각 대학에 경영대학과 경영학부가 설치되어 미국 경영학의 기초가 형성되었다.[23]

2. 인사/조직관리시대(1919~1945년)

테일러 시스템에서 포드 시스템에 이르는 과학적 관리체계는 기술적 접근방법(engineering approach)에 의해 일선 노동자의 능률을 향상시키는 데 초점을 두었다. 그러나 그 과정에서 인간을 기계의 노예로 전락시키고 감정을 가진 동물로서 인간의 심리적, 사회적 측면을 경시했다.[24] 이러한 과학적 관리법의 한계는 제1차 세계대전 이후 두 가지 측면으로부터 도전을 받게 되었다.

첫째는 노동조합의 대두였다. 전쟁으로 말미암아 군수품 생산을 능률적으로 수행하기 위해 각종 생산관리제도는 비약적으로 발전했으나 노동자의 처우 개선은 지지부진함에 따라, 전쟁에 따른 노동력 부족과 맞물려 전후에 민주화 사조가 형성되고 노동자의 인격을 중시하는 새로운 관리제도의 개발이 요청되었다. 노동조합은 이미 1870~80년대에 기능별, 부문별로 결성되었고, 1886년에 미국노동연맹(American Federation of Labor: AFL)이 미국 노동자들을 대표하는 노동조합으로 결성되었다. 그러나 1910년대까지만 해도 과학적 관리체계의 기세에 눌려 제대로 그 기능을 다 하지 못했다. 그러나 1차 대전이 끝나면서 AFL은 노조-경영 협력 체제를 조직화하면서 기업에 노동자를 인간적, 인격적으로 대우하도록 요구하게 된 것이다.[25]

둘째는 전후의 세계적 추세였던 민주화 사조다. 1917년 미국 윌슨 대통령의 민족자결주의[26]에 영향을 받아 과거 영국, 프랑스, 네덜란드 등에 의해 지배되었던 식민지들이 차차 독립을 쟁취했고 우리나라에서도 1919년 3 · 1운동이 일어났다. 이러한 역사적 배경하에서 노동자들이 그동안 기계의 노예 역할에서 해방되어 자신의 인권을 회복하고자 몸부림친 것은 지극히 당연한 일이었다. 경영자들은 단순히 생산성 향상만 생각하는 것에서 벗어나 기업의 구성원인 노동이라는 인간을 인격적으로 대우하지 않을 수 없게 된 것이다.

사실 기업이란 어느 면에서 자본, 설비, 기계, 원자재, 제품 등의 합리적 조합에 의한 물적, 기술적 시스템이고, 다른 한편으로는 여러 계층의 인간군, 즉 노동자, 관리자, 경영자 등에 의해서 구성된 기능 분담의 인적 · 공적 시스템이다. 이 인적 · 사회적 시스템, 즉 조직이라는 이름의 기업 구성체가 물적, 기술적 시스템으로서의 기업을 관리하게 된다. 그런데 당시의 관리론은 경영자나 관리자가 일에 관한 명령을 내리고 합당한 보수만 준다면 그대로 복종할 인간만을 대상으로 한 조직을 전제로 했다. 경영관리학뿐만 아니라 경제학도 당시에는 임금만을 위해 일하는 일면적인 인간관을 그 전제로 삼았으며, 구체적 경영에 있어서 인간의 문제, 특히 인사관리나 조직관리에서 인간관계 등은 소홀히 다루어질 수밖에 없었다.

이러한 새로운 인간관계 측면에 초점을 두고 과학적인 실험을 통해 경제적 조건뿐만 아니라 심리적 조건이나 사회적 조건에도 영향받는 다면적인 인간상을 파악한 논자들이 바로 호손 실험(Hawthorne Experiments)으로 유명한 메이요(Elton Mayo)와 레슬리스버거(F. J. Roethlisberger)이다. 이들은 『인간관계론(Human Relations Approach)』을 탄생시켰고, 이 분야에서 이론체계를 가다듬은 연구로는 레윈(K. Lewin)의 『집단역학(Group Dynamics)』, 리피트(R. Lippit)와 화이트(R. K. White)의 『리더십 유형에 대한 실험』, 맥그리거(D. McGregor)의 『XY이론』, 그리고 매슬로우(A. H. Maslow)의 『동기부여와 개성(Motivation and Personality)』 등이 있다.

요컨대 인간관계론의 출현은 이른바 과학적 관리론이라는 변증법적인 테제(these: 정)에 대한 반동에서 비롯된 안티 테제(anti-these)였다. 그러나 인간 관계론도 인간을 중시하는 바탕 위에서 지나치게 심리적이며 감정적이었다. 이러한 테제와 안티 테제의 대립은 필연적으로 신 테제(syn-these: 합)를 요구하게 되었고, 이러한 요구에 부응한 것이 바로 버나드(Chester I. Barnard), 사이몬(Herbert A. Simon) 등의 『조직이론(Organizational Theory)』이다. 이들은 인간관계론의 일면적인 한계를 보완하기 위해 근대적인 인간관을 전제로 일정한 공통 목적의 달성을 지향하는 조직에 관한 이론, 다시 말해 조직을 구성하는 인간에 대한 새로운 견해를 피력한 조직이론을 개발했다. 다만 이러한 조직이론도 경영 주체로서의 인간에게만 지나칠 정도의 비중을 두거나 관리과정 가운데 조직 부분에만 관심을 경주하는 것과 같은 일면적인 연구로 인해 전체로서의 기업 목적을 달성하기 위한 전반관리에 관한 이론 연구로서는 부족하다는 한계를 갖고 있다.

3. 마케팅관리시대(1945~1958년)

미국은 1941년 12월 진주만 습격 이후 제2차 세계대전에 적극적으로 개입했으나 전쟁으로 인한 직접적인 피해는 거의 없었고 오히려 전쟁 물자를 대주는 군수공장의 역할을 했기 때문에 많은 채권을 소유하게 되었다. 따라서 1944년 브레튼우즈 협정으로 영국이 지배하고 있던 세계 금융권이 미국으로 넘어오게 되었고, 또한 달러가 전 세계의 기축통화로 유통되게 되었다. 또한 미국 경제는 2차 세계대전으로 전례 없는 성장을 이루어 막대한 국부의 향상을 가져와, 종전 시 영국, 프랑스의 1인당 GNP가 1,200달러, 900달러 수준이었음에 반해 미국은 세계 1위인 3,000달 러 수준으로 엄청나게 큰 격차가 벌어졌다.[27]

그러나 전시 특수수요의 종식은 생산시설의 유휴화를 초래해서 새로운 문제를 야기시켰다. 기업의 당면과제는 생산시설을 가동하는 것이 되었고, 기업경영자들은 높은 소득수준에 바탕을 두고 있는 미국 소비자들의 잠재구매력을 실제의 구매행위로 이끄는 데 온 관심을 집중했다. 즉 단순한 판매 활동을 넘어서 소비자가 원하는 상품이 무엇인가를 파악하고, 이러한 요구에 부응하는 상품을 개발, 능동적으로 구매력을 창조해 나가는 마케팅 활동이 전개된 것이다. 이러한 경영자들의 노력에 의해 1945년에서 1958년에 이르는 동안 미국 경제는 4.8%라는 전례 없는 성장

을 이루었다.[28]

미국 경제의 규모를 볼 때 연 4.8%의 성장은 실로 엄청난 수준이 아닐 수 없다. 이러한 성장을 주도한 기업은 미래에 대한 확신을 갖고 안정적인 상황에서 경영을 했다. 이 시기는 미국 역사상 천국과 같은 시대였다.

4. 기획관리시대(1959~1973년)

전후 순탄한 성장을 지속했던 미국 경제는 경기순환의 결과 나타난 구조적 수급의 일시적 불균형으로 인해 1959년에 불황국면에 들어서게 되었고, 그 결과 GNP가 0.7% 하락하게 되었다. 이러한 경제적 불황기에서 기업들은 미래 시장 경기 예측에 지대한 관심을 쏟지 않을 수 없게 되었고, 이에 따라 이러한 역할을 담당하는 기획실 제도가 많은 기업에 도입되었다.

1960년대 초의 기획실에서 수행한 경기예측은 통계적 기법을 통한 양적인 예측이었을 뿐, 신규업종에의 참가 및 기존 업종의 폐쇄 등과 같은 질적, 전략적 성격의 것은 아니었다. 즉 단기적으로는 투하된 생산시설의 조업도를 경기예측에 따라 효율적으로 조정해서 수급을 조절하고, 장기적으로는 생산시설의 증설 및 감축과 이에 따른 자금 수요를 예측하고 효율적인 자금 조달원을 선택하는 데 초점을 맞춘 계획 업무였다.

1950년대 말의 불황을 이기고 60년대에 미국 경제는 다시 순탄한 성장을 하게 되는데, 이러한 성장의 전기를 마련한 시대적 상황을 살펴보면 기획실 제도 외에 두 가지를 더 들 수 있다. 하나는 1957년 소련의 스푸트니크 1호 인공위성 발사였다. 그때까지 미국인들은 미국이 정치, 경제뿐 아니라 기술, 문화 등 모든 면에서 소련을 앞섰다고 생각하고 있었던 만큼 스푸트니크 사건은 미국인에게 커다란 충격을 안겨주었다. 인공위성 발사의 선수를 빼앗기고 대책 마련에 부심하게 되었던 미국은 1960년 있었던 대통령선거에서 케네디(John F. Kennedy) 후보가 1960년대가 지나기 전에 인간이 달에 내리게 하겠다는 공약을 하기에 이르렀다. 1961년 취임한 케네디 대통령은 인문사회 중심이던 초등학교, 중등 · 고등학교의 교과과정을 과학 중심으로 바꾸고, 그동안 소홀히 다루던 수학 과목을 강화했다. 아울러 나사(NASA) 계획을 세워 우주산업(space industry)에 대한 대규모 투자를 단행했고 이로 인해 여러 부문의 경기가 활성화되었다.[29] 케네디 대통령은 비록 1963년에 암살당했지만, 그의 공약은 1969년 7월 우주인 암스트롱(Neil Armstrong)이 달에 착륙함으로써 실현되었다.

또 다른 하나는 당시 전운이 감돌기 시작한 베트남 전쟁이었다. 케네디는 1962년 포드자동차 사장이었던 맥나마라(Robert McNamara)를 국방장관으로, 맥조지

번디(McGeorge Bundy)를 대통령 정치보좌관으로 임명하면서 군사력을 증대시키는 계획을 추진했다. 민간부문에서 경영하던 맥나마라는 국방부 예산에 영점기준 예산(zero-base budgeting)제도의 하나인 PPBS(Planning, Programming, and Budgeting System)를 도입해서 예산의 대부분을 민간부문으로 넘겼다. 이를 계기로 한 군수산업의 시설투자는 관련분야를 활성화하는 데 기여했다. 그러나 한번 투자가 시작된 군수산업은 끊임없는 소비를 해야 했고, 결국 케네디 대통령을 이은 존슨(Lindon B. Johnson) 대통령으로 하여금 베트남 전쟁을 일으키게 하는 불행한 역사를 쓰고 말았다.

이러한 여러 가지 요인에 힘입어 미국 경제는 1960년대에 또다시 비교적 순탄한 성장을 이루었으나 1950년대의 성장과는 근본적인 차이가 있었다. 즉 1950년대의 경제성장은 인플레이션을 수반하지 않은 것임에 비해, 1960년대는 인플레이션을 수반한 값비싼 성장이었던 것이다. 그러나 인플레이션은 고정자산에 투자가 이루어지고 있던 제조기업으로서는 환영할 만한 일이었고, 이러한 호황이 계속되자 1960년대 초 성급하게 도입되었던 기획실 중심의 경영관리체계는 다시 마케팅 중심의 경영체계로 대치되었다.

5. 환경기반 경영전략시대(1973~1980년대 후반)

1973년의 오일 쇼크는 세계 경제에 커다란 충격을 가져와, 1959년의 공황보다도 훨씬 심각한 경기침체를 몰고 왔다. 오일 쇼크로 야기된 이 불확실성의 시대에 각 기업은 다시금 기획실을 찾게 되었으며, 1975년에는 웬만한 중소기업까지도 기획실 제도를 도입, 운영하게 되었다. 그러나 이 시기에 나타난 기획실은 1960년대 초와 달랐다. 즉 1959년의 경기침체가 경기순환의 한 국면이었던 것과 달리, 1973년 이후의 경기침체는 외생변수의 영향으로 인해 발생한 것이어서 기업의 본질적이고 전략적인 문제와 직결되었기 때문이다.

기업 차원에서 성장을 위해 미래를 설계하는 경영정책론에 기초한 전략개념은 1970년대 이후 미국의 경제상황이 악화되기 시작하고, 특히 석유위기와 같이 예기치 못한 환경변화가 기업경영의 중요한 요소로 부각되면서 보다 환경 분석적이고 실천적인 연구로 전환되었다. 이에 따라 단순히 미래의 비전 및 성장과 관련된 전략의 유용성을 제시하던 차원에서 벗어나 구체적인 기업행위를 결정하는 방향으로 연구의 축이 옮겨지게 되었다.

이러한 변화를 주도한 것은 경영학자가 아닌 경제학자, 특히 산업조직론자들이었다. 포터로 대표되는 이들은 전략의 수준을 기업 전체적인 차원에서 사업단위 수준으로 끌어내려, 전략을 개별산업 내에서 행동하는 기업들이 선택하는 의도적이고 구체적인 행위로 규정했다. 이들의 관점에 의하면 경영전략이란 특정산업에서 평균 이상의 수익을 올리기 위해 산업의 특성을 고려 해서 적합한 기업행위를 채택하는 것으로 파악된다. 이같이 1970년대 전략개념은 산업조직론에 바탕을 둔 전략계획(strategic planning)과 경쟁전략(competitive strategy)이 주류를 이뤘다. 이러한 전략론은 1980년대 초 절정에 달해 『경쟁전략(Porter, 1980)』, 『경쟁우위(Porter, 1985)』가 경영정책 및 전략론의 기본 교과서로 자리 잡으면서 전략적 경영에서 차지하는 비중이 확고하게 되었다.

산업조직론적 접근은 산업의 구조적 특징이 기업의 행동을 결정짓고, 그 기업의 행동이 기업의 성과를 결정짓는다는 논리를 따른다. 이러한 관점에서 기업의 경쟁력 혹은 성공에 가장 큰 영향을 미치는 요인은 기업이 위치(position)한 산업구조이기 때문에 경영전략의 초점은 산업의 구조적 특성을 분석해서 어떤 산업에 기업을 위치시킬 것인가(positioning)에 두어진다. 산업구조를 기업 전략적인 관점에서 연구한 논의에 따르면 각 기업이 마주치게 되는 경쟁모습은 산업구조와 경쟁자들 간에 일어나는 상호 대응관계에 의해 결정된다고 한다. 일반적으로 높은 투자수익률을 보이는 산업에서는 기존 기업이 시설을 확장하거나 신규 경쟁자가 진입해서 경쟁을 심화시키고, 경쟁이 심화되면 그 산업에 속한 기업들이 얻게 되는 투자수익률은 낮아지게 마련이다.

그러나 경쟁을 심화시키는 핵심요소는 산업에 따라 다르다. 즉 기존 경쟁자가 설비 증설을 통해 경쟁을 심화시키는 경우도 있고, 신규 경쟁자가 다수 등장해서 경쟁을 심화시키는 경우도 있으며, 전혀 예상치 못했던 제품이 기존 제품을 대체함으로써 경쟁자로 나타날 수도 있는 것이다. 이같이 산업 내에서 경쟁을 유발해서 결과적으로 그 산업의 투자수익률에 영향을 주는 요소는 잠재적 진출기업, 산업 내 기존 경쟁기업, 공급자, 구매자, 대체품으로 요약된다. 이처럼 산업구조를 변화시키는 요인과 그 산업에 속한 자신의 강 · 약점이 파악되면 기업은 자신의 경쟁적 입장을 이해하고 전략을 통해 성과를 높일 수 있는 경쟁영역을 찾아낼 수 있다.

그러나 산업조직론적 접근은 1980년대 초반부터 두드러지게 나타나기 시작한 미국 기업들의 경쟁력 하락과 일본 기업들의 상대적 급성장을 설명하는 데 한계를 나타냈다. 게다가 경제학에서 도출된 변수들을 중심으로 대규모 자료를 수집해서 이를 통계적으로 처리하는 데 치중했기 때문에 기업경영자들에게 규범적인 측면에서 많은 시사점을 제공하지는 못했다.

6. 자원기반 경영전략시대(1980년대 후반~2000년대 중반)

기업이 보유한 자원에 근거해서 기업을 보는 시각인 자원기반관점(Resource-

Based View: RBV)은 1980년대 이후 부상한 이론이다. 물론 이러한 관점이 전혀 새로운 것은 아니었다. 1980년대 이전에도 기업의 성과가 기업이 보유한 내부 능력(competences)에 의해서 결정된다는 견해는 1930년대 버나드(Chester Barnard, 1938),[30] 1960년대 챈들러(Alfred D. Chandler, 1962),[31] 1970년대 루멜트(Richard P. Rumelt, 1974)[32] 등에 의해서 다양하게 제기되었다. 그러나 이들은 역량을 경영자의 자질, 조직, 그리고 사업에서 찾았다.[33] 자원기반관점을 제시한 베르너펠트(Birger Wernerfelt, 1984)[34] 역시 기술자원과 같이 기업의 장기적인 성과를 좌우할 중요 자원에 대한 정확한 설명을 하지 못하고 단지 개념을 제시하는 수준에 머물렀다.

자원에 대한 본격적인 논의는 1980년대 후반에 이르러 '자원'이라는 제한된 개념에 대한 한계를 느낀 노벨경제학 수상자인 아마르티아 센(Sen, 1985)[35] 등이 자원을 '능력(capabilities)'으로 확장하면서 시작되었다. '자원과 능력'은 1990년 프라할라드와 해멀(Prahalad & Hamel, 1990)[36]에 의해 '핵심역량(core competence)'으로 정교하게 정리되었고, 드러커(Drucker, 1993)와 노나카(Nonaka Ikujiro, 1995)에 의해 지식(knowledge)으로 확장되었다.

전통적 전략론에서 이미 언급되었던 내부능력에 대한 논의가 1980년대 이후 다시 등장해서 각광받게 된 이유는 무엇일까? 그것은 한 마디로 1970년대 이후 전략론의 주류로 자리잡은 산업조직론적 전략론에 대한 반성이었다. 앞에서 살펴보았듯 산업조직론적 전략론은 기업의 외부요인에 의해 전략이 결정된다는 논리로, 기업 내부에 대해서는 상대적으로 관심을 기울이지 않았다. 따라서 산업조직론은 환경기반관점(Environment-Based View: EBV)이라고 부를 수 있다. 그리고 이 방식에 따르면 산업에 진입하고자 할 때 다음 순서에 따라 전략을 세우게 된다. (1) 산업구조분석에 따라 산업을 결정하고, (2) 경쟁자의 전략을 분석해서 진입전략을 채택하고, (3) 이러한 전략 수행에 필요한 자원을 파악해서 획득한다.

이에 반해 자원기반관점은 기업의 내부로부터, 특히 기업이 보유한 자원에 의해 전략이 결정된다는 논리를 제시한다. 기업이 장기적으로 높은 수익성(성과)을 내기 위해서는 경쟁력 있는 자원을 끊임없이 축적하고, 이 관점에 따르면 기업은 자원과 능력에 있어 서로 이질적이므로 각자 자신이 처한 자원의 특성에 따라 가능한 전략을 선택해야 한다.[37] 기업의 성공은 기업을 둘러싼 환경요인이 아니라 기업이 보유하고 있는 내부의 특수한 자원에 의해 결정된다. 동일한 산업에 속한 기업이라 할지라도 기업마다 환경변화에 대응하는 방식이 다른데, 그 이유는 바로 기업이 보유한 자원이 다르기 때문이다. 기업이 성공하기 위해서는 환경변화를 빨리 파악하고 이에 적합한 전략을 개발하는 것보다 개발된 전략을 자신의 보유능력을 활용해서 실행하는 것이다. 전략을 성공적으로 실행하기 위해서는 이에 필요한 자원을 보유하고 있거나 창조해야 한다.

환경기반관점과 자원기반관점은 모두 손자병법 3편 모공(謀攻)에 나오는 "지피지기 백전불태(知彼知己 百戰不殆)"를 따른다. "상대방을 알고 나를 알면 백번 싸우더라도 위태롭지 않다"는 것이다. 여기에서 '상대방'을 환경, '나'를 자원으로 바꾸면 "환경을 알고 자원을 알면 백번 싸우더라도 위태롭지 않다"라고 표현할 수 있다. 다만 환경기반관점과 자원기반관점의 차이는 순열(permutation), 또는 순서(sequence)이다. 환경기반관점에서는 환경을 자원보다 먼저 고려하고, 자원기반관점에서는 자원을 환경보다 먼저 고려할 뿐이다. 이러한 순서, 즉 순열에 대한 논의는 5장에서 조합-순열-시간 모델(Combination-Permutation-Time Model: CPT Model)을 다룰 때 함께 하기로 한다.

자원기반관점은 세 가지 문제점을 안고 있다. 첫째, 자원이란 단어가 가진 모호성으로 인해 통일된 개념정립이 부족하다. 보유자원에 근거한 자원기반관점은 연구자에 따라 자원을 정의하는 방식이 다르고, 논리가 너무 추상적으로 전개되는 등의 문제가 있어 통일된 이론체계로 불리기에 어려움이 있다.

둘째, 자원은 사후에만 파악할 수 있다. 기업에 경쟁우위를 가져오는 자원은 모방도 불가능하고 이동하기도 쉽지 않다. 모방이나 거래가 불가능한 자원이라면 그러한 자원을 파악하는 것이 어렵거나, 혹은 그러한 성공적인 자원이 형성된 원인을 알기 어렵다는 뜻이 된다. 따라서 어떤 자원이 경쟁우위를 가져오는지는 그러한 자원을 보유한 기업이 경쟁우위를 갖고 성공했을 때 비로소 파악할 수 있다.

셋째, 자원의 범주를 확장하는 과정에서 모든 것을 자원이란 한 단어에 포함시키려고 하는(all encompassing) 패놉티시즘(Panopticism)[38] 문제에 빠진다. 자원기반관점 학자들은 자원(resource)만 자원으로 볼 것이 아니라, 자원을 획득하고 축적할 수 있는 능력(capability)도 자원으로 봐야 한다고 주장한다. 그리고 역량을 확장하다 보니 자원을 능동적으로 창출하는 주체(subject)도 자원이고, 자원을 창출하는 환경(environment)도 자원이고, 심지어는 주체와 환경과 자원을 결합해서 만들어지는 메커니즘과 메커니즘에서 파생하는 프로세스도 자원이라고 주장한다. 결국 자원기반관점이 기업이 어떤 자원을 보유하고 있느냐 하는 문제보다는 그러한 자원을 획득하고 축적할 수 있는 역량이 무엇이며 그 역량이 창출된 과정을 강조하다 보니 자원의 개념이 지나치게 확장된 것이다. 그러나 그 과정에서 자원이 기업의 성과에 영향을 미치는 모든 독립변수와 매개변수를 모두 망라하는 개념이 되어 자원의 개념에 대한 논쟁이 무의미해진다.

7. 메커니즘기반 경영전략시대(2000년대 중반~2020년대 초반)

기업경영에서 자원에 대한 지나친 몰입은 '초경쟁(hyper-competition)의 도래'를 가져왔다. 다베니(D'aveni, 2006)[39]에 의하면 '산업선도자의 수명이 단축되는 현상'이 다양한 산업에서 일어난 것이다. 경쟁우위는 더 이상 지속가능성이 없게 되었다. 가격을 기반으로 한 치열한 경쟁, 여유자산(deep pocket)에 의존하는 기업 간의 제휴 등만으로는 산업선도자가 장기적으로 경쟁우위를 유지할 수 없기 때문이다. 자원은 단기적으로 특정 기업에게 독점이나 1등을 잠시 제공해주지만, 1등을 장기적으로 유지하는 조건이 될 수는 없다.

초경쟁의 현상은 석유산업, 자동차산업, 전자산업 등 여러 산업에서 일어나고 있다. 19세기 중반에 시작된 석유산업에서 선도적 역할을 한 기업은 존 록펠러(John D. Rockefeller, 1839~1937)의 스탠다드오일 회사(Standard Oil Company)였다. 1870년에 설립된 이 회사는 원유생산지인 텍사스와 석유제품 소비지인 뉴욕 간의 철도를 독점적으로 장악하고, 이 독점력을 기반으로 해서 석유의 생산, 운송, 정제, 마케팅 분야에서 다른 회사들에 비해 월등한 영향력을 가졌다. 1890년 기준으로 스탠더드오일은 미국 내 88%의 시장점유율을 기록했다. 1911년 스탠다드 석유는 독점금지 규정을 법제화한 셔먼법(Sherman Act)에 의거해서 34개의 주 단위 회사로 해체되었다.[40] 그 후에도 맏형격인 스탠다드오일 뉴저지(Standard Oil Company of New Jersey)는 엑슨(Exxon)으로 개명하면서 맏형 역할을 했고, 1998년에는 모빌(Mobil)로 이름이 바뀌었던 스탠다드오일 뉴욕(Standard Oil Company of New York: SOCONY)와 합병해서 엑슨모빌(ExxonMobil)이 되면서 1870년에 장악했던 선도적 위치를 20세기 말까지 유지했다. 그러나 21세기에 들어와서부터 엑슨모빌의 아성이 흔들린 결과 <표 1.2>에서 보듯이 2018년에 5등으로 추락하는 수모를 겪고 있다.

자동차산업은 더욱 극적이다. 자동차사업의 최강자는 1931년 포드자동차를 꺾고 1등에 등극한 제너럴 모터즈(General Motors: GM)였다. GM은 제품배합(product mix)과 시장분할(market segmentation)이라는 마케팅 이론을 만들어가면서 1970년대의 두 차례 석유위기와 크고 작은 불황을 극복하고 자동차산업의 절대강자로 군림했다. 그러나 2006년 이후 자동차산업은 군웅할거의 세상으로 바뀌었다. <그림 1.4>에서 보듯이, 자동차산업에서 1위 기업은 2006년 토요타가 차지했다가 2009년 GM이 1년 되찾았고, 다시 2010년 토요타가 1등이 되었다가 2017년부터는 폭크스바겐이 차지하고 있다.

초경쟁은 산업이 아닌 권투와 같은 스포츠나 영화에서도 일어난다. 전설적인

표 1.2
세계 10대 석유회사 (2017-2018)[41]

Ranking	Country	Company Name	Revenue 2017 (US$ billion)	Revenue 2018 (US$ billion)
1	Saudi Arabia	Saudi Aramco	314.4	414.6
2	Netherlands UK	Royal Dutch Shell	265	396.5
3	China	China National Petroleum Corporation	299.1	392.9
4	United Kingdom	BP	222.8	303.73
5	United States	Exxon Mobil	268.9	290.2
6	France	Total SA	212	209.4
7	United States	Chevron Corporation	129.9	158.9
8	Russia	Lukoil	144.17	127.7
9	Russia	Gazprom	106.3	118.83
10	Russia	Rosneft	88.44	118.46

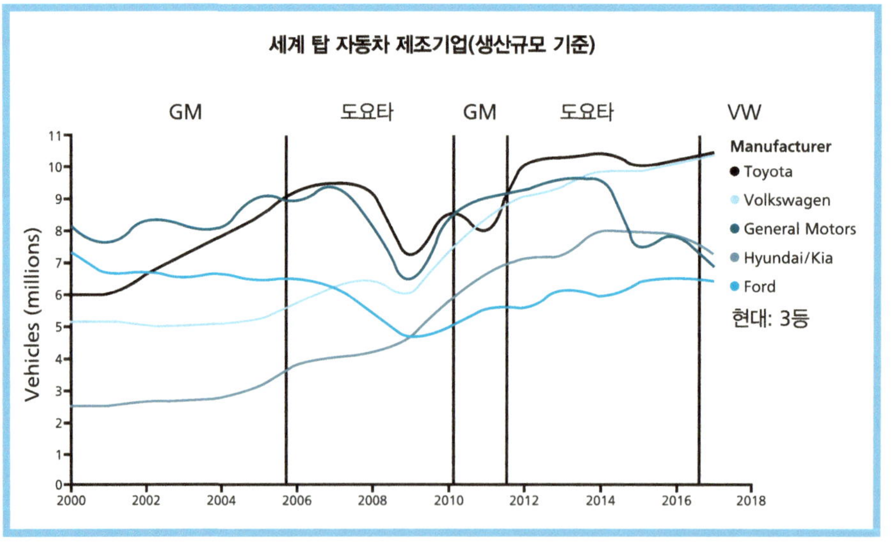

그림 1.4
세계 탑 자동차 제조기업 (생산규모 기준)의 부침 (2000~2018)

세계 헤비급 권투선수인 조 루이스(Joe Louis)는 1937년부터 1949년까지 12년간 25회의 시합에서 무패의 신화를 만들면서 챔피언 자리를 지켰고, 무하마드 알리(Muhamad Ali)는 1964년부터 1970년, 그리고 1974년부터 1979년까지 15년 동안

29회의 방어전을 승리로 이끌었다. 그러나 2016년부터 2021년 6월까지 5년간 세계 헤비급 권투 챔피언은 세계권투협회(World Boxing Association: WBA) 기준 4명, 세계권투조직(World Boxing Organization: WBO) 기준 5명, 국제권투연맹(International Boxing Federation: IBF) 기준 5명이다.[42]

1956년 제16회 멜버른 올림픽에서 복싱 밴텀급 은메달을 딴 송순천 선수를 만나는 기회가 있어 평소 가졌던 질문을 했다. "옛날 조 루이스, 무하마드 알리와 같은 선수들은 10여년간 선수생활을 하면서 방어전에서 수십 번이나 이겼는데, 오늘날에는 챔피언이 되면 첫 방어전에서 지는 이유가 무엇인가요?" 송 선수로부터 들은 답변은 다음과 같았다. "그러게 말입니다. 옛날 우리가 젊었던 시절에는 선수가 되려면 최소한 5년 동안 물도 나르고 청소도 하면서 연습장에서 기초부터 정확하게 배워야 했었습니다. 그래서 기본기는 물론이고 스트레이트, 잽, 어퍼커트에 방어까지 철저하게 준비한 다음에야 비로소 링에 올라가는 기회를 얻었답니다. 그러나 요즈음 젊은이들에게 5년 동안 준비만 시키면 주저없이 떠납니다. 그래서 요즘에는 각 젊은이의 특성에 맞게 주특기를 선정해서 집중교육을 시킵니다. 팔이 길면 스트레이트, 몸집이 좋으면 잽에 특화시킵니다. 그리고는 링에 올려보내죠. 운이 좋아서 자신의 주무기가 터지면 챔피언이 됩니다. 그러나 방어전에는 다른 주무기를 가진 젊은이가 도전자로 나오고, 그 젊은이의 주무기가 터지면 새로운 챔피언이 됩니다. 이제는 모든 면에서 능력을 두루 갖춘 선수(all-around player)를 찾기가 어렵습니다."

이렇듯 오늘날 초경쟁이 일어난 원인은 자원이 가진 특성에 있다. 즉 기업이 보유한 자원은 공격전략을 통해서 산업선도자가 될 수 있도록 해주지만, 방어전략을 통해서 산업선도자 위치를 오래 유지하게 해주지는 못하기 때문이다.

8. AI중심 메커니즘기반 경영전략시대(2020년대 초반~미래)

지금까지 설명한 경영전략 이론의 발전과정을 요약해서 정리하면 <표 1.3>과 같다. 이 표는 경영학자의 시각에서 1910년대에서 1970년대 초반까지 관리시대에서 1973년 석유위기 이후 전략시대로 이전되었다가, 2020년 코비드-19를 계기로 해서 AI시대로 옮겨가는 순서를 보여주고 있다. 다시 각 시대 안에서 경영학자들이 이끈 경영학의 초점 변화를 보자. 관리시대에서는 경영학자들이 본 경영자들의 관심사가 생산 → 인사조직 → 마케팅 → 기획관리로 옮겨갔고, 전략시대에서는 환경기반 경영전략 → 자원기반 경영전략 → 메커니즘기반 경영전략으로 옮겨가고 있다.

이 표는 과거뿐 아니라 미래에 대한 저자들의 경영학자로서의 예측도 제시하고

표 1.3 기업경영이론이 발전해온 과정

시기	과거: 관리시대				현재: 전략시대			미래: AI시대
	1910~1919	1919~1945	1945~1959	1959~1973	1973~1980년대 초반	1980년대 중반~2000년대 초반	2000년대 초반~2020년대	2020년대~
전략의 기반	주체				환경	자원	메커니즘	AI중심 메커니즘
기업경영의 초점	생산관리	인사/조직관리	마케팅관리	기획관리	환경기반 경영전략	자원기반 경영전략	메커니즘기반 경영전략	AI중심 메커니즘기반 경영전략
계기	대기업의 출현	제1차 세계대전(노동력 부족 및 인권의식의 강화)	제2차 세계대전(소득증가와 생산 시설의 유휴화)	경기침체	석유위기	일본 기업들의 두각으로 미국 경제의 세계주도권 상실	엔론 등 윤리적 문제기업 몰락, 세계금융위기, 초경쟁	이세돌과 알파고의 대결 코비드-19
경영학자들의 학문적 탐구(예)	테일러의 과학적 관리법	메이요의 호손 연구, 맥그리거의 XY이론 버나드 사이몬의 조직이론, 아지 리스의 개성과 조직	마케팅의 4P	앤소프의 경영계획	앤드류즈의 경영전략, 포터의 경영전략	바니, 하멜과 프라할라드 등의 핵심역량 및 자원기반 관점	경제학의 메커니즘 디자인 관심고조, SER-M Framework, CPT Model, WS Model 등 전략 메커니즘[43]	Post-코비드 경영학, AI시대의 경영학
현상	포드의 대량생산 체계	노조의 활성화 비공식 조직 스태프 조직	순탄한 양적 성장	기획실 도입 및 통계학적 기법 응용	질적인 문제 추구, Contingency Planning 등장	핵심역량, 자원 등 기업 내부 측면 강조	MAGFAT[44] 등 AI기업 부상	창조, 혁신의 새로운 패러다임에 입각한 플랫폼 기업
대표 기업	포드, US스틸, 스탠다드석유	GM, AT&T	P&G	IBM, 듀폰	GE	토요타, 캐논, 이케아, 인텔	마이크로소프트, 애플, 구글, 페이스북, 아마존, 테슬라, 텐센트, 알리바바, 카카오, 네이버	?

있다. 이제 막 시작하는 AI시대에서는 기업의 전 구성원이 AI를 마음으로 받아드리고 머리로 이해할 때에만 소비자를 비롯한 다양한 이해관계자로부터 인정받을 수 있다. 따라서 경영자는 AI중심의 메커니즘, 즉 AI를 경영의사결정의 중심에 둔 메커니즘을 기반으로 경영을 해야 한다. 경영학자는 AI시대를 맞이해서 경영자들에게 필요한 능력을 새로운 'AI중심의 경영전략'으로 갖게 해주어야 한다.

AI중심 메커니즘기반 경영전략의 특징은 경외심, 겸손, 열린 마음이다. 즉 메커니즘을 기반으로 하되, 메커니즘을 구성하는데 있어 AI적 사고와 논리가 중심점에 있어야 한다. AI적 사고와 논리에 대해서 다시 한번 강조한다면, 인간, 그중에서도 내 판단능력의 한계, 즉 '제한된 합리성(Bounded Rationality)'을 인정하고, AI의 알고리즘을 통해 인간, 그리고 나보다 더 나은 결과를 도출할 수 있는 보편적 합리성(Universal Rationality)의 가능성을 인정하는 것이다. 이 자세는 자연에 대한 경외심, 사회 구성원들에 대한 겸손, 그리고 자신에 대한 열린 마음을 가져오는 인문학적 효과와 동시에 경영의 수준을 한 단계 올리는 사회과학적 효과를 낼 것이다.

AI라는 자연과학과 공학의 최첨단 분야를 받아드리는 경영자의 마음 한가운데에 인문학과 사회과학이 있다는 것은 일견 모순처럼 보일지도 모른다. 그러나 경영자는 AI를 자신의 마음 중심에 세울수록 자연과학/공학 중심의 AI전문가들이 자칫 간과할 수 있는 부분을 인문학과 사회과학으로 보완할 수 있다. AI와의 보완적 활동을 통해서 경영자는 AI와 경쟁자가 되지 않고 파트너가 되어 자신의 존재가치를 유지하고 상승시킬 수 있다.

그리고 AI와 코비드-19가 주도하는 변혁의 시대에는 모든 것이 바뀐다. 새로운 실력자가 경영자로 등장하는 가운데 기존에 리더였던 경영자들이 침몰한다. 전통적인 기업이 몰락하는 가운데 새로운 기업들이 부상한다. 이러한 현상은 2000년대에 부상한 AI 중심 기업들, 예컨대 MAGFAT로 불리는 미국의 마이크로소프트(Microsoft), 애플(Apple), 구글(Google),[45] 페이스북(Facebook), 아마존(Amazon), 테슬라(Tesla)에도 그대로 적용된다. 중국의 텐센트(Tencent: 騰訊), 알리바바(Alibaba: 阿裏巴巴), 한국의 카카오, 네이버 등과 함께 AI를 중심으로 사업을 벌이고 있는 세계적인 기업들이지만, 앞으로 AI가 어느 방향으로 발전하고, 어떤 방식으로 경영에의 적용이 이루어지는가에 따라 이들 기업 중에서도 더욱 발전하는 기업과 몰락하는 기업이 나타날 것이다.

지금은 존재가치가 미미하거나 아예 설립조차 되지 않은 기업 중에서 MAGFAT와 같은 선도기업을 뛰어넘는 성공적인 기업이 나타난다 할지라도 놀랄 일은 아니다. 이들 기업이 창립하기 전인 1970년대를 이끌던 엑슨이나 제너럴 일렉트릭 경영자들에게 앞으로 귀사를 뛰어넘는 기업들이 생길지도 모른다고 얘기한다면 모두 코웃음과 함께 손사래 쳤을 것이다. 이 책을 읽고 있는 30대에서 80대까지의 경영자는 물론이고, 20대와 30대의 학부, 석사, 박사과정 경영학도 중에서도 AI를 중심으로 하는 기업을 창업해서 기업가치 10억 달러짜리 유니콘(Unicorn company), 100억 달러짜리 데카콘(Decacorn company), 1천억 달러짜리 헥토콘(Hectocorn), 1조 달러짜리 킬로콘(Kilocorn)기업을 만들어내는 분이 있을 것으로 확신한다.

3절 경영전략 패러다임이 발전해온 과정

여기서는 앞에서 설명한 기업경영이론의 발표과정 중에서 '경영전략' 내용만을 뽑아서 다시 한번 살펴보기로 한다.

1. 1910년대 경영정책(Business policy)으로 시작한 경영전략

전략(strategy)이란 영어 단어는 서기 기원전 330년 그리스어로 쓰여진 '고전과 비잔틴(Classic and Byzantine, AD 330)'에서 사용된 'strategos'라는 단어에서 유래한 것으로 알려져있다. 그리스어 strategos는 '장군(general)'이란 뜻이다. 이고르 안소프(Igor Ansoff)는 strategy라는 단어를 자신의 책 『기업전략(Corporate Strategy, 1965)』에서 최초로 기업경영에 사용해서 '전략의 아버지'로 불린다.

비록 strategy라는 단어를 쓰지는 않았지만, 기업의 장군이라 할 수 있는 경영자에게 필요한 학문은 1965년 이전에도 존재했다. 다만 19세기 후반까지 경영자 양성은 법과대학의 몫이었다. 그러나 카네기철강(Carnegie Steel)이 세계 최대기업이 되고, 스탠다드오일(Standard Oil)이 세계 시장을 장악하는 등 대규모 기업이 사회의 주축으로 등장하면서 경영자 교육이 사회적으로 큰 수요를 형성하게 되었다. 그 결과 1881년에 펜실베이니아대학교(University of Pennsylvania)에 경영대학이 설립되었고, 1911년에는 하버드법학대학원(Harvard Law School)에서 하버드경영대학원(Harvard Business School: HBS)이 분리(spin-off)되어 나왔다. 당시 하버드법학대학원에서 경영대학원으로 옮겨온 교수들은 경영학석사(Master of Business Administration: MBA)교육을 시작했다. 1911년에는 기업 전체를 통합해서 책임지는 '전반경영자(general manager)'를 양성하기 위해 '전반경영(general management)'을 다루는 과목을 MBA과정에 개설했다. 그래서 1911년을 기업에서 전략이란 학문을 받아들인 원년으로 본다.[46]

하버드법학대학원 교수들이 법(law)을 근거로 한 판례연구(case study)를 교육방법으로 사용했듯이, 하버드경영대학원 교수들이 채택한 전반경영 과목의 교육방법도 정책(policy)을 근간으로 한 사례 연구가 주류를 이루고 있었다. 동일 산업 내에서 활동하는 여러 기업의 사례들을 수집해서 왜 어떤 기업들은 성공하고 어떤 기업들은 실패하는가에 대한 이해 방법을 구하는 것이 대부분이었다. 즉 법학에서 다루는 법의 해석이 판례에서 어떤 판결이 맞는가를 다루는 것처럼, 경영학에서 다루는 경영정책(business policy) 역시 기업이 처한 상황에서 어떤 대안이 존재하고 존재하는 대안 중에서 어떤 대안이 가장 바람직한가를 판단하는 것이었다. 당연히 이 시대의 경영학 교수들은 경영의 여러 가지 변수로 구성된 독립변수와 기업의 성공을 보여주는 종속변수 간에 존재하는 인과관계를 풀어서 이론을 개발한다는 것을 상상하지도, 시도하지도 못했다. 다시 말해서 이때는 이론적인 논리와 체계를 갖춘 경영전략에 대한 명확한 개념이 없었던 시대였다.

2. 1930년대 주체기반관점으로 체계적 접근을 시작한 경영전략

1927년 당시 미국 최대기업 중 하나였던 뉴저지 벨 전화회사 사장을 역임한 체스터 버나드(Chester I. Barnard, 1886~1961)가 저술한 『경영자의 기능(The Functions of the Executive, 1938)』은 경영자의 역할에 대해 과학적으로 접근한 최초의 책이다. 바나드는 이 책에서 조직이 오래 살지 못하는 이유는 효과성(effectiveness)과 능률성(efficiency)을 충족하지 못하기 때문이라고 주장했다. 여기서 '효과성'은 '조직이 주어진 목표를 달성하는 정도'이고, '능률성'은 '조직 구성원에게 동기를 부여하는 정도'이다. 그에 의하면 경영자는 기업 목표를 달성하면서 구성원에게 동기부여를 하는 역할을 맡는다. 바나드는 경영주체로서의 경영자 역할을 체계적으로 접근한 학자이고, 그런 의미에서 주체기반관점의 창시자이다.

1960년대에 들어와 챈들러(Alfred D. Chandler, 1962)의 『전략과 구조(Strategy and Structure)』를 효시로 해서 잇따라 출간된 앤소프(H. I. Ansoff, 1965)의 『기업전략(Corporate Strategy)』과 앤드류즈(Kenneth R. Andrews, 1965)의 『기업전략의 본질(The Concept of Corporate Strategy)』 등의 저서들은 기업이 환경과의 관계에서 더욱 합리적인 대응 태세를 모색하고자 하는 전략계획의 이론적 체계화를 형성시킨 역작들로서 바나드의 뒤를 이어 주체기반관점을 학문적으로 지원하는 역할을 했다.

이 시기를 전략 이전의 패러다임(pre-strategy paradigm)인 정책개발 패러다임(policy formulation paradigm), 또는 전략계획(strategic planning paradigm) 단계라고 일컫는다. 1970년대 초반에 하버드경영대학원과 영국 맨체스터대학 학자들이 경영전략 분야에 대한 교육과 연구의 방향을 명확히 하고자 모임을 가졌으나 경영전략을 독립된 학문 분야로 수용하는데 대해서는 합의에 도달하지 못했다.

3. 1970년대 환경기반관점을 기반으로 해서 독립된 학문으로 자리잡은 경영전략

경영학계에서 전략이 독립된 주제로서 보다 본격적으로 탐구되고 광범위하게 논의된 계기는 1973년 석유위기였다. 그 해 10월 6일 아랍연합군과 이스라엘 간에 벌어진 욤키푸르 전쟁이라고 불리는 제4차 중동전쟁이 당시 공시기준 유가를 불과

3개월 만에 배럴 당 3달러에서 4배 가까운 11.4달러로 치솟게 했고 기업은 유가가 다시 3달러로 내려갈지 100달러로 올라갈지 예측하지 못하는 상황이 되었다. 이제 바나드가 주장한 효과성과 능률성만 가지고는 기업의 장래를 헤쳐나갈 수 없게 된 것이다. 이제 경영자는 산출 대비 투입의 가성비를 관리하는 역할을 수행하기 전에 기업이 어느 목표를 향해서 어떤 길을, 얼마나 빠른 속도로 갈 것인가를 결정하는 전략적 역할을 담당해야 하게 된 것이다.

1977년 5월 25일에서 27일 사이에 피츠버그 대학(Pittsburgh University)에서 '경영정책과 기획연구(Business Policy and Planning Research)'를 주제로 개최된 학회가 열렸다.[47] 이 학회를 통해서 초기 전략 패러다임(Initial strategy paradigm)의 하나였던 전략계획 개념은 종래의 관리계획을 대체하는 새로운 개념으로 경영학 체계에 굳건한 뿌리를 내렸다. 전략계획은 '환경에 의해 제공된 기회'와 '자사의 강점과 약점'을 합리적 접근방법에 의해 면밀히 분석해서 자사 이윤의 극대화라는 목표하에 서로 연결시키는 전략(Matching strategy)을 선택하는 계획 기법이며, 기업의 전략적 자세(Strategic posture)를 논리적으로 재정의하는 합리적 계획 기법이었다.[48] 그 후 전략계획(Strategic planning)은 경영전략(Strategic management)이라는 새로운 패러다임의 일부로 통합되었다. 저자도 이 개념을 받아들여 2013년에 출판한 『조동성의 경영전략』에서 '8장 장기전략계획'으로 전략계획을 다루었다.

1980년에는 경쟁전략(Competitive Strategy, 1980), 1985년에는 경쟁우위(Competitive Advantage, 1985), 1990년에는 국가의 경쟁우위(The Competitive Advantage of Nations, 1990)라는 책을 쓴 포터는 이 세 권의 책을 통해서 환경기반관점의 패러다임을 정립했다. 이들 책에서 포터가 제시한 산업내 경쟁을 결정하는 '다섯가지 힘 모델(Five Forces Model)', 차별화전략, 원가선도전략, 특화전략으로 구성된 '본원적 전략(Generic Strategy)', 국가경쟁력을 평가하는데 필요한 '다이아몬드 모델(Diamond Model)'등은 시장규모, 산업성장률, 산업내 경쟁자 수와 경쟁강도 등의 계량적 변수를 이용해서 기업이나 사업의 경쟁력을 숫자로 계산할 수 있게 해주었다. 이제 경영전략은 통계적으로 검증할 수 있는 과학이 되었고, 포터는 환경기반관점의 창시자가 되었다.

4. 1980년대 자원기반관점으로 기업현장에 도움을 준 경영전략

비르거 베르너펠트(Birger Wernerfelt)가 1984년에 발표한 『자원기반관점으로 본 기업(A Resource-Based View of the Firm, 1984)』, 프라할라드와 해멀(CK Prahalad & Gary Hamel)이 1980년에 발표한 『기업의 핵심역량(The Core Competence of the Corporation, 1990)』, 노나카 이쿠지로(Nonaka Ikujiro)가 1995

년에 발표한 『지식창조기업(The Knowledge Creating Company, 1995)』은 그동안 기업을 둘러싼 외부 환경에 대해서만 연구해온 경영전략학자들에게 새로운 시각을 제공해주었다. 이 이론은 당시 일본기업들이 세계 시장을 지배하는 상황에서 갈길을 잃은 미국기업들에게 기업이 내부에 가지고 있던 핵심역량이나 암묵적 지식(tacit knowledge)과 같은 내부 자원의 중요성을 강조하면서 새로운 경영전략 패러다임을 제시해준 것이다. 미국기업들은 환경기반관점에서 갖춘 경영전략 능력과 자원기반관점을 가지고 개발한 내부 능력을 조합해서 일본기업에게 뺏겼던 산업내 경쟁력을 되찾았고, 베르너펠트는 이 논문 하나로 자원기반관점의 창시자가 되었다.

5. 2000년대 메커니즘기반관점으로 초경쟁시대를 극복해나가는 경영전략

자원기반관점에 입각한 전략은 핵심역량을 강조하는 과정에서 공격적인 성향을 가지는 반면 방어전략으로는 적절치 못한 문제를 일으킨다. 그 결과 리차드 다베니(Richard D'Aveni, 2009)가 지적한 대로 선도기업이 자신의 자리를 지키지 못하고 업계 리더십이 계속 바뀌는 초경쟁(hyper-competition) 사회가 나타나고 있다. 이러한 위기의 대안으로 메커니즘기반관점을 제시한다.

6. 2020년대 코비드-19과 함께 다가오고 있는 AI중심 메커니즘기반 경영전략

AI시대는 코비드-19와 함께 진행되면서 가속도가 붙고 있다. 앞으로 AI의 역할이 얼마나 커질지 판단하기 어려운 문제이다. 그러나 한가지 분명한 사실이 있다. 이제 AI를 배우지 않고 전문가가 될 수는 없다. 그리고 이 사실은 경영자에게도, 경영전략 전문가에게도 똑같이 적용된다. 지금까지 설명한 경영전략 패러다임 발전과정을 요약하면 <표 1.4>와 같다.

표 1.4 전략경영 패러다임이 발전해온 과정

시대	1910년대~1930년대	1930년대~1970년대	1970년대~1980년대	1980년대~2000년대	2000년대 이후	2020년대 이후
패러다임	정책개발	주체기반 경영전략	환경기반 경영전략	자원기반 경영전략	메커니즘기반 경영전략	AI중심 메커니즘 기반 경영전략
내용	• 기업의 기능적인 활동의 통합 • 기능적인 분야들이 당면한 문제들에 대한 의사 결정 및 정책들의 수립	• 환경과 연결하여 전략을 수정 • 전략의 내용을 전략 수립과 과정으로 구분 • 전략 수립에 초점을 둠	• 환경과 기업조직 수준의 통합 • 전략 수준을 정립(기업전략, 사업전략, 기능별 전략) • 산업구조 분석을 통한 전략 수립 • 경쟁요인 분석으로 미래의 산업 환경 예측 • 전략의 수립과 실행 양자에 관심	• 전략 수립의 근거가 기업내부 자원으로 변함 • 전략 실행가능성에 초점	주체-환경-자원을 메커니즘으로 통합하는 패러다임	AI를 메커니즘의 중심에 위치시키고 경영 문제를 AI로 해결
한계	• 미래 환경위협을 예측하지 못함(일상적인 문제만 해결)	• 전략 수준의 불명확 • 기업조직 수준과 환경과의 통합문제 야기 • 전략 실행과정에 대한 논의 부족	• 전략 실행을 위한 자원은 무한하며 획득 용이하다고 가정	• 환경변화에 따라 자원가치 변화 • 통합된 전략 패러다임 필요	경영자의 제한적 합리성 메커니즘의 경직성	빅데이터로 풀지 못하는 미래에 대한 예측과 준비

4절 기존 경영전략이론의 발전과 한계

1. 경영전략이론의 발전사

앞에서 다룬 경영전략의 역사는 경영전략이 새로운 학문으로 형성되기 이전의 과정을 법학, 정책학, 경제학 등 기존 학문의 틀로 해석한 것이었다. 그러나 경영전략이 독립된 학문으로 자리 잡고 있는 오늘날에도 다른 학문의 틀을 빌려서 경영전략을 설명하는 방식은 구차할 뿐 아니라, 경영전략의 본질을 이해하고 경영전략 이론을 개발하는데 적절치 않다. 따라서 여기에서는 경영전략을 기업이 원하는 성공적인 성과를 달성하기 위한 수단으로 보고, 기업을 성공시키는 요인을 판단 기준으로 해서 전략의 새로운 역사를 써 보기로 하자. 아래 설명에는 앞에서 언급한 내용의 일부가 포함되어 반복적으로 설명되고 있으나, 같은 내용이라 할지라도 관점을 달리해서 서술하는 것이라는 점을 참고해서 읽기 바란다.

1) 제1관점: 주체기반관점(Subject-Based View: SBV)

기업의 성공 요인을 설명하는 첫 번째 관점은 전략을 개발하고 실행하는 주체(Subject: S)의 사고방식과 행동이 기업의 성공을 결정짓는 가장 중요한 요인이라는 주장이다. 특히 기업의 최고경영자는 의사소통 패턴이나 전략 및 조직구조 등을 통해 기업의 성공에 간접적인 영향을 미칠 수 있을 뿐만 아니라, 기업의 미래 모습인 비전을 제시하고 이를 구성원들에게 전파시키는 과정에서 조직의 몰입도(Commitment)를 높임으로써 기업의 성공에 직접적인 영향을 미칠 수도 있다. 이 관점은 전략(Strategy)이란 단어가 널리 사용되기 훨씬 전인 1930년대에 경영정책(Business policy)이라는 이름으로 기업 내 정책 결정을 일회적, 예외적 현상으로 보던 시대에 등장했다. 일회적이고 예외적인 현상은 일반화할 수 없기 때문에 이론을 도출할 수가 없다.

따라서 이 시대를 대표하는 "경영자의 기능(The Functions of the Executive: 1938)"이라는 저서를 남긴 버나드(Chester I. Barnard)를 비롯한 당시 하버드경영대학원(Harvard Business School) 교수들이 주도하던 주체기반관점 학파에서는 다양한 산업에서 기업을 이끄는 영웅적인 최고경영자들이 당면한 정책과제를 사례로 개발했다. 그리고는 한 학기에 걸쳐 MBA과정 학생들에게 20~30개 정도의 사례를 주고, 각 사례에 등장하는 경영자 관점에서 전략 문제를 풀어나가는 의사결정 과정을 비록 간접적인 방법이지만 경험케 함으로써 학생들이 부지불식간에 전략을 담당하는 경영자의 능력을 함양하게 해주었다. 당연히 이런 시각에서 개발된 사례를 통해 학생들은 정답을 찾는 것보다 경영자의 전략적 의사결정 과정을 익히는 것이 목적이었다.

그렇다고 해서 주체기반관점 학자들이 이론 개발을 게을리한 것은 아니다. 다만 경영자라는 사람을 연구대상으로 할 때 성별과 나이, 교육기간, 기업근무년수 외의 다른 변수는 엄밀한 숫자로 표현하기 어려운 인간을 객관적으로 평가하려면 1~7 사이의 리커트 스케일을 이용하는 방법밖에 없다. 예컨대 기업구성원에게 자신이 근무하는 회사의 경영자가 가진 경영스타일을 가장 독재적인 1에서 가장 민주적인 7 사이의 숫자로 평가하라는 설문을 보낸 다음, 그 답변을 독립변수로 하고 그 회사의 경영성과를 종속변수로 한 후 어떤 경영스타일이 더 효율적인가를 분석하는 식이다. 그러나 리커트 스케일을 독립변수로 사용하는 연구는 그 결과에 있어 엄밀성이 떨어질 수밖에 없고, 그 결과 주체기반관점 학파의 학문적 성과도 높기 어려웠던 것이다.

2) 제2관점: 환경기반관점(Environment-Based View: EBV)

기업의 성공 요인을 설명하는 두 번째 관점은 특정 기업이 속해 있는 산업의 구조적 특성, 국가의 경영환경, 동일한 기업의 집합인 개체군의 밀도나 분포 혹은 정부의 산업정책 등과 같이 기업을 둘러싼 환경(Environment: E)적인 요인이 기업의 성공을 결정짓는다는 것이다. 이 패러다임에 의하면 기업의 성공 여부는 기업 내부요인보다는 기업이 속한 산업이나 국가의 구조적 특성, 정부정책과 같은 기업 외적 요인에 의해 좌우된다.

이 관점은 1973년 석유위기가 발생하면서 크게 부각되기 시작했다. 석유위기 이전의 확실성 시대(The Age of Certainty)에서는 미래가 확실하게 보였기 때문에 기업의 성과를 높이는 방법으로는 훌륭한 경영자가 지도력을 발휘해서 구성원에게 비전과 사기를 갖게 해주는 것이 가장 효과적이었다. 그러나 석유위기가 발생한 이후의 불확실성 시대(The Age of Uncertainty)에서는 불세출의 경영자라 할지라도 업종을 잘못 만나게 되면 하루아침에 기업이 망하는 시대가 열린 것이다. 예를 들어 대형자동차를 만들던 회사들은 3개월 만에 유가가 4배 오르는 환경 속에서 속수무책으로 망하는 반면, 소형자동차회사를 비롯한 에너지 절약 관련 산업에 있는 모든 회사는 고성장을 질주하는 현상이 나타났다. 이제 지도자의 지도력 이전에 그 기업이 어떤 업종에 속했는가가 성공의 비결이 되는 시대가 온 것이다.

환경기반 전략 시대를 연 사람은 포터였다. 포터는 산업조직을 전공한 경제학자로서 1973년 하버드대학(Harvard University) 경제학부에서 받은 박사학위에서 기업이 산업에 들어가는데 극복해야 하는 진입장벽(entry barrier)과 산업에서 나오는데 넘어야 하는 퇴거장벽(exit barrier)이 그 산업의 경쟁구조, 더 나아가 그 산업에 있는 기업의 수익성을 결정한다는 이론을 개발했고, 이를 기반으로 해서 산업의 경쟁강도를 결정하는 '다섯 가지 요인 모델(Five Forces Model)'과 이들 요인 분석에 따라서 기업이 선택할 수 있는 '본원적 전략(Generic Strategy)'을 제시하는 '경쟁전략(Competitive Strategy)'이라는 책을 1980년에 출판했다. 이 책은 환경기반관점을 대표하는 책이 되었고, 포터는 환경기반관점의 대표학자로 자리 잡게 되었다.

3) 제3관점: 자원기반관점(Resource-Based View: RBV)

기업의 성공요인을 설명하는 세 번째 관점은 기업의 성공이 환경요인이 아니라 기업이 보유하고 있는 내부의 특수한 자원(Resource: R)에 의해 결정된다는 자원기반관점이다. 동일한 산업에 속한 기업이라 할지라도 기업마다 환경변화에 대응하는 방식이 다른데, 그 이유를 각 기업이 보유한 자원의 차이로 보는 것이다. 기업이 성공하기 위해서는 환경변화를 빨리 파악하고 이에 적합한 전략을 개발하는 것도 중요하지만 이보다 더 중요한 것은 개발된 전략을 잘 실행하는 것이다. 그리고 전략을 성공적으로 실행하기 위해서는 필요한 자원을 보유하거나 창조해야 한다.

이 관점은 1984년 베르너펠트(Birger Wenerfelt, 1984)가 쓴 『기업의 자원기반관점(A Resource-Based View of the Firm)』에서 처음 제시되었지만, 이 관점이 널리 전파된 이유는 아이러니하게도 앞에서 소개한 환경기반관점 때문이었다. 포터가 주장한 경쟁전략을 채택한 수많은 미국기업들은 경쟁강도가 약한 시장으로 진출하거나 경쟁자가 아예 없는 시장을 창출했다. 그러나 이들이 진입한 시장은 경쟁자가 막강한 힘을 갖고 치열한 전쟁을 벌여야 하는 서유럽과 같은 경쟁시장보다도 더 열악한 상황이었다. 이를테면 서남아시아 국가들 같이 제품에 대한 소비자들의 인식 부족으로 시장이 형성되지 않았거나, 아프리카 국가들 같이 유통망이 불비하거나, 중국과 같이 지적재산권에 대한 인정을 해주지 않아 불법 제품이 판치는 시장에서 환경기반관점으로 무장한 미국 기업들은 기대한 매출액과 수익을 낼 수 없었던 것이다. 다시 말해서 미국 기업들은 경쟁자가 없거나 약해서 독점이나 독점에 준하는 조건을 쉽게 만들어냈지만, 경쟁자 이외에 다양하고도 어려운 여건 속에서 망하거나 어려운 지경에 놓이게 된 것이다.

경쟁자가 있는 시장에서도 상황은 크게 다르지 않았다. 또, 이러한 어려움을 무릅쓰고 세계 여러 나라에서 시장을 창출한 미국 기업들은 뒤에서 후발 진출 전략(late-comer strategy)을 쓰면서 같은 시장으로 진출한 일본 기업들에 덜미를 잡히고 말았다. 비록 악당이라 할지라도 앞에서 서로 마주보고 총을 쏘는 정정당당한 1대1 대결을 전제로 하는 카우보이 문화에 익숙한 미국 경영자 눈에, 뒤에서 비수를 꽂는 닌자 문화에 익숙한 일본 경영자들의 모방전략은 몹시 불쾌한 것이었다.

그럼에도 불구하고 냉정한 시장은 일본 기업의 손을 들어주었다. 후발 기업은 시장 선도전략(early-mover strategy)을 쓰는 선도기업보다 시장장악력에서 불리한 점이 있지만, 선도기업이 겪어야 하는 시행착오를 회피할 수 있고, 생산시설의 기술 진보성, 가격우월성, 품질우수성 등 유리한 점도 만만치 않았다. 그리해서 1980년대는 대부분의 제조산업에서 미국 기업이 일본 기업에 밀리면서 세계시장에서 미국 기업들이 우위를 점하는 팍스아메리카나(Pax-Americana) 시대가 사라지고 팍스자포니카(Pax-Japonica), 즉 일본 기업의 시대가 열렸다.

이런 상황에서 미국 기업들은 환경기반전략으로는 후발 일본 기업의 모방전략 앞에서 독점력을 유지하지 못하게 되었다. 더구나 일본 기업은 카이센(kaisen: 改善)이라는 무기를 내세워 경쟁력 면에서도 미국 기업을 압도하기 시작했다. 미국 경영학자들은 일본 기업이 가진 강점으로 찾아낸 카이센을 처음에는 '끊임없는 진보(continuous improvement)'라는 표현으로 미국 경영자들에게 소개했다. 그러나 미국경영자들이 일본 기업의 경쟁력을 충분하게 이해하지 못하게 되자 카이센이란 일본어를 그대로 사용했다.

카이센은 직원들이 현장에서 찾아내는 다양한 아이디어를 품의(稟議)제도를 통해 기업이 받아들이는 경영개선 방식이다. 이 제도를 채택하는 일본 공장에서는 공장 직원들이 근무시간이 끝나면 곧장 집으로 돌아가는 것이 아니라 자신이 맡은 기계를 청소하고 부근을 정리한 후 그날 찾아낸 아이디어를 기록으로 남겨서 품의안을 넣는 상자에 집어넣는다. 일반 직원들이 1년 평균 200건의 제안을 하고, 그해의 품의왕이 되려면 2,000건을 제안해야 한다고 한다. 근무시간이 끝난 5분 후에는 한 사람도 남지 않는 일반적인 미국 직장과 극명하게 대비되는 일본의 직장 문화는 마치 땅에 파묻혀있는 실뿌리가 커다란 나무를 지탱하듯이 눈에 안 보이는 작은 부분의 카이센을 통해 일본 기업의 경쟁력을 강화시켰던 것이다.

미국 학자들은 이제 일본 기업의 모방과 카이센을 따돌릴 수 있는 새로운 전략 패러다임을 찾아나선 결과, 자원기반관점을 개발했다. 자원기반관점을 받아들인 학자들은 미국 경영자들에게 더 이상 전략을 환경에서 찾지 말고 기업 내부에 있고 (일본의) 경쟁기업이 갖지 못한 자원을 가지고 전략을 개발하라고 제안했다. 1990년 프라할라드와 해멀(CK Prahalad & Gary Hamel, 1990)이 쓴 『기업의 핵심역량(Core Competence of a Firm)』은 새로운 관점에 익숙하지 않던 미국경영자들에게 자원기반관점을 받아들이는 데 결정적 역할을 했다. 그들은 일반적인 자동차조립회사와 혼다자동차를 비교하면서 핵심역량의 의미와 가치를 설파했다. 즉 일반적인 자동차조립회사가 어셈블리라인을 설치한 조립공장의 운영에 총력을 기울이는 동안, 혼다자동차는 다른 기업이 가지지 못한 모터 생산에 대한 세계적인 핵심역량을 가지고 잔디 깎는 기계에서 출발해서 오토바이, 자동차에 이르는 시장을 이끌고 있다는 것이다. 1995년 노타카(Ikujiro Nonaka, 1995)가 출판한 『지식창조기업(Knowledge Creating Company)』이라는 책은 경영자들을 자원기반관점에 입각한 전략을 세우는 데 주저함이 없게 만들었다. 노나카는 이 책에서 암묵지(暗默知, tacit knowledge)야말로 경쟁자들과 차별화할 수 있는 전략의 원천이 된다고 설파한 것이다. 여기서 암묵지는 기업 내부의 아무 눈에도 뜨이지 않는 어두컴컴한 곳에서 개발되고 형성된 지식으로서, 경쟁자가 알 수도 없고, 설령 안다고 할지라도 도저히 흉내 낼 수 없는 지식이란 뜻이다.

2. 기존전략이론의 한계와 'SER-M 패러다임'의 등장

1) 동태적 이론이 되기 위한 조건

위에서 설명한 기존의 전략 패러다임들은 각기 주체(S), 환경(E), 자원(R)의 관점에서 기업의 성공요인을 설명하고 있다. 그러나 현실세계는 이론에서 제시하는 것처럼 단순하게 돌아가지 않는다. 파산 직전의 회사가 세계 최고의 최고경영자로 추앙받는 잭 웰치(Jack Welch)를 모셔온다고 하더라도, 기존의 산업에서 빠져나와 새로운 유망사업으로 업종을 이동한다고 하더라도, 은행으로부터 대규모 융자를 받거나 새로운 특허를 받는다고 하더라도, 그 다음 날부터 기업이 정상화되어 이익을 창출하는 것은 아니다. 또 이미 잘 나가는 기업은 주변 환경이 급변하거나, 최고경영자가 교체되거나, 기업이 보유한 자원이 바뀌더라도, 기존 산업에서 상당 기간 동안 경쟁우위를 유지한다. 이같이 경쟁력 확보의 어려움이나, 확보된 경쟁력이 유지되는 현상을 설명하기 위해서는 동태적인 이론이 필요하다.

하나의 이론이 동태적으로 되기 위해서는 세 가지 조건을 갖추어야 한다.

1. 원인에서 결과에 이르는 과정에 시간이 변수로 등장해야 한다. 이는 같은 시점에서 종속변수가 원인이 되어 독립변수를 변화시키면 안 된다는 것을 의미한다.
2. 원인에서 결과에 이르는 과정에 시간 이외의 변수가 매개변수(mediating variable)로 등장해야 한다. 이는 결과가 단순한 시간만의 흐름으로 이루어지는 것이 아니라 주체가 과정에 참여해서 매개변수를 조작함으로써 결과를 변화시킬 수 있어야 한다는 것을 의미한다.
3. 결과에서 원인으로 이르는 피드백(feedback)이 가능해야 한다. 이는 동태적 과정이 끝난 후에 나타난 결과가 다시 독립변수에 영향을 미쳐 그 다음 단계에서 원하는 성과를 이끌어 낼 수 있어야 한다는 것을 의미한다.

주체, 환경, 자원 등 기존의 세 가지 관점을 위의 동태적 이론이 가능한 세 가지

조건으로 평가해 보면, 세 관점 모두 세 가지 조건 중 하나도 충족시키지 못하고 있다는 것을 알 수 있다. 다시 말해서 기존 관점으로는 경쟁우위를 지속적으로 유지시켜 주려는 과정에서의 변수와, 이들 요인이 시간이 흐름에 따라 어떻게 상호작용해서 지속성을 강화시키는지를 설명하지 못하고 있다.

예컨대 주체기반관점에서 지도력과 같은 경영자의 자질은 특정 시점에서 기업경영이 일어나는 과정에서 끊임없이 투입되는 요소임이 틀림없지만 각각의 단계에서 지도력이 어떤 모습으로 투입되어야 하는지에 대한 설명이 없다. 마찬가지로 나타난 결과의 내용에 따라 그 다음 단계에서 경영자의 지도력이 어떤 내용으로 변신해야 그 다음 단계에서 소기의 성과를 낼 수 있는지에 대해서도 설명이 없다. 환경기반관점에서 산업구조의 매력성은 특정 시점에서 기업의 성공을 설명하는 요인에 불과하다. 자원기반관점에서도 기업 성공에 보다 중요한 요소인 자원을 획득하고 축적할 수 있는 능력이 무엇이며 그 능력이 어떤 과정을 통해 창출되었느냐에 대해서는 설명이 없다.

또한 기존의 관점들은 환경, 자원, 주체 등 각 요인 간의 상호작용을 충분히 인식하지 못하고 있다. 예컨대 환경변화에 의해 자원의 가치는 바뀔 수 있다. 즉 기술, 경쟁기업의 행동, 소비자의 욕구 등의 환경이 변화함에 따라 자원의 가치는 증가하거나 감소한다. 또 환경과 주체도 별개로 고려될 수 없는 요인들이다. 미래에 환경이 어떻게 변화할 것인지, 그리고 환경변화가 기업에 미치는 영향이 무엇인지에 대한 답은 최고경영자가 가진 개념적 틀에 따라 다를 것이다. 즉 객관적으로 주어지는 환경 그 자체는 의미가 없으며 최고경영자가 환경변화를 어떻게 해석하고 대응하는가에 따라 기업 간 전략의 차이가 나타나는 것으로 보아 환경과 주체도 함께 고려해야 함을 알 수 있다.

이상 논의를 종합해 볼 때 기업의 지속적인 성공을 설명하기 위해서는 주체(S), 환경(E), 자원(R) 등 각각의 요인들을 상호 독립적인 별개의 요소로 고려하지 않고 이를 통합한 동태적 전략이론이 필요하다는 것을 확인할 수 있다.

2) 경영 연구의 두 갈래: 내용 연구와 과정 연구

(1) 내용 연구로서의 경영전략

초기 경영전략의 주류는 내용 연구였다. 그 대표적 이론은 포터(Porter, 1980)의 경쟁 전략이다. 포터는 산업 특징이나 시대적 상황과 관계없이 기업이 선택할 수 있는 전략을 본원적 전략(Generic Strategy)이라고 규정하고, 그 대안을 원가선도 전략(Cost leadership strategy)과 차별화 전략(Differentiation Strategy)으로 구분했다. 그리고 각 대안이 가져오는 경영성과를 비교하면서 기업에 가장 바람직한 전략을 선택해야 한다고 주장했다. 베르너펠트(Birger Wernerfelt, 1984)도 기업이 지속적인 경쟁우위(sustained competitive advantage)를 창조하기 위해서는 VRIN이라는 네 가지 조건을 가지고 있어야 한다고 주장했다. VRIN이란 그 기업이 가지고 있는 자원이 효율이나 효과를 가져올 수 있는 가치가 있어야 하고(Valuable), 희소해야 하며(Rare), 모방이 불가능해야 하고(Inimitable), 대체할 수 없어야 한다(Non-substitutable)고 했다. 즉 기업 성과는 그 기업이 선택하는 전략이나 그 기업이 가지고 있는 자원에서 나온다는 것이 자원기반관점의 핵심이다. 바니(Barney, 1991)는 VRIN의 마지막 요소인 대체불가능성을 조직(Organization: O)으로 바꿔서 VRIO를 제시했다. 그가 주장하는 조직은 자원이나 능력을 활용할 수 있는 조직화된 능력을 의미한다.[49]

(2) 과정 연구로서의 경영전략

이같이 학자적인 시각에서 전략적 의사결정의 무게중심을 전략 내용에 두던 경영전략은 1980년대 일본 기업들이 수많은 산업에서 미국 기업들을 제치고 선도적인 위치에 올라서면서 전략과정에 관심을 돌리기 시작했다. 당시 일본 기업들은 원가를 싸게 할 것인가, 차별화를 할 것인가와 같은 본원적 전략의 선택에는 관심이 없었다. 그보다는 경영자가 직원들을 가족으로 여겨 평생직장(life-time employment)을 보장하고, 근로자들은 이에 화답해서 열심히 노력하고 끊임없이 개선(改善: continuous improvement)함으로써 경영성과를 높였던 것이다. 미국에서도 1981년 GE의 잭 웰치(Jack Welch)가 CEO가 된 후 2001년 은퇴하기까지 20년간 지속적으로 매출액과 이익, 시가총액을 늘려가면서 경영계의 아이콘으로 등장했다. 웰치는 일본 기업의 개선 노력에 한술 더 떠서 경영의 중심에 혁신(innovation)을 두었다. 이제 전략 내용보다는 전략을 어떻게 실천하느냐는 전략 과정 연구가 집중적인 조명을 받게 된 것이다.

(3) 통합 연구 시도

이러한 흐름 속에서 페티그류(Pettigrew, 1992)는 의사결정과정을 주체의 유형이나 내용과 별개의 독립적인 것으로 인식하고 있던 전통적인 과정연구의 문제점을 지적하면서, 향후 전략과정 연구는 과정에 대한 단편적인 설명보다는 내용과 과정의 통합 연구, 즉 전체론적인 방식을 모색할 필요가 있다고 주장했다. SER-M 패러다임은 이러한 통합 연구의 출발점으로 시도되고 있는 연구로서 다음 3장에서 집중적으로 다룬다.

사례 1

'페이스북'과 '캠브리지 애널리티카'의 AI 데이터 활용

'인공지능의 데이터 수집과 활용'
'디지털 시대 데이터 프라이버시의 중요성'

이 사례는 이서진 서울과학종합대학원 연구원이 조동성 교수와 김보영 교수의 도움을 받아 작성하였다.

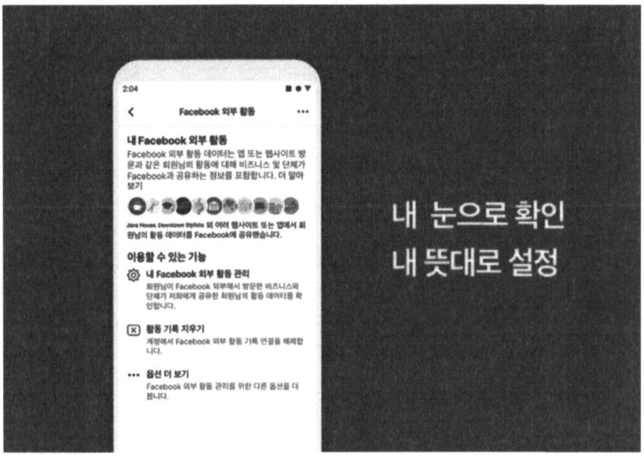

출처: https://about.fb.com/ko/wp-content/uploads/sites/16/2019/08/ofa-2-2.jpg?w=960

그림 1.5
이제 다른 앱과 웹사이트에서 Facebook에 공유하는 데이터를 확인하고 관리할 수 있다.

기업이 인공지능을 학습시키고 활용하기 위해서는 엄청난 양의 데이터를 필요로 한다. 따라서 최근 많은 기업은 인공지능에 기반한 서비스와 제품을 출시하면서 더 빠르게 많은 고객의 개인정보 수집에 집중하고 있다. 이제 기업들이 수집한 개인정보 데이터는 또 하나의 막강한 기업 경쟁력으로 자리잡았다. 이러한 변화 속에서 빅데이터 수집과 연계된 가장 대표적인 기업인 페이스북(Facebook)을 살펴보자.

개인이 페이스북을 사용하게 되면 기본적인 개인정보인 이름, 생년월일, 거주지, 이메일 등을 먼저 입력한다. 그리고 학교는 어디를 나왔고, 예전에는 어느 직장에서 일했고, 현재는 어디서 일하는지 등 모든 정보를 제시한다. 물론 그런 부가적 정보를 입력하는 것은 선택이지만 페이스북의 핵심이 서로 소통하는 것이라는 사실을 생각할 때 내 프로필을 볼 사람을 위해 최소한의 정보는 입력한다. 페이스북을 이용하는 나의 친구, 가족, 친척, 지인, 직장동료를 '친구'로 추가해서 서로의 글을 보고, 댓글에 태그하고, '좋아요'를 누른다.

이렇게 '좋아요'를 누른 페이지, 게시글, 댓글과 내가 단 댓글의 내용, 게시글의 내용, 태그했던 위치, 거주 지역, 친구 목록 등은 또 다시 나와 연계된 정보 데이터로 기록된다. 페이스북을 이용해서 로그인한 타 사이트와 어플리케이션의 모든 기록이 결국 페이스북에 기록된다. 페이스북은 나에 대한 방대한 데이터를 기반으로 해서 내가 모르는 나에 관한 다양한 정보들을 통합한 '소셜 그래프(Social Graph)'를 제공하고 있다.[1] 페이스북을 사용하는 인구를 고려할 때 이 얼마나 방대한 데이터인가?

이러한 데이터는 수많은 연구자들과 기업들의 기초 데이터로 활용되고 있다. 그 대표적인 예로 정치 컨설팅사인 캠브리지 애널리티카(Cambridge Analytica) 사례를 살펴보자. 캠브리지 애널리티카는 페이스북을 통해 유권자 5천만 명의 정치 프로필을 만들어 여론 형성 등에 사용한다.[2] 캠브리지 애널리티카는 최소 5천만 명에서 최대 8천 7백만 명의 정보를 수집했기 때문에 퀄리티 높은 AI 데이터 분석을 시행할 수 있다. 캠브리지 애널리티카는 표가 유동적인 집단, 즉 중도파를 공화당으로 끌어들이는 방식으로 전략을 세웠고, 2016년 도널드 트럼프(Donald Trump)의 대통령 선거에 개입했다.[3]

그러나 여기서 큰 문제가 발생했다. 27만 명은 정보 수집에 동의했지만, 그의 친구들 4,973만 명은 정보 수집에 동의한 적이 없다는 것이다. 게다가 5,000만 명 모두 그 정보가 캠브리지 애널리티카에 의해 사용되는 것에 동의한 적이 없었다.[4] 또한 이러한 정보 데이터의 수집 경로에 문제가 있었다. 페이스북은 교육 목적인 앱에만 광범위한 개인정보와 친구 정보를 제공하고 있다. 교육 목적이 아니라면 제한된 개인정보만 받게 된다. 그러나 페이스북은 5,000만 명의 데이터가 외부 기업에 넘어간 것을 알았지만 법적인 제도가 부재한 상태에서 경고 이외에는 아무 조치도 취할 수 없었다. 또한 이러한 법의 허점을 이용해 캠브리지 애널리티카는 페이스북 데이터를 통해 데이터 분석 알고리즘을 구축했다.[5]

결국 이 사건 이후에 2018년 5월 EU에서 '일반정보보호규정(General Data Protection Regulation: GDPR)'이 제정되었다. GDPR은 디지털 시대에 걸맞은 여러 규정을 제시했다. 특히 잊힐 권리(right to be forgotten)를 강조했고 국외 개인정보 이전 제한과 개인이 정보를 반환 받을 수 있는 정보이동성(data portability)을 명시했다. 그리고 캘리포니아주는 2020년 1월에 캘리포니아 정보보호법(The Califonia Consumer Privacy Act: CCPA)을 발효했다. CCPA는 캘리포니아에 본사를 두고 있는 기업뿐 아니라 캘리포니아에 서비스를 제공하는 인터넷 기업을 모두 포함하며 사용자의 데이터가 정확하게 추적이 될 수 있도록 하고, 개인이 삭제를 요구했을 때 확실하게 삭제가 될 수 있도록 했다.[6)]

이처럼 오늘날 인공지능의 발전을 위해 빅데이터의 수집은 그 어느때 보다 중요하다. 그러나 페이스북 사례와 같이 데이터의 운용이나 활용은 데이터 프라이버시의 문제를 고려해야 하는 민감한 이슈로 작용한다. 매일같이 온라인상으로 엄청난 양의 개인정보가 쏟아지고 있다. 유통되는 개인정보가 나날이 늘어가는 만큼 그에 대한 윤리의식도 강화되어야 하며 개인정보를 다루는 기업들은 데이터 프라이버시에 대해 민감하게 접근해야 한다.

미국을 중심으로 발효된 CCPA와 GDPR과 같은 법안이 전 세계로 확산되어 각국에서 비슷한 법안을 발효시킬 것이다. 데이터 프라이버시에 관한 법안의 까다로운 기준에 맞추기 위해서는 기업 내에 체계적인 개인정보 관리 시스템이 있어야 한다. 이제 데이터는 '블랙박스'가 되어서는 안 된다. 무엇이 들어있는지 모르고 데이터의 출처도 모르고, 어떤 데이터로 만들어질지도 모르는 모호함 속에서는 데이터 프라이버시와 데이터의 사용기준이 명확하게 구축될 수 없다. 디지털 시대에 우리의 데이터는 잊혀질 권리와 정보 이동성을 모두 고려한 투명한 데이터 관리와 활용을 필요로 한다. 이제 기업은 데이터 프라이버시를 단순한 윤리적 문제를 뛰어넘어 기업의 무형자산으로 데이터를 보호하고 활용한다는 전략적 접근에서 모색해야 한다.

출처

1) 그래프 검색은 페이스북의 미래다, 벤처스퀘어, 2013.01.16
2) EU GDPR의 분석 및 시사점, 최경진, https://privacy.naver.com/download/EU_GDPR.pdf
3) 페이스북-케임브리지 애널리티카 정보 유출 사건, 위키피디아
4) 페이스북 덮친 케임브리지 애널리티카 스캔들 8700만 고객정보 악용소지 인식…저커버그가 문제 핵심, 이종현, ECONOMY-Chosun, 2018.04.09
5) 케임브리지 애널리티카 스캔들, 추가 자료 폭로하는 전 직원, 나유권, 테크플러스, 2020.01.15
6) 페이스북 스캔들이후 1년, 실리콘 밸리에 겨울이 오고 있다, 로아인텔리전스, 2019.07.26

CHAPTER 02

'SER-M' 패러다임의 이론적 기반

경험담

위기 속에서 기회를 잡다

1973년 12월 하순이었다. 당시 하버드경영대학원 박사과정 1학년 첫 학기를 끝낸 나는 눈앞이 캄캄해졌다. 비수같이 가슴을 찌른 'C−'라는 문자 때문이었다. 이 알파벳 글자는 박사과정 첫 학기 성적표에 적힌 경영학석사(MBA) 과정 '경영정책(Business Policy)' 과목의 성적이었다. 이제 박사학위를 받지 못한 채 하버드 교정을 떠나야할지도 모르는 상황이 되었다.

그 이유는 석사학위를 받지 않고 박사과정에 입학한 나에게 지도교수가 준 조건 때문이었다. 지도교수였던 리차드 마이어(Richard Meyer) 교수는 내가 하버드 MBA과정에서 한 학기에 한 과목씩 두 과목을 수강하고 평균점수 'B+'를 받아오면 석사학위 과정을 이수한 것으로 인정해주겠다고 했던 것이다. 문제는 첫번째 과목에서 'C−'를 받았으니, 두번째 과목에서 가장 높은 점수인 'A+'를 받아도 평균 'B0'밖에 안되는 것이었다. 그해 연말은 참으로 우울했다. 두 번째 학기가 끝나는 다음해 5월에 일어날 심각한 사태가 눈에 선하게 들어왔다.

가만히 앉아 있을 수만은 없었다. 연말에서 그 다음해 새 학기가 시작하는 1월 초까지 2주일 정도의 휴가를 이용해서 이미 수강했던 경영정책 강의를 복기해보았다. 그 과목에서는 하버드경영대학원 MBA과정의 다른 과목과 마찬가지로 한 학기에 75분짜리 강좌가 30개 있었고, 매 강좌마다 사례 1개를 다루었으니 사례 30개를 다룬 셈이다. 이 사례들을 다시 펼쳐보면서 내가 성적을 'C−'밖에 받지 못한 이유를 분석해 보았다.

그 결과 사례 토론에 적극적으로 참여하지 못했기 때문이었다는 것을 알았다.

사실 나는 적극적이지 못했다는 표현을 쓸 수조차 없었다. 단 한번도 토론에 참여하지 않았기 때문이었다. 영어도 짧았고, 사례의 배경이 된 미국기업들에 대해서도 지식이 별로 없었으며, 이미 5년 이상의 사회경험을 하고 온 MBA학생들에 비해 나이도 내가 가장 어렸다. 게다가 '침묵이 금'이라는 유교문화 속에서 4년간의 대학생활을 하면서 강의시간에 단 한번도 질문이나 답변을 한 경험이 없었던 내가 어떻게 MBA강의장에서 토론에 참여할 수 있었겠는가?

그런데 복기를 하면서 강의 내내 한가지 이상한 느낌을 받았던 것이 생각났다. 그것은 교수가 학생들의 토론내용을 칠판에 옮겨 적는 방식이었다. <그림 2.1>과 같이 사례에 등장하는 어떤 이슈에 대해 학생들이 의견을 내면 가장 왼쪽 위에서부터 아래로 내려 적고, 그 다음에는 오른편으로 옮겨가서 다시 아래로 적는 방식이었다.

그림 2.1
하버드 교수의 칠판 판서 방식

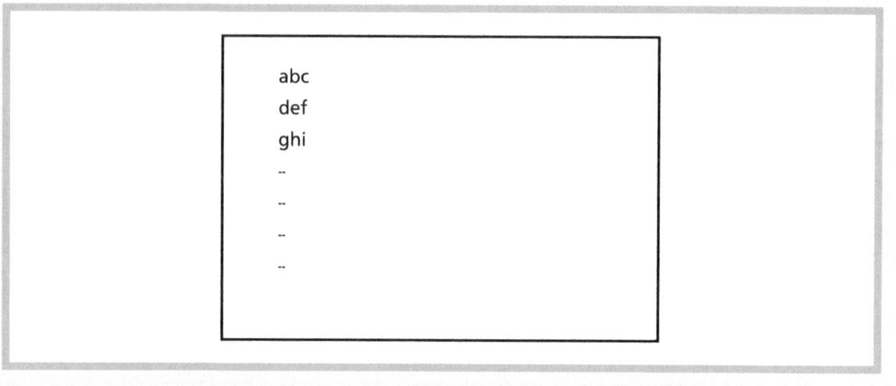

당시 나는 이러한 교수의 판서 스타일을 보며서 다른 생각을 했었다. 비슷한 의견들은 묶어서 적고, 반대 의견은 쌍화살표를 친 다음 그 반대쪽에 적어서 의미를 시각적으로 표시하면 좋겠다는 생각을 했었다. 그래서 복습을 하면서 학생들이 발표하고 교수가 아래로 써내려간 내용을 재구성해봤다. 그 결과는 <그림 2.2>였다.

그림 2.2
나의 칠판 판서 방식(1)

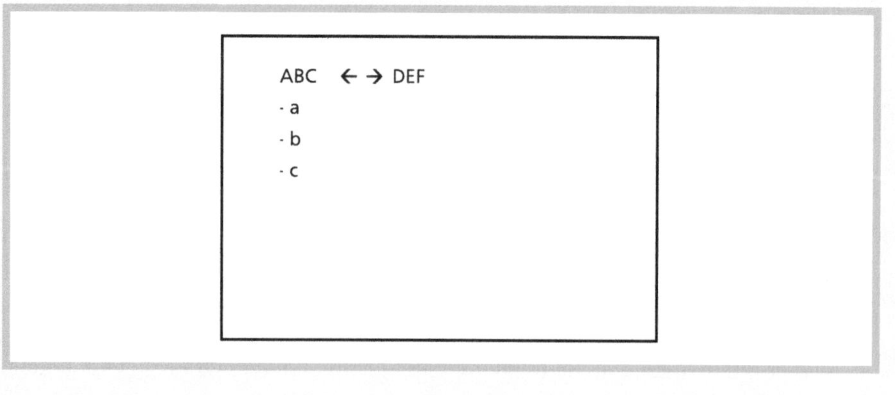

그러다 보니 하나로 묶인 내용들 간에 특징이 보이기 시작했다. 이를테면 사례에 등장하는 주체(Subject)인 기업 경영자에 관한 내용이 한 묶음, 그 기업이 처한 외적 환경(Environment)이 다른 한 묶음, 그리고 그 기업이 내부에 보유하고 있거나 부족한 자원(Resource)이 또 다른 한 묶음이었다. 그리고 이 세가지 묶음 어디에도 들어가기 어려운 내용들을 묶어서 '기타(Miscellaneous)'라는 네 번째 묶음을 별도로 만들었다. 각 내용의 묶음의 특징을 제목으로 붙인 결과 <그림 2.3>이 나왔다.

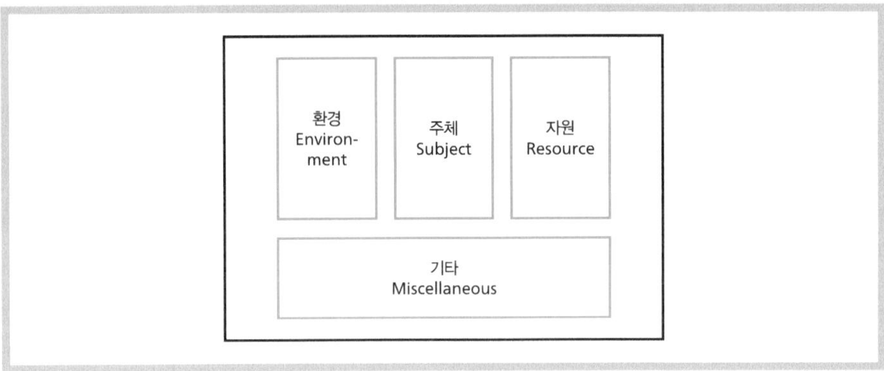

그림 2.3
나의 칠판 판서 방식(2)

겨울휴가 10여일 동안 경영정책 과목에서 사용했던 사례 30개를 가지고 이 <그림 2.3>을 이용해서 연습을 하고 난 후 두번째 학기가 시작되었다. 이번에도 MBA 과목 하나를 수강했다. 그 강의실에서도 나는 감히 토론참여는 못하고, 내가 찾아낸 방식에 따라 동료 학생들의 발언을 노트에 정리만 하고 있었다.

어느날 기회가 찾아왔다. 그 날은 아메리칸 모터즈(American Motors Corporation)라는 미국 제4위의 자동차 제조회사 사례를 다루고 있었다. 그런데 토론에 참여할 생각은 하지 않고 무엇인가를 노트에 열심히 적고만 있는 내 모습을 본 교수가 "노트에 무엇을 적느라고 그렇게 바쁜가?(Why are you so busy writing something on your notebook?)"라고 질문을 한 것이다. 나는 엉겁결에 학생들의 토론 내용을 옮겨 적고 있다고 했다. 그랬더니 교수는 "무엇을 적었는가? (What did you write?)"라고 질문했다. 그래서 서툰 영어로 떠듬떠듬 얘기했다. "동료 학생들이 지적한 조지 롬니(George Romney)라는 변호사 출신 회장(CEO)이 가진 논리적 시각, 환경으로서 풍요로운 미국 사회에서 더 크고 비싼 자동차를 원하는 소비자들의 취향, 자원으로서 GM, 포드(Ford), 크라이슬러(Chrysler)처럼 대기업이 아닌 제4위로서 기술력도 부족하고 시장점유율도 낮은 열악한 위치, 그리고 대형자동차 회사들과 달리 축소형 자동차(compact car)를 개발한 제품전략입니다."

교수는 나를 향해 다시 질문을 했다. "학생들 토론에서 무엇을 배웠는가?(What did you learn from the student discussion?)" 나는 다음과 같이 답변했다. "여러 학생들이 찾아낸 이슈들 중에서 전략을 자원과 연결해보니 롬니 회장이 다른 자동차사들이 시도하지 않았던 축소형 자동차를 개발해서 성공한 원인은 시장 점유율이 작다는 약점이 역으로 작용해서 강점이 되었기 때문이라는 것을 알게 되었습니다. 또, 전략을 주체와 연결해 보면 이런 역발상은 CEO가 자동차 기술자 출신이 아닌 변호사이기 때문에 가능했다고 봅니다. 기술개발에 평생을 바친 기술자 출신 CEO라면 안전성을 포함한 품질을 양보하면서까지 크기가 작은 축소형 자동차를 개발하지 않았을 테니까요."

내 말을 들은 동료학생들이 따뜻한 박수를 쳐주었다. 그동안 한마디도 하지 않던 동양에서 온 나이 어린 박사과정 학생이 자신들이 분석한 이슈들을 열심히 듣고 정리해준데 동료의식을 느낀 듯하다. 교수도 고개를 끄덕이면서 공감을 해주었다. 그 후 교수는 학생들 토론이 끝날 즈음이 되면 나에게 마무리를 시키곤 했다. 그 학기가 끝나고 받은 성적표에서 나는 'A+'를 찾을 수 있었다. 'C−'와 'A+'를 본 지도교수는 평균성적은 'B+'에 모자라지만 향상의 속도가 빠르다고 하면서 석사학위과정을 이수한 것으로 인정해주었다. 이 경험은 후일 SER-M 패러다임으로 명명된 모델의 기초가 되는 주체(Subject)−환경(Environment)−자원(Resource)이라는 세가지 범주를 찾게 해주었다. 그리고 나는 3년 후 무사히 박사학위를 받았다.

1절 SER-M 패러다임에 대한 철학적 담론

1. 서양철학의 환원주의와 전체론

서양 철학자들 사이에 치열하게 논쟁이 되어온 환원주의(또는 요소환원주의, Reductionism), 유기체론(Organicism), 전체론(Holism) 간의 차이점을 비교해보면 이 책에서 다루는 메커니즘 기반관점이 기존 전략경영의 연구관점과 다른 이유를 쉽게 파악할 수 있다.

서양에서는 17세기부터 기계론과 유기체론 사이에 철학적 논쟁이 이루어져 왔다. 기계론적 세계관(Mechanistic view of the universe)은 정신과 물질을 명확히 구분하는 데카르트(René Descartes, 1596~1650)의 이원론(Dualism)[1]과 이를 더욱 철저하게 심화시킨 뉴턴(Sir Isaac Newton, 1643~1727)의 결정론(Determinism)[2]에 바탕을 두고 있는데, 이는 연구 대상을 단위 요소로 분해해서 개별적으로 분석하는 환원주의로 발전했다. 환원주의 학파에서는 전체의 성질이 그 부분에도 존재하기 때문에 전체의 일부만 분석해도 전체를 파악할 수 있다고 주장한다. 이러한 환원주의는 분자(molecule) → 원자(atom) → 원자핵(atomic nucleus)과 전자(electron)로 나누고, 원자핵은 다시 → 중성자(neutron)와 양성자(proton)로 분리하는 연구를 통해서 현대물리학을 크게 발전시키는 등 자연과학에서 큰 공헌을 했다. 그러나 인간을 신체(Leib) · 영혼(Seele) · 정신(Geist)으로 나누고, 사회를 가진자와 못가진자, 기업을 노동자와 경영자로 나누는 등, 사회과학을 비롯한 여러 분야에서 문제에 대한 해법을 제기하지 못하는 한계를 노출했다.

한편 소크라테스식 대화인 필레부스(Philebus)[3]에서 우주를 지적인 존재로 간주한 최초의 철학자 중 한 명인 고대 그리스의 플라톤(Plato, 428 BC~347 BC)에서 시작해서 합리주의와 경험주의를 비판한 칸트(Immanuel Kant, 1724~1804)의 인식론적 사상으로 이어진 유기체적 세계관(Organic View of the Universe)은 모든 것이 상호 유기적인 영향을 주고받는다고 보며 세계를 관계와 통합의 견지에서 보면서 전체론적인 접근방법(Holistic Approach)을 강조한다. 주로 철학과 생물학을 비롯한 인문학과 자연과학에 적용된 유기체론은 우주와 그 다양한 부분이 살아 있는 유기체처럼 자연의 질서를 유지해야 한다는 철학적 입장을 강조한다. 여기에서 필수적인 조건은 유기체 내의 요소들이 죽어 있는 '사물'이 아니라 변화무쌍한 포괄적인 시스템 내의 역동적인 요소라는 생각이다. 유기체론은 인류학, 사회학 등 사회과학으로 확장되면서 전체론으로 발전했다.[4] 전체론에서는 요소 간의 관계 뿐 아니라, 유기체론에서 간과했던 부분과 전체를 연결하면서 이루어지는 목적 지향적 관계까지 폭넓게 파악한다.

기존의 전략경영의 패러다임인 주체기반관점, 환경기반관점, 자원기반관점은 모두 각각의 요소에 초점을 두고, 기업을 각 요소의 특징 만으로 파악한다는 측면에서 요소환원주의에 기반을 두고 있다. 반면 주체, 환경, 자원이 상호작용하는 과정에서 형성된 메커니즘을 전체적인 시각에서 연구해야 한다는 SER-M 패러다임과 이에 입각한 메커니즘 기반관점은 요소환원주의가 아닌 전체론에 기반을 둔다.

2. 동양철학의 이기일원론과 이기이원론

메커니즘이 기존 전략경영의 연구관점과 다른 근거는 이러한 서양철학의 논쟁에서 찾아볼 수 있지만, 메커니즘을 유사개념, 특히 프로세스와 구분하는 논리적 근거는 동양적 철학관을 통해 더욱 깊게 이해할 수 있다. 이 절에서는 동양철학의 원리를 통해서 메커니즘에 입각한 경영을 이해해보자.

중국 남송시대에 시작된 주자학(朱子學)에서는 만물에서 조화를 부리는 것이 음양오행이며, 이 음양오행이라는 이(理)가 있어야 비로소 기(氣)가 존재하고, 물(物)을 생성할 때는 반드시 기(氣)가 모여야 형체가 이루어진다고 주장한다. 인간을 예로 들어본다면, 이(理)를 얻어야 건, 순, 의, 예, 지(健順義禮智)라는 성품이 형성되며, 기(氣)를 얻어야 오장의 몸이 된다는 것이다. 따라서 인간이 생명체로서 살아가기 위한 오장은 기(氣)를 통해서 생성되지만, 어떠한 성품을 지닌 인간이 되느냐는

그림 2.4
주자학의 이(理), 기(氣), 물(物)을 적용한 기업의 원리

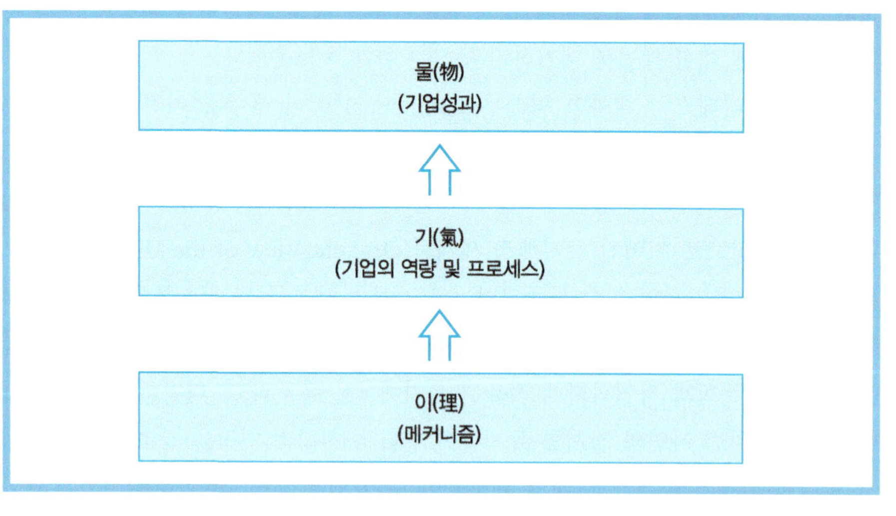

이(理)에 따른다고 본다. 주자학에서는 여기서 더 나아가 이(理)를 통해서 형성되는 성품이라는 내적인 가치가 없이 기(氣)를 통해서 형성되는 오장이라는 외형만 갖춘 사람이라면 금수(禽獸)와 다를 바가 없다고 주장하면서 이(理)의 중요성을 강조하고 있다.

기업에 주자학의 이(理), 기(氣), 물(物)의 개념을 적용해서 생각해 보자. 동양철학에서 말하는 이(理)에 해당하는 것은 기업 메커니즘이다. 기업 고유의 메커니즘이 있어야만 기(氣)로 표출되는 기업 역량이 비로소 존재하며, 이렇게 표출되는 기(氣)인 기업 역량이 모임에 따라서 기업의 가시적 성과인 물(物)이 만들어지는 것이다. 즉 기업 성과는 각 기업의 역량에 의해서 창출되지만, 기업의 가시적 성과를 직접 달성하게 해주는 기업 역량은 기업 고유의 메커니즘 없이는 존재할 수 없다.

기(氣)의 작용이 이(理)를 기반으로 하므로 이(理)가 있어야 비로소 기(氣)가 있게 된다는 동양철학의 기본원리를 이해한다면, 기업에서의 메커니즘이 기업의 가시적 성과, 궁극적으로 기업의 지속적 경쟁우위의 근간이 되는 기업 역량의 바탕이 된다는 상호 원리 역시 이해할 수 있게 된다. 이러한 기업 원리에 대한 이해를 통해서 메커니즘이 기업에서 어떠한 역할을 하는가에 대한 질문에 해답을 찾아보자.

16세기 한국에서는 이(理)와 기(氣)를 나눠서 접근한 퇴계 이황의 이기이원론(理氣二元論) 학파와, 기(氣)를 통해서만 이(理)가 나타나기 때문에 기(氣)가 없는 이(理)는 존재할 수 없다고 주장한 율곡 이이의 이기일원론(理氣一元論) 학파 간에 치열한 논쟁이 벌어졌다. 그 후, 이(理)와 기(氣)를 다른 것으로 보아야 하는가, 하나로 보아야 하는가를 놓고 철학자들은 수 백 년간 대를 이어가면서 논쟁을 해왔다.

메커니즘은 동양철학의 이(理), 즉 세상이 움직여가는 이치에 해당하고 프로세스는 동양철학의 기(氣), 즉 세상을 움직이는 힘에 해당한다. 따라서 메커니즘과 프로세스를 분리한 <그림 2.5>는 이기이원론, 메커니즘과 프로세스를 하나로 본 <그림 2.6>은 이기일원론의 시각으로 그린 것이다.

이 책에서는 SER-M 패러다임을 이기이원론 시각에서 봤을 때 프로세스(Process)와 성과(Performance)가 뒤따르는 SER-M-P-P 패러다임, 이기일원론 시각에서 봤을 때 메커니즘과 프로세스가 하나가 되어 프로세스가 나타나지 않은 SER-M-P 패러다임으로 나누어 보기로 한다.

2절 SER-M 패러다임의 두 가지 유형

1. 이기이원론에 따른 SER-M 패러다임 유형1: "SER-M-P-P"

기업은 성공하기 위해 끊임없이 환경과 상호작용하게 되는데, 이때 기업의 최고 경영자(S)가 환경(E)의 의미를 파악하고 그 변화에 적합하거나 변화를 선도할 수 있는 방향으로 전략을 개발, 실행하기 위해 필요한 자원(R)을 활용하거나 창조하는 과정에서 메커니즘(Mechanism: M)이 형성된다. <그림 2.5>는 환경, 주체, 자원 등의 요인들이 상호작용하는 과정에서 메커니즘이 형성되고, 메커니즘에서 나오는 프로세스가 기업에 성과를 가져오며, 성과가 그 다음 기에 주체, 환경, 자원 등에 피드백이 되는 'SER-M'패러다임을 보여준다.

그림 2.5
SER-M 패러다임 유형1: "SER-M-P-P"

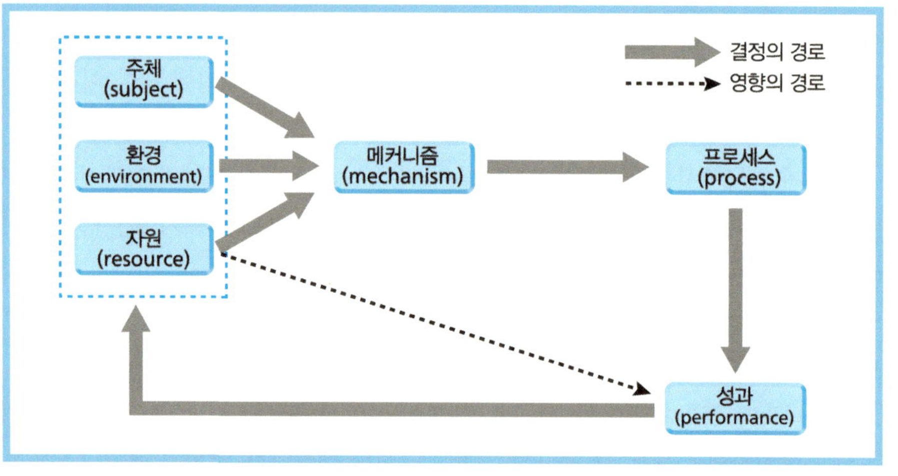

2. SER-M 패러다임 유형2: "SER-M-P"

<그림 2.6>은 <그림 2.5>에서 따로 간주하고 있는 메커니즘과 프로세스를 하나로 합쳐서 단순화시킨 것이다. 이 그림을 보면 주체, 환경, 자원이 조직의 성과에 영향을 주는 독립변수임은 틀림없지만, 세 가지가 메커니즘으로 통합된 다음, 메커니즘이 프로세스가 되어 성과를 창출하는 과정을 보여준다.

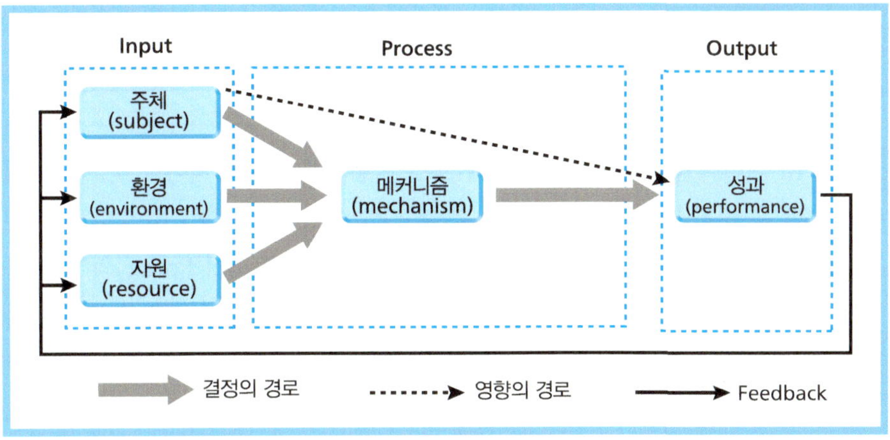

그림 2.6
SER-M 패러다임 유형2:
"SER-M-P"

<그림 2.5>와 <그림 2.6>의 차이는 동양철학에서 다루고 있는 퇴계 이황의 이기이원론(理氣二元論)과 율곡 이이의 이기일원론(理氣一元論)의 차이와 흡사하다. 즉 메커니즘은 동양철학의 이(理), 즉 세상이 움직여가는 이치에 해당하고 프로세스는 동양철학의 기(氣), 즉 세상을 움직이는 힘에 해당한다. 이 두 가지를 각각 다른 것으로 보아야 하는가, 하나로 보아야 하는가를 놓고 철학자들은 수백년 대를 이어가면서 논쟁을 해왔다. 두가지 논쟁은 시시비비를 가릴 것이 아니라 어떤 관점에서 보는가에 따라 달라진다고 보는 것이 타당할 것이다. 경영자가 기업 내부에서 보면 분명히 메커니즘과 프로세스가 다르지만, 기업 외부에서 보면 하나로 보이기 때문이다.[5]

3절 SER-M 패러다임의 이론적 배경과 현실적 유용성[6]

SER-M 패러다임은 기존의 경영전략 모델을 총괄해서 넓은 시야를 갖고 전략적 사고를 할 수 있기 때문에 중요한 요소를 빠뜨리는 실수를 방지할 수 있다. 기존의 전략 모델 중에서 가장 포괄적인 모델은 마이클 포터(Michael Porter)의 '다이아몬드 모델(Diamond Model)'인데, SER-M 패러다임은 이를 확장시켰을 뿐 아니라 더욱 정교한 분석방법을 제시하고 있다. 각종 자원이 풍부한 미국에서는 자원기반관점(Resource-Based View: RBV)을 받아들이고 있는 경영전략 학자들이 많은데, SER-M 패러다임은 RBV를 포함한 포괄적인 관점을 제시하고 있다.

아래에서는 '다이아몬드 모델', 자원기반관점을 비롯해서 다양한 컨설팅 모델들을 체계적으로 설명한 다음 이들을 통합한 SER-M 패러다임을 설명한다. 특히 주체(S), 환경(E), 자원(R), 메커니즘(M) 중에서도 M의 중요성을 강조하는 메커니즘기반관점(Mechanism-Based View: MBV)의 유용성을 집중적으로 다룬다.

1. 자원기반관점의 결정판인 '다이아몬드 모델'

흔히 마이클 포터를 "산업환경이 기업의 경쟁력을 결정한다"고 주장하는 산업조직론(Theory of Industrial Organization)의 대표적인 학자로 꼽는다. 포터는 두 단계로 자신의 이론을 심화시켰다. 포터는 1980년에 출판한 『경쟁전략(Competitive Strategy)』에서 '기업경쟁을 유발하는 다섯가지 요인(The Five Forces That Shape Industry Competition)'이라는 산업경쟁에 관한 그의 첫 모델을 제시했다. 줄여서 '다섯가지 힘 모델(Five Forces Model)'이라고도 불리는 이 모델은 <그림 2.7>에서 보듯 잠재 진입자(new entrants)의 위협, 현재 경쟁자(exist-

그림 2.7
포터의 '다섯가지 힘 모델(5 Forces Model)'

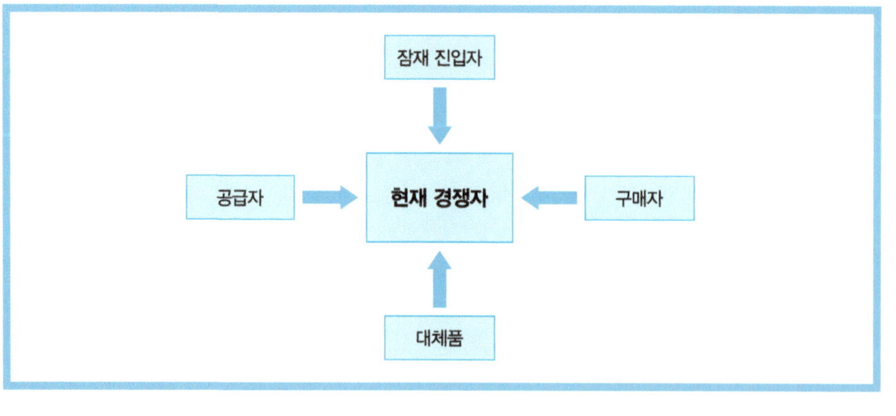

ing competitors) 간의 경쟁강도, 공급자(suppliers)의 협상력, 구매자(buyers)의 협상력, 대체품(substitute products or services)의 위협에 의해 결정된다는 것이다.

포터는 1990년에 출판한 『국가의 경쟁우위(The Competitive Advantage of Nations)』에서 '다이아몬드 모델(Diamond Model)'이라고 명명한 산업경쟁에 대한 그의 두번째 모델을 제시했다. <그림 2.8>에 소개된 이 모델은 실은 산업경쟁이 아니라 국가경쟁력에 대한 연구에서 비롯한 것이다. 이 모델은 1985년부터 1987년까지 포터를 중심으로 10개국 학자들이 모여서 진행한 국가경쟁력 연구의 결과로서, 한 나라가 가진 산업경쟁력의 근본원인인 4가지 산업 내부요인의 합계를 그 나라의 국가 경쟁력으로 보고 있다. 4가지 내부요인은 '생산조건(factor conditions)', '기업전략, 구조 및 경쟁관계(firm strategy, structure, and rivalry)',[7] '관련 및 지원산업(related and supporting industries)', '수요조건(demand conditions)'이다. 포터는 특정 산업의 외부에서 그 산업에 영향을 주는 외부요인인 기회(chance)와 정부(government)를 추가해서 다이아몬드 모델을 완성했다.

포터는 '다이아몬드 모델'을 개발한 후 국가경쟁력뿐 아니라 산업경쟁을 설명하는데에도 '다섯 가지 힘 모델' 대신 '다이아몬드 모델'을 쓰기 시작했다. 일례로 포터는 자신이 하버드대학에서 개설하고 있는 과목의 이름을 '경쟁력의 미시경제학(Microeconomics of Competitiveness: MOC)'이라고 붙였다. 이 과목의 이름에 포함되어 있는 미시경제학(microeconomics)이란 단어는 바로 '다이아몬드 모델'을 통해서 분석하고자 하는 경쟁력을 거시경제학의 연구 대상인 국가가 아니라 미

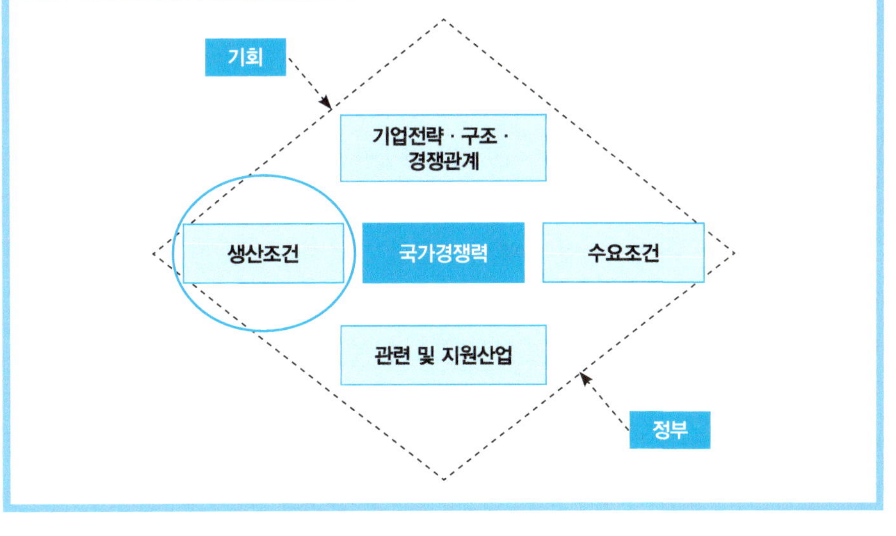

그림 2.8
국가경쟁력 원천에 대한 포터의 다이아몬드 모델

시경제학의 연구 대상인 산업과 기업에 적용하겠다는 뜻이다. 이 과목에서 포터는 특정 산업에 진출하고자 하는 창업자, 또는 기업이 '다이아몬드 모델'을 이용해서 해당 산업을 분석하는 작업을 학생들과 함께 진행하고 있다. 포터가 초창기에 산업 경쟁을 분석하는 모델로 사용했던 '다섯 가지 힘 모델'은 뒤안길로 사라지고, 그 자리를 '다이아몬드 모델'이 대체한 것이다.

포터는 왜 '다섯 가지 힘 모델'을 폐기처분하고 '다이아몬드 모델'을 대안으로 채택했을까? 그 이유로 세 가지를 들 수 있다.

첫째 이유는 다섯 가지 힘 중 '잠재적 진출 기업'과 '대체품'이 가지는 애매모호성과 이에 따른 측정불가능성이다. 잠재적 진출 기업은 현실로 나타나기 전까지는 확인할 수 없는 대상이고, 대체품은 기술과 소비자의 성향에 따라 끊임없이 바뀐다. 따라서 이 두가지 요소가 포함된 '다섯가지 힘 모델'은 개념적 모델로는 타당하지만 현장에서 경영자들이 계량적 자료를 가지고 분석할 수 있는 모델로는 적절하지 못했다.

두번째 이유는 포터가 포함된 산업조직론 계열에 대항하는 이론으로서 등장한 자원기반관점(RBV)이다. RBV는 포터의 다섯 가지 힘 모델(Five Forces Model: Porter, 1980)과 같이 산업조직론이 기업의 외부조건인 산업적 특성만을 고려하고 있는 문제점을 극복하기 위해서 만든 논리적 틀이다. 즉 기업 경쟁력의 원천으로 다른 기업이 흉내낼 수 없는(Valuable, Rare, Inimitable, Non-substitutable: VRIN) 독특한 기술이나 희소한 자원과 같이 기업 내부조건을 제시한 것이다. 그러나 RBV는 일반적인 자원뿐 아니라 인적자원이 창출하는 경영능력을 포함한 모든 능력을 자원에 포함시키면서 전략적 선택이 필요한 이론으로서의 예리함을 잃게 되었다. 또한 모든 자원이라고 막연하게 말하면서 구체적인 자원의 종류를 제대로 정리하지 못한 결과, 이론으로서의 체계성이 부족했다. 포터는 다섯가지 힘 모델'에 산업 내부요인을 추가한 '다이아몬드 모델'을 가지고 RBV의 문제점들을 해결했다. RBV계열 학자들이 주장하는 경영능력과 같은 자원을 '다이아몬드 모델'의 4가지 요소 중 하나인 '기업전략, 구조 및 경쟁관계'에 포함시킴으로써 RBV를 수용한 것이다.

세번째 이유는 '다섯가지 힘 모델'이 포함한 산업 내부요인 못지 않게 중요해진 외부요인인 기회와 정부이다. '다이아몬드 모델'은 기회와 정부를 추가함으로써 종합적인 틀을 추구했다.

'다이아몬드 모델'이 가지고 있는 장점은 '상호배제와 전체포괄(Mutually Exclusive and Collectively Exhaustive: MECE)' 조건을 충족한다는 것이다. MECE조건이란 구성요소들이 겹치지 않으면서도 빠지지 않게 나뉘어진 것을 의미한다. 쉽게 말하면 독립변수들이 중복되지 않고(no overlapping) 중요한 독립변수가 누락되지 않았다(no missing)는 것으로 좋은 분석모델이 되기 위한 기본조건이다. '다이아몬드 모델'의 4가지 요소는 중복되지 않고 또한 누락된 변수가 거의 없다고 판단되어 MECE가 성립된다고 볼 수 있다.

2. '다이아몬드 모델'의 부분집합인 컨설팅 모델들[8]

1) 맥킨지 컨설팅의 4C 모델

대부분의 유명한 컨설팅 모델은 '다이아몬드 모델'의 일부분만을 설명하고 있다. 예를 들어 세계적인 전략컨설팅회사인 멕킨지(McKinsey & Company)는 초기에 경쟁력의 3가지 요소로 Company, Competitor, Customer를 포함한 3C 모델을 사용하다가, 나중에 도매상, 소매상, 대리점 등의 중간상인(Intermediary)의 중요성을 발견하고는 이를 영어 C와 운율을 맞추기 위해 Channel이라는 요소를 더해 4C를 개발하였다.

<그림 2.9>는 이 4C 모델을 '다이아몬드 모델'과 비교하고 있다. 기존의 3C는 '다이아몬드 모델'의 위쪽 3개 요소에 해당되고 새로 등장한 네번째 C는 '다이아몬드 모델'의 아래 쪽에 해당된다. 기업의 경쟁력은 생산조건에 해당하는 Company, 경쟁관계에 해당하는 Competitor, 수요조건에 해당하는 Customer뿐 아니라 도매상, 소매상, 대리점 등의 중간상인이나 Channel 등 관련 및 지원분야에 의해서도 영향을 받기 때문이다. 다시 말해서 초기의 3C 모델은 나중에 4번째 C를 보충하면서 MECE조건을 만족하게 된 것이다. 그럼에도 불구하고 4C 모델은 '다이아몬드

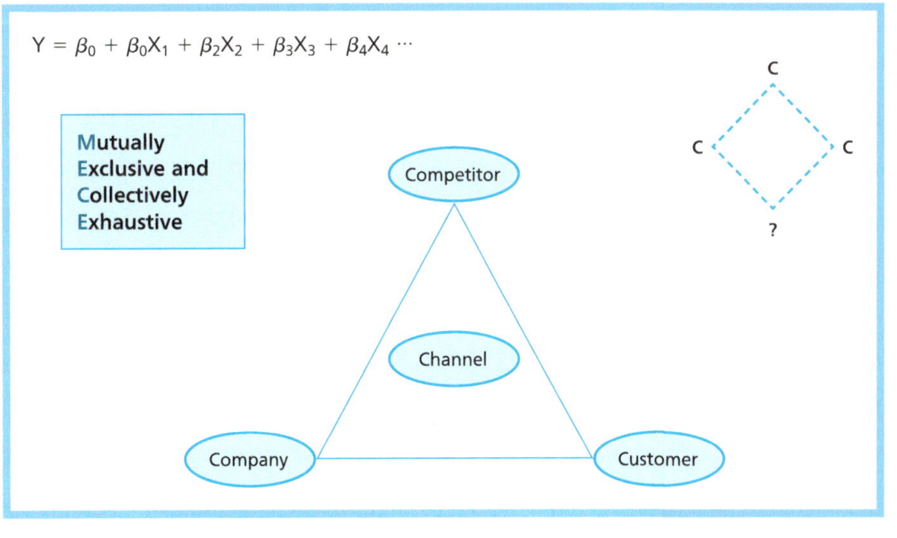

그림 2.9
멕킨지 3C 모델과 다이아몬드 모델

모델'과 비교해서 아직 많이 부족하다. <그림 2.8>의 '다이아몬드 모델'에 나와있는 중분류를 보면 생산조건은 기초 및 고급조건, 수요조건은 수요의 크기와 질, 관련 및 지원산업은 접근성과 시너지 창출, 경영여건은 전략, 구조 및 경쟁관계로 체계적으로 구성되어 있는데 3C 또는 4C 모델은 구체성이 없어서 이를 사용하는 분석자의 능력에 따라 모델의 효용성이 많이 달라질 수 있다.

2) 피터스와 워터맨의 7S 모델

기타 컨설팅 모델들도 '다이아몬드 모델'의 부분집합이다. 매킨지의 컨설턴트였던 톰 피터스(Tom Peters)와 로버트 워터맨(Robert Waterman)이 개발하여 '초우량기업의 조건에 소개한 '7S 모델'도 마찬가지이다.[9] S로 시작하는 7개 단어인 공유가치(shared value), 전략(strategy), 조직구조(structure), 시스템(system), 구성원(staff), 스킬(skill), 스타일(style) 중에서 구성원(staff)과 스킬(skill)은 '다이아몬드 모델'의 생산조건에 해당되고 나머지 5개 단어는 모두 경영여건(전략, 구조, 경쟁)에 해당된다. 사실 7개나 되는 변수들을 모두 S로 시작하는 단어를 찾다보니 사용자들이 기억하기에는 쉬울지 모르나, 단어 간에 중복을 피하기 힘들다. 예를 들어 전략(Strategy), 시스템(System), 스타일(Style)은 거의 비슷한 뜻을 갖게 되어 MECE조건을 충족한다고 볼 수 없다.

3) 4P, 4M, IPO, TQM, CRM, SRM, ERP, 6시그마, VI, JIT 등

마케팅에서 주로 사용하는 '4P(Product, Price, Place, Promotion) 모델'은 주로 '다이아몬드 모델'의 수요조건에 해당되고, 생산관리에서 주로 사용하는 '4M (Man, Machine, Material, Method) 모델'이나 시스템 분석에서 사용되는 'IPO (Input, Process, Output) 모델'도 '다이아몬드 모델'과 비교해 보면 <그림 2.10>에서 보듯이 한 쪽으로 치우쳐 있다. <그림 2.11>은 기업에서 경영자들이 사용하는 거의 모든 컨설팅 모델들이 '다이아몬드 모델'의 부분집합임을 보여준다. 수요측면에서 볼 때 전통적인 '4P 모델'이외에 전사적으로 판매를 촉진하는 '전사적품질경영(Total Quality Management: TQM)', 소비자를 더욱 효율적으로 차별화하는 '고객관계관리(Customer Relation Management: CRM)', 소비자를 성격에 따라 몇 개의 그룹으로 나누어 관리하는 '고객세분화(Customer Segmentation)'[10] 등은 모두 수요를 늘리거나 서비스의 품질을 높이는 전략에 관련된 모델들이다. 생산측면에서 보면 CRM을 생산자 측면으로 발전시킨 '공급자관계관리(Supplier Relation Management: SRM)', 회사 전체의 자원을 컴퓨터 시스템으로 체계적으로 관리하는 '전사적 자원 관리(Enterprise Resource Planning: ERP)', 불량률을 백만분의 3-4 수준으로 최소화시키는 '식스 시그마(6 Sigma)', 고급생산요소의 차별화를 높이는 '가치혁신(Value Innovation)'이 있다.

관련 및 지원 분야에서는 일본 토요타 자동차에서 시작한 '즉시(Just-in-time: JIT)' 생산시스템, 제품개발에서 생산, 유통, 판매에 이르는 모든 시스템을 하나로 묶어서 경영하는 공급사슬관리(Supply Chain Management)', 필요 없는 비용을 줄이는 오버헤드가치분석(Overhead Value Analysis: OVA)'과 가치사슬의 일부를 외부에 맡기는 '아웃소싱(Outsourcing)'이 포함된다. '다이아몬드 모델'의 경영여건에 해당되는 모델들은 한 때 유행했던 '구조조정(Restructuring)', '리엔지니어링(Reengineering)'을 포함해서 조직의 새로운 방향을 설정하는 '미션과 비전설명(Mission & Vision Statement)'과 전사적 차원에서 구체적인 전략을 찾으려는 '전략적기업경영(Strategic Enterprise Management)' 등이 있다. 이러한 컨설팅 모델들은 1980년대 이후 등장한 혁신경영(Innovative Management)의 일환으로 수많은 경영컨설팅 회사들이 개발한 것으로 혁신경영기법(Techniques for Innovative Management)으로 불리기도 한다. 이책의 '6장 혁신경영 메커니즘'은 이들 모델을 사용하는 구체적인 방법을 소개한다.

위 비교 분석은 다른 모델이 모두 틀리고 '다이아몬드 모델'만 맞는다는 것을 주장하는 것이 결코 아니다. 각 모델은 경영의 특정부분을 강조하면서 특화되어 있기 때문이다. 다만 다른 모델들은 일부를 집중적으로 보는 장점은 있지만 '다이아몬드 모델' 같이 전체 상황을 종합적으로 보지는 못한다. 따라서 전략을 수립하는 출발점에서는 '다이아몬드 모델'을 사용하는 것이 적절하다. 예를 들어 어떤 기업 또는 조직의 종합적인 경쟁력을 분석할 때 우선 '다이아몬드 모델'로 전체적인 상황

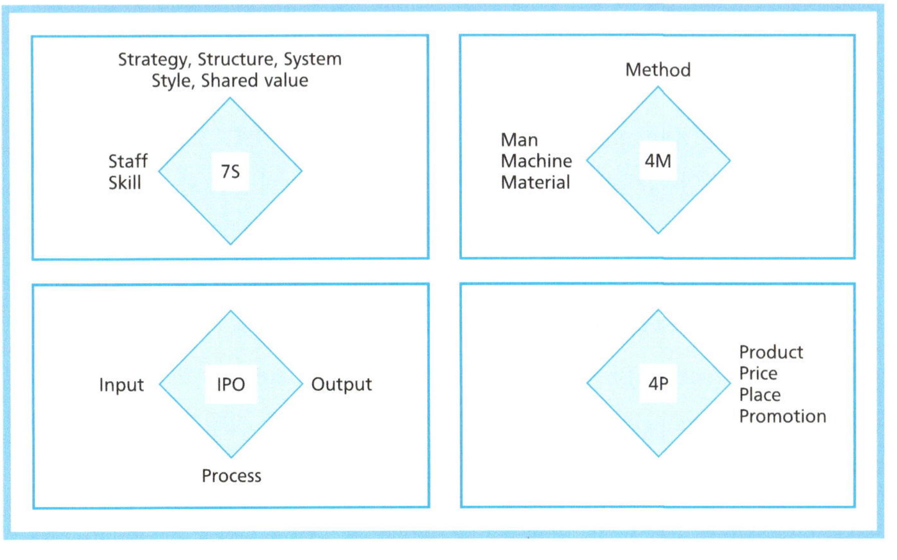

그림 2.10
7S, 4P, 4M, IPO 모델과 다이아몬드 모델

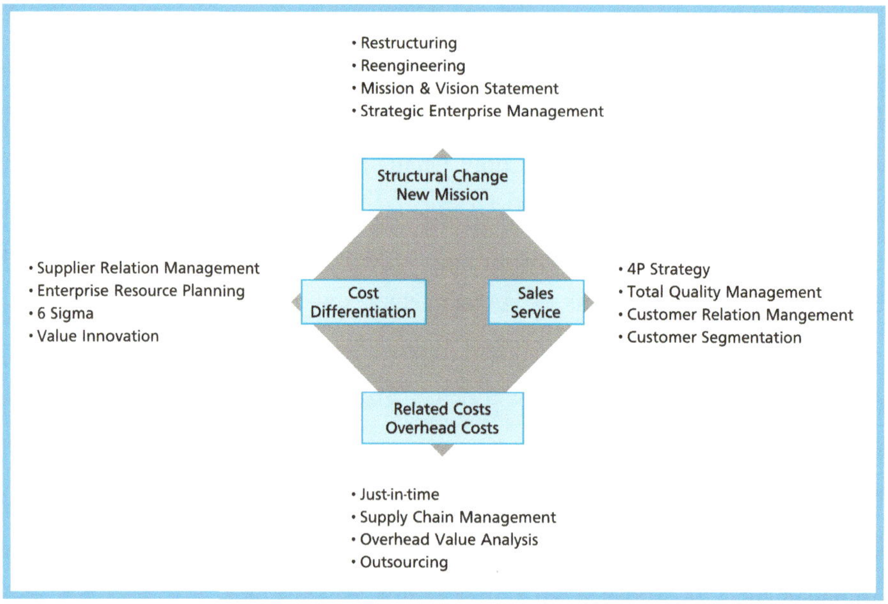

그림 2.11
컨설팅 모델의 분류체계

을 파악한 다음 구체적으로 생산적인 면에서 불량품이 많이 나오는 것이 문제라면 '6 시그마' 전문가에 문의하고 마케팅의 서비스가 문제라면 CRM 전문가의 도움을 받는 것이다. 의사와 환자와의 관계로 설명하면 다이아몬드는 종합적인 건강진단을 담당하는 의사이고 다른 모델들은 구체적이고 지엽적인 문제를 담당하는 분야별 전문의라고 볼 수 있다.

3. '다이아몬드 모델'과 대등한 균형성과표(BSC) 모델

위에서 소개된 기업 경영의 특정 부문에 대한 전문적인 컨설팅 모델과 달리, 다이아몬드 모델과 대등하게 기업 전반을 아우르는 컨설팅 모델도 다양하다. 이 중 '균형성과표(Balanced Score Card: BSC)' 모델을 소개한다.

캐플란과 노튼(Kapland & Norton, 2007)이 고안한 BSC 모델은 '다이아몬드 모델'처럼 전체적인 경쟁력을 함께 분석하게 해준다(<그림 2.12>).[11] 이 모델이 소개된 논문의 주저자인 캐플란은 하버드경영대학원의 회계학 교수였다. 그는 기업의 성과를 측정하는데 있어 재무상황(Financial)을 중심으로 만들어지는 회계 시스템이 가진 한계를 극복하기 위해 재무상황에 학습과 성장(Learning and Growth), 내부경영과정(Internal Business Processes), 소비자(Customer) 그리고 비전과 전략(Vision and Strategy)을 추가한 BSC 모델을 만들었다. 그리고 각 항목을 다시 목적과 측정 등으로 세분화해서 분석할 수 있도록 했다.

회계학적 프레임을 기반으로 한 BSC 모델은 재무성과를 중심으로 하는 전통적

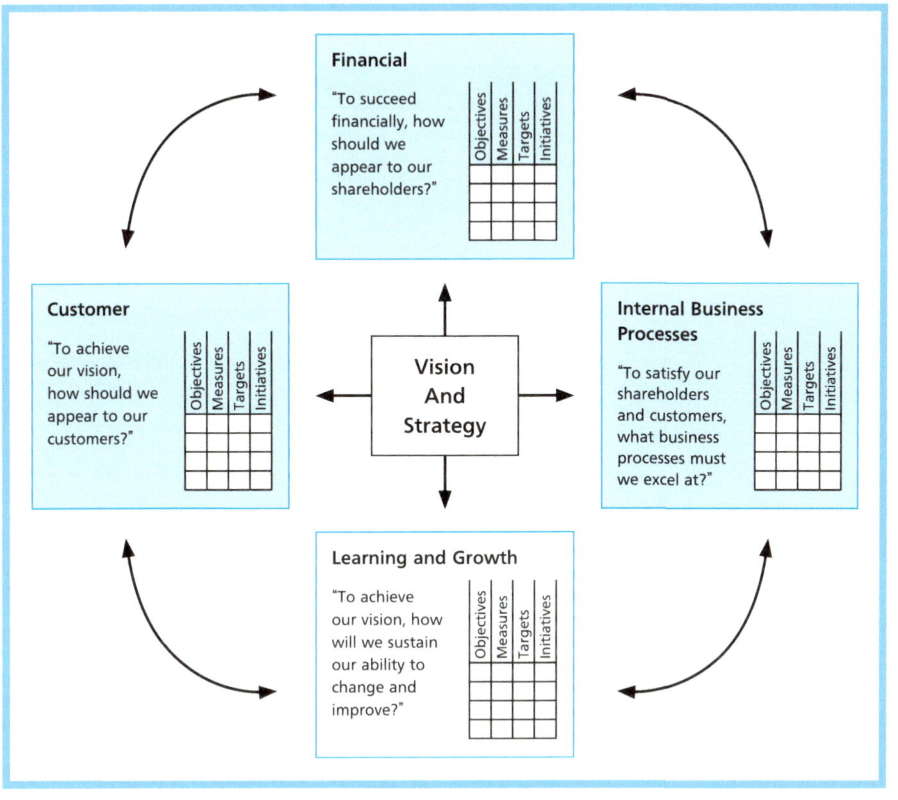

그림 2.12 Balanced Score Card (BSC)

인 분석방법보다 포괄적이라는 장점을 가지고 있다. BSC 모델을 '다이아몬드 모델'과 비교해 보면 회계학 교수가 만든 모델 답게 재무적인 요소에서는 더 정교하지만 모델을 구성하는 각 요소 간의 관계를 설정하는 프레임에 있어서는 불안정한 면을 보인다.

보다 구체적으로 BSC 모델과 다이아몬드 모델의 구성요소들을 1대1로 비교해 보면, <표 2.1>에서 보는 것처럼 BSC 모델의 재무상황 및 학습과 성장은 다이아몬드 모델의 생산조건, 소비자는 수요조건, 비전과 전략은 기업전략, 구조 및 경쟁관계에 해당된다. 그러나 BSC 모델의 내부경영과정은 다이아몬드 모델에 포함되어 있지 않다. 반면 다이아몬드 모델에 포함된 관련 및 지원산업은 BSC 모델에 포함되어 있지 않다.

다만 '다이아몬드 모델'은 횡축으로 경쟁의 기본인 생산조건과 수요조건을 놓고, 종축은 경영여건과 관련 및 지원산업(또는 분야)으로 구성되어 이들을 유기적으로 연결시켜 경쟁력을 체계적으로 설명하고 있다. 이에 비해 BSC 모델은 좌우상하 대칭성과 균형성이 떨어진다. 또한 앞에서 설명한 다른 컨설팅 모델과 같이 각 변수들의 중분류를 구체화하지 않아 정교한 분석이 어렵다.

표 2.1 BSC 모델과 다이아몬드 모델의 구성요인 비교

BSC 모델		공통점	다이아몬드 모델	
재무상황	내부	○	내부/외부	생산조건
학습과 성장	내부	○	내부/외부	생산조건
소비자	외부	×	외부	수요조건
내부경영 과정	내부	×		
			외부	관련 및 지원산업
비전과 전략	내부	○	내부/외부	기업전략, 구조 및 경쟁관계

4. '다이아몬드 모델'과 보완적인 전사적 전략경영(TSM) 모델

"집무실에 앉아있으면 괴롭기 한이 없다. 공장장은 기계가 노후해서 생산성이 안나온다고 불평하고, 판매부장은 실적이 오르지 않는다고 얼굴을 펴지 못하고 있다. 경리부장은 돈이 없다고 쫓아오고, 인사부장은 노조 상황이 심각하다고 경고한다. 기업경영자로 하루하루 산다는 것이 참으로 어렵다. 아무래도 화병이 난 것 같다."면서 자신을 환자로 자조하는 최고경영자(Chief Executive Officer: CEO)를 만날 때가 있다. 그런 분에게 다음과 같이 얘기해준다.

"의사(일반의)는 건강진단을 받으러 온 손님에게 1. 건강 체크리스트에 있는 100여 가지 질문에 답을 하라고 한 다음, 2. 그 답을 분석해서 손님의 건강에 대한 종합검사를 하고, 3. 이 과정에서 심각한 병을 찾아내면 전문의에게 보낸다.

기업이 환자라면 기업의 CEO는 의사이다. 최고경영자는 자신이 경영하고 있는 기업의 의사(일반의)로서 종업원들에게 1. 기업의 건강 체크리스트인 Total Strategy Management (TSM)의 140가지 질문에 답을 하라고 한 다음, 2. 그 답을 분석해서 기업의 건강에 대한 종합검사를 하고, 3. 그 과정에서 심각한 문제를 찾아내면 전문의에 해당하는 전문 컨설턴트를 불러야 한다." 이같이 TSM은 기업의 CEO가 일반의로서 부여받은 역할을 효과적으로 수행하게 해주는 필수불가결한 수단으로서, '성공하는 CEO는 디자이너다(조동성, 2015)'에 소개되어 있다.

어느 기업이든지 CEO라면 기업목표가 시장에서 고객에 의해서 받아들여 지기를 기대하는 법이다. 목표가 현실로 나타나지 않으면, CEO는 측근에 있는 중역들을 불러 그 이유를 물어본다. 중역들은 자신에게 가장 친숙한 전략이나 조직에 대해 알고 있는 문제점을 가지고 답변한다. <그림 2.13>의 왼쪽에 있는 전통적인 기업의 모습이다. CEO는 중역들이 조언해준 대로 전략이나 조직 컨설턴트를 불러

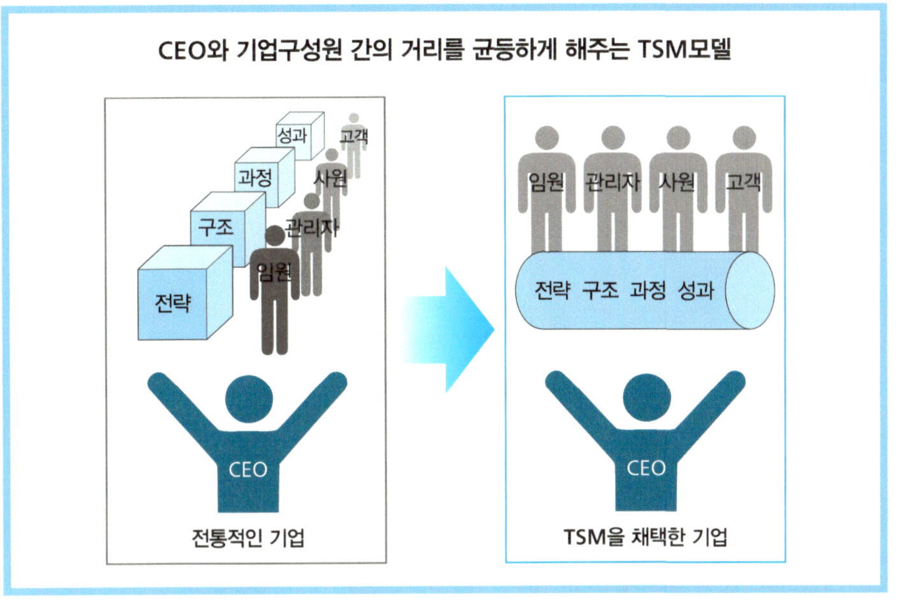

그림 2.13
CEO와 기업구성원 간의 거리를 균등하게 해주는 TSM모델

서 새로운 틀을 짜게 한다. 그러나 CEO가 오른쪽 기업처럼 TSM을 이용해서 전략, 구조, 과정, 성과로 이루어진 경영 프로세스에서 기업경영자가 생각하는 모습과 현장에서 각 단계의 실무자들과 고객들이 느끼는 모습 간의 괴리를 비교하고 큰 차이가 어디서 발생했는가를 찾아낸다면 효과적인 해법을 찾아낼 수 있을 것이다.

<그림 2.14>는 TSM 모델의 구조와 컨설팅을 진행하는 과정을 보여준다. TSM 컨설팅의 첫번째 작업은 '괴리분석'으로서, 전략에서 성과에 이르는 7단계에 대해 각각 20여 개씩, 총 140여개의 질문을 통해 각 단계에서 목표와 현실 간의 괴리를 파악한다. 그 다음에는 이 중에서 가장 괴리가 큰 단계에서 괴리의 원인을 파악해서 괴리를 줄이는 방법을 찾는다. 이때 그 방법을 찾는 것 자체가 전문성을 필요로 한다면 그 분야에 대한 가장 전문성이 있는 컨설턴트에 의뢰하면 된다.

이 것은 앞에서 얘기한대로 일반의가 정기점검을 통해서 환자의 건강상태를 파악하다가, 심각한 병을 찾아내면 전문의에게 보내는 것과 마찬가지이다.

TSM 모델은 다이아몬드 모델과 보완적인 성격을 가진다. <그림 2.15>에서 보는 것처럼, 다이아몬드 모델이 기업전략의 방향, 즉 기업이 채택해야 할 '경영전략'의 내용을 만들어주는 프레임워크라면, TSM 모델은 경영전략을 채택한 기업이 그 전략을 실행해 나가는 프로세스에서 생기는 '전략경영'상의 문제점을 해결해주는 프레임워크이다. 따라서 다이아몬드 모델을 이용해서 구체적인 경영전략(business strategy)을 결정한 기업의 CEO는 TSM 모델을 이용해서 그 전략이 기대한 효과를 낼 수 있도록 전략경영(strategic management)을 실천해 나가야 한다.

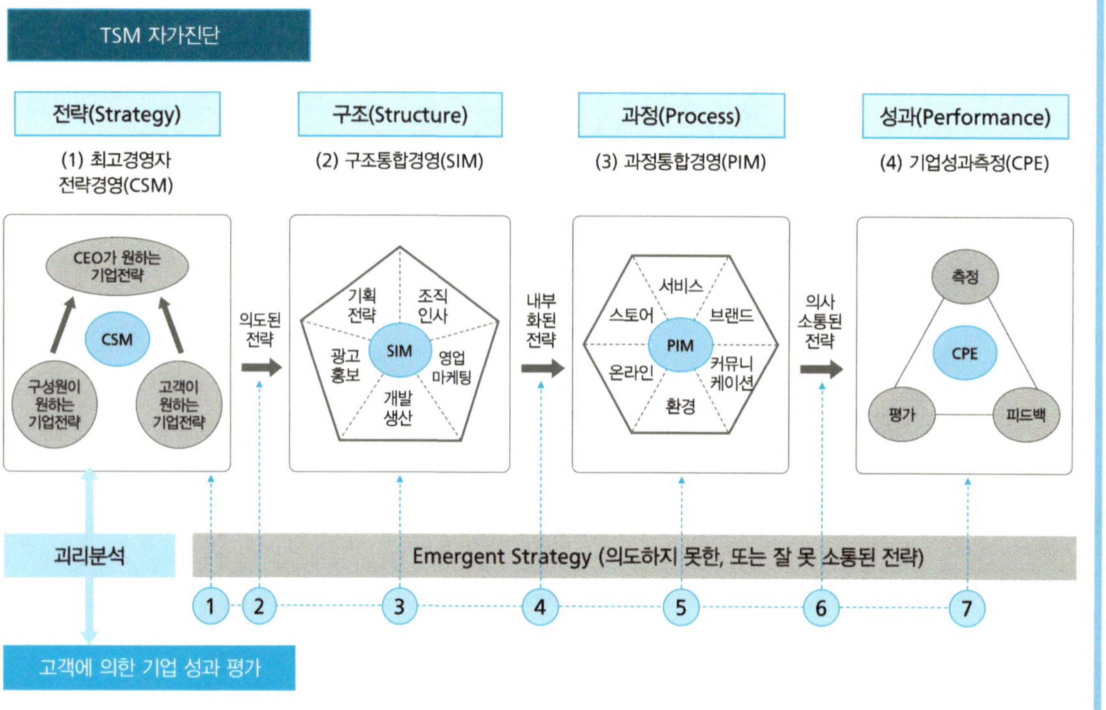

그림 2.14 전사적 전략경영(TSM) 모델

그림 2.15
다이아몬드 모델로 본 경영전략과 TSM모델로 본 전략경영

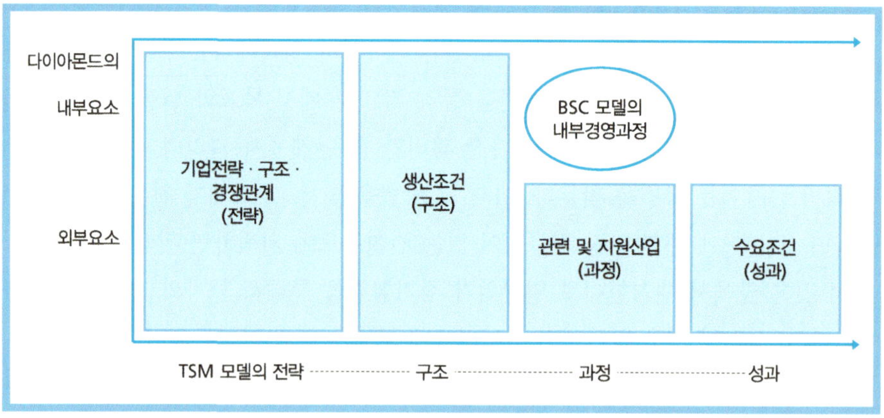

5. '다이아몬드 모델'의 문제점과 해결방안: SER-M 패러다임

포터의 '다이아몬드 모델'은 체계적인 분석모델임에도 불구하고 심각한 문제점이 두 가지 있다. 국제화요소와 인적요소를 빠뜨린 것이다. 포터의 '다이아몬드 모델'은 주로 국내 경쟁력 요소를 중시했기 때문에 미국과 같이 큰 국가의 경쟁력은 잘 설명할 수 있다. 그러나 캐나다나 싱가포르 같은 국가는 경쟁력을 주로 국제화에 중점을 두면서 발전해 왔기 때문에 포터의 '다이아몬드 모델'로는 설명할 수 없다. 이를 해결하기 위해 러그만과 데크루즈(Rugman and D'Cruz, 1993)는 캐나다와 미국을 연결하는 이중다이아몬드(Double Diamond) 모델을 개발했고 문휘창, 러그만, 버베키(Moon, Rugman and Verbeke, 1998)는 이를 일반화해서 2개 국가뿐 아니라 여러 국가를 포함하는 국제화 모델인 일반화된 이중다이아몬드(Generalized Double Diamond: GDD) 모델을 개발했다. <그림 2.16>은 이러한 3가지 유형의 다이아몬드의 발전과정을 보여주고 있다.[12]

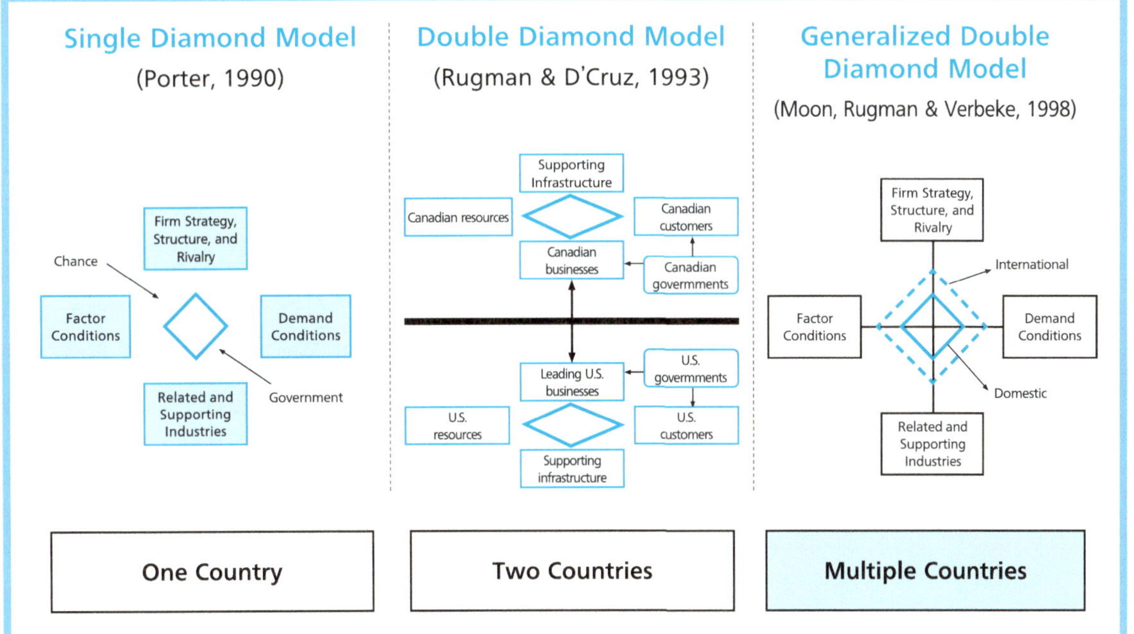

그림 2.16 국제화를 포함한 '다이아몬드 모델'의 발전

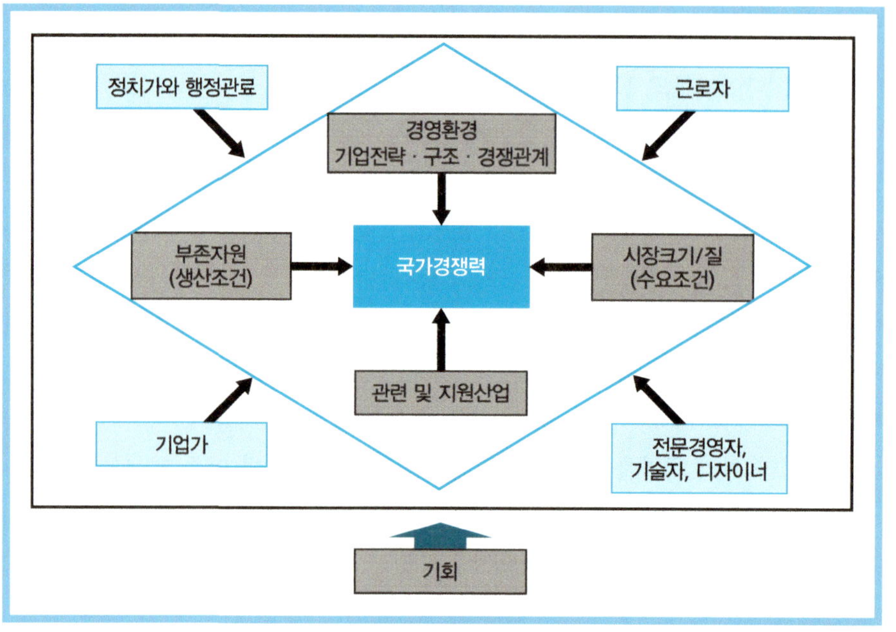

그림 2.17
국가경쟁력 원천에 대한 조동성의 9-팩터 모델

포터의 '다이아몬드 모델'은 인적요소도 등한시했다. 근로자나 전문가 등이 포터 '다이아몬드 모델'의 생산조건 등에 포함된다고 주장할 수 있으나 인적요소는 더욱 체계적으로 정리되어야 한다. 특히 개발도상국은 물적자원이 별로 없는 상태에서 인적자원이 경제발전의 원동력이 되므로 인적요소를 더욱 정교하고 체계적으로 분석해야 한다. 또한 국가경쟁력을 분석할 때는 정부, 특히 정책결정자와 행정관리자들의 역할이 무엇보다 중요한데 포터는 정부를 외생변수로 취급해서 그 중요성을 등한시하였다. 이는 선진국에 비해 개발도상국에서는 정부의 역할이 매우 중요하다는 사실을 간과한 것이다. 이러한 포터 모델의 문제점을 개선하기 위해 조동성(Cho, 1994)은 '9-팩터 모델(9-Factor Model)'을 개발하였다. 이 모델은 <그림 2.17>에서 보다시피 4개의 물적요소 및 4개의 인적요소와 더불어 1개의 외생변수인 기회로 구성되어 있다.

국제화된 '더블 다이아몬드 모델'을 포함한 '9-팩터 모델'은 포터의 '다이아몬드 모델'을 확대 발전시키면서 지금까지 논의한 전략모델을 통합적으로 설명할 수 있다.

여기서 한걸음 더 나아가 <그림 2.18>은 SER-M 패러다임을 적용해서 '9-팩터 모델'을 더욱 체계적으로 분류하고 있다. <그림 2.18>에 등장하는 주체(Subject, S)는 '9-팩터 모델'의 4가지 인적요인을 포함하고, 환경(Environment, E)은 국가경쟁력을 분석하는 모델인 '9-팩터 모델'의 기회, 자원(Resource, R)은 포터 다이아몬드 모델의 4가지 구성요인인 동시에 '9-팩터 모델'의 물적요인을 포함한다. 마지막

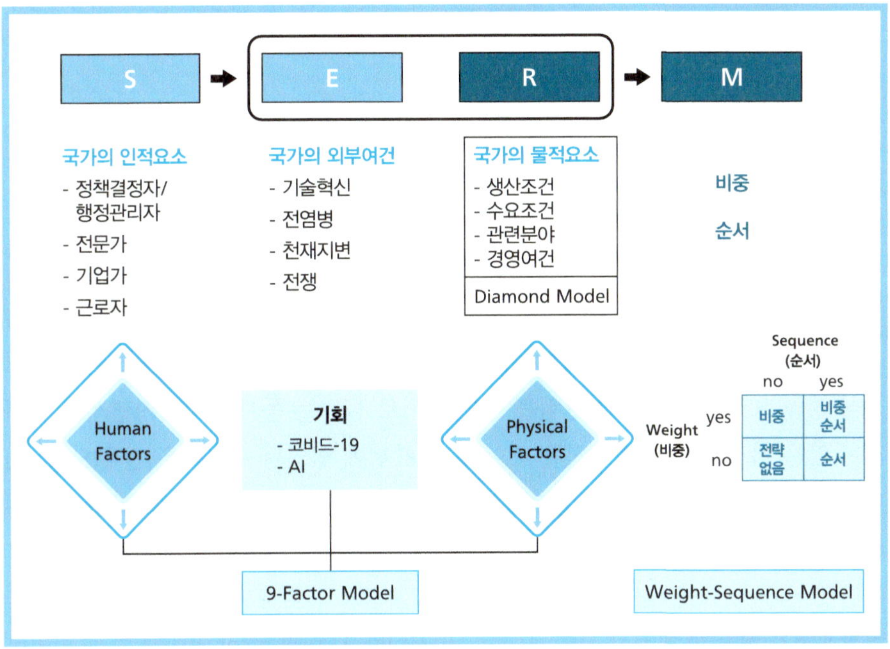

그림 2.18
SER-M 패러다임을 이용한 국가경쟁력 분석의 통합모델

으로 이러한 요인들의 상대적 가중치와 실행 순서를 잘 정해서 효과를 극대화하는 메커니즘(Mechanism, M)을 결합하면 SER-M 패러다임이 완성된다. <그림 2.18>의 아래 부분에서는 이러한 SER-M 패러다임을 두 개의 마름모로 형상화한 '다이아몬드 모델' 모형과 기회(Chance)를 형상화함으로써 SER-M이 '다이아몬드 모델'을 발전시켰다는 것을 쉽게 이해할 수 있게 하였다. 다이아몬드 그림의 오른쪽에 있는 비중(저원가, 차별화 전략)과 순서(Term-Priority Matrix)로 구성된 비중-순서 모델(Weight-Sequence Model, WSM)은 여기에서 이론 부분을 설명한 다음 파트 3에서 적용방법을 다룰 예정이다.

SER-M 패러다임은 국가경쟁력뿐 아니라 기업경쟁력, 대학경쟁력 등 다양한 분석단위에 따라 융통적으로 활용할 수 있다. <그림 2.19>는 이런 경우 주체(S)의 사례를 든 것이고 이에 따라 E와 R 등도 적절한 변수를 택해서 분석할 수 있다.

국가	기업	대학
- 정책결정자/행정관리자	- CEO	- 총장
- 전문가	- 이사	- 학장, 처장
- 기업가	- 중간관리자	- 교수
- 근로자	- 현장근로자	- 교직원

그림 2.19
분석단위에 따른 다양한 주체(S)로서의 인적요소

4절 SER-M 패러다임의 핵심인 전략메커니즘: WS 모델

1. 자원의 비중(Weight)을 고려한 전략 메커니즘

미국 초대 대통령 조지 워싱턴(George Washington, 1732~1799)은 미국의 독립전쟁시 효과적인 '비중(weight)' 전략을 보여준 것으로 유명하다. 이러한 접근법은 상대방에 비해 자원이 부족할 때 특히 효과적이라는 것을 보여준다. 이 전략의 핵심 성공 요인은 상대방의 관심을 다른 곳으로 돌리는 동시에 중요하면서도 준비되지 않은 지점을 기습 공격하는 것이다. 1781년에 있었던 요크타운 전투(Siege of Yorktown)는 워싱턴 전략의 최고 성과였다. 그는 요크타운에 있는 영국군의 부대배치에 약점이 있다는 것을 알고, 요크타운을 집중적으로 공격하기로 했다. 다만 작전을 감추기 위해 뉴욕을 공격한다는 허위사실을 유포해 뉴욕에 있던 영국의 주력부대 8천 명을 움직이지 못하게 했다. 워싱턴은 뉴욕에 2,500명의 소규모 병력만을 남겨두고, 7천 명의 미군과 프랑스 연합군을 이끌고 요크타운으로 가서 약 8천 명의 영국 병사들에 대한 포격을 일주일간 벌였다. 이 때는 영국군이 뉴욕에 있던 군인들을 요크타운으로 옮겨서 부족한 병력을 보강하기에는 너무 늦은 시점이었다. 결국 영국군은 항복했고 이는 미국 독립에 결정적인 계기가 되었다.

워싱턴이 보유한 군사력은 영국군에 비해 열악했다. 병력 숫자는 엇비슷했지만 정규군이었던 영국군에 비해 워싱턴의 병력은 농민들이 대부분이었다. 그러나 워싱턴은 영국군에 비해 부족한 자원을 비중을 달리한 자원의 배분으로 맞섰다. 전선의 초점을 요크타운에 맞추고, 병력의 비중을 요크타운에 집중함으로써 전쟁에서 승리할 수 있었다.

자원기반관점으로만 전쟁의 상황을 분석하면 미국의 독립전쟁은 애초부터 싸우면 안되는 전쟁이었다. 만일 워싱턴이 보유한 자원만으로 전략을 세웠다면 항복이 최선이었을 것이다. 그러나 워싱턴은 비중이란 메커니즘기반관점을 활용한 자원배분 전략을 통해서 적군을 제압하는 응집력을 발휘했고, 결국 이 전투의 승리를 통해서 미국의 독립을 이뤄냈다.

2. 자원을 배열하는 순서(Sequence)를 고려한 전략 메커니즘

고대 중국에서 가장 유명한 군사 전략에는 두 가지가 있다: 하나는 손자(孫子, 기원전 544~496년으로 추정)의 손자병법이고 다른 하나는 손자의 5대손인 손빈(孫

臏, 기원전 382~316)의 손빈병법이다. 손빈의 전략에 관한 재미있는 이야기가 있다. 손자는 제나라 장군 전기(田忌)의 빈객이었다. 당시 제나라 위왕(齊威王)과 전기는 말을 3쌍씩으로 하여 승부를 겨루는 경마를 자주 벌였고, 위왕보다 좋은 말을 가지지 못했던 전기는 위왕과의 승부에서 항상 패했다. 어느 날, 전기는 손빈에게 위왕을 이길 수 있는 방법을 물었고, 손빈은 이에 응했다. 그 방법은 간단했다. 위왕의 좋은 말이 나오는 경주에 전기의 약한 말, 위왕의 중간 말이 나오는 경주에 전기의 좋은 말, 위왕의 약한 말이 나오는 경주에 전기의 중간 말을 내게 한 것이었다. 이 경주에서 전기는 2승 1패를 했다. 손빈은 자원은 비슷하지만 자원배치의 순서만 바꾸어도 경쟁력을 높일 수 있는 전략을 보여준 것이다. 이 경주에서 손빈의 능력에 감동한 전기는 위왕에게 손빈을 추천했고, 위왕은 손빈을 병법의 스승으로 모셨다.[13]

자원기반관점에서 이 경주를 분석하면 해답이 나오지 않는다. 자원만 비교하면 전기가 보유한 말은 위왕이 보유한 말보다 열악했기 때문이다. 그러나 손빈은 전략 안에 숨어있는 순서라는 메커니즘을 꺼내서 승리를 할 수 있었다. 메커니즘기반관점에 의한 전략으로 자원기반관점의 열세를 극복한 것이다.

3. 비중(Weight)과 순서(Sequence)를 결합한 전략 메커니즘

서기전 216년에 벌어진 카네 전투(Battle of Cannae)에서 카르타고 장군 한니발(Hannibal, 서기전 247~183/181)은 5만 명의 카르타고 군으로 86,400명의 로마 공화국 군대에 대승했다. 이 전투에서 로마군은 중앙에 8만 명의 강한 보병들을 3열로 배치했고 상대적으로 약한 6,400명의 기병을 측면에 배치했다. 로마군의 계획은 수적으로 우세한 보병대로 하여금 카르타고 전선을 정면으로 뚫고 나가는 것이었다. 한니발은 4만 명의 보병보다 1만 명의 기병에 초점을 두는 정반대의 전략을 폈다. 특히 왼쪽 측면에는 오른쪽 측면보다 두 배나 많은 기병을 배치했다. 군대 배치를 마친 한니발은 보병이 일렬로 서서 볼록한 곡선을 그리며 로마인들을 향해 전진하도록 명령했다. 그는 동시에 그의 강한 기병대로 하여금 속전으로 왼쪽 측면을 공격하도록 명령했다. 카르타고의 왼쪽 기병대는 로마군의 기병대를 제압한 후 로마군 보병대의 후방으로 돌아가 오른편의 로마 기병대를 뒤에서 공격했다. 그러는 동안 한니발은 일렬로 선 보병대의 중앙 병력을 의도적으로 후퇴하게 해서 로마 보병대로 하여금 자신들이 승리하고 있다고 착각하게 만들었다. 로마군은 미끼를 물었고, 중앙에 있던 보병대는 앞다퉈서 앞으로 나아갔다. 한니발의 중앙 보병이 후퇴하면서 깊은 초승달 모양을 이룬 순간, 그 뒤에서 이미 로마 기병대를 궤멸한 한니발의 기병대가 밀쳐 들어오면서 로마 보병대는 초승달 내부에 갇혔다. 로마인들은 결국 그들의 무기를 제대로 사용할 수 없는 좁은 공간에 갇히게 되어 대패하고 말았다.

이같이 비중과 순서를 달리한 전략을 이용해서 한니발은 수적으로 불리한 상황을 극복하고 로마군을 물리쳤다. 한니발 승리 전략의 첫 번째 요인은 강대강 또는 약대약의 대결이 아니라 강대약과 약대강의 역순으로 상대방의 허를 찌른 것이다. 또한 한니발의 약한 보병은 전투에서 지는 것이 아니라 그의 강한 기병이 로마 기병을 격파할 때까지 전진과 후진을 통해 시간을 벌어 주는 것이었다. 두 번째 요인은 비중을 다르게 부여해서 오른쪽 측면보다 왼쪽 측면에 두 배나 많은 기병을 배치한 것이다. 한니발은 오른쪽 측면보다 왼쪽 측면의 기병작전에 비중을 두고 약한 보병이 버티면서 벌어주는 시간을 이용해서 군사 역사상 가장 전설적인 승리를 거둘 수 있었다(<그림 2.20>).[14]

한니발이 카네 전투에서 승리한 요인을 자원기반관점과 메커니즘기반관점으로 찾아보자. 한니발이 카르타고에서 코끼리 군단을 이끌고 로마로 진군한 초기 모습만을 보면 한니발이 자원기반관점을 기반으로 전략을 짠 것으로 보인다. 당시의 코

그림 2.20
한니발의 전략 모형

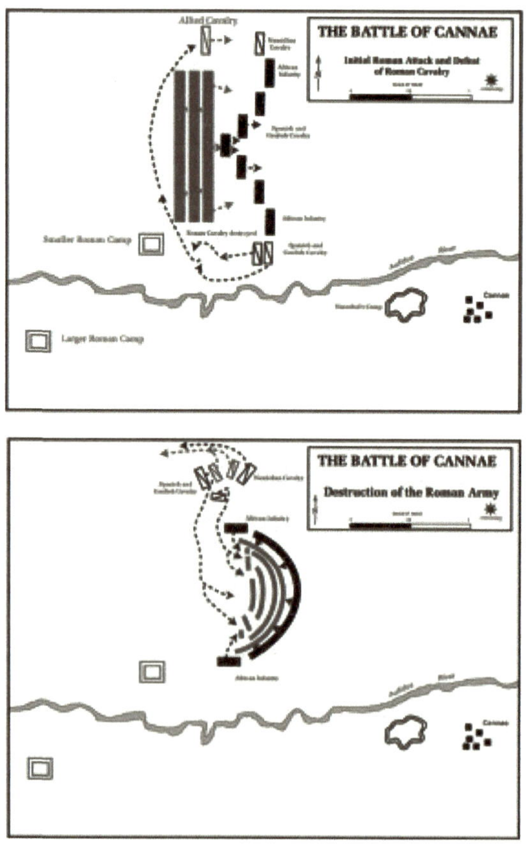

자료: 위키피디아

끼리 군단은 현대전의 탱크부대에 해당했기 때문이다. 그러나 한니발의 병력은 육로로 피레네 산맥을 넘는 과정에서 추위로 인해 반토막이 났다. 그래서 전투에 임하면서 이미 로마군에 비해 숫자로 열세에 놓이고 말았다. 그러나 전투에 임한 한니발은 부족한 자원을 비중과 순서라는 메커니즘을 탑재한 전략을 이용해서 로마군을 무찌를 수 있었다. 따라서 한니발은 자원기반관점으로 준비된 자원을 가지고 시작했지만, 실제 카네 전투는 메커니즘기반관점의 전략으로 승리할 수 있었다고 볼 수 있다.

이렇게 자원의 비중과 순서를 바꾸면서 경쟁력을 극대화하는 전략을 비중-순서(Weight-Sequence, WS) 전략, 또는 WS 모델이라고 부르자. WS 전략은 군사전략에서 많이 사용되고 있다. 임진왜란의 한산도 전투에서 이순신 제독이 사용한 학익진 전법도 WS 전략의 일환이다. 이순신 제독이 채택한 학익진의 특징은 보통 육군에서 사용하는 이 전법을 해전에서 사용했다는 점이다. 바다에서의 배는 육지에서의 군대와 달리 기동성이 떨어진다. 그러나 임진왜란 당시 왜군의 전투선은 배 밑바닥이 뾰족한 첨저선이어서 빠르기는 해도 방향전환이 힘들었던 반면, 조선의 전투선은 배의 바닥이 평평하고 윗부분은 판옥을 만든 판옥선이었다. 이순신 제독은 왜군의 전투선보다 상대적으로 기동성이 뛰어난 판옥선을 이용해서 <그림 2.21>에서 보는 대로 학의 날개모양으로 왜군을 둘러싼 후 포공격으로 왜군의 첨저선들

- 1592년 8월 14일, 한산도 해전
- 학의 날개 모양으로 적군을 에워싼 후 포공격
- 일본은 300년이 지나서야 패전의 원인을 알게 됨
- 일본의 73척중 59척을 격파 또는 나포
- 날이 저물자 이순신은 궁한 적은 쫓지 않음(궁구물박/窮寇勿迫, 손자병법 7편)
- 원래 육지에서 기동력이 뛰어난 기병들이 행하던 전략

그림 2.21
이순신의 학익진

을 섬멸하는 WS 전략을 성공시킬 수 있었다.[15]

한산도 전투에서 이순신 제독이 승리한 요인은 판옥선이란 자원인가, 아니면 학익진이란 전략에 숨어있는 비중-순서 모델이란 메커니즘이었는가?

이 질문에 대한 답변은 자원기반관점과 메커니즘기반관점에 대한 답변자의 가치관과 철학에 따라 다를 수 있다. 그럼에도 불구하고, 다음과 같은 답변에 많은 사람들이 공감할 수 있을 듯하다. 즉, 판옥선은 원균 제독을 비롯한 다른 한국의 장군들도 가지고 있는 자원일 뿐이었다. 그러나 군인들의 신뢰를 한 몸에 받고 있는 이순신 제독이란 주체가 한산도라는 환경을 이용해서 판옥선이란 자원을 활용하는 학익진 전략이란 비중-순서 모델을 메커니즘으로 활용했기 때문에 전쟁에서 이길 수 있었다.

어느 시인은 소쩍새, 먹구름 속 천둥, 간밤의 무서리, 누님에 대한 애틋한 정을 노래했다. 한송이의 국화꽃을 피우기 위해 필요한 구근과 흙과 해와 비바람이란 자원을 덮고 있는 한많은 메커니즘이 이 시인에게는 보였던 것일까?

한송이의 국화꽃을 피우기 위해
봄부터 소쩍새는
그렇게 울었나 보다

한송이의 국화꽃을 피우기 위해
천둥은 먹구름 속에서
또 그렇게 울었나 보다

그립고 아쉬움에 가슴 조이던
머언 먼 젊음의 뒤안길에서
인제는 돌아와 거울 앞에 선
내 누님같이 생긴 꽃이여
노오란 네 꽃잎이 피려고
간밤엔 무서리가 저리 내리고
내게는 잠도 오지 않았나 보다

<국화 옆에서, 서정주>

<그림 2.22>의 'WS 모델'은 순서를 이용한 손빈의 전략, 비중을 이용한 워싱턴의 전략, 비중과 순서를 동시에 이용한 한니발 및 이순신의 전략을 2×2 매트릭스로 보여준다. 이 표에서 좌하단은 비중과 순서가 빠진 보유 자원의 단순한 조합만을 의미한다.

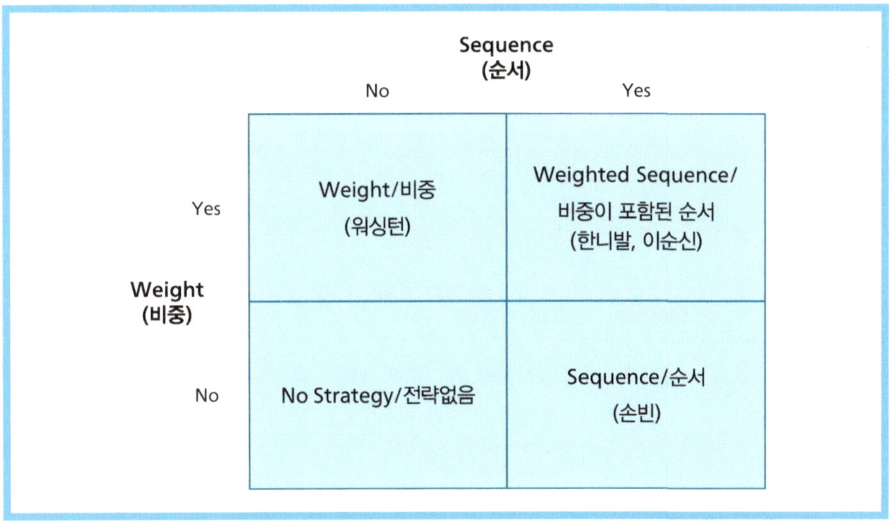
Sequence
(순서)
No
Yes
Yes
No
Weight
(비중)
Weight/비중
(워싱턴)
Weighted Sequence/
비중이 포함된 순서
(한니발, 이순신)
No Strategy/전략없음
Sequence/순서
(손빈)

그림 2.22
'WS 모델'

STRATEGIC MANAGEMENT in the Age of Artificial Intelligence

CHAPTER 03

SER-M 패러다임의 실제사례

1절 국가경쟁력[1]

1. 국가경쟁력 연구를 담당하는 기관

국가경쟁력 연구, 그 중에서도 특히 국가경쟁력을 계량적 지수로 표현해서 국가간의 순위를 부여하는 작업은 세계에서 세 개 기관만이 하고 있다. 이 세 기관은 '국제경영개발연구원(The International Institute for Management Development: IMD)', '세계경제포럼(The World Economic Forum: WEF)', '산업정책연구원(The Institute for Policy Studies: IPS)'이다.

IMD는 1946년에 설립된 '국제경영연구원(International Management Institute: IMI)과 1957년에 설립된 '기업경영방법론연구원(Institut pour l'Etude des Methodes de Direction de l'Entreprise: IMEDE)이 1990년 합병해서 만들어진 스위스 로잔(Lausanne)에 위치한 경영대학원으로, 1989년부터 '세계경쟁력연감(World Competitiveness Yearbook)'이란 보고서를 내고 있다. WEF는 1971년 시작한 '유럽경영포럼(European Management Forum)'으로 출발해서 1987년 명칭을 변경한 스위스 콜로니(Cologny)에 위치한 민간연구소로, 1996년부터 '지구경쟁력보고서(Global Competitiveness Report)'를 내고 있다. IPS는 1995년에 설립된 한국의 산업통상자원부 산하 사단법인 연구원으로 2000년부터 '국가경쟁력연구(National Competitiveness Research)'라는 보고서를 냈고, 2020년부터는 스위스 제네바(Geneva)에 본부를 둔 UN 기관인 '유엔훈련조사연구소(UN Institute for Training and Research)'와 공동으로 연구결과를 발표하고 있다.

세 기관이 내는 보고서는 명칭이 각각 다르다. IMD는 세계경쟁력(World Competitiveness), WEF는 지구경쟁력(Global Competitiveness), IPS는 국가경쟁력(National Competitiveness)이라는 단어를 쓰고 있다. 그러나 세 기관이 추구하는 연구 목적은 세계 주요 국가의 경쟁력을 분석하는 것이기에 여기서는 모두 '국가경쟁력'이라는 표현으로 통일하기로 한다. 또 보고서에 해당하는 명칭도 각각 다르다. IMD는 연감(Yearbook), WEF는 보고서(Report), IPS는 연구(Research)라는 단어를 쓰고 있다. 그러나 세 기관이 사용하는 연구 방법 역시 세계 주요 국가의 경쟁력을 계량적으로 분석하는 것이기에 여기서는 모두 '보고서'라는 표현으로 통일하기로 한다.

2. 국가경쟁력을 연구하는 목적

원래 국가경쟁력 연구를 하는 이유는 국가경쟁력을 강화시킬 수 있는 원인을 찾아내기 위해서이다. 그래야 각국 정부는 찾아낸 원인을 이용해서 국가전략을 세울 수 있는 것이다. 따라서 국가경쟁력 모델에서 사용하는 변수는 국가경쟁력을 결정하는 원인들을 MECE, 즉 상호배제와 전체포괄 조건에 따라 모두 포함해야 한다. 다만 각 기관은 국가경쟁력에 대한 정의를 서로 다르게 내리고 있고, 이에 따라 원인들 역시 제각기 다르게 선정하고 있다.

IMD는 국가경쟁력을 "기업의 가치 창출과 국민의 번영을 지속하는 환경을 조성하고 유지하는 능력"이라고 정의한다.[2] 따라서 IMD보고서는 세계적인 기업의 관점에서 국가경쟁력을 평가한다. 해외 기업 경영자가 특정 국가에 진출하고자 할 때, 밖에서 보는 해당 국가의 정부를 비롯한 투자환경이 얼마나 기업친화적인가를 판단하는 데 적절하다.

WEF는 국가경쟁력을 "한 국가의 생산성 수준을 결정하는 제도, 정책 및 요인의 집합"으로 본다.[3] 따라서 WEF보고서는 한 국가 안에서 경제활동을 하는 경제 주체의 관점에서 국가경쟁력을 평가한다. 그 국가 안에서 살고 있는 국민이나 기업이 벌이는 경제활동의 생산성 수준을 객관적으로 판단하는 데 적절하다.

IPS는 국가경쟁력을 한 국가의 경제활동을 이끌어가는 다양한 원인들의 체계적인 집합으로 본다. 따라서 IPS보고서는 그 국가의 경제정책을 결정하는 정부의 관점에서 국가경쟁력을 평가한다. 구체적으로 국가경쟁력에 관한 정부 정책 하나하나가 얼마나 그 국가의 경쟁력을 좌우하고, 특정 정책을 수정함으로써 얼마나 그 국가의 경쟁력을 강화시킬 수 있는지 판단하는 데 도움을 준다.

3. 국가경쟁력 보고서에서 사용되는 이론적 모델 및 방법론

1) 국가경쟁력 연구가 시작된 배경

20세기에 국가간의 경제 수준을 평가하는 단일 지표로 가장 많이 활용된 지표는 '국민총생산(Gross National Product, GNP)' 이나 '국내총생산(Gross Domestic Product: GDP)'이었다. 국가의 규모, 특히 국민의 숫자가 국가마다 다르기 때문에 GNP나 GDP를 국민 숫자로 나눈 1인당 GNP, 1인당 GDP가 사용되기도 했다. 그러나 이러한 경제 수준을 보여주는 지표는 어느 나라 국민이 다른 나라 국민보다 더 잘 살고 못사는 가를 측정하는 데에는 도움을 주지만, 한 나라 정부나 국민들이 자국의 경제력을 높이기 위해서 무엇을 해야 하는가 하는 미래지향적인 노력을 하는 데에는 아무런 도움을 주지 못한다. 지금까지의 경제수준에 대한 지표는 오히려 잘 살지 못하는 나라의 구성원들에게 좌절감을 가져올 따름이다. 어떤 의미에서는 이런 경제지표가 선진국의 놀음이었다고 해도 과언이 아니다.

20세기 중반, 특히 1945년 제2차 세계대전이 끝나면서 그 동안 선진 제국주의 국가들에 의해 지배받고 있었던 많은 나라들이 독립을 쟁취했다. 이들 나라/지역의 국민들은 그동안 숙명처럼 받아들였던 후진성을 극복하고 후진경제에서 탈피하려는 노력을 시작했다. 그 중 대표적인 경제가 한국, 대만, 홍콩, 싱가포르로 이루어진 동아시아의 네 마리 호랑이(Four Asian Tigers)였다. 이들은 주로 제조업에 집중하여 1990년대에는 중진국 수준으로 경제를 발전시키고, 2000년대에는 선진국의 문턱까지 올라섰다. 그 중에서도 한국은 2021년 7월 유엔무역개발협의회(United Nations Conference on Trade and Development: UNCTAD)에 의해 '개발도상국 그룹(Developing Countries Group)'에서 '선진국 그룹(Developed Countries Group)'으로 변경되었다. 한국을 비롯한 몇 개 국가의 약진은 세계 230여 개 국가 중에서 선진국 30여개를 제외한 나머지 국가의 국민들과 정부에게 선진경제로의 도약에 대한 가능성을 확인시켜주었다. 이러한 세계적인 추세 속에서 한 나라의 경제 수준을 높이는 원천인 국가경쟁력에 대한 연구가 시작되었다.

당시만 해도 한 나라의 경제를 다루는 연구는 거시경제학자들의 몫이었다. 전통적인 거시경제학자들은 국가경제를 다루는 모델을 생산성(productivity)이라는 지표에서 찾았다. 아래 공식은 한 나라의 생산량을 결정하는 변수를 노동과 자본으로 본 콥-더글러스 생산함수(Cobb-Douglas Production Function)이다.

P=b×L^α×K^(1-α)

여기서 P는 생산량, L은 노동 투입량, K는 고정 자본량을, 그리고 b는 상수이다. 이 공식에서 노동량과 자본량을 증가시키면 생산량도 비례적으로 증가한다. 이 공식을 그림으로 표현하면 <그림 3.1>과 같다.

그림 3.1
국가경쟁력 원천에 대한 거시경제모델

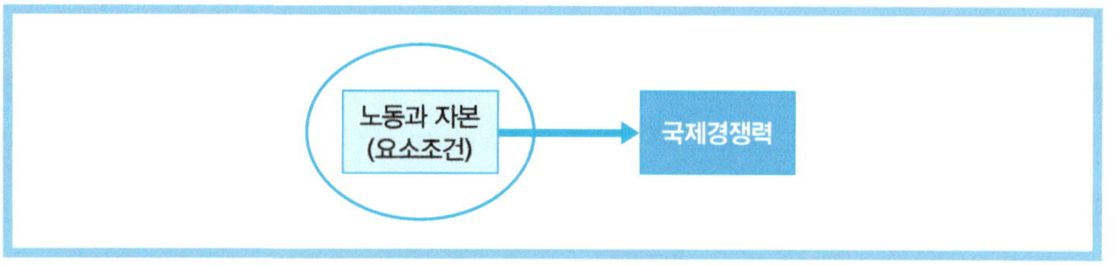

이 모델은 노동력과 자본량이 많으면 그 대가인 임금과 이자가 싸져서 그만큼 비용이 줄어들고 그 결과 생산성이 높아진다는 단순 명쾌한 설명을 해준다. 그러나 이 모델은 아프리카와 서남아시아의 인구가 많은 개도국들이 풍부한 노동력으로 낮은 임금구조를 갖고 있음에도 불구하고 생산성이 낮은 이유를 설명하지 못하고, 사우디아라비아를 비롯한 산유국들 역시 풍부한 자본에도 불구하고 생산성이 낮은 이유를 설명하지 못했기 때문에 이 모델을 이용해서 정부정책을 개발한다는 것은 쉽지 않았다.

2) 마이클 포터의 '다이아몬드 모델'

국가경쟁력에 대한 연구는 선진국에서도 동시에 일어났다. 특히 미국은 1980년대에 많은 산업에서 미국 기업들이 일본 기업들에게 추월당하고 이류기업이 되는 상황에 처했다. 1985년 재선에 성공한 로날드 레이건(Ronald Reagan) 대통령은 1986년 대통령직속 산업경쟁력위원회(President's Commission on Industrial Competitiveness)를 설치하고, 이 조직을 통해서 미국경쟁력협의회(U.S. Council on Competitiveness)를 만들었다.[4] 이 협의회에서는 기업경쟁력의 대가인 하버드 경영대학원 교수 마이클 포터에게 미국의 산업경쟁력을 강화하는 국가전략을 의뢰했고, 포터는 미국을 포함한 10개 주요국 학자들로 구성된 연구단을 만들어 1986년부터 1988년까지 3년간 국가경쟁력을 연구했다. 이 연구 프로젝트에는 미국 외에 유럽의 강대국인 독일, 영국, 이탈리아, 유럽의 강소국인 덴마크, 스웨덴, 스위스, 아시아의 강국인 일본과 싱가포르, 그리고 선진국으로 진입하고 있던 한국이 포함되었다.

이들 10개국의 연구책임자는 각각 자국에서 경쟁력이 있는 10개 산업을 선정하고, 각 산업에서 선도기업 3개를 고른 후, 2년에 걸쳐 30개 기업에 대한 사례연구를 통해 각 기업에서 경쟁력의 원천이 되는 요인을 3개씩 발굴했다. 10개 국가에서 각 10개 산업에 속한 3개 기업의 3개 요인, 총 $10 \times 10 \times 3 \times 3 = 900$개의 경쟁력 원천을 찾아낸 것이다. 마지막 해에는 10개 국가의 연구책임자들이 모여서 이렇게 찾아낸 경쟁력의 원천 900여 개를 분류한 결과 최종적으로 네 개의 내생변수와 두 개의 외생변수로 요약된 모델을 개발했다. 이미 2장에서 소개한 <그림 2.7>과 똑

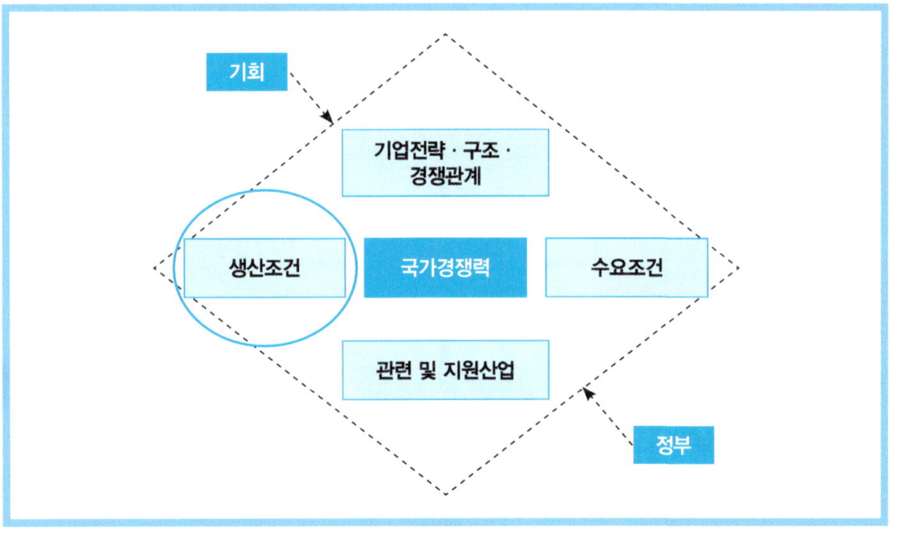

그림 3.2
국가경쟁력 원천에 대한 포터의 다이아몬드 모델 (그림 2.8과 같다)

같은 <그림 3.2>는 '다이아몬드'라고 불리는 이 모델을 다시 한번 보여준다.

포터를 비롯한 10개국의 학자들은 콥-더글러스 생산함수에서 사용한 노동과 자본을 요소조건으로 보고, 여기에 천개 가까운 변수 중에서 가장 빈도가 높았던 기업전략 · 구조 · 경쟁, 관련 및 지원 산업, 수요조건을 추가해서 다이아몬드 모델을 완성했다.

3) 조동성의 '9-팩터 모델'

이 프로젝트에 한국의 연구책임자로 참여했던 저자(조동성)는 '다이아몬드 모델'에 대한 반론을 제기했다. 저자는 포터를 비롯한 연구책임자들에게 한국 연구팀이 10개 산업 중 하나로 선택한 철강산업의 포항제철을 분석한 결과, "이 회사는 철광석이나 유연탄과 같은 요소조건도 없고, (1980년대 중반 당시) 철강제품을 소비하는 하류산업(downstream industries)으로 구성된 수요조건도 없으며, 마땅한 관련분야도 없고, 독점기업으로서 효율적인 경영여건도 갖춰지지 않았는데도 불구하고 철강산업에서 세계 1위의 경쟁력을 갖고 있다"고 설명했다. 이어서 '다이아몬드 모델'이 네 가지 변수를 어느 정도 확보하고 있는 선진국의 경쟁력을 측정하는 데에는 적절할지 몰라도 선진화하는 데 필요한 네 가지 변수를 가지지 못한 개도국이 이 변수들을 창출하는 원천을 보여주지 못한다는 주장을 한 것이다. 그러나 포터를 비롯한 다른 연구책임자들은 저자의 주장에 대해 예외적인 현상이라고 하면서 '다이아몬드 모델'을 지지했고, 포터는 1990년 저술한 『국가의 경쟁우위(The Competitive Advantage of Nations)』에서 '다이아몬드 모델'을 소개했다.

저자는 이 연구가 끝난 후, '다이아몬드 모델'을 구성하는 네 가지 변수를 창출

그림 3.3
국가경쟁력 원천에 대한 조동성의 9-팩터 모델 (그림 2.17과 같다)

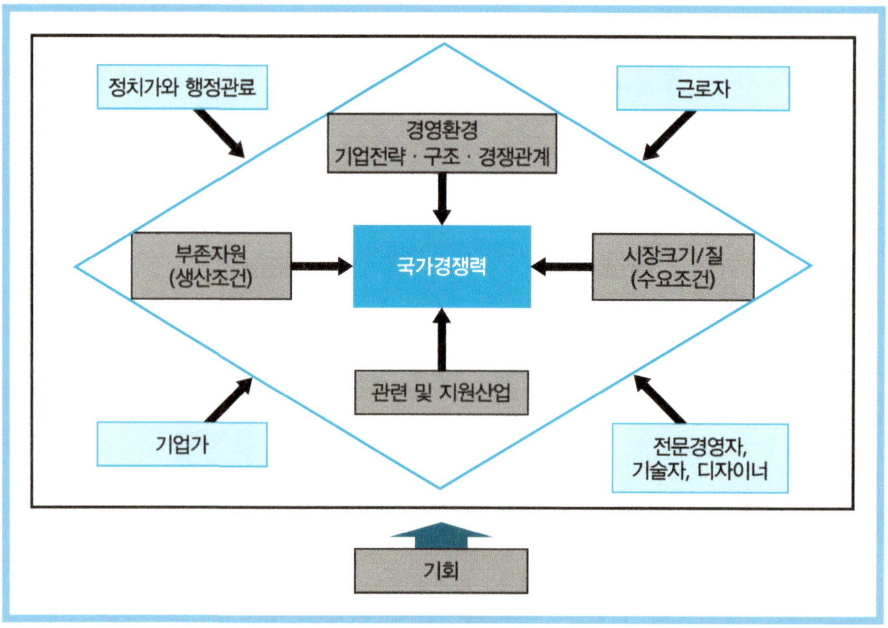

하는 요인을 찾아내는 추가적인 연구를 진행했다. 그 결과 '근로자', '정치가와 행정관료', '기업가', '전문가'로 구성된 인적 요인이야말로 주로 물적요소로 구성된 다이아몬드 모델의 네 가지 변수를 창출하는 요인임을 밝혔다. 그 결과 국가경쟁력 수준을 결정하는 네 가지 물적요인과 그 물적요인을 창출하는 네 가지 인적요인, 그리고 기회 요인으로 구성된 '9-팩터 모델'을 만들었다.[5] 이 그림은 이 책의 앞장인 2장에서 SER-M 패러다임을 설명하기 위한 도구로서 <그림 2.16>에 이미 소개한 바 있으나, 여기서는 국가경쟁력을 설명하는 모델로 사용하기 위해 다시 한번 소개한다.

저자(조동성)가 인적요인을 추가한 9-팩터 모델을 만들게 된 계기는 1968년 세계은행(World Bank) 자문역으로 한국에 왔던 영국인 자페(Jaffe) 박사에 대한 전설 같은 이야기였다. 그는 당시 철강수요가 없는 한국이 종합제철소를 짓는다는 것은 쓰레기통에서 장미꽃을 피우는 것과 같다고 하면서 한국정부로부터 투자요청을 받은 세계 은행이 '한국의 철강산업에 투자한다면 투자금을 전부 날리게 될 것'이라는 부정적인 보고서를 썼고, 이에 따라 세계은행은 투자를 하지 않았다.[6] 그러나 세계은행을 비롯한 선진국 국제기관들이 투자를 거부한 철강산업을 한국 정부는 포기하지 않았다.[7] 1965년 맺은 한 · 일 청구권협정에 따라 일본이 지급한 3억 달러의 대일청구권 자금을 이용해서 1968년에 포항제철을 설립했고, 그 결과 포항제철은 한국의 자동차산업, 조선산업, 전자산업을 견인하면서 스스로 세계 최강의 철강회사로 우뚝 섰다. 포항제철 창립 20주년인 1988년 방한한 자페 박사에게[8] 그 때로 돌아간다면 보고서를 똑같이 쓰겠냐고 한 기자들의 질문에 그는 자신이 몰랐던 것이 하나 있었는데 그 것은 한국에 박태준이란 사람이 있었던 것을 몰랐던 것이라고 하면서, 다음과 같이 답변했다. "당시 내 보고서는 틀렸다고 보지 않는다. 지금 다시 보고서를 쓰라고 해도 똑같은 보고서를 쓸 것이다. 하지만 내가 모르고 지나친 것이 하나 있다. 그것은 바로 박태준이다. 내가 잘못 판단한 것이 아니다. 박태준과 포항제철 이 기적을 일으킨 것이다. 박태준이 상식을 초월하는 일을 해내는 바람에 나의 보고서가 엉망이 되었다."[9]

저자는 이 에피소드를 통해 경쟁력을 평가하는 데에는 물적조건이 적절하지만, 물적조건을 만들어내는 원천은 사람이라는 것을 깨달았다. 즉 정태적으로 특정 시점에서 한 나라의 경쟁력 수준은 '다이아몬드 모델'을 구성하는 요소조건, 수요조건, 경영환경, 관련산업과 같은 물적요인이 결정하겠지만, 동태적으로 한 나라에 아예 존재하지 않거나 크게 부족한 물적조건을 긴 시간에 걸쳐 창출하거나 확대하는 역할은 근로자, 정치가와 행정관료, 창업가, 전문가와 같은 인적요인이 담당한다는 것을 확인한 것이다.

'9-팩터 모델'은 후진국이 부족한 물적조건을 변화시켜서 선진국으로 발돋움할 수 있는 유일한 원천은 동태적인 인적조건 뿐이라는 깨달음에서 만들어졌다. 물적조건에만 의존하는 모델은 후진국 국민을 "우리는 물적 조건이 부족하기 때문에 어찌 해볼 도리가 없다"는 숙명론에 빠뜨릴 가능성이 있는 것이다.

그럼 인적조건과 물적조건 8개는 똑같은 비중으로 한 나라의 경쟁력에 영향을 주는가? 그렇지는 않을 것이다. 그럼 어느 것이 가장 중요할까? 이에 대한 답변은 <그림 3.4>에 나타나있다.

이 표는 한 나라의 경쟁력 수준이 후진국에서 개도국, 중진국, 선진국으로 올라가면서 각 시기에 필요한 핵심 요소가 변하는 모습을 보여주고 있다. 이 그림에 따르면 후진국은 부존자원도 조금 있고, 근로자도 있지만 부존자원을 활용하는 정부정책도 없고, 근로자도 숙련도가 낮아서 일자리가 없는 나라이다. 그런 나라에 현명한 정치가와 행정관료가 지도자로 등장해서 기업에게 사업하는 기회를 제공하면서 이들로 하여금 부존자원과 근로자를 연결하는 활동을 하도록 경영환경을 만들면 그 나라는 서서히 개도국으로 발돋움하게 된다. 그러나 아직 기업인들은 창업정신으로 무장한 것이 아니고 정부가 제공하는 지원금에 더 관심이 많은 기회주의자들이다.

이런 과정에서 자기 위험 부담 하에 사업을 하겠다는 창업정신을 가진 기업가가 하나 둘 나타나면서 그 나라는 중진국으로 발돋움한다. 정부가 권장하는 사업 근처

그림 3.4
9-팩터 모델에 의한 국가경쟁력 수명주기

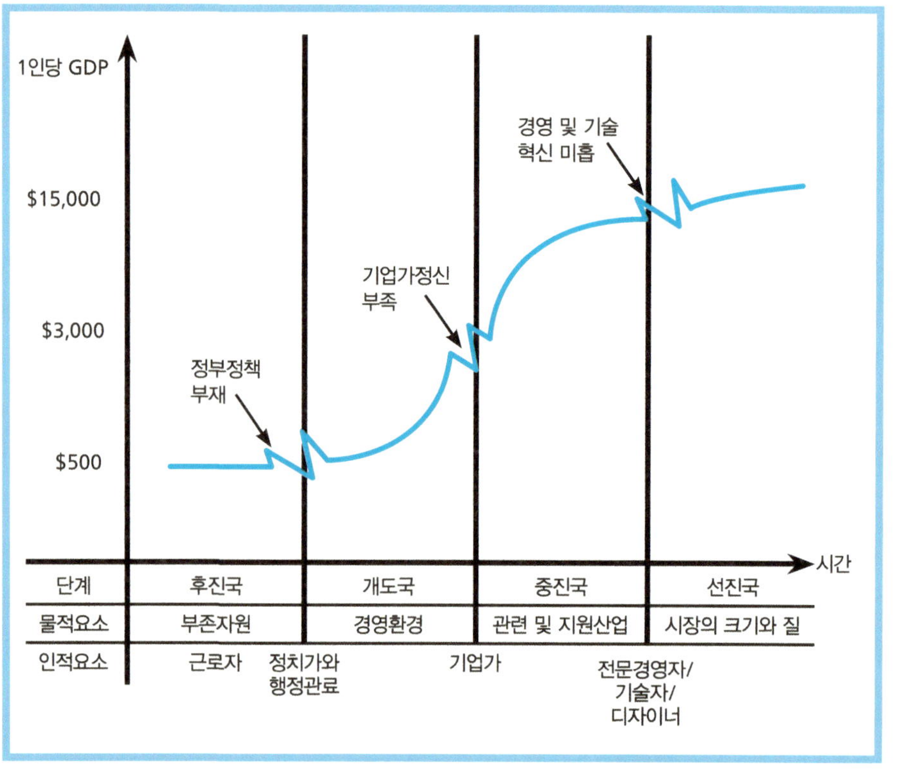

에 관련 산업과 지원산업들이 자리잡기 시작한다. 그러나 경영 및 기술 혁신 미흡으로 인해서 아직은 선진국 수준의 경쟁력 있는 제품과 서비스를 만들어내지 못한다. 다만 창업자가 이끄는 기업들이 국내 시장은 물론, 해외 시장에 문을 두드리기 시작한다.

선진국은 국민들이 높은 수준의 교육 훈련을 통해 전문경영자, 기술자, 디자이너로 산업현장에 투입되는 나라다. 이들이 모험적이지만 전문성이 뒤떨어지는 창업자를 대신해서 기업 전면에 나설 때 그 나라는 중진국에서 선진국으로 도약하게 된다. 이 과정에서 국내 시장의 크기가 커지고 소비자의 수준이 높아진다.

포터의 다이아몬드 모델은 한 나라가 현재 어느 정도의 경쟁력을 가지고 있는가를 정태적으로 평가해주는 모델이다. 그러나 이 모델을 가지고 후진국을 개도국으로, 개도국을 중진국으로, 중진국을 선진국으로 도약하게 해주는 전략은 제공하지 못한다. <그림 3.4>는 한 나라가 선진화하기 위해서 채택해야 하는 국가전략을 설명해준다. 즉 후진국은 현명한 지도자와 행정관료들을 선택해야 하고, 개도국은 창업정신에 충만한 기업가들이 쏟아져 나오도록 해야 하며, 중진국은 전문경영자, 기술자, 디자이너가 현장에서 양성되도록 해야 한다.

결국 국가경쟁력의 수준은 한 나라의 물적 조건이 결정하겠지만, 국가경쟁력 수준을 높이려면 그 나라의 인적 조건이 나서야 하는 것이다.

저자들(조동성과 문휘창)은 '9-팩터 모델'을 이용해서 온듀라스, 말레이지아, 아제르바이젠, 두바이, 중국 광동성 등 개도국의 국가경쟁력 강화를 위한 국가전략을 수립하는 데 도움을 주었다.

4) 문휘창 등의 '더블다이아몬드 모델'

한편 포터는 이 다이아몬드 모델을 이용해서 캐나다경제에 관한 컨설팅보고서를 발간했다.[10] 당시 캐나다 정부의 자문을 맡고 있던 앨런 러그만(Alan Rugman)은 포터의 다이아몬드가 기본적으로 훌륭한 모델이지만 국제화가 빠져 있고 정부의 역할이 폄하되어 있다고 비판하면서 포터의 다이아몬드 모델을 "러프에 빠진 다이아몬드(Diamond in the Rough)"라고 비판했다.

이에 대하여 포터는 러그만은 '경쟁의 지리적 범위(geographic scope of competition)'와 '경쟁우위의 지리적 위치(geographic locus of competitive advantage)'를 구별하지 못했다고 답을 했다. 예를 들어, 자동차 산업은 경쟁의 범위가 글로벌이지만 (당시) 세계적으로 경쟁력이 있는 일본 자동차 업체들의 경쟁력의 원천은 '일본의 국내 다이아몬드'라는 것이다. 이에 대해서 러그만은 다음과 같이 다시 포터 논리를 반박했다. 예를 들어 캐나다의 기업은 전략을 수립할 때 캐나다의 요소조건이나 수요조건 뿐 아니라 미국을 포함한 북미 전체의 다이아몬드를 고려한다는 것이다. 이는 캐나다뿐만 아니라 뉴질랜드나 유럽의 작은 나라들도 자국의 다이아몬드뿐만 아니라 주변 국가의 다이아몬드를 합친 더블다이아몬드를 활용한다고 주장하면서 '더블다이아몬드 모델(Rugman and D'Cruz, 1993)'을 개발했다.[11]

문휘창, 러그만, 버베키(Moon, Rugman, and Verbeke, 1998)[12]는 이를 더욱 발전시켜 일반화된 더블다이아몬드 모델(Generalized Double Diamond, GDD)을 개발했다. 러그만과 데크루즈의 더블다이아몬드는 캐나다와 미국의 경우와 같이 두 개 국가만을 설명하지만 일반화된 더블다이아몬드 모델은 한 국가의 국제화 범위를 모두 포함할 수 있다. 이 모델은 특히 다음과 같이 두 가지 점을 강조하고 있다. 첫째, 한 국가의 가치창출은 국내기업뿐 아니라 다국적기업의 활동에 의해서 이루어 진다. 둘째, 이러한 다국적기업의 활동은 이웃의 한 국가뿐 아니라 여러 국가에 걸쳐 이루어질 수 있다.

사실 포터가 말한 (당시) 일본 자동차 업체들의 경우 경쟁의 범위는 전세계적이지만 경쟁력의 원천은 일본의 국내 다이아몬드라고 하는 것은 국제화의 수단 중에서 수출만을 고려한 것이다. 실제로 포터는 그전에도 가장 효율적인 글로벌 전략은 기업의 가능한 많은 활동을 국내에 집중하면서 국내를 거점으로 세계시장에 진출하는 것이라고 주장(Porter, 1986)[13] 함으로써 해외직접투자를 중요시하는 다국적기업의 활동을 등한시하고 주로 수출기업을 글로벌 전략으로 본 것이다(Moon and Roehl, 2001; Moon 2012A).[14] 이러한 포터의 견해는 다국적기업의 활발한 활동이 경제성장의 주된 원천이 된 싱가포르의 경쟁력과 발전가능성을 과소평가하는 오류를 범했다(Porter, 1990).

5) 조동성과 문휘창의 'IPS 모델'

이 책의 두 저자는 인적자원을 포함한 9-팩터 모델과 국제화를 포함한 (일반화된) 더블다이아몬드의 두 모델을 합쳐서 'IPS모델'을 개발하여 산업정책연구원의 국가경쟁력보고서의 기본 모델로 활용하고 있다. 이 모델에 대한 구체적인 내용은 다음 'IPS 국가경쟁력보고서의 특징'에서 소개한다.

4. IMD, WEF 국가경쟁력 보고서의 문제점

IMD와 WEF 보고서의 방법론과 시사점에는 많은 문제점이 있다.[15] 여기서 주목해야 할 것은 국가경쟁력 연구와 국가별 순위는 엄격한 모델과 방법론에 기초하지 않으면 신뢰할 수 없다는 것이다. 특히 국가경쟁력 보고서의 결과에 민감해지는 정책 입안자들은 잘못된 결과를 바탕으로 왜곡된 정책을 추구할 수 있다.

앞에서 본 IMD와 WEF의 경쟁력에 대한 정의는 다르지만 두 기관의 초기 보고서에서 사용한 경쟁력 측정을 위한 평가모델은 매우 유사했다. <그림 3.5>에서 보듯이, IMD는 1989년에 만든 8가지 요인으로 구성된 초기 모델에 1999년 '위치매력도(location attractiveness)'를 추가했다가 2001년에 완전히 새로운 모델을 도입했다. 2001년 모델은 경제성과, 정부효율성, 사업효율성, 인프라 등 네 가지 변수로 구성되었다. 이와 함께 구체적인 지수도 변화시켰다. 또한 IMD는 2002년까지 단일지수를 사용하다가, 2003년에는 인구규모에 따른 맞춤형 순위를 도입했고, 2004년에는 '1인당 국내총생산(GDP per capita)'과 지리적 지역을 기준으로한 몇 개의 순위를 추가했다.

WEF는 2000년까지 IMD와 비슷한 8개 변수를 사용했지만 이후 변수들을 자주 바꾸었다. 2000년에는 경쟁력지수를 단일 지수에서 미래를 설명하는 '성장경쟁력지수(Growth Competitiveness Index, GCI)'와 현재를 설명하는 '현재경쟁력 지수(Current Competitiveness Index, CCI)'로 나누었다. 이 중 미래를 설명하는 지표로 개발했던 GCI는 2006년에 세계를 설명하는 지수로 바뀠다. 즉 GCI라는 약자에서 첫 단어를 성장(Growth)에서 세계(Global)로 바꾸어 '세계경쟁력지수(Glob-

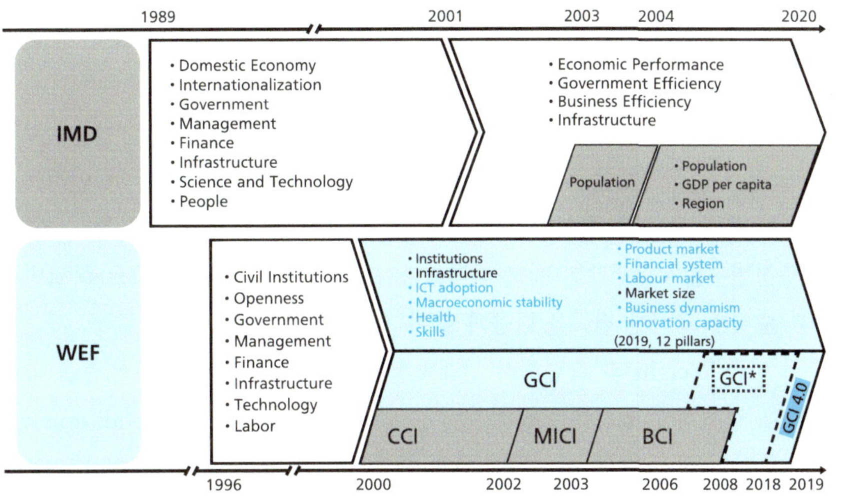

Note: (1) GCI: Growth Competitiveness Index, GCI*: Global Competitiveness Index, GCI 4.0:
CCI: Current Competitiveness Index, MICI: Microeconomic Competitiveness Index, BCI: Business Competitiveness Index
(2) CGI 4.0 provides a detailed map of the factors and attributes that drive productivity, growth and human development in the era of the Fourth Industrial Revolution.

그림 3.5
IMD와 WEF 국가경쟁력 모델의 변화과정

al Competitiveness Index, GCI*)'를 만든 것이다. 2018년에는 GCI*에 * 대신 4.0을 붙인 '세계경쟁력지수 4.0(Global Competitiveness Index 4.0, GCI 4.0)'으로 GCI*를 수정해서 4차 산업혁명 시대의 생산성, 성장, 인간발전을 견인하는 요인들을 소개하여 현 시대의 과제를 기술혁신에서 찾고 있다. 그러나 한 나라의 경쟁력을 GCI*나 GCI 4.0라는 '세계경쟁력지수'로 표현하는 것이 적절한가 하는 문제를 제기하고 있다. WEF는 현재를 설명하려고 만든 지수인 CCI도 2002년에 '미시경제경쟁력지수(Microeconomic Competitiveness Index, MICI)'로 바꾼 후, 한 해 후인 2003년에는 MICI를 다시 '기업경쟁력지수(Business Competitiveness Index, BCI)'로 바꾸었다. 그러다가 5년 후인 2008년에는 BCI를 아예 폐기하고 말았다. (WEF, 2019:7).

IMD와 WEF가 각자의 분석모델을 자주 변경한 것은 분석모델 자체가 불안정하다는 증거이고, 이는 엄밀한 과학적 기반위에 만들어진 모델이 아니기 때문이다. 또한 기존의 IMD와 WEF 보고서는 경쟁력 지수를 단순 평균해서 경쟁력 순위를 산출하기 때문에 경쟁요소의 어느 부분의 비중을 높이고 어느 부분부터 먼저 시행해야 하는가에 대한 전략적 판단을 가능케 하는 구체적인 방법론이 미흡하다.

5. IPS 국가경쟁력보고서의 특징: WS 모델의 적용

조동성의 '9-팩터 모델'과 문휘창 등의 '더블다이아몬드 모델'을 통합한 'IPS 모델'은 경쟁력을 결정하는 여러 변수 간의 비중과 순서를 고려한 WS 전략적 관점에서 더욱 유용한 시사점을 제시하고 있다. 이하 IPS 연구의 요점을 간단히 설명하겠다.[16]

<그림 3.6>에서 보다시피 IPS 국가경쟁력 연구 모델은 포터의 '다이아몬드 모델'을 발전시킨 국제화를 포함한 (일반화된) '더블다이아몬드 모델'과 인적요소를 포함한 '9-팩터 모델'을 통합한 모델이다.[17] 구체적으로 대분류, 중분류 그리고 각각의 측정변수는 <그림 3.7>에 정리하였다. IPS는 이 모델을 기본으로 독립변수의 비중과 순서를 고려한 전략을 다음과 같이 개발했다.

우선 비중(Weight)과 관련해서 경제발전 단계에 따라 각 변수의 비중을 다르게 책정한다. 경제개발 초기에는 물적자원 중에서 생산조건(Factor Conditions)와 인적자원 중에서 근로자(Workers)가 특히 중요해서 이 변수들을 집중적으로 활용하는 저원가 전략(Low Cost Strategy)이 적절한 반면, 선진국 수준에 이르면 물적자원 중에서 수요조건(Demand Conditions)과 인적자원 중에서는 전문가(Professionals)의 역할이 더 중요하다고 볼 수 있어 이 변수들에 대한 가중치를 더 많이 주어 더욱 차별화 전략(Differentiation Strategy)을 추구한다고 보는 것이다. 기타 중간 단계에서는 다른 변수들의 가중치를 적절하게 조절하며, 주변수(Main Factors)뿐만 아니라 하위변수(Sub-Factors)에도 적용해서 <표 3.1>에 제시하였다. 물론 이 표에서 보여주는 32/120, 16/120 등의 가중치는 절대적인 것은 아니고 예시에 불과하다. 연구자는 각자의 상황에 따라 적절한 가중치를 설정할 수 있다.

다음으로는 가중치와 더불어 전략의 순서를 정하는 것이다. 이와 관련된 <그림 3.8>에서는 비중은 우선순위(priority), 순서는 기간(term)으로 표시했다. 우선순위의 경우 국가경쟁력의 각 정책변수가 일인당 국내총생산(GDP per capita)과의 상관관계가 높을수록 높은 우선순위를 부여해서 종축의 상위에 위치시킨다. 그런데 이 경우는 정책우선순위가 경제성장일 경우이고 정책우선순위가 소득균형, 고용증가, ESG등의 경우는 이에 따라 적절한 변수를 책정해야 할 것이다. <그림 3.8>에서 정책의 순서는 단기, 중기, 장기, 최장기 등으로 나눌 수 있으며 보통 실현가능성이 비교적 높은 것을 왼쪽에 놓고 정책변화에 많은 시간이 걸리는 경우는 오른쪽에 배치한다.

좋은 전략은 경쟁자보다 더 많은 자원을 갖는 것이 아니라 자원이 비슷하거나 설령 부족하더라도 좋은 성과를 낼 수 있는 방법을 찾아내는 것이다. 이러한 방법의 핵심은 현재 사용가능한 자원의 비중과 순서를 효율적으로 정해서 전략의 효과성을 극대화하는 것이다. 기존의 자원기반관점(RBV)은 전략의 출발점에 불과하고 전략의 종착점은 각 자원의 비중과 순서를 제대로 다룰 수 있는 메커니즘을 구

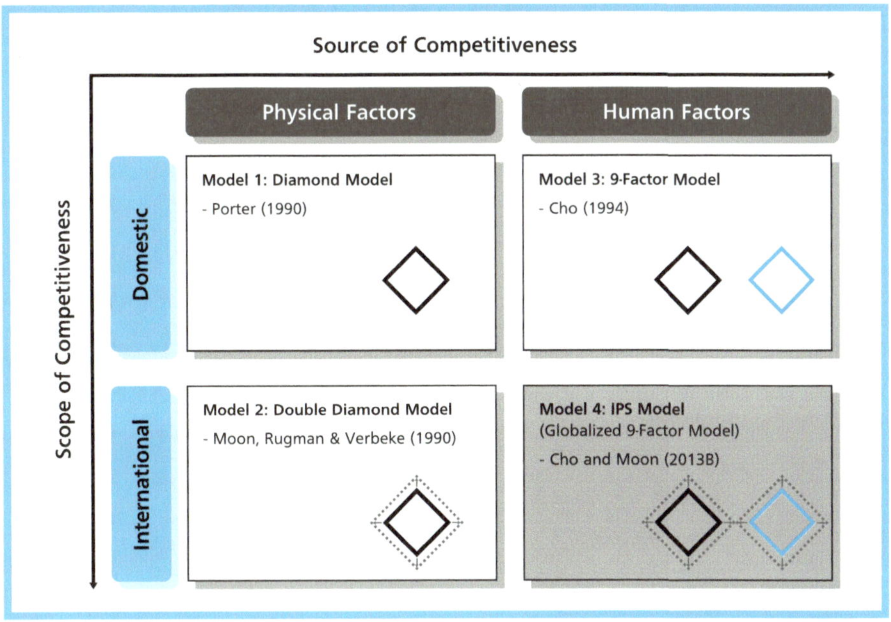

그림 3.6
국가경쟁력 모델의 발전 과정

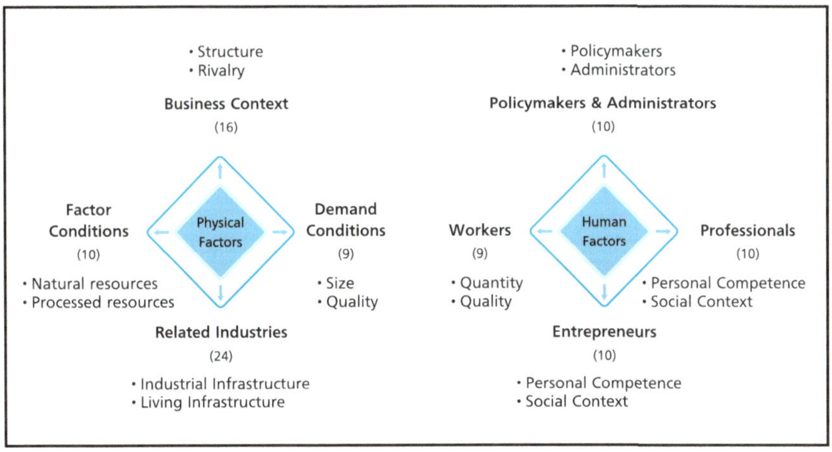

Note: The figure in the parentheses indicates the number of criteria in each factor.

그림 3.7
국가경쟁력 분석을 위한 IPS 모델

축하는 메커니즘기반관점(MBV)이 되어야 한다. 이러한 MBV의 기초 분석모델인 WS 모델은 국가경쟁력뿐 아니라 기업경쟁력, 개인경쟁력 등 다양한 분석단위에 적용될 수 있다. 전략가는 우선 SER-M 패러다임의 전체그림을 이해한 후 특히 M의 WS 모델을 잘 활용하면 각 자원의 생산성을 높여 전체 경쟁력을 극대화하는 전략을 만들어 낼 수 있다.

표 3.1
저원가와 차별화의 비중(Weight)을 달리하는 전략

Main Factors		Weights C*	Weights D*	Sub-factors	Weights C*	Weights D*
Physical Factors	Factor Conditions	32/120	4/120	Natural Resources	3/4	1/4
				Processed Resources	1/4	3/4
	Business Context	16/120	8/120	Structure	3/4	1/4
				Rivalry	1/4	3/4
	Related Industries	8/120	16/120	Industrial Infrastructure	3/4	1/4
				Living Infrastructure	1/4	3/4
	Demand Conditions	4/120	32/120	Demand Size	3/4	1/4
				Demand Quality	1/4	3/4
Human Factors	Workers	32/120	4/120	Quantity of Labor Force	3/4	1/4
				Quality of Labor Force	1/4	3/4
	Policymakers and Adminis-trators	16/120	8/120	Policymakers	3/4	1/4
				Administrators	1/4	3/4
	Entrepreneurs	8/120	16/120	Personal Competence	3/4	1/4
				Social Context	1/4	3/4
	Professionals	4/120	32/120	Personal Competence	3/4	1/4
				Social Context	1/4	3/4

C*: 저원가전략(Cost Strategy), D*: 차별화전략(Differentiation Strategy)

그림 3.8
비중과 순서를 함께 고려한 전략(Term-Priority Matrix)

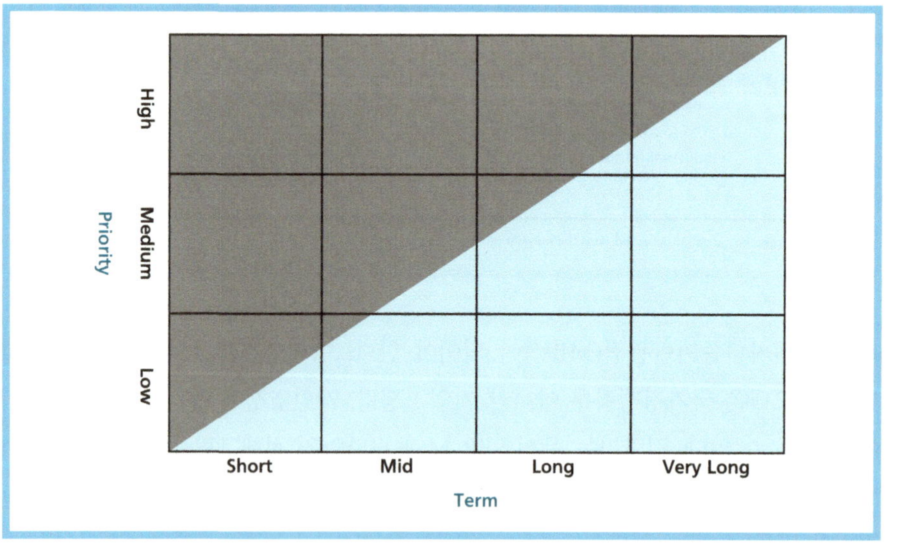

2절 메커니즘구축전략과 행동선도전략

앞에서 전략을 통합적 시각으로 보는 시각을 설명했다. 이 시각에 따르면 차별화, 다각화, 국제화 등의 구체적인 행동을 이끌어내는 것만이 전략이 아니라 전략의 핵심원소인 주체, 자원, 환경, 메커니즘 중에서 어디에 초점을 둘 것인가 하는 것을 결정하고 이에 따라 전략을 수행하는 기업 메커니즘을 만드는 것이 구체적인 전략을 세우기 전에 전체그림을 볼 수 있는 중요한 전략이라는 것을 확인했다.

메커니즘의 기본구조, 특성, 적용가능성에 대해서는 다음 4장에서 다루기로 하고, 여기서는 메커니즘기반관점을 전략에 적용하는 구체적인 방법에 대해 살펴보기로 한다. 다시 한번 설명하면 이 책은 지금까지 나온 전통적인 기업전략 책과 차별화되는 특징이 있다. 전통적인 기업전략 분야에서는 구체적인 행동을 이끌어내는 '행동선도전략(Action Leading Strategy, ALS)'만을 전략으로 본다. 이를테면 차별화, 다각화, 국제화, 전략적제휴, 생존전략 등과 같이 사업이나 기업이 추구하는 미래 방향을 행동으로 옮길 수 있는 전략들이다. 이 책에서는 이러한 전통적인 ALS를 제2단계 전략으로 보고, 그 전에 기업의 주체인 CEO가 원하는 전략메커니즘을 갖추는 '메커니즘구축전략(Mechanism-Building Strategy, MBS)'을 제1단계 전략으로 본다.

전략개발을 두 단계로 나눈 이유를 알아본다. 도시농부가 교외에서 텃밭농사를 짓는 경우를 생각해보자. 그는 상추, 토마토, 고추와 같은 작물을 재배하기 전에 텃밭을 먼저 확보해야 한다. 햇빛과 물의 공급이 원활한 장소를 선택한 다음 작물에 맞는 토양을 갖추기 위해서 부엽토와 퇴비로 토질을 개선해야 한다. 좋은 씨앗을 심고 기르는 작업은 그 다음 일이다.

전략도 마찬가지이다. 구체적인 차별화, 다각화, 국제화 등의 전략이 씨앗이라면 전략을 실행하는데 필요한 메커니즘은 텃밭이다. 제1단계에서 기업이 개발해야 하는 MBS전략은 기업이 제2단계의 ALS전략을 개발하기 전에 갖추어야 할 기업의 전략 플랫폼이다.

그러면 성공적인 CEO들이 선호한 MBS에는 어떤 것들이 있는지 구체적인 사례를 검토해보자.

1980년대 GE의 잭 웰치 회장은 "변화를 강요받기 전에 스스로 변화하라. (Change before you have to.)", "1등이 아니면 1등에 근접한 2등만을 남기고 모두 처분하라"고 부르짖었고, 1990년대 삼성그룹 이건희 회장은 "마누라와 자식만을 남겨두고 다 바꿔라"고 선언했다. 마이크로소프트의 사티야 나델라(Satya Nadella) 회장은 "우리 (IT)산업은 전통을 존중하지 않는다. 우리 산업이 존중하는 것은 혁신이다. (Our industry does not respect tradition. What it respects is innovation.)", "성공은 사람들이 애초에 자신을 성공하게 만든 습관을 버리게 할 수 있다. (Success can cause people to unlearn the habits that made them successful in the first place.)"고 주장했다. 이러한 표현은 바로 그들이 원하는 혁신적인 메커니즘을 갖추자는 제1단계 전략이었다.

애플의 스티브 잡스 회장이 한 말은 더욱 풍부하다. "세상을 바꿀 수 있다고 생각할 정도로 미친 사람들이야말로 (실제로) 세상을 바꿀 수 있는 사람들이다. (The people who are crazy enough to think they can change the world are the ones who do.)", "(소비자들을) 포커스 그룹으로 모아서 제품을 설계하는 것은 정말 어렵다. 많은 경우, (소비자)들은 당신이 보여주기 전까지는 자신이 무엇을 원하는지 모른다. (It's really hard to design products by focus groups. A lot of times, people don't know what they want until you show it to them.)", "창의성은 단지 사물을 연결하는 것이다. (Creativity is just connecting things.)" 잡스 회장은 다양한 전략적 표현을 통해서 애플이 창의적인 메커니즘을 갖추기를 염원했다.

음료산업에서 코카콜라와 쌍벽을 이루는 펩시코(Pepsico)의 인드라 누이(Indra K. Nooyi) 회장은 지속경영에 대해 분명한 전략을 밝혔다. "(사회적 비용에 대한 고려가 없는) 맹목적인 이익 추구는 옹호할 수 없다. 우리가 올바른 방법으로 돈을 버는 것은 필수적이다. 결국, 기업의 행동으로 인해 지역사회가 피해를 입는다면 이러한 수익은 지속 가능하지 않다. (The blind pursuit of profit at all costs is untenable. It is essential that we make money the right way. After all, if communities suffer as a result of a company's actions, those returns are not sustainable.)" 세계 최대의 가구기업 이케아(IKEA)의 안데르스 달빅(Anders Dahlvig) 회장은 지속경영에 대한 방향을 다음과 같이 제시했다. "법의 요구사항을 지키는 것만으로는 충분하지 않다. 우리는 사회적책임의 선두에 설 필요가 있다. (It is not good enough to do what the law says. We need to be in the forefront of these [social responsibility] issues.)" AI를 기반으로 해서 세계 1위 고객관계관리(CRM) 기업이 된 세일즈포스(Salesforce)의 마크 베니오프(Marc Benioff)는 "진정한 성공을 위해서는 이익을 내는 것보다 더 큰 기업의 사명이 필요하다. (To be truly successful, companies need to have a corporate mission that is bigger than making a profit.)"고 했다. 성공적인 모든 CEO들은 한결같이 사회와 함께 가는 지속경영을 이익보다 훨씬 중요한 덕목으로 강조하고 있다.

위에 열거한 CEO들의 어록을 보면 혁신경영 메커니즘, 창조경영 메커니즘, 지속경영 메커니즘과 같은 텃밭을 가꾸고자 하는 열망을 확인할 수 있다. 제1단계의

MBS전략을 만드는 방법에 대해 살펴보자.

1. 메커니즘기반관점에 의한 제1단계 작업: 원하는 MBS 개발

<그림 3.9>에서 파란 마름모로 표시된 변수는 조절변수(moderating variable)로서, 경영자가 독립변수인 주체, 환경, 자원을 활용해서 종속변수인 기업이 '원하는 메커니즘을 만드는데 도움을 주는 방법', 즉 창조의 방법이다. 5장은 창조의 방법 중 하나인 '조합–순열–시간 모델(Combination-Permutation-Time Model: CPT Model)'과 '창조적사고를 위한 4칙연산모델(Four Functions of Arithmetic for Creative Thought Model: 4FACT Model)'을 소개한다.

CPT 모델과 4FACT 모델을 이용해서 창조하는 방법을 터득한 경영자는 본격적으로 메커니즘을 기반으로 한 전략을 개발할 수 있다. 이 때 경영자가 기업내에 창조메커니즘을 구축하고 싶다고 가정하자. 이를 위해 경영자가 제일 먼저 수행해야 하는 과제는 CPT 모델의 첫 작업인 조합(Combination: C)의 일환으로 주체, 즉 기업의 전략개발을 주도할 경영자를 선정한 다음, 전략을 개발하는데 필요한 정보인 환경과 자원으로부터 수집하는 일이다. 그 다음에는 CPT 모델의 두번째 작업인 순열(Permutation: P)을 적용해서 창조메커니즘에 해당하는 S → E → R, 또는 S → R → E 중 하나의 순서를 선택한다. 마지막으로 각각의 작업을 행동에 옮기는 시점(Time)을 정해서 집행한다. 이렇게 해서 그 기업이 원하는 메커니즘이 구축된다. 제1단계 작업은 <그림 3.10>에 큰 상자로 표시되어있다. 이 상자 안에는 주체, 환경, 자원이 독립변수로, 창조방법이 조절변수로, 원하는 메커니즘이 종속변수로

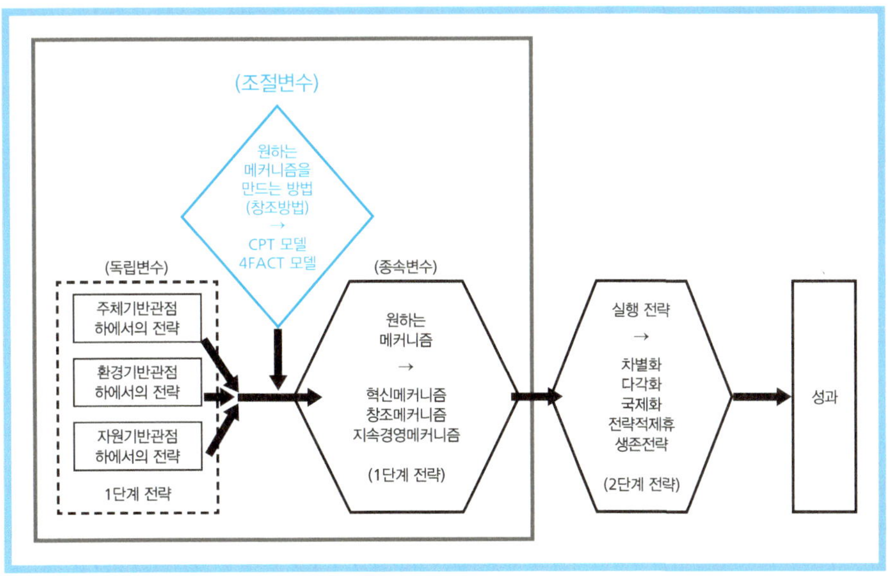

그림 3.9
메커니즘기반관점에 의한 제1단계 작업: 원하는 MBS 개발

등장한다. 이 MBS 개발 작업을 통해서 기업에 체화되어 나타나는 메커니즘인 혁신경영에 적절한 메커니즘, 창조경영에 적절한 메커니즘, 지속경영에 적절한 메커니즘은 파트 2의 6장에서 다루기로 한다.

2. 메커니즘기반관점에 의한 제2단계 작업: ALS 개발

경영자가 수행해야 하는 제2단계 행동선도전략(ALS)개발 작업은 원하는 메커니즘의 기반 위에 경영자가 실제로 행동에 옮겨야 하는 실행전략인 차별화, 다각화, 국제화, 전략적제휴, 생존전략 등의 구체적 전략대안이다. 제2단계 작업은 <그림 3.10>에 큰 상자로 표시되어있다. 이 상자 안에는 주체, 환경, 자원이 제1단계와 마찬가지인 독립변수로 등장하지만, 파란 육각형으로 표시된 원하는 메커니즘은 종속변수가 아니라 매개변수로 등장해서 실행 전략이라는 종속변수에 영향을 준다. ALS는 파트 3에서 다룬다.

그림 3.10
메커니즘기반관점에 의한 제2단계 작업: ALS 개발

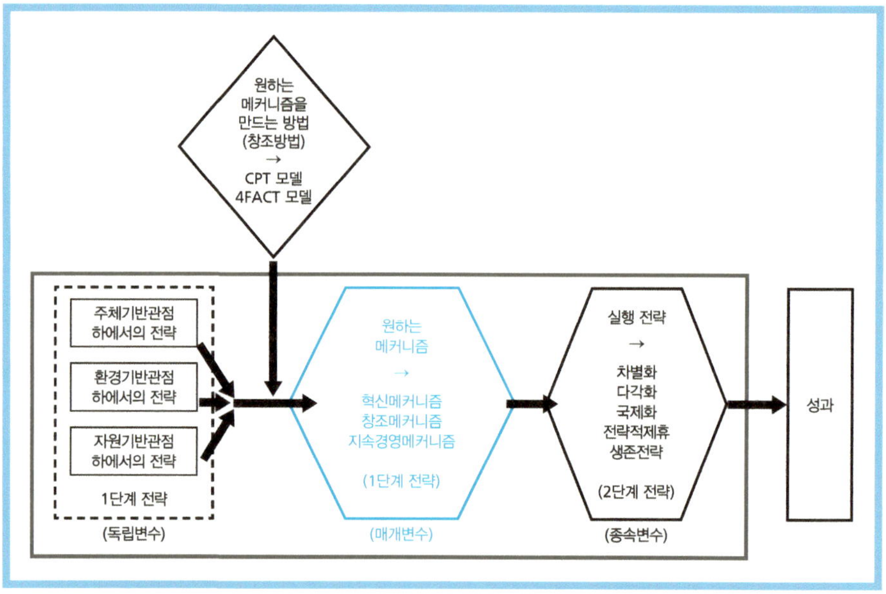

3. 메커니즘기반관점에 의한 제3단계 작업: ALS 실행으로 성과달성

경영자가 수행해야 하는 마지막 제3단계 작업은 ALS, 즉 2단계에서 개발된 실행전략을 집행해서 성과를 달성하는 활동이다. 제3단계 작업은 <그림 3.11>에 큰 상자로 표시되어있다. 이 상자 안에는 주체, 환경, 자원이 제1단계, 제2단계와 마찬가지인 독립변수로 등장하지만, 원하는 메커니즘은 제1매개변수, 파란 육각형으로 표시된 실행전략은 제2매개변수로 등장해서 경영성과라는 종속변수에 영향을 준다.

이렇듯 전략개발을 담당하는 경영자는 메커니즘을 두 가지 차원에서 이해해야 한다. 첫째 차원은 기업이 추구하는 목적을 달성하는데 도움이 되는 혁신경영, 창조경영, 지속경영과 같은 특정 메커니즘으로서 <그림 3.9>에서 종속변수로 표현된다. 둘째 역할은 경영자가 경영성과를 내기 위해서 채택하는 실행전략을 집행하는데 도움을 주는 특정 메커니즘으로서 <그림 3.10>에서 매개변수, <그림 3.11>에서 제1매개변수로 표현된다.

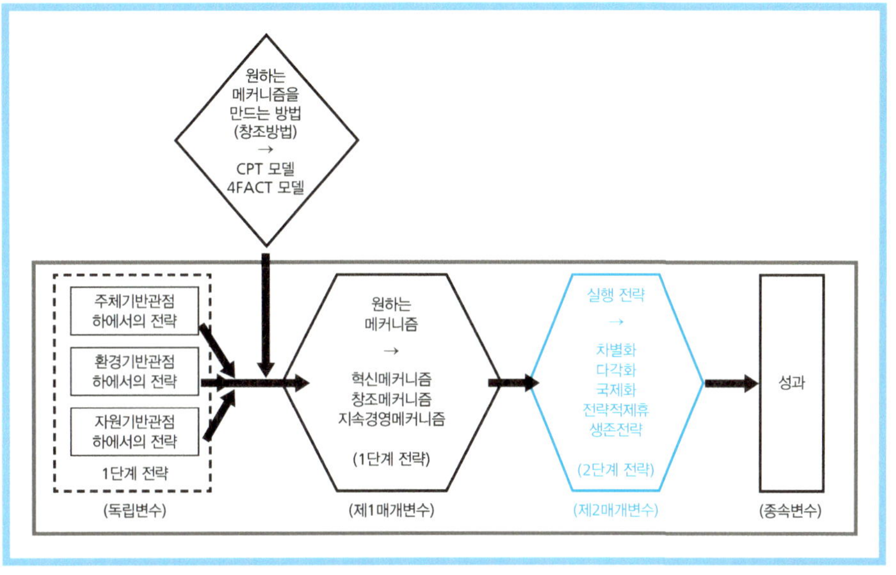

그림 3.11
메커니즘기반관점에 의한 제3단계 작업: ALS 집행으로 성과달성

다음 파트 2에서는 메커니즘구축전략(MBS), 파트 3에서는 행동선도전략(ALS)을 다룬다.

PART 2

MBV에 의한 메커니즘구축전략

STRATEGIC MANAGEMENT in the Age of Artificial Intelligence

저자들은 이 책의 핵심내용인 경영전략을 메커니즘구축전략과 행동선도전략의 두 단계로 나누고 파트 2와 파트 3에서 두 가지를 나누어서 다룬다. 전략을 두 단계로 나눈 이유는 머리말에서도 밝혔듯이 전략에는 두 유형이 있기 때문이다. 첫째 유형은 경영자가 자신이 맡고 있는 조직의 작동원리와 구성원들의 활동원칙으로 이를 기업의 메커니즘이라고 부른다. 이 때 경영자가 원하는 메커니즘을 전략적 메커니즘(strategic mechanism)이라고 부른다. 현장을 실무경영자에게 맡기고 되도록 간섭하지 않는 핸즈오프(hands-off)형 최고경영자라면 그가 원하는 전략적 메커니즘을 구축하는데 집중할 것이다. 이러한 활동이 메커니즘구축전략(Mechanism-Building Strategy, MBS)이고, 이를 개발하는 것이 바로 제1단계 전략이다. 둘째 유형의 전략은 전통적인 차별화 다각화, 국제화 같은 전략이다. 이러한 전략은 현장에서 행동에 옮기기 위한 수단이기 때문에 행동선도전략(Action Leading Strategy, ALS)이라고 부르자. 이를 개발하는 것이 바로 제2단계 전략이다.

지금까지 세계 경영전략학계는 메커니즘 구축을 전략적 행위로 보지 않았다. 이 책은 MBS를 ALS에 선행하는 핵심 전략으로 인식한 최초의 책이다. 파트 2는 세 개의 장으로 구성되어 있다. 첫번째 장인 4장에서는 'MBV에 입각한 전략', 즉 메커니즘구축전략을 다루고, 두번째 장인 5장에서는 전략적 메커니즘을 구축하는 방법인 조합–순열–시간 모델(Combination-Permutation-Time Model, CPT)을 통해서 창조 메커니즘, 혁신메커니즘, 유지개선 메커니즘을 구축하는 과정을 다룬다. 마지막 6장에서는 경영자가 원하는 메커니즘의 세가지 유형인 창조경영 메커니즘, 혁신경영 메커니즘, 지속경영 메커니즘을 구체적으로 다룬다.

특강

메커니즘경영학회 창립기념강연: 메커니즘기반 경영: 이론과 응용[1]

저는 1973년에 박사 학위를 시작한 이후 42년째 매커니즘을 주제로 연구를 해오고 있습니다. 첫 20년에는 메커니즘의 실체와 효용가치를 연구했고, 두 번째 20년이 시작한 1993년부터는 기업에 맞는 바람직한 메커니즘을 창조하는 방법에 대해 연구해왔습니다. 오늘 메커니즘경영학회 창립을 맞이해서 그 동안 제가 해온 메커니즘에 대한 연구 과정과 지금까지의 결과를 정리해보았습니다.

수많은 학자들이 메커니즘이란 단어를 쓰는 것을 보고 놀랐습니다. 경영학의 구루라고 일컫는 피터 드러커만 해도 30여권이 넘은 그의 책에서 '피드백 메커니즘(Feedback Mechanism)', '성장 메커니즘(Growth Mechanism)', '지속적변화를 위한 진정한 메커니즘(True Mechanism for Sustainable Change)', '회복 메커니즘(Mechanisms of Resilience)', '인간의 전반적인 효과를 측정하는 메커니즘(Mechanism to Measure the Overall Effectiveness of People)' 등 메커니즘이 들어간 다양한 표현을 구사하고 있습니다. 경영학 학술 논문에도 '조정 메커니즘(Coordinating Mechanism; John & Rue, 1997)', '내부통제 메커니즘(Internal Control Mechanism; Walsh & Seward, 1990)', '관리적 메커니즘(Administrative Mechanism; Roth, Schweiger & Morrison, 1991)', '제어 메커니즘(Control Mechanism; Hart, 1988)', '지배 메커니즘(Governance Mechanism; Rediker & Seth, 1995)', '분리 메커니즘(Isolating Mechanism; Knott, 2003)' 등의 수많은 메커니즘이 등장합니다.

그런데 어떤 논문에서도 '조정', '내부통제', '관리적', '제어', '지배', '분리'와 같은 한정어가 따르지 않는 순수한 있는 그대로의 '메커니즘'에 대해서는 어떤 정의도 내리지 않고 있습니다. 즉 경영학 문헌에 수없이 등장하는 메커니즘은 대부분 논문에서 다루는 주제의 작용원리이면서도 쉽게 설명하기 어려운 현상을 지칭하는 '와차마콜잇(whatchamacallit)', 또는 '거시기'와 같은 대명사로 사용되고 있었습니다.

저는 박사과정을 시작하는 첫 해에 저만의 쓰라린 경험을 하면서 사물이나 현상의 원인이 주체(Subject), 환경(Environment), 자원(Resource), 메커니즘(Mechanism)이란 네 가지 범주로 나눌 수 있다는 생각을 하면서 'SER-M'이란 틀을 만들었고, 그 중 하나인 메커니즘을 한정어가 붙지 않은 순수한 개념으로 보면서 그 본질을 찾아 나섰습니다.

저는 메커니즘을 기업을 운영하는 논리, 지켜야 하는 원칙으로 보았습니다. 아시다시피 CEO가 기업을 경영하는 방법에는 두 가지가 있습니다. 첫 번째는 잔다르크(Jeanne d'Arc)와 같이 "나를 따르라!"는 자세로 깃발을 들고 앞장서서 솔선수범하는 방법입니다. 두 번째는 기업이 자생력을 가지고 운영될 수 있도록 메커니즘을 구축하고 이 메커니즘이 스스로 기업을 이끌 수 있도록 하는 방법입니다. 두 방법 중에 정답은 없습니다. 기업 규모나 발전단계에 따라 둘 중 하나를 선택해야 할 때도 있고, 두 가지를 결합해야 할 때도 있습니다. 다만 기업이 커지고 성숙단계로 접어들면서 기업을 CEO가 개인기로 이끌어가는 첫째 방법보다는 메커니즘으로 이끌어가는 두 번째 방법이 더 적절해집니다. 이러한 메커니즘에 대한 전제 하에 저는 메커니즘에 관련된 연구를 시작했습니다.

1973년부터 제 전공인 전략과 국제경영에 대한 연구를 하면서 부수적으로만 다루고 있던 메커니즘을 본격적으로 사용하게 된 것은 1993년에 시작한 반도체연구였습니다. 이 연구에서 미국에서 일본으로 이전된 반도체산업의 주축이 다시 일본에서 한국으로 옮겨가는 현상을 연구하면서 SER-M이란 틀을 본격적으로 적용했습니다. 이 연구에서 저는 '기술 레버리지(technological leverage)'라는 개념을 고안했습니다. 재무 레버리지(financial leverage)가 자기자본과 타인자본의 균형을 의미하는 것과 마찬가지로 기술 레버리지는 자기기술, 즉 국내기술과 타인기술, 즉 해외기술의 균형을 의미합니다. 그리고 한 나라가 새로운 기술집약적 산업을 받아들일 때 그 나라의 기술 레버리지가 일정 수준에 올라있어야 성공한다는 가설을 개발하고 미-일-한 반도체 연구에 적용했습니다. 저는 기술 레버리지를 메커니즘으로 파악한 것입니다.[2]

메커니즘 연구를 하다 보니 걸리는 부분이 생겼습니다. 그것은 메커니즘을 아무리 많이, 그리고 깊게 연구하더라도 바람직한 메커니즘을 만들 줄 모른다면 무슨 소용이 있겠느냐 하는 자괴심이었습니다. 메커니즘이란 것이 기업에 자생적으로 만들어진다면 우연히 좋은 메커니즘을 가지게 된 기업은 잘 될 것이고, 그렇지 못한 기업은 안될 것이니 말입니다. 그리하여 저는 메커니즘을 만드는 방법을 찾아 나섰고, 2004년 초빙교수로 가있던 듀크대학에서 두 달 사이에 라면 한 박스를 끓여 먹는 과정에서 조합(Combination)-순열(Permutation)-시간(Time)이란 세가지 조건을 찾아내게 되었습니다.

그 후부터 메커니즘에 대한 제 연구는 탄력을 받기 시작해서 다양한 분야에 응용을 하게 되었습니다. 전략에서 다각화를 산업표준분류체계를 기준으로 하지 않고 메커니즘의 이전가능성(transferability of mechanisms)로 보는 연구, 국제경영에서 기업이 세계화하는 단계를 세계화(Globalization) → 세현화(Glocalization)

→ 현지화(Localization) → 현세화(Loc-balization)으로 분류하는 연구, 마케팅에서 새로운 트렌드, 새로운 시장, 새로운 사업모델을 찾는 방법론으로 개발한 신종족(new tribe) 연구, 기업평가에서 시장가치(market value)라는 사후적인 기준 대신 주체, 환경, 자원과 함께 메커니즘이라는 사전적인 기준을 적용해서 중국의 113개 국유기업 평가모델을 만드는 연구 등을 메커니즘 연구라는 틀 안에서 진행한 것입니다.

그러나 솔직히 말씀드린다면 위의 연구 각각은 메커니즘을 연구하는 과정에서 진행한 것이 아니라 그 반대입니다. 다시 말해서 메커니즘을 연구한다는 기본 전제나 메커니즘에 대한 의식을 전혀 가지지 않은 채 다각화 연구, 세계화 연구, 트렌드 연구, 기업평가 연구 등 각각의 연구를 진행하다가 보니 결론을 도출하는 과정에서 새로운 틀을 찾게 되었고, "한번 메커니즘이란 틀을 적용해볼까?"하는 마음이 자연스럽게 생겨서 적용해보니 신기하게도, 마치 그림조각 맞추기처럼, 메커니즘 틀이 맞아떨어진 것입니다.

가장 최근에 이러한 경험을 하게 된 연구가 바로 '창조'입니다. 조합-순열-시간이라는 세가지 조건이 바람직한 메커니즘을 만드는 데 활용이 될 수 있다는 확신을 가진 후, 기업이 가지고 있는 수많은 메커니즘을 경영자가 활용해서 바람직한 성과를 창조하는 방법론에 대해서 연구하기 시작했습니다. 그런 과정에서 '환경창조 메커니즘'이란 주제가 수면 위로 떠오르게 되었습니다. 이에 대해 좀더 구체적으로 설명드리겠습니다.

학문의 전당이고 과학의 요람이라 할 수 있는 서울대에서 창조라는 연구대상을 다루다 보니 "창조학"이란 새로운 학문을 만드는 시도를 하게 되었습니다. 구체적으로 창조학을 내용으로 보고 "창조가 과학인가?"라는 질문에 대한 답변을 찾았습니다. 이와 동시에 창조를 과정으로 보고 "창조가 과학적으로 접근할 수 있는 대상인가?"에 대해 연구하게 되었습니다. 다시 말해서 창조학이 내용과 가정 양면에서 새로운 학문으로 자리를 잡을 수 있는가에 대해 고민을 하게 된 것입니다.

1993년 창조학에 대한 연구를 처음 시작할 때 저는 "창조는 과학이 아니지만 과학적으로 접근할 수 있다"고 믿었습니다. 그리고 그 근거로 창조와 등산의 공통점을 비교해보습니다. 1953년 5월 29일 뉴질란드 산악인 에드먼드 힐러리(Edmund Hillary)와 네팔 등산안내인 텐징 노르게이(Tnezing Norgay)가 에베레스트산을 인류최초로 등정한 이후 60년이 지난 오늘날 에베레스트 산 등정 성공률은 97%로 높아졌습니다. 그 이유는 강화된 등산가의 체력, 진화된 등산 장비(옷, 음식, 도구), 정확해진 기상정보와 함께 해발 64미터로 높아진 베이스캠프를 들 수 있습니다. 복잡한 창조 과정도 인지심리학, 뇌과학 등을 베이스캠프로 활용하면, 창조 과정이 훨씬 짧아지고 쉬워집니다.

2004년부터 저는 창조를 과학으로 보기 시작했습니다. 그러다가 중국 윈난성 리쟝이란 도시에서 해발 4,700미터 높이를 가진 율롱셰샨(玉龍雪山)을 등정했습니다. 아침 9시에 호텔을 나온 저는 11시가 되기 전에 이미 백두산 2,744미터에 한라산 1,950미터를 합친 4,694미터보다도 더 높은 율롱셰샨의 정점을 밟았습니다. 그 이유는 간단했습니다. 해발 2,100미터의 호텔에서 해발 4,506미터까지 케이블카를 타고 20분만에 올라간 저는 남은 194미터 중 174미터를 정교하게 설치된 나무계단을 밟고 30분만에 올라간 것입니다. 이 경험을 통해 '창조는 과학적으로 접근할 수 있을 뿐만 아니라 과학 그 자체'라는 믿음을 갖게 되었습니다.

저는 창조 과정에서 베이스캠프 역할을 한 과학의 기반 위에, 나무 계단 역할을 하는 구체적인 창조 방법론을 찾아 헤매는 중에 "어려울수록 쉽게 접근하라"는 속담을 떠올렸습니다. 초등학교 1, 2학년에서 제일 먼저 배우는 4칙연산을 가장 쉬운 개념으로 보고, 이를 기업경영에 접근해보았습니다.

덧셈에 의한 창조는 혁신을 반복적으로 진행하면서 이를 '결합'한 것입니다. 뺄셈에 의한 창조는 가진 것을 버리면 빈 공간을 새로운 아이디어가 채우면서 슘피터(Joseph Schumpeter)가 강조한 '창조적파괴(creative desruption)'가 일어나는 것을 의미합니다. 곱셈에 의한 창조는 기존 사업에 새로운 축을 추가해서 큰 사업기회를 새롭게 만드는 '융합(convergence)'을 의미합니다. 나눗셈에 의한 창조는 기업이 속한 다양한 사회의 최대공약수를 찾는 작업으로 모든 구성원이나 구성조직이 따라야 할 기준이나 원칙을 갖추는 '통섭(consilience)'입니다.

이같이 4칙연산이란 개념을 통해 저는 창조학이라는 학문을 시도해보게 되었고, 이를 기업에게 적용해서 '경영창조학'이라는 과학으로 만들어낼 수 있다고 믿었습니다. 그리하여 서울대에서 2011년에 '혁신과 창조'라는 MBA과목을 개설했고, 2014년에는 중국 북경에 있는 장강대학에서 'Creativity'라는 과목을 개설했습니다. 물론 이 과목에서 메커니즘은 창조를 하는 네 가지 방법 중 하나인 나눗셈의 구체적인 내용으로 소개되고 있습니다.

이상으로 메커니즘에 대한 저의 41년 연구과정을 간략히 소개 드렸습니다. 메커니즘경영학회 창립총회에 참석해주신 여러분께 진심으로 감사드리고, 앞으로 여러분과 함께 메커니즘연구를 공동작업으로 진행할 것을 제안 드립니다.

2014년 7월 5일 메커니즘경영학회 창립회장 **조동성**

CHAPTER 04

제4의 관점: 메커니즘기반관점 (Mechanism-Based View: MBV)

대담

잭 웰치(John "Jack" Francis Welch, Jr. 1935~2020) 제너럴 일렉트릭(General Electric) 전 회장과 조동성의 2001년 10월 22일 대담: "경쟁력은 메커니즘에서 나온다."[3]

(중략)

조: 제 나름의 분석인데요. 저 역시 단순한 것을 좋아합니다. 그래야 비즈니스를 잘 이해할 수 있으니까요. 기업의 실적에 영향을 미치는 요인이 크게 네 가지가 있는 것 같습니다.
하나는 주체입니다. CEO처럼요. 지도자지요. 두 번째는 환경입니다. 어떤 운이 따라주는 것이니까요. 세 번째는 내부적 자원입니다. 돈, 기술, 기타 등등이죠. 네 번째는 조직 내에 스며들어 있는 어떤 메커니즘입니다. 그래서 사람이 변하더라도, 환경이 변하더라도, 자원이 변하더라도 이 메커니즘은 남는 거죠.

웰치: 네.

조: 이 네 가지 중에 가장 중요한 것이 무엇이라고 생각하십니까?

웰치: 네 번째요.

조: 네 번째요?

웰치: 운영시스템이요. GE가 바로 그런 것을 갖고 있습니다. 차기 회장이 취임한 바로 다음 날 순식간에 넘겨받을 수 있는 그런 운영시스템을 갖고 있어요. 이멜트 회장이 이미 물려받았죠. 제가 되었든, 이멜트 회장이 되었든, CEO가 그 메커니즘을 이끌어 나갈 수 있어요. 그리고 그 메커니즘의 강도라는 것은, 사람들에 대한 연례 평가는 대개 6개월마다 계속 반복해서 돌아가죠.

글로벌라이제이션이든 식스 시그마든, 어떤 새로운 개념을 투입하면 그 운영시스템에 바로 적용되어서 다른 모든 메커니즘과 연계가 돼요. 우리 회사는 어떤 변화가 일어나면, 그 운영시스템이 어떻게 하냐면, 이견의 여지없이 바로 반응을 보내지요. 그러니까 환경도 저절로 따라옵니다. 그리고 또 세 번째 지적하신 것. . .

조: 자원이요?

웰치: 자원, 자원이 있다고 전제할 때요. 그걸 전제로 할 때요.

조: 물론이죠.

웰치: 그럼, 자동으로 CEO는 그 시스템에 뭔가 새로운 것을 투입하는 사람이 됩니다. 그렇지만 시스템 자체는 항상 준비되어 있는 거예요. 항상 움직이고 있는 거죠. 1월에 이걸 시작하고, 3월에는 이걸 하고, 5월은 이거, 6월은 이거, 굉장히 역동적으로. . .

조: 제 책에서도 설명이 되어 있어요. 우리의 운영시스템에 대해. . . 회사가 제대로 작동하기 위해서는 아주 아주 중요한 부분이죠.

네. 그러니까 회장님 말씀은. . . 이렇게 말씀드려도 될까요? CEO의 능력은 그 사람이 CEO였을 때 무슨 일을 했는가에 의해 평가받는 것이 아니라, 그가 지도한 회사가 이루어 낸 업적으로 평가받는다고 말입니다.

웰치: 5년 뒤에요.

조: 5년, 혹은 10년 뒤에. 그래야 메커니즘이 작용하니까요.

웰치: 네, 맞습니다. 저는 항상 저에 대한 평가는 지금부터 5년이 지난 후에 되는 것이라 말해요. 오늘이 아니라.

그리고 첫 번째 시험은 합격인 것 같아요. 경기침체에다 테러 사건도 있었죠. 그런데도 불구하고 두 자릿수 성장세를 보이고 있거든요. 그러니까 최초의 시험은 아주 조그마한 시험이었지만, 아직 몇 년 남았으니까요, 그렇지만 합격인 것 같아요. 그리고 자신이 있어요. 조 박사님의 평가가 맞습니다. 말씀하신 것이 맞아요. 저는 CEO의 가장 중요한 역할은 어떤 메커니즘, 운영시스템을 구축하는 것이라고 생각해요. 그 다음에 그것을 제대로 돌릴수 있는 적절한 CEO를 골라야 해요.

조: 네. 그렇다면, 제가 보기에는. . . 사실 저는 이 메커니즘에 대해 공부를 좀 했습니다. 그리고 한 시스템에 몇 가지 다른 메커니즘이 존재한다는 것을 알게 되었는데요. 하나는 조정을 해주는 메커니즘입니다. 그러니까 조직의 서로 다른 기능들에 대한 조정이죠. 흔히 경영이라고 부릅니다만, 그것 자체가 굉장히 엄격한 메커니즘을 요하는 것이더군요.
두 번째는 평가 메커니즘입니다. 고과체계를 어떻게 제도화할 것인가 하는 거죠. 세 번째는 어떤 지배 메커니즘입니다. 회사 주주들 사이의 관계에 대한 것이죠. 그것이 기업의 특징을 보여주는 또 하나의 메커니즘인 것 같아요. 그리고 네 번째는 네트워크 메커니즘입니다. 그러니까 일상적으로 일어나는 기업과 공급업체, 고객과의 관계를 말합니다. 이중에서. . .

웰치: 가장 중요한 것이 빠졌어요.

조: 그게 뭐죠?

웰치: 지적 교류 메커니즘입니다. 조직의 지적 수준을 어떻게 올릴 것인가? 어떤 메커니즘을 통해서 각 사업과 각 활동의 우수성을 다른 활동까지 확산시킬 것인가? 이런 교류는 어떻게 일어나는가? 그 메커니즘. . . 그게 식스 시그마가 처음에는 요만하게 시작했다가 나중에는 이렇게 커지게 만드는 것입니다. 혹은 비즈니스가 요만하게 시작했다가 나중에 이만큼 커지게 만들죠. 잭 웰치가 이만큼 커지게 하는 방법을 알고 있기 때문에 일어나는 게 아니예요. 30만 명의 직원들이 사용하기 시작하고, 그리고 하나에서 다음으로 확산시킬 수 있는 메커니즘이 있을 때 일어납니다.

조: 아, 그렇군요. 그런데 사실 그걸 저는 학습 메커니즘이라고 부릅니다만.

웰치: 그렇군요. 같은 말이죠.

조: 예, 사실 제가 정적인 메커니즘에서 시작을 한거고. . .

웰치: 그래요. . .

조: 그럴 때, 동전의 다른 한 쪽이 바로 선택 메커니즘이 되는거죠. 학습이라는 것이 좀 재미있는 게 어떤 질서가 있어야 하죠. 조직 내에. . . 그래서 그 조직이 개선될 수 있도록 학습 과정에서 잔가지를 쳐낼 수 있어야 하고, 그것이 메커니즘의 또 다른 부분이 되는 겁니다.

웰치: 맞습니다. 아주 잘 말씀하셨어요. 어떤 비즈니스든 간에 우리는 미지의 공간을 걸어요. 여러 번, 여러 곳에서. 그러다가 또 새로운 분야가 나타나죠. 모든 것이 새로운 건 마찬가지예요. 그런데 어느 시점에서 이건 멈추고 다른 길로 가겠다는 결정을 내려야 해요. 그게 학습 메커니즘입니다. 저는 GE에 가장 큰 도움이 되었던 것이 그 학습문화였던 것 같습니다.

조: 학습하는 문화요. 제가 그 이야기를 여기, 제가 쓴 책에서 한 25번쯤 강조한 것 같습니다. 더 나아지고자 하는 인간의 욕망은 끝이 없는 거예요. 항상, 매일, 더 나은길을 찾아보려 하죠. 제가 한 건 그 보상 메커니즘입니다. 아까 보상에 대해 말씀을 하셨는데요. 메커니즘 차원에서 보자면 모든 인센티브 제도는 바로 그 탐구를 지속시키기 위해 존재하는 거예요. 우리는 아이디어를 찾아서 확산시키는 사람들에게 보상을 주죠. 아이디어를 만든 사람보다 더 크게 보상을 해줘요. 왜냐하면 그것이 욕망이거든요. 이 지적 확산을 전사적으로 이루고자 하는. . .

이런 메커니즘의 특징은 외부에서 쉽게 파악해내지 못한다는 것일 것 같습니다. 내부인은 어떤 메커니즘을 개발할 건지, 현재 어떤 메커니즘이 있는지 잘 알고 있어요. 그렇지만 경쟁사는 GE에 어떤 메커니즘이 있는지 파악해 내기가 상당히 힘들 겁니다. 힘들더라도 아까 경쟁구도와 다섯 가지 단계에 대해 말씀을 하셨는데, 다른 경쟁사들의 메커니즘을 파악하기는 해야 하겠지만요.

웰치: 그렇죠.

조: 그래야만 경쟁을 할 수가 있겠죠.

웰치: 예, 맞아요. 그런데 우리 경쟁사는 대부분 전통적인 편이에요. 전체가 아닌 하나하나의 사업단위에 초점을 두는 식이죠. 대부분이 학습문화를 갖고 있지 못해요. 대부분이 개개인의 실적을 평가하죠. 사실 제가 아는 사람들 거의가 그렇게 하고 있어요. GE에서는 전체를 봐요. 개별단위는 그렇게 중요하지 않아요.

예를 들어, 보너스를 줄 때, 어떤 특정 사업단위가 굉장히 성적이 좋았어요. 그런데 회사 전체는 좋지 않았어요. 그럼 아무도 보너스를 받지 않아요. 반대로 GE 전체가 성적이 좋았어요. 그리고 어떤 사업단위는 목표에도 못 미쳤어요. 그럼, 그 사업단위 직원들은 당초 보너스의 최소한 반은 받아요. 그러니까 모든 것이 전체에 초점이 맞추어져 있는 거예요.

조: 그렇군요. 그것이 회장님께서 창안한 메커니즘이군요.

웰치: 조 박사님의 질문이 참 좋아요. 굉장히 깊이가 있어요.

조: 아, 제가 공부하는 분야라. . .

웰치: 제가 여러 사람들하고 이야기 해 보지만 박사님처럼 깊이 있는 이해를 바탕으로 질문을 하는 사람은 없었어요.

조: 감사합니다.

웰치: 굉장히 흥미롭군요. 정말 좋아요.

조: 예. 역사를 통해 보면 1930년대에서 1960년대까지만 해도 CEO의 리더십이 강조되었어요. 그런데 1980년대, 에너지 위기가 닥치고 갑자기 환경 문제가 대두되고 하면서 산업체의 선택은. . .

웰치: 빅딜이 있었죠.

조: 가장 큰 문제는 80년대 말과 90년대에 갑자기 자원이 더 중요한 부분이 되어버린 겁니다. 그러나 궁극적으로는 자원보다 메커니즘을 더 많이 이해해야 한다고 생각해요.

웰치: 네. . .

조: 자원보다 메커니즘이 조직의 궁극적인 경쟁력의 원천이겠죠.

웰치: 저도 그렇게 생각합니다.

조: 이 메커니즘이 제대로 돌아가게 하려면 적임자를 선택하는 것이 가장 중요하기 때문에 회장님께서 후임을 선택하기 위해 까다로운 프로세스를 취하신 것 같은데요.

웰치: 맞아요.

조: 그런데 이 메커니즘에는 하나의 결함이 있습니다. 스스로 창조하지는 않아요. 재창조를요. 그래서 항상. . .

웰치: 그렇습니다. 메커니즘이 아니라 CEO가 끊임없이 재창조하는 거예요. CEO가 조직이 재창조하도록 이끄는 거죠.

조: 그럼 CEO는 두 가지 자격이 있어야 되는군요. 하나는 건전한 메커니즘을 계속 유지시켜 나가는 것이고. . .

웰치: 변화할 의지가 있어야죠.

조: 변화하고, 활력을 되찾을 수 있어야 하고. . .

웰치: 활력을 되찾고, 재창조하고. . .

조: 회장님께서는 GE를 떠나셔도 이것에 대해 계속 생각을 하셔야 할 것 같은데요.

웰치: 물론이죠, 물론이죠.

출처

이 대담은 KBS의 주선으로 2001년 10월 22일 미국 뉴욕 맨해튼에서 2시간 동안 진행된 대담내용을 각 부주제에 따라 재구성한 것이다. 이 대담은 또한 2002년 1월 16일 KBS 특집 프로그램 '세계를 움직이는 사람들 · 경영혁명가 잭 웰치의 비밀'편에 요약 방영되었다.

1930년대 주체기반관점으로 시작한 경영전략의 패러다임은 1970년대 중반에 나타난 환경기반관점을 거치면서 정교한 학문으로 발전했고, 1980년대 후반 이후 자원기반관점을 통해서 상대적으로 자원이 풍부한 기업에게 필요한 전략을 세워주는 모델로 발전했다. 그 후 2000년대 초경쟁의 시대를 만나면서 메커니즘기반관점이 체계적이고 종합적인 모델로 등장하고 있다. 이 장에서는 메커니즘기반관점에 대해 보다 구체적인 이해를 하기로 한다.

1절 메커니즘기반관점의 성립조건[4]

SBV, EBV, RBV에 이어 제4의 관점으로 등장하고 있는 메커니즘기반관점에 대해 검토해보자, 우선 <그림 2.4>와 <그림 2.5>에 소개된 SER-M 패러다임에서 주체, 환경, 자원이라는 독립변수와 성과창출이라는 종속변수 사이에 매개변수로 도입된 메커니즘이 메커니즘기반관점을 동태적 모델로 자리잡을 수 있게 해주는 필요조건을 갖추고 있는가 확인해보자.

첫째, 메커니즘은 '비중(Weight)'과 '순서(Sequence)'이다. 즉 메커니즘은 주체, 환경, 자원으로 구성된 독립변수들의 조합에서 각 변수의 투입량과 투입시점을 관장하면서, 독립변수들이 종속변수에 미치는 효과를 변화시킨다.

둘째, 메커니즘은 시간을 관장한다. 즉 메커니즘은 주체, 환경, 자원이라는 독립변수와 성과라는 종속변수 사이에 같은 시점에 종속변수가 독립변수에 영향을 미치는 역류가 일어나지 않게 해준다. 만일 메커니즘이라는 중간변수가 없이, 독립변수와 종속변수 간의 상관관계가 증명된다면, 그 통계적 결과만 가지고는 독립변수와 종속변수 사이의 인과관계를 증명할 수 없다. 즉 그러한 통계적 상관관계는 훌륭한 주체, 적합한 환경, 가치가 큰 자원이 기업이 올린 좋은 성과에 영향을 미친 것을 보여주는 것이 아니라, 그 반대로 기업이 좋은 성과를 내게 되면 훌륭한 주체를 끌어들이고, 기업을 적합한 환경으로 움직이게 해주며, 가치가 큰 자원을 확보할 수 있게 된다는 논리에 대한 근거가 될 수도 있는 것이다. 그러나 주체, 환경, 자원에 의해서 형성되는 메커니즘이라는 매개변수가 포함된 SER-M 패러다임으로 통계분석을 하면 독립변수와 종속변수 간의 역류현상을 제거할 수 있다.

셋째, 메커니즘은 매개변수이다. 즉 메커니즘은 간접적 영향을 주는 것이 아니라 직접적으로 경영과정에 매개변수로 개입해서 성과를 결정하는 변수가 된다. 다시 말해서 경영자는 개인적 능력을 발휘해서 프랑스 오를레앙 전투의 잔다르크처럼 깃발을 들고 앞장섬으로써 성과를 나타낼 수도 있지만, 본인의 능력을 발휘해서 기업조직에 맞는 메커니즘을 구축하는 데 공헌을 한 다음, 메커니즘이 직접 작동해서 조직성과에 공헌하게 함으로써 주체 개인이 성과에 영향을 미치는 이상으로 큰 역할을 할 수 있게 된다.

넷째, 메커니즘은 동태적이다. 즉 메커니즘에 의해서 이루어진 성과는 또다른 메커니즘에 의해 만들어지는 피드백 프로세스를 통해 주체, 환경, 자원에 영향을 주어 동태적으로 변화를 시킴으로써 그 다음 단계에서 더 좋은 성과를 기대할 수 있게 해준다.

2절 메커니즘기반관점의 배경

기존의 세 가지 관점이 가지지 못한 동태성을 메커니즘기반관점이 가졌다고 해서 기존 관점을 대체할 수는 없다. 기존 관점이 새로운 관점으로 바뀌려면 과거 환경에 부합되어 많은 기업에서 사용했던 주체기반관점, 환경기반관점, 그리고 특히 최근 20여 년간 널리 활용되어온 자원기반관점이 새로운 환경 속에서 적응력에 한계가 생겼다는 것을 확인해야 한다.

화무십일홍(花無十日紅)이요, 권불십년(權不十年)이라는 말이 있다. 아무리 아름다운 꽃이라도 열흘이 지나면 시들게 되고 아무리 대단한 권력이라도 10년이 지나면 힘을 잃게 된다는 뜻이다. 이 표현은 21세기에 들어와서 더욱 실감 나는 말이 되었다. 앞서 다룬 대로 권투계의 조 루이스(Joe Lewis), 무하마드 알리(Muhammad Ali)나 영화계의 엘리자베스 테일러(Elizabeth Taylor), 오드리 햅번(Audrey Hepburn)과 같이 자기 분야에서 수십 년간 정상을 차지하던 인물은 더 이상 나타나지 않는다. 오늘 최고 자리에 있던 사람이 내일이면 다른 사람으로 교체되고 그 다음 날이 되면 또 다른 누군가가 그 자리를 차지한다. 이러한 현상, 즉 다베니(D'Aveni, 1990)가 초경쟁(hyper-competition)이라고 부른 '선도자의 수명주기가 점점 짧아지는 현상'이 지금 우리 눈앞에 펼쳐지고 있다.

모든 기업은 초경쟁의 시대에 살고 있다. 앞에서 다룬 석유산업과 자동차 산업 외에도 20세기에 수십 년 이상 특정 산업에서 1등 자리를 놓치지 않았던 철강산업의 유에스 스틸, 통신업계의 ATT, 전자산업의 마쓰시타와 소니는 이미 1등 자리를 내놓았거나 뒤안길로 사라졌다. 21세기 들어와 새롭게 등장한 테슬라, 페이스북도 언제 혜성처럼 나타난 새로운 기업에 자신의 위치를 빼길지 모른다. 경영자는 자신이 맡은 기업을 열흘이 지나도 시들지 않고 아름다움을 더욱 발하는 꽃, 10년이 지나도 권세를 누리는 세력가로 만들기 위해서 노력한다. 경쟁기업들을 이겨서 1등을 차지하고, 한번 차지한 최고 자리를 오래 유지할 수 있는 방법을 찾아 헤맨다.

20세기 경영학자들은 기업이 높은 성과를 내기 위한 전략을 세 가지 요소로부터 찾아냈다. 1930년대에 주체(S)로부터 전략을 찾아냈고, 1970년대에 환경(E)으로부터 전략을 찾아냈으며, 1980년대에 자원(R)으로부터 전략을 찾아냈다. 90년 전에는 최고경영자를 잘 선택하는 것이 기업경쟁력의 원천임을 확인했고, 50년 전에는 사양산업보다 성장산업이 높은 성과를 내는데 더 유망하다는 것을 파악했으며, 30년 전에는 자신만이 가진 독특한 자원이 없으면 경쟁에서 불리한 상황에 놓인다는 것을 증명했다.

이같이, 20세기 경영학자들은 기업이 원하는 성과를 올리기 위한 전략을 찾아

헤매는 과정에서 큰 성과를 올렸다. 광부가 다이아몬드 원석이 묻혀 있는 위치로 한 발자국, 한 발자국 굴을 파 나아가듯이, 경영학자들 역시 경영성과에 조금이라도 더 영향을 주는 원인을 찾아냈다. 최고경영자라는 주체가 중요하다는 다소 막연한 주체기반관점(Subject-Based View: SBV)에서, 경쟁강도가 약한 산업을 찾아내야 한다는 환경기반관점(Environment-Based View: EBV)으로, 피할 수 없는 경쟁자와 싸워 이기기 위해서는 나만의 독특한 자원을 가져야 한다는 자원기반관점(Resource-Based View: RBV)으로 끊임없이 진화해온 것이다.

경영 전략 이론의 발전에 대한 역사적 해석에서 각 시대에 새롭게 나타난 세 가지 관점을 소개한다고 해서, 특정 시대에는 한 가지 접근방식만 존재했던 것으로 오해해서는 안 된다. 1970년대에 전략적 초점이 주체기반관점에서 환경기반관점으로 바뀌었다고 해서 주체기반관점이 가치를 잃어버린 것은 아니다. 1990년대에 환경기반관점에서 자원기반관점으로 바뀌었다고 해서 주체기반관점과 환경기반관점이 가치를 잃어버린 것도 아니다. 그보다는 경영학자들이 한 시대를 풍미했던 경영관점에 대한 이해를 어느 정도 한 다음 새로운 관점에 대해 추가로 관심을 가지게 되었다고 보는 편이 더 적절하다. 다만 학자 개인은 초점을 좁혀서 한 가지 관점만을 가지고 연구를 해야 깊이 파 내려갈 수 있다. 따라서, 오늘날 경영학계는 주체기반관점을 채택하고 있는 학자들, 환경기반관점을 채택하고 있는 학자들, 자원기반관점을 채택하고 있는 학자들이 공존하면서 크게 세 그룹을 형성하고 있다.

주체, 환경, 자원 중 한 가지만 잘 관리해도 경영목표를 달성할 수 있다는 전제하에 나머지는 그대로 둔 조건하에서(ceteris paribus) 한 가지만을 집중적으로 연구함으로써 전문적 영역을 구축하는 학자들과 달리, 기업경영을 책임지는 경영자들은 원하는 경영성과를 이끌어내는 데 있어 이 세 가지 요소 각각이 필요조건일지언정 충분조건은 아니라는 것을 오랜 경험으로부터 잘 알고 있다. 이 세 가지 요소는 기업이 경영성과를 내는데 항상 함께 있어야 하는, 서로 보완적 관계이다.

그렇다면 이 세 가지 요소를 동시에 가지고 있으면 기업은 원하는 성과를 얻을 수 있을까? 유감스럽게도 이에 대한 정답은 “아니오”이다. 만일 대답이 “예”라면 어떤 기업이 세 가지 요소를 함께 가지는 순간 그 기업의 경영성과는 하루아침에 고공행진을 해야 할 것이기 때문이다. 실제로는 그렇지 못하다. 어떤 기업이 세 가지 요소를 확보한다고 해도 원하는 경영성과를 내려면 상당한 시간과 노력이 필요한 법이다. 그러면 이 시간 동안 기업은 어떤 노력을 해야 하는가? 세 가지 요소를 갖춘 기업이 원하는 성과를 얻으려면 추가적으로 네 번째 요소를 갖추어야 한다. 이 요소는 무엇일까?

주체, 환경, 자원은 경영성과에 간접적으로 영향을 미치는 요소들일 뿐, 경영성과를 직접 만들어내지는 않는다. 기업이 원하는 성과는 경영활동에서 나온다. 시장에서 소비자를 찾아내어 욕구를 파악하고, 소비자 욕구를 만족시키는 제품을 개발해 효율적으로 제품을 생산해서 소비자에게 제공하고, 이들로부터 돈을 받아 새로운 시장조사를 하고 제품개발을 할 자금을 조성하는 순환과정에서 매출액과 이익을 추구하고 더 나아가 지속경영을 통해 장수기업을 만들어낸다. 경영성과를 만들어내는 데 가장 근접한 위치에 있는 것은 경영활동의 각 요소를 일정한 유형으로 체계화해서 그 활동이 반복적으로 일어나게 하는 경영 프로세스이다. 그렇다면 경영 프로세스를 만들어내는 데 필요한 논리와 원칙(logic and principles), 다시 말해서 경영활동의 설계도야말로 바로 원하는 경영성과를 가져오는 네 번째 요소이자 경영자가 그토록 찾아 헤매던 해답이 아닐까?

3절 메커니즘과 메커니즘경영의 개념

"경영 프로세스를 만드는 데 필요한 논리와 원칙"을 메커니즘이라고 부르자. 여기서 메커니즘은 기업의 현재 모습이라는 단편적 현상을 보는 것이 아니라 현재의 모습이 나타나게 된 원인을 설명하는 개념이다. 따라서 어떤 기업이 원하는 경영성과를 달성하지 못하고 있다면 '메커니즘기반관점(Mechanism-Based View: MBV)'은 그 원인을 밝히고 그 기업에게 더 나은 경영 프로세스를 갖게 해서 원하는 성과를 올리게 해주는 개념이다. 즉 주체, 환경, 자원으로 구성된 투입(input)을 결합해서 경영성과라는 산출(output)을 이끌어내는 중간 단계에 존재하는 것을 경영 프로세스라고 한다면 메커니즘은 이 경영 프로세스를 구성하는 사고의 논리(logic of thought)이자 이 논리에 입각한 구체적인 행동의 원칙(principles of action)이다.

'메커니즘경영(Management by Mechanism: MBM)'은 바로 이러한 논리와 원칙을 만들어서 기업, 더 나아가서 모든 조직의 시스템에 장착시킴으로써 경영 프로세스가 체계적으로 이행되도록 하는 경영방식이다. 이 메커니즘을 하나의 독립된 경영요소로 본다면 <그림 2.4>와 <그림 2.5>에서 보듯이 주체, 환경, 자원에 이어 경영성과에 영향을 미치는 네 번째 경영요소이다. <그림 4.1>은 주체기반관점, 환경기반관점, 자원기반관점에 이어 메커니즘기반관점이 나오게 되는 역사적 배경을 보여준다.

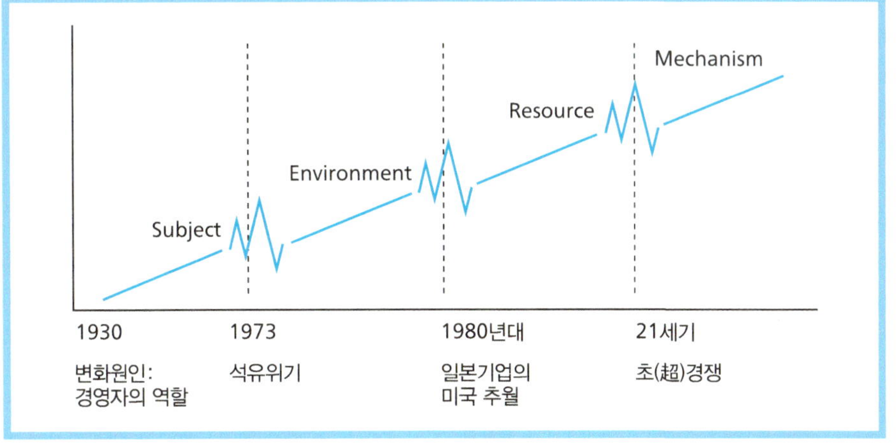

그림 4.1
SER-M 패러다임의 역사적 변화

4절 메커니즘기반관점의 철학적 배경

기업의 지속적 성공을 설명하는 동태적인 전략이론으로서 메커니즘기반관점이 기반을 두고 있는 철학적 배경은 다음과 같다.[5] 서양에서는 19세기부터 20세기에 걸쳐 기계론(Mechancal Theory)[6]과 유기체론(Organic Theory) 사이에 철학적 논쟁이 이루어져 왔다. 기계론적 세계관(Mechanical View of the World)[7]은 정신과 물질을 명확히 구분하는 데카르트(René Descartes, 1596~1650)의 이분법적인 사고와 이를 더욱더 철저하게 심화시킨 뉴턴(Isaac Newton, 1643~1727)의 결정론적 기계론에 바탕을 두고 있다. 기계론은 대상을 요소로 분해해서 개별적으로 분석함으로써 전체를 파악할 수 있다는 요소환원주의(Reductionism)를 강조한다. 이러한 사고방식에 근거한 신고전학파 경제학에서는 경제주체들이 효용이나 이윤을 극대화하고 비용이나 위험을 극소화시켜 일정 조건하에서 최적상태에 도달하고 이를 통해 경제 전체적으로 균형상태에 도달한다는 점을 강조하고 있다.

한편 유기체적 세계관(Organic View of the World)은 모든 것이 상호 유기적인 영향을 주고받는다고 보며, 세계를 관계와 통합의 견지에서 보면서 전체론적 접근방법(Holistic Approach)을 강조하고 있다. 대표적인 이론이 일반시스템이론(General System Theory)이다. 즉 일반시스템이론에서는 체계를 각 부분사이의 상호작용과 상호의존으로부터 그 독특한 구조가 생기는 통합된 전체로 본다. 전체시스템은 부분들의 단순합 이상이고 시스템 자체는 전체로서만 설명될 수 있다는 점을 강조하기 때문에 요소환원주의에 대비되는 개념으로서 전체론(Holism)이라고 한다.

이와 같은 전체론에 기반한 경제이론으로 경영전략론에 많은 영향을 미친 이론에는 진화경제학(Evolutionary Economics)과 복잡계경제학(Complexity Economics)이 있다. 진화경제학자들인 넬슨과 윈터(Nelson & Winter, 1982)는 경제변화를 설명할 수 있는 경제이론의 필요성을 강조하면서 시장 환경에서 운영되고 있는 기업의 역량과 행태에 관한 이론을 제시하고 있다. 즉 기업의 성공은 시장 환경에 의해 정의됨과 동시에 기업이 생존하고 성장해 가는 능력과도 밀접하게 관련되어 있다는 점을 강조하고 있다. 복잡계경제학자인 브라이언 아더(Arthur, 1989)는 대량생산시대의 경제는 신고전학파의 경제이론으로 설명할 수 있지만, 오늘날의 하이테크 산업과 같은 지식기반 사회는 인간의 한정된 합리성, 수확체증, 계속되는 변화 등으로 특징지어지기 때문에 단순 수치계산보다 패턴을 인식하는 인간의 정신적인 능력과 끊임없는 적응이 중요하다는 점을 지적했다. 아더는 이러한 정신능력을 기업의 최고경영자에게 적용해서 최고경영자가 가진 통찰력의 중요성을 강조했다.

주체, 환경, 자원이 상호작용하는 과정에서 형성되는 메커니즘을 연구해야 한다는 SER-M 패러다임은 어떤 접근방법을 채택하고 있을까? SER-M을 하이픈(-)을 기준으로 좌우로 나눠보면, 왼쪽에 있는 주체, 환경, 자원은 기계론적 세계관에 입각한 요소환원주의적 접근방법을, 오른쪽에 있는 메커니즘은 유기체적 세계관에 입각한 전체론적 접근방법을 채택하고 있다. 따라서 SER-M 패러다임은 요소환원주의적 접근방법을 원인으로, 전체론적 접근방법을 결과로 연결시켜서 체계적으로 통합한 모델이라 할 수 있다.

5절 메커니즘기반관점에 따른 전략의 효용가치

조직이 목표를 달성하기 위해서 사용하는 수단을 전략이라 할 때, 그 수단을 어디서 찾는가에 따라 전략을 네 가지 패러다임으로 나눌 수 있다. 이를테면, 기업이 성공하기 위해서는 다음 네 가지 패러다임이 있다. 첫째, 주체(S)기반관점에 따르면 훌륭한 사장을 모셔와야 한다. 둘째, 환경(E)기반관점에 의하면 성장성과 독점성이 높은 산업으로 진출해야 한다. 셋째, 자원(R)기반관점에 의하면 기업 내부에 경쟁자가 가지지 못한 독특한 인재, 자금, 기술, 브랜드 등을 갖춰야 한다. 넷째, 메커니즘(M)기반관점에 의하면 기업이 추구하는 목표에 부합하는 사고의 논리와 행동의 원칙을 구성원들이 함께 갖추고 이에 따라 경영 프로세스가 일어나야 한다.

여기서 전략의 효용가치를 전략 패러다임별로 다시 한번 확인해 보자.

1. 주체기반관점에 따른 전략의 효용가치

주체기반관점에 의하면 전략은 기업의 현재와 미래에 필요한 경영자를 기업의 주도자로 선택하는 의사결정이다. 그래서 기업 이사회가 맡고 있는 가장 큰 역할 중 하나가 그 기업의 최고경영자(Chief Executive Officer: CEO)를 뽑는 일이고, 이 임무야말로 바로 주체기반관점에서 추구하는 전략이다. 1998년경 GE의 CEO를 맡고 있던 잭 웰치 회장이 2001년에 은퇴하겠다고 선언했다. 이에 따라 GE 이사회는 GE의 향후 전략을 놓고 치열한 분석을 시작했다. 1981년부터 20년간 "업계 1등이나 1등에 근접한 2등 아니면 모두 팔아치워라"는 원칙하에 철저하게 이익 극대화를 목표로 해서 시가총액 기준 세계 최대기업을 일궈낸 웰치의 후임으로 어떤 철학과 능력을 가진 경영자가 선택되어야 하는가 하는 이슈는 문자 그대로 GE의 운명을 좌우하는 전략적 결정이었다. 자연인 아무개를 후임자로 선정하는 작업은 GE의 장기 목표가 결정되면 자연스럽게 이루어지는 결과일 뿐이었다.

이사회가 선택한 차기 목표는 매출액 극대화, 즉 성장성이었다. 잭 웰치 회장 전임이었던 레그 존스(Reg Jones)가 1972년부터 성장성을 목표로 삼아 GE를 미국의 "국민총생산 회사(GNP Company)"라는 별명을 가질 정도로 규모를 키운 후, 잭 웰치 회장이 1981년에 수익성으로 방향을 돌려 이제는 수익성으로 1등이 되었으니, 2001년에는 다시 성장성으로 방향을 전환할 때가 되었다고 본 것이다. 당시 이사회가 검토한 후보는 세명, 성장성과 신시장 개척에서 탁월한 능력을 발휘한 제프 이멜트(Jeff Immelt), 잭 웰치와 수익성을 추구하는 성향이 같아서 리틀 잭(Little Jack)으로 불렸던 로버트 나델리(Robert Nardelli), 그리고 항공기 엔진 부문에서 큰 이익을 올린 제임스 맥너니(James McNerny)였다. 이사회는 3년 동안 세명을 두고 비교를 했지만, 일단 성장성으로 향후 목표가 결정된 다음의 선택은 어렵지 않았다.

제프 이멜트는 2001년 9월 11일 잭 웰치 회장 후임으로 GE의 CEO직에 취임했다. 이멜트는 2017년까지 CEO로 재직했지만 결과는 좋지 않았다. 잭 웰치 회장 재임시였던 2000년 5천억 달러[8]를 돌파해서 GE를 세계 최대 기업으로 등극시켰던 시가총액은 2001년 이멜트 회장 취임시에 4천억 달러 수준으로 떨어진 후, 2009년에는 900억 달러[9] 밑으로 급전직하하면서 1878년에 발명왕 토마스 에디슨(Thomas Edison)이 시작한 회사의 명성을 훼손하고 말았다. 그러나 이러한 결과는 이멜트 회장 보다도 그를 CEO로 선택한 2001년의 GE 이사회가 내린 전략적 판단에 궁극적 책임이 있다고 보아야 한다.

그러나 이 세상에는 GE보다 더 큰 문제를 가진 회사도 많다. 이사회가 주체기반관점을 근거로 해서 경영자를 선정할 수 있는 기업에게는 나타나지 않는 문제가 바로 'CEO 리스크(CEO Risk)'이다. CEO 리스크는 이사회의 통제를 받지 않는 CEO가 기업에 부정적인 영향을 끼치는 위험성이다. 예컨대 창업자가 50%가 넘는 기업 지분에 대한 지배권을 가지고 CEO를 직접 맡거나 자신의 측근에게 맡기고 있는 소위 오너(owner) 기업에서는 이사회가 객관적인 판단력을 가지고 CEO를 뽑는 것이 불가능하다. 정부가 CEO에 대한 선임권을 실질적으로 행사하는 공기업에서도 이사회가 CEO를 통제하지 못한다. 이러한 기업에서 나타나는 CEO 리스크야말로 주체기반관점에 따른 전략을 활용하지 못하는 기업이 겪게 되는 불행이다.

이처럼 주체기반관점에 따른 전략은 기업이 추구하는 목표에 맞는 경영자를 선택하고 통제하며 평가하는 역할이다. 주체인 경영자에 관한 결정이 1단계 전략이라면 선택된 경영자가 주체로서 내리는 다각화, 국제화 등에 대한 판단과 결정은 2단계 전략이다.

2. 환경기반관점에 따른 전략의 효용가치

환경기반관점에 의하면 전략은 기업이 추구하는 목표를 가장 효과적으로 달성할 수 있는 환경을 찾아가는 것이다. 기업이 추구하는 목표가 매출액을 극대화하는 성장성이라면 시장이 커지는 성장산업으로 진출해야 하고, 이익을 극대화하는 수익성이라면 시장에서 경쟁자의 힘이 약하거나 아예 경쟁자가 없는 독점적 산업을 골라야 한다. 만일 어떤 기업이 추구하는 목표가 국가에 보답하고 국민을 사랑하는 '보국애민(報國愛民)'이라면 그 기업은 보다 직접적으로 국가경제를 위한 기간산업이나 국민에게 도움이 되는 사업을 선택할 것이다. 실제로 1926년에 설립한 유한 양행은 "가장 좋은 상품을 만들어 국가와 동포에게 도움을 주자"는 설립자 유일한 선생의 창업정신을 성장성이나 수익성보다 더 높은 목표로 삼아 제품개발전략과 시장개척전략의 기준으로 삼고 있다.

환경기반관점에 의한 전략은 주체, 환경, 자원 중에서 상황에 따라 특히 환경에 대한 비중을 높이는 1단계 전략과 이를 더욱 구체적으로 행동에 옮기는 다각화 전략, 국제화 전략 등을 추구하는 2단계 전략으로 나눌 수 있다.

3. 자원기반관점에 따른 전략의 효용가치

자원기반관점에 의하면 전략은 다른 기업이 가지지 못한 자원, 즉 앞에서 여러 차례 언급한 VRIO 조건인 가치있고, 희소하고, 모방불가능하고, 대체불가능하면서 조직이 활용할 수 있는 자원을 확보하는 것이다. 따라서 CEO가 전략책임자로서 수행해야 하는 역할은 훌륭한 인재를 확보하고 이들이 벌이는 사업에 대해 충분한 자금을 지원하며, 보유한 기술수준을 높이고, 브랜드 가치를 향상시키는 일이다.

GE 회장이었던 잭 웰치는 저자와 대화를 하는 가운데 자신의 시간 중 70%를 자신이 1대1로 관리하는 GE의 경영자 209명을 만나는데 썼다고 말했다. 그에 의하면 GE에는 모든 경영자들이 따라야 하는 운영시스템(operating system)이 있다고 한다. 경영자들은 이 시스템에 따라 자신이 관리하는 구성원을 매년 2회 만나서 최소한 30분에서 2시간 동안 지난 해의 실적과 그 해의 성과, 그리고 다음 해의 계획에 대해 논의를 한다고 한다. 그리고 잭 웰치 자신도 209명을 매년 2회씩 만나려면 매일 평균 2명을 만나야 했다는 것이다. 한국에도 매년 최소한 2번 왔는데 그 이유는 대통령이나 장관을 만나기 위해서가 아니라 209명 중 한국에서 근무하는 3명을 만나는 목적이었다고 했다. 제품을 개발하고 시장을 개척하는 일은 이러한 전략적 자원들을 활용하는 실무경영자들의 몫이다.

자원기반관점에서도 훌륭한 인재와 같은 전략적 자원 확보가 1단계 전략이라면 이러한 전략적 자원을 통한 1990년대에 GE의 잭 웰치 다각화, 국제화 등에 대한 판단과 결정은 2단계 전략이다.

4. 메커니즘기반관점에 따른 전략의 효용가치

메커니즘기반관점도 주체기반관점, 환경기반관점, 자원기반관점과 같은 시각으로 전략에 대해 접근할 수 있다. 즉 기업이 원하는 목표를 달성하는데 필요한 메커니즘을 만드는 것이 1단계 전략이고, 만들어진 메커니즘을 활용해서 다각화, 국제화 등에 대한 판단과 결정을 하는 것은 2단계 전략이다.

기업은 어떤 메커니즘을 원할까? 1970년대 전략 분야를 강타한 환경기반관점은 마이클 포터가 제시한 '기업경쟁을 유발하는 5가지 힘 모델(Porter's Five Forces Model)'에 따라 '본원적 전략(Generic Strategy)'을 개발하는 것이 전략개발이라고 제시했다.

그러나 1980년대 일본 기업들이 포터가 제시하는 전략을 따르던 미국기업들을 물리치면서 세계시장을 석권하자, 수많은 경영자들은 일본기업을 연구한 학자들이 찾아낸 한 단어에 열광했다. 영어로 'Continuous Improvement (CI)'라고 번역된 개선(改善), 일본어로는 카이센(Kaisen)으로 발음되는 이 단어는 하도 인기가 많아 영어 사전에 일본어 원음으로 실릴 정도였다. 그러다가 1990년대에 GE의 잭 웰치 회장이 혁신(innovation)하는 것이 전략이라는 역설을 내세우면서 GE를 세계 최대기업으로 발전시키자, 경영자들은 혁신을 새로운 지침으로 삼아 식스 시그마(Six Sigma), 리엔지니어링(Reengineering), 조직학습(Organizational learning) 등의 구체적 혁신기법을 가지고 기업문화를 바꾸는 작업을 시작했다.

21세기 들어와 아이폰을 가지고 혜성처럼 나타난 애플(Apple)을 본 경영자들은 애플의 창업자 스티브 잡스를 새로운 영웅으로 모시기 시작했다. 그리고 경영학을 단 한 클래스도 수강하지 않은 잡스는 "사람(소비자)들은 당신이 보여줄 때까지 자신이 무엇을 원하는지 모른다. 그것이 내가 절대로 시장조사에 의존하지 않는 이유이다. 우리의 과제는 아직 책에 실려있지 않은 것들을 읽는 것이다. (People don't know what they want until you show it to them. That's why I never rely on market research. Our task is to read things that are not yet on the page.)"라고 말하면서 기존 경영학에 대한 고정관념을 버리고 창조경영을 새로운 패러다임으로 선택했다. 1995년에 아마존을 창업한 제프 베이조스(Jeff Bezos), 2002년에 스페이스엑스(SpaceX)를 창업하고 2003년에 테슬라(Tesla)를 인수한 일론 머스크(Elon Musk)가 2021년에 이르러 세계 1, 2등의 부자로 등각하면서 창조경영은 대세가 되었다.

2020년대 초반의 기업 세계는 또다시 새로운 경영을 요구하고 있다. 그것은 AI와 코비드-19가 합작해서 우리에게 던져준 지속경영에 대한 필요성이다. 2016년 세계 바둑계의 1인자인 이세돌 프로를 구글의 계열사인 딥마인드(DeepMind Technologies Limited)가 만든 알파고(AlphaGo)가 바둑 5번기에서 승리하면서 등장한 AI는 2020년에 전 인류를 강타한 코비드-19 위기 속에서 우리 삶 속으로 깊숙히 들어왔다. 기업 역시 잠깐 한눈 팔다가 한방에 훅~ 간다는 것을 확실하게 깨달았다. 이런 시대에 어떻게 하면 기업이 지속경영을 유지할 것인가라는 새로운 화두가 등장하는 것은 당연하다.

이런 상황에서 운용자산액 8조 6,800억 달러(9600조 원)를 가지고 S&P 500 기업에서 평균 7.5%의 지분을 소유하고 있는 세계 최대의 자산운용사인 블랙록(BlackRock)의 래리 핑크(Larry Fink) 회장이 2020년과 2021년 투자기업의 CEO에게 보내는 연례 서한에서 지속경영에 대한 화두를 던졌다. 2020년 편지에서 그는 "지속가능성을 투자의 최우선 순위로 삼겠다.", "기후변화를 고려해 투자 포트폴리오를 변경하겠다.", "매출액의 25% 이상을 석탄발전을 통해 거둬들이는 기업에 대해 채권과 주식을 매도하겠다."고 한 다음, 2021년에는 "자사의 비즈니스모델이 넷제로(Net zero) 경제와 어떻게 호환될 지에 관한 계획을 공개하고, 2050 넷제로 달성 목표를 기업의 장기전략에 어떻게 통합할지, 이사회에서 검토하는지를 공개해달라."고 밝혔다.[10] 대부분의 대기업 주주총회에서 결정적인 의결권으로 CEO의 사임을 요구할 수 있는 핑크 회장의 한마디는 기업경영자들에게 정부나 소비자 이상으로 강력한 압력을 가하고 있다.

2021년을 지나고 있는 오늘날 전세계의 수많은 기업경영자들은 혁신 메커니즘, 창조 메커니즘, 지속경영 메커니즘을 기업 구성원들이 공유하는 패러다임으로 삼겠다는 의지를 보이고 있다. 기업이 이러한 메커니즘을 이미 가지고 있다면 경영자는 이를 유지하면 된다. 그러나 대부분의 기업은 이런 메커니즘을 가지지 못하고 있다. 이제 경영자는 기업이 현재 가지지 못한 메커니즘을 만드는 능력을 가지고 있어야 한다.

6절 메커니즘에 대한 연구방법: 과정(process)과 내용(content)

메커니즘기반관점은 내용 연구와 과정 연구라는 두 가지 연구를 결합해서 접근할 수 있다. 여기서는 메커니즘에 대한 저자의 연구를 중심으로 두 가지 연구방법에 대한 설명을 하기로 한다. 저자는 1973년 하버드경영대학원(Harvard Business School)에서 전략과목을 수강하면서 메커니즘에 대한 관심을 갖게 되었고, 그후 1992~1993년 반도체 산업에 대한 연구를 수행하면서 처음으로 메커니즘을 변수로 선택해서 실증적 연구를 시작했다.

1. 과정으로서의 메커니즘

메커니즘 연구의 초창기에는 메커니즘을 과정으로 보았다. '메커니즘'보다는 'SER-M'이란 표현을 주로 사용해서 주체(S), 환경(E), 자원(R)이라는 내용변수로부터 메커니즘(M)이라는 과정변수가 도출되는 과정을 연구했다(Cho & Lee, 1998). 다시 말해서 저자는 <그림 4.2>에서 보듯이 M을 내용으로 보지 않고 SER을 결합하는 단순한 과정으로 보고 있었다.

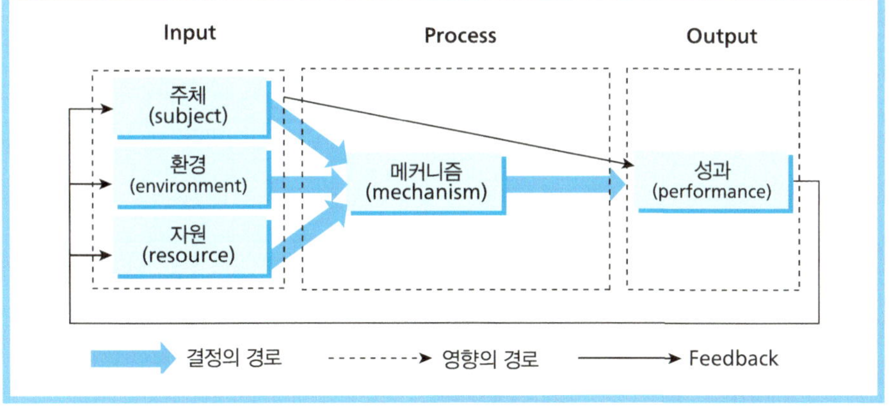

그림 4.2
과정으로서의 메커니즘기반관점

2004년에는 통계적 기법을 사용해서 메커니즘에 대한 실증분석을 시도했다. 즉 매개변수(mediating variable)로서의 M이 SER을 통합하는 과정으로서의 변수인 동시에 이 3가지 변수의 대리변수(proxy variable)로서 SER보다 설명력이 더 높은 독립변수가 될 수 있다는 것을 국제화 메커니즘에 대한 실증분석으로 확인했다(정진섭, 2004). 즉 SER을 사용하지 않고 M만으로도 3가지 변수를 포함한 것 못지 않

은 설명력을 갖는다는 것을 증명한 것이다.[11]

2. 내용으로서의 메커니즘

2005년 듀크대학 후쿠아 경영대학원(Fuqua School of Business, Duke University)에서 초청교수로 재직하던 저자는 그 대학의 경영전략 교수들과 세미나와 강의실에서 대화와 토론을 하면서 메커니즘 자체에 대한 연구, 다시 말해서 메커니즘을 과정(process)으로 보는 것이 아니라 내용(content)으로 보아야 한다는 충고를 듣고 이에 대한 연구를 시작했다. 특히 메커니즘을 SER과 별도로 존재하는 네 번째 요소라고 보고, 이 요소를 만들어내기 위해서는 SER을 단순히 합치는 데 그치는 것이 아니라 SER 내부에서 찾을 수 없는 독특한 논리를 찾아야 한다고 보았다. 이를 찾는 과정에서 4장에서 소개될 "(경험담) 라면 요리과정에서 찾아낸 CPT 모델"이란 에피소드에서 설명하듯이 라면을 가지고 요리하는 방법을 벤치마킹했다. 즉 <그림 4.3>에서 보는 바와 같이 경영자가 원하는 내용의 메커니즘(M)을 만들어내기 위해서 CPT 모델, 즉 SER을 조합하고(combination), 이들 간의 순열을 정하며(permutation), 각 요소의 활용시점을 결정하는(timing) 원리(logic)를 찾아낸 것이다.[12]

이 연구를 계기로 기업의 지속적인 경쟁우위는 바니(Barney, 1991)가 주장하는 내용으로서의 자원에서 나오는 것이 아니라는 것을 깨달았다. 기업의 경쟁우위는 SER을 활용하는 조합, 순열, 시간이라는 과정에서 만들어지는 메커니즘에서 나오는 것이다. 이러한 논리를 설명하기 위해 작성한 저자의 논문(Cho, 2006)은 바니(Barney, 1991)가 주장하는 가치, 희소성, 모방불가능성, 대체불가능성(Value, Rareness, Inimitability, and Non-substitutability, VRIN)이라는 네 가지 조건을

그림 4.3
내용으로서의 메커니즘 기반관점

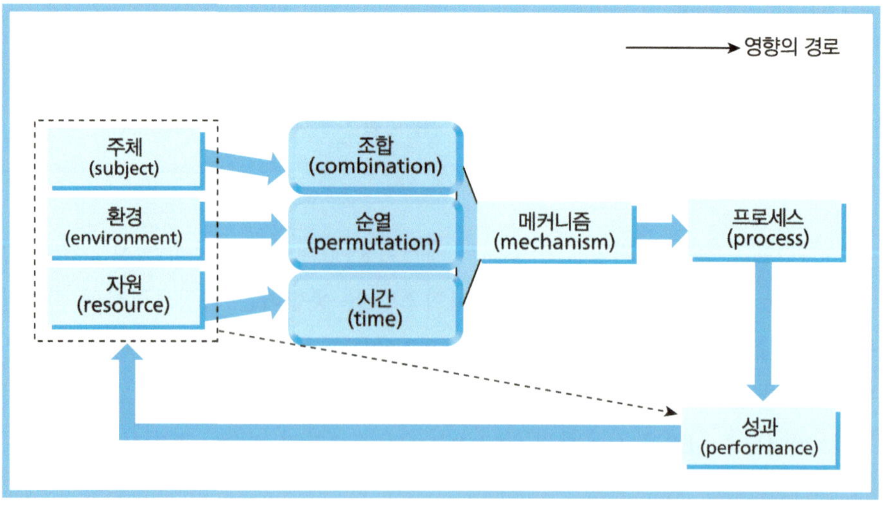

갖추지 않은 자원으로도 자원의 조합, 순열, 시간을 어떻게 정하느냐에 따라 얼마든지 차별화된 능력을 구축할 수 있다는 논리를 메커니즘으로 설명한 것이었다.

3. 메커니즘의 정의

위 연구를 진행하면서 찾아낸 조합, 순열, 시간은 메커니즘을 만들어내는 과정에 해당한다. 따라서 조합, 순열, 시간을 강조하면 과정에서 경쟁우위가 나온다고 볼 수 있고, 그 과정의 결과로 만들어지는 메커니즘을 강조하면 내용에서 경쟁우위가 나온다고 볼 수 있다. 따라서 경쟁우위는 과정과 내용이라는 두 가지 측면에서 동시에 접근할 때 비로소 포괄적인 이해가 가능하다. 이는 마치 빛이 가진 입자와 파장이라는 두 가지 속성을 동시에 이해해야 빛에 대한 포괄적인 이해를 할 수 있는 것과 같다.

이같이 메커니즘에 대한 인식의 변화과정을 거치면서 저자는 메커니즘을 '과정'인 동시에 '내용'으로 보고 다음과 같이 정의했다. 메커니즘은 프로세스를 반복적으로 일으켜서 유기체의 목적을 달성하려는 주체, 환경, 자원의 동태적 결합, 즉 조합, 순열, 시간의 원리이다. 메커니즘의 중요성을 강조하는 메커니즘기반관점은 1930년대에 형성된 주체기반관점, 1970년대에 형성된 환경기반관점, 1980년대 후반에 형성된 자원기반관점에 뒤이은 제4의 전략 패러다임이다.

4. 메커니즘 창조과정 – 기존 이론과의 차이점[13]

이 절에서는 이러한 메커니즘의 창조과정을 파악하는 것이 어떤 의미를 갖는지, 그리고 메커니즘의 창조과정을 설명하는 것이 기존의 이론과 어떤 점에서 차이를 갖는지 고찰함으로써 자원기반관점과 메커니즘기반관점을 심층적으로 비교해보고자 한다. 이를 통해서 기존의 자원기반관점이 주장하는 경쟁의 원천인 VRIN이 다루지 못하는 현실의 사례를 제시하고 이를 설명하기 위한 대안으로 메커니즘기반관점이 견지하는 메커니즘의 창조과정을 결정하는 요소인 조합, 순열, 시간을 제시함으로써 기업의 경쟁우위 창출과 메커니즘의 관계를 설명하고 궁극적으로 메커니즘기반관점의 학문적 독자성을 제안하고자 한다.

5. 자원기반관점의 기본적 가정

자원기반관점은 기업이 갖고 있는 경쟁우위를 설명하기 위해서 자원에 대해 두 가지 기본적인 가정을 한다. 첫째, 펜로즈(Penrose, 1959)가 언급한 "기업은 자원의 집합체(A firm is a bunch of resources)"라는 기본가정을 취하고 있다. 본질적으로 기업마다 보유하고 있는 자원은 모두 이질적인데, 이것으로부터 자원의 집합체인 기업은 결국 각각 특징적인 성격을 갖게 되어 이질적이 될 것이라는 생각을 도출할 수 있다. 이를 통해서 자원기반관점은 자원의 이질성(Heterogeneity)이라는 전제를 채택했다. 둘째 셀즈닉(Selznick, 1957)과 리카르도(Ricardo, 1817)가 취한 관점으로, 기업이 보유한 자원 중 특정 자원은 모방에 소요되는 비용이 매우 높거나 공급 채널이 한정되어 비탄력적인 성격을 갖는다고 가정했다. 이를 통해서 기업의 자원은 비이동성(immobility)을 갖고 있다는 가정을 취했다.

바니(Barney, 1991)는 이러한 두 개의 기본적인 가정을 결합해서 만약 (1) 기업이 소유하고 있는 자원이 그 기업으로 하여금 기회를 활용하게 하거나 위협을 감소시킬 수 있게 해 준다면, (2) 이러한 자원들이 소수의 경쟁기업에 의해서만 소유된다면, 그리고 (3) 이 자원들에 대한 모방비용이 높거나 공급에서 비탄력적이라면, 이러한 자원들은 기업의 강점이 될 수 있으며, 따라서 경쟁우위의 잠재적 기반이 될 수 있다고 주장했다.

6. 경쟁우위 자원의 특징

자원기반관점을 지지하는 학자들은 자원을 다음과 같이 재무 자원, 물적 자원, 인적 자원, 조직 자원의 4가지로 분류하고, 이들 자원이 경쟁우위의 요소로 작용하기 위한 조건을 제시하고 있다(Barney, 1991).

첫째, 재무 자원은 기업이 전략을 개발하고 실행하기 위해서 사용할 수 있는 모든 금전적 자원들을 지칭한다. 기업가로부터의 자본, 주식 소유자로부터의 자본, 채권 소유자로부터의 자본, 그리고 은행으로부터의 자본, 유보이익 등이 포함된다.

둘째, 물적 자원은 기업에서 사용되는 물리적 기술을 포함하는 것으로 공장, 설비, 입지조건, 원재료에 대한 접근성을 포함한다. 나아가 기업이 보유한 컴퓨터 소프트웨어 등의 기술도 포함되어 있다.

셋째, 인적 자원은 기업 내 경영자들과 종업원들 각각의 훈련, 경험, 판단, 지능, 관계, 통찰력 등을 포함한다. 인적 자원은 기업가 또는 최고경영층에만 한정되는 것이 아니다. 기업의 모든 구성원들이 지식을 습득하고 역량을 높임으로써 인적 자본으로서의 가치를 높일 수 있다.

넷째, 조직 자원은 개인들의 집합이 가진 속성으로서, 기업의 보고체계, 공식 및 비공식적 계획, 통제 및 조정 시스템, 문화와 명성, 기업 내 집단 간의 비공식적인 관계, 기업 간 관계 및 기업과 환경과의 관계 등을 포함한다.

바니(1991)[14]는 자원, 능력, 역량을 이론적으로 구분할 수는 있지만 현실에서 이들을 나누는 것은 거의 불가능하다는 전제하에 유사한 개념들을 통합해서 '자원'으로 일원화시키고 있으며, 이렇게 통합적으로 사용되는 자원이 가진 특징을 VRIN

이라는 네 가지 요소로 구성된 분석틀로 설명하고 있다. 이 네 가지 개념을 기반으로 하는 질문을 통해서 각 자원이 기업의 지속적인 경쟁우위의 요소가 될 수 있는지를 판단하는 것이다. 또한 VRIN이라는 개념을 자원의 특징분석에 사용한다. 이후 바니(1995)[15]는 VRIN에서 N을 빼고 O(조직: Organization)를 포함시킨 VRIO로 바꾼다. VRIN에서 I(모방불가능성)와 N(대체불가능성)이 거의 같은 말로 중복이 되어 '상호배제 및 전체포괄(MECE)'이 안된다는 것을 인식했기 때문인 것 같다.[16] 이 절에서는 VRIN을 메커니즘기반관점과 비교한다(<표 4.1> 참조).

표 4.1
VRIN를 통한 경쟁우위 요소 파악 기존

VRIN 구분	분석 질문
가치(Value)	기업의 자원과 능력이 환경 위협과 기회에 대응하게 해주는가?
희소성(Rareness)	얼마나 많은 경쟁기업들이 가치 있는 특정의 자원과 능력을 이미 소유하고 있는가?
모방불가능성 (Inimitability)	자원이나 능력을 가지고 있지 않은 기업이 자원이나 능력을 이미 가진 기업에 비하여 자원과 능력을 획득하는 데 비용열위에 직면하는가?
대체불가능성 (Non-substitutability)	기업이 소유하고 있는 자원과 능력이 대체 자원을 통하여 경쟁기업들의 쉬운 추격을 허용하는가?

바니(Barney, 1991)는 'VRIN'이야말로 기업이 지속적인 경쟁우위를 유지하는 데 필요한 자원이 갖추어야 할 필수적인 특징이라고 주장한다. 자원기반관점을 따르는 학자들은 바니의 주장을 일관되게 받아들여왔다. 자원의 차별적 가치는 프라할라드와 하멜(Prahalad & Hamel, 1990)의 핵심역량에 대한 연구나 노나카(Nonaka, 1991)의 지식경영 연구에서도 기본적인 전제로 사용되었다. 즉 다른 기업에 비해 차별적인 가치를 지닌 자원을 보유해야만 지속적인 경쟁우위를 확보할 수 있다는 생각이 자원기반관점의 기반이 된 것이다. 1990년대 말에 등장한 동태적 능력 역시 결국 기업이 지속적인 경쟁우위를 달성하기 위해서는 자사의 자원, 역량을 환경의 변화에 맞춰 항상 차별화할 수 있어야 한다는 자원의 가치 차별화를 전제로 한다.

즉 자원기반관점은 자원의 가치(V)를 우선적으로 판단한 다음, 이 가치가 희소성, 모방불가능성, 대체불가능성(RIN)을 가지고 있는가에 대한 분석을 통해 해당 자원의 경쟁우위 요소 가능성을 파악하려는 관점이다. 자원기반관점의 특징은 기업이 초기에 동일한 또는 유사한 자원을 보유하는 경우, 'RIN'의 전제를 훼손하기 때문에 해당 기업은 다른 경쟁 기업들보다 높은 성과를 거두기 어려우며, 지속적인 경쟁우위를 확보할 수도 없다는 판단을 내리게 해준다.

7. 자원기반관점과 메커니즘기반관점의 차이점

기업들이 사업 초기에 유사한 자원을 갖고 있는 경우, 'RIN'조건에 부합하지 않기 때문에 경쟁우위를 확보할 수 없다고 단언할 수 있는가? 자원기반관점과 메커니즘기반관점의 차이점에 대한 설명은 이 질문으로부터 시작된다. 모든 자원은 차별성 보유 여부를 떠나 자원으로서 순수한 가치를 갖고 있다. 이를 기업 특유의 것으로 만들어주는 것이 'RIN'조건의 역할이다. 그러나 메커니즘기반관점은 자원의 가치를 차별화해주는 'RIN'조건의 역할에 관계없이 자원이 유사하거나 동일한 상황에서도 메커니즘의 창조과정을 결정하는 세 가지 요소, 즉 메커니즘 구성요소의 조합, 구성요소의 순열, 각 구성요소를 집행하는 시간을 달리함으로써 제각기 다른 메커니즘을 구축할 수 있고, 이를 통하여 궁극적으로 기업의 경쟁우위를 창출할 수 있다고 본다.

자원기반관점에서 보았을 때 조합, 순열, 시간의 특징을 갖는 메커니즘은 자칫 기업 내부 프로세스로 인식될 수 있다. 그러나 메커니즘은 프로세스를 만들어내는 원동력이기 때문에 자원기반관점에서 바라보는 자원과는 다르다. 기업은 특유한 메커니즘을 창조하는 세 가지 요소를 통해서 유사한 자원을 가진 상황에서도 기업 경쟁우위의 원천을 확보할 수 있고, 그 결과 기업 특유의 성장과 발전을 이루어낼 수 있다. 즉 메커니즘기반관점은 자원의 차별적 우위가 기업 경쟁우위의 근원이 된다는 자원기반관점의 주장만으로는 미처 설명하지 못하는 현상, 즉 차별적 우위를 가진 자원이 없는 기업도 경쟁력을 가질 수 있는 현상을 메커니즘을 가지고 설명하는 새로운 관점을 제시해주고 있다.

8. 메커니즘과 동태적 능력의 관계

자원기반관점에서 발전된 동태적 능력(Dynamic Capability) 이론은 기업의 이질성이나 그에 따른 지속적 경쟁우위를 설명하는 데 핵심적인 이론으로 각광을 받고 있으며, 동태적 시장에서의 지속적인 경쟁우위를 설명하고 있다. 동태적 능력의 개념에 관해서는 학자별로 서로 다른 표현을 사용하고 있다. 아이젠하트(Eisenhardt, 2000)는 동태적 능력을 동태적 시장에서 지속적인 경쟁우위를 창출하는 능력이라고 정의했고, 졸로(Zollo, 2002)는 자원을 획득하는 역량이라고 정의해서 기업의 성과를 개선하기 위해서 일정한 생산과정을 정형화하고 수정해나가는 통합적 활동의 전략적 형태로 표현했다. 또한, 헬펫과 피터래프(Helfat & Peteraf, 2003)는 변화하는 시장 상황에 대응해서 신제품과 새로운 프로세스를 창출하는 "능력을 만들어내는 능력"이라고 동태적 능력을 정의했다. 이같이 학자들마다 다양한 표현을 통해서 동태적 능력을 정의하고 있다. 그러나 지속적인 경쟁우위를 창출하는 능력이든 능력 획득을 위한 능력이든 또는 전략적 형태이든 관계없이, 동태적 능력의 기본적인 정의는 기업이 보유하고 있는 내 · 외부 자원을 통합하고 구축하며 재구성해서 급변하는 환경에 대처하는 기업의 능력이다(Teece, Pisano & Shuen, 1997).

기업의 지속적인 경쟁우위의 바탕이 된다는 측면에서 동태적 능력은 메커니즘과 종종 혼동을 가져오기도 한다. 그러나 동태적 능력과 메커니즘의 개념은 엄연히 다르다. 동태적 능력은 기업의 가시적 성과 및 지속적인 경쟁우위의 바탕으로 작용하며, 메커니즘은 이러한 동태적 능력 자체를 존재하게 하는 원천으로 작용한다. 이와 같은 기본구조에 따라 메커니즘은 기업의 동태적 능력이 담겨 있는 프로세스를 통해서 기업의 성과로 그 모습을 나타내게 된다.

9. 메커니즘과 유사 개념의 비교: 프로세스, 루틴, 시스템

메커니즘이 추상적인 개념을 표현하는 용어이기 때문에 프로세스(process), 루틴(routine), 시스템(system)과 같이 다른 일반적이면서 추상적인 용어와 혼동되는 경우가 많다. 이들 용어는 일반적인 상황에서라면 메커니즘 대신에 사용해도 전혀 어색하지 않다.

또 경영전략학자, 그중에서도 자원기반관점 학자들은 자원이 가진 한계, 즉 "자원은 물고기에 불과하기 때문에 경영자에게 물고기를 잡는 방법을 가르쳐 주어야 한다"는 자원기반관점에 대한 비판론을 극복하기 위해 자원이란 개념을 확장해서 "자원을 만들어내는 능력(resource-creating capability)"을 자원에 포함시키거나 자원과 능력을 병렬적으로 묶어서 "자원과 능력(resource and capability)"이라는 용어를 쓰고 있다. 자원기반관점학자들은 여기서 더 나아가 "능력을 만들어내는 능력"을 "동태적 능력(dynamic capability)"이라고 표현하면서 자원의 범주를 넓혀 가고 있다. 그러다 보니 이들은 메커니즘도 능력 또는 동태적 능력의 하나라고 주장한다. 따라서 메커니즘이 가진 구조적 특징을 이해하고 이 개념에 과학적으로 접근하기 위해서는 이러한 비슷한 용어, 또는 관련 개념과 엄밀하게 구별할 필요가 있다.

1) 메커니즘과 프로세스

메커니즘이란 조직의 주체가 변화하는 환경에 대응해서 자원을 결합해서 조직이 목적을 달성하도록 반복적인 과정을 일으키는 핵심원리이다. 반면 프로세스는 메커니즘이 조직 안에 구축되면 자연스럽게 이 메커니즘으로부터 창출되는 일련의 활동이다. 따라서 메커니즘은 조직에서 일어나는 모든 프로세스를 발생시키는 원천이다.

공학적인 측면에서 메커니즘의 개념과 프로세스의 개념을 대비해 보면 프로세스는 작업의 순서 또는 일이 이루어지는 과정이고 흐름의 개념이 강하며 통제를 통해서 원하는 결과를 생성하는 데 초점을 맞추고 있는데 반해, 메커니즘은 상호작용과 구동원리가 보다 강조되고 프로세스와 같이 과정 하나하나를 거쳐 가면서 진행하기 보다는 전후 과정의 짜임새와 상호작용이 일어나는 원인을 제공한다. 프로세스는 어떤 원인으로부터 나와서 다른 문제나 활동의 결과에 도달하는 활동들의 순차적인 흐름이라면, 메커니즘이란 특정 시스템 내에서 발생하는 프로세스가 그렇게밖에 일어날 수 없는 이치이다.

자동차에는 동력 메커니즘이 있다. 이 메커니즘은 휘발유가 폭발하면서 생기는 공기의 팽창을 이용해서 피스톤을 상하로 움직이게 만든다. 이 동력 메커니즘은 일련의 프로세스로 나타난다. 즉 휘발유가 실린더에 주입된 다음 스파크 플러그가 발화해서 폭발을 시키면 실린더 안에 있는 공기가 팽창해서 실린더를 밀어내린다. 밀려난 실린더로 인해 공기구멍이 열리면 폭발된 배기가스가 실린더 밖으로 나간다. 그러면 실린더 내의 공기밀도가 낮아져서 피스톤을 다시 끌어올린다. 그리고 또다시 휘발유가 실린더에 주입되어 똑같은 프로세스를 반복적으로 일으키게 된다. 이처럼 프로세스가 시간의 흐름에 따른 행동의 변화를 보여주는 일련의 과정이라고 한다면 메커니즘은 시간의 순서에 따른 변화보다 특정 프로세스가 일어나도록 하는 조직의 다양한 요인들 간의 역학과 조직의 운영원리를 보여준다는 점에서 다차원적이고 전체론적인 접근방법이다.

2) 메커니즘과 루틴

루틴은 조직행동을 설명하는 데 있어서 광범위하게 사용되고 조직행태를 설명하는 데 강점을 갖고 있다. 루틴은 조직에 있어서 반복되는 행위나 개인적인 기술, 혹은 조직이나 개인이 올리는 성과의 일상적인 효과성을 의미하기도 한다(Nelson & Winter, 1982). 매번 반복되는 상황임에도 불구하고 매번 대응을 해야 한다면 비용 부담이 커지게 된다. 이러한 비용 부담을 줄여주는 것이 바로 루틴이다. 즉 조직이 특정 상황에 대한 경험을 축적해서 유사한 상황이 발생하는 경우 신속하게 그 경험을 활용할 수 있게 된다면 루틴이 형성된 것이다. 따라서 루틴이 없다면 조직은 집단행위를 위한 효율적인 구조가 될 수 없다. 결국 루틴이란 프로세스를 반복하는 가운데 형성되는 경험의 축적물이다.

루틴은 조직 내 행동의 반복된 패턴을 의미하지만, 메커니즘은 그러한 루틴을 발생시키고 변화시키는 조직의 근본동력을 의미한다는 점에서 차이가 있다. 즉 주체, 환경, 자원의 결합인 메커니즘은 루틴의 형성과 변화를 가능하게 하는 원천이다. 또한 루틴은 한 번 형성되어 지속되다가 환경에 적합하지 않게 되면 사라지는 반면, 메커니즘은 기업의 영속적 발전을 포함한 변화를 가능하게 한다.

3) 메커니즘과 시스템

시스템은 서로 관련된 부분들 또는 요소들로 구성되어 있다. 이는 기계시스템이든 생물시스템이든 사회시스템이든 모든 시스템에 적용되는 사실이다. 모든 시스템은 적어도 2개 이상의 요소로 구성되어 있으며 이들 요소는 서로 관련되어 있다. 시스템에는 폐쇄시스템과 개방시스템이 있는데, 폐쇄시스템은 환경으로부터 절연된 상태에서 내부여건만을 활용하는데 반해, 개방시스템은 정보, 에너지, 물질들을 환경과 서로 교환한다. 이같이 환경과 역동적인 관계를 갖는다는 점에서 개방시스템은 투입(input)모델로 이해될 수 있다. 시스템은 특정의 목적을 달성하기 위한 자체 메커니즘을 가지며, 특정 시스템 내에는 다양한 목적을 가진 상호보완적 메커니즘이 있다.

10. 지속가능한 경쟁우위의 원천인 메커니즘

<그림 4.2>와 <그림 4.3>은 모두 지속가능한 경쟁우위(sustainable competitive advantage)는 메커니즘에서 창출 된 프로세스가 성과를 낳고 그 성과가 다시 주체, 환경, 자원에 영향을 주어 새로운 메커니즘을 만들어나갈 때 비로소 가능해진다는 것을 설명하고 있다. 다만 두 그림의 차이점을 보면 <그림 4.2>는 주체, 환경, 자원이 결합되는 원리인 메커니즘을 프로세스로 파악하는 반면에 <그림 4.3>은 주체, 환경, 자원이 결합되는 과정을 조합, 순열, 시간이라는 개념으로 파악하고, 메커니즘은 이 과정에서 나오는 결과물로 표현하고 있다. 그리고 이 메커니즘이 프로세스를 창출하는 원천이 된다. 즉 프로세스는 특정 메커니즘에 의해서 주체, 환경, 자원이라는 투입물(input)이 결합되어 이루어지는 산출물에 해당하는 활동이다. 기업의 경우 이러한 프로세스를 경영활동, 또는 경영프로세스라 할 수 있고, 이것이 바로 기업의 경영성과를 이끌어 낸다(Cho, 2004).

반면 주체, 환경, 자원은 메커니즘으로 결합되어 프로세스로 나타남으로써 비로소 성과를 가져온다. 물론 이들이 각각 성과에 간접적인 영향을 주겠지만, 이러한 영향은 어디까지나 보조적인 역할을 하는데 그칠 뿐이다.

주체, 즉 새로운 지도자가 기업의 경영성과에 미치는 영향을 보면 그 역할이 보조적으로 그침을 알 수 있다. 스티브 잡스(Steve Jobs, 1955~2011)가 자신이 1976년 창업했던 애플컴퓨터(Apple Computer)의 CEO로 1997년 금의환향했을 때 증권시장에서는 잡스의 창조적 능력을 긍정적으로 평가했다. 당시 25달러 하던 애플

주가는 잡스의 취임으로 인해 35달러까지 올랐다. 그러나 그 효과는 오래 가지 않았고 연말에는 오히려 21달러 수준으로 떨어졌다. 잡스는 이에 아랑곳 않고, 1998년에 아이맥(iMac) 컴퓨터, 2001년에 휴대용 미디어플레이어인 아이팟(iPod), 2003년에 디지털음악 판매시스템인 아이튠스(iTunes), 2007년에 휴대폰인 아이폰(iPhone), 2010년에 휴대용 전자스크린인 아이패드(iPad) 등 지속적으로 매력적인 제품을 시장에 출시해서 소비자들의 마음을 샀다. 그 결과 1997년 당시 23억 달러에 불과하던 애플의 시가총액은 2010년 4월 15일 2,227억 달러로 97배 올라갔다. 애플은 2011년 잡스의 뒤를 이은 팀 쿡(Tim Cook, 1960~)이 사령탑을 맡은 후에도 승승장구하면서 2021년 7월 2일 기준 시가총액 2조 3,356억 달러로 세계 1위의 위치를 유지하고 있다. 이러한 성과는 잡스나 쿡이 외롭게 올린 것이 아니다. 잡스와 쿡이란 주체가 급변하는 디지털환경 속에서 애플의 자원인 디자인 능력을 이용해서 새로운 트렌드에 열광하는 신세대의 기호를 충족시킬 수 있는 제품 시리즈를 출시하면서 성공적인 마케팅을 할 수 있는 메커니즘을 구축했기 때문이다.

환경 변화도 마찬가지로 보조적인 역할에 그친다. 2001년 중국이 WTO에 가입했다는 사실은 수많은 기업의 경영성과에 간접적으로 영향을 미쳤겠지만, GE가 2001년부터 2013년 시진핑 당서기가 등장하기 전까지 중국시장에서 높은 경영성과를 올린 이유는 잭 웰치(Jack Welch)와 제프리 이멜트(Jeffrey Imelt)가 GE의 총투자예산 중 절반이 넘는 재원을 중국에 투자하면서 중국 정부로부터 긍정적 평가를 받고, 중국 소비자에 밀착하는 시장 메커니즘을 구축했기 때문이다.

자원 변화도 마찬가지로 보조적인 역할을 할 뿐이다. 일본 벤처캐피탈업계 1위인 소프트뱅크가 풍부한 벤처자금을 가지고 있다고 해서 성공적으로 벤처기업을 발굴한 것은 아니다. 소프트뱅크의 창업자인 손정의(일본명 손 마사요시)회장이 창업자 40%, 창업팀 30%, 엔젤 20%, 사업모델 10%라는 독특한 벤처사업발굴 모델을 가지고 잠재력이 높은 벤처기업을 발굴하는 메커니즘을 구축했기에 높은 경영성과를 올릴 수 있었던 것이다.

델(Dell), BMW, 노키아(Nokia) 등의 제조기업을 비롯해서, 세븐일레븐(Seven Eleven), 스타벅스(Starbucks)와 같은 서비스 기업은 R&D를 비롯해서 생산, 마케팅, 기획, 서비스, 품질관리 등 다양한 배경을 가진 사람들로 연구개발팀을 구성해서 신제품 및 서비스 개발단계를 통합적으로 운영하고, 관련 산업과의 밀접한 관계를 통해서 공동으로 프로젝트를 운영하면서 새로운 제품과 서비스를 지속적으로 시장에 출시했다. 이러한 성공사례는 지식활용과 지식탐색을 조화시키는 메커니즘이 기업 성공에 이바지할 것이라는 가설을 뒷받침하고 있다. 반면 무선전화기를 처음 시장에 내놓은 모토롤라(Motorola)는 혁신적인 제품 개발로 시장에서 선도적인 위치를 확보했지만, 그 후 많은 경쟁자들이 비슷한 제품을 출시하는 바람에 경쟁우위를 계속 유지할 수 없었다. 다시 말해서 모토롤라의 신제품 개발과정이 메커니즘으로 회사 안에 체화되기도 전에 노키아, 삼성 등의 경쟁자들이 벤치마킹이나 리버스 엔지니어링(Reverse-engineering)등을 통해서 모토롤라가 가진 제품개발에 대한 경쟁우위를 모방하고 궁극적으로 추월한 것이다.

한국의 삼성전자는 2021년 7월 2일 기준으로 시가총액 4,734억 달러를 돌파함으로써 한때 경쟁사였던 일본 소니의 1,259억 달러의 3.8배에 달하는 기업가치를 가지게 되었다. 삼성전자가 이러한 성과를 얻게 된 핵심에는 메모리 반도체 사업이 있다. 이 사업의 성공 원인으로 주체기반관점론자들은 작고한 삼성그룹의 창업자 이병철 회장이 가졌던 미래에 대한 비전과 그 뒤를 이은 이건희 회장이 가졌던 반도체산업에 대한 감각, 그리고 혁신적인 자세를 든다.

환경기반관점을 따르는 반도체 산업 전문가들은 시대환경을 원인으로 지적한다. 1986년 인텔 CEO로 취임한 앤디 그로브(Andrew Grove) 회장은 메모리 반도체를 포기하고 마이크로프로세서를 중심으로 삼은 비메모리 반도체로 영역을 특화하기로 했다. 1991년에는 미국 정부의 압력으로 일본 정부가 메모리 반도체 회사들로 하여금 자율적수출규제(Voluntary Export Retraint) 조치를 받아들이도록 했고 그 결과 일본으로부터 수입된 메모리 반도체 물량이 급격히 감소했다. 반면 당시 미국 컴퓨터 시장은 퍼스널 컴퓨터의 수요가 폭발적으로 증가하던 때였다. 이같이 미국 시장에서 메모리 반도체 공급은 급감하고 수요는 급증하는 상황이었던 1991년 삼성전자는 메모리 반도체의 대량생산을 개시했다. 그 결과 삼성전자는 1995년까지 부르는 게 값인 상황에서 그때까지의 모든 투자액을 상환하고도 남는 성과를 올렸다.

자원기반관점을 따르는 재벌 전문가들은 삼성그룹이 가지고 있는 독특한 지배구조를 이유로 든다. 반도체 산업은 무어의 법칙(Moore's Law)과 황의 법칙(Hwang's Law)에서 보듯이 초기에는 매 18개월, 그리고 그 후에는 매 12개월마다 신세대 제품을 출시하는 특징을 가지고 있다. 그러나 신제품이 개발되는 정확한 시점은 아무도 모른다. 반도체 제조업체들은 신제품이 나오는 즉시 이를 생산할 수 있는 공장을 짓기 위해 2~4조 원의 자금을 조달해야 하지만, 현금을 항상 확보할 수 없기 때문에 이를 조달하는 과정에서 최소한 3~6개월을 소모하게 된다. 그러나 삼성전자는 적어도 재벌그룹 개혁이 있었던 2000년대 초반 전까지는 삼성그룹의 계열사인 삼성생명을 비롯한 여러 금융사업에서 필요한 자금을 즉각적으로 조달할 수 있었기 때문에 시간을 낭비하지 않고 공장을 지어서 신제품을 다른 경쟁자보다 빨리 출시할 수 있었다.

내부 경영자들은 메커니즘기반관점에서 삼성전자의 성공원인을 찾는다. 즉 삼성전자는 신제품 개발을 위해 태스크포스 팀을 하나가 아니라 둘을 두고 신제품개발에 먼저 성공하는 팀에게 승진을 포함한 모든 혜택을 줌으로써 두 팀 간의 치열한 경쟁을 유도했다고 한다. 이와 동시에 삼성그룹의 독특한 경영철학인 철저한 평가를 기반으로 한 메커니즘이 작동하기 때문에 팀 구성원들은 신제품 개발기간 동안 모든 개인적 삶을 포기하고 제품 개발에 매달리게 된다. 이런 경쟁메커니즘 속에서 삼성전자가 신제품 개발에서 메모리 제품명 286을 시발점으로 해서 1992년부터 선도적인 위치를 고수하고 있는 것은 보상메커니즘이 작동한 결과이다.

삼성전자 반도체사업 부문 사례는 기업의 성공원인이 1980년대 삼성전자 반도체 부문이 시작된 사업 초기의 주체에서 1990년대 초반의 환경, 1990년대 후반까지의 자원으로 넘어온 다음 2000년대 기업이 성숙하면서 메커니즘으로 귀착되는 모습을 보여주고 있다. 종합해 보면, 경쟁우위의 원천으로서의 메커니즘은 기존의 자원기반관점 연구에서와 같이 특수한 조건을 갖춘 자원으로 경쟁우위를 설명하는 것뿐만 아니라 각 기업들이 보유한 차별화되지 않은 자원을 가지고도 남다른 성과를 보이는 이유를 설명해주고 있다. 이유는 다른 것이 아니다. 각 기업이 보유한 메커니즘이 서로 다르기 때문이고, 메커니즘이야말로 경쟁우위의 원천이기 때문이다.

11. 메커니즘의 기본구조

1) 내용 차원: 조정 메커니즘(Coordinating Mechanism)

기업은 기업가나 경영자와 같은 의사결정의 주체가 환경변화에 대응해서 기업이 보유한 자원을 활용하는 과정을 통해 효율적인 자원배분을 달성한다. 이러한 관점에서 기업의 본질은 시장을 대신해서 여러 가지 경제적 활동을 조정하는 메커니즘이다(<그림 4.4> 참조). 그런데 기업마다 직면한 환경, 의사결정의 주체, 보유하고 있거나 활용할 수 있는 자원 등이 상이하기 때문에 이들에 의해 형성되는 메커니즘도 기업마다 차이가 있다. 이는 특정 기업이 다른 기업보다 경제활동을 훨씬 효율적으로 조정할 수 있다는 뜻이다. 즉 주체가 환경변화에 대응해서 자원을 활용하는 메커니즘이 경쟁기업보다 효율적인 기업은 지속적으로 경쟁우위를 유지할 수 있는 것이다.

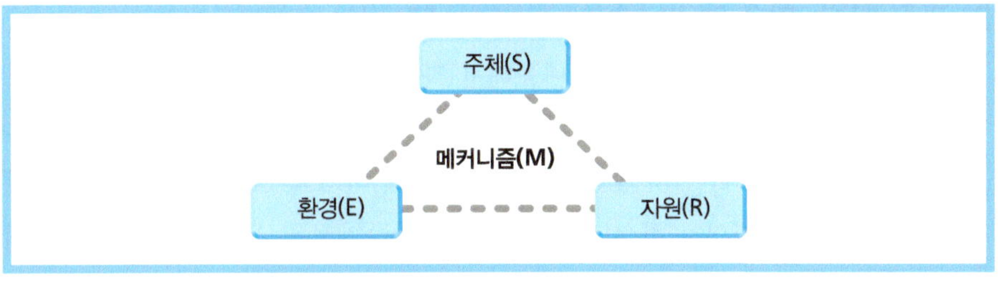

그림 4.4
메커니즘의 본질

한 기업 내에 여러 개의 메커니즘이 존재할 수도 있다. 한 기업이 여러 개의 전략 사업단위(SBU)를 가지고 있는 경우는 의사결정의 주체나 직면한 환경, 활용할 수 있는 자원이 SBU별로 다르기 때문에 각기 별도의 메커니즘이 형성된다. 지속적인 경쟁우위의 원천이 바로 기업이 보유한 특유의 메커니즘임을 보여주는 예를 들어보자. 이타미, 노나카, 타케우찌(Itami, Nonaka & Takeuchi, 1985)가 후지제록스(Fuji-Xerox), 혼다(Honda), 캐논(Canon), NEC, 엡슨(Epson)의 신제품 개발과정을 연구한 결과를 보면, 이들 기업이 경쟁사에 비해 유연하고 신속한 신제품 개발을 할 수 있었던 것은 촉매자로서의 최고경영자의 역할, 자율적인 프로젝트팀, 중복된 개발 단계(overlapping development phases), 지속적인 학습, 정교한 통제체제, 부품업체나 외부 R&D 기관과의 유연한 관계 등과 같은 요인들 때문이었다.

특히 대부분의 미국 기업들이 순차적(sequential)인 단계에 따라 신제품 개발 과정을 진행시키는 반면 이들 기업은 신제품 개발단계를 중복(concurrent)시킴으로써 신속하게 신제품을 개발할 수 있었다. 일반적으로 신제품 개발단계를 중복시키면 부서 간의 갈등이나 마찰 때문에 개발속도가 늦어질 수 있지만, 일본 기업들은 이들 부서를 효율적으로 조정하는 메커니즘을 정립함으로써 오히려 신제품을 빨리 시장에 출시할 수 있었다.

클라크와 후지모토(Clark & Fujimoto, 1991)가 자동차산업의 신제품 개발과정을 대상으로 한 연구에서도 위의 연구와 유사한 결과를 발견할 수 있었다. 신제품을 개발하는 과정이 중복적이고 쌍방적 커뮤니케이션 경로를 갖고 있으며 대면접촉을 통해 그때그때 정보를 전달하는 메커니즘을 가진 기업이 신제품을 개발하는 과정이 순차적이고 일방적 커뮤니케이션 경로를 갖고 있으며 서류(컴퓨터 네트워크 포함)를 통해 한꺼번에 정보를 전달하는 메커니즘을 가진 기업보다 신제품 개발의 원가, 속도, 품질 면에서 우수했다. 또한 자동차 기업간의 이러한 차이는 오랜 시간에 걸쳐 축적된 기업 특유의 요인 때문에 생긴 것으로 쉽게 변하지 않는 성질을 갖고 있었다. 이러한 연구들은 결국 기업 특유의 메커니즘이 지속적인 경쟁우위의 원천임을 입증하는 연구들이다.

2) 과정 차원: 학습 메커니즘(Learning Mechanism)

메커니즘은 주체가 환경변화에 대응해서 자원을 활용하는 과정에서 학습되고 진화하게 된다. 여기서 말하는 학습과정(learning process)에는 개인 학습(individual learning)과 조직 학습(organizational learning)이 모두 포함된다. 예컨대 의사결정의 주체가 최고경영자 한 사람이라면 개인 학습과정을 거치게 되지만, 습득되는 경험과 지식이 조직에 전파되어 메커니즘에 체화된 후에는 조직 학습과정을 거치게 된다.

메커니즘은 환경변화에 대응해서 주체가 기존의 자원을 이용하는 지식활용(exploitation) 과정에 의해 형성될 수도 있고, 기존 자원의 새로운 배합(reconfiguration)이나 실험(experimentation)을 통해 새로운 자원과 능력을 개발하는 지식탐색(exploration) 과정에 의해 형성될 수도 있다. 이때 지식활용 과정은 기업이 이미 보유하고 있는 자원을 활용하므로 새로운 자원을 개발하는 지식탐색 과정보다 상대적으로 투입에 대한 결과를 확실히 예측할 수 있고 효과도 빨리 나타난다. 따라서 단기적으로는 기존 자원을 활용하는 것이 새로운 자원을 개발하는 것보다 비용이나 효과 면에서 훨씬 유리하다.

노나카(Nonaka)는 서구 경영학자들이 초점을 둔 정보유통(information process) 관점 대신에 정보창출(information creation) 관점을 제시하고, 일본 기업들이 세계시장에서 성공할 수 있었던 것은 새로운 지식을 창출하는 그들만의 독특한 경영 메커니즘 때문이라고 주장했다. 마쓰시타, 혼다, 캐논과 같은 기업들은 R&D뿐만 아니라 생산, 마케팅, 기획, 서비스, 품질관리 등 다양한 배경을 가진 사람들로도 신제품 개발팀을 구성하고 신제품 개발단계를 순차적이 아닌 중복적으로 운영하며 부품업체와 밀접한 관계를 맺고 공동으로 프로젝트를 운영하는 경영을 통해 새로운 제품을 지속적으로 시장에 출시할 수 있었던 것이다. 이러한 노나카의 연구는 지식활용과 지식탐색을 적절히 조화시킴으로써 기업이 성공할 수 있다는 가설을 일본 기업의 성공사례를 통해 설명하고 있다.

지식활용과 지식탐색이라는 상반된 학습과정을 거치게 되는 메커니즘은 학습과정을 통해 '자기강화(self-reinforcing)'되는 특성이 있다. 특정 시점에서 의사 결정 주체가 환경변화에 대응해서 자원을 활용한 결과가 긍정적이면 이러한 경험은 피드백(feedback)되어 메커니즘을 강화시킨다. 그러나 만약 결과가 부정적이라면 이러한 경험은 피드백되어 메커니즘을 약화시킨다. 이러한 자기강화 현상은 경쟁력 있는 능력은 더욱 강화시키고 경쟁력이 없는 능력은 계속 약화시키므로 학습이 진행됨에 따라 메커니즘은 더욱 정교하게 특화(specialization)되고 제도화되며 궁극적으로는 루틴화(routinization)된다.

한 기업 내에 여러 개의 메커니즘이 존재할 경우, 학습과정을 통해 메커니즘 간에 차이가 발생할 수도 있다. 같은 기업 내에 존재하는 메커니즘들은 각기 직면한 환경과 의사결정 주체, 자원 등이 조금씩 다르기 때문에 별도의 진화과정을 거치지만 동일한 주체나 공동의 자원을 사용할 경우는 서로 영향을 미치게 된다. 메커니즘들은 공동의 자원을 놓고 서로 경쟁하게 되는데, 학습과정이 진행됨에 따라 상대적으로 환경변화에 적합한 메커니즘은 강화되고 환경변화에 부적합한 메커니즘은 약화된다. 따라서 학습과정은 시간이 흐름에 따라 메커니즘들을 서로 차별화하고 이들 간의 격차를 벌려놓을 것이다.

학습과정으로서의 메커니즘은 급속하게 변하기보다는 점진적으로 변하는 특성이 있다. 메커니즘은 외부 충격 때문에 급작스럽게 변하기보다는 의사결정 결과에 따라 파생된 경험과 지식이 축적되면서 조금씩 변한다.

3) 시간차원: 균형 메커니즘(Balancing Mechanism)

균형 메커니즘은 급격한 경영환경 변화에서 살아남기 위해 기업의 핵심 자원을 능동적으로 선택해 가는 전략적 과정을 의미하며, 전략적 선택, 전략적 변환, 전략적 적응으로 이루어진 세 가지 하부구조를 가진다.

(1) 전략적 선택(Strategic Selection)

시간 차원에서 메커니즘의 본질은 선택과정이다. 메커니즘은 환경변화에 적응하기 위해서 주체가 자원을 활용하는 과정에서 형성되고 학습을 통해서 진화하지만, 장기적으로는 환경에 의해 선택된다. 환경에 의한 메커니즘의 선택은 학습과정에 내재하는 자기 파괴적(self-destructive)인 특성 때문이다. 앞서 설명한 바와 같이 메커니즘은 기존의 자원을 이용하는 지식활용 과정과 새로운 자원을 개발하는 지식탐색 과정을 거쳐 형성된다. 지식활용은 단기간에 경쟁우위를 확보하기 위해서 필요하며, 지식탐색은 장기적으로 경쟁우위를 유지하는 데 필요한 과정이다. 따라서 기업이 성공하기 위해서는 이 두 가지 과정이 적절한 균형을 유지해야만 한다. 여기서 지식활용과 지식탐색을 조화시킨다는 것은 결국 단기와 장기, 확실성과 불확실성, 효율성과 유연성의 문제를 적절하게 조화시킨다는 뜻이다.

그러나 지식활용과 지식탐색은 본질적으로 상반된 특성이 있다. 지식활용은 주체가 이미 보유하고 있는 자원을 활용하는 것이므로 투입에 대한 결과를 비교적 확실하게 예측할 수 있고 효과도 단기간에 빨리 나타난다. 반면에 지식탐색은 주체가 아직 알지 못하는 자원을 개발하는 것이므로 투입에 대한 결과를 예측하기 힘들고 효과도 장기간에 걸쳐 서서히 나타난다. 따라서 제한된 합리성을 가진 의사결정 주체들은 미래의 불확실한 높은 성과보다 현재의 낮지만 확실한 성과를 선호하게 되고 이에 따라 메커니즘도 지식탐색보다는 지식활용이 지배하게 된다(March, 1991). 결국 현재 기업이 보유하고 있는 자원을 활용해서 단기간의 성과를 지향하는 지식활용에 의해 형성된 메커니즘이 새로운 환경에 적합한 다른 메커니즘을 대체하는 것이다.

지식활용이 지식탐색을 지배하는 경우 이외에도 메커니즘은 학습이 가지는 축적(cumulativeness)이라는 특성 때문에 환경 변화에 유연하게 대응하기가 어렵다(Levinthal, 1993). 앞서 살펴본 바와 같이 지식활용이던 지식탐색이던 학습과정은 자기강화가 되는 특성이 있다. 따라서 주체-환경-자원 간의 상호작용에서 나온 결과들은 피드백되어 메커니즘을 강화시키는데, 이러한 상호작용의 결과들이 축적될수록 메커니즘은 전문화, 특화, 제도화된다. 그러나 메커니즘이 특화되면 될수록 효율성은 증가하지만, 환경변화에 대한 유연성은 떨어지므로 새로운 환경변화에 의해 도태될 가능성이 높아진다(Hannan & Freeman, 1989). 노나카도 캐논과 혼다 사례를 들면서 정보여유(information redundancy)가 지식을 창출하는 요인이지만 지나친 정보여유는 집단사고를 유발해 오히려 창조적 사고를 방해할 뿐만 아니라 높은 원가부담과 구성원의 탈진(exhaustion)이라는 부작용을 초래해 오히려 지식창출을 저해한다고 주장했다(Nonaka, 1990).

이상에서 설명한 메커니즘기반 패러다임의 기본구조를 정리하면 <그림 4.5>와 같다. 이 그림은 앞에서 설명한 메커니즘이 동태적 성격을 갖기 위한 세 가지 조건에 추가해서 메커니즘의 동태성을 다시 한번 확인시켜준다. 즉 특정 시점의 환경에 대응해 주체가 자원을 활용하는 과정에서 창조된 메커니즘은 시간이 흐름에 따라 경험과 지식이 축적되면서 진화하고, 각 단계마다 새로이 직면하는 환경에 의해 선택된다. 이 모델에 의하면 비록 동일한 산업, 동일한 초기상태에서 시작한 기업이라 할지라도 시간이 흐름에 따라 학습, 선택과정을 거치므로 점점 더 차이가 벌어지게 된다.

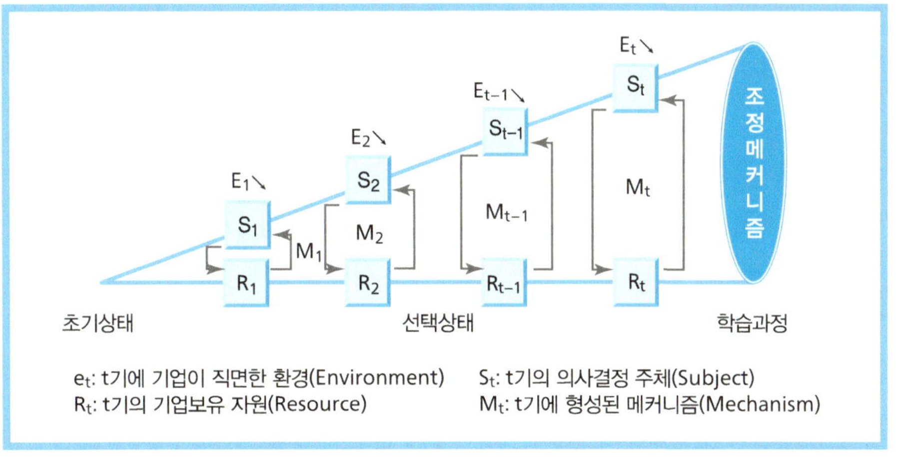

그림 4.5
동태적 이론으로서의 메커니즘 이론

(2) 전략적 변환(Strategic Transformation)

전략적 변환은 그 조직의 문화와 사업을 수행하는 과정에서 생기는 경영환경의 극적 변화에 필요한 것들을 기업이 제품과 경영 전반에서 계속적으로 재창조하고 변화시켜 나아가는 과정을 의미한다. 앞서 설명한 선택 부분이 수동적이라면 전략적 변환은 보다 적극적인 개념이다. 바틀렛(Bartlett, 2003)은 대표적인 학습 개념에서 변환과정(Transformation process)에 의해 일어나는 지식활용 과정과 지식탐색 개념에 대해 기업의 능동적인 역량, 즉 환경과 상호작용하며 기업의 내부적인 자원을 적극적으로 변환시키는 대응력의 중요성에 초점을 두면서 구조조정이나 리엔지니어링에 의해 얻어진 기업의 행동적 맥락을 상세히 설명했다(Bartlett & Ghoshal, 1998).

바틀렛이 주장하는 기업의 행동적 맥락은 경영과정에 의해 얻어지는 것이기 때문에 성공적인 기업의 변환은 조직 안에 있는 개인에 의해 이루어지게 되며, 변환과정은 합리화(Rationalization), 활성화(Revitalization), 재생(Regeneration)이라는 세 가지 구성요소를 가지고 있다. 첫째, 합리화는 현재의 좋은 성과를 달성하는 데 사용되었던 운영체계를 정제하기 위한 것이며, 둘째, 활성화는 기존에 존재하는 게임의 법칙을 변화시키기 위해 새로운 역량과 사업을 창조하는 것이다. 합리화 과정이 활성화하는 데 필요한 자원을 제공하는 반면 활성화 과정은 합리화하는 데 필요한 에너지를 창조하는 역할을 한다(Bartlett, et al., 2003). 셋째, 재생은 스스로 보충하고 새롭게 해나가는 과정을 의미하는 것으로, 잭 웰치의 경우 자생력을 가지고 조직 내부의 문제와 갈등을 해결하고 더 나아가 조직 간 갈등에 있어서도 스스로 조율해 나갈 수 있는 조직을 개발하기 위해 노력했다고 한다(Bartlett & Ghoshal, 1998). 슘페터(Schumpeter) 또한 변환과 관련된 혁신의 중요성을 강조한 바 있다. 그는 생산과정은 생산능력의 조합(combination of productive capacity)으로 설명될 수 있으며 혁신은 바로 생산능력의 조합에 의해 일어나는 변화라고 정의했다.

(3) 전략적 적응(Strategic Adaptation)

전략적 적합성은 경영자가 다음 세 가지 환경 변화에 어떻게 대처하는가에 관한 것이다: ① 조직의 편견 또는 나쁜 프로세스를 어떻게 없앨 것인가? ② 새로운 경영 관점과 경영 메커니즘을 어떻게 만들 것인가? ③ 새로운 경영과정을 얼마나 빠르게 조직에 알맞게 적용시킬 수 있을 것인가?

① 조직의 편견 또는 나쁜 프로세스를 어떻게 없앨 것인가?

첫째, 잘못된 문화를 순서에 따라 제거해야 한다. 바틀렛과 고샬(Bartlett & Ghoshal, 1998)은 조직의 문제점을 전략적 장벽(strategic barriers), 조직적 장벽(organization barriers), 문화적 장벽(cultural barriers)으로 분류했다. 그리고 기업이 성공하기 위해서는 성공적인 전략과 조직 이전에 세 번째 요소인 잘못된 문화를 먼저 제거하는 것이 첫 번째 단계라고 주장했다.

② 새로운 경영 관점과 경영 메커니즘을 어떻게 만들 것인가?

둘째, 변화 과정을 촉진해야 한다. 메커니즘에 문제가 발견되면 그 메커니즘을 제거하고 새로운 메커니즘을 형성해야 한다. 이 과정에서 세 가지 조건이 필요하다. 첫째는 정당해야 하고, 둘째는 새롭게 형성되는 메커니즘을 촉진시킬 수 있어야 하며, 셋째는 새로운 메커니즘의 영향을 확장시켜야 한다(Bartlett & Ghoshal, 1998).

③ 새로운 경영과정을 얼마나 빠르게 조직에 알맞게 적용시킬 수 있을 것인가?

첫째와 둘째가 변화에 대한 단계라면, 셋째는 이전의 두 단계와 대조적으로 새로운 메커니즘을 안정시키는 단계이다. 새롭게 형성된 균형 메커니즘을 계속적으로 유지하는 것이 모든 기업에 필요하다.

12. 메커니즘의 특성

내용 차원에서 조정, 과정 차원에서 학습, 시간 차원에서 선택이라는 기본구조를 갖는 메커니즘은 이들 기본원리로부터 파생되는 다음과 같은 특성들을 갖고 있다.

1) 인과적 모호성(Causal Ambiguity)

메커니즘은 환경-주체-자원 간의 복잡한 상호작용에 의해 형성된다. 미시경제학에서는 경제주체들이 완전한 합리성, 완전한 정보를 가진 것으로 가정한다. 다시 말해 미시경제학의 세계에서 경제주체들은 그들과 관계되는 모든 경제적, 기술적 정보를 가지고 있으며 과거와 현재는 물론 미래도 정확히 예측할 수 있다.[17]

그러나 전략이론의 세계에서 의사결정 주체는 제한된 합리성을 갖고 있다. 따라서 그들은 미래의 환경변화를 정확히 예측할 수 없을 뿐만 아니라 과거의 역사나 현재 환경으로부터도 정확하게 정보를 추론하거나 분석할 수 없다.[18] 또한 주체는 기업이 보유한 다양한 자원을 정확히 파악할 수도 없다.[19] 특히 시간이 흐름에 따라 학습이나 선택을 거쳐 진화하거나 도태되는 과정에서 살아남은 메커니즘은 점점 더 복잡해지고 이에 따라 인과적 모호성도 더욱 증가하게 된다. 이처럼 특정 시점에서 환경, 주체, 자원 등 세 가지 요인이 어떤 과정을 거쳐 어떻게 메커니즘을 형성한 것인지를 인과적으로 규명하는 것은 매우 어렵다.

이러한 인과적 모호성 때문에 경쟁자들이 적어도 단기적으로 성공한 기업이 보유하고 있는 메커니즘을 완벽하게 모방하는 것은 불가능하다. 따라서 단기적으로 메커니즘은 인과적 모호성이라는 특성 때문에 경쟁자들과 차별화되는 경쟁우위를 유지할 수 있는 기반이 된다. 그러나 만약 특정 시점에서 형성된 메커니즘을 지속적으로 개선하지 않는다면 경쟁자들이 성공요인을 모방하기 위해 기업의 행동을 계속 관찰하고 추론하는 과정에서 메커니즘이 내포하고 있는 인과관계가 점차 밝혀질 것이다.

무선전화기를 처음 시장에 내놓은 모토롤라나 휴대용 녹음기 워크맨(Walkman)을 처음 발명한 소니의 경우, 혁신적인 제품개발로 각각의 산업에서 선도적인 위치를 확보했지만 그 후 많은 경쟁자들이 비슷한 제품을 출시하는 바람에 경쟁우위를 계속 유지할 수 없었다.[20] 이들 기업이 경쟁우위를 계속 유지할 수 없었던 이유는 혁신적인 아이디어가 신제품을 탄생시켰지만 이러한 신제품 개발과정이 메커니즘에 체화되기도(embedded) 전에 경쟁자들이 벤치마킹이나 리버스 엔지니어링(reverse-engineering) 등을 통해 경쟁우위를 모방했기 때문이다.

따라서 메커니즘에 기반을 둔 경쟁우위가 지속적으로 유지되기 위해서는 메커니즘을 개선하는 끊임없는 투자와 노력이 필요하다. 만약 특정 시점에서 형성된 메커니즘이 환경변화에 대응해서 지속적으로 개선되지 않는다면 시간이 흐름에 따라 인과적 모호성의 정도가 낮아지고 경쟁자들도 쉽게 모방할 수 있다.

2) 경로의존성(Path Dependence)

메커니즘은 저마다 기업 고유의 역사를 갖고 있는데, 학습과정을 통해 과거의 메커니즘이 현재의 메커니즘에 영향을 미치므로 메커니즘은 경로의존성이라는 특성을 갖게 된다.

미시경제학에서는 제품 가격이나 생산요소 가격이 변하면 기업도 자신의 이익을 극대화하는 방향으로 민첩하게 생산방식과 기술을 바꿀 수 있다고 가정한다. 그러나 실제적으로 환경-주체-자원의 상호작용에 의해 형성된 메커니즘은 과거의 경험, 과거의 투자 등에서 나온 결과에 의해 현재의 메커니즘이 영향을 받기 때문에 급격한 환경변화에 쉽게 적응할 수 없다. 세 살 버릇이 여든까지 간다는 속담이 있듯이 환경이 변하더라도 과거에 해온 습관이나 스타일은 쉽게 변하지 않는다.

메커니즘이 경로의존성이라는 특징을 갖게 된 원인 중 하나는 의사결정 주체가 가진 몰입(commitment) 현상 때문이다. 의사결정 주체는 완전한 합리성을 갖지 못하기 때문에 자신이 내린 과거의 의사결정에 얽매이게 된다. 예컨대 대규모 신규 투자를 할 경우 프로젝트가 진행되는 과정에서 프로젝트에 경제적 타당성이 없는 것으로 결론이 내려졌다 할지라도 과거에 투자된 대규모 매몰비용(sunk cost) 때문에 경영자가 프로젝트를 포기하기 어렵다.

메커니즘의 경로의존성은 경쟁자들이 성공기업을 모방하는 것을 어렵게 만드는 요인 중 하나이다. 다시 말해서 경쟁자들이 현재 시점에서 성공기업의 메커니즘을 분석한다고 할지라도 그 기업의 메커니즘을 충분히 이해할 수는 없다. 왜냐하면, 메커니즘은 기업 역사의 산물이기 때문이다. 현재의 메커니즘을 이해하기 위해서는 과거에 그 기업이 어떻게 해 왔는지도 분석해야 한다.

메커니즘의 경로의존성이 내포하고 있는 또 다른 전략적 시사점은 기업이 결정하는 현재의 의사결정이 단순히 현재에만 영향을 미치는 것이 아니라 미래에도 영향을 미친다는 것이다. 특히 현재 시점에서 시행되는 대규모 투자의 경우는 전통적으로 재무관리에서 고려하는 회수기간이나 할인기간보다 훨씬 오랫동안 기업의 전략에 영향을 미치게 된다.

3) 관성(Inertia)

관성은 메커니즘의 경로의존성과 관련이 있다. 메커니즘은 과거의 행동에 제약을 받기 때문에 쉽게 기존 경로에서 다른 경로로 변화하기가 힘들다. 또한, 과거에 투자된 매몰비용도 메커니즘을 쉽게 변할 수 없게 만드는 요인 중의 하나이다. 메커니즘은 학습과정을 통해 환경에 적응하는 과정에서 특화되고 메커니즘이 특화되면 될수록 효율성은 증가하나 환경변화에 대한 유연성은 떨어지므로 환경변화에 대한 관성은 높아지게 된다.[21]

메커니즘이 가지고 있는 관성이라는 특성은 기업 차원뿐만 아니라 사회 전체적인 차원에서 시사점을 던져 준다. 우선 기업 차원에서는 특정 시점에서 형성된 메커니즘이 시간이 지남에 따라 관성을 갖게 되므로 환경 변화에 적응하지 못하게 된다. 이 때 기업이 지속적으로 경쟁우위를 유지하려면 메커니즘이 끊임없이 변화할 수 있도록 메커니즘의 관성을 제거하고 유연성을 강화시켜야 한다. 특히 지식활용보다는 지식탐색에 노력을 기울임으로써 지식활용에만 의존하는 메커니즘의 관성을 방지하고 새로운 환경에 적응하는 데 필요한 지식과 자원을 확보할 수 있도록 메커니즘을 변화시켜야 한다.

사회 전체적으로 볼 때 관성은 한 가지 메커니즘에 의존하는 기업에 의해 시장이 지배되는 것을 방지한다. 기업 내에 형성된 메커니즘은 관성을 가지기 때문에 그 기업은 환경변화에 민감하게 대응할 수 없다. 따라서 환경변화가 일어나면 새로운 환경에 선택되기 위해 서로 다른 메커니즘을 가진 기업 간에 경쟁이 일어난다. 만약 기존 시장에서 지배력을 가진 기업의 메커니즘이 지속적으로 혁신을 하지 않는다면 그 기업은 환경변화에 따라 더욱 적합한 것으로 판명된 새로운 메커니즘을 가진 기업에 의해 대체된다. 이처럼 기업 메커니즘이 가진 관성은 한 기업이 장기적으로 시작을 지배하는 현상을 환경변화를 통해 파괴시킨다. 다시 말해서 메커니즘의 관성은 사회를 지배하는 메커니즘을 새롭게 창출시켜서 사회 전체적인 효용을 증대시킨다.[22]

4) 가치중립성(Value-Freeness)

메커니즘은 가치중립적 개념이다. 즉 기업에 좋은 성과를 가져다주는 긍정적인 메커니즘(Positive Mechanism)도 있고, 기업의 성과를 저해하거나 기업의 영속성을 위협할 수 있는 부정적인 메커니즘(Negative Mechanism)도 있다.

자원기반관점에서 핵심주제로 삼고 있는 동태적 능력은 좋은 역량을 전제로 이러한 기업의 역량이 좋은 성과를 거둘 것이라는 긍정적인 측면만을 고려하는 가치를 내포한 개념이다. 이와 달리 메커니즘기반관점에서는 좋은 메커니즘이 기업 성과에 미치는 영향뿐만 아니라 나쁜 메커니즘을 좋은 메커니즘으로 변화시키는 동인이나 과정 등에 대한 분석도 중요한 연구주제로 삼는다. 따라서 메커니즘은 동태적 능력보다 연구 대상의 범위가 훨씬 넓고 그 분석방법 역시 동태적이다.

특히 기업의 부정적인 메커니즘은 지속적으로 조직에 악영향을 미칠 수 있으므로 기업의 성장 및 영속성을 위해서는 이를 제거하거나 긍정적인 메커니즘으로 변화시키는 주체의 주도적인 역할이 중요하다. 그 이유는 주체, 환경, 자원이라는 3가지 요소 중 능동적이고 자발적인 노력으로 메커니즘을 변화시킬 수 있는 역할은 주체만이 할 수 있기 때문이다.

물론 기업이 속해 있는 산업환경이나 각종 제도적인 환경의 변화도 기업 메커니즘을 변화시키는 원인으로 작용한다. 그러나 이러한 환경적 요인은 주체의 능동적이고 자발적인 활동과 비교하면 조직의 외부로부터 주어지는 요인에 수동적으로 반응하게 된다는 점에서 주체의 역할과는 큰 차이가 있다. 또한 환경은 주체에 의해서 창조되거나 변화될 수 있는데, 이러한 현상 역시 환경 자체의 내재적인 힘에 의해서 유발되는 것이 아니고 주체가 적극적으로 개입해서 환경 자체를 변화시킨 결과이므로 주체의 능동적이고 자발적인 역할 차원에서의 환경 변화로 이해해야 한다.

이처럼 주체의 역할을 강조하다 보면 메커니즘기반관점과 상위계층이론(Upper Echelon Theory: Hambrick & Mason, 1984)[23]의 차이점이 무엇인가라는 의문이 제기된다. 상위계층이론에서는 주체가 변화된 환경에 대응하기 위해서 기업 내의 관련 메커니즘을 변화시킬 필요가 있다고 인식할 때 관련 자원을 동원해서 메커니즘을 변화시킨다고 본다. 그리고 새롭게 만들어진 메커니즘은 주체 의존적, 즉 주체가 존재하는 범위 내에서 존속한다고 본다. 그러나 메커니즘기반관점에서는 주체가 없어지더라도 메커니즘의 지속성이 유지된다고 본다.

메커니즘이 변화된 다음에 메커니즘 변화를 주도했던 주체가 교체될 경우, 그 변화된 메커니즘은 어떻게 되는가를 생각해 보자. 메커니즘은 기업에 체화된 것이기 때문에, 비록 경영층이 교체되더라도 한번 만들어진 메커니즘은 존속하게 된다. 이러한 점에서 메커니즘기반관점은 최고경영층에 따라 조직의 전략이나 성과가 달라진다는 점을 강조하는 상위계층이론과 근본적인 차이가 있다. 또한 연구방법론에 있어서도 상위계층이론은 최고경영층의 특성이나 최고경영층에 대한 대우와 같은 요인과 조직의 성과 간의 관계를 연구하는 데 초점을 두고 있는 반면(Carpenter, et al., 2004), 메커니즘기반관점은 최고경영층뿐만 아니라 환경요인과 자원요인까지 모두 고려한다는 점에서 실증연구에서 다루어야 하는 변수가 많아지기 때문에 양적인 분석을 하는 경우에 다변량분석(multivariate analysis)이 필요한 경우가 많고, 양적인 분석보다는 사례연구와 같은 질적인 분석이 메커니즘의 규명에 좀 더 효과적이라는 차이가 있다.

이제부터 빅데이터에 의한 AI를 연구방법으로 활용하게 되면 주체, 환경, 자원으로 구성된 독립변수와 각종 기업 성과를 종속변수로 선택한 연구에서 그 중간에 위치한 매개변수로서 블랙박스 적인 요소가 많은 메커니즘에 대한 연구가 활성화 될 것으로 기대된다. AI는 우리가 현장에 대한 이해를 기반으로해서 뽑아내는 메커니즘에 대한 가설 외에는 찾아내지 못했던 다양한 메커니즘을 찾아줄 것이다.

13. 메커니즘기반관점의 적용

메커니즘기반관점은 사업단위 차원에서 경쟁전략, 기업 차원에서 다각화, 국가 차원에서 산업정책 등 다양한 연구주제에 적용될 수 있다.

1) 경쟁전략

포터에 의하면 두 가지 본원적 전략인 원가우위 전략과 차별화 전략은 양립될 수 없다. 왜냐하면 원가우위 전략은 낮은 원가를 유지하기 위해 추가적인 제품특성이나 서비스를 없앤 표준화된 제품을 소비자에게 제공해야 하지만 차별화 전략은 소비자에게 독특한 혜택을 제공하기 위해 추가적인 비용이 필요하고 차별화된 이미지를 유지하기 위해서는 상대적으로 시장점유율이 낮을 수밖에 없기 때문이다. 그러나 경쟁우위가 시장지배력에 의해 창출된다는 산업조직론이나 기업이 처한 상황과 전략 간의 적합성(fitness)에 의해 기업의 성과가 결정된다는 상황론(contingency)적 관점과 달리 메커니즘의 관점에서 보면 원가우위와 차별화 전략은 일시적이 아니라 지속적으로 양립될 수 있다.

원가우위와 차별화 전략은 단순히 기능별 전략이 아니라 기업구성원의 공감대, 조직 구조, 업무 절차, 제도 등 전사적인 지원이 필요한 전략이다. 즉 경영자가 경쟁우위를 확보하기 위해 기업이 보유한 내부여건을 일관성 있게 활용해서 원가를 낮추거나 차별화를 달성하는 전략이다. 따라서 특정 시점에서 원가우위나 차별화 전략을 개발 · 실행하면 원가우위나 차별화 전략에 적합한 기업의 메커니즘이 형성된다.

이런 상황에서 고객의 선호가 저가격에서 고품질 또는 그 반대로 변하거나, 아니면 자신의 전략을 모방하는 경쟁자가 나타난다면 그 기업은 자신의 경쟁적 위치를 유지하기 위해 기존의 경쟁우위를 계속 유지하든지 아니면 전략의 변화를 통해 부족한 경쟁우위를 추가로 확보하고자 한다. 예컨대 원가우위 전략을 성공적으로 실행해서 원가우위를 획득한 기업은 자신의 전략을 모방하는 경쟁자나 차별화를 추구하는 경쟁자로부터 자신을 보호하기 위해 계속 원가절감에 힘쓰든지 아니면 차별화를 추구하게 된다. 마찬가지로 차별화를 달성한 기업도 차별화를 계속 추구하거나 연계, 규모의 경제, 학습 효과 등에 의해 원가를 절감하고자 한다.

이때 기업은 자신이 보유하고 있는 경쟁우위를 바탕으로 다른 경쟁우위를 추구할 수 있으며 이 과정에서 메커니즘이 갖는 경로의존성과 관성의 특성 때문에 하나의 경쟁우위가 다른 경쟁우위에 의해 대체되는 것이 아니라 두 가지 경쟁우위가 상호보완적으로 결합된다. 예컨대 원가우위를 추구해 온 기업은 규모의 경제 효과를 계속 누리면서 다양한 품목을 생산하는 문제, 수직적 통합을 추구하면서 조직의 유연성을 제고시키는 문제, 재고비용을 줄이면서 고객의 욕구에 즉각 반응하는 생산시스템을 구축하는 문제 등 서로 모순되는 문제점에 봉착하게 된다. 이러한 문제점들을 끊임없는 실험을 통해 고안된 새로운 문제해결방법에 의해 해결하는 과정에서 차별화 우위를 습득한다.

결국 기업이 개발 · 실행한 본원적 전략은 환경변화에 대응하는 과정에서 변하게 되고 이러한 전략의 변화과정에서 두 가지 본원적 전략이 새로운 메커니즘에 의해 통합되는 것이다. 원가우위나 차별화 전략을 성공적으로 수행하는 데 필요한 조직구조, 기능별 전략, 업무절차, 제도 등이 각기 다르듯이 원가우위와 차별화 우위를 동시에 달성하는 과정에서 형성된 메커니즘도 한 가지 본원적 전략을 실행하는 데 필요한 메커니즘과는 다른 새로운 메커니즘일 것이다.

이처럼 산업조직론적 패러다임에서 바라보는 경쟁전략과는 달리 메커니즘기반 패러다임에서는 환경변화에 따라 경쟁우위를 쉽게 확보할 수 있다는 가정을 배격한다. 또한 원가우위와 차별화 우위가 서로 양립할 수 없다는 가정도 부인한다. 메커니즘기반 패러다임에 따르면 한 번 확보한 경쟁우위는 메커니즘의 특성상 쉽게 변하지 않는다. 다만 자신에게 부족한 경쟁우위를 확보하는 노력에 의해 두 가지 경쟁우위가 대체되는 것이 아니라 결합되면, 이때 새로운 메커니즘이 나타나는 것이다. 이 메커니즘에 의해 두 가지 경쟁전략은 동시에 추진될 수 있다.

2) 다각화 전략

기업을 연구하는 학자들 간에 가장 관심이 있는 연구주제 중 하나는 다각화에 관한 연구다. 특히 1973년 석유위기 이후 산업조직론적 시각에서 진행된 전략이론(Theory of Strategy)은 다각화 연구를 통해 기업의 본질과 행동, 즉 기업의 성장원리를 규명하는 데 초점을 두었다. 이러한 연구경향에 따라 새로운 시장에 진입하거나 기존 시장에서 철수하는 기업의 행동원리를 분석하는 연구가 관련 · 비관련다각화(diversification), 기업인수와 합병(merger & acquisition), 리스트럭처링(restructuring) 등 다양한 제목하에 연구되었다.[24] 다각화에 관한 기존 연구는 루멜트(Rumelt, 1974) 이후 지금까지 두 가지 유형으로 진행되어 왔다.

첫째 유형은 다각화의 유형을 원인으로, 기업성과를 결과로 설정했다.[25] 다각화의 유형(type)을 관련다각화와 비관련다각화로 나눈 다음 유형별로 기업의 성과를 살펴본 것이다. 다각화 연구의 주류를 이루는 이러한 연구들은 주로 관련다각화가 비관련다각화보다 높은 성과를 가져온다는 가설을 증명하고자 했다. 이 연구는 다각화에 대한 기업계의 관심을 학계가 받아들였다는 긍정적 평가가 있었던 반면, 세가지 문제점을 야기했다. 첫째, 다각화 유형을 구분하는 방법, 성과를 측정하는 방법, 조사대상 산업에 따라 검증 결과가 서로 달랐고, 그 결과 일반론을 도출하지 못했다. 특히 기존기업과 다각화 대상기업의 관련성 여부를 각국 정부가 과세 해당기업의 세율을 결정하기 위해 작성하고 발표하는 표준산업분류표(Standard Industrial Classification)에 의거하다보니 기업이 다각화할 때 고려해야 하는 관련성 기준 대신 정부가 사용한 기준을 원용하는 넌센스가 나타난 것이다. 정부가 산업을 분류할 때 사용하는 세가지 기준은 최종제품 및 서비스의 물리적 성격, 제품 및 서비스의 종류와 용도, 제품 및 서비스의 생산과정이나 적용기술이다. 이러한 정부 기준이 다각화를 시도하는 기업이 다각화대상인 기업으로부터 얻고자 하는 기대효과와 일치하지 않는다면 표준산업분류표를 관련다각화의 기준으로 사용한 연구방법 자체가 잘못된 것이다.[26] 둘째, 다각화의 결과만을 다루었을 뿐, 다각화의 원인 혹은 근본적인 원동력(driving forces)을 규명하지 못했다. 셋째, 대부분 연구가 이질적인 산업에 속한 기업들을 대상으로 횡단적(cross-sectional)인 분석에 치중했기 때문에 다각화를 추구하는 기업의 행동원리를 설명하지 못했다.

둘째 유형은 다각화의 유형을 결과로, 기업이 가진 독특한 자원을 원인으로 설정했다.[27] 예컨대 자원을 기계설비와 같은 물적자원(physical resource), 기술이나 마케팅 노하우와 같은 지식자원(knowledge-based resource), 내부 유보금이나 부채와 같은 재무자원(financial resource) 등 세 가지 유형으로 구분할 때, 물적 자원, 지식 자원과 기업 외부에서 조달된 재무자원은 관련다각화와 관련이 깊고 기업 내부에서 조달된 재무자원은 비관련다각화와 관련이 깊다는 식의 연구결과를 도출했다. 둘째 유형도 자원의 유형을 구분하고 이들과 다각화 유형 간의 관계를 살펴본 것이기 때문에 기본적인 분석틀은 첫째 유형과 다를 바가 없고, 지적된 세 가지 문제점도 똑같이 적용된다. 이같이 지금까지의 다각화 연구는 자원과 다각화 유형, 그리고 다각화 유형과 성과 간의 상관관계를 규명하는 데 그치고 있을 뿐 다각화를 하는 기업의 행동원리를 규명하는 데는 실패했다.

메커니즘기반 경영전략 패러다임은 다각화하는 기업의 행동원리를 종합적이고 동태적으로 파악하는 데 유용하다.[28] 메커니즘기반 패러다임에서는 다각화를 단순히 사업영역을 넓히거나 축소시키는 과정이 아니라 기업이 보유한 메커니즘을 이전시키거나 새로운 메커니즘을 습득하는 과정으로 파악한다. 따라서 관련다각화와 비관련다각화도 전연 다른 의미를 가진다. 관련성 여부를 단순히 표준산업분류표에 나온 각 산업의 분류번호에 의존할 것이 아니라, 각 기업이 고려하는 다각화의 판단기준에 맞춰서 새롭게 판단해야 하는 것이다. 구체적으로 관련다각화는 제품이나 기술, 마케팅 등의 측면에서 유사한 산업으로 진출하는 것뿐 아니라, 기업이 보유하고 있는 메커니즘을 활용할 수 있는, 혹은 기존 기업에 필요한 메커니즘을 확보할 수 있는 산업으로 진출하는 것을 뜻한다. 반면에 비관련다각화는 기업이 새로운 메커니즘을 습득하거나 기업이 보유한 메커니즘과 다른 새로운 메커니즘을 확보할 수 있는 산업으로 진출하는 것을 뜻한다. 예컨대 학습지 사업으로 시작한 웅진그룹이 한때 진행했던 다각화 사업인 주스 등의 드링크, 정수기, 생명보험, 화장품 등은 표준산업분류표에서 전혀 다른 산업으로 분류되지만 방문판매라는 동일한 마케팅 채널을 사용한다는 점에서 관련산업다각화로 해석할 수 있다.

메커니즘기반 패러다임은 정부의 정책 결정자들에게 기업의 다각화를 바라보는 새로운 시각을 제공해 줄 수 있다. 2000년대 초반에 IMF위기를 극복하기 위해 정부가 추진했던 '업종전문화정책'의 주된 내용은 공학적 업종분류에 의해 관련다각화와 비관련다각화를 구분한 후 관련다각화는 장려하고 비관련다각화는 규제하는 것이었다. 그러나 실제 기업 입장에서 중요한 것은 공학적인 업종분류가 아니라 기업이 가지고 있는 메커니즘이다.[29] 공학적 분류에 의해 비관련다각화로 분류되는 산업이라 할지라도 산업에 진출하는 데 필요한 메커니즘이 유사하다면 이는 관련다각화로 보아야 한다. 반대로 공학적 분류에 의해 관련다각화로 분류되는 산업이라도 산업에 진출해서 경쟁하는 데 필요한 메커니즘이 서로 다르다면 이는 비관련다각화로 간주하는 것이 타당하다. 이처럼 메커니즘기반 패러다임은 눈에 보이는 제품공학적 분류가 아니라 눈에 보이지 않는 메커니즘에 의해 관련다각화와 비관련다각화를 구분한다.

3) 산업정책

1960년대 이후 미국, 영국을 비롯한 선발 선진국들의 장기적인 경기침체와 일본의 급격한 경제성장, 한국, 대만, 싱가포르 등 당시 개도국들이 시도한 정부주도 경제개발의 성공 등의 이유로 선·후진국을 막론하고 산업정책에 관한 관심이 급속히 확산되었다. 특히 1980년대 일본의 눈부신 경제발전과 1990년대 중국의 산업화는 산업정책에 관한 논의를 전 세계적으로 확산시켰으며, 학자들 간에도 산업정책의 유용성에 관한 논쟁을 불러일으켰다.[30] 2000년대에 들어오면서 산업정책은 베트남, 말레이시아, 인도네시아 등 동남아시아로 확산되었고, 세계 모든 개도국가들의 공식적인 경제정책이 되었다.

그러나 산업정책에 대한 연구는 아직 피상적인 연구에 머물러 있다. 정부의 역할을 경시하는 신고전학파 경제학의 영향으로 산업정책이 별도의 연구주제로 자리 잡지 못했을 뿐만 아니라 산업정책을 분석하는 이론적 틀도 개발되지 못했기 때문이다. 메커니즘기반 패러다임은 산업정책 연구에 있어 개념적인 연구의 틀을 제시해 준다. 메커니즘기반 패러다임에 의하면 산업정책은 정부라는 산업정책의 주체가 국내외 환경변화에 대응해서 국가가 보유하고 있는 자원을 활용해서 특정 산업이나 기업을 성장시키는 메커니즘이다. 이때 산업정책의 메커니즘은 각각의 국가의 문화, 국민성, 역사 등에 영향을 받으므로 국가마다 차이가 있다.

국가별 산업정책 메커니즘의 차이는 한 · 일 산업정책 비교연구 결과에서 극명하게 드러난다. 한 · 일 양국의 산업정책은 산업정책의 핵심부서, 주요 산업정책의 내용, 관보에 명시된 정책목표 등 겉으로 드러난 모습은 많은 유사점을 가지고 있었지만, 산업정책의 내용을 좀 더 세밀히 살펴본 결과 정책을 개발하고 집행하는 메커니즘에서 큰 차이가 있었다.[31] 예컨대 일본의 산업정책은 세분 산업 단위별로 정책이 개발 · 시행되었다는 점, 또한 개발된 정책은 기술의 발달 정도에 따라 탄력적으로 개정되었다는 점, 경제의 효율성을 추구하는 산업구조정책 내에 공동행위와 독과점 인정조항이라는 형평성 관련 정책이 포함되었다는 점, 정책 실행과정에 관련 협회의 역할이 두드러졌다는 점, 한국과 달리 일본은 여러 부서가 함께 주관하는 산업정책이 존재한다는 점 등이 대표적인 차이점이었다. 구체적으로 한국정부는 각 부처 간에 사전조율이 없이 정책을 개발하는 데 반해, 일본정부는 여러 부처 간의 협업을 통해서 정책을 개발하는 메커니즘을 발견할 수 있었다. 정부 관련 부처와 기업간에 존재하는 산업정책을 집행해 나가는데 필요한 조정도 일본만이 가지고 있는 독특한 메커니즘이었다.

앞으로 산업정책에 관한 연구는 개별정책이 각국 산업에 미친 문제점을 살펴보는 피상적인 연구에서 벗어나 산업정책이 개발되고 실행되는 국가별 메커니즘에 초점을 맞춰 나가야 한다. 이는 한 · 일 산업정책 비교연구 결과에서도 알 수 있듯이 산업정책의 개발과 실행 메커니즘의 차이에 따라 산업정책의 성과가 결정되기 때문이다.

4) 메커니즘 적용의 시사점

메커니즘기반 패러다임은 기업의 본질을 탐구하는 패러다임이다. 기업은 최고경영자의 특성만 반영한 실체도 아니고, 기업이 보유한 자원도 아니다. 기업은 환경변화에 대응해서 주체가 자원을 활용하는 과정에서 형성된 메커니즘의 묶음이다. 따라서 전략연구에 있어 분석단위는 최고경영자도 아니고 자원도 아닌 기업이 성장하는 과정에서 형성된 메커니즘이어야 한다. 메커니즘기반 패러다임은 환경, 주체, 자원이라는 세 가지 요소를 중심으로 구성된 동태적 이론이며, 사업단위 연구인 경쟁전략, 기업단위 연구인 다각화 연구, 국가단위 연구인 산업정책 연구에도 적용될 수 있다.

메커니즘기반 패러다임이 기업경영자에게 주는 시사점은 다음과 같다.

첫째, 경쟁자를 단순히 모방하는 것만 가지고는 장기적인 관점에서 경쟁우위를 가질 수 없다. 최고경영자의 뚜렷한 비전하에 당면한 환경과 가능한 자원을 활용해서 기업 특유의 메커니즘을 구축하는 기업만이 그 산업을 이끌어가는 선도기업이 될 수 있다.

둘째, 기업의 지속적인 경쟁우위는 단기간에 형성되는 것이 아니라 끊임없는 노력을 통해 형성된다. 메커니즘이 단기간에 형성될 수도 있지만, 이것이 지속적인 경쟁우위를 갖기 위해서는 경쟁자가 모방할 수 없고 새로운 환경변화에도 적합할 수 있도록 끊임없이 메커니즘을 개선시켜야 한다. 특히 경영자들은 지식활용과 더불어 지식탐색을 통해서 새로운 지식과 자원을 꾸준히 확보해야 한다.

셋째, 진정한 혁신경영은 메커니즘을 혁신시킴으로써 비로소 달성된다. 수많은 기법들이 혁신경영을 실제 경영에 적용한다. 그러나 단순히 종업원을 해고하고 부서를 통폐합시키며 생산라인을 재조정한다고 혁신경영이 달성되는 것은 아니다. 이러한 접근법은 부분을 수정할 수 있을지 몰라도 전체를 근본적으로 변화시킬 수는 없다. 기업의 행동을 결정하는 메커니즘을 바꾸어야만 진정한 혁신경영이 이루어질 수 있다.

'한 송이 국화꽃을 피우기 위해 봄부터 소쩍새는 그렇게 울었나 보다'라는 시의 한 구절처럼 이제 전략이론가들이나 기업경영자, 정부 정책담당자들이 주목해야 할 영역은 눈에 보이는 국화꽃이 아니라 눈에 보이지는 않지만, 국화꽃을 피우게 만든 자연의 섭리를 포함한 전략 메커니즘이다.

CHAPTER 05

전략메커니즘 구축방법: 조합-순열-시간 모델 (Combination-Permutation-Time Model: CPT Model)

경험담

라면 요리과정에서 찾아낸 CPT 모델

2002년 1~2월 겨울방학을 이용해서 저자(조동성)는 미국 노스캐롤라이나 주 더램(Durham)이라는 작은 도시에 있는 듀크대학(Duke University)의 후쿠아경영대학원(Fuqua School of Business)에 초빙교수로 가게 되었다. 함께 간 아내는 첫 한주를 함께 지낸 후 라면 두 박스를 사놓고 보스턴에 있는 딸을 보러 떠났다. 저자는 매일 저녁 라면을 끓여 먹는 가운데 요리법의 비밀을 터득했다.

보통 라면은 밀가루로 만든 국수를 식물성 기름으로 튀겨서 만든다. 그러다 보니 라면과 음식궁합이 잘 맞는 식재료는 동물성 단백질이 들어있는 계란과 위에서 기름기를 씻어주는 파이다. 따라서 라면 요리를 하기 전에 해야 할 작업은 계란과 파를 준비하는 일, 즉 요리 재료의 조합이다.

이제 요리를 할 차례이다. 요리를 해보지 못한 사람이라도 냄비에 물, 면, 수프, 계란, 파를 한꺼번에 넣고 동시에 끓이지는 않을 것이다. 그러면 먼저 물을 끓이고, 그 다음 면과 수프를 넣은 후, 계란을 깨서 넣고, 마지막으로 파를 썰어서 넣는 요리과정에서의 순열이다.

아직 한가지가 남아있다. 그것은 냄비에 넣은 각각의 재료를 끓이는 시간이다. 면과 수프는 3~4분, 계란은 노란자가 딱딱하게 익지 않도록 30초 정도, 그리고 파는 눅눅해지지 않도록 살짝 데치는 기분으로 5초 정도 끓이면 제격이다.

비록 요리 솜씨는 부족했지만, 요리의 비법을 터득한 다음부터는 아내 없는 한 달 동안 저녁식사에 관한 한 큰 불편없이 <그림 5.1>에 있는 것과 같이 맛있는 라면을 먹으면서 지낼 수 있었다. 이 당시 찾아낸 요리법의 비밀을 구성하는 세 가지

그림 5.1
라면 요리하는 데 필요한 조합-순열-시간

라면 요리하는 방법

1. 조합: 라면과 물, 수프, 계란, 파를 준비한다.
2. 순열: 물을 끓인 다음 라면, 수프, 계란, 파의 순서로 물에 넣는다.
3. 시간: 라면을 3분, 계란을 30초, 파를 5초 끓인다.

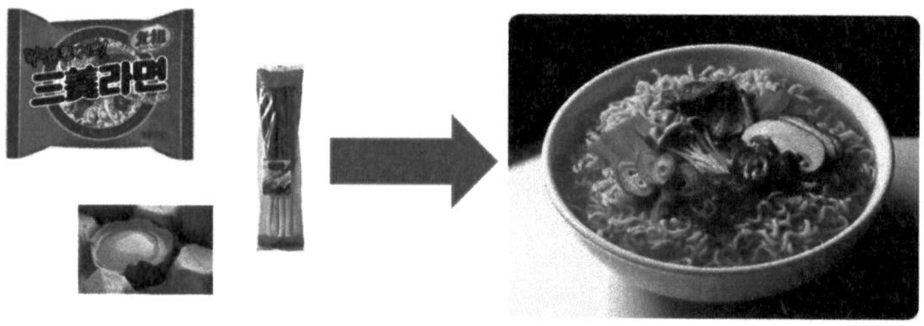

요소인 조합(combination), 순열(Permutation), 시간(Time)은 후일 창조를 가능하게 해주는 CPT 모델을 만드는 데 기본이 되었다.

사례 2

'아마존', 글로벌 온라인 커머스 기업의 인공지능 전략

인공지능을 통한 플라이휠(flywheel) 효과
이커머스의 혁신과 미래
예측시스템과 추천엔진을 통한 경영 효율성 증대

이 사례는 이동현 서울과학종합대학원 연구원이 조동성 교수와 김보영 교수의 도움을 받아 작성하였다.

아마존(Amazon)은 1994년에 제프 베이조스(Jeff Bezos)에 의해 온라인 서점으로 시작해서 세계 최대 온라인 커머스 회사로 성장했다. 2021년 기준으로 아마존은 세계에서 가장 영향력이 있고 경쟁력이 높은 기업 중 하나로 발돋움을 했다. 또한 명성에 걸맞게 인공지능 시대에 인공지능을 가장 잘 활용하는 대표적인 기업으로 꼽힌다.

아마존의 거침없는 행보 중 가장 눈 여겨 볼만한 점은 인공지능을 통해 '플라이휠(flywheel)' 효과를 활용하며 기업의 빠른 성장을 이루어내고 있는 모습이다. 여기서 플라이휠 효과는 어느 한 영역에서 활용한 인공지능 혁신이 다른 부서 혹은 영역에 영향을 끼치는 것을 의미한다. 한 마디로, 인공지능이 아마존의 한 부분이 아니라 회사 전체에 영향을 끼치고 있다. 이러한 플라이휠 효과는 계속해서 확장되는 아마존의 사업에서 가장 중요한 포인트이다.[1)]

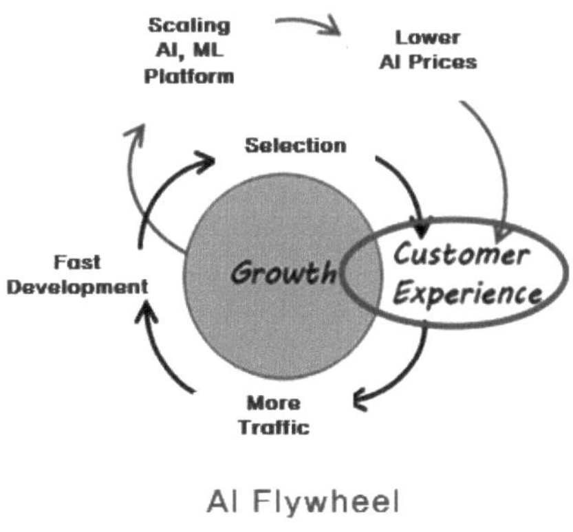

출처: http://ablelabs.io/wordpress/wp-content/uploads/2019/11/flywheel_ai.png

그림 5.2
아마존은 이와 같은 과정을 거쳐 인공지능을 전사적으로 활용해서 '플라이휠' 효과를 얻는다. 계속해서 축적된 노하우와 데이터들은 기업의 발전에 상당한 영향을 끼친다.

이러한 확장된 인공지능을 활용하는 예로 피지컬 마켓인 '아마존 고(Amazon Go)'를 살펴볼 수 있다. 아마존 고는 마트 종업원이나 직원이 마트에 상주하지 않는 무인시스템 점포이다. 일반적인 마트나 백화점에서는 물건의 계산이나 홍보, 추천 등을 마트 내의 종업원이 담당한다. 하지만, 아마존 고는 고객의 효용성과 편리성을 추구하기 위해서 마트 내에 종업원을 배치하지 않는다. 소비자들은 아마존 고 앱의 QR 코드를 찍어야만 마트에 들어갈 수 있다. 그렇게 입장한 소비자들은 자신이 구매할 물건들만 가지고 마트 밖으로 나가면 바로 자동으로 앱 내에서 등록된 카드에서 비용이 지불된다. 구매내역은 인공지능의 데이터 베이스로 활용되고, 추후에 아마존 고나 아마존 관련 앱 혹은 서비스를 이용할 때 추천이나 광고로 이용되어 소비자들의 추가적인 소비를 효과적으로 이끌어낸다.[2)]

그림 5.3
식료품 매장에 인공지능을 결합한 '아마존 고'는 손님들이 QR코드만 찍으면 가상의 카트가 형성된다. 직원이 상주하지 않고 물건을 고르고 나가면 끝이 난다. 아마존 고 내의 인공지능이 식료품 및 고객관리를 전체적으로 맡는다.

출처: https://i.pinimg.com/originals/cf/02/af/cf02afa4210e786cc433331ed4c305f6.jpg

이러한 빅데이터와 인공지능 분석 결과를 기반으로 한 정보는 아마존 뮤직과 아마존 북 등의 플랫폼에서 특정 상품이나 서비스의 매출 전망 예측 시스템과 연동된다. 재고 예측 시스템이 실시간 업데이트되고, 아마존의 창고 재고가 최적화된다. 더 나아가 인공지능을 기반으로 한 추천엔진으로 연동되면서 소비자들에게 해당 아이템들을 추천하고, 최적화된 가격을 제시한다. 이러한 일련의 변화들이 아마존의 매출 전망 시스템에 다시 한번 업데이트 되면서, 모든 상호작용이 각각의 사업과 시스템들에게 영향을 주는 것이다.

2016년까지만 해도 아마존의 매출액은 약 1,360억 달러로 상거래의 선두주자였던 월마트(Walmart)의 4,900억 달러에 비해 1/3에도 미치지 못하는 수치를 기록하고 있었다. 그러나 아마존은 인공지능의 활용을 통해 글로벌 전자상거래 시장에서 소비자 효용을 극대화했다. 그 결과 월마트의 2020년 매출액인 약 3,600억 달러를 아마존은 약 3,850억 달러로 추월했다.[3)]

인공지능을 통한 새롭고 혁신적인 쇼핑 플랫폼 개발에 성공한 아마존 사례는 오늘날 기업들에게 명확한 시사점을 제시하고 있다. 4차 산업혁명시대 디지털 커머스에 발빠르게 대응해야 하고, 이를 위해 인공지능과 사물인터넷 등을 적극적으로 활용함으로써 기업의 디지털 트랜스포메이션 통합 시스템과 비즈니스 시너지를 창출을 이뤄낼 때, 비로소 기업이 성장할 수 있음을 말이다.

현대사회의 모든 기업들은 아마존과 같이 인공지능을 통해 시장과 미래를 예측하고, 보다 정확한 최적화를 필요로 한다. 그러나 한국 기업들의 혁신성, 혹은 인공지능 활용성이 세계적으로 선두적인 기업들에 비해 턱없이 부족하다는 것은 부정할 수 없는 사실이다. 국내 기업들은 무료배송, 최저가 보장 등의 전통적인 소비자 효용 증대에 그치고 있고, 일부 기업만이 챗봇 등의 기본적이고 미비한 인공지능만을 활용하고 있다. 디지털 트랜스포메이션이 필수가 된 인공지능의 시대, 이제 한국의 유통기업이 나무가 아닌 숲을 볼 수 있어야 할 시점이다.

출처

1) How Amazon Has Reorganized Around Artificial Intelligence and Machine Learning (forbes.com)
2) [실적 차트] 아마존 연도별 매출 및 손익 추이(1995~2019) | 꿈꾸는섬(happiest.com)
3) [이정훈의 마켓워치]<6>'유통공룡' 월마트의 코로나 극복기(edaily.co.kr)

1절 창조의 비밀을 푸는 열쇠

경영자는 기업이 목표를 달성하기 위해 행동에 옮겨야 하는 전략을 개발하기 전에 이러한 전략이 차질없이 실행될 수 있도록 본인이 원하는 메커니즘을 구축한다. 많은 경영자들은 무의식적으로 원하는 메커니즘을 구축하지만, 4장에서 살펴본 것처럼 잭 웰치, 이건희, 스티브 잡스와 같은 걸출한 경영자들은 자신들이 원하는 메커니즘을 적극적으로 만든다. 이들이 남긴 수많은 어록이야말로 이들이 바람직한 메커니즘을 만들기 위해 적극적으로, 경우에 따라서는 필사적으로, 노력한 증거이다.

성공한 경영자들은 자신이 책임진 기업이 높은 성과를 낸 원인, 또는 경쟁우위를 창출하게 된 원인을 알고 이를 이용해서 원하는 메커니즘을 만들어낸다. 다만 이들은 이러한 메커니즘 개발 과정을 과학적 추론으로 모델을 만들어서 활용하는 것이 아니라 동물적인 감각이나 오랜 경험을 통해서 형성한 비법을 통해서 본능적, 그리고 무의식적으로 진행한다.

따라서 우리가 이러한 메커니즘 구축과정을 과학적으로 탐구해서 체계적인 모델을 만들어 내려면, 해당 기업의 전반적인 활동이나 특정 프로젝트에서 주체(Subject), 환경(Environment), 자원(Resource)으로 이루어지는 원소(element) 간의 상호작용 원리를 고찰해서 그 원리를 결정짓는 특징을 찾아내야 한다.

저자는 원하는 메커니즘을 창조하는 과정이 주체, 환경, 자원 간의 다양한 상호작용을 결정짓는 핵심 요소들로 이루어진다고 보았다. 그 결과 기업의 메커니즘을 형성하는 주체, 환경, 자원 간의 상호작용을 결정하는 핵심 요소로 세 가지를 찾아냈다. 그것은 첫째, 조합(Combination), 둘째, 순열(Permutation), 셋째, 시간(Time)이다.

조합(Combination)은 메커니즘을 구성하는 각 요소들의 결합을 지칭한다. 메커니즘기반관점에서는 단위 메커니즘의 형성 조건으로 주체, 환경, 자원의 상호작용을 전제로 한다. 메커니즘의 조합(Combination)이란 이러한 개별 메커니즘을 구성하는 주체, 환경, 자원이라는 각 원소의 내용을 결정하는 과정이다. 주체 역할을 하는 경영자, 중요한 환경 변수, 핵심적인 자원의 특성을 결정하는 작업이다.

순열(Permutation)은 세가지 원소, 즉 주체, 환경, 자원 간의 우선순위를 지칭한다. 각 원소들 간의 상호작용에서 어느 원소가 주도적인 역할(initiative)을 하는가를 따지는 일이다. 기업의 메커니즘 구성에서 주체, 환경, 자원 중 무엇이 앞서고 무엇이 뒤따르는지 각 요소들의 작동 순서를 파악하는 개념이다. 주체, 환경, 자원 중 어느 원소가 가장 먼저 변화하고, 그 다음으로 변화한 원소는 무엇이며 가장 나

중에 변화한 원소가 무엇이었느냐에 따라 각 메커니즘의 순열(Permutation)을 파악할 수 있다. 이러한 순서의 차이에 의해 기업들은 동일한 속성을 가진 원소를 활용하더라도 각기 다른 메커니즘을 만들어 내게 된다.

시간(Time)은 순열이 정해진 후 이러한 순열을 작동하는 데 필요한 시간에 관련된 이슈를 지칭한다. 즉, 기업이 나름의 순서를 결정한 이후 어느 시기에 진행하느냐, 어느 기간의 관점에서 진행하느냐, 어느 속도로 진행하느냐, 시간 간격을 얼마나 두고 진행하느냐의 문제이다. 이러한 시간 개념을 5가지로 구분해 보면 아래와 같다.

1. 장단기 전망(Time Perspective): 메커니즘의 구성과 메커니즘 효과 지속 기간의 장, 단기 여부이다. 예컨대 2009년 금융위기 속에서 미국정부는 두 가지 전략을 동시에 사용했다. 첫 번째로 오바마 대통령이 AIG를 비롯한 투자은행들에게 정부자금 870억 달러를 긴급융자 해준 것은 당장의 금융위기가 파국으로 가는 것을 막고자 한 단기적 목적의 메커니즘이었다. 반면에 두 번째로 클린턴 대통령이 1999년에 폐기했던 글래스-스티걸 법(Glass-Steagal Act: 상업은행이 투자은행과 합병되는 것을 막는 장치로 은행예금을 보호하기 위한 법)을 다시 살린 전략은 미국 금융산업의 재무건전성을 도모하기 위한 장기적 목적의 메커니즘이었다.
2. 속도(Speed): 메커니즘이 작동, 실행되는 속도이다. 현대그룹의 창업자인 정주영 회장은 '속도 경영(management by speed)'으로 유명하다. 그는 아침 4시 반에 출근해서 5시에 중역회의를 소집했다. 중역들은 6시에 부하들을 모아 중역회의 결정사항을 알려주고, 부하직원들은 즉각 업무를 진행하면 근로자들이 출근하는 8시 전, 그리고 경쟁기업들이 회의를 시작하는 9시보다 훨씬 전에 업무진행 사이클이 한 차례 끝난다. 이런 메커니즘에 입각해서 현대그룹 내의 건설이나 조선 부문은 경쟁기업보다 빨리 공정을 진행해서 최종제품을 조기에 납품함으로써 고객에게 큰 가치를 제공해준다. 26만 톤 급의 유조선을 건조하는데 걸리는 기간이 일반 조선회사들의 경우 40개월인 반면, 현대중공업은 이를 24개월에 끝낸다. 이러한 속도 경영을 통해 고객에게 완성된 배를 16개월 일찍 납품하게 되면 배를 짓는 과정에 잠겨있는 원자재 재고비용을 줄일 뿐 아니라 고객들이 배를 그만큼 먼저 현장에 투입함으로써 사업성과를 향상시킬 수 있게 된다.
3. 시작시점(Timing): 메커니즘이 작동, 실행되는 시점이다. 지체없이 즉각적으로 작동되는 메커니즘이 있는가 하면 시간을 두고 신중하게 뜸을 들인 후 작

동되는 메커니즘도 있다. 두 번째의 '속도'가 이미 진행중인 메커니즘이 추진되는 속도가 어떠한가를 나타내는 개념이라면, '시점'은 추진하려는 메커니즘이 실제로 진행되는 시점이 추진 결의를 한 직후인지 혹은 시간이 어느 정도 흐른 후인지 나타내는 개념이다.

4. 종료시점(Termination): 메커니즘은 작동, 실행된 다음 무한히 지속될 수도 있고, 일정 시점에 종료될 수도 있다. 전자는 자연스럽게 만들어져 작동하는 메커니즘에서 볼 수 있고, 후자는 주체가 의도적으로 만든 메커니즘에서 볼 수 있다. 예컨대 조직 구성원들이 가진 생각과 보이는 행동으로 구성된 문화는 무한히 지속된다. 반면 한시적인 태스크포스 팀과 같은 부서에서 형성되는 메커니즘은 그 부서의 종료와 함께 사라지게 된다.
5. 시간간격(Time Interval): 메커니즘이 작동, 실행되는 간격. 연속적으로 작동되는 메커니즘이 있는가 하면, 단속적으로 작동되는 메커니즘도 있다. 전자는 일상적인 업무에서 발견되는 반면, 후자는 거대 프로젝트에서 흔히 나타난다. 거대 프로젝트가 일단 완료되면 해당 메커니즘은 비활성화 되지만 유사한 프로젝트가 새로 시작될 때는 다시금 활성화 될 수도 있다.

저자(조동성)는 2002년 듀크대학에서 라면 요리를 습득하는 과정에서 조합, 순열, 시간을 핵심 요소로 삼아 CPT 모델을 만들었고, 이 모델을 창조의 비밀을 푸는 열쇄라고 판단했다. 이 모델은 2021년 이 책의 공저자(문휘창)와 함께 비중-순서 모델(Weight-Sequence Model)을 만들게 된 출발점이 되었다.

2절 라면 요리과정에서 찾아낸 CPT 모델

메커니즘을 창조하는 과정을 쉽게 이해하기 위해서 '(경험담) 라면 요리과정에서 찾아낸 CPT 모델'에 소개된 라면 요리를 예로 들어보자. 우리가 요리를 하기 위해서는 일반적으로 레서피(recipe)라 부르는 요리 설명서를 참조하게 된다. 요리 설명서에는 요리를 만들기 위해서 필요한 재료와 이들을 첨가하는 순서, 그리고 현재 순서에서 다음 순서로 진행해야 되는 시간 등이 표시되어 있다.

라면 요리법은 앞서 설명한 메커니즘의 창조과정을 결정하는 조합, 순열, 시간의 3가지 요소를 모두 포함하고 있다. 조합은 요리에 필요한 재료를 구비함과 동시에 요리 과정에서 이들이 한데 어우러지는 것을 의미한다. 즉 라면을 끓이기 위한 물, 면, 수프, 계란, 파 등의 재료의 구성을 지칭한다. 이러한 재료 구성에서의 합치성을 음식궁합이라고 부를 수도 있겠다.

순열은 요리가 완성되기 위해서 넣어야 하는 재료의 순서를 설명한다. 라면의 경우 처음에 물을 끓이고, 그 다음에 면을 넣고, 수프를 넣고, 계란을 넣고, 마지막에 파를 넣는 순서로 진행되는데 이것이 바로 순열이다.

시간은 요리 도중 한 순서에서 다음 순서로 진행하는 시간을 말한다. 한 순서에서 오래 있거나 빠르게 지나가는 것에 따라서 음식의 맛은 판이하게 변한다. 이렇게 음식을 만들기 위해서는 삼박자가 상호작용해야 하며, 특히 요리사별로 이 삼박자가 차이를 보이게 되면서 나름의 독특한 조리 메커니즘을 만들어 내고 그 결과 음식의 맛이 틀려지게 되는 것이다. 또한 같은 요리지만 요리의 재료를 다르게 하고, 이들을 추가하는 순서와 시간을 기존의 것과 달리하는 경우 요리의 맛은 새롭게 변할 수 있다.

기업이 궁극적으로 갖게 되는 고유의 프로세스를 완성된 요리라고 본다면 이를 완성하기까지는 요리나 마찬가지로 일련의 구성요소들의 상호작용이 일어나는데 이러한 상호작용의 원리를 규정하는 것이 메커니즘의 창조과정이다. 요리를 만드는 과정에서 사용하는 조합, 순열, 시간에 따라 요리의 맛이 달라지듯이 기업의 경영활동에 있어서도 이러한 메커니즘의 창조과정에 따라 메커니즘의 내용이 달라지고, 그 결과 메커니즘에서 나오는 경영프로세스가 달라져, 궁극적으로 조직의 성과가 달라지게 된다.

3절 CPT 모델에 의한 전략메커니즘

이 절에서는 기업들이 동일하거나 유사한 자원의 상황에서 조합, 순열, 시간을 달리 함으로써 다른 성과를 내는 전략메커니즘을 개발할 수 있다는 것을 증명하는 모델을 개발한다.

1. 전략메커니즘 모델의 개발

기업의 메커니즘을 개발하는 데 필요한 세가지 자원을 인적 자원, 재무적 자원, 조직적 자원으로 보고, 이 세가지 자원을 축으로 한 3차원의 6면제로 이루어진 모델을 <그림 5.4>와 같이 개발한다. 그리고 이 모델을 통해 동일한 출발점, 즉 자원의 차별적 우위가 존재하지 않은 시점에서 자원의 구성, 자원의 획득 순서, 각 자원을 획득하는 시점의 차이에 따라 기업이 다양한 경쟁능력을 구축하는 과정을 체계화시켜 보자. 모든 기업의 출발점은 하나의 꼭지점(O)에서 출발하고 그 이후의 자원 선택은 세 개로 나누어지는 모습을 하고 있다.

그림 5.4
자원활용 메커니즘 모델I

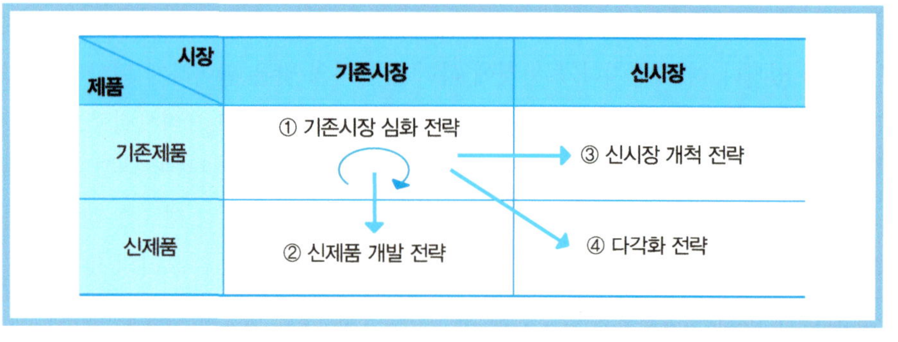

1) 자원활용 메커니즘 모델의 전제

자원활용 메커니즘 모델에서 기업들의 순차적인 경로를 확인하기 위해서 다음과 같은 전제들을 설정했다.

① 자원활용 메커니즘 모델이 적용되는 모든 기업들은 하나의 출발점에서 시작한다. 이 출발점에서 기업들은 어떠한 자원에 대해서도 활용 경험을 갖고 있지 않다.

② 자원활용 메커니즘 모델이 적용되는 모든 기업은 출발점에서 정확하게 같은 종류와 규모의 자원을 보유하고 있다. 이를테면, 각각 한 단위의 인적, 재무적, 조직적 자원을 보유하고 있는 것이다.

③ 각각의 자원들은 그 속성에 관계없이 한 단위 상승에 따른 성과가 동일하게 나온다.

④ 각각의 자원 단위들이 가진 속성의 차이에 관계없이 단위를 높이기 위한 경영자의 노력은 시간의 제약을 받는다.

⑤ 기업들이 사업을 발전시키는 과정은 세 개의 기간으로 구성되어 있다. 각각의 기간에서 경영자는 시간적 제약을 받기 때문에 한 기간에서 경영자는 하나의 자원만을 사용할 수 있고, 이어지는 다음 기간에서도 하나의 자원만을 사용할 수 있다.

⑥ 기업은 더 좋은 성과를 내기 위해서 어떤 자원을 사용할지에 대해 지식을 갖고 있지 못하다. 그러므로 기업은 각각의 기간에서 무작위적으로 자원을 선택하게 되며, 이때 목적과 관계없는 자원을 선택할 수도 있다.

⑦ 각 기업들은 자원을 흡수하고 이를 자사의 능력으로 전환시키는 능력에 한계를 갖고 있다. 다시 말해 자원 전환과정에 한계효용체감의 법칙이 적용된다. 이는 기업의 능력에 대해 동질적인 자원이나 이질적인 자원 모두에 적용된다. 예를 들어 육즙이 풍부한 스테이크를 처음 한 입 먹을 때가 배부른 상태에서 먹을 때보다 그 맛을 더욱 잘 느끼게 된다. 즉 배가 부른 상태에서 먹는 음식의 가치는 그 효용이 떨어지게 된다. 이전의 자원을 100% 흡수했다면 다음 기간에서 흡수하는 자원은 이전 자원의 영향으로 인해서 100% 흡수되기 어렵다.

⑧ 기업은 기간 1에 제시된 세 개의 자원 중 하나를 사용한다. 이와 동일하게 기간 2, 기간 3에서도 하나의 자원만을 사용하게 된다. 기업의 한계능력 내에서 흡수된 세 개의 자원은 각 자원들을 획득한 순서에 따라 상대적인 효용성 차이가 존재한다. 첫 번째 기간에 처음으로 선택된 자원이 기업의 경영활동 방식에 가장 큰 영향을 미치며, 이 영향력은 자원이 선택된 순서대로 크기가 결정된다. 또한 나중에 흡수된 자원들은 선행 자원의 50% 수준의 흡수율을 갖는다.

⑨ 각각의 기업들은 정육각형의 변을 따라 움직인다. 기업의 한 꼭지점에서 다른 꼭지점으로 이동하는 경우 더 높은 경영 능력을 보유하게 되는 것을 말한다. 시점 1에서 기업은 처음 시작점인 꼭지점 'O'에서 3개의 꼭지점으로 이 동할 수 있다(A, B, C). 시점 2에서 기업은 시점 1로부터 이동한 3개의 꼭지 점에서 각각 두 개의 다른 꼭지점으로 이동할 수 있다(A → D, E; B → E, F; C → F, D) 시점 3에서는 모든 기업들이 꼭지점 'G'를 향하게 된다. <그림 5.5>는 3차원의 정육면체에서 한 기업이 꼭지점 O에서 꼭지점 G로 이동하

그림 5.5
자원활용 메커니즘 모델 II

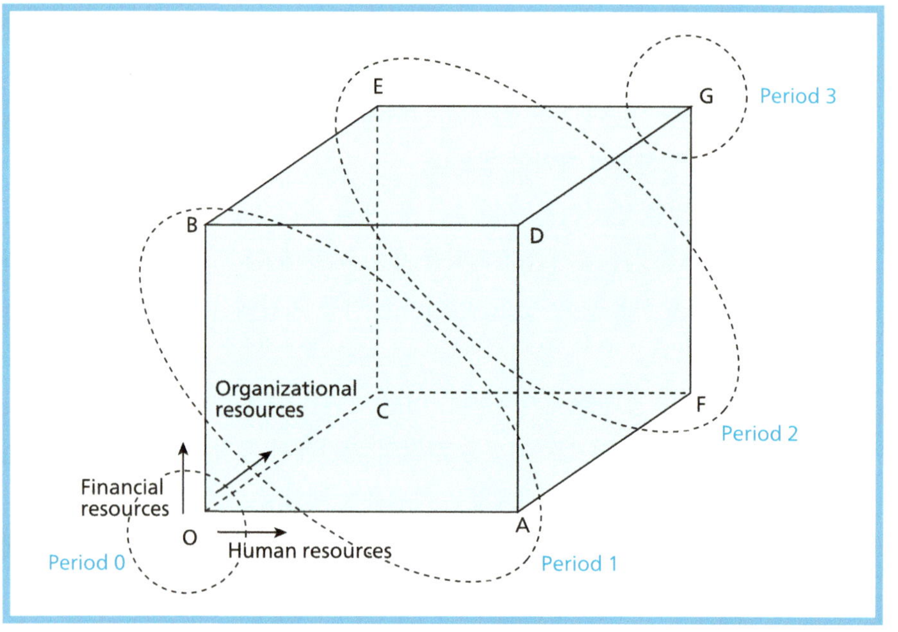

는 데 거치게 되는 각각의 시점을 보여주고 있다.

위의 내용을 정리하면, 우리는 꼭지점 O에서 꼭지점 G로 이동하는데 거치게 되는 6개의 경로를 생각해 볼 수 있으며 이는 다음과 같다.

O—A—D—G
O—A—F—G
O—B—D—G
O—B—E—G
O—C—E—G
O—C—F—G

이를 일반화하면 경로의 개수(P)는 자원의 개수(n) 또는 기간의 개수(n)와의 관련이 있다는 것을 알 수 있으며, 다음과 같이 표현할 수 있다.

$P = n!$
P: 기업이 조합할 수 있는 모든 경로의 수
n: 자원의 수 또는 기간의 수

앞서 제시한 전제를 기반으로 기업이 취할 수 있는 6개의 성장 경로에 따라 기업 능력의 속성은 <표 5.1>과 같이 변화하는 것으로 예측할 수 있다. 즉 기업이 순

표 5.1
기업 능력 속성의 변화

선택	자원 배분	경로	역량 배분
1	H:1, P: 1, O:1	O—A—D—G	H:1, P: 1/2, O:1/4
2	H:1, P: 1, O:1	O—A—F—G	H:1, P: 1/4, O:1/2
3	H:1, P: 1, O:1	O—B—D—G	H:1/2, P: 1, O:1/4
4	H:1, P: 1, O:1	O—B—E—G	H:1/4, P: 1, O:1/2
5	H:1, P: 1, O:1	O—C—E—G	H:1/4, P: 1/2, O:1
6	H:1, P: 1, O:1	O—C—F—G	H:1/2, P: 1/4, O:1

서를 달리해서 같은 자원을 투입하는 경우 먼저 투입한 자원이 나중에 투입한 자원보다 더 큰 역할을 하는 것이다.

제시된 가정적 모델은 기업이 취하는 어떤 특정 경로가 다른 경로에 비해 더 우월하다는 것을 보여주기 위한 것은 아니다. 6개의 경로 중 어느 경로도 기업에게 있어 가장 높은 수준의 지속적인 경쟁우위를 가져다줄 가능성이 있다. 이 모델은 기업이 획득한 자원을 자사의 능력으로 바꾸는 과정이 일정한 경로와 순서를 따르고 있으며, 기업의 성과에 다음과 같은 두 가지 제약을 통해서 영향을 미친다는 것을 보여주고 있다. 첫째, 기업은 다양한 자원을 완전하게 흡수할 수 있는 능력을 갖고 있지 못하다. 둘째, 기업은 경영 능력을 구축하는 과정에서 자원에 대한 한계효용체감의 법칙을 경험하게 된다. 즉, 기업은 순차적으로 자원을 획득하며, 이 과정에서 한계효용체감으로 인해 흡수된 자원의 효과가 차이를 보이게 되고 이로 인해서 각 기업의 경쟁 능력이 달라지게 되는 것이다. 이 모델에서 한 기업의 자원은 자원의 'RIN'충족 여부에 관계없이 적용될 수 있다.

4절 한국 재벌그룹과 일본 종합상사의 메커니즘 구축과정 비교

이번에는 실제 기업에서 일어난 메커니즘 구축과정을 사례 접근 방법으로 찾아보자. 여기서는 한국 재벌그룹의 발전과정과 일본 종합상사의 발전과정을 검토해본다.

1. 한국 재벌그룹의 성장과 발전, 그리고 변화[1]

한국에서 1960년대 이후 40년이 넘는 시간 동안 재벌그룹은 급속한 성장을 경험했다. 특히 이들 중에서 삼성, LG, 현대, 대우는 가장 크게 성장한 재벌그룹들이었다. 이들 재벌그룹은 각각 다른 출발점을 가졌다. 삼성의 설립자인 고(故) 이병철 회장은 1938년 28세의 나이로 정미소 운영을 통해서 처음 사업을 시작했다. LG의 창립자인 고(故) 구인회 회장은 1947년 40세의 나이로 화장품 제조를 통해서 사업을 시작했으며, 현대의 설립자인 고(故) 정주영 회장은 1947년 32세의 나이로 건축사업을 시작했다. 재벌그룹 중 가장 짧은 역사를 가진 대우의 설립자인 김우중 전(前) 회장은 1967년 31세의 나이로 국제 무역 사업을 시작했다. 이러한 한국 재벌그룹들의 성장 유형은 정부가 경제 발전에 있어서 주도적인 역할을 했다는 것과 60년대 초 변화의 시작점에서 적은 양의 자원을 보유하고 있었다는 점에서 동일한 자원의 구조로 시작한 기업들이 이러한 자원의 구성, 획득 순서, 시간 요소에 따라 어떻게 다른 성과를 낼 수 있는지에 대한 좋은 사례를 제공하고 있다. 아래에서 이를 자세히 고찰해보자.

박정희 대통령을 수반으로 하는 한국 정부는 경제 성장에 많은 관심을 기울였다. 때문에 정책적인 지원을 하기 위해서 경제 개발 5개년 계획을 수립해서 지속적으로 추진했다. 1868년 일본의 메이지 정부와 유사한 방법으로 국내 기업가 들을 동원해서 경제발전을 이끌어가는 원동력으로 삼았던 것이다. 각각의 경제 개발 5개년 계획에서 정부는 국가경쟁력을 위한 전략 산업으로 2개의 산업을 선택해서 이를 집중적으로 육성했다. 1962년에서 1966년까지 처음으로 시행된 5개년 계획에서 정부는 비료와 정유 산업을 국가 전략 사업으로 선정했다. 당시 한국에 있어 농산물과 석유 제품의 수입을 대체하는 것이 한국 경제 성장에 매우 중요한 사안이었다. 정부는 2개 사업에 대해 세제혜택을 제공하고, 최저가격을 유지할 수 있도록 보장했다. 또한 정부에 의해 선택된 각각의 독점사업에 투자할 수 있는 필요 자본을 추가적으로 지원했다.

이후 시행된 두 번째 경제 개발 계획(1967~1971)에서는 섬유와 신발 산업이 정부의 수출 장려 산업으로 선택되었다. 세 번째 경제 개발 계획(1972~1976)에서는 전자산업과 자동차산업이 전략적으로 집중 지원을 받았다. 네 번째 경제 개발 계획(1977~1981)에서는 중공업 및 석유화학 제품 산업이 선택되었다. 모든 기업은 성장과 이윤이 확실하게 보장되는 절호의 기회를 얻기 위해서 앞다투어 지원했다. 자연스럽게 한국 내 능력 있는 모든 기업들은 사업기회가 제시될 때마다 지원서를 제출하였다. 기업들은 사업자 선정에 있어 오로지 정부의 선택에만 의존하는 상황이었으며 그 누구도 정부 지원의 최종 수혜자를 예상하거나 결정할 수 없었다.

1962년 첫 경제 개발 5개년 계획이 시작된 이후 20년 동안 삼성, 현대, LG, 대우는 정부가 제안하는 모든 사업에 적극적으로 참여했다. 이들 4개의 재벌그룹들은 사실상 정부가 지원하는 사업을 독식했다. 어떤 사업이 한 재벌그룹에게 할당되면 나머지 사업은 다른 재벌그룹들에 할당되는 식이었다. 경제 개발 정책의 가장 큰 수혜자는 바로 이들 4대 재벌그룹이었던 것이다. 정부의 정책적 산업지원의 첫 수혜자는 삼성이었다. 삼성은 비료와 섬유 부문에서 사업권을 획득했다. 이후 전자산업과 석유화학산업에서도 사업권을 얻었다. 현대는 자동차와 중공업, 전자, 석유화학의 사업권을 확보했다. LG는 전자와 석유화학 산업에서 사업권을 제공받았으며, 대우는 자동차와 중공업 분야의 사업권을 받았다. 정부의 사업 할당 정책의 결과로 인해 4개 재벌그룹은 1950년대 국제적인 기준에 크게 못 미치던 자사의 능력을 획기적으로 개선시킬 수 있었으며, 한국 경제의 중추적인 역할을 감당하는 주도 세력으로 성장했다. 그리고 결과적으로 글로벌 시장에서도 능력을 확보할 수 있었다.

이렇게 국가 주도적인 경제 개발계획이 추진되는 상황에서 기업의 성장에 필요한 자원은 다음과 같이 충원되었다. 재무적인 자원은 정부에 의해 지원되거나 정부의 보증을 통해서 해외 차관을 들여올 수 있었으며, 인적 자원은 국가적으로 풍부했다. 유교문화의 영향을 받은 한국 부모들은 높은 교육열을 갖고 있었기 때문에, 자녀들에게 대학 수준의 교육을 시키는 것이 일반적이었다. 고등학교 졸업생의 82%가 대학교에 진학할 정도였다. 조직구조자원은 군대에 기반을 둔 정권인 박정희 대통령 정부의 관리들이 군에 있던 시절 미군 사관학교에서 전수받았던 현대적인 관리 기술과 노하우를 민간기업들에게 전달하면서 확보되었다.

삼성, 현대, LG, 대우는 설립 당시에 각각 다른 모습을 갖고 있었다. 그러나 이러한 차이는 이후 한국 사회와 정부로부터 지원받은 재무적, 인적, 조직적 자원을 통해서 급속한 성장과 발전을 달성한 것을 감안했을 때 매우 미미한 차이였다. 다시 말해 정부에 의해 주도된 한국의 사업 환경은 4개의 주요 재벌그룹에 완전히 동일하지는 않지만 현실적으로 같은 사업 기회와 자원을 제공했다. 물론 재벌그룹의 설립자들이 1960년대 초반 한국 경제 성장을 일깨울 수 있었던 기업가 정신과 재능을 갖고 있던 것은 사실이다. 그러나 정부가 경제 개발 5개년 계획을 통해서 5년마다 특정한 재벌그룹을 선택해서 전략적인 산업을 육성할 수 있는 책임과 권한을 준 것 또한 사실이었으며, 일단 한 재벌그룹이 선택되는 것은 정부로부터 기업의 성장과 이윤에 대한 보장을 해주는 포괄적인 지원과 특혜를 암묵적으로 제공받는 것을 의미하는 것이었다.

그러나 이렇게 정부에 의해 선택된 4개의 재벌들은 1976년부터 이후 15년 동안 성장 전략에 있어 각각의 다른 유형을 보였다. 박정희 정권의 혜택을 가장 많이 받은 재벌그룹은 현대였다. 정부의 특혜로 인해 조선, 자동차, 원자로와 같은 중공업 분야 및 건설과 플랜트 설비 분야와 같이 자본의 집약도가 높은 특징을 가진 산업 분야에 폭넓은 확장을 할 수 있었다. 삼성은 박정희 정권의 관심을 그다지 받지 못했다. 그러므로 기업의 확장 과정에서 자본의 집약도가 높은 산업에 진출하지 못했다. 대신 소비재 산업에 주로 진출했는데 식품 및 섬유 제조와 같은 경공업 분야에서 집중했다. 또한 백화점 운영 및 국제 무역과 같은 인적 자원의 집약도가 높은 산업에 진출했다.

구씨와 허씨 일가의 협업으로 출발한 LG는 전통적으로 기업 운영에 시스템적인 접근과 인화를 강조했다. 이는 LG가 한 명의 리더가 소유한 개인적 창의성보다 강력한 조직력을 바탕으로 하는 구조적인 능력을 중요시한다는 것을 보여주었다. 이러한 성향으로 인해 LG는 자연스럽게 석유정제산업, 전자 및 석유화학과 같이 시스템적 접근에 기반을 두고 사전 계획과 능력의 활용을 필요로 하는 산업으로 확장하면서 다른 재벌과는 차별적인 성장 경로를 선택했다. 4개의 재벌그룹 중에서 가장 낮은 선호를 받은 대우는 국제 무역, 섬유, 중공업 및 자동차산업에 인수합병을 통해서 진출했다. 인수합병이 진행될 때마다 대우는 정부의 승인을 얻기 위해서 많은 노력을 했다. 이는 CEO의 능력에 의존하는 기업의 특성이라고 볼 수 있었다.

1970년대 중반에 들어선 뒤 20년 동안 한국 정부는 정책을 점차 바꾸었다. 1973년과 1979년의 두 차례 에너지 위기를 경험하면서 한국 정부는 특정 산업에만 독점과 과점을 허용하는 제한된 경쟁체제를 도입했다. 이때 각 재벌들은 자신들의 사업 영역을 넘어 다른 재벌의 사업 영역으로 진입하기 시작했다. 삼성은 전자산업에 신중하게 진입했고 이후 반도체, 자동차, 중공업, 석유화학, 국제 플랜트 설비 및 건설 사업으로 진출했다. 현대는 전자, 반도체, 석유화학, 석유 정제 산업에 진입했다. LG는 반도체 산업으로의 확장에 집중했고, 대우는 전자, 원자로, 국제 플랜트 설비 및 건설 산업으로 새롭게 진출했다. 1990년대 중반에 들어서 4개 재벌그룹은 거의 같은 사업 포트폴리오를 갖게 되었다. 국제 무역, 건설, 전자 산업 부분은 4개 재벌 모두가 서로 경쟁하고 있었으며, 석유화학과 반도체 산업에서는 삼성, 현대, LG가 경쟁했다. 자동차와 중공업 산업에서는 삼성, 현대, 대우가 경쟁했다.

<그림 5.6>과 <그림 5.7>은 이들 4개 재벌그룹이 1960년대 초반부터 40년간 걸어온 성장 경로의 차이를 보여주고 있다. 1990년대 중반에 들어 4개 재벌그룹은 전체적인 사업 형태에서 같은 모습 보이고 있었다. 다양한 산업으로 확장하는 가운데 거의 모든 산업의 진입에 있어 정부 지원이 제공되었다. 한국 경제에서 4개 재벌의 비중이 급격하게 증가하면서 국내의 어떤 기업도 이들에게 감히 도전할 수 없게 되었다. 결국 4개 재벌그룹은 각각 지속적인 경쟁우위를 만들어 낸 것이었다 (Chang & Hong, 2000).

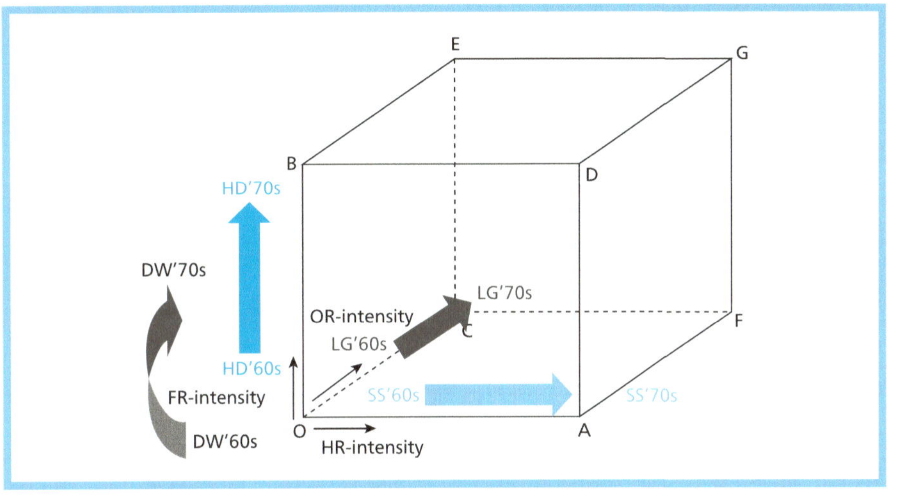

그림 5.6
한국재벌그룹의 경쟁우위 구축경로 I

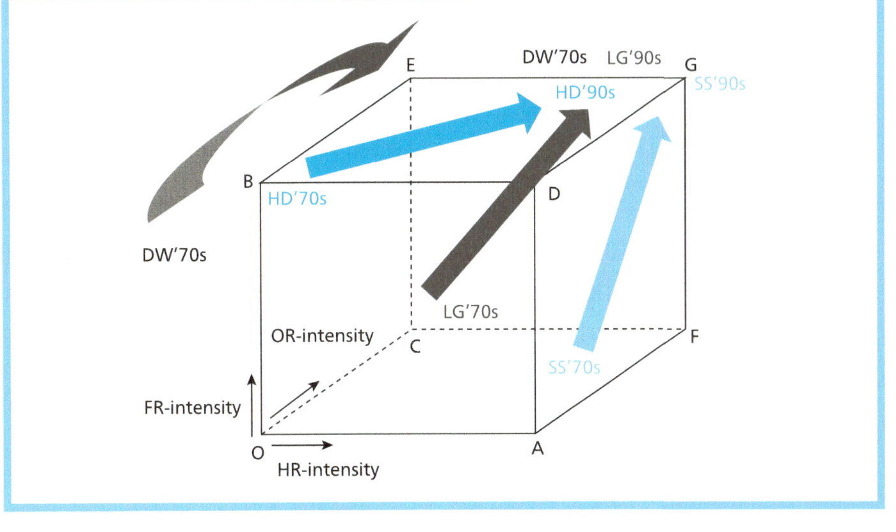

그림 5.7
한국재벌그룹의 경쟁우위 구축경로 II

4대 재벌그룹의 성장 과정은 자원기반관점이 취하는 경쟁우위 창출 자원에 대한 정의에 보완이 필요함을 보여준다. 1990년대 초반까지 급속한 발전을 이루어낸 4개 재벌그룹들이 각각 사업 초기에 보유했던 자원과 이후 발전과정에서 선택한 인적 자원, 재무적 자원, 조직구조적 자원들은 모두 그 성격이 특별히 자원기반관점의 'RIN'조건을 갖는다고 볼 수 없기 때문이다.

1997년 말 한국이 경험한 경제 위기는 이들 재벌그룹이 지속 가능한 경쟁우위를 갖고 있을 것이라는 일반적인 생각을 뒤엎었다. 정부가 해외 기업들의 국내 시장 진입에 대한 규제를 완화하고 보조금 지원 정책을 철회하면서 해당 산업에서 재벌들의 시장 지배력이 사라지기 시작했다. 이로 인해 이듬해인 1998년부터 재벌들의 계열사들이 시장에서 퇴출되기 시작했다. 결국 재벌들이 정부의 지원과 폐쇄적인 시장구조를 등에 업고 독점과 과점의 위치를 누리고 있었음이 밝혀 졌다. 이러한 자원은 특정 시점에서만 유효했고, 환경의 변화, 즉 시장 개방과 정부의 보호 완화와 같은 새로운 환경에서는 결코 경쟁우위를 제공해줄 수 있는 자원이 될 수 없었다. 1997년과 2004년의 기간 동안 4개의 재벌그룹은 환경적으로 동일한 어려움을 겪었다.

그러나 위기에 직면했을 때 재벌들의 대응은 너무나도 달랐고, 그 결과도 천차만별이었다. 4대 재벌 중 대우가 가장 큰 피해를 입었다. 결국 대우는 파산했으며, 그룹이 완전히 분해되었다. 단지 각 시장에서 경쟁력을 보유하고 있는 대우건설, 대우중공업, 대우전자 등 몇 개의 계열사만이 대우의 명맥을 유지했다. 현대 또한 많은 어려움을 겪었다. 파산을 면하기는 했지만 그룹의 경영진이 교체되었다. 창업자인 정주영 회장의 유고로 구심점이 사라지면서 그룹은 3개로 분할 되었다. 이 중 하나인 현대자동차그룹은 위기를 벗어나 한국에서 삼성 그룹과 함께 국내 경제를 대표하는 그룹이 되었다.

LG는 위기 상황에서 자사의 반도체 사업 부문을 현대에 매각함으로써 안정적인 관리에 성공했다. 이후 지주회사로 전환하면서 재무적인 안정성을 도모하는 전략을 선택했다. 삼성은 경제위기를 그룹 전체가 회생하기 위한 절호의 기회로 활용해서 재빠른 구조조정 프로세스를 진행했으며, 전자, 금융, 유통의 3개 산업을 그룹의 중심축으로 삼아 그룹을 재편성했다. 그 중 삼성전자는 2004년 기준으로 총매출 520억 달러, 순익 103억 달러를 기록하면서 세계 전자산업에서 가장 성공적인 기업이 되었다. 또한 삼성전자의 2004년 브랜드 가치는 126억 달러로 평가되면서 세계 100대 브랜드에서 21위를 차지했다. 이는 일본 소니(SONY)사의 브랜드 가치인 128억 달러와 비슷한 수준이어서 삼성전자의 위상을 다시 한 번 새롭게 각인시켜 주었다. 2021년 삼성전자의 성과는 더욱 화려해졌다. 매출액 2,123억 달러, 순익 237억 달러는 물론이고, 브랜드가치 또한 468억 달러가 되었다.[2]

1997년 경제위기 이후 앞서 언급한 그룹들은 모든 지표들을 통해서 완전히 회생했으며, 글로벌 시장에서 잠재력을 보유한 경쟁자 또는 마켓 리더로 부상하고 있음을 확인할수 있었다. 어떻게 이런 일이 가능했을까? 삼성그룹, LG그룹, 현대자동차그룹이 7년이라는 짧은 시간 동안 지속 가능한 경쟁우위의 원천이 되는 새로운 자원을 발견할 수 있었다는 것은 납득하기 어렵다. 이에 대한 해답은 이들 재벌그룹이 선택한 자원 결합 순서를 통해서 찾을 수 있다. 1960년대 한국 정부는 기업의 설립자들에게 정부가 제시하는 경로를 따라올 것을 명령했다. 정부는 기업들에게 정부의 정책적인 지원이 보장된 매력적인 사업 기회를 제안했고 이러한 사업의 할당 권한을 보유함으로써 기업의 사업 성장 프로세스에 전반적으로 개입할 수 있다. 결국 이 당시 설립자들은 정부의 하수인이었던 것이다.

이러한 정부 주도형 사업 할당이 지속되면서, 각 재벌들은 사업 실패나 파산에 대한 걱정을 하지 않아도 되었다. 필요한 자금은 얼마든지 정부가 제공하는 융자와 외국 자본 차입에 대한 보증을 통해서 동원할 수 있었기 때문이다. 그러다가 1970년대 중반 이후 정부 정책의 변화가 시작되어 각 재벌들이 다른 재벌들의 고유 사업영역에 진출하기 시작했다. 이러한 현상을 통해서 4개 재벌그룹은 서로 비슷한 형태의 기업 구조를 형성하게 되었다. 큰 규모와 국민총생산(GNP)의 2~5%를 차지하는 경제적 비중, 정부의 전략적 육성 산업으로 지정된 모든 사업으로 진출하는 성향 등은 4개 재벌그룹에서 공통적으로 드러나는 모습이었다. 이들 그룹은 1960년대와 1970년대에는 각자의 고유 산업 영역을 할당받아 분산되었다가 1980년대와 1990년대 초반에는 동일한 산업 영역을 공유하면서 유형이 동질화 되는 모습을 보였다. 그러나 이들 재벌그룹이 취한 자원 결합 순서는 매우 달랐다. 그리고 자원 결합 순서의 차이에 따라 각 재벌의 성과가 결정되었다.

삼성은 창업 초기 인적 자원에서 튼튼한 기초를 갖고 있었다. 그리고 이후 삼성이 재무적, 조직구조적 자원에 의존하게 되는 상황에서도 인적 자원이라는 고유의 경쟁우위로서 그 위치를 지켜왔다. 비록 삼성의 인적 자원이 자원으로서 가치는 갖고 있었지만 다른 재벌들이 이를 따라 할 수 없을 정도로 'RIN'조건을 만족하는 것은 아니었으며, 자원기반관점에서 말하는 경쟁우위를 창출하는 자원이라고 볼 수 없었다. 그러나 삼성은 다른 재벌그룹보다 앞서서 인적 자원을 자사에 내재화시킴으로써 우위를 확보할 수 있는 요소로 활용했다.

이와는 달리 LG는 조직구조적 자원에 대해 지속적인 관심을 가져왔다. 이러한 성향은 변화하는 환경에 적응하기 위해서 자사의 지배구조를 재편성하는 결정을 자연스럽게 받아들일 수 있게 했다. LG의 조직구조적 자원 또한 자원으로서 가치는 갖고 있었지만 다른 재벌들이 이를 따라 할 수 없을 정도로 'RIN'조건을 만족하는 것은 아니었으며, 자원기반관점에서 말하는 경쟁우위를 창출하는 자원이라고 볼 수 없었다. 그러나 LG는 다른 재벌그룹에 앞서 조직구조적 자원을 자사에 내재화시킴으로써 우위를 확보할 수 있는 요소로 활용했다.

현대는 사업 초기부터 재무적 자원에 의존하는 형태를 갖고 있었다. 이러한 사업 구조는 정부의 재정적 지원과 보호가 사라지게 되자 경쟁력을 급속하게 잃어버리게 되는 원인이 되었다. 파산위기를 넘기기 위해서 현대는 그룹 분할을 선택했다. 현대의 재무적 자원 또한 자원으로서 가치는 갖고 있었지만 다른 재벌들이 이를 따라할 수 없을 정도로 'RIN'조건을 만족하는 것은 아니었으며, 따라서 자원기반관점에서 말하는 경쟁우위를 창출하는 자원이라고 볼 수 없었다. 그러나 현대는 다른 재벌그룹보다 앞서서 재무적 자원을 자사에 내재화시킴으로써 우위를 확보할 수 있는 요소로 활용했다. 기업 시스템에 내재화되는 첫 자원으로 재무적 자원을 선택한 것은 판단의 적절성에 대해 생각해 봐야 할 문제이다. 그러나 1960년대 현대 그룹이 조선, 자동차, 중공업과 같은 자본 집약적인 산업 분야에서 다른 재벌들을 따돌리고 정부의 선택을 받을 것이라는 것과 이 선택이 40년 후에 현대에게 어려운 상황을 초래하리라는 것은 누구도 예상하지 못한 결과이다.

대우는 역동적인 CEO였던 김우중 회장의 통찰력과 리더십에 의존하는 그룹이었다. 그러다가 경제위기 상황에서 리더십이 무너지면서 파산에 이르게 되었다. 대우가 보유한 CEO 자원 또한 자원으로서 가치는 갖고 있었지만 다른 재벌들이 이를 따라 할 수 없을 정도로 'RIN'조건을 만족하는 것은 아니었으며, 자원기반관점에서 말하는 경쟁우위를 창출하는 자원이라고 볼 수 없었다. 그러나 대우는 초기에 CEO 자원을 그룹 시스템에 내재화시킴으로써 경쟁우위를 확보할 수 있었다.

<그림 5.6>은 4개 재벌그룹이 1960년에 정부 지원을 통해서 사업확장을 시작하던 당시 기본적으로 같은 환경에서 같은 자원을 보유하고 출발했음을 말한다. 이후 그들은 4개의 다른 경로를 따르게 된다. 이들 4개의 경로를 통해서 선택된 자원들은 'RIN'조건을 충족하는 성격의 것이 아닌 보편적인 자원이었다.

자원의 선택에 영향을 미친 것은 한국 정부의 선택과 지원이었다. 1975년부터 재벌그룹들의 유형은 동질화되기 시작했다. 그러나 재벌그룹들은 각자가 밟아온 경로와 자원 결합 순서가 달랐기 때문에 겉모양은 유사할지 모르나 산출되는 성과나 지속적인 경쟁우위의 보유 여부 등에서 많은 차이를 보였다. 그러므로 이들 재벌그룹의 지속적인 경쟁우위의 원동력은 성장의 출발 단계나 성장 과정에서 얻은 자원이 'RIN'조건을 갖고 있었기 때문으로 볼 수 없다. 즉 삼성과 LG가 소규모 기업에서 재벌그룹으로 성장하게된 것과 지속적인 경쟁우위를 확보하게 된 원동력은 그룹의 확장과정에서 취한 자원 획득 순서에서 찾을 수 있다.

그룹 스스로의 의지와 한국정부의 지원에 의해 삼성은 인적 자원에 집중하는 경영으로 창업했으며, 이를 기반으로 확장 순서를 구축했다. 즉 삼성은 인적 자원 이후 조직구조자원과 재무적 자원을 포함시켰으며, 이러한 경로는 가장 좋은 결과를 제공했다. LG는 조직구조자원에 집중하는 경영을 토대로 사업을 시작했으며, 이를 출발점으로 확장 순서를 만들어 갔다. 이후 LG는 재무적 자원과 인적 자원을 순차적으로 자사의 경영에 내재화시켰다. 이러한 LG의 확장 순서 또한 적절한 것으로 보인다. 현대는 재무적 자원에 집중하는 경영을 통해서 사업을 시작했다. 이후 인적 자원과 조직구조적 자원을 경영자원으로 포함시켰다. 현대의 순차적 확장과정은 하나의 과정으로 인정할 수 있지만, 개선의 여지가 있었다. 대우의 경우 CEO에 집중된 경영 방식을 토대로 기업을 시작했고 순차적인 발전을 했다. 그러나 대우의 파산이 증명하듯 이러한 순차적 발전 과정은 그 적합성이 떨어졌다.

표 5.2
한국재벌그룹의 순차적 발전과정

Chaebol Group	Sequence	Performance
Samsung	HR → FR, OR	Best
LG	OR → FR, HR	Second best
Hyundai	FR → HR, OR	Split
Daewoo	CEO → HR, FR, OR	Dissolution

2. 일본 종합상사의 성장, 발전, 그리고 변화[3]

이번에는 일본 산업이 급속한 변화를 거치는 가운데 동일한 자원을 가진 기업들이 취한 자원 구축 과정의 실례를 살펴보자. 1868년 메이지 유신 이전까지만 해도 일본은 200년이 넘도록 쇄국정책을 지속해왔으며, 일본을 이끌어 가고 있던 막부의 정치적 영향력은 계속해서 약화되고 있었다. 이런 와중에 페리(Matthew C. Perry, 1794~1858) 제독의 미국함대가 도쿄 근처 요코하마 항구에 접근해서 강압적인 문호 개방 및 수교가 이루어지면서,[4] 이후 15년 동안 일본은 국제교역량의 95.4%가 미국과 영국의 기업들에 의해서 독점되고 열강에 의해 경제적 종속국이 되어버렸다. 1868년 일본의 신진 세력들이 무력해진 막부정권을 전복시키고 메이지 천황을 옹립하면서 새로운 정부를 구성했다. 이 새로운 정부는 미국과 유럽의 무역회사들과의 식민주의적인 관계를 청산하고 경제적 독립을 추구하기 위해서 노력했고, 이러한 노력의 일환으로 추진한 정책은 유럽의 식민지 교역회사의 유형을 그대로 모방한 기업을 세우는 것이었다.

이 정책은 일본 내 전통적인 국내 교역에 기반을 둔 상인들이 일본판 국제 교역상사인 종합상사[일본식으로는 총합상사(總合商社), 영어로는 Sogo-shosha]로 탈바꿈하는 기회를 제공했다. 종합상사로 전환되는 과정에서 미츠이(Mitsui & Co.)와 미츠비시(Mitsubishi Corporation)가 주요한 종합상사로 떠올랐다. 이 두 기업은 메이지 유신 이전부터 일본 내 시장에서 강력한 세력을 유지하고 있었으며, 곡식과 포목 산업을 장악하고 있었다. 그러나 정부는 이들 기업에게 시장 영역을 국제 시장으로 바꾸고 사업 영역을 모든 제품과 서비스로 확대할 것을 요구였으며, 이후 1세 기가 넘는 시간 동안 이 두 기업은 연 매출 1,500억~2000억 달러를 올리는 일본의 대표적인 기업으로 성장하게 되었다.

역사적 관점에서 이 두 기업은 겉으로 유사한 모습을 갖고 있지만 실제로는 상당한 차이를 보인다. 미츠이는 79개가 넘는 국가에 564개의 지점을 확보해서 광범위한 지정학적 시장을 확보했으며, 이를 통해서 국제 시장에 대해 축적된 지식과 전문가를 보유한 것으로 알려졌다. 반면에 미츠비시는 제품 포트폴리오의 다각화 차원에서 유명세를 얻었다. “라면에서 미사일까지”는 일본의 종합상사가 가진 제품 포트폴리오의 범위가 얼마나 넓은지 잘 설명해준다. 이 두 기업의 19세기 말엽 확장 전략은 <그림 5.8>과 같이 요약할 수 있다.

이 두 기업은 20세기에 들어 일본을 대표하는 종합상사로서 확고부동한 위치를 차지했다. 중요한 것은 이 두 기업이 20세기에 들어서면서 19세기에 진행했던 확장 형태를 서로 맞바꾸어 진행한 것이다. 미츠비시는 80개국에 500개의 영업소를 거느린 기업으로 성장했다. 미츠이는 섬유제품에 집중된 자사의 거래 품목을 미츠비시처럼 모든 제품과 서비스로 확장시켰다. 그러나 이러한 표면적 변화는 두 기업의 실제적인 특성이나 이들 기업의 최고 경영진에 의해 선택된 각각의 확장 전략

그림 5.8
일본 종합상사의 확장전략의 변화 I

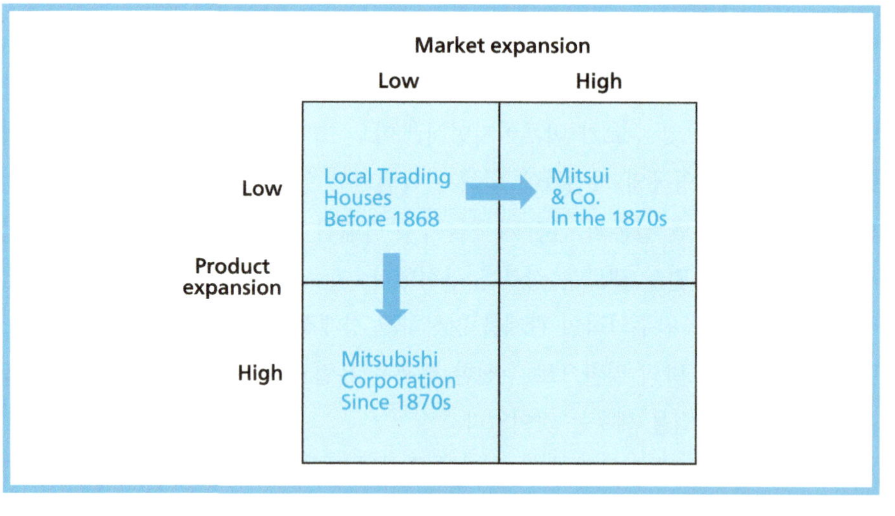

을 제대로 드러내는 것으로 볼 수 없다. 이들의 변화 과정에서 빠질 수 없는 것이 정부의 정책적인 지원과 개입을 통한 산업 발전 정책이었던 것이다.

종합상사로 아직 변화하지 않은 1870년대 이전에 미츠이와 미츠비시는 서로 상이한 리더십 스타일과 자원을 갖고 있었다. 그러나 이는 기업의 존립을 위한 필수적 자원을 보유했던 것일 뿐, 두 기업이 이후 130년간 정부의 지원이라는 특혜를 통해서 일본 정부와 사회로부터 획득한 막대한 자원에 비하면 너무나도 작은 규모였으므로 1870년대 당시 두 기업의 자원은 비슷했다. 단지 다루는 제품에 차이가 있었을 뿐이다.

두 기업은 국내 시장의 소규모 상인에서 다국적 종합상사로 전환하면서 각각 지정학적 시장의 확장 또는 제품 포트폴리오의 확장이라는 서로 다른 두 개의 방향을 선택했다(<그림 5.9> 참조). 두 기업의 최고경영자 중 어느 누구도 앞날에 펼쳐질 급속한 변화를 예측할 수 없었다. 그리고 그들은 더 좋은 성과를 가져올 수 있는 기업의 성장과정을 알 방법도 없었다. 이러한 정황을 감안했을 때 두 기업은 기본적으로 같은 경영상황에서 시작했다. 즉 같은 자원의 양과 같은 환경을 보유한 상태에서 전환이 이루어진 것이다. 그러나 이 두 기업의 경영 방식은 매우 다른 모습을 보이고 있다. 매출액 차원에서 이들의 성과는 비슷하게 보인다. 그러나 이윤은 환경에 따라 달라진다. 그 예로, 미츠이의 성과는 글로벌 시장의 트렌드에 따라 바뀌지만 미츠비시의 성과는 산업성향에 따라서 정해진다. 두 기업은 확실히 지속적인 경쟁우위를 갖고 있다. 그러나 경쟁우위의 근원은 매우 달랐다.

즉 일본의 미츠이와 미츠비시는 사업 초기부터 자원기반관점에서 지속 가능한 경쟁우위의 원천으로 주장하는 'RIN'의 요소를 갖고 있는 자원을 보유하고 있지 않았다. 그들이 보유하고 있는 자원 중 정부 정책적인 지원이 가장 중요한 자원이었다. 정부의 자금 지원은 이 두 기업에게 모두 주어지는 동일한 자원이었다. 두 기업은 이를 토대로 자신이 보유한 자원의 배열 순서를 계획했다. 미츠이와 미츠비시가 처음으로 흡수한 자원은 각각 시장포트폴리오와 제품포트폴리오였다. 이후 미츠이는 제품포트폴리오 확대를 추진했고, 미츠비시는 시장포트폴리오의 확장을 추진함으로써 두 기업 나름대로 자원 배열 순서를 구축했다. 자원 배열 순서가 내부에서 각 단계로 전환된 시점은 정부의 정책이 변한 시점과 같다. 두 기업은 정책의 변화 시점에서 자원의 적절한 변화를 추진했다. 즉, 미츠이와 미츠비시는 동일한 초기 자원 상황과 이후 획득한 자원에 대해 'RIN' 조건이 성립하지 않는 상황에서 자원의 구성, 자원 획득 순서와 자원 획득 시점을 통해서 각자의 차별적인 경쟁우위를 확보할 수 있었으며, 현재와 같은 위치에 오른 것이다.

그림 5.9
일본 종합상사의 확장전략의 변화 II

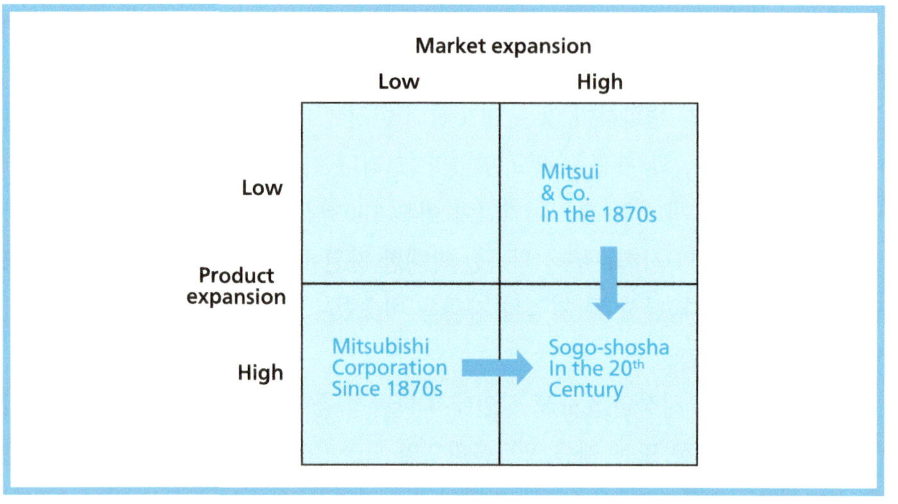

3. 한국 재벌그룹과 일본 종합상사의 비교분석

1) 자원의 조합(Combination)

한국과 일본 기업들 모두 설립 이후부터 서로 상이한 자원 구성을 바탕으로 궁극적으로는 같은 자원을 보유하게 되었으나, 획득 순서와 획득 시점에서 차이를 보였다. 미츠이와 미츠비시의 경우, 초기 사업모델은 달랐으나, 나중에는 인적, 물적으로 유사한 자원을 보유했다. 미츠이는 글로벌 유통망 확보를 우선적으로 선택하면서 이를 위한 자원을 확보하게 되었고, 미츠비시는 제품의 다양성을 우선적으로 선택하면서 이를 위한 자원을 확보하게 되었다. 그러나 종국에 이 두기업은 상호간에 부족한 요소를 확보하기 위한 행동에 들어가게 되고 미츠이는 제품 라인을, 미츠비시는 글로벌 유통망을 확보하려고 노력하게 되면서 둘다 궁극적으로 성공적인 기업 성과를 얻을 수 있었다.

한국 재벌그룹들도 이와 유사한 상황을 보이고 있다. 인적, 재무적, 조직적 자원의 구비는 동일했다. 기업들의 성과 차이는 자원 자체에 있기보다는 순서와 시점이 함께 작용할 때 좌우되는 것으로 확인할 수 있었다. 즉 구성 자체는 정해진 자원의 결합이므로 그 자체에 차별적인 우위가 존재한다고 볼 수 없으며, 기업의 경쟁우위에 결정적인 영향을 미친다고 보기도 어렵다.

2) 자원 획득 순열(Permutation)

기업이 어느 한 시점에서 동시에 다양한 자원을 한번에 흡수하는 것에는 한계가 있다. 그러므로 특정한 자원에 대해서 선택적 흡수에 집중하면서 다른 자원들의 흡수는 잠시 유보하게 된다. 이러한 과정에서 기업 특유의 독특한 자원 결합 순서를 형성하게 된다. 그리고 자원 결합 순서가 진행되면서 한계효용체감 법칙이 작용하기 때문에 기업이 결합 순서에 따라 자원의 흡수를 진행하는 과정에서 형성되는 능력은 이질적이며, 이로 인한 각 기업간에 경쟁우위의 차이가 발생한다. 즉, 자원의 차별적 우위가 아닌 자원 결합 순서로 인해 경쟁우위가 생성되는 것이다. 이는 자원기반관점이 설명하지 못하는 부분이며, 앞서 말한 것처럼 메커니즘기반관점의 속성인 자원 결합 순서의 개념으로만 설명할 수 있다.

그러나 획득 순서 자체의 개념은 이질적인 자원들의 집단에서 특정한 방법에 의지하지 않고 임의로 구조화시키는 개념이기 때문에 가치중립적인 성격을 갖는다.[5] 그러므로 순서는 자원기반관점이 경쟁우위의 원천이 되는 자원의 속성으로 제시한 'RIN'의 속성을 갖지 않는다. 그러나 순서가 적절한 조합을 따르는 경우 지속가능한 경쟁우위를 달성할 수 있도록 하는 강력한 기반이 될 수 있는데, 이는 한국 4개 재벌그룹의 성장 사례에서 1997년 외환위기 이후의 상황을 보면 잘 알 수 있다.[6] 자원기반관점은 자원의 'VRIN'을 통해서만 지속가능한 경쟁우위를 창출할 수 있다고 주장한다. 하지만 메커니즘기반관점은 그 한계를 넘어 그런 자원이 없어도 경쟁우위를 창출하는 새로운 가능성을 제시하고 있는 것이다.

3) 자원 획득 시점(Time)

자원 획득 시점은 순서에 영향을 미친다. 순간순간 자원의 획득 시점이 적절하게 맞아 들어가서 전체적인 조화를 이루어야 한다. 대우를 제외한 삼성, 현대, LG는 정부의 적극적인 산업 육성 정책 시점에 발맞춰 자사의 획득 순서를 형성했다. 또한 모든 기업들이 크게 시련을 겪었던 1998년도 외환위기는 기업들에게 극단적인 위기 상황이었던 반면 자사의 자원 획득 순서를 통해 형성된 능력을 발휘할 수 있는 절호의 찬스이기도 했다. 이 시점을 제대로 활용한 기업들은 성공적인 글로벌 기업으로 성장했다.

그러나 시점은 순서와 적절한 관계를 갖고 있을 때만 그 효과를 발휘할 수 있다. 대우의 경우 3개 기업과 같은 출발선 상에 있지 않았다. 하지만 후발 주자임에도 불구하고 CEO의 적극적인 리더십과 글로벌 경영이라는 화두를 제시함으로써 스스로 시점을 만들어가는 행동을 통해 급속도로 성장할 수 있었다. 그러나 외환위기라는 시점을 만나자 제대로 갖춰지지 못한 순서의 한계를 드러내며 몰락하고 말았다.

기업은 구성, 순서, 시간으로 구조화된 메커니즘을 통해 고유의 경쟁력이 베어 있는 프로세스를 만들어낸다. 기본적으로 메커니즘의 구조를 이루는 세 개의 축은 가치중립적이다. 그러나 한국 재벌그룹 사례에서 보았듯 이러한 중립적 요소는 변한다. 즉, 가치중립적인 메커니즘이 결국 어느 시점에 이르렀을 때 정의 가치나 부의 가치를 만들어내게 되는 것이다. 이는 메커니즘의 구조가 한계효용체감의 법칙에 의해 영향을 받게 되기 때문이다. 즉, 각 기업의 자원 획득 순서 차이에 따라 각 자원의 효용성이 감소하는 것이다. 이는 자원의 차별성이 감소하는 것과는 다른 개념이다. 결국 궁극적으로는 같은 자원으로 구성되어도 순서와 시점에 따라 기업이 갖게 되는 경쟁우위 요소가 달라지게 되는 것이다.

사례 3

'국립인천대학교'의 조합-순열에 의한 9가지 혁신프로젝트[7]

이 사례 작성에 권순범, 김정은, 김주일, 박종윤, 신경욱, 임승빈, 조천순, 최현석, 황선영, 황재휘가 참여했고, 안희수가 정리했으며, 조동성이 감수했다.

1. 혁신은 제품인가, 부품인가?

"휴대폰에는 부품이 7천여 개 들어있다고 합니다. 부품 하나하나가 휴대폰이 가진 다양한 기능 중 하나의 기능을 발휘하는 것이 아니라, 부품 7천여 개를 정교하게 설계하고 조립해서 사전에 정해진 순서에 따라 작동을 할 때 휴대폰이 가진 기능을 발휘하게 됩니다.

혁신도 마찬가지입니다. 혁신이 제품이라면 혁신 프로젝트 하나를 실행했을 때 하나의 효과가 나와야 합니다. 혁신이 부품이라면 프로젝트 하나가 특정 효과를 내는 것이 아니라 여러 가지 프로젝트를 체계적으로 만들고 적절한 순서에 따라 실행할 때 원하는 효과가 날 것입니다. 따라서 혁신은 제품이 아니라 부품입니다."

혁신적인 아이디어 한 가지를 실행했다고 해서 그로부터 가시적인 성과를 기대하면 안된다고 일침을 가한 조동성 국립인천대학교 총장은 이어서 서울대 경영대 교수로 있었던 1978년부터 2014년까지 36년간 연구한 혁신경영의 틀을 소개했다.

"혁신은 성격에 따라 <그림 5.10>과 같이 6가지 범주로 나눌 수 있습니다. 그것

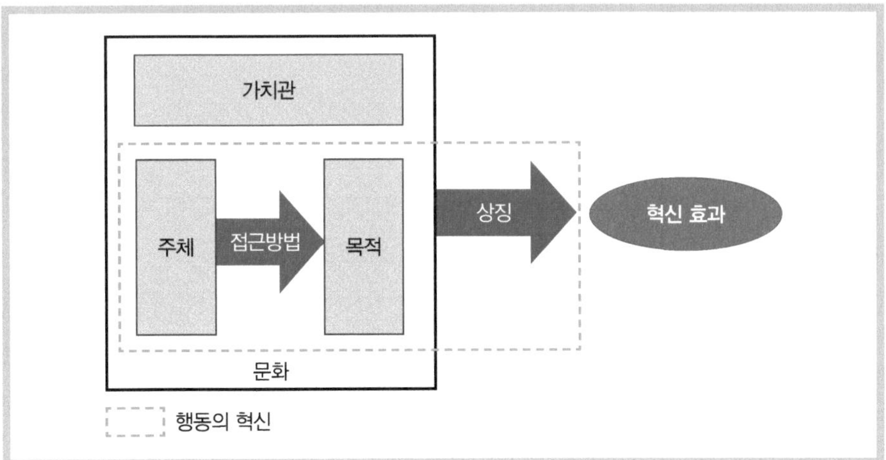

그림 5.10
혁신경영의 6가지 범주

은 가치관, 문화, 주체, 접근방법, 목적, 그리고 상징입니다. 이 중 가치관과 문화가 조직의 인프라에 해당하는 조건(condition)이라면, 점선으로 된 네모상자 안에 있는 주체, 접근방법, 목적, 상징은 인프라 위에서 일어나는 구체적인 행동(action)입니다. 따라서 처음 두 가지 혁신은 조건의 혁신이고 다음 네 가지 혁신은 행동의 혁신입니다.

사람들은 여러 가지가 한데 어울려 하나로 합쳐지는 과정을 '융합(convergence)' 이라는 물리학 용어로 설명합니다. 물리학의 출발점인 수학에서는 융합이라는 결과를 일으키는 방법을 '조합과 순열(combination and permutation)'로 표현합니다. 이 용어는 우리나라 고등학교 수학 책에 필수적으로 나오는 기초개념입니다.

가치관과 문화로 이루어진 인프라와, 주체, 접근방법, 목적, 상징으로 이루어진 구체적인 프로그램을 조화롭게 준비해야 합니다. 이것이 조합입니다. 먼저 인프라 혁신으로 혁신 프로그램을 실행하기 위한 플랫폼을 만든 다음, 구체적인 혁신 프로그램을 행동에 옮겨야 합니다. 이것이 순열입니다."

혁신에 대한 이론을 설명한 조동성 총장은 이어서 '현장'을 중심에 두고 모든 일을 생각하고 진행해야 한다고 강조했다.

"현장 경영이 중요합니다. 경영자가 경영문제에 봉착했을 때, 경영학자나 경영컨설턴트로부터 받는 자문은 해악이 될 가능성이 높습니다. 이 때 경영자는 현장을 찾아가야 합니다. 시장에 가서 제품을 사보고, 소비자를 직접 만나야 합니다. 왜냐하면 기업에서 부가가치를 창출하는 사람, 쉽게 얘기해서 기업에 돈을 벌어주는 사람은 소비자를 현장에서 만나는 사람, 특히 영업직 직원선생님이기 때문입니다.

대학에서도 가장 중요한 분은 학생들을 직접 가르쳐 주시는 교수님, 그리고 교수님들을 도와드리면서 학생들을 직접 만나는 현장에 계시는 직원선생님입니다. 총장, 부총장, 학처장, 본부에 있는 직원선생님은 교수님과 현장의 직원선생님을 도와주는 간접적인 인력입니다.

바람직하지 않은 현재에서 원하는 미래로 건너가는 다리를 건너는 작업을 '변화', 조금 더 거창하게 표현하면 '혁신'이라고 부릅니다. 변화, 그리고 혁신은 간접적인 역할을 하는 사람들이 아니라 현장에서 실무를 다루는 분들이 이끌어야 합니다. 혁신이야말로 현장이 주도해야 합니다.

원하는 미래를 만들기 위해 집행부가 일방적으로 혁신 아이디어를 짜고, 이를 실무진에게 알리는 하향식(top-down) 방식은 성공하기 어렵습니다. 실무진이 원하는 방향, 스스로 찾아낸 길을 따라 움직일 때 성과가 납니다.

현장에 답이 있습니다. 현장에 계신 분이 리더가 되어야 합니다."

조동성 총장이 믿는 '현장중심주의'는 자연스럽게 '머슴론'으로 귀결된다.

"기업 경영도 21세기에 들어와 크게 바뀌었습니다. 위에 있는 최고경영자가 아니라, 기업 현장에서 기업의 성패에 따라 일희일비를 하는 임직원, 고객, 원자재 공급자와 같은 이해관계자들이 이끌어가야 합니다.

학교도 본부가 아니라, 학생, 교수님, 직원선생님, 조교선생님, 미화 선생님, 경비 선생님, 조경 선생님들이 이끌어 가는 것이 원칙입니다. 교육과 연구 현장에 계신 분들은 국립대학인 인천대의 주인인 국가와 국민이 원하는 방향으로 대학을 이끌고 나가는 머슴이고, 본부에 계신 분들은 머슴의 머슴입니다. 저 역시 국민의 머슴인 직원선생님들의 머슴, 즉, '머슴의 머슴'입니다.

인천대가 새로운 미래를 향해 나아가기 위해서는 대학 가치사슬의 최전선에서 활동하는 다양한 현장 실무자들의 발언을 경청하고, 이들과 소통하며, 이들이 의사결정과정에 참여할 수 있도록 하는 혁신적인 지배구조가 수립되어야 합니다. 또 그 노력의 성과와 과실을 다시 이해관계자에게 투명하게 보고하고 소통해서 개선과 혁신을 강화하는 대학의 선순환을 갖춰야합니다.

혁신(革新)은 한자 뜻 그대로, 가죽을 벗기는 듯한 고통을 감수하고 새롭게 하는 것입니다. 이런 고통을 반길 바람은 아무도 없습니다. 일상적인 현장 업무들만으로도 힘든 직원선생님들에게 혁신 업무를 맡기면 반발이 생기는 게 당연합니다. 이때 무리하게 일방적으로 밀어붙이면 절대 안 됩니다. 실무진 스스로 혁신이 필요하다고 공감하고 아이디어를 자유롭게 낼 수 있도록 환경을 조성하고 때를 기다려야 합니다."

2. 국립인천대학교의 혁신

조동성 총장이 총장집무실을 개조해서 만든 인천대 기획예산처 미래전략팀 사무실에서 팀원 10여명은 2016년부터 2020년까지 진행했던 76가지 혁신 프로젝트 중 조합과 순열에 따라 진행한 9개를 골라냈다.

1) 혁신마인드의 마중물, 존댓말 쓰기 운동

"자유로운 아이디어를 제시할 수 있는 환경을 위해 교내의 호칭 문화부터 바꾸었습니다. 신입 직원선생님, 나이가 어린 직원선생님에게 무의식적, 혹은 의식적으로 사용하는 선임자의 하대어는 수직적 서열의식과 권위주의를 고착 시킵니다. 서열주의가 강한 한국 조직, 특히 대학교의 특성상, 행정부서 내에서 팀장이 직원선생님에게 반말을 하는 경우가 있었습니다. 특히나 팀장, 과장들이 나이가 어린 신입 직원선생님들에게 하대하는 경우가 많았습니다. 나이, 직급이 높은 사람들의 권위에 복종하는 권위주의 조직은 소속 구성원들이 질문을 하고, 새로운 아이디어를 제시하고, 그것을 실현해 나가는 데 장애물이 됩니다.

인천대의 문화를 보다 수평적이고 민주적으로 변화시키는 첫 걸음은, 구성원의 생활 속에서 '선생님'이라는 호칭의 통일화, 그리고 존댓말쓰기 운동을 시작하는 것이었습니다. 모든 구성원에게 선생님 호칭을 붙이는 운동을 시작하였습니다. 공식 서류에서도 직원이라는 단어에 선생님을 붙여서 '직원선생님'으로 통일했습니다."

조동성 총장은 학생들과 매달 한번 이상 만나서 대화했고, 미화, 경비, 조경 담당 선생님들과도 식사 자리를 가졌다. 현장 직원선생님들은 "총장과 식사하는 자리를 평생 처음 가진다."며, "마음속에 대학 구성원으로서 자부심이 자라난다"고 했다. 조동성 총장은 "여러분과 식사를 하는 것은 오히려 제가 감사해야 할 일입니다. 이렇게 늦게 여러분을 만난 것이 오히려 저의 잘못입니다."라고 대답했다.

2) 조직도를 180도 돌려서 현장을 혁신리더로 위상 확립

인천대는 존댓말 문화 정착에 이어 기존의 하향식 조직도를 180도 돌려서 상향식 역피라미드 형으로 제작하고 전 구성원에게 배포했다. <그림 5.11>에 있는 새 직위표에는 총장이 제일 아래에 있고, 그 위에 부총장, 학장과 처장, 과장과 팀장, 과팀원 순서로 배치되어 있다. 현장 업무를 하는 직원선생님과 조교선생님들이 역피라미드 모양의 조직 제일 위에 배치됨으로써 자긍심을 가질 수 있도록 한 것이다. 전통적인 조직도에 의하면, 정점에 있는 총장에서 시작해서 본부 단과대학까지 밑으로 내려가는 틀 속에서 상대적으로 위에 있는 대학본부는 아래에 있는 현장에 대하여 기획을 하고 그것을 구현하는 역할을 한다. 인천대의 새로운 조직도에 의하면, 밑에 있는 대학본부는 위에 있는 현장이 새로운 시도에 대한 위험부담을 느낄 때 이를 분담하고, 실패하면 감싸주고, 실수하면 해결해주는 플랫폼이다.

인천대는 대학의 혁신마인드를 조직도에 담았다. 여기에서 한 걸음 더 나아가 단과대학과 학과로 구성된 현장 위에 인천대 학생 15,000여명을 나타나는 청색 띠를 얹고, 그 위에 5천만 한국인과 77억 세계인을 나타내는 황색 띠를 얹었다.

이 조직도는 국립인천대학교의 지배구조를 상징적으로 보여주고 있다. 즉 학생들은 물론이고 교수와 직원선생님, 조교선생님으로 구성된 대학 구성원들이 일차적으로는 학생들, 궁극적으로는 대학의 주인인 대한민국 국민, 더 나아가 세계인들을 위해 봉사하는 대학에서 근무하고 있다는 것을 일깨워주고 있다. 비서실에서 근로학생으로 일하고 있는 권순범 학생은 "처음 사무실에서 조직도를 보았을 때, 형식이 특이해서 두 번 세 번 살펴보았던 적이 있습니다. 인천대학교 학생이 조직도

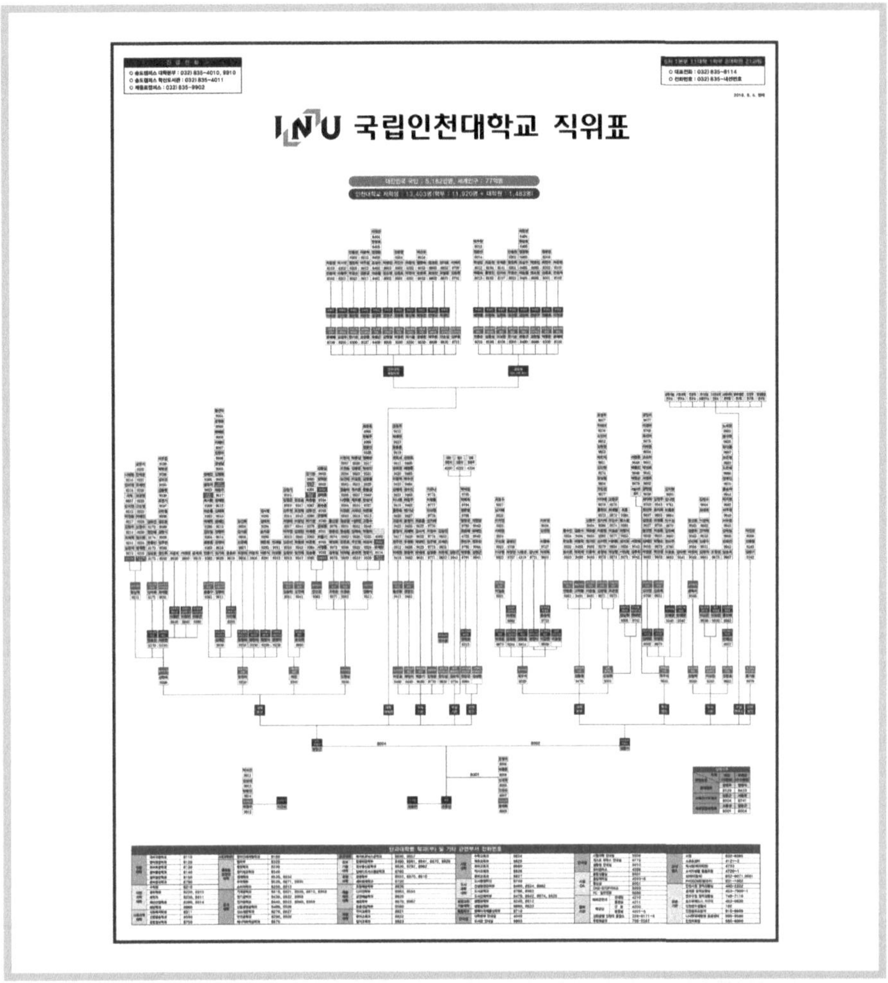

그림 5.11
국립인천대학교 역피라미드 직위표

제일 위에 있는 것을 보고 교수님과 직원선생님, 조교 선생님들이 학생을 위해 봉사하는 대학이란 걸 느끼게 되자, 제가 이 학교에 다니고 있다는 사실이 한층 더 자랑스럽게 다가왔습니다."라고 긍정적인 반응을 보였다.

구성원들이 법과 규정을 위반하지 않는 한, 법규가 허용하는 재량권 범위 내에서 실패와 실수를 하더라도, 본부는 이를 책임지고 해결해줌으로써 구성원들의 자율적인 혁신과 변화를 이끌어내는 역할을 담당한다. 인력개발팀의 황선영 선생님은 "인천대학교의 유관기관이나 외빈들이 조직도를 보면서 놀라워하시는 경우가 많았습니다. 상명하복식 관계를 뒤집은 조직문화의 일례로서 인천대학교의 혁신적인 문화를 보여주는 상징이 되었습니다."라며 변화된 조직도를 설명했다.

3) 직원 석박사 학위 취득을 위한 90% 장학금 지원

그 다음 프로젝트는 '직원선생님들이 석사과정, 박사과정에서 공부를 하도록 지원해드리는 혁신 프로젝트'이다. 인천대는 2017년 3월 인천대학교 전 직원선생님과 조교선생님을 대상으로 석 · 박사학위 취득을 위한 90% 장학금 지원제도를 도입했다. 인천대 석박사 학위과정에 입학하는 직원/조교선생님은 3.7점 이상 학점을 유지하는 한 등록금의 10%만 내면 된다. 이 제도는 평생학습시대를 맞아 대학 구성원의 행복권을 높이는 동시에, 구성원들이 끊임없이 배우면서 인천대가 학습조직(learning organization)으로 변하는 계기를 만들었다.

이 제도에 참여하여 공부를 시작한 직원선생님과 조교선생님들에게 어려움이 생겼다. 특수대학원 과정에 입학한 학생들은 퇴근 후 저녁시간에 수업을 하게 되어 문제가 없었지만, 일반대학원에 입학한 학생들은 근무시간에 수업을 하게 된 것이다. 이 문제를 알게 된 조동성 총장은 "어차피 우리 직원선생님과 조교선생님 들은 일주일에 정규근무 40시간 외에 법으로 정한 초과근무 12시간을 모두 하시는 분들입니다. 그렇다면 근무시간과 수업시간이 겹치는 경우 12시간까지는 수업을 들어도 40시간의 근무 시간을 채우는 데에는 아무런 문제가 없지 않겠습니까?"라고 하면서 이를 위한 유연근무 제도를 도입했다.

직원/조교 선생님 석 · 박사 학위취득 지원제도는 2017년 3월에 7명의 신입생으로 시작하여 2022년 3월 기준으로 자격자 350여명 중 석사과정 55명, 박사과정 9명이 입학했고, 이중 37명이 학위취득, 11명이 수료했다. 2020년 1학기에 입학해서 2022년 2월에 경영학석사 학위를 받은 신경욱, 황재휘 선생님은 "인천대학교 경영학부 졸업생으로서 학업의 기회를 다시 얻어 석사학위까지 공부할 수 있어서 직장 만족도가 한층 높아진 느낌입니다. 때로는 업무와 공부를 병행하는 것이 피곤하지만, 배움의 기회를 놓치지 않고 끊임없이 도전하여 조직 발전에 기여하고 싶습니다."라고 말했다. 이러한 학업에 대한 열정은 부서 내 다른 선생님들에게도 영향을 미쳤고, 2020년 2학기에 같은 사무실에 근무하는 박종윤, 안희수 선생님 모두 대학원에 진학했다.

4) 예산 배정권을 현장으로 위임

인천대는 본부가 독점하던 '예산 배정권'을 2018년부터 각 대학, 각 학과로 위양했다. 현장에서 주도적으로 예산을 사용하기 위한 아이디어를 내고 이를 프로젝트로 만들게 되었다. 이 결과 현장 실무자들이 차츰 일에 대해 흥미를 가지게 되었다. 자신들이 스스로 개발한 프로젝트가 예산을 배정받고, 실행에 옮겨져서 현실화되면서, 혁신이 가져오는 효과에 대해 긍정적 인식을 하게 되었다. 기획예산과 임승빈

과장은 "교무회의와 본부회의 등 수많은 회의를 거쳐 학내 구성원들의 동의를 얻을 수 있었습니다. 이 제도는 수요자 중심의 예산과 강의 수준 향상을 위한 노력에 중점을 두었습니다. 또한 강의의 질적 수준을 높이는 장점이 있을 것이고 다양한 교육프로그램 제공으로 학생들의 교육 역량이 향상되어 희망 진로 분야로 진출하는데 기여할 수 있을 것입니다."라며 달라진 예산 배정권에 대해 기대감을 들어냈다.

5) 혁신 프로젝트 보고서를 현장실무자가 작성하여 교육부 제출

인천대는 교육부가 각 대학에서 진행되는 혁신 프로젝트를 공유 확산하기 위한 목적으로 전국 41개 국공립대학에게 보낸 2018년 3월 9일자 공문에 따라 혁신 프로젝트 72개를 정리해서 '2018 혁신 프로젝트 보고서'를 제출했고, 2019년 12월에는 76개 혁신 프로젝트가 포함된 이 보고서의 개정판을 제출했다. 교육부는 이 보고서를 가장 우수한 혁신 프로젝트 보고서로 평가하고, 인천대를 혁신 모범 대학으로 인정했다. 그리하여 2020년 8월에 예정된 '국공립 대학 및 사립대학 과장 혁신 토크쇼(가칭)'를 위한 방문대학으로 인천대를 선정했다.[8] 기획예산과 최현석 선생님은 "혁신 프로젝트를 통해 혁신 인천대학으로서 이미지를 구축하고 있음에 자랑스러움을 느낍니다. 나아가 곧 출간될 영문 혁신이야기는 우리 대학을 해외 유수의 대학들에 홍보할 수 있는 더할 나위 없는 좋은 기회가 될 것이라 확신합니다."라고 말했다.[9] 최현석 선생님과 함께 혁신 프로젝트를 담당했던 국제지원팀 김정은 선생님은 "우리대학 구성원들이 직접 참여하여 만들어 나간 프로젝트라는 점이 상당히 고무적입니다. 이러한 점이 원동력이 되어 세계혁신대학을 평가하는 WURI랭킹에서 35위라는 결과를 얻은 것이라 생각합니다."라며 혁신 프로젝트에 자부심을 드러냈다.[10]

6) 혁신 프로젝트 보고서를 한자대학동맹 WURI Ranking에 제출해서 세계혁신대학 중 35위로 선정

2019년 7월 인천대에서 창립40주년 행사의 하나로 진행된 한자대학동맹(Hanseatic League of Universities: HLU) 제 2차 총회에서 채택된 세계 혁신대학 평가제도인 'WURI (World's Universities with Real Impact) Ranking'은 2020년 5월에 미국 노던아리조나대학(Northern Arizona University)에서 개최 예정이었던 제3차 총회에서 발표될 예정이었으나 COVID-19으로 총회가 연기됨에 따라 별도의 온라인 컨퍼런스를 통해 발표되었다. 인천대는 WURI Ranking에서 세계 100대 대학 중 하나로 인정받기 위해 이 제도가 요구하는 혁신 사례를 개발하기로 결정하였다.

그림 5.12
인천대 혁신보고서
(2018년 및 2019년)

인천대는 교육부에 제출한 혁신보고서에 정리된 76개 혁신 프로젝트 자료를 기초로 하여 WURI Ranking에 제출해야 할 혁신 사례를 개발했고, 각 프로젝트 보고서를 담당한 현장 실무자들은 자연스럽게 해당 사례 작성자가 되었다. 이렇게 만들어진 혁신 프로젝트 사례 70여개 중 완성도가 높은 사례들은 WURI Ranking 사무국에 제출되었다. 이 랭킹을 공동 주최한 HLU와 유엔 교육담당기관인 국제연합훈련조사연구원(United Nations Institute for Training Research: UNITAR)은 2020년 6월 11일 발표한 제1회 WURI Ranking에서 인천대를 전체 랭킹 35위로 평가하고, '매트릭스 칼리 지(Matrix College)' 프로젝트를 산업계 적용(Industrial Application) 부문 16위,[11] '공유가치창출 예산편성(Creating Shared Value-based Budget Planning)' 프로젝트를 윤리적 가치(Ethical Value) 부문 23위,[12] '집중연구중심대학(Focused Research University)' 프로젝트를 학생교류 및 개방성(Student Exchange and Openness) 부문 24위[13]로 각각 평가했다.

한자대학동맹 업무를 담당하면서 WURI 랭킹 혁신사례 제출에 참여한 국제지원팀 김정은 선생님은 "한자대학동맹 회의에서 기존 랭킹시스템에 대한 문제제기와 함께 새로운 랭킹시스템에 대한 논의가 지속적으로 있었고 그 결과 도입된 제1회 WURI 혁신대학 랭킹에 참여하여 세계 35위 혁신대학에 선정되어 인천대학교의 혁신성을 알리고 국제적 위상을 높일 수 있는 계기가 된 것 같아 매우 자랑스럽게 생각한다"라며 이번 랭킹에서 인천대학교가 좋은 성과를 낸 것에 대해 흡족해 했다.

7) 혁신 프로젝트 사례를 단행본으로 출판하고 현장 실무자가 지적재산권 소유

WURI Ranking에 제출하기 위하여 사례로 개발된 76개 혁신프로젝트는 현장 실무자들이 보고서로 기록하고, '본인이 저자가 되어 사례로 정리'했기 때문에 당연히 실무자들이 지적재산권을 소유하게 되었다. 이렇게 만들어진 사례는 국립인천대학교 출판문화원에서 단행본으로 내기로 했고, 한국을 널리 알리는 저작물을 한글과 영문으로 출판해온 서울셀렉션을 통해 '대학이 혁신해야 나라가 산다: 재미있는 국립인천대학교 혁신이야기 I'이란 제목으로 첫번째 책을 2020년 1월에,[14] 한빛아카데미를 통해 '대학을 버려야 대학이 산다: 아무도 몰랐던 인천대 혁신이야기 II'란 제목으로 두번째 책을 2020년 7월에[15] 각각 출판했다. 영문판은 'Innovation of Higher Education: Change-Makers at Incheon National University I'이란 제목으로 2020년 6월에[16] 따로 출판했다.

첫번째 책은 101명, 두번째 책은 178명의 교수와 직원선생님으로 구성된 현장 실무자들이 공동저자가 되었고, 책의 지적재산권이라 할 수 있는 판권을 공동소유하기로 했다. 다만 인세는 저자 전원이 인천대학교 발전기금으로 기부하기로 동의했다.

이 책의 공동저자 중 한명인 인력개발팀 김주일 선생님은 "처음에는 사례를 쓰려니 막막한 마음이 앞섰지만, 팀원들과 역할을 분담한 덕에 수월하게 끝냈다. 내 이름이 공저자로 인쇄된 책자가 나오면 가족과 지인들에게 내가 쓴 부분을 표시하여 나눠주고 싶다."는 표현으로 이 책에 소개된 혁신 프로젝트에 대한 마음을 나타냈다. 현장 실무자들이 혁신 프로젝트에 대한 판권을 갖게 되고 인세를 받게 되니까, 혁신 프로젝트에 대한 자부심과 애착이 생긴 것이다. 혁신 프로젝트가 진정 자신의 소유물이 되고 자신은 혁신 프로젝트의 주인이 된 것이다.

조동성 총장의 말이다. "인천대에서는 직원선생님들이 '우리가 현장이라는 가장 중요한 곳에서 혁신을 주도하는 역할을 하는구나'라는 혁신 주체로서의 인식을 하고 계시리라 믿습니다. 혁신을 실행에 옮기는 구성원의 마음이 가장 중요합니다. 저는 '리더십'보다는 '팀워크'라는 단어를 더 중시합니다. 팀원들 스스로 아이디어를 창출하고 실행에 옮길 수 있는, 맘껏 일할 수 있는 분위기와 장을 마련해주는 역할을 하려고 노력했습니다." 혁신 사례 프로젝트에 참여한 안희수 선생님은 "혁신사례집을 읽으면서 대학 내에서 학사, 취업 등 여러 분야를 통해 혁신이 다양하게 이뤄지고 있는 것에 놀랐습니다. 혁신에 소극적이었던 선생님들도 사례집이 출간된 후에는 본인이 참여했던 프로젝트도 넣고 싶다는 문의가 있었습니다."라며 달라진 분위기를 설명하였다.

8) 국적차별 금지와 공문서의 한글영문병기 및 영문행정용어집을 책으로 출판

인천대에서는 한국 국적을 가지지 않은 학생과 교수를 외국인학생(foreign student), 외국인교수(foreign professor)로 부르지 않고, "A국에서 온 국제학생(international student from Country A)", "B국에서 온 국제교수(international professor from Country B)"로 부르기로 했다. 이렇게 되면 호칭에 있어 외국인과 한국인 간에 차별이 없어진다. 즉 한국인학생도 "한국에서 온 국제학생(international student from Korea)", 한국인교수도 "한국에서 온 국제교수(international professor from Korea)가 된다. 그리고 이들에 대한 언어상의 차별을 없애기 위해 2016년부터 모든 공문서를 한글과 영문으로 병기하기로 했다. 이 작업은 초기에 전 직원들의 반발과 불평을 초래했다. 따라서 1년간의 유예기간을 갖고 연습을 한 후 2017년부터 모든 공문서에 한영 병기를 시작했다(<그림 5.13> 참고). 다만 법률상 문제가 날 소지를 없애기 위해 공문서의 법적 능력은 한글판을 기준으로 했다.

유예기간 1년 동안 한글영문병기에 대한 직원선생님들의 불안은 계속되었다. 영미권에서 온 국제교수, 국제학생들에게 영문 문장을 교정받는 것은 물론, 집에 가서 자녀들에게 영어를 교정받아 오는 직원선생님도 있었다고 한다. 그러는 가운데 직원선생님들은 행정업무를 영어로 표현하는 자신의 역할에 자부심을 느끼고 업무에 대한 소명의식과 책임감이 강해지기 시작했다. 대학의 국제화 열기가 뜨겁고, 유학생 유치가 대학의 사활을 거는 과제로 인식되는 상황에서 교직원의 국제화 역량은 함께 발전했다.

과거에는 대학본부에서 외국어교육 프로그램을 제공하고 직원선생님들을 교육하기 위해 노력했지만 별 효과가 없었다. 반면, 한글영문병기를 시작한 다음부터는 직원선생님들이 업무에 필요한 영어를 스스로 찾아서 연마하기 시작했다. 외국인 외빈들의 초청 행사 하나를 진행할 때도 대학본부에서 가이드라인을 제시할 필요가 없이, 현장에서 모든 것을 기획하고 마음껏 역량을 발휘했다.

그러는 가운데 현장에서 응답이 들려온 대표적인 혁신 중 하나가 직원선생님들이 자발적으로 시작한 'INU 교직원 행정영어' TF팀 모집이었다. TF 팀장이 된 인력개발팀 김주일 선생님 외에도 현장의 직원선생님들 각자가 크고 작은 프로그램을 주도하면서 자신만의 업무 노하우와 자료를 데이터베이스화했고, 이를 동료와 공유하면서 실무영어를 모으는 다양한 소모임을 운영하고 있었다. 이에 따른 결과물은 전문지식을 갖춘 외국인 교수님과 국제교류 담당자로부터 피드백을 받으면서

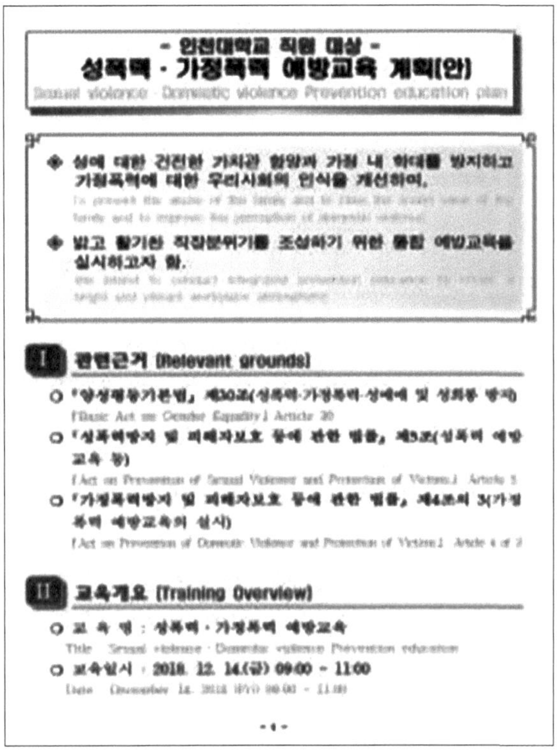

- 인천대학교 직원 대상 -
성폭력 · 가정폭력 예방교육 계획(안)
Sexual violence · Domestic violence Prevention education plan

I. 관련근거 (Relevant grounds)

II. 교육개요 (Training Overview)

○ 교육일시 : 2018. 12. 14.(금) 09:00 ~ 11:00

그림 5.13
한글영문병기 공문서

업무 참고 자료로 손색이 없을 만큼 발전해갔다.

이러한 과정에서 대학행정영어 연구 소모임을 이끌던 인력개발팀 조천순 과장과 김주일 선생님이 결과물을 도서로 출판하자는 아이디어를 제시했다. 현장에서 얻은 지식과 경험이 담긴 결과물을 대학구성원과 나눠 대학 전체의 국제화 수준을 높여보자는 것이 그 이유였다.

2019년 세계도시전문가 초청 세미나 행사에 참여했던 박종윤 선생님의 말이다. "처음으로 주도적으로 행사에 참여하여 외국의 초청 인사들의 일정을 조정하고, 비행기 및 숙소 예약같이 사소한 일정에서부터 인천대 스마트시티심포지엄 참석까지 눈코 뜰 새 없는 시간을 보냈습니다. 계획안 작성 등 관련 업무를 통해 한글과 영어를 병기하여 공문서를 작성하였고 이러한 경험을 바탕으로 행정영어 책자를 제작하는 TF팀을 모집한다고 해서, 도움을 드리고 싶어 TF팀에 응모했습니다."

얼마 후 'INU 교직원 행정영어' TF팀은 'INU 교직원 실무영어'[17]라는 책을 출판했다. 이러한 현장에서의 노력들을 통해 인천대는 국내를 넘어 글로벌 대학으로 진입하는 대학문화를 만들어 나갔다.

9) 현장중심원칙으로 학과의 자율성 존중

조동성 총장의 말이다. "지난 4년 동안 신임 교수를 충원하겠다는 각 학과의 요청은 100% 수용되었습니다. 본부에서 "그 과는 교수가 많으니 안 뽑았으면 좋겠다"는 말을 한 번도 하지 않았습니다. 그러나 이렇게 되면 교수충원률과 충돌하는 경우가 있습니다. 예컨대 어느 학과는 강의를 담당하는 교수가 부족한데도 뽑지 않고, 어느 학과는 교수 수가 넘치는데도 더 뽑겠다는 경우가 있습니다. 이럴 때 두 가지 가이드라인을 적용했습니다.

첫 번째 제안은 충원율을 기준으로 삼지 말자는 것입니다. 왜냐하면 우리 학교는 이미 교육중심대학에서 연구중심대학으로 바뀌었기 때문입니다. 충원율은 교육중심 대학일 때의 기준입니다. 연구중심 대학에서는 연구가 필요한 학과는 안 가르치는 교수를 뽑을 수 있어야 합니다. 또 그 과정에서 더 많은 전공선택 과목도 만들 수 있습니다.

두 번째 제안은 학과 의견을 따르자는 것입니다. 그 학과에 교수가 필요한지 아닌지에 대한 판단을 획일적인 기준에 따라 대학 본부가 정하지 말고 개별 학과에 맡기자는 것입니다. 그 학과가 교육을 위해 교수가 필요하다면 교육을 할 교수를 뽑고, 새로운 연구할 교수가 필요하다면 그런 교수를 뽑으면 됩니다.

교수 충원에 있어서 현장중심 원칙은 대학의 원칙을 만들어야 하는 대학본부의 책임을 버리는 행위라고 하면서 이를 반대하는 보직 교수들이 있었습니다. 인천대는 이러이러한 방향으로 간다는 원칙을 본부에서 결정하고, 그 원칙에 따라 해당 학과에게 필요한 교수를 배정하는 것이 대학본부의 책임이라는 주장이었습니다. 저는 본부에서 원칙과 방향을 정하는 것도 대학본부가 원칙으로 정할 수 있는 하나의 대안이지만, 현장을 담당하는 학과에서 스스로 판단하고 결정하는 것도 대학본부가 원칙으로 정할 수 있는 또 하나의 대안이라고 했습니다. 첫 번째 대안은 본부중심 원칙에 의한 연역적 방법이고, 두 번째 대안은 현장중심 원칙에 의한 귀납적 방법입니다. 미래가 분명하고 쉽게 파악할 수 있는 시대라면 본부중심 원칙도 좋지만, 지금처럼 미래로 나아가는데 있어 다양한 가능성이 있는 시대에서는 현장중심이 더 바람직하다고 믿습니다. 더구나 우리 인천대의 구성원들은 단기적이고 자기중심적인 사고보다 장기적이고 대학과 사회를 먼저 생각하는 현명하신 분들입니다. 인천대는 현장중심 원칙을 적용할 수 있는 대학이라고 믿습니다.

지금은 생태계가 결정하는 시대입니다. 대학을 생태계라고 보고 대학이라는 생태계가 스스로 발전하도록 도와주는 역할을 본부가 해야 합니다. 본부는 모든 일이 선순환으로 이루어지도록 플랫폼을 제공하는 역할을 하면 됩니다. 깃발을 들고 앞장서서 나를 따르라는 방식만 원칙이라고 생각해서는 안 됩니다. 물론 그것도 하나의 원칙이 될 수는 있지만, 현대사회에서는 플랫폼으로서 생태계를 움직이는 메커니즘에 따르는 것 역시 훌륭한 원칙이 될 수 있습니다. 생태계 스스로 책임을 지고 힘을 기르고 생존할 수 있도록 기다리는 것이야 말로 플랫폼인 본부의 중요한 역할입니다. 그 시간을 기다리지 못하면 본부에서 자꾸 지침과 원칙을 만들고 현장에게 따르도록 일방적으로 지시하게 됩니다. 그래서는 환경이 급변하는 생태계에서 살아남기 힘듭니다. 저는 본부가 이러한 조급증을 극복하고 생태계가 작동할 수 있을 때 성숙한 조직이 탄생한다고 생각합니다.

4년 동안 현장에 답이 있다는 원칙에 따라 각 학과가 스스로 책임을 지고, 학과를 발전시키는 것이나 후퇴시키는 것이나 각 학과의 선택이라고 믿습니다. 조직도를 180도 돌려서 현장을 제일 위에 배치한 작은 혁신을 시작으로 해서, 다양한 혁신 프로젝트들을 실행하는 과정에서 일관되게 현장에 답이 있다는 점을 중심에 두었습니다.

인천대만큼 행복한 대학도 없습니다. 다른 대학은 교육부에서 정년교수를 대체하는 경우에만 신임 교수를 뽑으라고 합니다. 인천대는 국립대법인이 되면서 교육부가 그런 관여를 안 합니다. 직접적인 규제를 안 합니다. 인천대가 사립대였을 때는 교수충 원율이 50% 정도였습니다. 충원율은 대학의 흑자적자를 가르는 분수령이라고 할 수 있습니다. 교수 인건비가 높기 때문에 대부분의 사립대학들은 전임교수를 줄이고 강사를 늘립니다. 지방거점 국립대학들은 85% 정도 됩니다. 서울대는 120% 가까이 됩니다. 인천대는 지난 8년간 신임교수들을 열심히 뽑은 결과 77%로 올라갔습니다. 아직 여유가 있습니다. 교수를 교육부 허락 없이 늘려 뽑아도 되는 전국에서 유일한 국립대학입니다. 각 학과로 하여금 신임교수를 원하는 만큼 뽑도록 했습니다. 현장에 답이 있다는 말은 서류와 현장은 다르다는 의미입니다. 충원율과 같은 서류상 통계에만 의존하다 보면 현장과는 동떨어진 의사결정이 나올 수 있습니다. 현장중심원칙을 지키며 구성원들이 책임의식을 가지고 업무에 임하는 한, 인천대는 끝없이 발전할 수 있는 원동력을 지니고 있게 됩니다."

3. 혁신의 조합과 순열

"9가지 혁신을 하는데 있어 중요한 것은 조합과 순열입니다. 조합 차원에서 보면, 가치관/문화/상징의 혁신과 같은 인프라 혁신과, 주체/접근방법/목적의 혁신과 같은 프로그램 혁신을 조화롭게 갖춰야 합니다. 순열 차원에서 보면, 먼저 인프라 혁신을 통해 프로그램 혁신을 위한 플랫폼을 만든 다음, 학과자율성 존중, 중심의 실제로 행동이 필요한 혁신을 시도해야 합니다."

인천대의 9가지 혁신 프로젝트도 존댓말 쓰기 운동 같은 문화 혁신, 조직도 180도 회전과 같은 상징 혁신, 직원/조교 선생님들의 석박사학위과정 공부와 같은 가치관 혁신을 먼저 해야, 그 다음에 예산배분권 현장 위임, 현장실무자가 지적재산권 소유와 같은 주체 혁신이 일어나고, 예산배정권 현장위임과 같은 접근방법 혁신이 순조롭게 자리잡을 수 있습니다.

솔직히 말씀드리면 제가 인천대에 부임해서 혁신을 추구하던 2016년만 해도 조합과 순열, 특히 순열의 중요성을 지금같이 이해하지 못했었습니다. 그래서 현장에서 아이디어가 나오는 대로 깊은 생각을 하지 못하고 시행한 것들이 많았습니다. 이를테면 조직도를 180도 돌려서 역피라미드로 바꾸는 상징의 혁신을 가장 먼저 한 것입니다. 저는 본부가 솥뚜껑처럼 위에서 대학 구성원들을 규제하는 역할이 아니라 트램플린 처럼 밑에서 구성원들이 하늘을 향해 마음껏 뛰놀게 해주고, 만일 실수나 실패를 한다면 보호해주는 플랫폼이 되어야 한다는 믿음 속에서 시행한 것이었는데, 학내에서 가장 먼저 나온 반응은 "보여주기 쑈"라는 차가운 비판이었습니다. 지금 생각하면 현장 직원선생님들이 자부심을 갖게 되는 존대말쓰기 운동과 같은 문화혁신, 석박사학위과정 공부와 같은 가치관혁신을 먼저 한 다음, 예산배분권 현장 위임과 같은 행동의 혁신과 함께 진행했으면 그런 비판이 나오지 않았을 듯합니다.

다만 조직도를 바꾼 후, 현장의 직원선생님들 몇 분이 찾아와서 본인 이름을 넣어 달라는 요청을 받고, 새로운 조직도가 받아들여지기 시작했구나 하는 안도의 숨을 내쉬었습니다. 이 분들의 성함은 과거 조직도에 없었지만 당사자들도 별 신경을 쓰지 않았다가, 새로운 조직도를 보고 대학에 대한 본인의 소속감이 생기면서 자신의 위상에 대한 관심을 가지게 되신 듯합니다.

4. 혁신 비용은 얼마나 드나?

인천대의 혁신을 소개하는 세미나에서 조동성 총장으로부터 현장중심 혁신에 대한 설명을 들은 참석자가 질문했다. "이러한 혁신 프로젝트를 9개씩이나 진행하는 데에는 상당한 비용이 필요할 텐데, 이에 대한 예산부서의 반발은 어떻게 극복했습니까?"

조 총장의 답변은 간단했다. "고비용이 필요한 혁신은 진정한 혁신이 아닙니다. 이 세미나에서 다룬 현장중심 혁신 9가지는 돈을 쓰는 혁신이 아니라 돈을 버는 혁신입니다.", "뭐라구요?"라고 놀란 참석자에게 한 답변이다.

"1번의 존댓말 쓰기 운동, 2번의 조직도 180도 회전은 전혀 예산이 필요하지 않습니다. 5번의 혁신프로젝트 보고서 작성, 6번의 WURI Ranking 참여는 담당 직원선생님들의 고유업무입니다.

3번 석박사학위 과정에 입학하는 직원/조교선생님에게 90% 장학금을 지원하는 프로젝트는 장학금만큼 예산이 든다고 생각되기 쉽지만, 대학 입장에서는 오히려 10%의 수입이 생기는 기회가 됩니다. 우리 직원/조교선생님들은 여석을 활용해서 입학하기 때문이거든요.

4번의 예산배분권을 현장에 위임하는 혁신은 본부에서 현장을 모르고 획일적인 예산배분을 한 결과 방만하게 사용되던 예산을 현장에서 알뜰하게 쓴 결과 오히려 남아돈다는 얘기를 들었습니다. 예컨대 과거에는 본부에서 각 대학에 있는 컴퓨터 실습실에 3년마다 PC 50대 씩을 사주었는데, 이제는 각 컴퓨터 실습실을 담당하는 부서에서 고장 나거나 노후된 몇 대만 갈고, 여기서 절약되는 예산을 현장에서 필요한 다른 곳에 사용할 수 있게 된 것입니다.

7번의 혁신사례집, 8번의 실무영어책 발간은 학교 예산을 쓰기 보다는 책을 많이 팔아서 돈을 벌 수 있는 기회가 됩니다.

9번의 학과자율성 존중은 이를 통해 대규모 교수 충원이 이루어지면 이에 대한 예산이 필요하지만, 이야 말로 인천대가 장기적으로 발전하기 위해 가장 집중해야 하는 투자가 아니겠습니까?

손자병법 식으로 말씀드린다면, 돈을 들여서 하는 혁신은 하책(下策)이고, 돈을 안들이고 하는 혁신은 중책(中策)이며, 돈을 벌어가며 하는 혁신은 상책(上策)입니다."

5. 마치며

"학교를 이끌어나가는 주체가 교수님들이라고 생각하는 분들이 많지만 실은 그렇지 않습니다. 학교는 직원선생님들이 이끌고 갑니다." 조동성 총장이 교수들에게 한 얘기이다.

"직원선생님들은 아침부터 저녁까지 풀타임으로 근무하시는 분들이고, 보직을 맡으신 교수님들은 교육하고 연구하다가 시간을 내서 학교 일을 보는 파트타임입니다. 부총장님, 학장님, 처장님, 원장님 모두 파트타임입니다. 학교 행정 업무를 본다는 점에서 그렇다는 말입니다. 교육과 연구를 하지 않으면서 풀타임으로 학교 업무를 보는 보직교수는 총장이 유일합니다. 그래서 총장은 교수가 아닙니다.

교육/연구와 학교 일이 부딪치는 상황이 되면 보직교수님들은 교육/연구를 우선으로 할 수 밖에 없습니다. 보직을 위해 교육/연구를 희생하라고 요구할 수 있는 권한이 학교에는 없습니다. 대학행정은 2년에서 4년간 파트타임으로 일하는 교수님들이 끌어가기 어렵습니다.

바다에 비유한다면 직원선생님들은 '물'이고, 보직교수님들은 '파도'입니다. 파도는 왔다 갔다 하지만 물은 그대로 있습니다. 바다가 물로 이루어지듯, 대학행정은 직원선생님들에 의해 이루어집니다. 보직교수님들은 의사결정을 하는 분들이지, 하루하루의 행정을 하는 분들이 아닙니다. 의사결정은 파트타임으로도 가능하지만 행정은 그렇지 않습니다. 그래서 미국 대학에서는 보직 교수님들이 풀타임으로 보직을 합니다. 보직하는 기간 동안에는 교육이나 연구를 하지 않습니다. 학교를 이끌어 가시는 직원선생님들이 현장에서 맡고 있는 역할에 대해서 자부심과 소명의식을 가지고 일에 임하시기 바랍니다."

CHAPTER 06

경영자가 원하는 경영메커니즘

특강

SER-M 패러다임으로 분류한 3가지 등급의 지도자

"나아가되 명예를 구하지 않으며 물러나되 죄를 피하지 않고, 오로지 국민을 보호하고 군주에게 이익이 되는 것 만을 해야 국가의 보배이다(進不求名 退不避罪 惟人是保 而利合于主 國之寶也)." <손자병법> 10편(地形 · 지형)

삼국지에 등장하는 제갈량(諸葛亮, 181~234)은 지략이 남달리 뛰어난 전략가로 유명하지만 그를 더욱 존경하는 이유는 주군/主君(주체, Subject)에 대한 충성심이다. 제갈량이 북벌을 하기 위해 유선(劉禪, 재위 223~263)에게 올린 상소문인 출사표에 다음과 같이 이러한 충성심이 잘 나타나 있다.[1] 제갈량의 출사표는 천하명문이어서 "이 글을 읽고 눈물을 흘리지 않으면 충신이 아니다"라는 말까지 있을 정도였다.

전출사표(前出師表, 227년)

신 량이 아뢰옵니다(臣亮言) … 선제[2]께서는 황공하옵게도 신을 미천하게 여기지 아니하시고 세 번씩이나 몸소 초려를 찾아 오셔(삼고초려/三顧草廬) 신에게 당세의 일을 자문하시니, 신은 이에 감격하여 선제를 위해 몸을 아끼지 않으리라 결심하고 그 뜻을 받들었사옵니다… 폐하께서는 신에게 적을 토벌할 것을 명하시고, 만일 이루지 못하면 신의 죄를 엄히 다스리시어 선제의 영전에 고하시옵소서… 신이 받은 은혜에 감격을 이기기 못하옵니다. 이제 멀리 떠나면서 (출사)표를 올림에

눈물이 앞을 가려 무슨 말씀을 아뢰어야 할지 모르겠사옵니다.

후출사표(後出師表, 228년)

적을 치지 않으면 왕업(王業) 또한 망할 터이니, 앉아서 망하기만을 기다린다면 누구와 더불어 적을 물리치겠나이까… 신은 몸을 엎드려 죽을 때까지 힘을 다하겠습니다.

유비는 임종하기 직전 제갈량에게 유선을 부탁하면서도 유선이 제대로 역할을 하지 못할 경우는 제갈량이 군주에 오르라고 전권을 주었지만 제갈량은 유비는 물론 유선에게도 절대 충성을 맹세한다. 유비가 죽고 난 후 시행한 북벌도 여러 가지 상황이 쉽지 않다고 생각했음에도 불구하고 제갈량은 자기가 살아있을 때 이를 성공하지 않으면 지금 이룩한 왕업(王業)마저 위태롭기 때문에 이를 지키고자 충성심에서 시행한 것이다. 신하는 위의 손자병법에서도 얘기한 바와 같이 "오로지 국민을 보호하고 군주에게 이익이 되는 것 만을 해야 국가의 보배"인 것이다.

이와 관련해서 본문에서도 언급했다시피 이순신 제독의 경우 "전쟁이 끝난 후 선조와 갈등을 일으킬 가능성이 있어 … 노량전투에서 스스로 목숨을 버렸다" 등의 주장은 옳지 않다. 손자병법과 제갈량의 사례 등을 통달하고 있었을 이순신 제독이 군주와의 갈등을 우려해 죽음을 택했다고 하는 것은 "국민을 보호하고 군주에게 이익이 되는 것"이 아니기 때문에 있을 수 없는 일이었다.

이러한 사례를 SER-M 패러다임과 연결해 보면 지도자를 3개 등급으로 구분할 수 있다. 1등급은 SER, 2등급은 ER, 3등급은 R의 '비중과 순서'를 운용하는 지도자이다. 예를 들면, 삼국지에서 촉(蜀)나라의 경우, 1등급은 군주인 유비이고, 2등급은 군주(주체, Subject)에게서 전권을 위임받아 환경(Environment)과 자원(Resource)을 총괄하여 전체 전투를 설계(비중과 순서)하고 실시하는 총사령관인 제갈량이며, 3등급은 제갈량의 명령을 받은 권한 내에서[3] 자원(Resource)을 효율적으로 사용(비중과 순서)하는 관우, 장비, 조운 등 장군이다. 적벽대전의 예를 들면, 주체(Subject)인 손권과 유비가 주유와 제갈량에게 전권을 맡기고, 제갈량은 바람이 바뀌는 기후 환경(Environment)을 읽은 후 화공으로 주된 전략을 결정해서, 관운장 등에게 각 부대(Resource)가 해야 할 일들을 지정해 준다.

경영에서도 마찬가지이다. 1등급은 기업의 소유주 또는 이사회, 2등급은 전문경영자인 CEO, 3등급은 각 분야의 부서장이다. 그런데 1등급이 직접 2등급을 겸직하거나, 겸직은 아니지만 1등급이 2등급을 제대로 평가를 하지 못해 기업의 성과가 제대로 나지 못하는 경우가 있다. 이럴 경우 헤지펀드(Hedge Fund)의 행동주의 투자가(activist investor or activist shareholder)가 해당 기업의 지분을 늘여

직접 이사회에 참여해서 경영에 영향을 주기도 한다. 특히 우리 나라 대기업의 경우 1등급과 2등급의 지도자가 겸직하는 오너 경영이거나, 겸직은 아니더라도 1등급인 오너가 지정한 2등급 CEO인 경우가 많아 경영성과를 제대로 평가하고 직접 경영에 반영할 수 있는 효율적인 시스템이 필요하다.

기업경영자는 자신이 원하는 경영메커니즘을 만들 수 있는 권한과 만들어야 하는 책임을 동시에 가지고 있다. 6장에서는 경영자가 원하는 메커니즘을 만드는 방법에 대해 논의한다. 특히 CPT 모델의 세가지 요인 중에서 두 번째 요인인 순열(Permutation)을 이용해서 창조경영메커니즘, 혁신경영메커니즘, 적응경영메커니즘을 만드는 방법을 소개한다. 이 방법이 바로 메커니즘구축전략(Mechanism-Building Strategy: MBS)이다.

사례 4

'모더나'의 리보핵산(mRNA) 방식 코비드-19 백신 개발

2021년 7월 20일부터 50~52세 국민 대상으로 모더나의 코비드-19 백신 접종예약이 시작되었다. 지난 6월 일부 의료인들에게 모더나 백신접종이 이뤄졌지만 일반인 대상은 이번이 처음이다. 이미 백신접종이 광범위하게 이뤄진 화이자, 아스트라제네카 등 글로벌 제약사들에 비해 모더나는 다소 생소한 회사여서 관심이 쏠린다.

"설립 후 내리 10년간 누적적자 15억 달러(1조 7천억 원), 상업화에 성공한 의약품은 전무한 회사." 코비드-19 대유행이라는 기회를 포착, 순식간 세계제약업계의 신데렐라로 급부상한 미국 바이오벤처 '모더나'의 초라한 과거 성적표다. 미국 월가에서는 모더나가 올해 매출 245억 달러(28조 원), 영업이익 183억 달러(20조 원)를 넘길 것으로 전망한다. 이같은 매출 규모는 2020년 전체 국내 제약 · 바이오 시장(24조 원)을 넘어선다.

모더나는 하버드 의대 교수였던 데릭 로시가 로버트 랭거 MIT 교수 등과 함께 2010년 창업했다. 모더나가 현재까지 상업화에 유일하게 성공한 의약품은 코비드-19 백신이다. 이 백신 덕에 모더나 몸값도 천정부지다. 7월 26일 기준 모더나의 시가총액은 1,400.65억 달러로 161조 원으로 셀트리온(36조 원)과 삼성바이오로직스(60조 원)를 합한 것보다 66조 원 가량 더 큰 규모다.

모더나의 성공사례는 국내기업들에게도 시사하는 바가 크다. 무엇보다 될성싶은 곳에 집중, 시류에 흔들리지 않고 '한우물 파기'를 하는 것이 가장 효과적인 성공전략이라는 것을 보여준다. 이 회사가 주력하던 mRNA 방식은 글로벌 제약업계로부터 지속적으로 외면받아왔다. RNA를 변형해 몸안에 주입, 세포가 병이나 바이러스를 퇴치하도록 유도하는 형태는 이전까지 상용화에 성공한 적이 없었던 탓이다. 그럼에도 모더나는 지난 10여 년간 mRNA 치료제 개발에 사활을 걸었다. 모더나 창업자 로버트 랭거교수는 이데일리와 인터뷰에서 "다른 전통적 방식에 비해 mRNA 치료제는 병원균이 필요없어 인체에 훨씬 안전하기에 확신을 했다"고 회고한다. 결국 이 분야 장기간 연구개발을 통해 축적한 노하우가 mRNA 기반 코비드-19 백신 탄생의 원동력이 됐다.

코로나가 창궐하던 지난해 3월 스테판 방셀 모더나 CEO는 mRNA 연구성과를 근거로 "수개월 내 코비드-19 백신을 개발할수 있다"고 자신했다. 실제 모더나는 개발에 착수한지 불과 9개월 만에 긴급사용승인을 받았다. 신약 하나 개발하는 데 평균 10년 이상 소요된다는 점을 감안하면 '파격' 그 자체다.

"대부분 기념비적인 혁신은 비이성적인 출발 전제가 낳은 결과물이다. 우리는 증명되고, 이해할 만하고, 공감을 불러일으키는 출발 전제를 기반으로 하는 일들은 피했다."

뉴바 아페얀(Noubar Afeyan) 모더나 공동창업자 겸 회장이 던지는 메시지는 글로벌 기업으로의 도약을 노리는 국내 바이오 기업들에게도 의미심장하다. 서로 비슷한 방식의 신약개발 레이스를 벌여서는 미래가 없다는 얘기다. 그가 말한 모더나의 비이성적인 출발 전제는 "RNA 분자를 프로그램해서 몸 안에 집어넣어, 인체가 스스로 치료제를 만들도록 할 수 있다"는 전에 없던 발상이다.

출처

[모더나에서 배운다]창업10년만 첫 의약품, 국내 제약업 전제매출 능가① [이데일리 류성 바이오 전문기자. 왕해나 기자]

1절 메커니즘구축전략 (Mechanism-Building Strategy: MBS)

1. 순열에 의한 6가지 경영메커니즘

A라는 기업에서는 구성원들이 스스로 새로운 일을 찾아 나서고, 신바람을 내면서 열성적으로 일한다. 매년 성과가 올라간다. B라는 기업에서는 구성원들이 매너리즘에 빠져있고, 서로 비방하면서 책임을 다른 사람에게 전가한다. 성과는 계속 하강곡선을 그린다. 언제 문을 닫을지 모르겠다. 이 세상 모든 경영자는 A와 같은 기업의 경영자가 되고 싶어한다. 그러나 경영자가 B라는 기업의 책임을 맡게 되었다면 두가지 중 하나를 선택해야 한다.

첫째 대안은 주어진 조건을 숙명으로 알고, 주어진 범위내에서 맡은 임무를 하는 것이다. 이 때 주위 사람들에게는 다음과 같이 얘기할 것이다. "기업이란 원래 그런 것이야. 직원들이란 월급만 받고 놀기만 좋아하지. 요즘 젊은이들 불만이 많은 걸 어떻게 하겠나. 그들에게는 회사에 대한 충성심은 눈꼽만큼도 찾아볼 수 없다네. 나? 나야 회사에서 월급받고 있는 동안 내 할일을 하다가 그만두라고 하면 그만 둬야지."

둘째 대안은 기존의 틀을 깨고 주어진 조건을 변화시켜서 A사, 또는 그 이상으로 만드는 것이다. 주위 사람들에게는 다음과 같이 얘기할 듯하다. "나는 회사 업무를 직접 하지 않는다네. 내가 하는 일은 구성원들이 하고 싶은 일을 찾아내게 해서 그 일을 하도록 맡기는 것밖에 없다네. 그들이 기존 일하던 방식을 바꾸겠다면 바꾸게 해줘야겠지. 우리 구성원들은 창조적 능력도 뛰어나고, 혁신적 능력도 남다르다네."

당신은 어떤 대안을 선택하겠는가? 첫째 대안이 아니라 둘째 대안을 선택한다면 바로 여기에서 논의하는 메커니즘구축전략을 선택해서 원하는 메커니즘을 만들고 그 메커니즘을 이용해서 기업성과를 올리겠다는 뜻을 밝힌 것이다.

메커니즘구축전략을 실행하는 방법은 의외에도 간단하다. 그것은 라면 요리 방법과 일치하기 때문이다. 라면을 잘 끓이는 사람이라면 원하는 경영메커니즘을 만드는 것은 식은죽 먹기이다. 라면을 끓일 때 알아야 하는 것은 라면 요리 재료의 조합, 요리하는 과정에서의 순열, 그리고 요리 활동 하나하나에 들어가는 시간이었다. 다만 라면 요리를 할 때에는 라면 외에 계란과 파를 추가하지만, 여기서는 이미 모든 '재료'는 주어졌다고 전제하자.

여기서도 경영자가 기업이 원하는 경영메커니즘을 만들때 주체(S), 환경(E), 자원(R)이 모두 주어졌다고 전제하자. 다시 말해서 경영자도 결정되어 있고, 주체도 바꿀 수 없고, 자원도 있는 그대로 사용해야 한다. 그런 상황에서 경영자가 할 수 있는 일은 순열이다. 즉 S, E, R 중 어느 요인으로 하여금 기업경영에 대한 주도권을 줄 것인가 하는 순서이다.

S, E, R이라는 세 가지 요인을 이용하는 순열에는 6가지가 있다. 즉,

S가 가장 앞에 오는 순열인

- 환경창조 경영메커니즘(SER): 주체가 능동적으로 환경을 창조한 다음, 적극적으로 자원을 확보
- 자원창조 경영메커니즘(SRE): 주체가 능동적으로 자원을 창조한 다음, 적극적으로 환경을 개발

S가 가운데에 있는

- 환경혁신 경영메커니즘(RSE): 새롭게 주어진 자원을 이용해서 주체가 적극적으로 환경을 혁신
- 자원혁신 경영메커니즘(ESR): 새롭게 주어진 환경에 따라 주체가 적극적으로 자원을 혁신

S가 가장 뒤로 가는

- 환경적응 경영메커니즘(ERS): 주어진 환경에 적응하기 위해 가지고 있는 자원을 주체가 활용
- 자원적응 경영메커니즘(RES): 새롭게 생긴 자원을 활용하기 위해 주어진 환경에 주체가 적응

하는 6가지 순열이 <표 6.1>처럼 만들어진다.

위 6가지 순열은 각각 다음과 같은 특징이 있다.

1 2 3 1. 변화를 선도하는 역할 2. 변화의 매체 역할 3. 변화의 결과

창조경영 메커니즘(환경/자원을 창조하는 메커니즘)

S E R	• 환경창조형 [S가 능동적으로 E를 창조한 다음, 적극적으로 R을 확보]
S R E	• 자원창조형 [S가 능동적으로 R을 창조한 다음, 적극적으로 E를 개발]

혁신경영 메커니즘(환경/자원을 혁신하는 메커니즘)

R S E	• 환경혁신형 [R을 주어진 조건으로 하여, S가 적극적으로 E를 혁신]
E S R	• 자원혁신형 [E를 주어진 조건으로 하여, S가 적극적으로 R을 혁신]

적응경영 메커니즘(기존 환경과 기존 자원에 적응하는 메커니즘)

E R S	• 환경적응형 [E를 주어진 조건으로 하여, S가 소극적으로 R을 활용]
R E S	• 자원적응형 [R를 주어진 조건으로 하여, S가 소극적으로 E에 적응]

표 6.1
순열에 따른 경영메커니즘 유형

1) 환경창조 경영메커니즘(SER): 흙수저 창업가형 메커니즘

이 메커니즘은 경영자가 무에서 유를 일궈내는 모델이다. 무자원으로 유환경, 즉 자원 없이 환경을 창조하는 메커니즘이다. 현대그룹을 창업한 정주영(1915~2001) 회장을 보자. 강원도 통천군에서 태어난 정주영은 초등학교만 졸업하고 가출을 네 차례 한 끝에 인천에 와서 막노동도 하고 서울에 와서 쌀가게도 하다가 해방 후인 1946년 현대자동차공업사를 설립하고 1947년에는 현대토건사를 설립해서 사업기반을 마련한다. 1960년대에 정주영은 경부고속도로, 중동국가의 인프라사업 건설, 조선산업 등에서 창조적인 아이디어를 내서 엄청난 비용이 드는 프로젝트들을 성공적으로 완성시킨다. 그 후 조선산업과 자동차산업에서 세계를 이끄는 기업군을 탄생시키면서 삼성그룹과 1, 2위를 다투는 재벌그룹을 만들어냈다. 정주영은 새로운 환경을 만들어내는 환경창조 경영메커니즘을 현대그룹에 구축한 경영자로서의 인생을 살았다. 그런 의미에서 환경창조 경영메커니즘은 무에서 출발한 '흙수저 창업가형', 또는 '정주영 메커니즘'이라고 불러도 좋을 듯하다.

2) 자원창조 경영메커니즘(SRE): 금수저 창업가형 메커니즘

이 메커니즘은 경영자가 최초의 사업에 필요한 자원을 능동적으로 창조한 후, 적극적으로 환경을 개발하는 모델이다. 삼성그룹을 창업한 이병철(1910~1987) 회장을 보자. 경남 의령에서 천석지기 부자 이찬우의 아들로 태어난 이병철은 1938년 부모에게서 물려받은 30,000원으로 삼성상회를 설립하고,[4] 1948년 고향친구 조홍제와 이병철 3대 조홍제 7로 공동출자하여 삼성물산을 설립하는[5] 등, 초기에 필요한 자본을 주변의 도움으로 확보하였다. 그 후 1953년에 제일제당, 1954년에 제일모직을 설립하여 제조업에서 크게 성공을 거두고, 동방생명, 신세계백화점, 안국화재보험, 전주제지, 삼성전자 등으로 사업을 확장해서 한국 최대의 삼성그룹을 일구어냈다. 이병철은 주변 도움으로 만들어낸 최초의 자원을 기반으로 하여 새로운 환경을 이끌어낸 자원창조 경영메커니즘을 삼성그룹에 구축한 경영자였다. 그런 의미에서 자원창조 경영메커니즘은 경제적 기반을 가지고 시작하는 '금수저 창업가형, 또는 '이병철 메커니즘'이라고 부를 수 있을 듯하다.

모더나의 최대주주인 뉴바 아페얀(Noubar Afeyan) 회장이 추구해온 메커니즘도 코비드-19 백신 기술이라는 내부자원에서 출발했다. 다른 기업과 다른, 이전까지 상용화에 성공한 적이 없었던 mRNA 치료제 개발에 사활을 걸었던 모더나는 결국 남다른 자원을 창조했고, 이러한 자원창조 경영메커니즘을 통해 새로운 환경을 지배하고 있다.

3) 환경혁신 경영메커니즘(RSE): 사내 창업가형 메커니즘

새롭게 주어진 자원을 이용해서 주체가 적극적으로 환경을 혁신하는 이 경영메커니즘은 주어진 자원이 선도적 역할을 한다는 점에서는 주체가 수동적이지만, 그 자원의 범위 내에서는 주체가 적극적으로 새로운 환경을 창출하는 혁신적 모델이다. 이 메커니즘은 사내 창업에서 쉽게 찾을 수 있다. 어느 기업이 일정한 자원을 확보한 후 이 자원을 가지고 사내에 신규사업팀을 구성하여 팀장으로 하여금 신사업을 개발하라고 지시한다면, 그 팀장은 수동적으로 사내 창업을 시작하되 적극적으로 역할을 환경혁신 경영메커니즘을 구축하려고 노력할 것이다. 그런 의미에서 이 모델을 '사내 창업가형 경영메커니즘'이라고 부르자.

모더나의 최고경영자가 자원창조 경영메커니즘을 만든 반면, 이 기업의 중간경영자들은 적극적으로 새로운 환경을 창출하는 환경혁신 경영메커니즘을 구축하고 있다. 특 장기간 연구개발을 통해 축적한 노하우가 mRNA 기반 코비드-19 백신 탄생의 원동력이 됐다. 특히 기술개발을 담당하고 있는 경영자들은 장기간 연구개발을 통해 노하우를 축적한 결과 mRNA 기반 코비드-19 백신을 탄생시켰고, 이 백신은 새로운 산업, 새로운 세상을 만드는 원동력이 된 것이다.

4) 자원혁신형 경영메커니즘(ESR): 공기업 창업가형 메커니즘

새롭게 주어진 환경에 따라 주체가 적극적으로 자원을 혁신하는 이 메커니즘은 주어진 환경이 선도적 역할을 한다는 점에서는 주체가 수동적이지만, 그 환경 범위 내에서는 주체가 적극적으로 새로운 자원을 창출하는 혁신적 모델이다. 정부주도 국영기업으로 시작한 포항제철의 박태준(1927~2011) 회장을 보자. 박 회장은 포항제철을 설립한다는 정부의 지침을 충실하게 따른 공기업 창업가였다. 그러나 대규모 종합제철소를 만드는 데 필요한 기초자금도 없고, 필요한 기술도, 인력도 없는 상황에서 그는 대일청구권자금을 통해서 자금을 확보하고 일본의 가와자키 제철로부터 기술이전을 받는 동시에, '제철로써 나라에 보답하자'는 '제철보국(製鐵報國)'과 '포항제철을 성공하지 못하면 오른편 영일만에 모두 빠져 죽자'는 각오를 나타낸 '우향우 정신' 등의 구호를 내세워 포항제철을 세계 1등의 철강회사로 우뚝 세웠다.

이 메커니즘은 창업기의 공기업에게 적절한 '공기업창업가형' 모델이지만, 민간기업에서도 주력사업에 보완적으로 필요한 사업이나 관련사업으로 진출할 때 활용할 수 있는 범용성이 높은 모델이다.

5) 환경적응 경영메커니즘(ERS): 생존추구 전문경영자형 메커니즘

주어진 환경에 적응하기 위해 가지고 있는 자원을 주체가 활용하는 이 메커니즘은 주어진 환경이 선도적 역할을 한다는 점에서 주체가 수동적인 동시에, 주어진 자원을 활용한다는 점에서 소극적인 모델이다. 그렇다고 해서 이 모델이 잘못된 모델은 결코 아니다. 이 세상 모든 경영학자들, 컨설턴트들이 찰즈 다윈(Charles Darwin, 1809~1882)의 '자연도태설(The Theory of Evolution by Natural Selection)'과 허버트 스펜서(Herbert Spencer, 1820~1903)의 '적자생존설(The Theory of Survival of the Fittest)'을 인용하면서 기업경영자들에게 이구동성으로 하는 얘기가 있다. "환경변화에 적응하는 기업만이 살아남는다."

영국의 저명한 물리학자인 스티븐 호킹(Stephen Hawking)도 다음과 같이 얘기했다. "지능은 변화에 적응하는 능력이다. (Intelligence is the ability to adapt to change.)" 미국의 유명한 여성기업인인 마사 스튜어트(Martha Stewart)을 인용해 보자. "당신이 적응을 잘할수록 더욱 흥미로운 사람이 된다. (The more you adapt, the more interesting you are.)" 비폭력저항으로 인도를 독립시킨 인도의 마하트마 간디(Mahatma Gandhi)도 적응으로 승리하라고 가르쳤다. "적응력은 모방이 아닙니다. 그것은 저항과 동화의 힘을 의미합니다. (Adaptability is not imitation. It means power of resistance and assimilation.)" 피터 드러커(Peter Drucker)도 빠지지 않는다. "기업문화는 한 나라의 문화와 같다. 절대 바꾸려고 하지 말라. 대신, 네가 가진 것으로 맞춰라(적응하라). (Company cultures are like country cultures. Never try to change one. Try, instead, to work with what you've got.)"

이렇듯 환경적응 경영메커니즘은 지난 100여년 동안 우리 사회의 지도자들은 물론이고 경영학계에서 대표적인 경영학자와 경영자들이 모두 기본 전제로 삼았던 무의식적이지만 보편적인 경영메커니즘이었다. 이러한 메커니즘 하에서 기업은 영속적인 주체(Going Concern)로 인식되었고, 경영자는 한번 성공한 비즈니스 모델을 꾸준히 집행하면서 점차적으로 개선해나감으로써 성공 모델을 유지하는 과제를 부여받았다. 특히 급격한 환경변화 속에서 적응해 나가면서 생존을 추구하는 경영메커니즘이야말로 모든 경영자들이 보편적으로 배워야 할 기본조건이었다. 그런 의미에서 환경적응 모델은 '생존추구 경영메커니즘'으로 부르는 것도 좋을 듯하다.

6) 자원적응 경영메커니즘(RES): 지속경영추구 전문경영자형 메커니즘

새롭게 생긴 자원을 활용하기 위해 주어진 환경에 주체가 적응하는 이 메커니즘은 환경적응 경영메커니즘과 비슷하면서도 주도적인 변화가 경제, 사회, 기술과 같은 외부 환경에서 오지 않고, 기업이 보유하는 자원에서 온다는 점에서 차이가 있다. 즉 자원적응 경영메커니즘은 해당기업이 큰 기업에게 흡수합병되거나, 내부 기술을 응용한 신제품이 개발되어서 내부 자원이 크게 달라진 경우 기업 구성원들이 이러한 내부 변화로 인해 만들어진 기업 환경에 순조롭게 맞춰나가는 역할을 담당한다. 21세기에 들어오면서 '지속가능경영, 또는 지속경영(Sustainable Management)'이란 개념이 경영학에 도입되고 있다. 이 용어는 20세기에 사용된 '기업의 사회적책임(Corporate Social Responsibility: CSR)', '윤리경영(Ethical Management)', '환경경영(Environmental Management)', '공유가치창출(Creating Shared Value: CSV)' 등을 종합하여 보편적으로 사용되고 있다. 2020년에 '환경/사회/지배구조(Environment, Social, Governance: ESG)'라는 틀을 대규모 자산운용사들이 대기업들에게 요구하고 있는데, 넓게 보면 지속경영에 포함되는 시대적 현상으로 볼 수 있다. 모더나의 경우 자원창조 경영메커니즘을 구축한 최고경영자나 환경혁신 경영메커니즘을 구축한 중간경영자들과 달리 현장경영자들은 자원적응 경영메커니즘을 구축해서 새로운 환경에 적응함으로써 조직의 장기적 균형과 안정, 더 나아가 지속경영을 확보할 수 있게 된다.

2. 6가지 경영메커니즘의 조합

위에서 다룬 6가지 경영메커니즘은 어느 것이 더 좋고 나쁜 것이 아니라 각자 특징과 용도가 다른 모델이다. 그런 의미에서 이들 모델은 서로 바꿔 사용할 수 있는 대체적인 모델이 아니라 서로 도움이 되는 보완적인 모델이다. <그림 6.1>은 S, E, R간의 순열에 따라 창조경영메커니즘, 혁신경영메커니즘, 적응경영메커니즘이 서

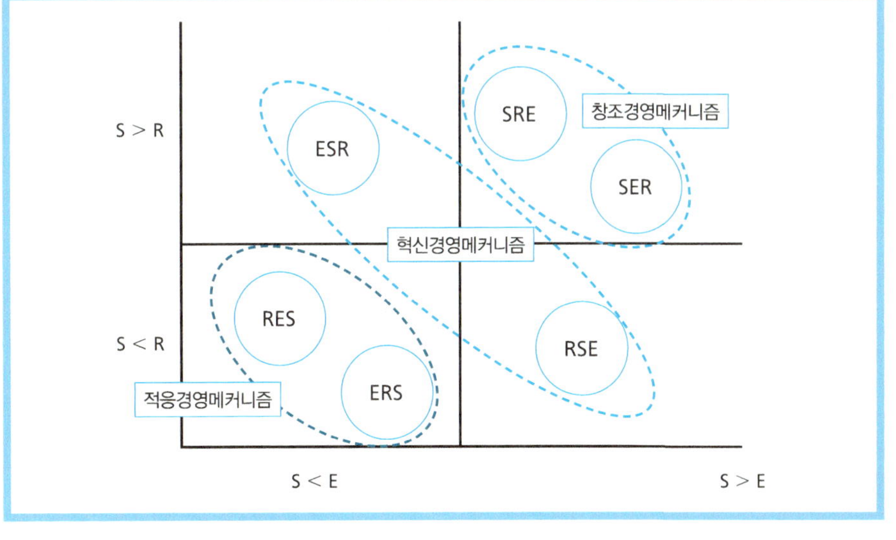

그림 6.1
순열에 따른 경영메커니즘의 종류

로 다른 위치에 배열되는 모습을 보여주고 있다. 그림에서 X축을 기준으로 해서 S가 E에 앞서면 오른 편, 뒤서면 왼편이고, Y축을 기준으로 해서 S가 R에 앞서면 위 편, 뒤서면 아래 편이다. 그리고 대각선을 기준으로 해서 E가 R에 앞서면 우하, 뒤서면 좌상에 배치된다. 그 결과 창조경영메커니즘인 SER과 SRE는 우상, 혁신경영메커니즘인 ESR과 RES는 중간, 적응경영메커니즘인 ERS와 RES는 좌하에 배치된다.

경영자의 위계에 따라 경영메커니즘이 달라야 한다는 주장이 있을 수 있다. 이 경우 최고경영자는 창조경영메커니즘, 중간경영자는 혁신경영메커니즘, 현장경영자는 적응경영메커니즘을 담당하는 것이 타당할 것이다.

모더나는 창업후 지난 11년간 최고경영자가 자원창조 경영메커니즘을 구축한 결과 2013년 시가총액이 10억 달러를 넘는 유니콘이 되었고, 중간경영자들이 환경혁신 경영메커니즘을 내부화시킨 결과 리보핵산(mRNA) 방식의 모더나 백신을 세계인 모두가 가장 애타게 찾는 백신으로 자리매김시켜 2021년 7월 26일 시점으로 시가총액이 1,400억 달러를 넘는 거대기업이 되었다. 그러나 이제부터 모더나가 1668년에 설립된 머크(Merck), 1849년에 설립된 파이저(Pfizer), 1889년에 설립된 존슨앤존슨(Johnson & Johnson)처럼 장수기업이 되려면, 현장의 경영자들이 환경적응 경영메커니즘을 구축해야 할 때가 온 것이다. 이렇게 한 기업 안에 이들 여섯가지 메커니즘이 동시에 구축됨으로써 기업은 성장과 안정을 동시에 추구하는 균형잡힌 모습을 갖추게 된다. <그림 6.2>는 이러한 모습을 보여준다.

그러나 <그림 6.2>는 최고경영자는 창조경영만을 담당하고 혁신경영이나 적응경영은 하면 안된다는 억지논리를 가능케 한다. 마찬가지로 중간경영자는 혁신경

그림 6.2
위계에 따른 경영메커니즘의 위치 예시

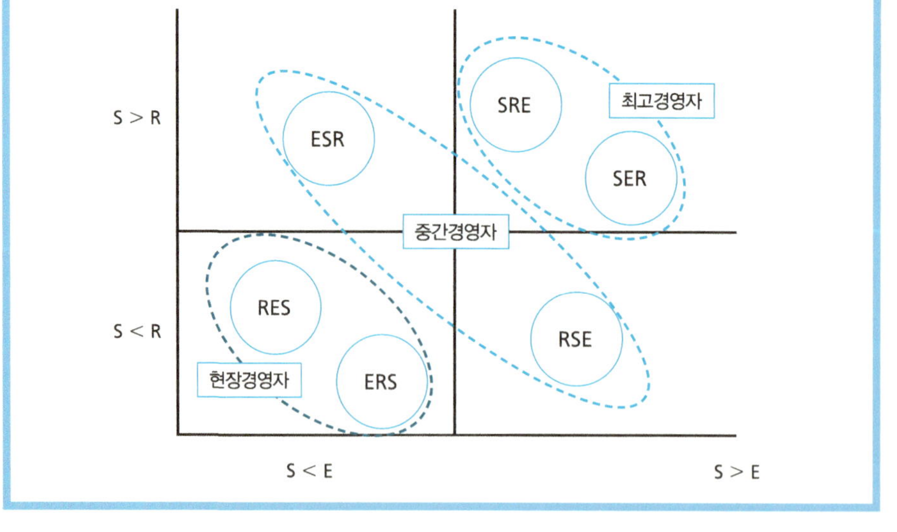

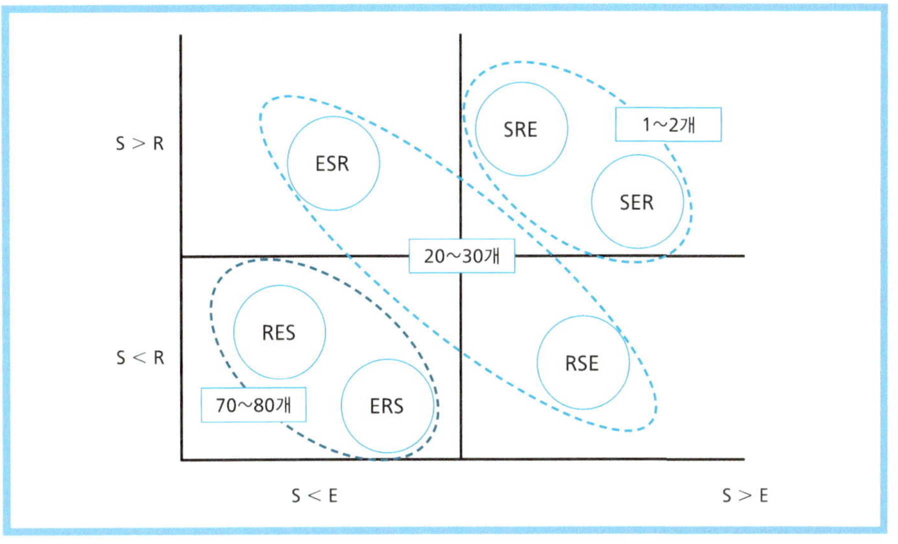

그림 6.3
기업내 메커니즘의 구성비 예시

영, 현장경영자는 적응경영만을 담당한다면 조직은 오히려 획일적이 될 것이다. 발명왕 토마스 에디슨(Thomas Edison)에게 천재성의 비결을 물었을 때 그는 다음과 같이 답변했다고 한다. "천재는 1%의 영감과 99%의 땀이다. (Genius is 1 percent inspiration and 99 percent perspiration.)" 기업조직도 마찬가지라면, 창조적이고 혁신적인 아이디어 못지않게 기업을 끌어가는 힘은 적응력에서 나온다. 한 기업에서 동시에 상호보완적으로 작동하는 메커니즘이 100개라면 그 중 1~2개가 창조경영 메커니즘, 10~20개가 혁신경영 메커니즘, 70~80개가 적응경영 메커니즘이 되는 것이 적절하지 않을까? <그림 6.3>은 한 기업이 가져야 할 메커니즘의 구성비의 예를 보여준다.

사례 5

'애플' 창업자 잡스의 귀환

스티브 잡스는 완벽주의자(perfectionist)였다. 매킨토시는 잡스의 세부적인 사항들에 대한 집착 때문에 개발기간이 무려 3년을 초과했다. 그는 매킨토시 내부에 팬을 장착하면 너무 시끄럽고 거추장스럽다고 생각했기 때문에 이를 반대했다. 그리고 디자인이 고상해 보이지 않는다는 이유만으로 엔지니어들에게 매킨토시의 마더보드를 다시 디자인할 것을 요구했다.

1985년에 애플에서 쫓겨난 이후 설립한 NeXT에서, 그는 세련되고 아름다운 마그네슘 큐브 모양의 컴퓨터를 만들어내기 위해 하드웨어 팀을 혹독하게 다루었다. 1997년 애플로 복귀한 이후에는 노트북 케이스에 나사가 몇 개나 들었는지에 대해서도 관심을 가지기 시작했다. 더욱 놀라운 것은 OS X의 스크롤바 모양에 만족할 때까지 무려 6개월이나 걸렸다는 것이다. 그는 특정 제품이 소비자들에게 감동을 주려면 눈에 보이지 않는 것들도 모두 완벽해야 한다고 믿었다.

이러한 완벽주의는 애플의 성공과 상당한 관련이 있다. 애플의 제품들이 전반적으로 '일체화된(integrity)' 느낌을 주는 것과 일맥상통한다. 애플의 제품은 그저 부품들을 모아놓은 것이 아니라 완벽한 '하나의 완전체(whole)'라는 느낌을 준다. 그러나 이런 잡스의 완벽주의는 많은 비용을 수반했다. 말 그대로, 그가 내놓은 제품들은 거의 대부분 경쟁사 제품에 비해 비쌌다. 1980년대에 잡스는 제품 포장과 잡지 광고에 들어가는 애플 로고를 4색이 아닌 6색으로 인쇄할 것을 고집했는데, 이는 30~40%의 추가적인 비용이 드는 일이었다.

잡스의 비전은 애플로 하여금 소비자들이 경험하는 모든 것을 통제(control)할 수 있도록 하는 것이었다. 애플의 하드웨어는 완전한 자체생산이었다. 애플 소유의 맥 공장(Mac factory)이 있었고, 표준화된 제품이 아닌 애플만의 케이블, 디스크 드라이브, 파워코드를 생산해냈다. 소프트웨어 또한 독점적이면서 배타적이었다. 애플 소프트웨어를 사용하고 싶으면 애플 컴퓨터를 사용해야 했다. 독점적 소프트웨어의 제공으로 애플의 컴퓨터는 경쟁제품들보다 비쌀 수밖에 없었다. 위와 같은 배타적인 제품은 고객으로 하여금 커스터마이징(customizing)을 어렵게 하는 요인이 되었는데, 이는 시장에서 외면당할 수 있는 사안이었다. 결국 애플이 1980년대에 전형적인 IBM 복제품들과 경쟁하지 않고, 더욱 사용자 친화적(user-friendly)이고 성능이 뛰어난 제품으로 컴퓨터업계를 바꾸어 놓는 동안, 대부분의 사용자 들은 매킨토시를 건드리지도 않았다. 그들은 PC로 눈을 돌렸다.

잡스가 애플로 돌아왔을 때, 그는 여전히 애플이 하는 모든 일의 핵심 기술들은 애플이 보유하며 제어할 수 있기를 원했다. 하지만 이런 통제력에 대한 그의 집착은 어느 정도 누그러져 있었으며, 다른 사람들을 다루는 데에 보다 능숙해져 있었다. 그의 변화는 애플이 지난 10년간 거둔 엄청난 성과와 직결되는 것이었다. 아이팟(iPod)을 예로 들어 보자. 옛날의 잡스라면, iPod에서는 애플이 원하는 포맷(A.A.C.)으로 인코딩된 음원만 재생되도록 만들려고 했을 것이다. 그랬다면 애플이 사용자 경험(user experience)을 마음대로 제어하도록 만들 수는 있었겠지만, 많은 사람들이 이미 MP3를 사용하고 있던 당시 상황에서 이런 무리한 진행은 오히려 iPod 시장의 규모를 제한했을 것이다. 결국 애플은 iPod에서 MP3가 호환될 수 있도록 했다.

대조적인 예로 Sony는 첫 디지털 음원 재생 기기에서 Sony의 포맷으로 된 음원만 재생할 수 있도록 했고, 결과적으로 참패했다. 과거의 잡스라면 iPod과 아이튠즈(iTunes)를 Mac에서만 사용 가능하도록 해야 한다고 주장했을 것이다. 하지만 그러한 선택을 했다면 애플은 컴퓨터 사용자들의 대다수로부터 외면 받았을지도 모른다. 2002년, 애플은 윈도우(Windows)와 호환이 가능한 iPod을 출시했고, 매출은 그 직후 수직상승했다. 애플의 디자인은 그 어느 때보다도 독창적이었고 세련됐으며, 독점적으로 생산하는 하드웨어보다 범용적이며 표준적인 기술을 더 많이 활용했다.

아이폰(iPhone)은 애플의 배타적인 제재(reins)의 완화가 한발 더 나아갔음을 말해준다. 휴대폰 기기와 운영체제(operating system)는 애플이 만들었고, 모든 어플리케이션(APP, application)이 앱스토어(App Store)를 통해 팔리는 한편, 전체적 시스템은 그 어느 때보다도 개방적이었다. 단편적으로, 400,000개도 넘는 iPhone app들이 외부 개발자들에 의해 개발되었다. 심지어 일부는 애플의 경쟁자들에 의해 디자인 되었으며, iBooks 대신 Kindle app을 사용해 책을 읽을 수 있게 되었다. 예전의 잡스라면, 그 중 많은 앱이 세련되지 못하다고 혐오했을지도 모른다. 새로운 아이디어를 품고 있는 다양한 앱이 iPhone에 정제되어 있는 세련함을 조금 어지럽혔을지도 모르지만, 더욱 개방적인 혁신을 통해 다양성을 향상시킬 수 있게 된 것이다. 또한 과거의 잡스라면, 품질을 위해 앱의 개수를 제한하려고 했을 것이다. 그는 언제나 아니다(no)라고 말하는 것이 좋다(yes)라고 말하는 것만큼이나 중요하다는 것을 강조했다. 애플이 어느 정도까지는 앱의 품질을 관리하기는 하지만, 잡스는 천 송이의 꽃이 피어나도록 내버려두라고 말했다.

앱 개발자들이 아이패드(iPad)를 위해 100,000개도 넘는 앱을 사전에 개발해 놓았다는 것은 잡스가 새로운 현실을 받아들였다는 것과 같은 의미였다. 결과적으로,

1980년대에 애플이 난항을 겪게 만든 네트워크 효과(network effect)가 이제는 애플에게 순풍으로 불고 있다. 애플의 제품들이 더 많은 앱을 보유할수록 사람들은 더욱 이를 사용하고 싶어하고, 다시 개발자들로 하여금 의욕이 높아지게 하는 선순환의 결과를 가져온 것이다.

지난 10년간 애플의 성공이 시대를 사로잡는 제품을 적기에 출시할 줄 아는 잡스의 뛰어난 능력에 집중되어 있었다는 것에는 의심의 여지가 없다. 하지만, 애플을 지구상에서 가장 가치있는 회사로 바꾸어 놓은 것은 잡스가 단지 신기한 신제품들을 내놓는 것이 아니라 그보다 훨씬 중요한 일들을 했기 때문이다. 그는 애플의 신제품들이 새로운 시장 생태계를 창조하는 데 주도적 역할을 하도록 만들었다. 그리고 이를 통해 탄생한 새로운 시장의 구조는 비록 그가 원했던 것보다 훨씬 복잡하고 무질서했지만, 동시에 훨씬 강력하고 가치있고 수익이 많이 나는 것이었다. 최근 개방형 컴퓨터 시대(open-source computing world)의 기준에서 보았을 때, 애플의 플랫폼(platform)은 여전히 어느 정도 폐쇄적인 것은 사실이다. 따지고 보면, 구글(Google)은 휴대폰 운영체제 안드로이드(Android)를 디자인하고 이를 휴대폰 제조업체의 입맛에 맞게 사용하도록 배포했다. 하지만 애플의 과거 행적에 비추어 보면, 지금의 애플은 그 누가 상상했던 것보다 훨씬 개방적인 구조로 바뀌었다. 약간의 통제(control)를 포기함으로써 잡스는 시장에서 훨씬 더 많은 권력(power)을 갖게 된 것이다.

출처

The New Yorker (2011) by James Surowiecki, on October 17

2절 대표적인 경영메커니즘

1절에서는 경영자가 원하는 경영메커니즘을 만들어내는 방법을 순열에서 찾았고, 그 결과 기업 구성원들이 창조적인 역량을 발휘할 수 있게 해주는 창조경영 메커니즘, 구성원들이 혁신적인 역량을 발휘할 수 있게 해주는 혁신경영 메커니즘, 기업이 단기적으로 생존하고 장기적으로 지속할 수 있게 해주는 적응경영 메커니즘을 구축하는 방법을 설명했다. 여기서는 1절에서 다룬 세가지 형태의 경영 메커니즘이 구체적으로 어떻게 작동하는가를 다룬다. 다만 적응경영 메커니즘은 그동안 전통적인 20세기 경영학에서 다룬 내용이므로 21세기에 와서 중요성이 높아진 지속경영 메커니즘에 초점을 두기로 한다.

A. 창조경영 메커니즘[6]

"시대가 영웅을 만드는가, 영웅이 시대를 만드는가?" 언뜻 나폴레옹을 연상시키는 이 구절은, 18세기 말 프랑스 대혁명 이후의 혼돈과 불안이 나폴레옹 같은 독재자의 등장을 가능하게 했다는 주장과, 나폴레옹같은 강한 의지와 집념의 소유자가 없었다면 프랑스가 19세기 초 유럽의 패자(覇者)로 등장할 수 없었을 것이라는 주장이 맞선 것으로, 열띤 토론을 자아내기에 충분한 주제이다. 경영학에 있어서도 이와 유사하게 "조직이 전략을 따르는가, 전략이 조직을 따르는가?"라는 주제가 있는데, 전략을 먼저 개발한 다음 이를 실행할 수 있도록 조직을 바꾸어야 한다는 주장과, 기존의 조직이 수용할 수 있는 범위 내에서만 전략을 선택할 수 있다는 주장이 팽팽하게 대립해왔다.

이와 마찬가지로 경영전략 분야에서도 "환경이 기업을 적응하게 하는가, 기업이 환경을 창조하는가?"라는 주제에 대해 많은 연구가 있었다. 유행의 흐름을 따라 패션의류에서 실내장식, 가구 등으로 변신을 시도해가며 생존하고 있는 핀란드의 '마리메코(Marimekko)'가 환경변화에 대한 적응력을 경쟁력의 원천으로 삼고 있다면, 뛰어난 신제품개발 기술과 정교한 생산능력을 가지고 조립완구시장이라는 새로운 시장을 창조한 덴마크의 '레고(Lego)'는 환경창조의 대명사이다. 어떤 소비자도 상상할 수 없던 매킨토시 컴퓨터, 아이팟, 아이폰 등 새로운 아이디어로 끊임없이 새로운 시장을 창조한 애플(Apple)은 2022년 1월 3일 시가총액 3조 달러라는 신기록을 세움으로써, 창조경영의 가치를 전세계에 알렸다.

AI가 생활 속에 깊숙히 들어온 2020년대는 어떤 창조경영이 우리의 삶을 변화시킬지 자못 기대된다. 테슬라(Tesla)가 판매하는 전기차 1억 대로 땅(地)을 연결하고, 스페이스엑스(SpaceX)가 쏘아 올리는 인공위성 1만 2천 개로 하늘(天)을 연결하며, 뉴럴링크(Neuralink)가 개발하고 있는 뇌-컴퓨터 인터페이스(Brain-Machine Interface: BMI)를 세계 인구 79억의 뇌에 장착해서 인간(人)을 연결한 다음, 이 세가지 천지인(天地人)을 하나의 네트워크로 연결하면 이 세상은 어떻게 될까? 3천여 년 전 인도의 경전을 번역하면서 저술이 시작된 역경(易經)에는 하늘의 길, 사람의 길, 땅의 길이 존재하는데, 세 바탕이 하나로 연결되어 모두가 동등한 세상이 나타난다는 내용이 있다(有天道焉 有人道焉 有地道焉 兼三材而兩之). 그럼 우리는 어떤 삶을 살게 될까? 또 중국 후한(後漢)의 허신(許愼)이 편찬한 설문해자(說文解字)는 왕(王)의 어원을 천지인으로 구성된 삼재(三才)를 가운데에서 연결하는 사람으로 설명하고 있다. 그렇다면 테슬라, 스페이스엑스, 뉴럴링크를 모두 소유하고 경영하는 일론 머스크(Elon Musk)는 기원전 1303년~기원전 1213년에 살았던 고대 이집트의 람세스 2세(Ramesses II)가 꾸었던 세상을 한나라로 만드는 꿈을 재현하게 될까? 머스크 본인으로부터 확인한 것은 아니지만, 캐나다, 영국, 독일계 혈통으로 남아프리카공화국에서 태어나 철학, 물리학, 경제학, 재료공학을 전공한 머스크가 동양철학의 천인지 사상을 이해하고 그 사상적 기반 위에서 사업전략을 세우고 있으리라는 추측은 가능할 듯하다.

위 논쟁에서 '시대와 영웅', '조직과 전략', '환경과 기업'은 제각기 다른 이슈를 다룬다. 그러나 논의의 본질은 같다. 시대, 조직, 환경을 강조하는 입장은 인간이 처한 상황이 모든 것을 결정한다는 '여건론'에 기반을 두고 있고, 영웅, 전략, 기업을 강조하는 입장은 인간의 의지가 상황을 극복할 수 있다는 '주체론'에 기반을 두고 있다. 또한 '환경-기업'에 관한 논쟁은 '시대-영웅'이라는 기업 밖의 외연적(外延的)인 관계와 '조직-전략'이라는 기업 안의 내포적(內包的)인 관계를 연결시키는 고리가 된다.

기업을 이끌어가는 주체인 경영자 입장에서는 주어진 환경을 수동적으로 받아들이는 환경적응적 여건론보다는 능동적, 적극적으로 환경을 창조해 나가는 환경창조적 주체론을 선택하는 것이 바람직하지 않을까? 주어진 환경을 극복하고, 더 나아가 환경창조를 통해 가치를 창조할 수 있는 가치창조 기업이 될 때 오늘과 같은 글로벌시대에 세계경제를 이끌어 나갈 수 있을 것이다.

1. 가치창조 프로세스

글로벌 시대 기업의 경쟁우위 원천으로 제시하고자 하는 가치창조 프로세스를 설명하기 위해, 우선 환경적응 프로세스, 환경창조 프로세스, 그리고 자원창조 프로세스를 살펴보기로 하자. 가치창조 프로세스는 환경창조와 자원창조 프로세스를 결합한 것이기 때문이다.

1) 환경적응 메커니즘에서 자원창조 메커니즘으로

기업의 창의적 문제해결은 창조경영 메커니즘을 통해서 이룰 수 있다. 따라서 창조경영에 조금 더 가깝게 접근하고 이를 실천해 나가기 위해서는 창조 메커니즘에 대한 이해가 필요하다. 창조 메커니즘은 주어진 환경에 적응하는 것이 아니라, 주어진 환경에서 변화를 이끌어내는 것이다. 새로운 환경을 창조하는 것이다. 하지만, 창조 메커니즘을 만들어 내기 위해서도 에베레스트 등반에서와 같은 베이스캠프가 필요하다. 베이스캠프의 역할을 하는 것이 바로 환경적응 메커니즘과 자원창조 메커니즘이다.

환경적응 메커니즘은 손자의 병법에 따라 진행하는 것이다. 손자병법 제3편인 지형(地形)편에 "나를 알고 적을 알면 백 번 싸워도 위태로움이 없다(知彼知己 百戰不殆)"는 표현이 있다. 이는 <그림 6.4>에서 보는 바와 같이 '환경분석(知彼)'과 '자원분석(知己)'을 기반으로 하여 목표를 설정하고 전략을 개발 실행하면 위태로움이 없다는 뜻이다. 기업의 경우, 이 전략으로 기업을 경영하게 되면 위험을 회피하고 생존할 수 있다. 하지만 손자는 지피지기가 위태로움을 피할 뿐, 백전백승(百戰百勝), 항상 승리를 가져오는 것은 아니라는 것을 분명히 했다.

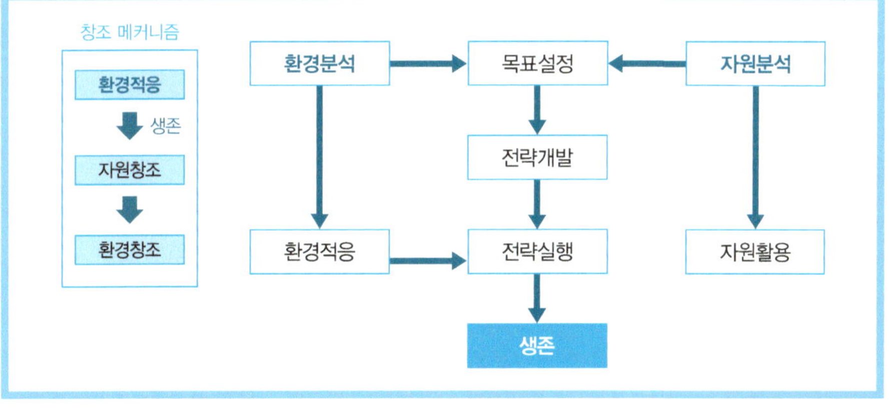

그림 6.4
환경적응 메커니즘

기업의 경우, 전략의 목표는 생존만이 아니다. 이윤을 내야 하지만, 그 이윤 역시 그 기업을 둘러싼 사회를 위한 공헌을 비롯해서 더 높은 목표를 향해 사용되어야 한다. 이를 위해서는 환경적응 메커니즘에서 한 단계 더 나아간 자원창조 메커니즘이 필요하다.

자원창조 메커니즘에는 <그림 6.5>에서 보는 바와 같이 손자병법의 지피지기에 해당하는 '환경분석'과 '자원분석'에 추가해서 '자원 재구성' 과정이 추가된다. 여기서 자원(resource)은 인적 자산과 재무적 자산과 같은 유형 자산뿐 아니라, 정보, 기술, 노하우, 핵심역량, 지식 등 무형 자산을 포함한다. 자원 재구성(re-composition)은 자원을 축적(accumulation), 개발(development), 학습(learning), 선택(selection) 등의 형태로 재구성하는 것을 의미한다.

그림 6.5
자원창조 메커니즘

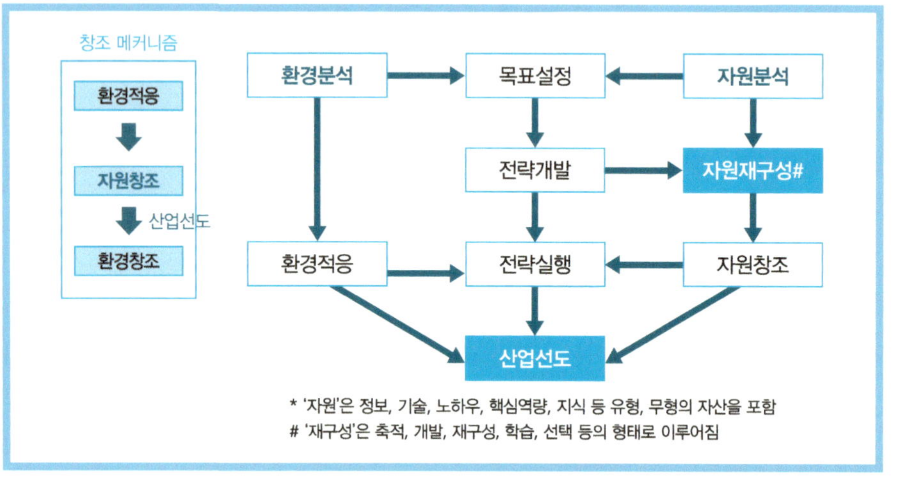

자원창조 메커니즘은 환경 분석과 자원 분석을 통해 핵심가치를 찾아 내고, 찾아낸 가치 중에서도 특히 내부자원을 개발하라는 의미가 강조된 것이다. 기업은 자원창조 메커니즘에 의해 자원 재구성을 통해서 남들이 가지지 못하는 차별화된 자원을 창조하여 가질 수 있고, 다른 경쟁기업들이 가지지 못한 창조된 자원을 이용해서 산업을 선도할 수 있다.

2) 자원창조 메커니즘의 한계

자원 재구성을 통한 차별화된 자원 창조와 그에 따른 산업선도는 치명적인 약점을 가지고 있다. 바로, 자원창조 메커니즘을 통한 산업선도는 일시적일 뿐 지속될 수 없다는 것이다. 왜 그럴까? 이에 대한 해답은 이 책의 1장에서 인용한 송순천 권투 선수와의 대화에서 찾을 수 있다. 송 선수가 지적한대로 무하마드 알리처럼 모든 면에서 능력을 두루 갖춘 선수(all-around player)들이 활약하던 과거는 끝났다. 요즘은 각 선수의 특성에 맞게 주특기를 선정해서 집중교육을 시키다 보니 핵심역량 한두개만 가진 특화된 선수들이 판을 치는 세상이 된 것이다.

그럼 이렇게 챔피언이 된 선수가 방어를 오랜 기간 못하는 이유는 무엇인가? 한두가지 핵심역량만 가지고 챔피언이 된 선수는 수많은 허점을 가지고 있기 때문에 다음 번 시합에서 도전자가 가진 독특한 펀치에 한방 맞으면 그대로 무너진다. 독특한 기술을 가진 수많은 선수들의 도전이 끊임없이 반복되기 때문에 한 두 가지

기술만으로는 챔피언을 오랫동안 유지할 수 없게 되는 법이다. 송 선수가 설명해 준 요즘 권투선수들의 기술은 경영학에서 사용하는 핵심역량이란 단어를 정확하게 묘사한 것이었다. 핵심역량으로 1등, 즉 선두주자가 될 수는 있지만 이 지위를 오래 유지할 수는 없는 것이다.

다베니(Richard D'Aveni, 1996)가 초경쟁(hyper-competition)이라고 표현한대로, 선두주자가 끊임없이 바뀌는 현상, 다시 말해서 1등의 수명주기가 짧아지는 모습은 석유산업, 화학산업, 식품산업 등 전통적인 산업 뿐 아니라 엔터테인먼트를 비롯한 모든 산업에서 일어나고 있다. 과도하게 핵심역량에 의존하는 전략이 기업의 약점을 노출시키는 결과를 가져와, 궁극적으로 그 기업의 지속가능성을 파괴하는 역효과를 발생하는 것이다.

진정한 선두, 즉 1등을 장기간에 걸쳐 지속적으로 유지하기를 원하는 기업이라면 환경적응 메커니즘을 통한 생존과 자원창조 메커니즘을 통한 일시적인 산업선도가 아닌, 환경을 창조하는 메커니즘을 통해 창조 경영을 추구해야 한다.

3) 환경을 창조하는 방법

환경 창조에 있어 가장 중요하면서도 출발점이 되는 것이 바로 비전이다. <그림 6.6>의 왼쪽에 있는 '비전이 없는 상황'에서는 환경분석을 하는 경우 '있고 필요한 환경(파란색 동그라미)'과 '있지만 필요하지 않은 환경(회색 동그라미)'으로 나눌 수 있다. 이에 따라 필요한 환경은 활용하고 필요하지 않은 환경은 잊어버리면 된다. 그러나 <그림 6.6>의 비전이 있는 오른쪽 그림은 먼저 '비전을 달성하는데 필요한 환경'을 보여준다. 그 다음에 환경분석을 하면 세가지 환경이 나오게 된다. 첫

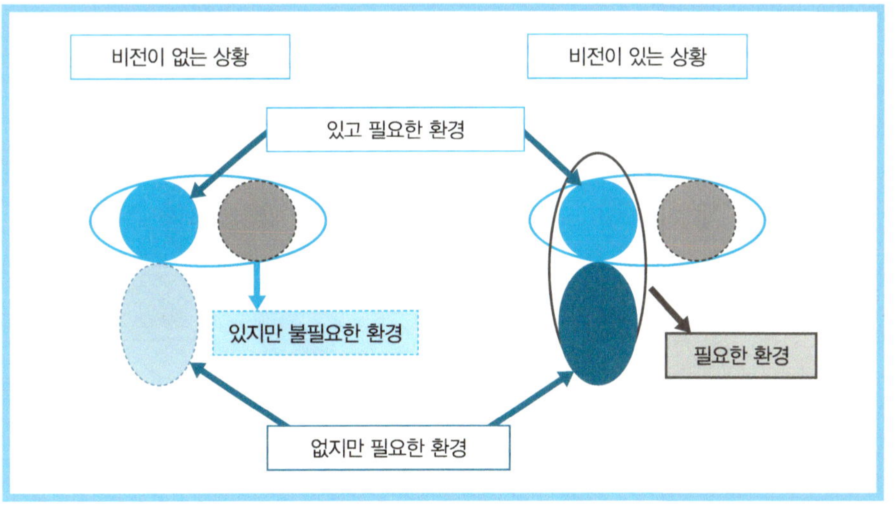

그림 6.6
비전으로 환경창조

째는 '있지만 필요하지 않은 환경(회색 동그라미)'인데, 이 것은 잊어버리면 된다. 둘째는 '있으면서 필요한 환경(파란색 동그라미)'인데 이 것은 활용해야 한다. 셋째는 가장 중요한 환경으로서, '(환경분석에서는) 없었지만(비전을 달성하는데) 필요한 환경(남색 동그라미)'이다. 다시 말해서 비전이 있으면, 먼저 비전에 필요한 환경을 파악하고, 그 다음으로 환경분석을 통해 '있고 필요한 환경(파란색 동그라미)'과 '없지만 필요한 환경(남색 동그라미)'를 찾아낼 수 있다. 즉, 비전이 있고 없고 차이로 인하여 출발점이 달라진다.

산에 사는 나무꾼의 이야기를 통해 비전의 필요성을 살펴보자. <그림 6.7>에서 보듯이, 산에 가면 나무가 있고 집에는 도끼가 있다. 나무꾼은 산에 가서 도끼로 나무를 찍어서 장작을 만든 다음, 시장에 가서 장작을 팔아 쌀을 사가지고 온다. 그러다 쌀이 떨어지면 산에 가서 장작을 만들어 시장에 내다 파는 반복적인 생활을 살아간다.

어느 날 나무꾼은 세르비아 출신 테니스 선수인 노박 죠코비치(Novak Djokovic)가 세계대회에서 우승하는 모습을 보고 '나도 테니스 선수가 되겠다'는 꿈, 즉 비전을 갖게 된다.

나무꾼은 비전, 즉 테니스 선수가 되기 위해 무엇이 필요할까 생각해본다. 제일 먼저 필요한 것은 테니스 연습장과 테니스 라켓이다. 나무꾼은 산기슭에 테니스 연습장을 만들고, 도끼를 팔아 테니스 라켓을 사서 연습을 시작한다. 나무꾼이 만들어낸 테니스 연습장과 테니스 라켓은 '없지만 비전을 달성하는데 필요한 환경'이고, 이 환경은 나무꾼이 비전을 가지지 않았다면 결코 상상할 수 없었던 환경, 창조를 통해 재구성된 환경이다.

그림 6.7
비전으로 환경창조하는 사례

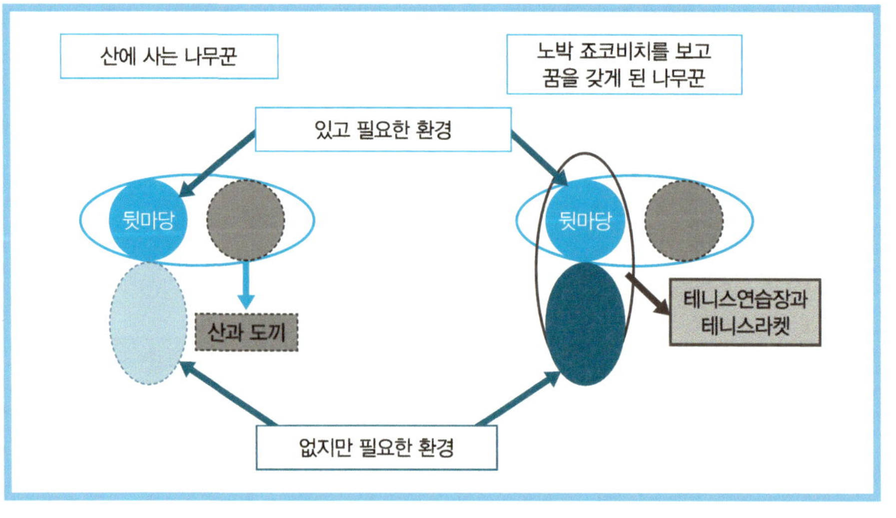

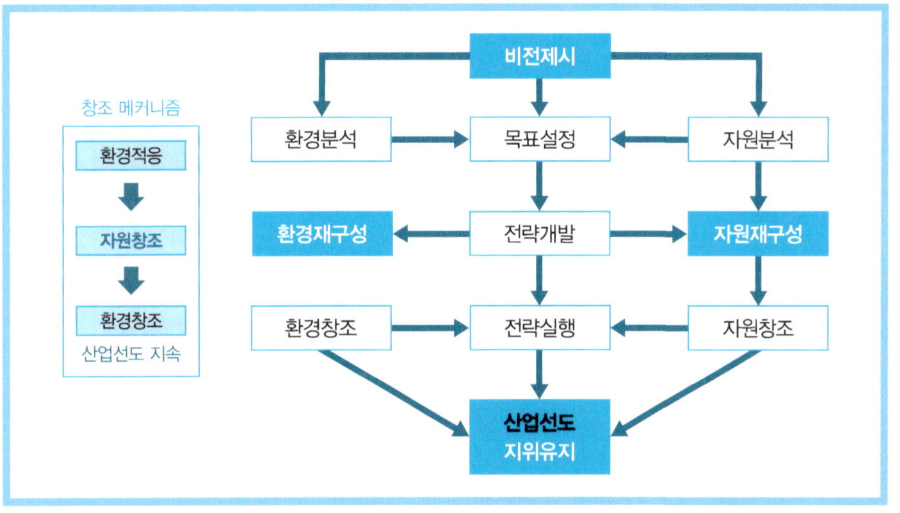

그림 6.8
환경창조 메커니즘

<그림 6.8>은 비전에서 시작하여 환경분석, 자원분석을 통해 지금 당장 눈에 보이지는 않지만, 꼭 필요한 부분들을 먼저 찾아낸 다음, 환경과 자원을 재구성하여 필요한 환경과 필요한 자원을 만들어 새로운 환경을 창조하는 과정을 보여준다. 그리고 이렇게 환경과 자원을 계속해서 창조한다면, 그 기업은 산업에서 선두주자가 될 뿐 아니라, 그 선도적 지위를 지속적으로 유지할 수 있게 된다. 이것이 바로 비전이 있기에 가능한 환경창조의 메커니즘이다.

4) 가치창조 프로세스

자동차산업의 도요타와 혼다, 전자산업의 마쓰시타와 소니, 컴퓨터 산업의 IBM과 NEC, 식품산업의 네슬레와 제너럴 푸드, 생활용품산업의 P&G와 카오(花王) 등은 각 산업의 선두주자로서, 수십 년간 산업 내에서 경쟁 우위를 점하고 있다. 따라서 이들 기업에 공통적으로 존재하고 있는 핵심요소를 찾아보면 우리가 찾아내고자 하는 해답을 얻을 수 있다. 미래를 창조하고자 하는 선도기업이 새로운 길을 만들어 나가는 과정에서, 그 기업의 경영자는 창조적 혁신을 일으켜야 하고, 이를 구성원에게 주지시켜 구성원 모두가 단합해서 따라올 수 있도록 간결하면서도 명료한 개념으로 표현해야 한다.

이런 창조적 혁신의 구체적 표현을 '비전(vision)'이라 하며, 그러한 예로 <표 6.2>에서 보는 바와 같이 소니의 '종합오락그룹(total entertainment group)', '동경화재해상보험의 종합안전보장회사(total security provider)', 텔리다인(Teledyne)의 '최대가 아니라 최고(not the biggest, but the best)', 3M의 '5년 후 매출액의 절반 이상을 신규사업에서 담당할 것(at least a half of the revenue in the next fifth

표 6.2
세계 유명 기업들의 비전 변화

기업명	변경전 비전	변경후 비전
소니	오디오, 비디오기기 제작사	종합오락그룹
동경화재해상보험	보험회사	종합안전보장회사
아사히 글래스	최고 품질의 유리제조사	행동적이고 글로벌한 회사
NTT	국제정보통신회사	세계적인 시야의 생활과 문화창조에 기여
아지노모토	종합식품회사	소프트한 종합생활기업
일본유선회사	초우량 해운회사	종합물류회사
산와은행	국민의 은행	세계적 종합은행
벤츠	고품질의 자동차회사	국제적 하이테크 회사

year from new businesses)'등을 들 수 있다. 표에서 보는 것처럼 이들 회사의 경영 자가 제시하는 비전은 지금까지 다른 기업에서는 한 번도 생각하지 못했던 아이디어를 포함하고 있다. 다른 어떤 기업에서도 시도하지 않았던 새로운 길을 가겠다는 기업경영자의 꿈과 의지가 담겨있는 것이 바로 '비전'이라 할 수 있는 것이다.

비전이 보다 추상적이고 장기적인 성격을 띤다면, 이를 달성하기 위해 구체적이면서 단기적 평가가 가능한 과제로 제시되는 것이 바로 목표이다. 목표는 비전을 달성하기 위한 구체화되고 평가 가능한 기준이고, 비전의 산물이며, 환경창조를 전제로 한다. 즉, 환경창조 메커니즘에서의 환경분석은 주어진 환경과 기업 내부에 보유하고 있는 자원을 파악하는 데 그치지 않고, 비전과 목표를 성취하기 위해 활용 가능한 자원과 환경을 발굴하거나 비록 지금은 존재하지 않지만 필요한 환경을 파악하는 데까지 확장된다. 이렇게 볼 때 환경을 창조하는 선도 기업의 경영자는 명확한 비전을 통해, 경쟁기업의 경영자와 똑같은 환경변화에 처하더라도 경쟁기업의 경영자가 분석하는 것과는 다른 시각에서 환경을 재해석함으로써, 단순히 주어진 환경에 적응하는 데 그치는 것이 아니라 적극적으로 환경을 재구성할 수 있어야 한다.

이같이, 기업이 환경을 재구성하는 과정에서 환경은 서서히 그 기업에게 유리한 새로운 환경으로 창조 · 정립되며, 이를 실현하는 과정에서 내부능력 역시 재구성 단계를 거쳐 새로운 내부능력으로 창조된다. 이 과정을 통해 자연스럽게 달성된 성과는 궁극적으로 그 기업을 업계에서 선도적인 위치로 만들어 주며, 다른 경쟁기업이 모방만으로는 도저히 따라잡을 수 없는 간격을 형성시켜 준다.

결국 기업의 사활을 좌우하는 관건이 환경적응 메커니즘이라면, 기업이 모든 경쟁기업을 물리치고 업계 선두위치를 유지할 수 있는 조건은 자원창조 메커니즘이고, 선두위치를 장기간 유지하는 조건은 환경창조 메커니즘이다. 아래에서 환경창조 프로세스의 핵심 요소인 기업과 그 최고경영자의 비전, 환경 및 자원 재구성 능력에 대해 좀 더 자세히 살펴본다.

2. 비전

1) 개념

비전은 미래에 기업이 달성하고자 하는 모습을 이미지화한 것으로, 앞으로 우리 기업은 어떤 모습이어야 하며 이를 위해서는 어떻게 해야 할 것인가에 대한 기업 구성원의 공감대이다. 비전은 기업의 현재와 미래를 연결시켜주는 고리로써, 기업이 추구해야 할 최고의 가치가 무엇인지를 제시해 줄 뿐만 아니라 이를 통해 기업 구성원들에게 활력을 불어넣고 담당한 업무에 의미를 부여하는 역할을 한다.

2) 구성요소

비전의 첫 번째 요소는 미래에 환경이 어떻게 변화할 것이며 그러한 환경변화가 기업에 미치는 영향은 무엇인가를 판단할 수 있는 '개념적 틀(framework)' 혹은 '관점(perspective)'이다. "사람은 보이는 것을 보는 것이 아니라 볼 수 있는 것만 보는 것이다"라는 아인슈타인의 말처럼 사람이 무엇을 관찰할 수 있는가를 결정하는 것은 바로 그 사람이 갖고 있는 관점, 즉 독창적 통찰력이다. 기업의 최고경영자는 자신의 독창적 통찰력을 통해 기업을 둘러싼 환경의 변화를 파악하고 예측해서 기업이 나아갈 방향을 결정하며, 경쟁기업의 경영자와는 다른 관점에서 새로운 사업의 기회를 포착할 수 있어야 한다.

비전을 구성하는 두 번째 요소는 '정보(information)'와 '지식(knowledge)'이다. 비전은 순간적인 발상이나 영감에 의해 우연히 만들어지는 것이 아니라, 방대한 정보의 수집과 분석, 다양한 경험과 지식의 습득을 통해 형성되는 것이다. 즉, 비전은 무한한 가능성의 세계인 미래에 대한 끊임없는 물음과 이에 답하기 위해 정보와 지식을 수집하고 축적하는 과정에서 창조된다.

비전을 구성하는 세 번째 요소는 '인간의 보편적인 가치'이다. 본래 가치란 개인의 선호에 바탕을 두고 선택된 규범이지만 여기서 말하는 가치란 특정 개인의 선호가 아니라 모든 기업구성원들의 공유된 선호에 바탕을 둔 규범의 형태를 띤다. 따라서 가치는 기업의 모든 구성원들에게 공통적인 방향감각과 일상 행동의 가이드라인을 제공하는 역할을 한다. 보편적 가치를 공유하고 있는 기업이어야 환경과 기업의 변화에 맞게 새로이 결정된 전략을 실행할 수 있는 힘을 모으게 된다.

3) 속성

그러나 기업의 최고경영자와 구성원들이 공유한 개념적 틀이나 가치가 모두 비전이 되는 것은 아니다. 한 기업의 비전이 되기 위해서는 다음과 같은 조건이 필요하다.

첫째, 비전은 장기적인 관점에서 기업구성원들에게 미래의 이상향, 꿈을 제시해야 한다. 이때 비전은 기업이 아무리 노력해도 영원히 도달할 수 없는 환상도 아니고 미래에 대한 완벽한 예언도 아니다. 비전에 담긴 미래는 현재 존재하지 않고 불확실하지만 믿음을 가지고 추구하면 언젠가 도달할 수 있는 가능성의 세계이다. 또한 비전은 현재의 연장선상에서 바라본 '예상되는 미래(expected future)'가 아니라 경영층과 모든 구성원들의 꿈과 의지가 담긴 '원하는 미래(wanted future)'다. 경영자가 가진 꿈은 빛나는 눈동자와 용솟음치는 정열을 통해 구성원의 가슴에 불을 당기고 그들을 긴장시키고 흥분시킨다.

둘째, 비전은 사물이나 현상의 본질을 꿰뚫어 보는 통찰력이 있어야 한다. 비전은 경쟁사의 비전을 단순히 모방한다고 해서 만들어지는 것이 아니다. 또한 비전은 당장 눈에 보이는 전략, 전술에 급급해서도 안된다. 나무보다는 숲, 부분보다는 전체, 눈에 보이는 것보다는 눈에 보이지 않는 근본적인 게임의 규칙을 잘 다루어야 한다. 이를 위해 경쟁의 원리와 핵심 경쟁요인을 파악해서 혁신, 새로운 게임의 규칙을 창조하는 것이 중요하다.

셋째, 기업구성원의 공감대가 형성되어야 한다. 즉, 최고경영자가 가진 미래에 대한 꿈과 혁신적인 자세가 비전으로 형성되는 과정에서 모든 기업구성원들에게 전파되고 그들과 공유될 때, 비전은 개인 차원에서 집단 차원으로 승화되며 비로소 기업 전체의 비전으로 완성되는 것이다.

이처럼 기업의 비전은 경영자의 꿈, 혁신, 공감대 형성이라는 세 가지 속성을 갖추어야 한다.

3. 환경과 자원의 재구성 능력

환경과 자원에 대한 해석에는 두 가지 견해가 있다. 존재위치를 기준으로 하는 첫째 견해에 의하면 환경은 세계 및 국가경제, 정치제도와 법령, 소비자, 경쟁자와 같이 기업의 외부에 존재하는 것이고, 자원은 보유생산시설, 직영판매망, 자금력, 조직구성원과 같이 기업이 내부에 보유하는 것이다. 기업의 통제가능성을 기준으로 하는 둘째 견해에 의하면 환경은 기업이 통제력을 발휘할 수 없는 것이고, 자원은 기업이 통제력을 발휘할 수 있는 것이다. 여기서는 기업이 통제력을 발휘할 수 없는 환경은 없다는 전제 하에 존재위치를 기준으로 하는 첫째 견해를 따르기로 한다. 따라서 환경은 기업의 사회적책임과 함께 기업외부에 존재하는 외부여건의 일부이고, 자원은 기업의 가치관 및 철학과 함께 기업내부에 존재하는 내부여건의 일부이다. 환경과 자원은 존재여부와 존재가치에 따라 다음 세 가지로 구분된다.

1) 환경 및 자원의 분류

(1) 존재하지만 불필요한 환경과 자원

기업의 외부나 내부에 실제로 존재하지만 해당 기업의 활동에 전혀 영향을 끼치지 않는 환경과 자원을 말한다. 기업체 입장에서 볼 때 이 같은 환경이 외부환경이라면 무시하면 된다. 그러나 이 같은 환경이 내부환경, 즉 기업이 내부에 보유하고 있는 자원이라면 이를 없애는 과정이 필요하다.

(2) 존재하면서 필요한 환경과 자원

기업의 외부나 내부에 실제로 존재할 뿐만 아니라 해당 기업이 목적을 추구하는데 꼭 필요한 환경과 자원을 말한다. 기업체 입장에서 볼때 이런 환경과 자원은 자신에게 더 유리하도록 강화하거나 이를 적극 활용하는 방안을 마련해야 한다.

(3) 존재하지 않지만 필요한 환경과 자원

기업의 외부나 내부에 현재 존재하지 않지만 해당 기업이 목적을 추구하는데 꼭 있어야 하는 환경과 자원으로, 이런 환경과 자원은 새로이 만들어져야 한다.

위의 세 가지 환경과 자원 중에서 기업에게 특히 중요한 것은 존재하면서 필요한 환경과 자원, 존재하지 않지만 필요한 환경과 자원의 두 가지이다. 이들을 어떻게 강화, 활용하고, 만들어 낼 것인가가 기업이 산업 내에서 선도적 위치를 차지하는 가장 핵심 요인이 된다. 이같이 기업이 외부여건과 내부여건 중에서 필요한 환경과 자원을 강화하고 만들어내는 과정을 환경 및 자원 재구성 과정이라고 한다. 이 같은 환경과 자원을 재구성하는 과정에서 고려해야 할 세 가지 중요한 변수가 있는데, 이는 다음과 같다.

2) 환경 및 자원 창조의 변수

(1) 행위의 주체

환경과 자원의 재구성 과정에는 반드시 그러한 변화를 선도하고 추진하는 주체가 있기 마련이다. 대부분 기업에서이 주체는 최고경영자이다. 최고경영자가 기업의 새로운 미래 모습인 비전을 제시하고, 목표를 제시할 뿐만 아니라 실제로 이를 달성하기 위한 변화를 주도하는 선도자로서의 역할도 한다. 물론 주체의 범주를 넓게 살펴보면 최고경영자의 의지를 실행에 옮기는 종업원, 특정 과업의 수행을 위해 조직된 태스크 포스 팀(task force team)도 포함되며, 더 넓게 보면 기업이라는 조직 자체가 주체역할을 할 수도 있다.

(2) 변화의 매체

변화의 매체는 행위의 주체가 환경과 자원을 재구성해 나가는 수단으로, 이것은 기업이 가진 능력이나 처한 상황에 따라 다양하게 나타난다. 그 예로는 정부, 연구기관, 소비자 같은 외부매체일 수도 있고 사내 제품개발능력, 자사유통망, 자금력, 정보와 같은 내부매체일 수도 있다. 만일 어느 기업이 외부 연구기관과 기술제휴를 통해 신제품 개발에 성공했다면, 기업은 행위의 주체가 되며 외부 연구 기관은 변화의 매체가 되는 셈이다.

(3) 변화의 객체

변화의 객체는 행위의 주체가 변화의 매체를 이용해 변화시키고자 하는 대상이다. 변화의 객체 역시 기업이 처한 상황에 따라 다양하게 나타날 수 있다. 소비자, 경쟁자, 정부 같은 외부객체일 수도 있고, 자체상품, 기업구성원, 기업문화와 같은 내부객체일 수도 있다. 만일 자기 기업에게 불리한 법규나 규정을 정부에 대한 로비를 통해 수정함으로써 자신에게 유리하도록 경쟁의 규칙(rule of the game)을 바꾼다면 경쟁의 규칙이 변화의 객체가 된다.

행위의 주체는 기업이나 경영자 자신이지만 변화의 매체와 객체는 상황에 따라 달라지는 모습을 보인다. 변화의 매체와 객체를 각각 환경(외부)과 자원(내부)으로 나누어 다음 네 가지 상황을 살펴보자.

3) 환경 및 자원의 창조와 재구성

(1) 외부매체로 외부객체를 변화시킨 경우

이 경우의 가장 쉬운 예는 정부관리를 설득해서 정부정책을 변화시킨 경우이다. 기업이 정부가 기존법규를 개정해야 진출이 가능한 어느 유망산업에 진입하려 한다고 하자. 이때 그 기업은 자신이 그 산업에 진입함으로써 생겨나는 이익을 홍보하고 불리한 점을 희석시킬 수 있는 행동을 하는 한편, 정부관리에 대한 로비활동을 통해 법규를 바꿈으로써 그 산업으로의 진입을 시도하게 된다. 이 경우 그 기업은 '정부 관리'라는 외부매체를 이용해서 '경쟁의 규칙'이라는 외부객체를 변화시킨 셈이다.

(2) 외부매체로 내부객체를 변화시킨 경우

이 경우의 예는 외부단체와의 기술협력을 들 수 있다. 기업이 자신의 기술만으로는 신제품 개발에 한계가 있다고 보고 우수한 대학연구소와 산학협동을 통해 이전에 생산하던 제품보다 훨씬 성능이 우수한 제품을 개발했다고 하자. 이 경우에는 '기업'이라는 행위의 주체가 '대학연구소'라는 외부매체를 이용해 '신상품'이라는 내부객체를 창조한 경우가 된다.

(3) 내부매체로 외부객체를 변화시킨 경우

이 경우의 예는 기업이 가지고 있는 기술력을 가지고 소비자를 변화시킨 경우를 들 수 있다. 소니의 워크맨(Walkman) 사례를 살펴보자. 소니가 처음에 워크맨을 만들기 전까지만 해도 음악이란 방안이나 음악실 등 주위 사람들에게 피해를 주지 않는 곳에서만 들을 수 있는 것이라고 소비자들은 생각했다. 그러나 소니가 자신의 기술력으로 카세트 테이프 레코더를 더 작게 만들고 혼자서만 들을 수 있는 이어폰(earphone)을 개발한 후 이 제품을 소비자들에게 널리 소개한 결과, 음악감상을 할 수 있는 장소는 집안에서 길거리로, 전차 안으로, 산속이나 바다로 확장된 것이다.

이 경우는 '기술력'이라는 내부매체를 가지고 '소비자의 기호'라는 외부객체를 변화시킨 경우에 속한다.

(4) 내부매체로 내부객체를 변화시킨 경우

이 경우의 예는 요즘 한창 유행하고 있는 혁신경영을 들 수 있다. 어떤 기업이 조직혁신의 필요성을 느껴 리엔지니어링이라는 혁신경영기법을 도입하기로 했다고 하자. 우선 기업은 내부에 혁신경영을 추진할 수 있는 팀을 구성할 것이고, 다음에는 자신들의 조직 자체를 혁신한다. 즉 '혁신경영팀'과 '혁신경영기법'이라는 내부매체를 이용해 '조직'이라는 내부객체를 변화시킨 것이다.

이렇게 환경이나 자원을 재구성하는 과정은 끊임없는 변화의 과정이다. 재구성된 환경이 자원을 변화시키기도 하고, 자원이 환경을 다시 변화시키기도 한다. 변화된 환경이 자원으로 변하기도 하며, 변화된 환경에 맞는 새로운 자원이 창조되기도 한다. 그리고 변화된 자원이 환경에 영향을 미쳐 환경이 변화되는 경우도 있다. 따라서 환경창조 메커니즘은 비전에서 시작해서 환경과 자원의 재구성과 창조를 통해 성과에 이르기까지 복잡한 분석을 필요로 한다.

따라서, 현실에서 어느 기업에서나 위의 환경창조 단계가 모두 정확히 적용되는 경우는 드물다. 기업이 처한 상황이나 능력에 따라 특별히 중요하게 대두되는 과정도 있고, 무시해도 좋은 과정도 있다. 그러나 능동적인 환경변화의 주체로 기업의 환경창조 메커니즘을 연구해 보는 것은 매우 의미 있는 일이며, 이러한 환경창조 메커니즘을 확립한 기업만이 지속적인 경쟁우위 확보를 통해 장기적 성장과 발전을 이룩할 수 있다.

사례 6

'아디다스'와 '테슬라'의 스마트 팩토리

"실패를 디딤돌로 혁신을 이끌어 내다"
"제조 AI 강화를 위한 스마트 팩토리의 어제와 오늘"

이 사례는 이서진 서울과학종합대학원 연구원이 조동성 교수와 김보영 교수의 도움을 받아 작성하였다.

출처: https://www.bloomberg.com/news/features/2018-06-08/tesla-model-3-photos-of-elon-musk-s-factory-in-fremont

그림 6.9
Inside Tesla's Model 3 Factory.

2012년부터 2016년 사이에 아디다스 온라인 몰에서 운동화를 구매해 본 사람이라면 마이아디다스(Miadidas)라는 서비스를 기억할 것이다. 운동화 가죽의 색깔, 재질, 장식의 색깔, 밑창의 색깔, 이니셜 각인 등 운동화를 개인이 원하는 대로 커스터마이징 해주는 이 서비스는 아디다스 운동화 매니아들은 물론 많은 20~30대들에게 큰 사랑을 받았다. 다만 치명적인 단점이 하나 있었다. 이미 디자인의 틀은 정해져 있고 약간의 커스텀만 하면 됨에도 불구하고 주문하고 약 한 달 정도가 소요되는 긴 운동화 제작 기간이 단점이었다.

디자인이 정해져 있는 커스텀 주문은 한달이 소요되지만, 새로운 디자인은 제작에서 배달까지 약 18주의 시간이 걸렸다. 24시간의 사이클로 주문과 물건 수령에 익숙해진 소비자들을 만족시키기 위해서, 약 18주의 시간을 최소 1~2주로 단축할 수 있는 새로운 방법이 필요했다. 이에 따라 아디다스는 2015년 '스피드 팩토리(Speedfactory)' 런칭 계획을 발표하고, 2016년 독일 안스바흐, 2017년 미국 애틀

랜타에 스마트 팩토리를 구축했다.[1] 스마트 팩토리의 구축 목표는 3가지였다.

첫째, 수요가 많은 지역인 선진국으로 생산기지를 옮겨와 물류 시스템의 속도를 높이는 목표를 세운다. 다수의 소비자가 유럽, 북미에 있는 것에 반해 생산 공장은 비교적 인건비가 저렴한 중국, 베트남 등지에 있다. 아디다스 전체 생산의 90% 이상이 아시아에서 생산된다. 생산자와 수요자의 거리를 좁혀 상품이 소비자에게 가는 속도를 높이고 재고관리를 원활하게 만든다.

둘째, 생산 공정에서 최대한 많은 부분에서 인공지능화 된 로봇을 이용함으로써 인건비를 최소화한다.

셋째, 맞춤화 전략으로 3D프린팅 기술을 이용해서 각 고객에게 커스터마이징을 해주어 사업을 활성화한다.[2]

야심차게 시작했던 아디다스 스마트 팩토리는 사업 3년 만인 2019년 철수를 하면서 대표적인 스마트 팩토리 실패 사례로 기록되었다. 실패의 가장 큰 원인은 스마트 팩토리에서 생산할 수 있는 신발의 종류가 한정적이였다는 것이다. 스마트 팩토리는 천소재의 갑피, 부스트(BOOST) 라인의 신축성 있는 밑창 달린 신발만 생산 가능했다.

결국 아이다스의 인기 모델인 '스탠스미스', '수퍼스타'와 같은 신발은 기존 공장에서 생산할 수밖에 없었다. 스마트 팩토리의 생산량은 아디다스 총 생산량의 1% 밖에 되지 못했고, 팩토리가 갖추어야 하는 기본적인 생산 효율성이 미치지 못하면서 공장 폐쇄 결정에 이르게 된 것이다.[3]

이렇게 스마트 팩토리를 계획하고 구축했으나 성공하지 못한 또 하나의 사례로 테슬라가 있다. 테슬라는 2018년에 '모델3'을 출시하면서 일론 머스크(Elon Musk)의 주도하에 거의 완전한 자동화를 이뤄낼 수 있는 스마트 팩토리를 설계했다. 기존 자동차 조립 공장을 생각하면 으레 컨베이어 벨트를 중심으로 작업자들이 차례대로 줄지어 각자 맡은 파트를 조립하는 이미지를 떠올린다. 하지만 테슬라는 지능화된 로봇을 사용해서 인력을 최소한으로 줄인 스마트 팩토리를 건설했다. 테슬라는 인력이 전혀 필요 없는 완벽히 자동화된 인공지능 로봇 공장을 궁극적 목표로 삼았다. 이를 위해 당시 자동차 조립 기술에서 가장 자동화된 어셈블리 라인을 모델3 생산공장으로 구축했다.

그러나 로봇과 기술 시스템 에러에 따른 생산 프로세스의 병목현상이 심화되면서 완전 로봇 자동화는 실패하고 말았다. 2017년 4분기 기준으로 2만 대의 생산 계획은 2,425대 생산에 그쳤고,[4] 결과적으로 기업 운영과 판매까지 악영향을 미쳤다. 스마트 팩토리를 통해 완전한 자동화를 꿈꾸던 테슬라는 매우 소소한 모든 작업까지 인공지능 로봇을 도입했다. 그러나 미처 예상하지 못했던 문제가 있었다. 로봇은 하나의 오류가 발생했을 때 연결된 모든 프로세스에 연동되어 문제가 발생함으로써 단 시간내 오류 해결을 이루지 못한다는 단점을 가지고 있었던 것이다. 결국 인공지능 로봇의 엔지니어링 운영 관리에 대한 철저하고 세부적인 위기관리 대처의 한계로 테슬라는 수백명의 자동차 조립 인력을 추가 채용하고, 임시 조립 라인을 추가했다.

이러한 실패 사례들이 스마트 팩토리의 마지막을 의미한 것은 아니다. 아디다스는 스피드 팩토리의 실패를 바탕으로 아시아의 생산 공장 인프라에 스피드 팩토리 시스템을 결합해서 시너지를 창출하는 기반을 구축했다. 테슬라는 모델3 어셈블리 라인의 실패를 바탕으로 더욱 철저한 스마트 팩토리인 기가 팩토리를 베를린, 상하이 등지에 구축해서 성공을 이끌어냈다.

빠른 속도의 생산을 강조함으로 생산효율성을 고려하지 못한 '아디다스'와 완전한 자동화를 강조함으로써 새로운 시스템 관리운영을 고려하지 못한 '테슬라', 결과적으로 이러한 실패 사례들은 빅데이터와 인공지능과 같은 최첨단 기술들을 기반한 스마트 팩토리 구축에 있어 경영전략의 중요성을 다시한번 보여준다. 미래지향적 목표를 위한 최첨단 기술의 혁신적인 공장을 설계하는 것도 중요하지만 기존 인프라와의 시너지, 생산 프로세스 관리, 전략적 시스템 운영에 이르는 세부적인 경영관리 전략이 반드시 함께 고려되어야 함을 증명해 준다.

출처

1) 아디다스 로봇공장 실험은 왜 실패했나, 곽노필, 한겨레, 2019.11.14
2) 아디다스 스피드팩토리 접는다: 실패일까 유예일까, 엔지트, 2019.11.15
3) 아디다스 스마트 팩토리, 스피드 팩토리. "4년간의 실험 접고 다시 중국행", 양성길, 양성길의세계여행 4차산업혁명강의 SNS 강의, 2019.12.31
4) Inside Tesla's Audacious Push to Reinvent the Way Cars Are Made, Neal E. Boudette, 2018.06.30

B. 혁신경영 메커니즘

'가죽을 벗긴다'는 뜻을 가진 혁(革)과 '새로'라는 신(新)을 합친 단어 '혁신(革新)'은 '내 몸에서 가죽을 벗기는 듯한 고통을 감수하고 새롭게 한다'라는 뜻이다. 이 세상에 얼굴 껍질을 벗기는 고통을 좋아하는 사람은 없다. 따라서 혁신은 피할 수 있으면 피하는 것이 좋다.

그럼에도 불구하고 조직에서 혁신이 필요한 상황이 세 가지 있다. 첫째는 현재 전략으로 기존 목표를 달성할 수 없을 때다. 둘째는 새로운 목표가 생길 때다. 셋째는 환경이 바뀐 때다. 하루가 다르게 변하는 오늘날, 위 세 가지 상황에서 자유로운 조직은 없다. 이것이 바로 모든 조직이 혁신을 추구하는 이유다.

슘페터(Schumperter)는 1940년대에 혁신이론의 근간이 되는 '창조적 파괴'를 주장했다. 과거 성과와 경영방식에 안주하는 기업은 시장의 변화 속도에 맞춰 변화하지 못한다. 결국 이러한 기업의 역량은 시장의 요구에 제대로 부응하지 못하게 될 것이며, 이를 극복하기 위해서 기업은 시장의 연속성을 부정하고 불연속성에 입각해서 지속적으로 그리고 빠른 속도로 자신을 변화시켜야 한다는 것이 그의 주장이다.

혁신경영은 경영환경의 변화가 급속하게 진행되는 상황에서 전략실행의 정점에 위치한 이슈이다. 혁신은 기업 내부의 모든 활동에 접목될 수 있다. 조직의 혁신, 기술의 혁신, 프로세스의 혁신 등 이전의 운영 방식을 탈피해서 변화한 그리고 변화할 환경에 대한 기업의 능동적인 반응이다.

혁신경영은 조직의 목적을 달성하기 위해 새로운 생각(idea)이나 방법(method)으로 기존업무를 다시 계획(plan)하고 실천(do)하고 평가(see)하는 것이다. 이는 새로운 제품이나 서비스, 새로운 생산공정기술, 새로운 구조나 관리 시스템, 조직구성원을 변화시키는 새로운 계획이나 프로그램을 의도적으로 실행함으로써, 기업의 중요한 부분을 본질적으로 변화시키는 것을 의미한다. 혁신경영은 기업에 미치는 영향에 따라 2가지로 나누어진다.

첫째, 경영의 장을 변화시키는 혁신문화를 만들어 내는 것이다. 비전 만들기, 학습 조직, 기업 아이덴티티, 리스트럭처링은 기업 스스로가 내부적으로 혁신의 필요성에 대해 공감대를 형성하고 이를 지속적으로 추진할 수 있는 정신적, 구조적 수용 능력을 확보하는 것에 주안점을 두고 있다.

둘째, 경영의 프로세스를 변화시키는 것이다. 혁신 추진의 바탕을 형성한 후 기능적인 변화에 초점을 둔 다양한 기법들이 존재한다. 장기전략계획, 경쟁전략, 영점기준 예산, 신인사제도, 리엔지니어링, 다운사이징, 시간기준 경쟁, 전사적 품질경영, 전략평가 시스템, 6시그마 등은 기업의 기능적 향상을 목적으로 하는 것이다. 기업은 혁신경영을 통해 진정한 향상을 달성하기 위해 경영의 장과 경영의 프로세스라는 두 분야에서 동시에 혁신을 추진해야 한다.

한국의 기업들은 지난 20여년 동안 세 차례 큰 변화에 직면했다. 첫째 변화는 1997년에 일어난 소위 IMF위기라고 불린 외환위기였다. 한강의 기적으로 불리며 밝아 보이기만 하던 한국 경제의 미래는 그 화려함 속에 감추어 두었던 치부를 낱낱이 드러냈다. 건실하게만 생각되었던 기업들이 하나둘씩 파산했다. 당시 30대 재벌 중 19개가 무너졌다. 생존한 기업들은 변화의 필요성을 실감했다. 과거에 관행화되었던 경영방식들을 과감하게 탈피하는 것이 급선무였다. 새로운 환경이 요구하는 세계수준의 경영 방식에 도달하기 위한 지속적 노력이 필요하게 된 것이다.

이러한 노력의 과정에서 혁신에 대한 인식이 급속하게 확산되었다.

두 번째 변화는 21세기에 들어서면서 일어났다. 인터넷이 우리 삶을 지배하고 국제적인 거래에 도입되면서 한국기업들은 무한한 속도로 커가는 시장의 요구에 직면했다. 새로운 경영환경의 가장 두드러진 특성은 경쟁의 범위가 넓어지고 강도 또한 심화되었다는 것이다. 내수시장이라는 전통적인 경쟁의 경계가 사라지고, 국내 기업들은 선진화된 경영방식과 높은 기술수준, 우수한 품질, 글로벌 규모의 기업 네트워크를 지닌 거대 기업 들과의 무한 경쟁에 직면하게 되었다. 그 결과 혁신경영은 기업 경영의 중요한 이슈로 떠오르게 되었다.

세 번째 변화는 2021년 현재 진행중이다. 2016년 이세돌과 알파고의 바둑 대국을 통해 갑자기 우리 삶의 한 복판에 자리잡게 된 인공지능(AI)이 2020년 코로나 바이러스가 전인류에게 큰 충격을 주면서 우리 삶에 근본적인 변화를 가져온 것이다. 전통적인 기업들이 몰락하고 AI를 앞세운 IT기업들이 대약진을 하는 가운데 AI를 활용하는 경영능력을 갖추지 못한 경영자들은 하루 아침에 아마추어로 전락했다. 이제 새로운 혁신경영이 필요해진 때가 온 것이다.

그러나 다른 한편에서는 혁신경영이 일상적인 활동이 되면서 이에 대한 매너리즘과 함께 피로현상이 나타나고 있다. 특히 혁신경영의 필요성에 대한 진정한 성찰보다는 일시적인 경영의 유행(management fashion) 또는 다른 기업들이 행하는 기술적, 기능적 도구들을 들여오는 것으로 인식하는 현상이 나타났다. 혁신경영의 의미와 효용가치, 그리고 부작용을 정확하게 파악한 후 자사의 전략목표 달성에 맞는 적절한 기법을 선택하려는 노력보다, 경쟁기업이 쓰고 있는 특정 기법을 맹목적으로 회사내에 도입해서 실행하는 경우가 허다하게 나타난 것이다. 따라서 전략실행의 충분조건인 혁신경영의 의미를 되짚어 봄으로써 혁신에 대한 정확한 인식과 적절한 활용 방안에 대해서 알아본다.

1. 개념

1) 혁신경영의 의미

'혁신경영'이라는 단어는 혁신과 경영이라는 두 단어의 합성어이다. 우선 각각의 낱말이 지니는 본래 의미를 살펴보자.

혁신(innovation)이란 쉽게 말해 '새로운 것들'을 의미한다. 슘페터의 말을 빌려 교과서적으로 정의하면 '이용 가능한 여러 가지 사물이나 힘의 결합방식을 변경해서 새로운 상품의 발명, 새로운 생산방법의 도입, 시장개척, 새로운 자원개발 및 조직개혁 등을 가져오게 하는 것'으로, 흔히 신결합(新結合, new combination)이라고 한다. 슘페터는 기존방식에서 출발해서 점진적인 변화를 통해 새로운 방식에 도달하는 지속적인 개선에는 큰 가치를 두지 않았다. 신결합은 비연속적으로만 나타날 수 있고 발전을 위한 독특한 조건을 만들어 내기에 신결합이야말로 창조적 파괴를 통한 경제발전의 원동력이 된다고 했다.

경영을 어떻게 전개하는가 하는 '경영방식'은 학자에 따라 다른 몇 가지의 요소로 나누어 설명되어 왔다. 일반적으로 경영방식은 계획(planning), 조직(organizing), 지령(commanding), 동기부여(motivating), 통제(controlling), 조정(coordinating), 충원(staffing), 기타 활동(others)으로 구성되어 있다. 이런 학자들의 견해를 종합해서 그 공통점을 찾아보면 크게 P-D-S, 즉 사전적 활동(Plan)-현장 활동(Do)-사후적 활동(See)의 과정으로 정리할 수 있다. 또한 사후적 활동은 다음 경영의 사전적 활동에 대한 기초가 된다는 점에서 연결고리를 이룬다. 이러한 의미에서 경영이란 여러 가지 경영요소가 수평적으로 분화된 활동이 아니라 동태적으로 결합된 과정이다(<그림 6.10> 참조).

그림 6.10
경영의 3요소

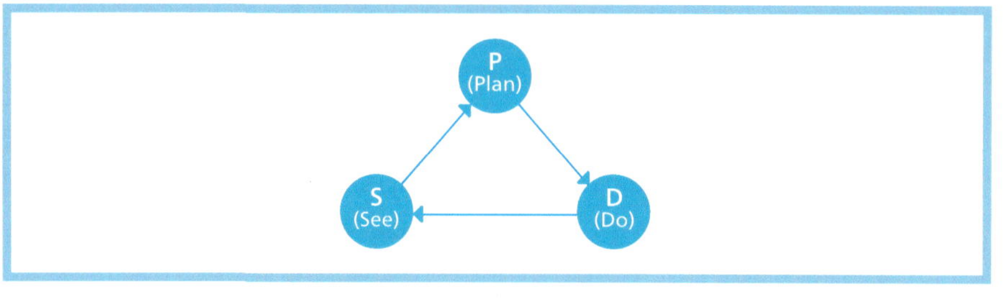

2) 전략의 개발 및 실행과 혁신경영의 관계

앞에서 간단히 언급한 것처럼 혁신경영은 크게 세 가지 동인에 의해 촉발된다.

첫째, 현재의 기업 역량과 목표한 전략 사이에 갭(gap)이 발생한다. 기업이 원하는 전략적 목적을 달성하지 못하고 있는 경우 혁신경영이 필요하다. 예컨대, 시장점유율 1위를 목표로 하는 회사가 만년 2~3위 수준에서 멈춘다면 지금까지 사용해오던 경영방식을 버리고 혁신적인 방식을 도입해야 한다.

둘째, 새로운 목표다. 기존의 목표를 달성위해 채택된 혁신경영 방식은 목표가 바뀌는 순간 바뀌어야 한다. 매출액과 이익극대화라는 전통적 목표를 추구하던 기업들이 기업가치와 사회가치를 동시에 추구하는 공유가치창출(Creating Shared Value: CSV)이라는 복합적 목표를 달성하는 방향으로 선회를 한다면 그 기업은 당연히 경영방식을 바꾸는 혁신경영을 시도해야 한다.

셋째, 급속한 환경의 변화이다. 시장은 기업이 생각한 것처럼 연속성을 갖고 있지 않다. 특히 정보화가 급속하게 진행되면서 정보의 비대칭성이 사라지게 되었고, 결국 시장은 불연속적인 성향을 갖게 됐다. 이는 기업이 항상 파괴적인 혁신을 추구하지 않는 이상 대응하기 어려운 환경을 형성했다. 이 두 동인은 기업의 장기적 경쟁우위를 위한 내부 능력 확보와 환경 적응을 다루고 있으므로, 전략과 혁신경영이 매우 밀접한 관계를 갖고 있음을 알 수 있다.

이 세 가지 동인에 의해 혁신경영의 필요성을 인식하고 실제로 혁신경영을 실행하기 위한 혁신 프로세스를 진행하는 것은 다음과 같이 나타낼 수 있다(<그림 6.11> 참조). 먼저, 기업의 장기전략을 개발한 후 혁신의 방향을 도출해서 체질혁신 목표를 명확히 한다. 그리고 이러한 혁신 목표에 맞는 적절한 혁신기법을 선택해서 단계적으로 추진해 나간다.

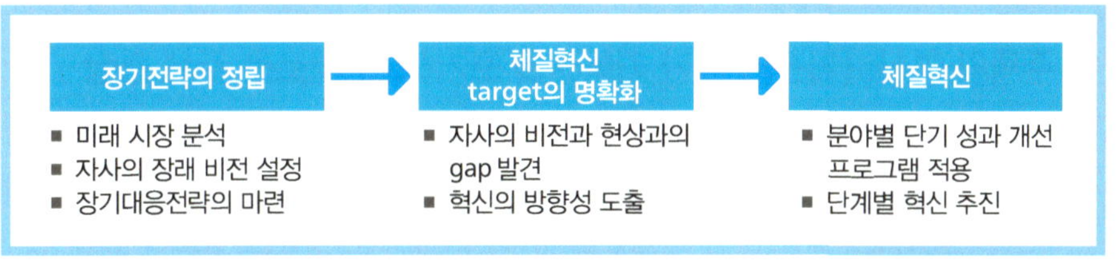

그림 6.11
바람직한 혁신 프로세스

2. 혁신경영 기법의 유형

혁신은 그 내용과 성격에 따라 크게 6가지 범주로 유형화할 수 있다.

1) 주체의 혁신
2) 목적의 혁신
3) 가치관의 혁신
4) 접근방식의 혁신
5) 문화의 혁신
6) 상징의 혁신

이상 6가지 혁신범주는 5장의 <그림 5.10>에서 이미 소개했지만 독자의 편의를 위해 다시한번 <그림 6.12>로 보여드린다.

그림 6.12
혁신경영의 6가지 범주
(그림 5.10과 같다)

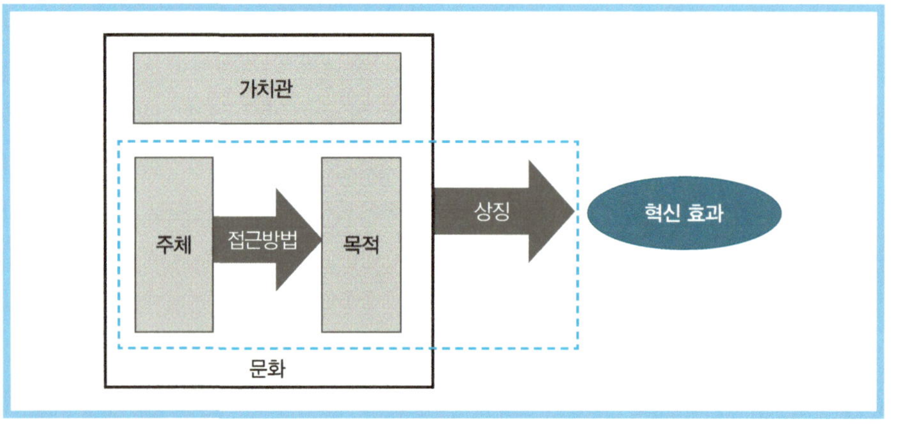

아래에서는 인천국립대학교에서 2016~2020년에 진행한 다양한 혁신경영 프로젝트들을 통해서 위 6가지 유형에 대한 이해를 돕고자 한다.[7]

1) 주체의 혁신: (기존 주체가 기득권을 포기하고) 새로운 주체 등장

"내 몸에서 가죽을 벗기는 듯한 고통을 감수하고 새롭게 한다"는 뜻을 가진 혁신은 실무 현장에서 원하지 않는 일이다. 힘들고 고된 현장 업무에 고통스러운 혁신 업무를 추가하는 것을 반길 실무자는 없다. 또, 현장은 새로운 일을 찾아서 하는 곳이 아니라 기존에 정해진 규정에 따라 업무를 진행하는 곳이다. 혁신 업무의 '혁'도, '신'도 현장에서는 기피사항이다. 그러기 때문에 혁신은 탑다운(top-down), 즉 위로부터 이루어져야 한다는 주장이 다수의견이다.

그러나 저자들은 이러한 다수의견에 반대한다. 혁신을 바텀업(bottom-up), 즉 실무자가 주도하는 것이야말로 혁신이기 때문이다. 국립인천대학교에서는 실무자가 혁신을 주도한다. 혁신에 대한 고정관념을 바꾸는, 세계 최초의 혁신이다. 따라서 인천대는 '전 구성원이 참여하고 현장이 주도하는 혁신'을 우선적으로 선택했다.

현장 실무자인 인천대 직원선생님과 조교선생님들이 혁신을 능동적으로 주도하는 이유는 실무자들이 혁신주체로서 스스로 혁신을 한다는 자부심을 가지고 있고, 교내에 혁신 문화가 있기 때문이다.

인천대에서는 대학, 아니 모든 조직사회에서 일상적으로 쓰는, 그러나 혁신문화에 맞지 않는 용어를 순화시켜나 가기로 했다.

첫째, 대학본부와 현장 부서 간에 "서류를 내려보내고, 올린다"는 표현 대신에 "제출한다"를 사용한다. 인천대 조직에는 부서 간에 상하관계가 없고, 다만 업무의 성격이 다를 뿐이기 때문이다.

둘째, '직원'과 '조교'라는 명칭 대신에 '직원선생님'과 '조교선생님'이라는 명칭을 사용한다. 직원선생님과 조교선생님은 학생들을 비롯한 학내구성원들로부터 존경을 받아야 하는 중요한 분들이기 때문이다.

셋째, 모든 구성원들은 서로 존댓말을 쓴다. 인천대 가족은 나이, 직급, 직책에 관계없이 서로 존중하고 예의를 갖춰야 하기 때문이다. 2010년대 초반부터 지금까지 우리 사회는 '성적 차별'과 '신체에 대한 폭력'을 범죄로 판단하는 선진국 수준으로 급속하게 발전했다. 앞으로는 나이, 직급, 직책에 따른 '언어폭력'과 '인격에 대한 차별대우'도 범죄가 되는 사회로 나아갈 것이다. 인천대 가족은 미래에 다가올, 그리고 이미 옆에까지 와 있는 선진국 수준의 예의와 인격을 갖추고 있다.

2) 목적의 혁신: (대학/교수 중심 사고 대신) 기업/학생 중심 사고

전통적인 대학사회에서는 대학과 교수들이 사회와 학생들을 이끌어간다는 주체적 사고가 지배해왔다. 그러나 현대사회에서는 대학이 기업을 비롯한 사회를 위해서, 교수들 역시 학생들을 위해서 존재한다는 논리가 설득력을 얻고 있다.

세계 최초로 시행하는 '목적의 혁신' 사례로 인천대는 두 가지를 선정했다.

첫째는 'Matrix College'이다. 교수들이 주도해서 설계한 학문 위주의 64개 학과를 X축으로 놓고, 학생들의 채용을 담당하는 기업과 사회조직들이 주도해서 설계한 사회수요를 반영하는 학과를 Y축에 놓았다. 이로써, 그 동안 대학에 지원하는 학생들이 선택해야 하는 전공 자리를 놓고 기초학문과 응용학문이 치열하게 다투던 '경쟁적 관계'를 서로 돕는 '보완적 관계'로 바꾸었다. 통상적으로 130학점을 이수하고 졸업하는 학생들 입장에서는 교수들이 설계한 과목에서 1/3에 해당하는 42학점, 기업에서 설계한 과목에서 두 번째 1/3인 42학점을 선택하고 졸업하면 된다. 나머지 46학점은 학생들이 선택과목 중에서 학창시절에 공부하고 싶은 학문을 자유롭게 선택하면 된다.

매트릭스 칼리지 과정을 이수한 학생들은 취업 가능성이 높아지고, 기업과 사회조직은 원하는 학생들을 대학에서 교육시켜서 뽑아갈 수 있다. 이 제도에서 핵심은 교수들이 학과를 설계하고 운영하는 '교권'을 학생들을 채용하는 기업 경영자들에게 위임한 것이다.

둘째로 '예산배분기준을 학생정원에서 수강생으로 변경'했다. 그동안 세계 모든 대학은 (무의식적으로) 각 학과의 학생 정원을 기준으로 각 학과에 대한 배분하는 예산을 산정했다. 그러다 보니 각 학과 교수들은 학생 정원을 '신성한 소(sacred cow)'로 여기고, 대학 본부가 단 한 명의 정원 감축을 요청하는 경우에 대해서도 결사항쟁을 하는 모습을 보인다. 학생에 대한 질 높은 교육은 교수들의 관심사에서 두 번째로 밀리게 된다. 인천대는 예산 배분 기준을 학생정원에서 각 학과에서 개설하는 과목 수강생 숫자로 변경함으로써 두 가지 효과를 동시에 기대한다. 단시일에 이루어지지는 않겠지만, 각 학과는 학생정원에 대한 집착을 버리고, 교수들은 질 높은 강의에 더욱 노력할 것이다.

'Matrix College'가 겉으로 드러나고 소리 나는 혁신이라면 '예산배분기준 변경'은 혁신의 실체가 겉으로 드러나지 않는 조용한 혁명이다.

3) 가치관의 혁신: (대학가치 추구와 함께) 사회가치 동시 추구

21세기 경영의 가장 큰 화두는 공유가치창출(Creating Shared Value: CSV)이다. 이제 기업과 사회조직(이하 기업으로 통일)은 자신의 가치와 함께 기업이 속한 사회의 가치를 동시에 올려야 한다. 대학 역시 예외가 아니다.

인천대는 가치관의 혁신사례로 다섯 가지 프로젝트를 진행하고 있다.

첫째 사례는 '공유가치창출 예산편성'이다. 인천대는 매년 예산을 편성할 때 배정기준을 종래에 사용하던 연구업적 향상과 교육효과 증대라는 대학 가치뿐 아니라 일자리 창출, 지역사회와 국가의 발전, 사회문화 창달, 자연환경 보호 등 사회가치를 동시에 고려한다. 이같이 인천대는 인천대가 사용하는 모든 예산에 사회가치를 추구하는 목적을 포함시킴으로써, 대학가치만을 추구하는 '유능하지만 편협한 대학'이 아니라 '능력이 있으면서도 사회와 함께 가는 따뜻한 대학'이 될 수 있다.

둘째 사례는 '국제교육사 자격제도'이다. 100만 명이 넘는 고학력 청년 실업자들이 한국사회의 큰 사회문제이다. 정부는 이들을 구제하기 위해 정부 인력 채용 숫자를 늘리는 등 일자리 창출을 위해 끊임없이 노력하고 있으나 그 효과는 미미하다. 아니러니하게도 한국은 외국인 근로자가 200만 명을 넘은 근로기회 천국이다. 이같은 모순에는 원인이 있다. 젊은이들이 원하는 일자리는 만족스러운 경제적 보상 이외에도 보람이 있고 즐거워야 한다. 인천대가 개발한 '국제교육사 자격은 전 세계 237개 국가 중 200개가 넘는 개도국에서 초중등학교 교사가 되는 기회를 제공한다. 한국 젊은이 10만명이 500명씩 200개 국가에서 그 나라 학생들을 교육시킨다면 한국의 젊은이들은 세계 인류사에서 2,000년전 로마, 200년 전 영국의 젊은이들에 이어 세 번째로 세계화를 이루는 주역이 될 것이다.

셋째 사례는 'World's Universities with Real Impact (WURI) 평가제도 도입'이다. 2019년 인천대에서 열린 제2회 한자대학동맹(Hanseatic League of Universities) 회의에서 도입하기로 결정한 WURI 세계대학평가제도는 대학이 사회와 산업에 미치는 실제 영향력, 창업가 정신 교육과 창업지원, 윤리적 가치와 사회적 책임을 강조하는 인성교육, 학생들의 국제교류와 개방성 등을 평가하는 새로운 대학 랭킹제도이다. WURI 평가제도는 QS, THE 등의 기존 세계대학평가제도가 지닌

지나친 대학 내부 지향적 성향을 지양하고 실제 사회를 위한 역할을 강조함으로써 세계 3만여 대학에게 새로운 방향을 제시해준다. 제1회 세계대학 랭킹은 2020년 6월 10일 발표되었고, 인천대는 세계 35위에 랭크되었다.

넷째 사례는 '글로벌아시아 · 민족 도서관 건립'이다. 이 도서관은 기존 도서관과 세가지 면에서 다릅니다. 첫째, 도서관 안에 들어설 연구소의 목적과 용도를 먼저 정하고 그 겉에 도서관을 씌운다. 둘째, 이 도서관에 들어설 글로벌아시아연구소는 한국, 중국, 일본의 학자들이 모여 1945년 이후 70여년에 걸쳐서 이룩한 동북아시아 3개국의 경제개발 경험을 새로운 개발경제이론으로 만들어내는 작업을 할 것이다. 셋째, 두 번째 연구소는 민족사연구소이다. 이 연구소는 1905년 을사늑약부터 1919년 3·1운동까지 14년간 전국 각처에서 독립운동을 벌인 10만 의병들의 공훈을 발굴하여 서훈 신청을 하는 연구사업을 함으로써, 인천대가 대한민국 젊은이들에게 민족정신을 고취하는 민족대학 역할을 수행하게 될 것이다.

다섯째 사례는 '(시민들을 클래식 세계로 인도하는) 인천뮤직: 힉엣뉭크 개최'이다. 교통 수단의 비약적 발전으로 인해 인천은 문화 분야에서 서울에 흡수되어 버렸다. 인천시민은 서울에 가지 않는 한, 고품격의 클래식 음악을 접할 기회를 갖지 못하게 되었다. 인천대는 세계 최고 수준의 음악가를 초청하여 음악제를 개최함으로써, 인천시민들에게 수준 높은 클래식 음악을 제공한다.

'공유가치창조 예산편성'이 일반 사회를 위한 프로세스의 혁신사례라면, '국제교육사 자격제도'는 세계 개도국들을 위한 혁신사례이다. 'WURI 평가제도 도입'은 세계 대학사회를 위한 혁신사례고, '글로벌아시아 · 민족 도서관 건립'은 한국의 미래를 준비하는 혁신사례이다. '(시민들을 클래식 세계로 인도하는) 인천뮤직: 힉엣뉭크 개최'는 인천시민들을 위한 혁신사례이다.

4) 접근방법의 혁신: (타 대학이 안하고 과거에 안해본) 새로운 방식 채택

하버드대(Harvard University), 옥스포드대(Oxford University), 서울대, 동경대, 북경대 등 전통적인 '종합적 연구중심대학(Comprehensive Research University)'은 교수들이 연구하는 모든 학문 분야에서 수월성을 추구한다. 학문적 융합을 하는 경우에도 특별한 방향을 제시하지 않다. 어떤 분야이던 관계없이 교수들이 원하는 연구 주제를 잡아서 탑 저널에 논문을 게재하면 된다. KAIST, MIT, Cal Tech등 '집약적 연구중심대학(Intensive Research University)'은 주로 공학과 자연과학 분야를 전공하는 교수들이 모여서 연구를 한다. 그러나 교수들은 어떤 분야를 연구하던 관계없이 아무도 간섭하지 않는다. 연구결과를 탑 저널에 논문으로 게재하기만 하면 된다.

인천대는 다르다. 인천대는 특정 분야에 초점(focus)을 맞추어 이 분야에서 집중적으로 연구하는 교수들이 커다란 연구업적을 내면 높은 보상을 드린다. 2019년 12월 현재 인천대가 선택한 연구초점은 '바이오', '통일후통합', '중국의 일대일로 정책', '스마트시티/스마트에너지', '녹색금융', '빅데이터/AI'이다. 인천대는 2017년 12월 12~13일 중국 시안에서 개최된 세계 공자학원 총회에서 초점이 있는 '집중적 연구중심대학(Focused Research University)'이라는 표현을 세계 최초로 사용하면서 그 선도적 대학이 되겠다고 선언했다. 이어서 2018년 11월 22일 인천에서 열린 제1회 세계바이오융합포럼(Global Bio-Convergence Forum)에서도 같은 용어를 썼다.

'바이오융합 연구'는 인천대가 첫 번째로 선정한 초점이다. 영문학자가 아바타(avatar)나 클론(clone)에 관한 소설을 모아서 연구를 하면 영문학과 바이오 분야 간의 융합이 일어난다. 국문학자가 한국 전통마을마다 간직하고 있는 이야기, 예컨대 "부엌에 살던 쥐가 주인이 버린 손톱을 먹고 사람으로 변해서 주인을 쫓아낸 이야기"를 비롯한 수많은 스토리를 모아서 구비문학을 연구하면 국문학과 바이오 분야 간의 융합이 일어난다. 러시아 철학자 니콜라이 표도로프(Nikolai Fyodorovich Fyodorov: 1829~1903)는 인간이 인공장기를 계속 갈아 끼면 영구히 살 수 있다는 주장을 했다. 러시아 정부가 이 아이디어를 받아들여 인공장기 관련 산업을 일으켰고, 그 결과 러시아는 이 분야에서 세계를 선도하게 되었다. 제품은 공학자가 만들지만 공학자에게 영감(inspiration)을 주는 사람들은 인문학자이다. 2018년 11월 22일과 2019년 8월 20일 인천대는 '세계 바이오융합 포럼(Global Bio-Convergence Forum)'을 두 차례 개최해서 각각 30편, 32편의 논문을 발표했다. 이 포럼에서는 세계 최초로 바이오 이외의 다양한 분야 학자들이 바이오 전공자들 앞에서 바이오 관련 논문을 발표했다.

'통일후통합' 연구는 인천대가 두 번째로 선정한 초점이다. 한국에서 언제 통일이 일어날지 아는 사람은 없다. 그렇다고 해서 통일 이후에 우리가 해결해야 할 통합과제를 손 놓고 있어서는 안된다. 초중등 학교 교과서가 통합되어야 하고, 모든 법률이 통합되어야 하며, 화폐를 비롯한 모든 측정기준이 통합되어야 한다. 법정전염병이 통합되어야 하고, 전압도 통합되어야 한다. 대통령 집무실 서랍 속에 통일후통합 이슈에 대한 매뉴얼이 들어있어야 한다.

자치단체 중 북한과의 전선을 가장 길게 가지고 있는 인천시에 있는 유일한 국립대학인 동시에, 휴전선에 가장 가까운 국립대학인 인천대는 지정학적 소명을 가지고 통일후 이루어야 할 통합을 다루는 연구를 전공을 불문하고 모든 학과 교수들이 나서서 연구한다. 인천대는 북한 연구에 대한 연구를 중국 정부로부터 인가받은 유일한 대학인 연변대학의 '조선한국연구센터'와 제휴하여 이 연구를 시작하였고, 각 대학에서 1회씩 매년 2회 통일후통합 연구에 대한 세계 최초의 심포지엄을 개최하고 있다.

5) 문화의 혁신: (기존 질서를 타파하는) 새로운 대학 문화

1970년대까지만 해도 기업경영자들은 문화를 "조직구성원들이 장기간에 걸쳐 습관화한 공통적인 사고방식과 행동양식"이라고 생각했다. 문화는 운명적으로 주어진 조건이고 경영자가 움직일 수 없는 상수였다. 1982년 톰 피터스(Tom Peters)와 로버트 워터만(Robert Waterman, Jr)가 출판한 "초우량기업의 조건(In Search of Excellence)"은 문화에 대한 사람들의 고정관념을 바꾸었다. 이제 문화는 조직 책임자가 능동적으로 수정할 수 있는 조건이자, 경영자가 움직일 수 있는 변수로 바뀌었다.

인천대는 남다른 문화를 가지고 있다. 1994년 사립대에서 시립대로 바뀌었고, 2009년 제물포 캠퍼스에서 송도 캠퍼스로 대학 전체가 이전했으며, 2010년 인천공대와 대등 통합했고, 2013년 시립대에서 국립대학법인으로 바뀌었다. 보통 대학 같으면 한 가지만 놓고도 수십 년 고민했을 변화와 혁신을 인천대는 20여 년에 네 차례나 치른 것이다. 모든 변화는 인천대에 긍정적 결과를 가져왔다. 인천대 구성원은 변화에 대한 현장 경험을 가지게 되었다. 웬만한 변화는 긍정적 방향으로 흘러갈 것이란 여유도 생겼다.

인천대가 가진 문화적 변화에 대한 긍정적 자세는 인천대의 혁신에 충분조건이다. 그러나 그 이전에 필요조건이 있다. 그것은 인천대 구성원의 능력 그 자체이다. 인천대 직원선생님 250여명과 조교선생님 90여 명이 능력을 갖출 때, 인천대는 어떤 혁신도 긍정적으로 받아들이고 인천대로 귀속되는 혁신성과를 극대화 할 수 있다.

인천대가 공부하는 조직, '학습조직(Learning Organization)'이라는 문화로 무장한다면 인천대를 뛰어넘을 수 있는 대학은 더 이상 없게 된다. 이를 위해 인천대는 전 직원선생님과 조교선생님이 석 · 박사학위를 취득하는 기회를 제공하고 있다. 더 나아가 박사학위를 취득한 구성원은 향후 정규대학으로 바뀔 평생대학(현 평생교육원)에서 교수로 임용될 기회를 제공할 예정이다.

이 교육 혁신은 구성원들의 실무능력을 제고하자는 목적에서 시작한 것이 아니다. 직원선생님과 조교선생님이 학생이 되는 순간, 이들은 학생들을 역지사지(易地思之) 입장에서 이해하고, 교수들을 스승으로 받아들이게 된다. 인천대는 이 변화를 통해서 모든 구성원이 하나가 되어 조직학습(Organizational Learning)이 일어나는 대학 문화를 지향한다.

조직학습에 대한 논의는 미국에서 많이 이루어졌지만, 실제로 조직학습문화를 가진 나라는 양인(養人) 문화가 강한 일본과 한국이 대표적이다. 미국은 선인(選人)에 초점을 둔 나라이다. 미국은 물론, 일본에도 구성원 전원에게 장학금을 주어 석박사과정을 이수케 하는 대학은 존재하지 않다. 이에 인천대는 세계 최초로 구성원 전원을 석박사학위 취득자로 만드는 세계 최초의 대학이 될 것이다.

6) 상징의 혁신: (고정관념을 버리는) 발상의 전환

들뢰즈(Gilles Deleuze, 1925-1995)는 상상이 상징(Symbol)으로 바뀌는 순간 존재론적 의미를 가진다고 했다. 상징은 세 가지 효과를 내는 주체와 현상 간의 소통 수단이다. 주체에게 현상을 '확인'시켜주고, 주체와 현상을 '일체화'시켜주며, 주체의 현상에 대한 참여를 '증강'시켜준다. 십자가는 신자에게 기독교의 의미를 확인시켜 주고, 소속감을 주며, 신앙을 더욱 깊게 해준다.

구성원의 혁신활동에 있어 상징은 큰 역할을 한다. 구성원에게 혁신의 의미를 정확하게 알려주고, 구성원들에게 혁신활동에 참여하는 계기를 만들어 주며, 구성원들의 혁신 효과를 높여준다. 들뢰즈의 표현처럼, 상징은 존재하는 것만으로도 혁신이다.

인천대 본부가 구현하고자 하는 중요한 가치는 구성원 위에서 군림하지 않고 밑에서 서비스를 제공하는 역할이다. 본부는 솥뚜껑처럼 위에서 교수와 학생들이 하늘 높이 날고자 하는 교수들과 학생들을 규제하는 기관이 아니다. 탄탄한 기반이 되어 구성원들이 이를 딛고 하늘을 향해 날아가게 하는 밑받침이 되고, 실패하거나 실수하면 더 밑으로 떨어지지 않도록 보호막이 되는 역할을 한다.

이 가치를 보여주는 상징으로 조직도를 180도 돌렸다. 이 조직도를 보면서 구성원은 총장과 보직교수들이 가장 밑에서 구성원들을 떠받치고 있음을 파악할 수 있고, 자신이 하늘을 향해서 뛰어오르는데 아무런 제약이 없음을 확인할 수 있다.

그림 6.13
혁신경영기법의 분류 체계

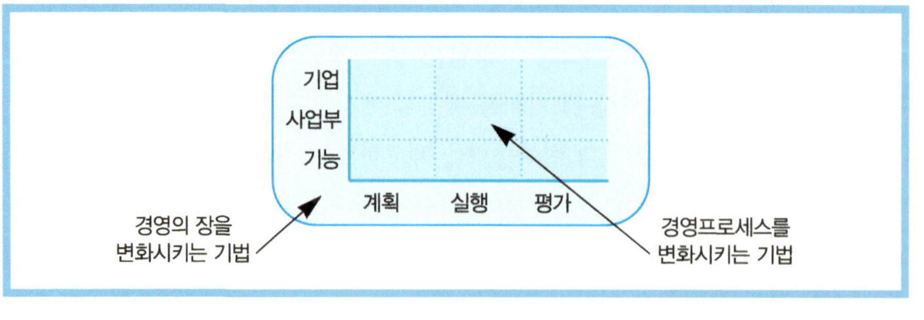

가지 않은 길(The Road Not Taken)

by Robert Frost
천승걸 옮김

훗날에 훗날에 나는 어디에선가
한숨을 쉬며 이 이야기를 할 것이다.
숲 속에 두 갈래 길이 갈라져 있었다고,
나는 사람이 적게 간 길을 택하였다고,
그것으로 해서 모든 것이 달라졌다라고.

I shall be telling this with a sigh
Somewhere ages and ages hence:
Two roads diverged in a wood, and I—
I took the one less traveled by,
And that has made all the difference.

3. 혁신경영 기법의 종류와 특징[8]

기업의 혁신경영은 기업의 유형이 존재하기 시작하면서부터 존재한 끊임없는 경영 이슈이다. 그러나 이 개념이 본격적으로 다루어지기 시작한 시점은 고도 산업화 사회로 변화하기 시작한 20세기 초였다. 테일러(Frederick W. Taylor, 1856~1915)가 도입한 과학적 관리기법(Statistical Quality Control)은 최초의 혁신경영 활동이었다. 그 후 혁신경영의 기초 개념이 개발되고 이를 실현하기 위한 다양한 기법이 개발되었다.

실천적 수단으로써 기업이 선택할 수 있는 혁신경영 기법에는 경험곡선(experience curve), 품질관리(quality control), 전략사업단위(strategic business unit), 기업문화(corporate culture) 등 시대적으로 매출액이 중요시되던 1960년대에 소개되어 널리 보급된 것도 있고, 리스트럭처링(restructuring), 다운사이징(downsizing), 벤치마킹(benchmarking), 리엔지니어링(re-engineering), 6시그마(6-Sigma)와 같이 시대적으로 수익성이 강조되기 시작한 1980년대에 도입되어 영어 그대로 사용되는 것도 있다.

이들 여러 가지 혁신경영 기법은 제각기 다른 목적과 효과를 추구하지만 다음과 같은 세 가지 면에서 공통점을 갖는다. 첫째, 시대에 따라 유행하는 혁신경영 기법이 달라진다. 경영자는 유행에 민감해서 다른 회사들이 새로운 혁신경영 기법을 사용하는 것을 보면 자기 회사에도 적용하고 싶어하는 경향이 있다. 둘째, 혁신경영 기법이 비록 유행을 타면서 나타났다 사라지지만 각 기법은 당시의 경영환경을 반영한다. 셋째, 이 세상에 만병통치약과 같은 혁신경영 기법은 없다. 따라서 한 기업에서 성공적으로 사용된 혁신경영 기법이 목적과 당면문제, 그리고 내부능력이 다른 기업에서도 같은 효과를 내리라는 보장은 없다. 그러므로 경영자는 어떤 기법을 선택할 것인가를 신중하게 판단해야 한다.

우선 혁신경영 기법은 실제 경영활동, 즉 프로세스를 변화시키는 기법(사각형 안)과 경영활동이 일어나는 장(場)을 변화시키는 기법(사각형 밖)으로 나눌 수 있다. 경영활동을 다루는 기법은 다시 생산, 마케팅 등 특정 기능분야에서 활용되는 기법과 특정 제품이나 특정 시장 등 단위사업부에서 활용되는 기법, 그리고 이들 사업부를 전체적으로 조정 · 운영하고 있는 기업 전체에 적용될 수 있는 기법으로 나누어진다. 이들 기법은 다시 경영의 내용에 따라 계획, 실행, 평가로 나눌 수 있다. 그리고 이 세 가지 분류기준을 조합하면 <그림 6.13>과 같은 모습이 나타난다.

또한 이 그림에 그동안 기업들이 사용해 온 혁신경영 기법을 배치시키면 혁신경영 기법의 통합모델 <그림 6.14>가 만들어진다. 경영자는 기업이 추구하는 목적과 적용하고자 하는 대상범위에 따라 <그림 6.14>에 있는 여러 가지 기법 중에서 적절한 것을 취사선택할 수 있다. 그림에서와 같이 혁신경영 기법들은 경영활동의 장을 변화시키는 비전 만들기(VM), 리스트럭처링(RS), 학습조직(LO), 기업 아

그림 6.14
혁신경영기법의 통합 모델

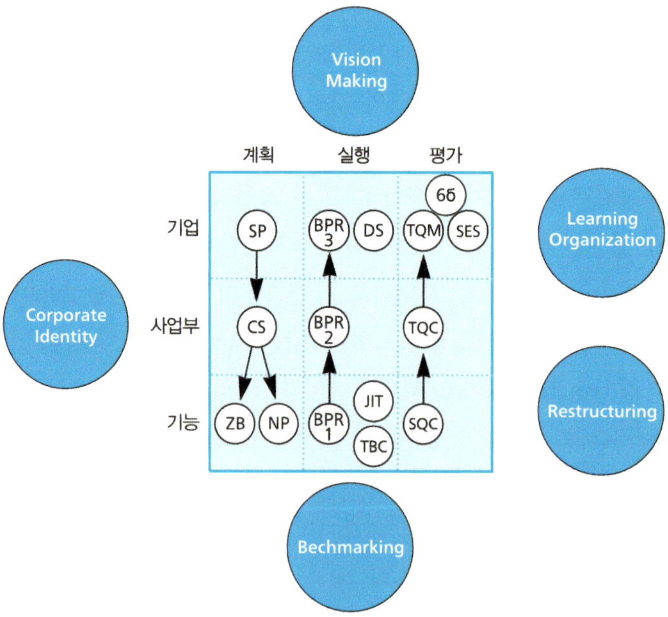

BPR1: Cost Improvement BPR, BPR2: Competitive BPR, BPR3: Break-Point BPR, CS: Competitive Strategy, DS: Downsizing, JIT: Just-In-Time Manufacturing, NP: New Personnel System, SES: Strategic Evaluation System, SP: Strategic Planning, SQC: Statistical Quality Control, TBC: Time-Based Competition, TQC: Total Quality Control TQM: Total Quality Management, ZB: Zero-Based Budgeting, 6σ: 6sigma.

출처: 조동성(2013)

이덴티티(CI), 벤치마킹(BM)과 경영 프로세스 자체를 변화시키는 기법인 장기전략계획(LSP), 경쟁전략(CS), 영점기준 예산(ZB), 신인사제도(NP), 리엔지니어링(RE), 다운사이징(DS), 시간기준 경쟁(TBC), 전사적 품질경영(TQM), 전략평가시스템(SES), 6시그마(6σ) 등으로 구분할 수 있다.

1) 경영의 장을 변화시키는 기법

경영의 장을 변화시키는 기법이란 기술적인 혁신 기법들을 이용한 경영 프로세스를 도입하기 위해 최적의 조직 환경을 만드는, 이를테면 건물을 짓기 전에 터를 잡는 작업이다. 이들은 기업 전체 차원에 영향을 끼치며, 경영내용 중 특정 부문에 영향을 끼친다기보다 경영 프로세스 조건을 변화시키는 근본적 혁신경영 기법에 속한다. 또한 이들은 크게 두 개의 범주로 나누어진다. 비전 만들기(VM), 학습조직(LO) 및 기업 아이덴티티(CI)는 기업문화와 같은 조직구성원 전반에 걸친 무형적 구조의 혁신을 추진하는 방법이며, 리스트럭처링(RS), 벤치마킹(BM)은 사업부형식, 의사결정 단계와 같은 기업의 유형적 조직 구조 혁신을 추진하는 방법이다.

(1) 비전 만들기(Vision Making: VM)

비전이란 조직의 바람직한 미래상을 표현한 것으로, 미래에 어떤 기업이 되고 싶은가를 나타낸 조직구성원의 소망이다. 이러한 기업 비전은 기업에게 목표를 정해주고 기업이 그 목표에 도달하기 위한 최선의 방법을 결정해서 기업을 장기적으로 운영하는 데 있어 핵심적인 역할을 한다. 뚜렷한 기업 비전을 갖고 장기간에 걸쳐 지속적으로 추구하는 기업만이 목표를 달성할 수 있다. 최근 비전 만들기가 더욱 각광받고 있는 이유는 환경의 불확실성이 증가되면서 분석 일변도적 태도 대신 직관이 중시되어, 안정적 환경 속에서 형성된 패러다임의 전환이 필요하게 되었기 때문이다. 성공한 기업의 경영자들이 위기를 오히려 기회로 바꿀 수 있었던 것은 확고한 비전이 있었기 때문이다. 비전이 문제를 해결해 주는 방법 그 자체는 아니나 확고한 비전을 가지고 목표를 향해 나아 가는 기업은 어려움을 헤쳐나갈 강력한 추진력을 가지게 된다. 따라서 비전 만들기는 기업에게 있어 혁신경영의 종점이 아니라 출발점이다.

(2) 학습조직(Learning Organization: LO)

학습조직이란 스스로 배우는 기업을 말한다. 과거와 같이 몇몇 소수 엘리트가 조직을 이끌고 나머지 구성원은 단순 반복 작업만을 해서는 다른 기업과 경쟁할 수 없기 때문에, 기업은 모든 구성원이 스스로 자유롭게 생각하고 배울 수 있는 학습능력을 갖추도록 해주어야 한다. 그리고 이 같은 구성원 개인의 학습과정이 조직

학습으로 기업 내에 체화될 때 비로소 경쟁력을 갖춘 기업이 되는 것이다. 이러한 학습조직은 조직구성원의 지속적인 학습을 진작시키는 기업문화의 배양을 바탕으로 만들어져야 한다.

(3) 기업 아이덴티티(Corporate Identity: CI)

기업 아이덴티티 역시 기업 이미지를 형성하고 내재화시킴으로써 기업문화를 기업 비전과 전략에 맞춰 변화시키는 기법이다. 기업 아이덴티티는 말 그대로 기업의 정체성을 확보하자는 것으로, 끊임없이 변화하는 환경 속에서 기업의 존재기반을 구축하기 위해 기업의 개성을 찾아 나름대로의 독특한 존재이유를 설정해야 한다. 이러한 존재이유를 찾는 과정에서 기업의 사회적 역할, 기업과 종업원 간의 공통목표, 기업 비전 등을 명확히 인식하게 된다. 이같이 CI는 기업 비전과 사업구조에 맞춰 새로운 기업문화를 창조하는 데 중요한 역할을 하는 경영혁신 기법이며, 보다 구체적으로는 사고 아이덴티티(MI: Mind Identity), 행동 아이덴티티(BI: Behavior Identity), 시각 아이덴티티(VI: Visual Identity)를 통해 달성된다.

(4) 리스트럭처링(Restructuring: RS)

리스트럭처링이란 급변하는 국제적 경제환경 속에서 기업이 생존, 성장해 나가기 위해, 기업의 미래상인 '비전'을 사업구조 차원에서 구체화시키는 혁신경영 기법이다. 즉, 비전이 추상적인 기업의 미래지향점이라면 리스트럭처링은 어떤 사업구조를 통해서 비전을 달성할 것인가에 대한 해답을 제시함으로써 구체적으로 기업의 미래상을 그려내는 것이다. 리스트럭처링의 개념은 '사업 다각화(business diversification)' 및 '재무 리스트럭처링(financial restructuring)'과 혼동되어 사용되고 있다.

이를 비교해 보면, 사업 다각화는 기업을 둘러싼 외부환경에 대한 분석에 입각해 새롭게 나타나는 사업 기회에 자원을 배분함으로써 기존사업 영역의 확장을 도모하는 일상적인 기획활동의 산물이다. 그리고 재무 리스트럭처링은 1980년대에 유행하던 M&A 중에, 우수한 재무구조를 가지고 있는 기업이 기업사냥꾼들에 의해 인수대상으로 선택되는 것을 막기 위해 불필요 한 고정자산 및 유가증권 매입, 자사주 확보, 부채규모의 증가 등과 같은 방법을 통해 재무구조 내용이 바깥세상에 노출되는 것을 막을 수 있도록 하는 장치이다. 이에 반해 리스트럭처링은 기업 비전을 구체화하기 위해 계획되고 의도된 과감한 사업 구조조정 전략이며, 사업 다각화 개념이나 재무 리스트럭처링과는 근본적으로 다르다. 따라서 리스트럭처링은 제시된 비전을 사업구조 차원에서 구체화하고 비전 달성을 위한 수단적 지침을 제공하는 동시에 전사적 차원에서 미래지향적 자원배분기준을 제공하는 데 초점을 둔다.

(5) 벤치마킹(Benchmarking: BM)

벤치마킹이란 기업들의 지속적인 개선을 지원하고 경쟁상 이점을 확보하는 데 필요한 정보를 수집하기 위한 수단으로, 기업이 기업의 내부 활동 및 기능 혹은 관리능력을 외부적인 비교 시각을 통해 평가하고 판단하는 것이다. 기업 성과는 시장 메커니즘에서 경쟁기업에 대해 비교가 되지만 이것은 기업활동의 결과로 얻어지는 제품이나 서비스 자체에 대한 평가이지 제품이나 서비스를 만들어내는 각 프로세스에 대한 평가는 아니다. 완제품과 서비스를 만들어내는 각 기업의 프로세스는 비교기준이 없기 때문에 자사의 프로세스가 효율적인지 판단할 수 없다. 벤치마킹의 본질은 기업 내부 프로세스에 경쟁개념을 도입해서 경쟁기업 프로세스와 비교하고 지속적으로 자사의 프로세스를 개선하려 노력하는 것이다. 벤치마킹은 모든 혁신경영 기법에 범용적으로 병행해서 사용할 수 있으며, 기업변화에 기준 및 목표를 제공함으로써 계속적인 혁신경영을 지원하는 기법이기도 하다.

2) 경영 프로세스를 변화시키는 기법

경영 프로세스를 변화시키는 기법들인 장기전략계획(LSP), 경쟁전략(CS), 영점기준 예산(ZB), 신인사제도(NP), 리엔지니어링(RE), 다운사이징(DS), 시간 기준 경쟁(TBC), 전사적 품질경영(TQM), 6시그마(6σ)는 적용대상인 조직 수준에 따라 적용 유형 및 정도가 달라진다. 이들 기법은 기업 기능, 사업부 또는 기업 전체와 같은 특정 적용대상에 영향을 끼치며, 그 내용도 계획, 실행, 평가의 차원으로 구분될 수 있다.

(1) 장기전략계획(Long-term Strategy Planning: LSP)

장기전략계획은 기업목표를 설정하고 전략 수행에 필요한 자원을 배분하는 전략적 판단을 포함하며, 사업구조나 제품구조와 같은 경영구조 자체의 변혁을 의도하는 전사적, 종합적, 포괄적 성격의 거시적 계획이고 불확실성 정도가 높은 비계량적, 질적 계획이다. 또한 한 번 정해지면 고정되는 확정 계획이 아니라 상황변화에 따라 변화하는 연동 계획의 성격을 지닌다. 이와 동시에 미래 환경 예측으로부터 몇 가지 핵심적인 문제에 대한 시나리오를 개발하고 이에 대비하는 '시나리오 계획(scenario planning)'의 성격도 지니고 있다.

(2) 경쟁전략(Competitive Strategy: CS)

경쟁전략은 1980년대 초에 등장해서 현재까지도 전략부문에서 가장 많이 사용되는 경영 방법으로, 경쟁이 일어나는 기본영역이라 할 수 있는 산업내에서 유리한 경쟁적 위치를 확보하기 위해 기업이 추구하는 전략을 기획하는 기법이다. 따라서 경쟁전략은 독자적 경쟁대상을 갖는 사업부 수준에 적용되는 혁신경영 기법이며, 자신이 속한 산업내 기업들의 장기적 수익성을 결정하는 공급자, 구매자, 대체품, 잠재적 진출기업 및 기존기업 등 다섯 가지 경쟁요인을 분석해서 산업 내에서 상대적으로 유리한 경쟁위치를 확보하는 것이다.

(3) 영점기준 예산(Zero-based Budgeting: ZB)

영점기준 예산계획이란 1961년 출범한 케네디 정부에서 맥나마라 국방장관이 미국 연방정부 국방성에 도입한 PPBS제도에서 그 기원을 찾을 수 있다. PPBS 란 예산편성시 과거 수치를 물가변동률로 조정해서 새 예산을 산정하던 종래 방식에서 벗어나 새롭게 예산을 세우는 것을 의미한다. PPBS는 조직이 추구하고자 하는 목표를 세우고(planning), 목표를 달성하기 위해 프로젝트(project)를 추진하며, 이를 위해 예산을 편성하는(budgeting), 당시로서는 획기적인 제도였다. 영점기준 예산계획은 경영 프로세스 중 예산이라는 기능차원을 중심으로 해서 기획과정을 바꾸는 기법이다.

(4) 신인사제도(New Personnel Planning: NPP)

신인사제도란 인사제도의 계획부문에서 혁신을 지향하는 기법으로, 인재 육성, 직능 개발, 적재적소에의 배치, 적극적 평가 및 공정한 처우제도를 체계화시키는 기법이다. 신인사제도는 인격을 존중하고 공정한 경쟁의 기회와 산업적인 협력을 조성하면서 개인과 기업이 함께 성장 · 발전하도록 하는 인사를 추구하는 혁신 기법이다. 따라서 신인사제도의 기본방침은 기존 인사 · 노무제도의 구조적 문제, 특히 비협력적인 차별요인을 쇄신하고 그 바탕 위에서 개인과 기업의 발전을 위해 도전적인 경쟁을 하도록 하는 것이다. 그리고 그 결과를 적극적으로 처우와 연계시켜 평가함과 동시에 공정하게 보상하는 것을 기본방침으로 한다. 신인사제도의 기본방향은 능력이나 숙련 등 직무수행 능력의 정도에 따라 인재를 육성하고 활용하는 자격주의와 능력개발을 지향하는 처우 중심의 능력주의이다.

(5) 리엔지니어링(Reengineering: RE)

리엔지니어링은 1990년대 초에 등장한 기법이다. 과거와 같은 기능식 위계조직으로는 제품의 품질, 서비스, 속도 등에서 까다로워진 고객을 만족시킬 수 없다는 사고 하에 등장했다. 이는 기존기업의 경영활동을 무시하고 기업의 부가가치를 산출하는 활동을 완전히 백지상태에서 새롭게 구성하는 혁신경영 기법이다. 이러한 새로운 운영방식은 기업의 사고를 계층의 복잡성 때문에 의사결정 지연을 초래하는 기능 중심의 수직적 사고에서 고객에게 신속히 반응하는 프로세스 중심의 수평적 사고로 전환할 것을 요구한다. 수평적 사고란 '구매 → 생산 → 판매 → 애프터서비스 → 고객만족'과 같이 기업이 부가가치를 창출하는 프로세스를 중심으로 실행 방법을 바꾸는 기법이다.

리엔지니어링은 그 적용 대상에 따라 세 가지 유형으로 분류할 수 있다. 예컨대, 생산공정과 같은 기능부문에 적용되는 비용절감형 RE1과 프로세스에서 경쟁기업의 특정 사업부와 동등 수준을 유지하는 RE2, 그리고 마지막으로 기업 전체의 프로세스를 새롭게 구성하는 소위 환경창조형 RE3로 구분할 수 있다. 리엔지니어링은 경영의 내용 중 실행부문에 적용되어 경영활동을 변화시키는 혁신경영 기법이며, 기능, 사업부, 기업 전체에 적용할 수 있다.

(6) 다운사이징(Downsizing: DS)

2차 대전 이후 두 차례의 석유파동과 1980년 초반의 스태그플레이션, 그리고 일본을 비롯한 가격경쟁력을 갖춘 후발개도국들이 미국 시장을 잠식함에 따라, 미국을 비롯한 서구열강 기업들의 경쟁력은 급속도로 약화되었다. 이러한 위협에 직면한 미국 기업들은 세계적인 경제환경 변화 속에서 생존하기 위해 비대한 관리층과 비효율적인 조직을 바꿔야만 했다. 이에 따라 분권화, 슬림화, 프로세스의 통합화를 표방하는 다운사이징이 등장했다.

일반적으로 다운사이징이라면 정보시스템 구축 차원의 다운사이징을 지칭하나, 광의의 다운사이징 개념은 조직규모 및 조직구성원에 대한 조직 다운사이징도 포함한다. 즉, 다운사이징은 효율적인 네트워크 운영을 위한 정보주권 분권화인 정보시스템 다운사이징과 리스트럭처링의 일부분으로 조직의 슬림화, 재정비차원에서 이루어지는 조직 다운사이징으로 나눌 수 있다. 정보시스템 다운사이징은 경영의 내용 중 집행부문에 관련되는 정보흐름을 기업 전체 차원에서 분산시키는 기법이다. 이를 실현하기 위해서는 PC의 성능 향상 등 하드웨어의 발달, 분산처리기술 · 접속기법 · 네트워크 기술의 발달 등 성숙된 정보통신 기술이 선행되어야 하는데, 이러한 기술적 장애요소는 이제 대부분 제거되어 다운사이징을 실천하는 데 충분한 조건을 마련해 주고 있다.

(7) 시간기준 경쟁(Time-based Competition: TBC)

시간기준 경쟁은 시간을 가장 중요한 경쟁자원으로 활용하는 혁신경영 기법이다. 시간 경쟁력 확보는 경쟁기업이 그 수준에 도달하게 될 경우 의미가 없다. 즉, 경쟁기업이 같은 시간 내에 같은 성과를 거둘 수 있다면 그 전에 이루어 놓은 혁신은 무용지물이 되고 마는 것이다. 따라서 계속적으로 경쟁기업보다 시간을 단축하려면 혁신활동 자체가 시간기준 경쟁의 성격을 가져야 한다.

그러나 시간기준 경쟁은 근본적으로 중간관리자에게 권한을 이양함으로써 고객 불편을 해소하기 위해 반응시간을 줄이는 것이지 사업구조를 통째로 뒤집는 급진적 혁신과는 거리가 있다. 이들이 원하는 혁신은 변화하는 고객 욕구에 발맞추기 위해 제품이나 프로세스를 혁신해 보고자 하는 노력이지 사업 자체를 바꾸는 것이 아니기 때문에, 시간기준 경쟁은 기업의 기능 차원을 대상으로 제품을 만드는 실행부문에서 변화를 일으키는 기법이다.

(8) 전사적 품질경영(Total Quality Management: TQM)

전사적 품질경영은 평가부문에서 경영내용을 변화시키는 기법으로 통계적 품질관리(SQC: Statistical Quality Control), 전사적 품질관리(TQC: Total Quality Control)로부터 발전된 개념이다. 품질관리를 그 적용범위에 따라 세분해보면 생산부서를 대상으로 하는 통계적 품질관리(SQC), 사업부단위를 대상으로 기획 · 개발에서 상품이 고객에게 전해지기까지 모든 부문에서 고객이 만족할 수 있도록 제품과 서비스를 경제적으로 제공하는 전사적 품질관리(TQC), 그리고 전략적 관점에서 회사 전체를 대상으로 기존 조직문화와 경영관행을 재구축하여 제품과 서비스의 질을 향상시키고 소비자의 만족을 증가시킴으로써 경쟁력을 향상시키는 전사적 품질경영(TQM)으로 나눌 수 있다. TQM은 기능 · 미관은 물론 구성원의 만족감과 긍지 · 환경보호 · 사회봉사 등을 포괄하는 총체적인 품질(total quality)을 극대화시킴으로써 소비자, 조직구성원, 사회 등 회사의 모든 고객들에게 기쁨을 주고자 노력하는 전사적 접근방법이다.

(9) 전략평가시스템(Strategic Evaluation System: SES)

측정과 평가는 모든 혁신경영 노력을 실체화시키는 데 필수불가결한 수단이다. 예컨대 장기적인 비전과 학습을 위한 조직문화, 그리고 수평적 조직을 갖추고 있다 하더라도, 평가시스템 자체가 과거와 같이 단기성과 위주의 경직된 시스템을 가지고 있다면 모든 노력은 물거품이 될 것이다. 전략평가시스템은 기존의 평가시스템을 개선하는 것이 아니라 새로운 그림을 그리는 입장에서 새롭게 등장한 개념이며, 다음 사항을 반영해야 한다.

첫째, 실행결과치뿐만 아니라 활동과정까지 포함한다.

둘째, 재무적인 체크리스트보다는 기업의 장기적 경쟁력을 확보할 수 있는 내용에 중점을 둔다.

셋째, 사업 하부의 부분 최적화보다는 기업 전체에 대한 평가요소들을 모두 포함한 전체 최적화를 추구한다.

넷째, 기존의 산출(output) 중심 평가요소 외에 투입(input)요소까지 반영한다.

다섯째, 평가시스템이 원활하게 적용될 수 있는 여건까지 고려한다.

여섯째, 적용대상을 기업 전체, 사업단위, 기능수준으로 나누어 전체를 연결시킨다.

일곱째, 평가기간은 장기성과를 고려할 수 있도록 한다.

이렇게 볼 때 전략평가시스템이란 경영환경의 변화요인을 고려해서 개발된 전략의 실행 및 결과를 평가해주고, 조직 전체적인 관점에서 장기적으로 기업의 경쟁력을 향상시킬 수 있도록 평가 여건까지 고려한 평가시스템이다. 이러한 전략평가시스템은 사업부 차원에서 사용할 수도 있고, 여러 사업부로 구성된 기업 또는 기업집단에 대해 적용할 수도 있다.

(10) 6시그마(6 Sigma)

GE의 잭 웰치(Jack Welch) 전 회장이 쇠락의 길에 들어선 GE의 혁신을 주도하면서 사용한 생산관리 방식이다. 잭 웰치 전 회장은 워크아웃을 통한 자체혁신운동과 6시그마 운동의 성공적인 결합을 통해 GE의 경쟁우위를 새롭게 만들어 냈다. 6시그마란 고도의 통계 기법을 사용해 기업 내의 모든 기능, 업무 처리 프로세스, 추진 체제 등을 종합적으로 개혁함으로써, 제품과 서비스의 불량을 100만개 당 3~4개 이하로 줄여 성과를 획기적으로 개선하고자 하는 경영 기법이다. 1980년대 모토롤라가 자사 제품의 생산을 개선하기 위한 방법으로 6시그마 원리를 체계화했다. 모토롤라의 성공으로 6시그마는 많은 기업들에 의해 벤치마킹되었으며, 생산관리에 집중적으로 적용되던 초기의 개념을 확장해서 오늘날 기업 경영활 동 전반에서 불량률을 줄이기 위한 방법으로 사용되고 있다. 눈에 보이는 제품의 불량만을 보기보다 불량의 원인이 되는 요소들을 파악해서 이를 개선함으로써 전반적인 품질의 상승효과를 유도하는 데 그 목적을 두고 있다.

4. 혁신경영의 성공조건

1) 우리나라 기업 혁신경영의 역사

국가를 불문하고 경제가 성장하는 초기 단계에서는 기업 경영자들이 기업의 외형, 즉 매출액을 늘리는데 노력을 집중한다. 그러다가 경제가 안정기에 들어가거나 정체기에 빠지면 매출액을 늘리는 것보다 내부 관리를 통해서 효율성을 높이는 쪽으로 관심을 돌리기 마련이다.

우리나라도 마찬가지다. 우리나라가 본격적인 경제발전을 시작한 1960년대만 해도 정부로부터 독점사업을 확보해서 매출액을 늘리는 것이 기업성공의 지름길이었다. 따라서 기업 경영자는 대관업무, 즉 대정부 관계를 통해 신규사업을 따내고 이에 필요한 자금을 관치금융, 즉 정부가 실질적으로 지배하는 금융기관으로부터 대출받는데 집중할 수밖에 없었다. 그러다가 1987년 민주화의 물결 속에서 기업에 대한 정부의 역할이 지원에서 규제로 바뀌게 되면서 기업경영자들도 매출액 증가를 통한 외연의 확장보다 원가감소를 통한 내부경영의 효율성 강화에 관심을 쏟게 된 것이다.

1997년의 IMF위기는 한국의 재벌급 기업들에게 생사의 위기를 겪게 해주었다. 1998년 취임한 김대중 대통령은 정경분리 원칙을 천명했고, 그동안 대기업들이 누려왔던 우호적인 대정부관계를 종식시켰다. 정부가 도와줄 것이라고 막연하게 기대했던 기업들은 이제 "하늘은 스스로 돕는 자를 돕는다"는 격언을 실감했다. 정부의 독점적 특혜를 받아 외부적인 성장을 추구하면서 매출액을 늘이는데 집중하던 경영자들은 진정한 기업의 경쟁력은 매출액이 아니라 수익률에 있다는 것을 깨달았다. 경쟁력의 원천을 외부가 아니라 내부에서 찾기 시작한 기업들은 R&D 투자에 따른 상품력 확보와 건전한 재무구조 속에서 안정성 유지를 우선적인 과제로 삼았다. 이런 시대 분위기 속에서 혁신은 외부적인 요구에 의해서가 아니라 기업내부에서 자발적으로 일어날 수밖에 없었다.

그러한 시대 분위기 속에서도 혁신은 쉽지 않은 과제였다. 1997년 IMF위기로부터 약 10년이 지난 2008년에 일어난 세계 금융위기는 혁신기업과 아닌 기업을 뚜렷하게 갈라놓았다. 삼성전자, LG전자로 대변되는 대기업들이 세계 시장에서 일본기업, 유럽 기업들을 뛰어넘고 세계 시장을 선도하는 동안, 수많은 대기업, 중소기업들이 쇠퇴하고 몰락했다.

미국을 비롯한 선진국가에서도 비슷한 현상이 일어났다. 2000년에 시가총액 기준으로 5천억 달러를 넘어서서 세계 1위 기업이 된 GE를 비롯해서 엑슨 모빌, 월마트 같은 제조 유통 대기업들이 2010년에에 몰락하기 시작했다. 반면 MAGFAT로 불리는 AI기업들인 마이크로소프트(Microsoft), 애플(Apple), 구글(Google), 페이스북(Facebook), 아마존(Amazon), 테슬라(Tesla)가 각각 시가총액 1조달러를 넘는 기염을 토하고 있다. 심지어 애플은 2020년 8월에 시가총액 2조 달러를 돌파한 후 불과 500일 만인 2022년 1월 3조 달러에 다달았다. "앞선 자가 뒤서고 뒤선 자가 앞서는" 역설이 일반화되고 있는 것이다. 전통적인 대기업을 선두주자 자리에서 끌어내리는, 혁신경영에 장애가 되는 요인은 무엇일까?

혁신 활동이 실패하는 이유는 경영 기법을 기법 자체로 인식하지 않고 기법대로 따라서 하기만 하면 원하는 성과를 얻을 수 있다고 믿는 잘못된 사고 때문이다. 즉, 그 기 법의 생성 배경, 근본 사상에 대한 깊은 통찰력 없이, 그리고 자기 기업이 처한 상 황에 대한 정확한 문제 인식 없이, 단지 책 몇 권만 보고서 그 기법의 실시 절차, 사용양식 따위를 인용해서 따라해 보는 식으로 시도하고 있기 때문이다. 이러한 기업들은 대체로 새로운 기법은 남들보다 먼저 실시해야 한다는 유행 선도형, 또는 남들도 했다니까 우리도 따라 해야 한다는 유행 추종형 등 모두 뿌리가 허약한 경우다. 이런 기업들이 오히려 보수적인 기업들보다 성과가 더 나빴다는 베인(Bain) 사의 조사결과는 경영 기법 활용의 의미를 다시 한 번 생각하게 해준다.

2) 혁신경영의 장애 요인

혁신경영을 지연시키는 요인은 혁신의 방향이나 내용에 조직이 적응해 가는 과정에서 발견되는 것이 보통이다. 어떤 이유에서건 조직 내부에는 변화를 거부하는 요소들이 존재하기 마련이며, 이들을 효과적으로 제거해주는 것이 경영자가 해야 할 일이다. 이와 관련해서 조직 내부의 실행과정에서 변혁을 지연시키는 상황들을 규명해보기로 하자. 우선, 변혁의 지연이라는 것도 혁신의 추진 과정에서 나타나는 것이므로 혁신의 각 차원과 연계해서 검토해보는 것이 필요하다. 더 구체적으로 설명하면 혁신경영이란 대체로 전사적인 비전이나 가치체계의 변화에서부터 출발, 전략의 변화를 거쳐 최종적으로는 조직의 구조나 운영시스템의 변화에 이르는 흐름을 갖고 있는데, 이 프로세스 상의 특정 단계마다 요구되는 변혁의 범위나 속성도 상이하다. 이때 요구되는 혁신의 내용이 제대로 실행되지 못할 경우 '혁신의 지연' 상황이 나타나게 된다. <그림 6.15>에 나타난 운영체제 변혁의 지연, 전략실행상의 지연, 기본적 공감 확보의 지연, 총체적 변혁의 지연 등이 그것이다.

<사례> 아디다스는 아디다스가 추구한 스마트팩토리가 혁신의 초점과 적용되

혁신의 요구 내용			변혁의 지연		
발전 단계		요구되는 변화	내용	속성	기업 例
표준화	부분적 재설계 자금	운영상 변혁	운영체제 변혁의 지연	■ 실행 체제의 부적절 ■ 실행 방안과 기존 문화 ■ 불일치	Intel, Motorola Communications
표준화	운영 시스템 인적자원 시스템	직접적 변혁	전략 실행상 지연	■ 전략 자체에 대한 불만 ■ 전략과 기존 조직 문화의 불일치	Baby Bell, AT&T, Gulf Stream
비전	전략 리더십/정책 사명	근본적 변혁	기본적 공감 확보의 지연	■ 리더십이나 사명의 부재 ■ 조직원 몰입 상실	Sears, IBM, Westinghouse
비전	가치 비전/꿈	총체적 변혁	총체적 변혁의 지연	■ 경영자 및 조직원의 이탈	TWA, S&Ls

그림 6.15
혁신의 요구 내용과 변혁의 지연

는 제품의 적합성이 떨어진 결과 기대하는 성과를 내지 못한 경우이다. <사례> 테슬라도 경영자가 기대하는 완벽한 무인 스마트팩토리를 달성하지 못한 상태에서 작은 오류가 전체 시스템을 병목현상으로 이끈 사례이다. 우리는 이러한 각 단계에 대한 이해를 통해 변혁의 지연 상황이 어떤 것인지를 진단하고 이에 대한 기본 대응 방향을 결정할 수 있다.

코터(Kotter, 2021)는 변화의 노력이 실패하는 여덟 가지 경우를 다음과 같이 들고 있다.

- 긴박감을 충분히 조성하지 못하는 경우(Allowing too much complacency)
- 충분한 능력의 지도 연립체를 개발하지 못하는 경우(Failing to create a sufficiently powerful guiding coalition)
- 비전이 결여되어 있는 경우(Underestimating the power of vision)
- 비전 전달에 턱없이 모자란 시간과 노력을 할애하는 경우(Undercommunicating the vision by a factor of 10 or 100 or even 1,000)
- 새로운 비전의 장애물 제거에 실패하는 경우(Permitting obstacles to block the new vision)
- 단기적 승리를 위한 체계적인 계획과 그 실현이 결여되어 있는 경우(Failing to create short-term wins)
- 너무 빨리 승리를 자축하는 경우(Declaring victory too soon)
- 변화가 기업문화 속에 뿌리내리게 하지 못하는 경우(Neglecting to anchor changes firmly in the corporate culture)

기업의 혁신경영이 성공하려면 이를 방해하는 장애요인을 찾아서 제거해주면 된다. 하지만 이제 혁신경영을 추진하기 시작한 우리 기업들의 경우에는 아직 이러한 분석 · 대응능력이 미흡하므로, 다음과 같은 혁신의 성공을 위한 일반적인 지침을 우선적으로 염두에 두는 것도 타산지석(他山之石)이 될 수 있다.

첫째, 혁신경영의 과정이 어떠하든 그 처음과 끝은 항상 사람이 차지한다. 따라서 가장 먼저 변화시켜야 할 것도 사람이요, 최종적으로 변화시켜야 할 것도 사람이라는 생각을 잊어서는 안 된다. GE의 경우, 혁신의 실질적인 추진자라고 할 수 있는 리더의 선정과 이들을 중심으로 한 혁신팀의 활동 및 전파가 혁신의 성공에 결정적인 역할을 하는 것으로 분석된다. 혁신의지가 높은 수십 명의 선발된 리더들이 자신들의 혁신 아이디어들을 구체화시키는 행위가 변혁의 출발점이다.

둘째, 사업전략과 이를 뒷받침할 수 있는 조직과의 적합성 유지에 무엇보다 노력을 기울여야 한다. 많은 기업전략들이 실패로 끝나고 마는 이유의 대부분은 조직이 이것을 충분히 지원해 주지 못하기 때문이다. 과거 수의계약 위주의 독점적 사업을 전개해 오던 기업들이 경쟁시장에 신규 진입해서 실패하는 사례도 과거의 관료적인 조직 체질에서 쉽사리 탈피하지 못하는 데 그 이유가 있는 경우가 많다. 반면 GE의 경우에는 전략과 조직구조, 그것을 구성하는 인적 자원을 동일한 비중을 가지고 관리함으로써 혁신을 성공적 궤도에 올려 놓을 수 있었다.

셋째, 종업원의 광범위한 공감을 얻기 위해서는 자기 기업이 가진 문제점의 노출을 주저하지 않아야 한다. 앞서도 언급했듯 변혁의 추진을 위해서는 조직원의 실질적인 공감이 무엇보다 중요한데, 이를 얻기 위해서는 조직원 스스로 회사의 개혁을 위해 참여하고 있다는 의식을 불러일으킬 필요가 있다. 이때 가장 효과적인 방법 중 하나가 바로 스스로 진단자가 되고 스스로 제안자가 되게 하는 것이다. 마지막으로 혁신은 "변하지 않으면 망한다"는 위기 의식에서 시작된다. 혁신의 적은 외부에 있는 것이 아니라, 바로 내부의 변화에 대한 저항이다. 초일류 기업과의 현격한 수준차가 존재함에도 불구하고 "별 문제 없는데 뭘"이라는 사고를 갖고 있다면 혁신이 시작될 수 없다. 그러므로 끊임없이 변하려는 강렬한 혁신의지 조성을 위한 조직 분위기를 만들어 올바른 혁신의 길로 이끌어 가야 한다.

사례 7

'마이크로소프트(Microsoft)'의 '재무조직 AI도입'

데이터와 AI 기반 조직 혁신과 환경 조성
AI에 대한 책임형 접근방식 구현
AI 기반 조직 전사화를 위한 조직문화 개선

이 사례는 윤민정 서울과학종합대학원 연구원이 조동성 교수와 김보영 교수의 도움을 받아 작성하였다.

마이크로소프트는 AI를 도입하기 위한 기반으로 '데이터 기반조직 구현', 'AI 혁신 참여를 위한 지원과 포괄적 환경 조성', 그리고 'AI에 대한 책임형 접근방식 구현'을 추구하고 있다.[1)]

이를 위해 마이크로소프트는 모든 조직 구성원에 대한 데이터 공유와 품질 좋은 데이터를 채택하기 위한 조직 내 프로세스를 구축했다. 또한 새로운 조직문화를 구축하는데 참여하기 위한 지원과 여러 인적자원들의 협업 가능 환경을 조성했다. 그리고 책임형 접근방식 구축을 위해 지속적인 AI의 발전과 이 과정에서 발생할 수 있는 문제에 대해 조직원들의 책임있는 자세를 강화하는 조직내 원칙을 마련하고, 관련된 교육을 강화했다.[2)]

그림 6.16
마이크로소프트의 AI 도입 분야.

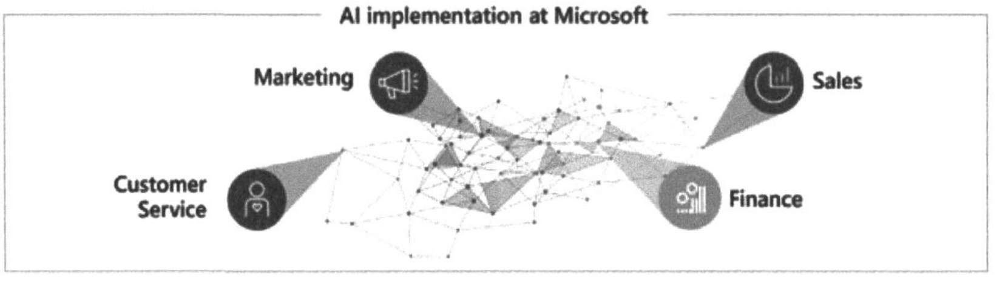

출처: Empowering employees with AI: A look into how Microsoft uses AI to do business, 마이크로소프트, 2020

마이크로소프트의 재무조직은 데이터 규모의 증가, 기존의 반복적이고 수동적인 프로세스와 위험 관리 기술 한계에 따른 문제 등 다양한 문제에 직면했다. 이와 더불어 수익 증가를 위한 비즈니스 모델 변경과 같은 발전을 위한 과도기적 단계에서 인적자원을 충당할 수 없다는 문제가 맞물려져서 상황이 심각했다. 그러나 마이크로소프트는 이를 AI 도입의 기회로 보았고, 단순한 AI 기술의 적용을 넘어 AI

중심 조직 구현이라는 혁신경영에 도전하였다.

프로젝트 성공을 위해 마이크로소프트는 직원들의 AI 활용을 독려하고, 간단한 애플리케이션에 대한 시범을 한 후 구성원들의 동의를 얻었다. 또 출시 전 학습을 통해 AI의 성능이나 시스템에 대한 개선을 이어 나갔다. 이를 기반으로 마이크로소프트는 수익예측, 타부서와의 커뮤니케이션, 감사 관행에 AI를 적용해 업무 효율성을 향상시킬 수 있었다. 대표적으로 수익예측에서는 데이터의 중앙 집중화와 데이터 접근에 대한 조정을 통해 데이터 활용성, 분석의 정확도 그리고 시간 효율성을 향상시켰다.[3] 나아가 이 과정 속에서 회사의 충분한 지지를 기반으로 직원들의 AI 역량이 프로젝트가 진행될수록 증대되었다. 또 이러한 역량강화는 자연스럽게 비즈니스 과정에서의 AI 적용에 긍정적인 효과를 가져왔다.

세계적인 글로벌 IT 기업들도 앞다투어 AI 기반 조직 구현과 조직문화 혁신과정을 시행하고 있다. 예를 들어 IBM은 AI 도입을 네 단계로 구축했다: (1) 신뢰 가능한 AI 모델 도입, (2) 비즈니스 전 과정에 데이터 인사이트 확장, (3) 모든 사용자를 위한 데이터 관리 분석기반 마련, (4) 비즈니스 활용을 위한 데이터 접근성 향상.[4] IT분야의 리서치 기업인 가트너(Gartner)에서도 AI의 기업 도입을 위한 방안을 다음과 같이 네 단계로 제시하고 있다: (1) AI 조직 환경 구축, (2) 기술/솔루션 획득, (3) 적용과 차별화, (4) 성과 확산.[5]

이들 사례에서 공통적으로 강조되는 AI 조직 환경구축을 위한 성공요인은 'AI 친화적 문화 확산', '관련 교육', '내부의 데이터 사이언티스트 양성', 그리고 '데이터 수집과 활용'이다. 나아가 성과 확산과 전사적 전략을 추진할 경우 기업이 부분적인 AI 도입을 넘어 꾸준한 활용과 부서 간의 연계를 통해 AI 기반 조직 전사화를 성공적으로 이끌어 냈다는 점을 주목할 필요가 있다.

출처

1) AI 지원 문화 구축의 중요성 이해, 마이크로소프트, https://docs.microsoft.com/ko-kr/learn/modules/build-an-ai-ready-culture/(2021.03.02)
2) AI 지원 문화 구축의 중요성 이해, 마이크로소프트, https://docs.microsoft.com/ko-kr/learn/modules/build-an-ai-ready-culture/(2021.03.02)
3) 재무에서 AI 지원 문화를 촉진하는 방법 알아보기, 마이크로소프트, https://docs.microsoft.com/ko-kr/learn/modules/foster-ai-ready-culture-finance/(2021.03.02)
4) 데이터 중심의 조직 구축, Joe Chung, AWS., https://www.koreascience.or.kr/article/JAKO201208456389638.page
5) 기업은 어떻게 AI를 도입하는가? 포스코경영연구원, 2019

C. 지속경영 메커니즘[9]

대담

마이클 포터 하버드 경영대학원 교수와의 2011년 12월 6일 대담: 기업의 전략 목표와 공유가치창출

조: 기업의 전략목표에 사회적 가치도 포함돼야 한다는 게 CSV(Creating Shared Value)의 핵심 주장이다. 이는 주주의 이익을 추구하는 전통적인 재무적 목표를 넘어서야 한다는 뜻인가?

포터: CSV는 재무적 목표를 줄이자는 게 아니라 이를 개선하자는 개념이다. 이익창출의 원천을 더 다양하게 만들자는 것이다. 물론 혼란의 여지는 있다. 누군가는 이를 '이해당사자의 입장을 염두에 둔 자본주의'라고 생각할 수도 있다. CSV는 근로자, 소비자, 기업가 모두 골고루 이윤을 나눠 갖자는 이야기가 아니다. 우리가 주창하는 것은 아주 순수한 자본주의 가치 그 자체다. CSV는 이익극대화에 기반을 둔 도구(tool)다. 어떤 기회를 활용할지를 이야기하는 것이다. CSV는 사회적 가치를 늘리기 위해 주주가치를 줄이자는 게 아니다. 주주가치를 늘리는 동시에 사회적 가치를 증진시키자는 것이다. 이것이 진정한 '윈윈(win-win)'이다. 한 달 전 미국 뉴욕에서 열린 컨퍼런스에 참여한 적이 있다. 이 행사에 참여한 거액 투자자들도 이 아이디어를 점차 이해하게 되었다. 투자자들은 그 동안 편협한 시각에서 투자분석을 했다는 점을 깨닫고 있다. 예를 들어 화학회사의 에너지, 원자재의 사용 등을 추적하지 않으면 잘못된 분석을 할 수 있다. 이들이 낼 수 있는 실적과 성과에 앞서 설명한 CSV 개념이 중요한 역할을 한다. 투자자들도 근시안적인 접근에서 벗어나야 한다는 점을 깨닫고 있다. 1~2년 후에는 이런 움직임이 더 탄력을 받을 것이다. 시간이 걸리겠지만 다양한 조사와 프로젝트를 진행 중이니 조금 더 기다려달라.

조: 많은 투자자들이 단기거래를 하고 있다. 어떻게 단기 투자자들의 관심을 CSV로 돌릴 수 있을까?

포터: 단기 투자자에 제대로 대응하는 기업은 없을 것이다. 이 행위를 잡음이라고 여겨야 한다. 나는 많은 최고경영자(CEO)를 만난다. 1년에 두 번 하버드 경영대학원(Harvard Business School)에서 다른 교수들과 함께 신입 최고경영

자(CEO) 프로그램을 진행하며 그들과 많은 이야기를 나눈다. 경영의 가장 큰 함정은 주가다. 매일 형성되는 주가가 성공을 반영한다고 생각한다면 오산이다. 주가라는 것은 다양한 변수에 영향을 받으며 움직인다. 그리스 문제가 터지면 주가가 하락하는 식이다. 당신의 기업실적과 무관하다. 그러니 주가를 지나치게 걱정할 필요가 없다. 장기적으로 보면 기업실적이 주가를 결정한다. 자신감을 가져라. 좋은 리더는 들고 나는 사람을 신경 쓰지 않는다. 장기적으로 주식을 보유하는 투자자를 챙긴다. 그들이야말로 장기적으로 주가를 결정하는 사람들이다. 초단타매매를 하는 사람들을 두려워하지 마라. 장기투자자에게 관심을 쏟아라. 그들은 우리가 궁극적으로 가치를 창조하는지 아닌지를 판단한다.

조: 세계화는 개도국과 가난한 국민에게 도움이 된다. 아웃소싱을 통해 공장을 해외로 이전하면 해당 국가에는 일자리가 생기고 임금이 올라 사회의 복리후생을 개선할 수 있다. 그렇다면 '로컬 CSV'와 '글로벌 CSV' 가운데 가치를 더 창조하는 쪽은 무엇인가? 양자간의 상충효과(trade-off)는 없는가?

포터: 미국에서도 논의되고 있는 흥미로운 문제다. 미국 일자리 증가세의 둔화는 세계화의 영향을 받고 있다. 이런 현상은 1990년대 후반부터 2000년대 초반에 나타났다. 많은 사람들이 집을 사고 소비를 폭발적으로 늘리는 상황이었다. 당시는 경제가 활황기여서 미처 눈치를 채지 못했지만 일자리 증가세의 둔화가 시작됐다고 봐야 했다. 중국과 인도 등의 다른 나라들이 성장하면서 많은 일자리가 신흥시장으로 넘어갔다. 인건비를 줄이려는 의도였다. 중국에 공장을 지으면 그 지역사회에 공헌할 수 있다. 해당지역에 일자리가 늘고 근로자들의 삶의 질이 개선되기 때문이다. 이렇게 해서 가격이 저렴한 제품이 생산돼 미국으로 수출되면 미국 소비자들에게도 도움이 된다.

물론 미국 소비자들은 이익을 얻지만 근로자들은 월급이 떨어지거나 일자리를 잃는 피해를 본다. 이에 대한 적절한 균형을 찾으려면 이 세상이 제로섬(zero-sum) 게임을 하고 있는지, 혹은 세계화가 포지티브 섬(positive-sum) 게임인지를 생각해봐야 한다. 수요가 고정되어 있다는 전제에서 중국의 일자리가 늘어나는 만큼 미국의 일자리가 줄어든다고 생각한다면 세계화는 논란의 여지가 많다. 그런데 나와 다른 학자들은 세계화는 제로섬 게임이 아니라고 생각한다. 중국에 일자리가 늘어나면 소득이 증가하고 구매가 늘어 수요가 발생한다. 각 나라들은 특정 제품이나 서비스에 특화된다. 미국은 장난감을 만드는 대신 소프트웨어로 눈을 돌릴 수 있다. 중국의 완구공장에 일자리 하나가 만들어져 미국의 완구공장 근로자가 일자리를 잃더라도 다른 영역에서 일자리가 생기는 것이다. 이런 식으로 파이가 커져 모든 나라가 혜택을 누리게 된다. 이게 핵심적인 이슈다. 중요한 점은 '파이' 사이즈가 커질 수 있느냐이다. 또 다른 이슈는 중국이나 다른 나라가 공정한 게임(fair game)을 하고 있느냐이다. 가장 생산적인 곳으로 일자리가 옮겨지는 건지, 아니면 인위적인 상황, 즉 중국의 환율조정을 통한 보호주의 정책 때문에 생산적으로 보이는 것인지가 문제다. 중국은 여러 장점이 있다. 하지만 많은 정책들이 이분법적인 제로섬 경향을 보인다. 중국도 파이 전체를 키우는 법을 생각해야 한다.

조: CSV를 실천하기 위해 경영자들이 가진 마음자세(mindset)를 어떻게 바꿀 수 있을까? CEO를 포함한 전문경영인은 지배 주주의 생각에 영향을 받을 수밖에 없다. 오너, 전문경영인, 회사 구성원들의 생각을 어떻게 일치시키고 서로 다른 생각들을 변화시킬 수 있을까?

포터: 경영자, 관리자의 생각을 확대하려면 다차원적인 시각을 활용해야 한다. 먼저 모범사례와 데이터를 보여주고 이것이 어떻게 실현되는지를 산업별로 구체적으로 소개하는 방법이 1차적인 마인드 확대방식이라고 생각한다. 최근 제약, 의료기기 회사들이 CSV를 실행하고 있다. 이에 대한 백서가 곧 발표될 예정이다. 다른 기업들이 이 백서를 읽게 되면 CSV에 동참할 것이다. 경쟁기업이 CSV 선두에 나서는 것을 보면 뒤쳐진 기업은 마인드를 확대할 수밖에 없을 것이다. 다양한 사례를 보여주고 공유할 필요가 있다. 한국에서도 5, 6개 기업을 선정해 CSV상을 수여하는 일을 했으면 한다. CSV를 경영진 교육시스템에 포함시키는 일도 중요하다. 현재는 경영대학원에서 이런 것을 가르치지 않지만 변화가 일어나고 있다. 앞으로는 CSV가 기본적인 경영교육에 포함될 것이다. 컨설팅 기업들이 자문역을 할 수도 있다. 우리의 역할은 이런 과정을 더 빠르게 만드는 것이다.

두 번째 질문은 이해당사자, 주주에 관련된 것이다. 첫 번째 단계는 CS가 이해당사자의 이익 균형을 달성하기 이전에 가치를 어떻게 창조하고 있느냐의 문제를 살펴보는 것이다. 그런 다음 이를 어떻게 할당할 것인지를 따져야 한다. 한국은 지배구조가 이슈다. 한국 경제가 성장하려면 모든 주주에 대한 공평한 책무와 소액주주 보호를 강화해야 한다. 한국은 주주 권리의 보호수준이 상당히 낮다. 소액 주주의 보호는 더 떨어진다. 어떤 기업들은 의사결정에서 오너나 지배주주에게만 우호적인 결정을 하고 다른 소액주주에게는 혜택을 주지 않는다. 이렇게 해서는 공유가치를 창조하고 향상시킬 수 없다.

조: CSV는 기업인들이 방어적인 태도를 버리고 적극적으로 움직여야 한다고 주문한다. 하지만 기업들이 노력해도 정부나 노동, 환경, 인권분야의 시민단체들은 늘 더 많은 것을 요구한다. 그들과 어떻게 협업해야 CSV에 성공할 수 있을까?

포터: 10년, 20년 전에는 없었던 많은 기관과 단체들이 기업의 사회적 책임을 묻고 있다. 이들은 부정부패, 환경문제, 근로자 다양성 존중 등의 문제를 감시하고 있다. 이런 단체들이 존재하는 이유는 그 동안 기업들이 사회적 문제에 소홀했기 때문이다. 이런 압력이 기업의 기부나 CSR 활동을 유도하고 있다. 시민단체들은 CSV보다는 CSR과 관련된 일을 많이 하고 있다. 비정부기구(NGO)들은 기업이 공동체의 표준을 지키는지 감시한다. 기업이 사회가 설정한 최소기준을 준수하고 이를 남용하지 않도록 관리하는 것이다. 하지만 사회를 위한 특정한 가치를 만들지는 않는다. 기업이 일을 잘하고 윤리적으로 움직이면 시민단체의 역할은 자연히 줄어들 것이다. 시민들이 기업을 믿을 수 있도록 기업들이 능동적으로 움직여야 한다. CSV는 완전히 다른 이야기다. 누가 공격하고 비난해서 반응하는 게 아니다. CSR 보고서를 발행하는 것처럼 누군가가 뭘 내놓으라고 해서 만드는 게 아니다. CSV는 한 기업이 경제적으로 가치를 창조하면서 사회적 문제를 해결하고 기회를 찾으려는 노력이다. 앞으로도 CSR과 CSV는 공존한다. CSR을 선도하는 좋은 회사들은 더 적극적으로 앞서 나아가야 한다. 물론 외부 단체들은 늘 더 많은 것을 요구할 뿐 절대 만족하지 않는다고 생각할 수도 있다. 회사 입장에선 힘들고 어려운 일이다. CSV를 하면 CSR을 할 때와는 다른 방식으로 시민단체와 대화하고 파트너십을 구축할 수 있다.

조: 벤처나 신생회사들에게 CSV는 버겁고 힘든 일이다. CSV 전략에 대기업만큼 장기적으로 신경을 쓸 수가 없다. 창업을 하는 기업가들에게 어떤 조언을 해줄 수 있나?

포터: CSV 개념은 대기업이건 중소기업이건, 모든 기업에 적용할 수 있다. 니즈를 다르게, 광범위하게 보고 가치사슬을 운영하는 것이다. 오히려 신생회사들이 이미 틀이 완성된 기존기업보다 더 쉽게 CSV 모델을 회사의 근간으로 삼을 수 있다. 기성 대기업보다 더 빨리 이를 도입하고 변화에 적응할 수 있다. CSV 활동 중 가장 흥미로운 사례를 신생 사회적 기업들에서 볼 수 있다. 질문자와 같은 분들이 CSV의 렌즈로 대기업이 보지 못한 것을 찾아내고 있다. 대기업들이 보지 못한 부분을 보고 저소득층, 소외계층 등에 초점을 맞추고

제품 서비스를 개발한 신생회사들이 큰 성공을 거두고 있다. 기회는 수천, 아니 수만개도 더 있다. 어떻게 생각하느냐에 따라 결과가 달라진다. 중소기업도 자신만의 틈새시장, 새로운 활동범위, 가치사슬, 고객을 찾아낼 수 있다. 보다 친환경적인 제품을 찾고 소외계층의 니즈를 만족시킬 기회를 발견할 수 있는 것이다. 젊은이들에게 과거의 가치 창조방식에서 벗어난다면 CSV의 이점을 활용할 수 있을 것이라는 이야기를 들려주고 싶다. CSV 아이디어를 개척한 회사는 작은기업이지 대기업이 아니다. CSV를 활용해 스스로를 차별화했으면 한다.

조: CSV의 기회와 역량에는 차이가 있다. 특히 다양한 산업영역별로 다를 수 있다. 녹색경제나 친환경과 관련해서 사회적 문제를 해결하고 이산화탄소를 감축하는 영역에 있는 기업은 CSV를 훨씬 더 수월하게 실행한다. 반면 그렇지 않은 영역도 있다. 이런 영역에서는 CSV 적용을 주저한다.

포터: 이 질문에 대해서 확정적 답변을 드리기에는 시기상조인 것 같다. 나와 마크 크레이머(Mark Cramer) FSG 대표 등이 다양한 산업부문을 조사, 연구하고 있다. 하지만 아직까지 CSV의 기회가 없는 산업은 찾지 못했다. 제약업계는 현재 상위 10% 고객을 위해 일하고 있다. 이들은 저소득층에게 다가갈 방법을 찾느라 고민하고 있다. 이렇게 되면 시장이 엄청나게 커진다. 축구, 야구 등의 스포츠팀 구단주를 대상으로 강의를 한 적이 있다. 스포츠 팀이 주민의 체력과 건강증진에 도움을 주고 지역사회에 기여할 수 있는 어마어마한 기회를 갖고 있다는 점을 알 수 있었다. 물론 식품회사나 제약회사보다 상대적으로 CSV가 더 어려운 곳도 있다. 반도체를 예로 들어보자. 반도체산업에서 에너지는 매우 핵심적인 문제다. 삼성은 그 기회를 파악했고 제품설계에 반영했다. 삼성이 에너지를 CSV의 문제로 보기 시작한 것이다. 앞으로 성공여부는 쉽게 판단할 수 없다. 반도체는 수자원을 많이 사용하기 때문에 다른 기회도 존재한다. 어떤 사업, 제품, 가치사슬, 클러스터에도 CSV의 기회가 있다고 생각한다. 시간이 지나면 알게 될 것이다. 어떤 업종에서 CSV가 약한 이유는 경영진이 이를 제대로 인식하지 못하고 기회를 잡지 못하기 때문이다. 직접 소비자에게 판매를 한다면 CSV의 기회가 더 많아진다. 고객을 생각하기도 더 쉬워진다. 어려움은 있을 수 있다. 하지만 기회가 존재하지 않는 산업은 없다고 생각한다.

출처

이 대담은 2011년 12월 6일 동아일보사와 동아비즈니스리뷰가 개최한 동아비즈니스포럼에서 저자(조동성)가 마이클 포터 하버드 경영대학원 교수와 대담한 내용 중 공유가치창조(Creating Shared Value)에 관한 부분을 발췌한 것이다.

일반적으로 경영학계에서는 기업이 단기적 수익성 보다 장기적으로 생존할 수 있도록 노력해야 하고, 이를 위해서는 윤리경영, 사회적책임경영, 환경경영을 해야 한다는 주장을 하면서 이들의 주장이 실천 가능하다는 의미에서 지속가능성(Sustainability)이나 지속가능경영(Sustainable Management)이라는 단어를 사용했다.

이 때 지속가능경영은 "기업이 경제적 성장, 사회공헌, 환경보호를 동시에 추구하여 다양한 이해관계자의 기대에 부응하면서 지속적인 성장을 하는 경영활동"으로 정의할 수 있다.

지속가능경영이란 단어가 처음 나온 1970년대에는 기업 경영자가 환경과 사회를 고려해야 한다는 주장이 꿈 같은 이야기였고, 심지어는 헛소리라고 치부하던 시기였다. 그 후 50여 년이 지났고, 이제는 기업의 지속성이 가능성의 세계가 아니라 현실로 다가왔다. 수많은 기업들이 지속경영의 중요성을 깊이 인식하고 실제 행동에 옮기기 시작했다. 따라서 이 책에서는 '지속가능경영'이란 미래지향적인 표현 대신 기업이 미래를 위한 노력을 이미 진행하고 있다는 의미에서 '지속경영'이란 단어를 사용하기로 한다.

치열한 글로벌 경쟁에 직면하고 있는 기업들에게 지속경영은 생존을 위한 필요충분조건이 되었다. 지속경영은 지난 50여 년 동안 이 분야의 학자들이 주장한 윤리경영, 환경경영, 사회책임경영 뿐 아니라, 기업이 추구하는 목적을 새로운 방식으로 달성하기 위한 혁신경영, 창조경영까지 포함하는 종합적인 새로운 트렌드로 급부상하고 있으며, 국내 기업들의 관심도 점차 증가하고 있다. 과거에는 매출과 이익을 극대화하는 것이 기업경영의 최우선 목표였지만 이제는 지속경영을 통해 장수할 수 있는 기업을 만드는 것이 경영자들의 관심사가 되었다. 세계 도처의 과거 및 현재 장수하고 있는 기업의 비밀을 연구한 논문들은 이들 장수기업의 공통점을 찾아냈는데, 그 내용은 내부적으로는 종업원을 공동운명체로 여겨 중시하고 대외적으로는 사회윤리를 실천하고 지속 가능한 기업 발전을 위해 노력했다는 점이었다.

2002년 요하네스버그에서 열린 지속가능발전 세계정상회의(World Summit on Sustainable Development: WSSD)에서는 전세계적으로 지속가능개발(Sustainability Development)을 이루기 위해 기업들의 활동을 강화해야 한다는 논의가 이루어졌다. 2020년부터는 세계 최대규모의 자산운용사인 블랙록(Blackrock) 대표인 래리 핑크(Larry Fink) 회장이 주도한 "환경, 사회, 지배구조(Environmental, Social, and Governance: ESG)"가 새로운 이슈로 등장했다.

이제 지속경영 이슈는 대기업들에 국한된 선택사항이 아닌 생존을 위한 필수요소가 되었다. 이러한 트렌드에 따라 지속경영을 평가하는 지수가 기업의 건전성을 평가하는 대표적인 지수로 자리매김하고 있으며, 지속경영에 대한 성과를 대외적으로 발표함으로써 이해관계자들의 신뢰를 구축하는 것이 기업의 경쟁력을 결정짓는 중요한 요소가 되고 있다.

여기서는 지속경영이 세계적인 과제가 되어가고 있는 이론적 배경과 역사를 검토한 다음, 지속경영평가지표의 세계적인 추세에 대해 살펴보고, 이와 같은 추세가 한국 기업들에게 확산되게 하기 위한 지속경영 평가 프레임워크와 내용을 소개한다.

1. 지속경영의 이론적 배경: 자본주의의 변천

기업이 지속경영을 실천할 것인가 말 것인가의 이슈는 그 기업이 속한 사회의 이데올로기, 즉 공산주의, 사회주의, 자본주의와 같은 사회의 사상과 의식체계에 의해 결정된다. 사회가 이 세상에서 거의 사라진 '공산주의' 이데올로기를 채택한다면 기업의 주인은 국가이고, 국가이익을 대변하는 정부가 대변한다. 따라서 국가 시각에서 볼 때 기업은 정부가 공산주의 사회를 지탱하기 위해 사용하는 여러가지 수단 중 하나일 뿐이다. 따라서 공산주의 체제 하의 기업은 당연히 자신의 경제적 성장 이전에 사회공헌과 환경보호를 앞세워야 하고, 경제적 성장과 사회공헌과 환경보호를 동시에 고려하는 지속경영은 하지 않아야 한다.

사회가 '사회주의'이데올로기를 채택하는 경우에는 기업이 지속경영을 실천할 것인가 말 것인가의 이슈가 논의대상이 아니다. 왜냐하면 사회주의 체제 하에서 기업의 주인인 사회 구성원들은 당연히 기업성장, 사회공헌, 환경보호 중 어느 것도 포기할 수 없기 때문이다. 따라서 사회주의 체제 하의 기업은 지속경영을 수단이 아니라 목적 그 자체로 받아들이고, 필수적으로 실천해야 한다.

사회가 '자본주의' 이데올로기를 채택한다면 기업의 주인인 주주와 경영자가 추구해온 기업의 경제적 성장이 기업을 둘러싼 사회와 환경을 대변하는 정부, 사회단체 및 환경단체, 그리고 시민들이 원하는 사회공헌 및 환경보호와 부딪칠 때 무엇을 선택할 것인가 하는 이슈가 관건이 된다.

이러한 이데올로기와 기업의 지속경영 관계를 정리하면 다음과 같다.

- 공산주의 이데올로기 하에서의 기업은 (경제성장과 사회공헌과 환경보호를 균형 있게 실천하는) 지속경영을 하면 안된다.
- 사회주의 이데올로기 하에서의 기업은 (경제성장과 사회공헌과 환경보호를 균형 있게 실천하는) 지속경영을 해야 한다.
- 자본주의 이데올로기 하에서의 기업은 (경제성장과 사회공헌과 환경보호를

균형 있게 실천하는) 지속경영을 하는 것에 대해 그동안 소극적인 자세를 취했으나, 최근 들어 자본주의의 변천과 함께 사회적 요구가 강해지고 요구내용이 구체적이 되면서 적극적인 자세로 바뀌고 있다.

위에서 세번째로 검토한 자본주의 이데올로기는 지속경영의 변화를 가져온 배경이자 원천이다. 이에 지속경영의 배경인 자본주의가 변천한 과정을 살펴보자.

1) 자본주의의 5가지 유형

미래지향적, 선도적 기업은 그렇지 못한 기업보다 더 빠른 성장을 한다. 이제 앞으로 성공기업의 조건에 하나 더 추가할 조항은 원칙에 충실한 경영, 사회의 근본적 기대를 충족하는 기업이다. 그러면 사회의 기대를 충족하는 구체적인 방법에 대해 알아보자.

1917년 레닌(Vladimir Ilich Lenin, 1870~1924)이 주도한 러시아 대혁명에서 시작한 소비에트사회주의공화국연방(Union of Soviet Socialist Republics: USSR)이 1991년 고르바초프(Mikhail Sergeyevich Gorbachef, 1931~)시대에 와서 해체되기까지 20세기 100년 중 70여 년간 자본주의와 함께 세계를 양분했던 공산주의는 21세기에 들어오기도 전에 종언을 고했다. 반면 1776년 아담 스미스(Adam Smith, 1723~1790)가 저술한 국부론을 시발점으로 한 자본주의는 지속적으로 세계를 이끌어가고 있다. 그러나 자본주의가 지난 250여 년간 똑같은 모습으로 존재하고 있는 것은 아니다. 이 기간 동안 자본주의는 네 차례 변화를 통해 그때 그때의 사회에 적응하면서, 세계경제는 물론, 정치, 문화, 기술 등 다양한 분야에서 큰 영향을 미쳐왔다. 이 네 번의 변화에 의해 나타난 다섯 가지 모습의 자본주의에 1.0에서 5.0까지 숫자를 붙여보자.

(1) 자본주의 1.0: 시장중심 고전자본주의

자본주의 1.0에 해당하는 초기 자본주의는 1776년부터 1929년 미국 대공황까지이다. 이 당시 자본주의는 자유방임(laissez-faire), 즉 '보이지 않는 손(invisible hand)'에 의해 작동되는 시장이 우리가 가진 제한된 자원을 배분해서 최선의 성과 를 가져온다는 믿음을 전제로 해서, 정부 간섭을 일체 배제하는 원칙을 고수했다. 산업혁명을 선도해 경제대국이 된 영국과 프랑스가 주도한 초기 자본주의에 입각 한 자유무역주의는, 1860년대 이후 독일, 미국, 일본 등 후발 주자들이 주장한 유 치산업보호(protection of infantile industries)를 위한 보호무역주의로부터 도전을 받기도 했다. 그러나 제1차 세계대전을 승리로 이끌면서 다시 세계무역질서를 자유무역주의로 돌리는데 성공했다. 고전자본주의(classic capitalism)라고도 불리는 초기자본주의는 인간의 기본적인 특성 두 가지, 즉 경쟁심과 탐욕을 기반으로 했다. 사회학자인 베버(Maximilian Karl Emil "Max" Weber: 1864~1920)는 그의 저서『프로테스탄티즘과 자본주의 윤리(The Protestant Ethic and the Spirit of Capitalism, 1905)』에서 이익추구와 그로 인한 자본축적을 도덕적으로 타당한 것이라고 주장했다. 이러한 자본주의 1.0은 시장중심 자본주의이다.

그러나 아이러니하게도 초기자본주의를 복원시켜줄 것으로 기대되었던 1차 세계대전이 끝나면서 자유시장에 입각한 초기자본주의는 한계를 나타냈다. 1917년 제정러시아가 무너지고, 제1차 세계대전이 끝난 1919년 미국에서 전국적인 노동조합이 활성화되면서 전 세계 노동자들의 힘이 계속 커졌고, 민주주의가 확산되어 과거 식민지가 속속 독립을 하고, 여성들에게 투표권이 확산되는 민주화 현상으로 인해 세계경제는 더 이상 과거로 되돌아갈 수 없게 되었다.

(2) 자본주의 2.0: 정부중심 수정자본주의

자본주의 2.0에 해당하는 두 번째 자본주의는 미국이 대공황에 빠진 1929년, 그리고 영국이 금본위제를 포기한 1931년에 시작되어 1970년대 말까지 약 50년간 진행되었다. 이 당시 영국은 금본위제를 포기한 결과 세계경제에서 주도권을 상실하게 되었다. 반면 미국은 불황에 빠진 경제를 부흥시키기 위해 대대적인 정부개입 정책을 채택했다. 대표적인 것이 1933년 대통령으로 취임한 루즈벨트(Franklin Delano Roosevelt, 1882~1945)에 의해 주도된 뉴딜(New Deal)정책이었고, 그 일환으로 미국 전역에서 대형 인프라를 건설하는 공공사업이 시작되었다. 미국 정부의 적극적 개입은 그 후 케인즈(John Maynard Keynes, 1883~1946)라는 걸출한 경제학자에 의해 이론으로 정교화되었다.

케인즈는 1936년 발간된 "고용, 이자 및 화폐간의 관계에 대한 일반이론(The General Theory of Employment, Interest and Money)을 통해서 새로운 모델을 제 시했는데, 그것은 불완전 고용상태를 타파하기 위해서는 유효수요가 중요하고, 이 를 위해서는 정부가 재정지출을 통해 적극적인 역할을 해야 한다는 것이었다. 이같 이 기존 자본주의에 대한 대대적인 수정을 가했다는 의미에서 이러한 정부중심 자 본주의를 수정자본주의라고도 부른다. 미국정부는 케인즈의 유효수요이론(Theory of effective demand)에 입각해서 '보이는 손(visible hand)'으로 경제에 깊숙이 관 여하면서 시장기능을 대폭 축소시켰다. 이같이 정부 역할을 강조하는 경제정책과 함께 1941년 제2차 세계대전에 참전하면서, 미국은 큰 땅과 많은 인구, 그리고 전 쟁에서 연합군에 필요한 군수물자를 조달하는 방대한 생산능력을 구축해서 세계경 제를 지배하는 수퍼파워(Super Power)가 되었다.

그러나 이러한 과정에서 정부 기능에 과잉 의존하게 된 미국은 냉전체제를 지나치게 오래 끌고 가면서 베트남 전쟁을 시발점으로 해서 전 세계 각지의 명분 없는 전쟁에 개입하는 치명적인 실수를 범했고, 그 결과 막대한 재정적자를 발생시키는 동시에 만성적인 인플레이션에 시달리게 되었다. 특히 1971년 금태환 중지선언과 1973년의 석유위기는 물가상승과 실업률 증가가 동시에 일어나는 스태그플레이션(stagflation)을 가져왔다. 이제 자본주의 2.0이 존재감을 잃게 됨에 따라 세계는 새로운 자본주의 모델을 모색하기 시작했다.

(3) 자본주의 3.0: 기업중심 신자본주의

자본주의 3.0에 해당하는 세 번째 자본주의는 두 번째 시기에서 정부 관료들이 민간부문의 자율적 기능을 침해하면서 재정적자를 비롯해서 물가상승, 실업률 증가라는 치명적인 문제를 야기한데 대한 국민들의 분노로 나타났다. 그 결과 영국에서는 1979년 마가렛 대처(Margaret Thatcher, 1925~2013)가 이끄는 보수당이 집권했고, 미국에서는 1980년 공화당 후보 로널드 레이건(Ronald Wilson Reagan, 1911~2004)이 대통령으로 당선됐다. 이 시대 지도자들은 시카고대 교수 밀튼 프리드만(Milton Friedman, 1912~2006)과 그를 따르는 신고전학파 학자들의 주장을 받아들여 통화량에 대한 조정을 통해 경제안정과 완전고용을 추구하는 통화주의를 채택했다. 정부 개입을 지양하고 시장역할을 복원하는 구체적인 정책으로 소득세 인하, 공기업 민영화, 노조에 대한 강력한 대처 등을 통해 시장 메커니즘을 복원했다. 그 결과 미국 증권시장을 선도로 해서 전세계 경기가 살아나기 시작했고, 같은 1980년대에 개발된 인터넷을 기반으로 해서 시작된 IT산업이 정보혁명을 일으키면서 전산업으로 파급효과를 나타내기 시작했다.

디지털을 기반으로 한 정보혁명은 세계 구석구석을 연결하는 인터넷 네트워크를 통해 다시 기업활동의 세계화를 촉진했다. 이제 한 나라에만 기반을 둔 기업들은 경쟁력을 유지할 수 없게 된 것이다. 이같이 디지털화, 세계화라는 대세 속에서 미래에 대한 낙관주의가 주류를 이루고, 닷컴 회사를 창업하는 열풍이 전세계를 강타했다. 수많은 창업자들 가운데 마이크로소프트(Microsoft) 창업자인 게이츠(William Henry "Bill" Gates III, 1955~), 아마존(Amazon) 창업자인 베이조스(Jeffrey Preston "Jeff" Bezos, 1964~), 오라클(Oracle Corporation) 창업자인 엘리슨(Lawrence Joseph "Larry" Ellison, 1944~)과 같은 신세대 영웅들이 나타나고, 신산업, 신기술이 기존산업, 기존기술을 하루 아침에 무너뜨리고 시장 지배자가 되는 신화가 탄생했다. 그리해서 기업중심의 자본주의 3.0을 신자본주의(Neo Capitalism), 또는 신자유주의라고 부르기도 한다.

이같이 자본주의가 화려하게 부활하는 모습을 본 동독 국민들과 소련 국민들은 1989년과 1991년 각각 자국의 공산주의 체제를 무너뜨렸다. 이제 자본주의는 적대적 경쟁자가 사라진 가운데, 거칠 것이 없는 절대적 가치가 되었다. 이렇게 긍정적인 결과를 영국 국민들은 대처리즘(Thacherim)으로 명명해서 대처 수상을 영국 역사상 가장 위대한 지도자였던 빅토리아 여왕에 견주었고, 미국에서는 레이건 대 통령을 역사상 가장 위대한 대통령으로 평가되는 워싱턴과 링컨 대통령과 같은 반열에 올려놓았다. 그러나 20세기 말의 사회상은 고전적인 자본주의를 그대로 받아들일 수 있는 분위기는 아니었다. 인터넷이 촉발한 디지털화는 디지털 디바이드(digital divide), 즉 디지털에 익숙하지 못한 사람들을 실업자로 내몰았고, 대기업을 공룡으로 만든 세계화는 여기 참여하지 못한 중소기업들을 몰락시키고 말았다. 이러한 갈등구조를 파악한 런던 경제대학(London School of Economics) 교수 앤소니 기든즈(Anthony Giddens, 1938~)는 1998년 "제3의 길(The Third Way)"이란 개념을 소개했다. 그 내용은 경제적 약자가 요구하는 복지사회를 경제 적 강자가 추구하는 시장자본주의로 구현하자는 것이었다. "자본주의 3.0"으로 지칭된 이 주장은 "천사모습을 한 자본주의"라는 이름으로 여러 나라에서 받아들여지면서 다양한 모습으로 나타났다. 한국에서도 뉴라이트 운동을 비롯해서 보수 성향을 가진 NGO들이 이 취지에 찬동했고, 2008년 2월 25일 취임한 이명박 정부도 이 노선을 채택했다.

(4) 자본주의 4.0: 사회중심 대중자본주의

자본주의 4.0은 자본주의 3.0의 성공에서 배태되었다. 21세기 들어오면서 외부적으로 견제하거나 신경쓸 대상이 없어진 자본주의 3.0이 균형과 절제라는 덕목을 잊어버리고 조화를 포기하면서 새로운 위기에 직면하게 된 것이다. 그리고 그 위기의 발원지는 제정로마, 프랑스 절대왕정을 비롯한 모든 절대주의 국가들이 그랬듯 내부에서 발생했다. 절대적인 힘을 내세워 자본주의 3.0을 구가하던 미국이 절대적인 오만의 늪에 빠지기 시작한 것이다. 1980년대 이후 끊임없이 성장해온 부동산 경기를 낙관한 미국정부는 담보력 없는 서민들을 위해 부동산대출금융을 부동산 가치 이상으로 제공해주어 비우량 금융상품 판매를 용인했고, 금융권 역시 이를 이용해서 부적절한 파생상품을 개발하고 이를 '폭탄 돌리기' 식으로 거래했다. 이러한 비상식적 관행은 결국 2008년 미국발 금융위기로 나타났고, 미국영향권 아래 있는 유럽을 포함한 수많은 국가들이 함께 몸살을 앓기 시작했다.

설상가상으로 엔론(Enron)을 비롯한 일부 대기업들이 최소한의 기본적인 윤리관마저 상실한 채 불법적인 행위를 한 사례들이 속속 발견되면서 그동안 경제를 이끌어왔던 가진 자들에 대한 비판이 2011년 급기야 '월스트리트 점령(Occupy Wall Street)'이라는 급진적 행동으로까지 나타나고 말았다. 금융권을 지배하는 세 력을 공격하는 소외된 군중이 벌인 이 운동은 일반대중이 대거 동참하는 가운데 순식간에 전세계로 퍼져나갔다. 밀튼 프리드만이 제시한 신자유주의, 즉 자본주의 3.0에 입각한 주주자본주의는 기업에 다양한 모습으로 관계를 맺고 있는 이해 관계자들을 모두 고려해야 한다고 주장하는 버지니아 대학교수 에드워드 프리만(R. Edward Freeman, 1951~)의 이해관계자자본주의로부터 도전 받은 것이다. 그에 의하면 "권한과 책임은 함께 간다. 사회적 권한을 가진 기업은 사회적 책임을 가져야 한다. (Power and responsibility go together. The firm with social power should have social responsibility.)" 즉 사회를 구성하는 사회조직이 가진 사회적 권력과 사회에 대한 책임은 동전의 앞뒤와 같이 등가관계라는 것이다.

1979년 대처리즘에서 시작되어 30년간 전성기를 구가하다 2008~2009년 금융위기까지 지속된 자본주의 3.0에 대해 경제학자 칼레스키(Anatole Kaletsky, 1952~)는 '신경제의 탄생(The Birth of a New Economy)'이라는 저서를 통해 '따뜻 한 자본주의'라는 표현을 제시하며, 자본주의 3.0이 천사의 모습을 한 악인들의 포 장술에 불과했고, 1%에 불과한 악인들에 의해 지배되는 대기업들이 99%에 해당하 는 일반 서민들의 삶을 파괴하고 있다고 주장했다. 이들은 정부에게 거시경제에 입 각한 금융규제를 강화하면서 대기업의 탐욕을 억제하는 적극적인 정책을 요구했다. 이제 사회는 대기업이 마지못해 동냥같이 제공하는 기업의 사회적 책임(Corporate Social Responsibility: CSR)으로는 만족하지 못하게 된 것이다. 그러나 일 반 대중을 근간으로 한 대중자본주의(mass capitalism)적인 자본주의 4.0운동은 구체적인 정책대안이 개발되지 못한 채 73일만에 끝나고 말았다.

(5) 자본주의 5.0: 클러스터중심 공유가치자본주의

이제 자본주의 5.0이 등장할 조건이 갖춰진 듯하다. 이런 사회적 전환기에 나타난 새로운 움직임이 포터와 크레이머(Mark Kramer)가 주창한 "공유가치창출(Creating Shared Value: CSV)"이다(Porter & Kramer, 2011). 이 운동은 기업이 더 이상 "천사의 모습"만 보이지 말고, 사회를 마음속으로 영접하는 진실된 인간들이 중심이 되어 "천사의 마음을 가진 자본주의"를 이끌어 나가자는 것이다. 이 운동의 핵심가치는 "기업의 가치와 기업이 속한 사회의 가치를 동시에 증진"하자는 것이고, 이 운동의 기본전제는 "이 세상에 존재하는 수많은 사업기회 중에는 반드시 두가지 가치를 동시에 추구할 수 있는 대안이 있게 마련"이라는 믿음이다. 드러커(Peter F. Drucker, 1909~2005)는 자본주의의 변형이 논의되기도 전인 1970년대에 인간중심 자본주의(people-centered capitalism)라는 이상사회를 제시하면서 "오늘날 사회적이고 세계적인 모든 이슈는 숨겨진 사업기회이다. (Every single social and global issue of today is a business opportunity in disguise.)"라는 표현으로 CSV의 도래를 예견했다.

최근 CSV 방향으로 움직이고 있는 자본주의를 "자본주의 5.0"이라고 부르자. <그림 6.17>에서 보듯이 자본주의 1.0과 자본주의 2.0은 각각 오른편과 왼편에서 극단적으로 시장만능, 정부만능적 관점을 택하고 있다. 자본주의 3.0과 자본주의 4.0은 각각 오른편과 왼편에 위치하고 있지만, 기업과 사회 시각에서 자본주의 1.0과 2.0보다 완화된 모습을 보이고 있다. 공유가치창조를 주장하는 자본주의 5.0은 이 스펙트럼의 한 가운데에서 시장과 정부가 서로 조화로운 협력관계를 이루고, 기업과 사회 역시 균형된 시각으로 서로에게 접근하는 모델이다. 같은 목적을 가지고 경쟁하고 협력하는 기업들이 모인 클러스터(Cluster)는 바로 기업과 사회가 한 방향으로 나가는 대표적인 경제체제이다. 따라서 자본주의 5.0은 클러스터자본주의이다. 미래를 지향하는 기업이라면 공유가치를 강조하는 자본주의 5.0을 받아들여, 기업가치와 사회가치를 조화롭게 발전시켜나가는 공유가치창조를 핵심전략으로 삼아야 한다.

그림 6.17
자본주의 1.0~5.0의 좌표

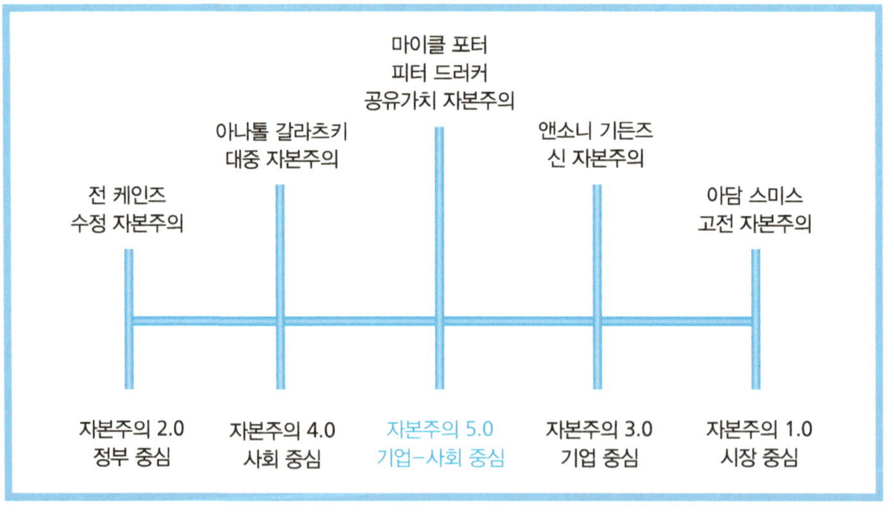

자본주의 5.0은 자본주의 3.0과 자본주의 4.0을 조화롭게 융합하는 가운데에서 나왔지만, 그 내용인 공유가치창조, 즉 CSV는 자본주의 2.0에 해당하는 CSR, 즉 기업의 사회적 책임을 한 단계 발전시킨 것이다. 따라서 자본주의 4.0에서 주장하는 CSV를 이해하기 위해서는 자본주의 2.0에 해당하는 CSR의 근거가 되는 "사회의 가치사슬" 이론을 이해해야 한다.

사람, 즉 자연인과 기업, 즉 법인은 "인간"이라는 점에서 같다. 그러나 인간으로서의 권리를 부여한 원천에 있어 사람과 법인은 다르다. 사람의 인권은 민주주의 사회가 받아들이는 '천부인권' 즉 하늘이 준 권리인 반면, 기업의 인권은 사람이 생존에 위협을 주는 자연으로부터 스스로를 보호하기 위해 만든 사회가 구성원들간의 질서 유지와 편의성 증대를 도모하기 위해 만든 법, 그 중에서도 상법이 준 것이다. 따라서 사람은 하늘에 대한 책임은 있을지언정 사회에 대한 책임, 즉 "사람의 사회적 책임"은 가질 필요가 없다. 이것이 바로 장 쟈크 루소(Jean-Jacques Rousseau)가 저술한 '사회계약론(Du contrat social; ou Principes du droit politique, 1762)에서 제기한 주장이다. 만일 사람의 사회적 책임을 받아들이는 사회가 있다면 그것은 히틀러가 이끈 나치집단과 다름없게 된다. 책임의 대상에 있어 기업은 인간과 다르다. 기업은 자신의 존재 이유를 제공해준 사회에게 무한 책임이 있고, 이를 우리는 "기업의 사회적 책임"이라 부른다. 먼 훗날 인간사회가 로봇을 보편적으로 사용하게 될 때, 만일 로봇이 인간에 대한 책임을 지지 않고 자신의 이익만을 추구한다면 그러한 로봇을 인간사회가 받아들일 수 없는 것과 같은 이치이다. "사회의 가치사슬"에 대해서는 7장에서 상세히 다루기로 하되, 관심있는 독자는 <그림 7.24>에 소개된 개념을 미리 살펴보기 바란다.

자본주의 1.0, 즉 "기업의 사회적 책임은 이익을 추구하는 것"이라는 경구도 결국은 사회가 그렇게 결정했기 때문에 그 사회 안에서 가능한 표현이다. 사회는 기업이 이익을 추구하도록 허용했지만, 그 이익을 사회에 관계없이 쓰거나, 사회에 반하는 방법으로 쓰는 것까지 인정한 것은 아니다. 다시 말해 사회는 기업에게 1차적으로 이익을 창조하게 한 다음, 창조된 이익을 사회를 위해 쓰도록 한 것이다. 그런 의미에서 이익추구는 기업의 1차적 목적이자 사회가 기업을 통해서 얻고자 한 수단이고, 사회적 책임은 기업의 궁극적 목적이자 사회가 기업을 통해서 추구하는 목적이다. 기업의 사회적 책임과 이익간의 관계는 아시모프(Isac Asimov)가 1950년에 발간한 소설 "아이로봇(I, Robot)"에서 로봇의 행동에 관한 3가지 원칙으로 명시되어 있다.

- **법칙 1.** 로봇은 인간을 다치게 해선 안되며, 행동하지 않음으로써 인간이 다치 도록 방관해서도 안 된다. (Law I - A robot may not injure a human being or, through inaction, allow a human being to come to harm.)
- **법칙 2.** 법칙 1에 위배되지 않는 한, 로봇은 인간의 명령에 복종해야 한다. (Law II - A robot must obey orders given by human beings except where such orders would conflict with the First Law.)

- **법칙 3.** 법칙 1, 2에 위배되지 않는 한 로봇은 스스로를 보호해야 한다. (Law III - A robot must protect its own existence as long as such protection does not conflict with the First or Second Law.)

법칙 1과 2를 지키지 않고 법칙 3만 지키는 로봇이 있다면 그 로봇은 파괴되어야 하는 것처럼, 기업의 사회적 책임을 다하지 않고 자신의 이익만 추구하는 기업이 있다면 사회는 그 기업을 용납할 수 없는 것이다.

2) 자본주의 5.0시대의 기업전략: '기업의 사회적책임(CSR)'과 공유가치 창출(CSV)'

여기서 잠깐 기업의 사회적 책임이 등장하게 된 역사적 배경을 살펴보자. 자본주의가 1880년대 JP 모건(John Pierpont Morgan, 1837~1913)으로 대표되는 금융자본주의에서 1900년대 초반 이후 헨리 포드(Henry Ford, 1863~1947)로 대표되는 기업자본주의로 본격화된 이후, 기업은 사회, 환경 그리고 경제와 관련된 대부분의 부문에 큰 영향을 미치는 사회적 기관이 되었다.

기업은 새로운 가치를 창조했지만, 이를 사회구성원과 공유하는 역할을 적극적으로 하지 못했다. 가치 공유를 주먹구구식으로 하려다 보니 가장 중요한 소비자들이 가진 진정한 요구를 잘못 이해하는 경우가 종종 발생하고 그들의 장기적인 사회적 목표를 간과했다. 뿐만 아니라, 사회에서 발생하는 복잡미묘한 모든 요구를 다 감당할 수 없다고 자기방어적인 태도를 취하는 기업들이 나타나 하나 둘 사회로부터 배척당하기 시작했다. 기업은 사회로부터 출발했음에도 불구하고 사회가 요구하는 사회적 가치를 창조하는데 적극적이지 못한 것이다.

사회적 위상이 높아지는 과정에서 사회에 대해 소극적인 기업들이 사회로부터 배척되는 모습을 본 대기업은 다양한 사회적 공헌활동을 실행하게 되었다. 그러나 기업이 경제력과 사회적 영향력을 키워갈수록 사회 역시 끊임없이 기업의 역할에 대한 기대 수준을 높여가게 되었고, 이를 충족하지 못하는 기업에 대한 비난의 목소리는 잠재울 수 없었다. 그 결과 기업이 성장하고 발전할수록 자발적인 기업의 사회적 공헌은 사회의 요구에 의한 사회적 책임으로 변질되었다.

그러면서 "기업의 사회적 책임"은 기업이 올리는 매출액에서 10% 남짓한 비중을 가진 이익을 가지고, 이 중에서 다시 1%에서 0.1%, 경우에 따라서는 0.01%도 안 되는 자금을 떼어내서 이를 사회적 목적에 쓰는 행위로 인식되어 왔다. 그러다 보니 <그림 6.18>에서 보듯 그 자금을 사회복지공동모금회에 기부하거나 기업 메세나와 같은 사회공헌활동을 직접 선정해서 자금을 제공하는 '자선'활동으로 처리하거나, 기업 내부에 소수 인력을 배정해서 직접 사회봉사활동을 수행하면서 비용

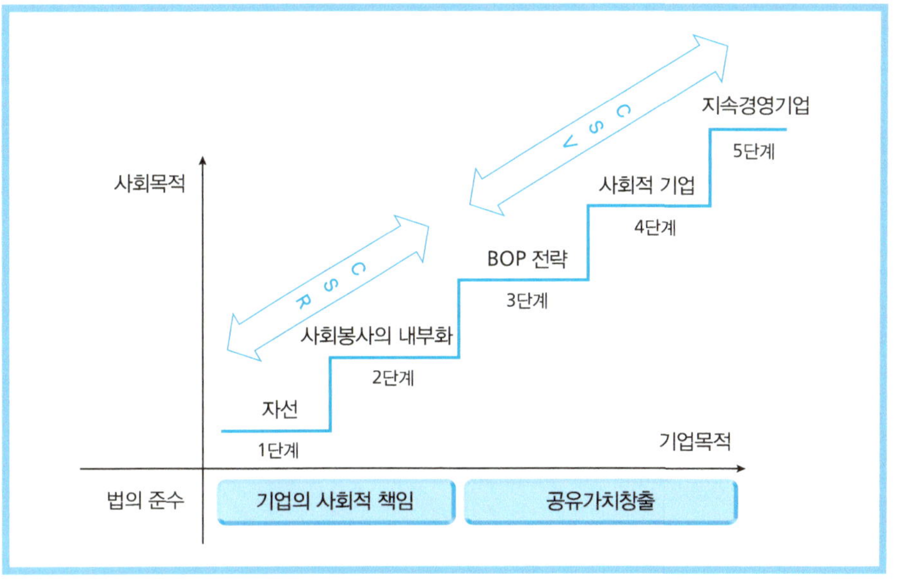

그림 6.18
기업의 발전단계

으로 처리하는 행위, 또는 구성원들이 직접 참가해서 사회봉사활동을 수행하는 '사회봉사의 내부화' 활동으로 제한되어 왔다.

이런 "기업의 사회적 책임" 활동은 안 하는 것보다는 나았지만 그 효과에 있어서는 기업의 사회적 영향력과 이에 따른 사회의 기대수준에 비해 현저히 작았고, 그래서 사회가 기업에 대해 느끼는 갈증을 좀처럼 해소할 수 없는 악순환이 계속되었던 것이다.

이 때 등장한 개념이 공유가치창출(Creating Shared Value), 즉 CSV이다. 기업이 기업 스스로의 가치와 사회가 요구하는 가치를 동시에 충족시키는 과정을 뜻하는 CSV는 <그림 6.18>에서 보듯 제3단계에서 제5단계로 발전한다.

첫번째인 제3단계 CSV는 "피라미드 기저(Bottom-of-the-Pyramid: BOP)" 전략이다. <그림 6.19>에서 보는 바와 같이 전세계에 걸쳐 연평균 소득 1,500달러 이하의 빈곤층이 40억 명이라고 한다. 지금까지 전 세계 유수 기업들은 빈곤층의 존재 자체를 신경 쓰지 않았다. 그러나 이들 빈곤층은 비록 소득은 작지만 대기업이 가지고 있는 기술과 마케팅을 통해 신제품개발의 혜택을 받고 싶어한다. 대기업들도 세계 인류의 태반을 차지하는 빈곤층이 구매할 수 있는 수준으로 싸게 제품을 공급한다면 이들의 소비를 통해 사회가치와 기업가치를 동시에 추구할 수 있게 된다.

두번째인 제4단계 CSV는 2007년 방글라데시에 있는 그라민은행(Grameen Bank)의 유누스(Muhammad Yunus, 1940~) 총재가 노벨 평화상을 받게 되면서 세상에 널리 퍼지게 된 사회적기업(Social Enterprise)이다. 사회적기업은 비즈니

그림 6.19
세계인들의 소득 피라미드

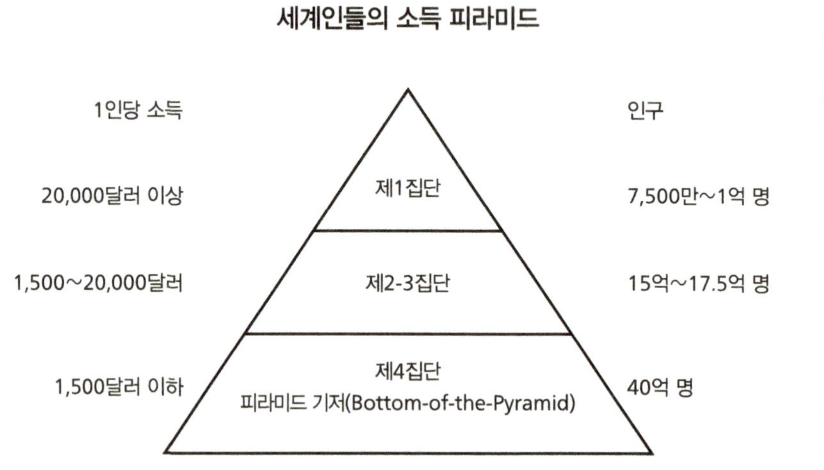

출처: "The fortune at the bottom of the pyramid" by C.K. Prahalad and Stuart L. Hart, World View, January 10, 2002

스 모델을 가지고 시작해야 한다는 점에서 일반기업과 다를 바 없지만, 일반기업이 추구하는 이익극대화라는 사적 목적과 사회적 조직이 추구하는 사회구성원들의 후생극대화라는 공적 목적을 동시에 가지고 있다는 점에서 차이를 보인다. BOP가 일반적으로 대기업의 한 부문으로 존재하는 데 반해 사회적 기업은 조직 전체가 사회적 목적을 추구한다는 점에서 좀더 발전한 모델이다. 사회적 기업은 사회적 목적을 추구하는 과정에서 기업 자체의 존립근거가 되는 사적 목적에 큰 비중을 두지 않고 있다는 점에서 한계가 있다. 우리나라 정부는 500여 기업을 사회적 기업으로 지정했지만, 이 중에서 손익분기점(Break-Even Point: BEP)을 넘기는 사회적 기업은 손에 꼽을 정도다.

세번째인 제5단계 CSV는 공적 목적과 사적 목적에 대한 균형감각을 가지고 이를 동시에 추구하는 지속경영기업이다. "공유가치창출(Creating Shared Value)"이라는 제목의 하버드비즈니스리뷰 논문에서 포터와 크레이머는 경제적 효율성과 사회적 발전 사이의 상충관계(trade-off), 즉 제로섬 게임(zero-sum game) 여부를 가지고 CSV를 설명했다. 단순히 자금적 여유가 있는 기업들이 사회의 요구에 따라 수동적으로 여유의 일부분을 사회에 이전해버리는 제로섬 적인 행동은 기업과 사회가 공유하는 가치가 아니고, 경영자가 기업가적 사고방식을 활용해서 새로운 가치를 창조하는 능동적인 역할을 할 때 비로소 기업과 사회가 공유하는 가치가 발생한다는 것이다.

사회적 발전과 기업의 경제적 이익을 동시에 추구하는, 그래서 사회와 기업이 공유하는 가치는 기업이 새로운 성장 모멘텀을 찾을 수 있는 기회를 제공한다. 사회 구성원 누군가가 입는 피해 속에서 자신의 이익창출에만 집착하던 대기업들, 특히 제품이 소비자에게 도움이 되는지 안 되는지도 모르는 소비자로 하여금 맹목적으로 더 많은 소비를 하게 만들었던 기업들이 이제는 달라지고 있고, 사회와 공유하는 가치의 중요성을 조금씩 이해하기 시작하고 있다. 새로운 제품과 시장에 대해서 재구상하고, 가치사슬에서 발생되는 생산성을 재정의 해보며, 지역 클러스터(local cluster) 단위의 개발을 가능하게 함으로써 기업들은 공유하는 가치를 현실화하는 기회를 발견할 수 있다. 공유가치를 현실화할 수 있는 기회는 모든 기업에게 동등하게 주어진 것이기에, 기업은 자발적인 노력을 통해 공유가치창출 기회를 찾아냄으로써 자신의 경쟁력을 높일 수 있다.

CSR과 CSV를 비교해보자. <표 6.3>은 두가지 활동을 여섯 가지 기준에 따라 비교하고 있다. 첫째, 가치에 있어 CSR은 생산, 판매와 같은 전통적인 기업고유활동과 별개로 진행되는 선행(doing good)인데 반해, CSV는 투입비용에 대비해서 사회경제적 가치가 높은 기업 고유의 활동이다. 둘째, 활동내용에 있어, CSR은 시민의식을 전제로 한 자선활동인데 반해, CSV는 기업과 공동체 모두를 위한 가치창조 활동이다. 셋째, 사회적인 인식에 있어 CSR은 이윤 극대화와 관계없는 활동으로 인식되는 데에 반해, CSV는 이윤극대화를 위한 필수요소로 인식된다. 넷째, 예산에 있어 CSR은 가장 적극적인 기업의 경우에도 매출액 대비 1% 남짓한 예산으로 운영되는데 반해, CSV는 기업 전체 매출액 100%에 CSV 개념을 반영할 수 있다. 다섯째, 진정성에 있어 CSR은 존슨앤존슨(Johnson & Johnson) 등 사회적 물

표 6.3
CSR과 CSV의 차이 비교

CSR(Corporate Social Responsibility)	이름	CSV(Creating Shared Value)
선행(doing good)	가치	투입비용 대비 높은 사회경제적 가치
시민의식을 전제로 한 자선활동	활동	기업과 공동체 모두를 위한 가치창출
이윤극대화와 관계없는 활동	인식	이윤극대화를 위한 필수요소
기업의 CSR 예산(매출액 대비 1% 미만)에 한정	예산	기업전체 예산(매출액 전체)에 CSV 반영
기존 조직과 병렬적인 별도 조직 (수직적 조직구조)	담당 조직	별도 조직이 따로 없이 모든 조직에 녹아 들어가 있음(수평적 조직구조)
사회적 물의를 일으킨 회사가 하는 경우 사회는 냉소적 입장이 됨	진정성	사회가치 창출활동이 고유사업에 녹아 있으므로 사회는 긍정적 평가를 해 줌
손실이 발생하는 순간 올스톱	지속성	그 때 그 때의 이익손실에 관계없이 진행

출처: 가치, 활동, 인식, 예산은 Porter and Kramer (2011), 담당조직, 진정성, 지속성은 조동성(2013)

의를 일으킨 회사가 하는 경우가 하도 많아 사회에서도 다소 냉소적인 입장을 보이게 되는 반면, CSV는 사회가치 창조활동이 고유사업에 녹아있으므로 사회가 긍정적인 평가를 해주게 된다. 여섯째, 지속성에 있어, 이익의 일부를 떼어내어 진행하는 CSR은 기업 손실이 발생하는 순간 올 스톱이 될 수밖에 없으나, CSV는 그때그때의 이익 손실에 관계없이 진행하는 활동이다.

자본주의 5.0은 드러커가 표현한대로 인간중심 자본주의(people-centered capitalism)이고, 그런 의미에서 오늘의 화두인 경제민주화의 핵심내용이다. 더 이상 기업의 사회적 책임을 이익의 일부를 할애해서 사회봉사를 하는 협의의 개념으로 보지 말자. 기업의 사회적 책임을 광의의 개념으로 해석해서 공유가치창조로 보자. 그리해서 사회가 기업을 창조한 이유에 부합하는 모습, 즉 "사람의, 사람에 의한, 사람을 위한(Of the People, By the People, For the People)"조직으로 기업을 거듭 태어나게 하자. 1863년 게티스버그 연설을 남긴 링컨의 정신을 오늘날 계승해서 기업에 적용하는 노력이야말로 경제민주화 시대를 만난 기업 경영자가 능동적으로 추구해야 할 과제이다.

2. 지속경영의 역사: CSR로 시작해서 CSV를 지나 ESG에 와 있는 기업사회[10]

2019년에 시작된 코비드-19는 불과 2년 만에 기업생태계에 두 가지 큰 변화를 가져왔다. 인공지능(AI)이 기업 경영의 각 분야에서 사용되고 있고, CSR, CSV에 이어 "환경, 사회, 지배구조(ESG)"라는 다소 생소한 이슈가 모든 대기업의 핵심과제가 된 것이다. AI는 이미 TV드라마로 진출한 일상용어가 되었으니 오늘은 ESG를 다뤄보자.

21세기에 들어오면서 불법행위를 저지르고 사회에 심각한 훼손을 준 대기업들이 하루아침에 사라지거나 격렬한 비판을 받아 몰락의 길을 걷기 시작했다. 2001년 매출액 기준으로 미국에서 6위였던 엔론이 회계 부정과 함께 반사회적 행위가 발각되어 2주 만에 사라졌고, 2002년 세계 최대의 컨설팅 회사였던 아서앤더슨이 몰락했으며, 2008년 세계 유수의 국제금융회사였던 메릴 린치가 뒤를 이었다.

그 후 기업사회에 자성의 움직임이 일어났다. 변화는 세 단계를 거쳐 진행되고 있다. 첫 단계는 1953년에 하워드 보웬(Howard Bowen, 1953)이 제시했던 '기업의 사회적 책임(Corporate Social Responsibility: CSR)'이었다. 그러나 기업이 가진 재원으로 사회에 적극적인 공헌을 하라는 주장에 대해 기업들은 50년 동안 "기업의 사회적 책임은 이익극 대화"라는 밀턴 프리드먼(Milton Friedman, 1912~2006)의 주장을 내세우면서 시큰둥한 반응을 보였다. 그러다가 21세기에 들어서면서 변화가 일어났다. NGO중에서 가장 큰 조직인 국제연합(UN)에서 반기문 사무총장이 시작한 '지속가능한 개발목표(Sustainable Development Goals: SDGs)를 비롯해서 국제투명성기구(Transparency International: TI) 등의 민간 국제기구들이 세계적인 대기업들에게 윤리경영과 사회적 책임을 요구하기 시작했다.

둘째 단계는 2003년 피터 드러커 교수가 제기한 "세계적인 질병, 기아, 전쟁 등의 사회적 문제를 해결하는 과정에서 큰 사업기회가 생긴다"는 주장을 2011년 마이클 포터가 정교한 모델로 만든 '공유가치창출(Creating Shared Value: CSV)'이다. 경영학자들이 기업 경영자에게 기업 목적과 사회적 목적을 동시에 추구하라는 충고를 하기 시작한 것이다. 경영학자들은 원래 기업을 긍정적으로 바라보는 시각을 가지고 있지만, 이들 눈에도 기업이 사회에 대한 관심을 더 가진다면 장기적으로 더욱 큰 기업성과를 거둘 수 있다는 것이 보이기 시작한 것이다.

셋째 단계는 2021년 세계 최대의 자산운용사인 블랙록(BlackRock)의 래리 핑크(Larry Fink) 회장이 향후 투자 기준으로 삼겠다고 선언한 '환경, 사회, 지배구조(Environment, Social, Governance: ESG)'이다. 이 선언에 동참하는 세계적인 대형 투자자들은 대기업들이 환경보호와 사회공헌, 그리고 경영을 공정하게 집행하고 투명하게 밝히는 지배구조를 구축하지 않으면 투자하지 않겠다는 경고를 하기 시작했다.

기업경영자를 대학생이라고 가정하면, 1학년에서는 NGO라는 교수가 사회공헌에 대한 깨달음(CSR)을 주었고, 2학년에서는 경영학 교수들이 사회공헌과 기업이익을 동시에 추구하라는 가르침(CSV)을 주었으며, 3학년에서는 투자자들이 환경보호와 사회공헌에 추가해서 지배구조 개선을 동시에 추구하라는 훈계(ESG)를 준 셈이다.

3학년 담당교수인 투자자들에 대해서는 그들의 진정성에 신뢰를 하기 어려운 면이 있다. 본래 투자자들은 뼛속까지 수익성을 추구하는 DNA를 가진 종족이다. 이들이 평소 관심을 가지고 있지 않던 환경보호와 사회공헌을 갑자기 내세우는 이유가 무엇일까? 혹시 그들은 지배구조(G)에 관심이 있고, 환경보호(E)와 사회공헌(S)은 단지 가림막으로만 쓰는 것이 아닐까? 그래서 진심을 숨기기 위해 GES대신 ESG라고 부르는 것은 아닐까?

투자자들에게는 정보공개를 포함한 지배구조(G) 개선을 통해 투자이익을 올리는 것이 가장 중요하다. 특히 자산운용사들은 3~15% 정도의 지분을 확보하고 있는 2대, 또는 3대 주주인 경우가 많다. 따라서 최대 주주를 견제하고 경영권 분쟁이 일어날 때 유리한 위치를 차지하려면 필요한 정보를 원할 때 확보해야 한다.

투자자들의 속셈이 있다 할지라도, ESG는 기업경영자, 사회구성원, 투자자 모두가 이득을 얻는 윈윈게임이다. 기업들은 환경보호와 사회공헌을 통해 드러커가 언급한 더 많은 사업 기회를 갖게 되고, 환경과 사회는 ESG가 이루어지는 만큼 더 나아진다. 투자자들 역시 개선된 지배구조를 통해 기업에 대한 영향력을 강화할 수 있다. 다만 기업이 1을 얻는다면, 환경과 사회는 2, 투자자들은 7 정도를 얻을 듯하다.

ESG가 향후 5년정도 기업 사회에 큰 영향을 줄 회오리바람이라면 그 다음에 불어올 바람은 무엇이고 교수는 누가 될 것인가? 이 이슈는 기업 경영자들이 4학년으로 진입하면서 풀어야 할 가장 큰 과제이다. 감히 답변한다면 바람은 환경, 그리고 교수는 경영자 자신이다.[11]

3. 기업의 지속경영

기업이 사회 및 환경을 대상으로 벌이는 경영활동을 우리는 CSR, CSV, ESG 등 다양한 표현으로 불러왔지만, 핵심가치에 있어서는 똑같다. 따라서 이 책에서는 모든 관련 용어를 동의어로 보고, 지속경영이라는 이름으로 통합해서 부르기로 한다.

1) 지속경영의 요소

최근 기업의 지배구조 건전성, 환경경영 등 기업의 비재무적 성과가 기업의 브랜드 가치와 이미지에 끼치는 영향이 점차 증가하고 있다. 이에 따라 기업경영자는 기업의 재무적 성과 외에 고객, 협력업체, 지역사회와의 관계 등 추가적으로 고려할 부분이 증가되어 비재무적보고서의 발간이 증가되고 있는 추세이다. 이러한 비재무적보고서에 포함되는 지속경영의 구성요소는 경제, 사회, 환경으로 구성된 세 가지 차원에 대한 '3차원 보고(Triple Bottom Line: TBL)'[12]의 내용에 대한 것이다.

1990년대 중반 이후 대두된 TBL이라는 용어는 지속가능성 관련 연구 및 컨설팅기관인 어카운터빌리티(AccountAbility)에서 처음 쓰기 시작하면서 알려졌다. TBL은 지속가능성이라는 다소 추상적이고 원론적인 개념을 보다 구체적이고 가시적인 성과지표로 제시했다는 데에 그 의의를 지닌다. TBL의 개념은 기업의 경제적(Delivering Value), 사회적(Social Responsibility), 환경적(Ecological Sustainability) 성과를 측정하고 그것에 대한 보고서를 작성하는 데 적용되는 세가지 기준의 틀이다. 금융기관들은 이제 장기투자를 위해 TBL을 이용한 사회책임투자(Social Responsibility Investment: SRI)라는 새로운 금융상품을 내놓기 시작했다.

3차원 보고는 기업의 경제적, 사회적, 환경적 성과를 총체적으로 보고하는 기준이 될 뿐만 아니라, 비재무보고서 작성, 인증, 사회책임투자(SRI) 등과 같이 지속경영을 평가하는 도구의 구성내용으로도 사용된다.

그러나, 기업경영자 입장에서는 NGO적 시각에서 요구되는 TBL에 대해 마냥 기쁘기만 할 수 없는 것이 현실이다. 기업경영자가 책임져야 하는 지속적인 경제적 성과가 TBL에서 요구하는 윤리경영, 사회책임경영, 환경경영 만으로 달성할 수 있느냐에 대한 의구심이 있기 때문이다. 사회공헌과 환경보호를 위한 투자가 높은 가성비를 가져오지 않더라도 최소한 손실은 내지 않아야 하는데, 지금까지의 지속경영 이론은 막연히 장기적인 시각에서 기업가치를 높여준다는 주장만 할 뿐, 기업경영자가 책임져야 하는 단기적 이윤과 생존가능성을 보장해준다는 확신을 주지 못하고 있는 것이다. 따라서 지속경영에 투자한 기업이 TBL의 첫번째 항목인 경제적 성과를 달성하는 책임은 온전히 기업경영자 몫이다.

이제 지속경영은 경제, 사회, 환경에 대한 경영을 하는데 있어서, 기존 방식 뿐 아니라 혁신적인 방식, 창조적인 방식으로 경영과정을 진행함으로써 효과를 극대화해야 한다.

따라서 이 책에서는 지속경영을 내용(content)면에서 경제, 사회, 환경을 포함하고, 과정(process)면에서 정도경영, 혁신경영, 창조경영을 포함하여 접근하기로 한다.

(1) 혁신경영에 관련한 개념

미국의 경제학자 슘페터는 이윤이란 바로 창조적 파괴행위를 성공적으로 이끈 기업가의 정당한 노력에 대한 대가라고 했다. 즉, 창조적 경영 없이 혁신이 있을 수 없고 혁신없이 경쟁력의 유지나 강화가 불가능하다는 것이다. 경기순환이라는 자본주의 경제의 고유한 현상으로 인해 경제는 이론적으로는 끊임없이 주기적 변동을 거치면서 발전할 수 있다는 이론에 입각한 논리였다. 앞에서 다룬 바와 같이 과거 1960년대에 급속한 산업화를 계기로 기업의 품질과 서비스, 고객의 불만에 대한 기업의 관심이 점차 높아 지면서 일본기업들의 카이센(개선)운동으로부터 시작된 혁신적인 경영기법은 계속 진화해서 전사적품질경영(Total Quality Management: TQM), 고객관계관리(Customer Relation Management: CRM) 등을 거쳐 1980년 이후에는 미국을 중심으로 하는 리엔지니어링, 6시그마와 같은 혁신 툴의 보급으로 이어졌다. 시시각각으로 변화하는 혼란스러운 세계에서 개인이나 조직이 살아남을 수 있는 유일한 생존전략은 지속적인 혁신을 통한 경영활동이었다. 따라서 지속경영에서 혁신경영은 매우 중요한 요소로 인식되어야 한다.

(2) 창조경영에 관한 개념

오늘날 기업에 대한 가치평가에서는 공장, 기계와 같은 유형자산이 아니라, 브랜드, 기술과 같은 무형자산에 의해 창조되는 부분이 절대적으로 큰 비중을 차지하고 있다. 기업의 주요 실적 평가기준으로 고객만족이나 매출증대로 인한 순이익 증가 외에 브랜드 인지도를 중요한 척도로 간주하는 것도 이러한 추세와 맞물려 있다. 기존에 마케팅 부서에 한정되어 있던 브랜드에 대한 관심이 전사적인 관심사로 부상되어, 기업의 지속경영전략 중 하나로의 필요성이 증대되고 있는 것이다. 소비자가 오랜 시간동안 충성도를 보인 브랜드는 결국 장수기업을 탄생시키며 불황에도 그 진가를 발휘해서 지속가능한 발전을 가능토록 하고 있다. 또 2000년대에 들어와 전통적인 제조 유통업을 멀리 따돌리고 승승장구를 하고 있는 마이크로소프트(Microsoft), 애플(Apple), 구글(Google), 페이스북(Facebook), 아마존(Amazon), 테슬라(Tesla) 등 AI기반의 MAGFAT기업들은 첨단기술이 얼마나 중요한가를 깨닫게 해주는 동시에 창조적 경영이 가져온 효과를 톡톡히 누리고 있다. 이제는 삼성전자, LG전자, 현대차 등 전통적인 제조기업도 지속경영을 위해서 창조경영을 게을리 하지 말아야 한다.

2) 지속경영에 관한 연구[13]

2000년대 이후, 기업의 사회적 책임활동(Corporate Social Responsibility: CSR)은 기업이 활동하는 전영역에 걸쳐 체화되어야 하는 경영전략의 일부라는 의견이 등장하기 시작했다. 과거에는 기업의 양심차원에서 실행되거나 경제사회에 대한 환원으로 고려되던 것이, 이제는 기업 스스로가 지속 가능한 성장을 위해 필수불가결한 경영전략으로 여길 만큼 발전된 것이다. 특히, 기업의 여러 활동 중 마케팅의 일부분으로 고려되던 CSR이 이제는 각 부서에서 중요한 역할을 담당하는 정도에까지 이르렀다. 예를 들어 CSR은 국제표준 ISO 260001로 격상되어 국내를 넘어서 글로벌 시장에서도 새로운 화두로 등장했으며, 금융기관들이 기업을 평가할 때 중요한 지표로 사용될 것으로 예상된다.

독일, 프랑스, 네덜란드, 벨기에 등과 같은 선진국에서는 정부 차원에서 CSR을 의무화해야 한다는 정책에 관해 논의 중이며, 이미 시행에 관한 법칙과 준수사항에 대해 세부적으로 검토하고 있다. 미국이나 일본에서는 강제규정은 아직 갖춰지지 않았으나, 포괄적인 차원에서는 기업의 CSR활동이 사회적인 의무와 같은 형태로 정착되고 있는 것이 현실이다. 특히, 고용창출이나 교육과 같이 지역사회에 기여하거나 환경보호, 혹은 저개발국가에 대한 지원이 늘어나는 것은 기업이 참여할 수 있는 CSR활동의 범위가 점차 확대되고 있다는 것을 보여준다.

지속경영의 일환으로 전략적 사회공헌에 대한 논의가 활발해지자 하버드경영대학원(Harvard Business School)의 마이클 포터와 FSG의 마크 크레이머(Mark Kramer)는 2002년 Harvard Business Review에 "The Competitive Advantage of Corporate Philanthropy"라는 논문을 발표하며 기업의 전략적 기부활동에 대한 중요성을 강조했다. 2006년에는 기업의 사회적 책임을 기업과 사회의 상호작용(Mapping Social Opportunities) 이라는 개념을 이용해 "Strategy and Society - The Link Between Competitive Advantage and Corporate Social Responsibility" 논문을 발표했고, 2011년에는 그러한 기업활동의 목적이 경제적 이윤과 사회적 효용을 동시에 성취할 수 있음을 "The Big Idea: Creating Shared Value"라는 논문으로 제시했다.

3) 지속경영 정보공시

기업의 사회적 책임이 경제적 효율성을 넘어서 종업원에 대한 보호와 자연환경 보존, 그리고 사회환경 개선 등의 범위로 확대 · 강조됨에 따라, 선진기업들은 이미 여러가지 형태의 사회보고서와 환경보고서를 발간하고 있는 추세이다. 기업의 사회보고 활동은 기업이 소극적으로 기업의 사회적 책임을 완수하는 데에 그치지 않고, 정보의 공개를 통해 적극적으로 기업의 상황을 알리고 개선해서 기업의 성장을 도모하는 동시에 투자를 유치하는 데에도 목적이 있다. 포춘지 선정 250대 기업 중 45%에 해당하는 기업이 자신들이 어떻게 지속가능한 경영활동을 전개하고 있는지 매년 지속가능성보고서를 통해 외부에 공표하고 있으며 그 수는 계속 증가하고 있는 추세이다. 다양한 국제적 기준들은 '윤리', '지속가능성'이라는 추상적 개념들을 기업들이 경영활동에 접목시킬 수 있도록 계량적측정이 가능한 지표들로 만들고자 노력하고 있다. 지속경영 보고를 위한 세부 제안을 하는 가이드라인들인 Global Reporting Initiative (GRI), BEST Guideline, SASB, TCFD, 한국거래소 ESG 정보공개 가이던스에 대한 구체적 내용에 대해 살펴보자.

(1) GRI

지속가능성보고서란 기업의 비전, 목표, 경영활동, 그리고 활동의 성과를 TBL에 의거해서 대외적으로 공개하는 수단이다. 1997년에 국제적 환경단체연합인 환경책임경제연합(CERES)과 유엔환경계획(UNEP)이 합작해서 만든 GRI 등과 같은 지표들은 이미 글로벌사회에서 주요 가이드라인으로 자리잡고 있다. 글로벌 기업들은 자사의 윤리경영 성과를 대외적으로 발표하는 '지속가능보고서(Sustainability Report)' 발간을 위해 이러한 가이드라인을 이용하고 있다. 이러한 보고서들을 통해 기업 브랜드가치 제고와 SRI 유치 등이 활발해지고 있으며, 이는 기업들의 장기적인 이윤추구와 지속 가능한 발전을 위해 필수적인 것으로 여겨지고 있다.

자발적으로 행해지는 기업의 지속가능성 보고는 다양한 이해관계자들과의 관계에 대해서 각 회사가 개별적으로 그 의미를 해석하고, 이에 대한 성과를 경제적, 환경적, 사회적 영역에 걸쳐 발표하는 것을 기본으로 하고 있다. 그러나 지속 가능한 경영을 추구하는 데에 필수적인 사회적 책임(CSR: Corporate Social Responsibility)에 대한 성과보고가 SRI의 기초자료가 되고, 정부의 법적 규제를 이행하기 위한 내부 지침으로 확대되어 적용되는 등 중요도가 증가함에 따라, 이를 표준화하고 비교 가능하게 만드는 사회보고의 틀이 필요하게 되었다. 선진국의 경우에는 사회보고제도를 법제화해서 기업의 사회적 성과를 공개토록 하고 있으며 사회적 책임에 대한 보고기준을 제시하는 다양한 지표들 중 UN이 주관하는 GRI의 보고 형식이 가장 보편적인 기준이 되어 기업들에게 사회적 책임을 보고할 수 있는 프레임워크를 제공하고 있다. 초기의 GRI는 기업의 환경정보 공개를 목적으로 시작되었지만 이제는 경제 · 사회 측면까지 기업의 책임을 위한 여러 기준을 제시하고 있다. 또한 다양한 사회책임보고용 지표들의 취지를 모두 수용해서 국제적 표준으로 거듭날 수 있는 프레임워크를 제공하기 위해 꾸준한 개선작업을 하고 있다.

GRI 가이드라인이 제안하는 보고서 작성 기준은 세 부분으로 구성된다. 첫 번째 부분은 '비전과 전략'을 제시하는 부분이다. 이 부분에서는 기업의 책임에 대한 최고경영자(CEO)의 의지와 실천을 위한 전략을 기술해야 한다. 두 번째 부분은 '지배구조와 경영체계'를 서술하는 부분으로서 사회적 책임을 실천하기 위한 지배구조, 조직, 경영시스템을 밝혀야 한다. 마지막으로 '경제 · 환경 · 사회 측면의 기업성과'에 대해 기술해야 한다. 이중에서 경제성과지표는 국가별 시장점유율이나 협력업체와 계약이 사전에 합의된 원칙에 얼마나 맞게 이행됐는지에 대한 성과를 보고하고, 환경성과지표는 오염물질 배출기준 준수 여부와 환경을 고려한 회계작성 등 환경관련 정책을 일목요연하게 보여주도록 하고 있으며, 사회성과지표는 노동관행, 인권, 소비자와 같은 사회 이해관계자들에게 끼치는 영향에 대한 내용을 포함한다(<표 6.4> 참조).

사회성과보고 가이드라인이 보편화되고 글로벌화됨에 따라 GRI는 예측 가능한 향후 지침을 제공하려 노력하고 있다. 특히 변화하는 이해관계자들의 요구(need)를 파악해서 지속적으로 기준을 보완 · 향상시킴으로써 '보편적인 보고서 기준(standard for reporting)'으로의 자리매김 하기 위해 산업별로 추가 적용해야 하는 가이드라인을 개발 중이다. 마지막으로 발간된 2002년 가이드라인에는 자동차산업, 금융산업, 광산 및 광업, 공공기관, 여행업, 정보통신업 분야의 가이드라인을 제시했고, 2005년에는 의류 및 신발 산업, 에너지산업, 물류업을 위한 가이드라인을 개발했다. 그리고 2011년에 다시 한번 개정을 거쳐, 협력사들과의 관계, 아동 노동 발생 위험 정도, 강제 노동 발생 정도 등과 같은 인권지표조항과 관련된 내용을 가

표 6.4
GRI의 내용(개요)

범주		관점
경제	경제적 영향	고객, 협력업체, 직원, 투자자, 공공부문
환경	환경	자재, 에너지, 물, 생물다양성, 배출, 폐수, 폐기물, 공급자, 제품과 서비스, 법규준수, 운송, 종합
사회	노동관행과 좋은 일자리	고용, 노사관계, 보건 및 안전, 교육과 훈련, 다양성과 기회
	인권	전력과 관리, 차별금지, 결사와 단체 협상의 자유, 아동 노동, 강제 및 강요 노동, 징계 관행, 보안 관행, 생득권
	사회	지역사회, 뇌물과 부패, 경찰 역할 및 기여도, 경쟁과 가격책정
	제품책임	고객 보건과 안전, 제품과 서비스, 광고, 프라이버시 존중

출처: GRI Sustainability Reporting Guidelines 2002, GRI

이드라인에 포함하는 것으로 의결했다.

(2) SASB

'SASB(Sustainability Accounting Standards Board) 기준'은 2011년에 미국 지속가능 회계기준위원회에서 설립한 지속가능성 이슈 보고기준으로 각 산업의 용도에 맞게 폭넓게 활용되고 있다. SASB는 전세계 기업이 재무적으로 중요한 지속가능성 정보를 파악하고 관리하며 다양한 이해관계자들에게 이를 전달하는 역할을 한다. 강력한 기준을 적용함으로써 기업의 투명성을 향상시키고, 리스크 관리를 개선시키며, 장기적인 기업실적을 개선시킬 수 있는 데에 크게 기여하고 있다. 또한 SASB기준은 재정적으로 중요한 지속가능성 데이터를 비교하였으며, 산업의 특수성을 반영한 기준이기에 더욱 유용하게 활용되고 있다.

(3) TCFD

TCFD(Taskforce on Climate-related Financial Disclosure)는 기후변화 관련 정보공개 방안 마련을 위해 2015년에 G20 재무장관 및 중앙은행 총재 협의체인 금융안정위원회 주도로 창설되었고, 2021년에는 전세계 1,900여 개 기업과 단체가 가입한 상태이며, 국내는 환경부, 한국거래소 등 34개사가 가입 중이다. 이러한 TCFD는 기후변화 리스크를 공시하여 경제적인 의사결정에 반영될 수 있도록 국제적인 합의에 기초한 프레임워크로 볼 수 있다. 2021년 기준으로 전세계 86개 국가에서 2300개 이상의 기관이 TCFD 지지 선언을 하였고, 우리나라의 경우에도 기업, 정부, 금융기관 등을 포함해 50개 이상의 기관이 지지 선언을 했으며, 기후변화 리스크를 실제 기업의 경영에 통합시키려는 움직임을 보이고 있다.[14] TCFD 권고안은 크게 4가지 영역으로 제시하고 있는데 이는 지배구조, 전략, 리스크 관리, 지표와 목표 순서로 되어있다. 자세한 항목은 다음과 같다(<표 6.5> 참조).

표 6.5
TCFD의 세부 평가 내용

구성	주요 평가내용
지배구조	기후변화 관련 이사회의 관리감독 및 경영진의 역할
전략	장/중/단기 기후변화 관련 리스크 및 기회가 경영, 재무계획에 미치는 영향
리스크관리	기후 리스크 식별, 평가, 관리절차 및 리스크 관리체계 통합 방법
지표 및 목표	기후 리스크 및 기회의 평가, 관리지표, 목표치와 성과

출처: TCFD 공식 홈페이지

이러한 TCFD를 통해 저탄소 경제체제로 전환하는 과정에서 기후변화가 기업에 미치는 위험을 체계적으로 나타낼 수 있고, 이에 대한 시나리오 분석을 통해 위험을 재무적으로 정량화할 수 있다.

(4) 한국거래소 ESG 정보공개 가이던스

한국거래소의 ESG 정보공개 가이던스는 2021년 1월 15일에 상장법인의 ESG 정보공개 활성화를 위해 ESG 정보공개에 익숙하지 않은 상장법인들에게 그 방향을 제시하는 데에 목적이 있고, 2020년에 지배구조를 시작으로 2021년에 전반적인 ESG 정보에 대한 가이던스를 제공하였다. 이러한 ESG 정보공개 가이던스는 상장기업이 ESG 관련 중요정보를 추출하고 대외 공개하는 체계를 마련하는데 참고할 수 있는 지침으로써 ESG의 개념, 이사회와 경영진의 역할, 정보공개원칙, 중요성 평가, 보고서 작성 및 공개 절차, 권고공개지표 등에 대한 내용으로 구성되어 있다.[15] 특히, 이 가이던스에는 상장법인에 실질적인 도움이 될 수 있도록 주요항목에 대한 모범사례와 공개대상 정보 선택에 참고 가능한 권고공개지표(12개 항목, 21개 지표)를 포함하고 있다.

(5) BEST 가이드라인

적극적인 지속경영을 실천하려는 선두기업들을 중심으로 국내기업의 현실에 맞는 지속경영 보고기준의 필요성이 대두되고 있으며, 각국의 정부들은 자국 기업들의 보고서 발간 확산을 위하여 가이드라인을 개발하고 보급하는 실정이다. 한국에서 기업활동을 총괄하는 주무기관인 산업통상자원부는 기업의 지속경영을 통한 경쟁력 확충의 일환으로 대한상공회의소, 산업정책연구원과 공동으로 '지속경영 보고서 가이드라인(BEST 가이드라인)'의 세부지표를 개발하고 보급하였다. BEST는 "기업윤리는 최고성과의 원천이다(Business Ethics is the Source of Top Performance.)"의 약자로, 2001년 산업정책연구원 주도로 시작된 윤리경영을 신봉하는 기업들의 모임인 윤경포럼(BEST Forum)의 명칭이다.[16] 국내 기업들의 지속경영보고서 발간 도입을 촉진시키기 위하여 제안된 'BEST 가이드라인'은 국내 환경을 고려한 지속경영 보고 가이드라인으로 개발하였으며, 보다 체계적이고 객관적인 지표가 되도록 여러 전문가들과 이해관계자의 의견을 반영하였다. BEST 가이드라 인에 관한 상세한 내용은 다음 절에서 설명한다.

4. BEST 가이드라인에 따른 미래지향적 지속경영

기업에서는 기업가치, 매출, 고객 충성도 및 투자 등을 상승시키기 위해서 사회적 가치 창출을 목적으로 지속경영 전략과 방침을 수립해야만 한다. 지속경영에 대한 다양한 보고방식이 존재하고 있으나 국가별, 산업별로 일반화시켜 반영할 수 있는 가이드라인이 부재한 상황이다. (사)산업정책연구원에서는 이를 보완할 수 있는 가이드라인을 제시하면서 지속경영 실천을 이끄는 다양한 활동들을 수행하고 있다.

1) 글로벌 지속경영 지표의 한계

재무적 성과에 중점을 두었던 이전의 경영방식과는 달리 기업의 지속가능성이 중요시되면서 비재무적인 요소가 뜨거운 화두로 부상하였고, 이에 경제, 사회, 환경의 조화와 균형을 이루고자 하는 ESG 경영이 강조되고 있다. 특히 최근 코비드-19 이후로는 친환경적, 윤리적, 바람직한 지배구조가 기업 경영과 가치에 있어서 중장기적으로 다양한 영향을 미치는 요소가 되었다. ESG 규제가 강화되면서 기업들의 ESG 정보공시 의무가 요구되었고, 기업평가에도 이러한 요소들이 적극 반영될만큼 그 영향력은 점차적으로 확대되고 있다.

기업들의 지속가능성 보고와 평가를 위한 글로벌 가이드라인들이 속속 발표되고 있다. 다양한 보고와 평가 기준의 공통점은 기업을 둘러싸고 있는 여러 이해관계자들과의 공감대를 형성하기 위해 기업이 얼마만큼 노력을 하고 있는가에 초점을 맞추고 있다는 것이다.

지속가능성 보고를 위한 기준은 앞서 소개되었던 영국표준협회(British Standards Institution)가 영국 통상산업부(UK Department of Trade and Industry) 지원 하에 1999년 개발한 SIGMA(Sustainability Integrated Guideline for Management) 가이드라인, 1997년에 국제적 환경단체연합인 환경책임경제 연합(CERES)과 유엔환경계획(UNEP)이 합작해서 만든 GRI(Global Reporting Initiative) 가이드라인 등과 같은 지표들이 있으며, 이와 같은 지표들은 이미 글로벌 사회에서 주요 가이드라인으로 자리잡고 있다. 글로벌기업들은 자사의 윤리경영 성과를 대외적으로 발표하는 '지속가능보고서(Sustainability Report)'발간을 위해 이러한 가이드라인을 이용하고 있는 것이다.

지속경영평가를 위한 기존의 글로벌 지표들은 기업들의 지속경영 성과평가뿐만 아니라 어떤 것이 지속경영인지에 대한 가이드라인을 제안해준다. 그러나 이러한 제안들은 대부분이 결과지표일 뿐, 지속경영을 처음 시도하는 기업들에게 그 결과로 나아갈 초석을 제공하지는 못하고 있다는 한계를 가진다. 지속경영 개념 도입기에 있는 국가에서는 결과지표가 아닌 지속경영을 가능하게 하는 근본 과정에 대한 이해를 도와줄 수 있는 미래지향적 가이드라인의 개발이 필요하다.

미래지향적 지속경영 지표 개발을 위해 먼저 글로벌 지속경영평가 가이드라인의 문제점과 개선점을 살펴보자.

첫째, 기존의 글로벌 지표들은 지속경영의 원인(과정)이 되는 변수들을 간과하고 있다. 지표 특성이 제도와 성과에 치우쳐 있으며 기업활동의 원인이 되는 변수(주체, 환경, 자원)들에 대해 평가와 보고를 누락시킬 우려가 있다.

둘째, 지속경영을 처음 시도하려는 기업에게는 기존 글로벌 가이드라인은 난이도가 높고 내용이 방대하다. 이러한 글로벌 가이드라인은 이미 지속경영이 활성화되어 있는 구미의 대규모 기업들을 기준으로 개발되어 있기 때문에 개도국 기업들과 선진국 중소기업들이 이를 접할 때 거부감을 느낄 수 있다. 따라서 보편적인 기업환경에 적용할 방안이 필요하다.

셋째, 글로벌 가이드라인 지표들의 내용은 기업들에게 윤리경영, 사회책임경영, 환경경영을 제안하고 있다. 그러나 지속가능성을 위해서는 위 세가지 만으로는 부족하다. 따라서 위의 내용들과 더불어 혁신경영과 창조경영과 같은 미래를 준비하는 기업의 활동내용이 보완되어야 한다. 혁신경영은 수많은 기업이 미래를 준비하기 위해 수행하고 있는 작업이고 따라서 이를 지속경영과 접목해서 체계적으로 평가해야 한다. 마찬가지로 새로운 환경이 나타나게 될 미래에는 기업에게 창조적 능력도 필요하다.

이상과 같은 글로벌 지표의 한계점은 앞으로 더욱 확장된 글로벌 스탠다드가 필요한 시점에서 발생되는 공통된 요구이다. 따라서 윤리경영, 사회책임경영, 환경경영, 혁신경영, 창조경영을 모두 포괄하는 새로운 지속가능성 평가 가이드라인을 제안하고자 한다(<표 6.6> 참조).

2) 미래지향적 지속경영가능 지표: BEST 가이드라인

지속경영에 대한 평가를 하는 기존 지표들의 한계를 극복하고 선진국 기업에 국한된 모델이 아니라 전세계 기업들이 공통적으로 직면한 현실에 맞도록 개발하자는 의도로 착수된 BEST 가이드라인은, 전 세계 기업들의 윤리경영 확산과 윤리적

표 6.6
GRI지표의
SER-M요소 분류

GRI 성과보고기준		SER-M 분류				
		Subject (주체)	Environment (환경)	Resource (자원)	Mechanism (메커니즘)	Performance (성과)
경제	경제효과		○		○	○
환경	환경		○		○	○
사회	노동관행			○	○	○
	인권			○	○	○
	사회				○	○
	제품책임				○	○

기업문화를 이끌어나갈 다자간 포럼인 '윤경포럼(윤리가 경쟁력이다: BEST Forum, Business Ethics is the Source of Top Performance)'이 주체가 되어 2005년 3월 9일 가이드라인(BEST Sustainability Report Guidelines) 개발에 착수했다. 여기에서 B.E.S.T는 윤경ESG포럼을 의미할 뿐만 아니라 최고, 최선, 양질을 뜻한다. 이는 기업의 지속경영을 통해 경쟁력을 확보하고자 하는 목적을 토대로 개발된 세부지표로 국내기업의 환경에 적합한 가이드라인이다. 우선적으로 이러한 BEST 가이드라인을 윤경ESG 포럼 회원사들을 대상으로 시범적으로 적용하여 분석하였다.

기존에 사용되고 있는 글로벌 가이드라인은 다양한 형태의 기업에게 동일하게 적용하기에는 다소 어려움이 있다. 따라서 본 가이드라인은 글로벌 지표의 한계를 극복하고 세계 기업들에게 지속경영을 확산시키는 것을 목표로 해서 다음과 같은 프레임워크를 적용했다.

첫째, 체계적이고 균형잡힌 기준을 마련하기 위해 SER-M 패러다임을 적용한 프레임워크를 개발했다. SER-M 패러다임은 최고경영자(CEO)의 의지 및 리더십을 평가하는 '주체(Subject)', 경영활동 전반에 관련되는 이해관계자들을 파악하는 '환경(Environment)', 지속경영을 위해 투입되는 기업 내 인적 · 물적 자원 현황을 제안하는 '자원(Resource)', 이와 같은 S, E, R 요소를 이용해 개개의 기업이 독특한 방법으로 구축하게 되는 제도적 측면인 '메커니즘(Mechanism)' 그리고 S, E, R, M을 통해 생성된 기업활동의 결과물을 나타내는 '성과(Performance)'와 같은 지속경영의 구축여부를 평가할 수 있는 프레임워크이다.

둘째, 한국이 전세계에서 새로운 문화와 가치기준을 제시하는 선도국으로 자리매김하기 위해, GRI가이드라인와 같은 전통적 글로벌지표를 뛰어넘을 수 있는 지표 개발을 꾀했다. 즉, 전세계 모든 기업들이 사용할 수 있는 지표를 새롭게 개발해서 기업들에게 지속 경영의 도입과 적용을 지원하고 나아가 글로벌 표준으로 진화할 수 있는 보편적인 가이드라인을 개발하고자 했다.

셋째, 지속경영의 도입기에 있는 기업들도 쉽게 받아들일 수 있는 단계별 접근법을 제안했다. 시작의 수준이 다른 기업이라도 현 위치를 파악하고 다음 단계를 위한 준비와 도전이 가능하도록 했다.

넷째, 기업의 경제활동의 모든 영역에서 발생하는 요소들 중 사업보고서에 해당하는 영업보고서를 제외한 모든 기업활동들을 포괄하는 내용을 담은 지속가능성보고서를 지향해서, 기존 윤리경영, 환경경영, 사회책임경영의 개념뿐만 아니라 혁신경영과 창조경영에 대한 지표를 포함하도록 했다.

마지막으로 지속경영에 대한 평가기준을 제안하고 이를 통해 단계별 작성 보고서에 대한 평가 및 인증에 대한 기준들을 개발하고 있다.

위에서 살펴본 바와 같이 BEST 가이드라인은 SER-M 패러다임을 기초로 재분류한 GRI 지표에 대해 각 기업들이 접근하기 쉬운 정도(자체평가)를 반영해서, 기업이 속하는 단계에 따라 실시해야 하는 가이드라인을 골자로 하는 '단계별 지표'를 제안한다. 따라서 기업들이 현재 수준에 맞는 보고서 발간을 시행할 수 있도록, 기업이 1~3단계까지의 GRI 가이드라인 기준에 부합한다면 글로벌 보고서 발간이 가능하도록 제안하며, 4~5단계에 부합한다면 지속경영의 원인변수와 통합지표를 중심으로 하는 지속경영 보고서를 발간하도록 제안한다(<표 6.7> 참조).

표 6.7
BEST 가이드라인

S 주체(Subject)	최고경영자(CEO)의 지속경영 의지 및 리더십을 평가
E 환경(Environment)	경영활동 전반에 관련되는 이해관계자, 주요 지속경영 이슈
R 자원(Resource)	지속경영을 위하여 투입되는 기업 내 인적, 물적 자원현황을 제안
M 메커니즘 (Mechanism)	위 요소들을 이용하여 개별기업마다 독특한 방법으로 구축하게 되는 제도적인 측면
P 성과(Performance)	S, E, R, M을 통해 생성된 기업 활동의 결과물을 나타내는 '성과' 파악

<표 6.8>에 있는 제1단계(Level 1)는 지속가능성경영을 위한 준비단계가 없었던 기업이라도 BSR 가이드라인의 지표를 파악하고 이들 중 현재 보고 가능한 것들을 중심으로 보고서를 발간하는 단계로서, BSR 가이드라인의 '도입기'에 해당한다. 1단계 보고를 시도하는 기업은 보고서 발간 시 글로벌 지표에 대한 인식을 제고하고, 오랜 시간이 걸리는 데이터 축적을 위해 현황을 파악하면서 계획을 세움으로써 앞으로의 준비단계에 착수할 수 있다.

2단계는 GRI 가이드라인에서 핵심지표(Core Indicators)를 중심으로 기본적인 지속경영의 노력[제도(Mechanism) 및 성과(Performance) 지표]을 공시하는 것으

로, BSR 가이드라인의 '도약기'에 해당한다. 2단계 보고를 진행할 수 있는 기업은 이제 글로벌 보고서 발간을 위한 기초단계에 진입한 것이며, 시계열 데이터 축적을 위한 첫 단계에 들어섰다는 의의를 가진다. 2단계에 해당하는 데이터 준비기간을 통해 차기 단계 도약을 위한 부족부분 파악도 가능하다는 데 의의가 있다.

표 6.8
BEST 가이드라인의 단계별 접근법 개요

		Level 1	Level 2	Level 3	Level 4	Level 5
경제	경제효과	현재 상태	GRI 핵심지표 (Mechanism, Performance)	GRI 부가지표 (Mechanism, Performance)	S, E, R (subject/environment/resource) 해당 지표	Level 1~4에서 제기된 문제점에 대한 전략과 새로운 목표 설정
사회	노동관행					
	인권					
	사회					
	제품책임					
환경	환경					

3단계는 GRI 가이드라인에서 부가지표(Additional Indicators)를 중심으로 성숙한 지속경영의 노력[메커니즘(Mechanism) 및 성과(Performance) 지표]을 공시하는 보고서를 발간하는 단계이다. BSR 가이드라인의 '확산기'에 해당한다. 3단계에 해당하는 데이터를 보유한 기업이라면 이미 글로벌 보고서 발간을 위한 구비요건은 마련되었으며, 데이터가 시계열로 축적되어 있다는 것을 보여준다.

4단계는 지속경영의 원인이 되는 지표들을 SER-M기준으로 분류하고, 1~3단계에서 제시한 제도와 성과에 대한 구체적이고 필수적인 지표들을 포함하는 보고서를 발간하는 단계로서 BSR 가이드라인의 '정착기'에 해당한다. 4단계에 해당하는 데이터를 보유한 기업은 GRI 가이드라인이 요구하는 지속경영을 위한 평가요소를 거의 충족한 동시에 BSR 가이드라인이 제시하는 지속경영을 위한 원인변수들을 동시에 보유할만큼 오랜기간 지속경영을 위해 장기적 전략을 가지고 추진해온 기업이다. 4단계는 글로벌 보고서 발간을 위한 완성단계에 진입한 것으로 평가할 수 있다.

5단계는 BEST 가이드라인이 제안하고 있는 S, E, R, M, P지표를 모두 설명하고 문제점을 파악해서 이에 따른 새로운 전략 개발을 추가한 보고서를 발간할 수 있는 기업으로서, BEST 가이드라인의 '성숙기'에 해당한다. 5단계에 해당하는 보고를 하는 기업은 지속경영을 평가하는 통합지표와 시계열 지표를 보유하고 있을 뿐만 아니라 문제점에 대한 지속적 모니터링과 새로운 전략 제안을 할 수 있다.

BEST 가이드라인의 작성원칙은 다음과 같이 핵심적인 5가지 원칙에 입각하여 작성된다.

첫째, 중대성(Materiality)

조직이 직면한 보고서에 담을 수 있는 광범위한 주제 중에서 조직의 경제적, 사회적, 환경적 영향을 반영하고 이해관계자의 의사결정에 영향을 줄 수 있는 주제 및 지표들을 선정하여 보고해야 한다.

둘째, 명확성(Clarity)

독자를 고려한 쉬운 용어를 사용하고 표, 그림, 링크와 같은 보조수단을 통하여 원하는 정보를 쉽게 얻을 수 있도록 보고서의 내용을 이해할 수 있는 접근성을 높여야 한다.

셋째, 정확성(Accuracy)

데이터가 측정된 방법이나 계산법이 서술되어 명확한 기준을 보여주어야 한다.

넷째, 완전성(Completeness)

보고되는 정보가 허위나 가공 없이 주요한 경제, 환경, 사회적 영향요인을 반영하고 있으며, 정보 수집절차가 체계성 및 타당성을 가져야 한다.

다섯째, 대응성(Responsiveness)

주요 이해관계자의 관심과 이에 대한 보고조직의 대응에 대해 보고해야 한다.

지속가능한 기업의 모습을 보여주기 위한 BEST 가이드라인은 사회책임경영, 윤리경영, 환경경영뿐만 아니라 혁신경영과 창조경영을 포함한 5가지의 구성요소로 이루어져 있다. 이러한 구성요소들은 지속경영의 현황과 현 상황에 이르기까지의 흐름을 모두 포함하고 있다. 이에 대한 각각의 내용은 다음과 같다.

- 사회책임경영: 기업이 사회에 갖는 책임성을 의미하며 지속경영의 경우 미래에 지속 가능한 기업이 되기 위한 경영기법을 의미한다.
- 윤리경영: 경영활동을 하는 데에 있어 윤리를 최우선의 가치로 생각하고, 모든 업무활동의 기준을 윤리규범에 맞추어 투명하고 공정하며 합리적으로 업무를 수행한다.
- 환경경영: 환경에 경영적 개념을 도입하여 기업의 고유한 생산활동에 의해서 필연적으로 파생되는 환경적 훼손을 최소화하면서 환경적으로 건전하고 지속 가능한 발전을 도모한다.

- 혁신경영: 조직의 목적을 달성하기 위하여 새로운 생각이나 방법으로 기존업무를 다시 계획하고 실천하고 평가한다.
- 창조경영: 기업이 가지고 있는 도전정신을 통해 미래를 열어가는 방법론으로 미래지향적 리더십과 창조성을 바탕으로 새로운 기술이나 시장 기회를 창출하는 전 과정을 말한다.

BEST 가이드라인의 주요 특징을 좀 더 자세히 살펴보자.

첫 번째 특징은 BEST 가이드라인은 기존 글로벌 지표의 한계점을 보완해서 지속경영을 위한 원인변수를 개발해서 보다 근본적인 미래지향적인 척도를 개발한 것이다. BEST 가이드라인은 SER-M 패러다임에 따라 S, E, R에 해당하는 원인변수뿐만 아니라 기존 GRI의 비전 및 전략(Vision and Strategy), 프로파일(Profile), 정부구조 및 경영시스템(Governance Structure & Management Systems)의 내용들을 S, E, R 요소로 분류해서 원인변수가 어떤 것인지 규명했다.

두 번째 특징은 메커니즘(Mechanism)과 성과(Performance)에 대해 구체성(Materiality)을 보강하는 기준을 제안한 것이다. 이는 1, 2, 3단계에서 제시하는 M, P로 분류되는 지표들의 접근성을 높이고, 추상적인 지표에 대해 세부 보고사항까지 제안할 수 있게 한다.

세 번째 특징은 보고서 내용의 시계열 데이터에 각 영역별 데이터와 목표량을 제시하고 시계열 보고를 통해 목표달성 여부나 개선치에 대한 데이터를 제시하도록 한 것이다. 따라서 이러한 데이터 축적을 위해 최소 2년 이상의 지속경영 노력이 뒤따라야 한다.

네 번째 특징은 기존 기업들의 지속가능보고서에 담긴 윤리경영, 사회책임경영, 환경경영의 내용을 보완해서 미래의 기업 활동을 위한 혁신경영과 창조경영의 요소를 제안한 것이다.

지속경영은 이제 경영자들이 직시해야 하는 가장 중요한 경영이슈가 되고 있다. 매출액 증가와 이익극대화만을 목적으로 해서 경영을 하는 시대는 끝난 것이다. 이를 위한 글로벌 스탠더드들이 속속 발표되고 있는 추세에서 보듯이 지속 가능경영은 이미 전 세계적으로 확산되어 있다. 이제 한국 기업들도 19년에 불과한 기업들의 평균수명을 극복하고 100년 이상 장수하는 기업을 만들어 국민으로부터 존경과 사랑을 받도록 하는 경영이 필요하다. 한국 기업뿐 아니라, 선진국과 개도국을 망라한 세계 모든 나라 기업들의 지속경영 도입 확산을 위해 보편적인 기업 환경에 맞는 접근법을 고려한 BEST 가이드라인은 다음과 같은 의의를 갖는다.

첫째, BEST 가이드라인은 기업들의 지속가능성 경영활동과 보고활동의 확산을 위해 글로벌 지속가능보고 가이드라인인 GRI 기준을 모두 포함하되, 이를 뛰어넘은 보편적인 모델을 개발했다.

둘째, 지속경영이 아직 친숙하지 못한 세계 각국 기업들의 접근성을 높이기 위해 가이드라인을 난이도에 따라 단계별로 분류함으로써 점차 발전을 도모할 수 있는 기회를 제공하는 프레임워크를 사용했다.

셋째, 기존의 지표들이 평가에 이용하고 있는 지속경영 결과변수의 한계점을 극복하기 위해 SER-M 패러다임을 적용해서 지속경영의 원인변수를 평가할 수 있는 방법을 제안했다.

넷째, 일반적인 비재무성과 보고서의 형태인 환경보고서, 사회책임보고서 등에 적용되고 있는 Triple Bottom Line(경제성과, 환경성과, 사회성과)의 기준에, 이제까지 간과되어온 혁신경영과 창조경영이라는 조직의 미래 지속경영의 필수적 요소를 추가해서 제안했다.

다섯째, 지속경영성과에 대한 체계적인 평가를 위해 지표 포함 정도(quantity)와 내용 충실성(quality)을 동시에 평가해서 포용성(generalised reporting) 및 구체성(materiality-based reporting)을 추구하고자 했다(<표 6.9> 참고).

이제까지의 추세로 보면 지속가능성 평가는 재무성과의 평가에 대응해서 세계 표준으로 자리잡게 될 가능성이 높다. 따라서 세계 모든 기업이 공통으로 활용할 수 있도록 개발된 BEST 가이드라인이 세계 기업들에게 표준으로 받아들여지고, 지속적인 개정작업을 거쳐 보다 객관적인 지속가능성 평가를 위한 가이드라인으로 거듭나야 한다.

향후 BEST 가이드라인의 개정작업은 4단계 원인지표 규명과 5단계 딜레마 및 전략제시 부분에 대한 더욱 정교한 분석과 객관적 지표 제안을 통해 사회적인 합의를 이끌어낼 수 있도록 진행되어야 한다. 또한 산업별, 기업규모별 지표 개발과 함께 단계별 지표의 지속적인 모니터링을 통해 더욱 완성도 높은 가이드라인을 제안해야 한다. 이러한 발전을 통해 장차 구미 선진국의 표준 대신 세계 모든 기업들을 위한 보편적인 한국표준(Korean Standard)이 세계표준(Global Standard)으로 발돋움할 수 있는 계기가 될 것을 기대한다.

3) 지속경영 실천

(사)산업정책연구원(The Institute for Industrial Policy Studies: IPS)은 1999년부터 윤리경영을 위한 윤경 포럼을 만들어 운영하고 있고, 2021년 명칭을 윤경 ESG 포럼으로 변경해서 운영하고 있다. 윤경ESG 포럼은 국내 최장수 민간포럼이

표 6.9
BEST 가이드라인의 주요 지표내용

범주		관점
1. 비전과 전략		지속가능개발과 관련한 조직의 비전과 전술 CEO 성명서 + 혁신 및 창조경영전략
2. 기업 프로파일		조직 프로파일 보고범위 보고서 개괄
3. 지배구조와 경영시스템		구조와 지배구조(Structure & Governance) 이해관계자 참여 총괄정책과 경영 시스템
4. Content Index		인덱스 표
5. 성과보고(경제, 환경, 사회)		
경제	경제적 영향	고객, 협력업체, 직원, 투자자, 공공부문
환경	환경(+환경경영)	자재, 에너지, 물, 생물다양성, 배출, 폐수, 폐기물, 공급자, 제품과 서비스, 법규준수, 운송, 종합
사회	노동관행과 좋은 일자리	고용, 노사관계, 보건 및 안전, 교육과 훈련, 다양성과 기회
	인권	전력과 관리, 차별금지, 결사와 단체 협상의 자유, 아동 노동, 강제 및 강요 노동, 징계 관행, 보안 관행, 생득권
	사회	지역사회, 뇌물과 부패, 경찰 역할 및 기여도, 경쟁과 가격책정
	윤리경영	사내 윤리경영 정책 및 실천을 위한 투자
	제품책임	고객 보건과 안전, 제품과 서비스, 광고, 프라이버시 존중

자 윤리경영의 플랫폼으로서 윤리경영, 지속경영 컨텐츠의 집합소로 자리매김하고 있다. 이러한 윤경ESG 포럼은 윤리가 경쟁력이 됨을 믿고, 이를 하나의 문화로써 정착시키고자 윤리 및 지속경영, CSR, CSV 관련 이슈를 선정하여 강연 및 행사를 개최하고 있다. 또한 CEO 서약식과 워크숍, 공부방 등 다양한 컨텐츠를 제공하여 윤리경영의 플랫폼 역할을 하고 있다. 윤경ESG포럼에는 유한킴벌리, 풀무원, 비트컴퓨터를 비롯해서 우리나라에서 윤리경영과 사회적책임경영의 모델로 평가받는 120여 기업들이 참여하고 있다.

지속경영 실천의 또 하나의 예로 전 직원의 지속경영 다이어리와 BEST 가이드라인을 활용한 지속경영보고서인 'My Love Story'를 개발하였다. 매년 지속경영보고서를 작성하는 기업들의 수가 증가하고 있고, 지속경영보고서가 긍정적인 기업 이미지를 주며, 미래의 기업가치에 큰 영향력을 행사할 수 있는 요소로 자리잡고 있는 흐름에 맞추어 산업정책연구원에서는 개인의 지속경영활동 작성을 통한 자기평가를 기록하고, 관리하는 온라인 지속경영 다이어리 시스템을 개발하였다.

(1) 윤경ESG 포럼

윤경ESG 포럼(BEST: Business Ethics and Sustainability and Management for Top Performance)은 국내의 윤리경영 확산을 위해 정부, 기업, 학계, 시민단체 등이 모여 2003년 2월 19일에 발족한 다자간 포럼으로서 글로벌 동향연구, 기업 간 정보교류, 국내외 우수사례 발굴, 윤리경영 확산을 위한 토론 등을 진행하고 있고, '윤리경영'을 통해 기업의 경쟁력을 키우고 더 나아가 국가경쟁력을 향상시킬 수 있는 비전을 제시하고 있다. 본 포럼은 윤리경영을 실천하면서도 시장 내에서 뛰어난 성과를 거둔 기업의 성공사례를 개발하여 기업 스스로 시장을 보다 공정하고 사업하기 좋은 환경으로 만들겠다는 취지로 시작되었다. 이러한 비전을 실현하기 위해, 윤경ESG 포럼은 세계 모든 기업들이 직면한 문제를 정의하고 해결하기 위한 접근방법과 실행전략을 연구하고, 나아가 현실적인 '윤리경영역량'을 키울 수 있도록 정보를 축적하고 공유하는 역할을 하고 있다. 또한 기업들이 자발적으로 윤리경영에 참여한다는 선언문을 제시해서 강령에 대한 의지를 다시 한번 각인시키고 있다(<그림 6.20>).

<윤경ESG 포럼 운영현황(2021년 6월 기준)>

표 6.10
윤경 ESG 포럼 운영현황

정기모임 및 특별행사	정기모임 연사자	윤경CEO서약식 서약자
총 202회	총 146명	총 1319명

윤경ESG 포럼에서는 정기모임, 윤경 CEO 서약식, BEST 공부방 등 다양한 활동들을 운영하고 있다. 정기모임은 기업, 정부, 학계, 시민사회 관계자 및 윤리/지속경영 관련 전문가들이 다양한 관련테마들을 선정하여 연 8회 진행하고 있고, "BEST Awards" 등의 시상식을 진행한다(<표 6.10>). 윤경 CEO 서약식은 기업의 지속가능성 향상에 있어서 CEO의 윤리경영 리더십의 중요성을 더하고 있고, 자사

그림 6.20
윤경ESG 포럼
윤리 서약[13]

를 비롯한 해당산업에 대한 윤리경영 실천에 앞장서며 윤리적 CEO문화를 확립해서 기업의 경쟁력을 향상시키는 데에 도움을 주는 역할을 하고 있다. 또한 자사의 문화와 특징에 적합한 윤리경영을 체계화할 수 있는 기회를 마련하며, 환경과 지역사회 공헌활동에 적극적으로 참여할 수 있도록 하는 상호정보 공유의 장이 되고 있다. BEST 공부방에서는 회원사 수요에 따른 다양한 주제로 교육 프로그램을 운영하고 있으며, 지속경영 전문가 양성과 실천을 활성화시키기 위한 장이라고 할 수 있다.

(2) My Love Story

최근 들어 각 기업의 지속경영활동을 담은 지속경영보고서 발간 추이가 점점 늘어나고 있고, 지속경영보고서를 통해 각 기업의 특색과 사회적 가치에 기여하는 기업들의 모습을 면밀하게 살펴볼 수 있다. 이에 (사)산업정책연구원(IPS: The Institute for Industrial Policy Studies)에서는 경제, 사회, 환경의 성과를 단순히 관리하는 것의 한계를 넘어서 새로운 가치를 창출하기 위하여 지속경영 분개장을 활용한 지속경영보고서 개발을 수행하고 있다. 분개장이란, 회계 관련 거래를 순서대로 차변과 대변에 맞추어 기입하는 것을 의미하는데 지속경영 분개장은 이 개념에서 파생되어 각 개인의 지속경영 활동을 기입하는 것을 말하고, 이러한 지속경영 분개장은 경제, 사회, 환경성과를 매년 어떻게 유지하고, 혁신하며, 창조하고 있는지를 파악하고 고민할 것을 제안한다. 각 개인의 지속경영 분개장은 곧 개인의 지속경영보고서가 되고, 이를 상향식(Bottom-Up) 방식으로 '개인 → 조직 → 기업'으로 적용하게 되면서 지속경영이 사회 전반을 이끌어나갈 수 있도록 기여할 수 있도록 한다. 또한 이를 통해 비재무성과에 있어서 지속적인 혁신과 신규 가치창출을 위한 창조경영을 가능하게 한다.

My Love Story의 핵심이 될 수 있는 지속경영 분개장에 대해 좀 더 자세히 살펴보면, 경제/사회/환경과 유지/혁신/창조의 3×3의 매트릭스를 활용하여 기업의 현재, 혁신, 그리고 새로운 창조 영역을 구분하여 분석하고, 분개한 내용을 지속경영 활동에 대한 시산표(trial balance)로 나타내는데 모든 구성원들이 이와 같이 쉽게 지속경영 정보를 기록하는 것이 특징이다. 산업정책연구원에서는 이를 효율적으로 관리할 수 있도록 온라인 지속경영 다이어리 form을 구축하였으며, 이러한 지속경영에 관한 성과를 분석할 수 있도록 하였다. 지금부터 온라인 지속경영 다이어리에 관한 상세한 항목을 살펴보도록 하겠다(<그림 6.21> 참조).

그림 6.21
My Love Story

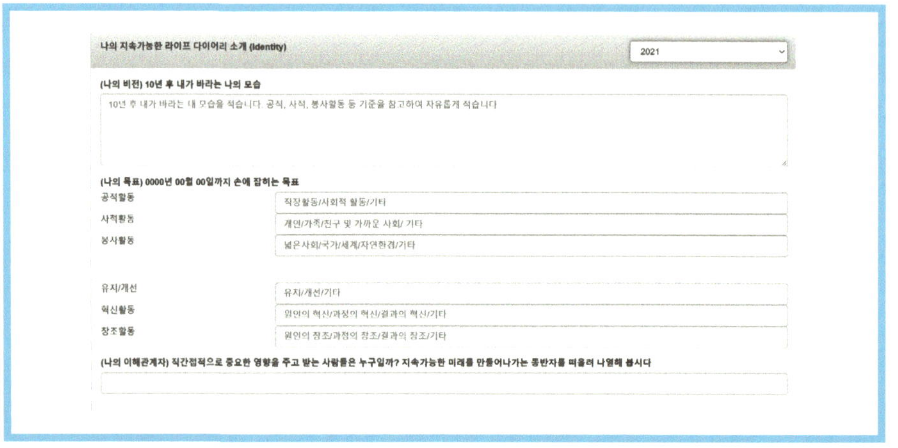
나의 지속가능한 라이프 다이어리 소개 (Identity) 2021

(나의 비전) 10년 후 내가 바라는 나의 모습

10년 후 내가 바라는 내 모습을 적습니다. 공적, 사적, 봉사활동 등 기준을 참고하여 자유롭게 적습니다

(나의 목표) 0000년 00월 00일까지 손에 잡히는 목표

공적활동	직장활동/사회적 활동/기타
사적활동	개인/가족/친구 및 가까운 사회/ 기타
봉사활동	넓은사회/국가/세계/자연환경/기타
유지/개선	유지/개선/기타
혁신활동	원인의 혁신/과정의 혁신/결과의 혁신/기타
창조활동	원인의 창조/과정의 창조/결과의 창조/기타

(나의 이해관계자) 직간접적으로 중요한 영향을 주고 받는 사람들은 누구일까? 지속가능한 미래를 만들어나가는 동반자를 떠올려 나열해 봅시다

위 그림은 1년에 한번 작성하는 '자기소개 및 목표수립' 항목으로 개인의 지속경영의 전반적인 계획을 작성하는 항목이다.

그림 6.22
SER-M

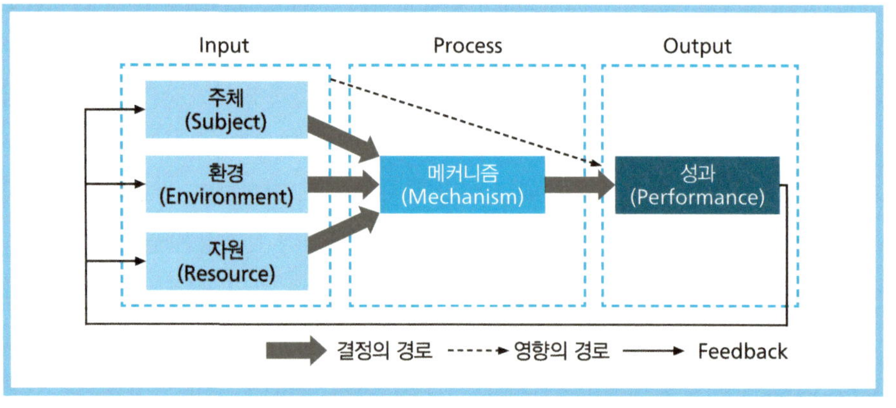

다음으로, daily로 지속경영활동을 작성하게 되는데 먼저 SER-M의 단계에 해당하는 내용을 작성하게 된다. SER-M의 접근방식은 주체(S: Subject), 환경(E: Environment), 자원(R: Resource), 메커니즘(M: Mechanism) 4항목으로 분석할 수 있는데 이를 통해 개인과 조직의 삶과 운영을 지속 가능하게 운영하는 메커니즘이 무엇인지 점검함으로써 향후 지속경영 전략을 강화할 수 있고 활동내용을 발전시킬 수 있는 기법이라고 할 수 있다(<그림 6.22>).

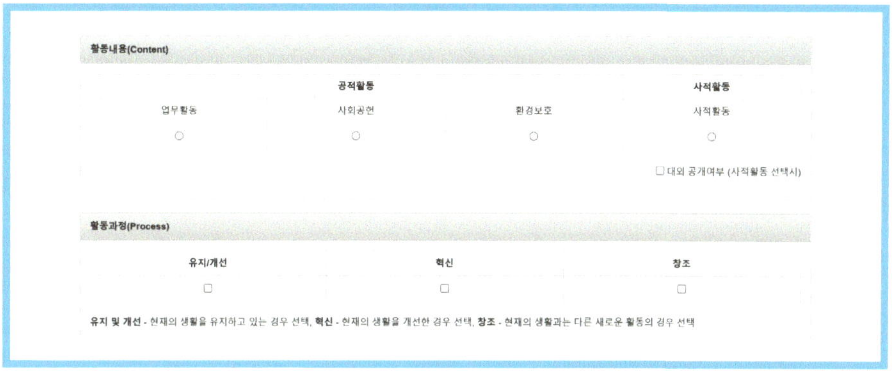

그림 6.23
Daily 지속경영활동

이어서 지속경영의 활동내용과 활동과정을 작성한다. 위에서 언급했던 3×3의 매트릭스의 원리가 적용되는 단계라고 할 수 있다(<그림 6.23>).

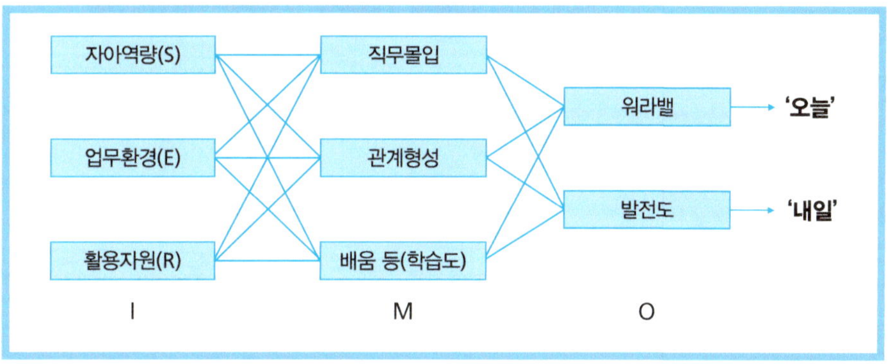

그림 6.24
Input-Mechanism-Output (IMO)

그리고 5점 척도로 지속경영활동에 영향을 미칠 수 있는 데이터들의 다양한 상관관계를 파악하기 위한 항목 측정을 하는데 Input에는 자아역량, 업무환경, 활용자원 3가지 요소가 들어가고, Mechanism에는 직무몰입, 관계형성, 배움 등(학습도)의 3가지 요소로 구성되어 있으며, Output은 워라밸과 발전도, 2가지 요소로 구성된다(<그림 6.24> 참조).

그림 6.25
Input & Mechanism

By Task

	1. 매우낮음(Very Low)	2. 낮음(Low)	3. 보통(Medium)	4. 높음(High)	5. 매우 높음(Very High)
자아역량(S)	○	○	○	○	○
업무환경(E)	○	○	○	○	○
활용자원(R)	○	○	○	○	○
직무몰입	○	○	○	○	○
관계형성	○	○	○	○	○
배움	○	○	○	○	○

자아역량(S) - 이 업무가 나의 능력과 적성, 경험 등을 잘 활용할 수 있는 업무인가?
업무환경(E) - 이 업무를 수행하는 데에 있어서 물리적, 제도적 환경(외부로부터 영향을 받는 객관적인 요소를 의미함, 예: 장소 등)이 잘 조성되었는가?
활용자원(R) - 이 업무를 위한 자원들(비용, 인력, 기자재, 소프트웨어 등)은 적절하고 충분한가?
직무몰입 - 나는 이 업무에 열심히 참여하고 집중적으로 몰입하고 있는가?
관계형성 - 나와 함께 일하고 있는 동료들 간에 유기적인 관계가 형성되고 있는가?
배움 - 이 업무를 통해서 나는 의미있는 지식을 얻고 지혜를 깨달았는가?

그림 6.26
Output

오늘의 자기평가(퇴근직전 한번 작성) 신규등록

2021-07-23

	1. 매우낮음(Very Low)	2. 낮음(Low)	3. 보통(Medium)	4. 높음(High)	5. 매우 높음(Very High)
개인의 워라밸 (Work-Life Balance)	○	○	○	○	○
개인의 발전도 (Learning)	○	○	○	○	○

워라밸 - 본인의 공적인 업무와 개인의 삶이 균형있게 분배되었는가?
오늘의 발전도 - 본인은 오늘의 업무 수행에 있어서 목표를 달성하고, 발전하였는가?

저장하기

시스템적으로는 위 그림과 같이 보여지고 있고, 오늘의 자기평가는 퇴근 직전 한 번만 작성하게 된다.

사회의 지속가능한 발전을 정착시키는 것에 있어 기업이나 조직이 아닌, 사회의 가장 기본이 되는 구성원인 개인과 가족의 지속경영실천에 대한 책임과 역할의 중요성이 강조되고 있는 만큼 지속경영다이어리를 작성하는 것은 개인 및 가족의 지속가능성을 확인하고 가치를 증진시키는데 기여할 수 있다. 또한 개인의 지속경영 관련 정보를 기록, 관리할 수 있고, 지속경영의 가치가 개인의 일상과 업무에 흡수되는 동시에 조직 전체에 체화될 수 있다는 장점을 지니고 있다. 기간별(일별, 주별, 월별, 연간 단위), 본부별로 축적된 데이터를 통해 조직의 현황 진단 및 파악이 가능하고, 데이터들의 다양한 상관관계를 파악할 수 있기에 기업의 위기 대응 및 발전에 도움이 될 수 있다. 또한 이는 개인, 조직, 기업 입장에서 단점은 보완하고 장점은 발전시킬 수 있는 기회가 된다. 이러한 지속경영다이어리는 지속경영보고서를 작성하는 데에 틀로 작용할뿐만 아니라 편의성을 제공하는 자동화된 조직관리시스템으로도 발전 가능하며, 이는 지속적, 연속적인 관찰을 통해 중장기적인 조직 전략을 수립할 수 있도록 한다.

이러한 방식을 도입해 제작된 서울과학종합대학원의 지속경영보고서는 2019년 CSV포터상을 수상하는 쾌거를 누렸다. My Love Story는 앞으로도 사회와 산업계에 확산하고 지원하는 지속경영 전도사가 될 수 있도록 지속경영 역량을 기르는 데에 지속적인 발전을 거듭할 것으로 기대된다.

사례 8

'카카오'와 '네이버', AI 기반 조직의 윤리경영

AI 기반 지속경영을 위한 윤리준칙
AI 도입과 인적자원 관리
AI 역량 개발과 사내문화 강화

이 사례는 윤민정 서울과학종합대학원 연구원이 조동성 교수와 김보영 교수의 도움을 받아 작성하였다.

국내 대표 IT 기업인 카카오와 네이버는 AI 기반의 인적자원 조직관리에 있어 가장 중요한 요인으로 윤리성을 꼽고 있다.

카카오는 2021년 3월 2일까지 전 직원을 대상으로 AI와 관련한 윤리교육을 실시한다고 발표했다. 카카오는 이미 2017년부터 윤리헌장 발표와 같이 AI관련 윤리에 대해 다양한 활동을 꾸준히 진행해 왔다.[1] AI 관련 윤리에 대한 카카오의 사내교육은 AI를 기반으로 하여 변화하는 기업에 대한 다양한 이해관계자들의 요구를 빠르게 충족시키고 있다. 실제로 카카오의 이소라 성장문화팀 매니저는 "ESG경영을 실천하는 기업으로서 AI 알고리즘 윤리를 비롯한 카카오의 윤리경영 원칙을 공유하는 시간이 될 것"이라고 해당 사례와 ESG 경영을 함께 언급했다.[2]

2021년 2월 17일, 네이버는 AI에 대한 융합 연구를 진행하는 서울대 AI 정책 이니셔티브와 함께 제작한 인공지능 윤리 준칙을 발표했다.[3] 그 내용은 네이버의 모든 구성원이 AI 개발과 이용에 있어 준수해야 하는 원칙으로, (1) 사람을 위한 AI 개발, (2) 다양성의 존중, (3) 합리적인 설명과 편리성의 조화, (4) 안전을 고려한 서비스 설계, (5) 프라이버시 보호와 정보보안 등 총 5가지 항목으로 구분된다.

1. 사람을 위한 AI 개발: 네이버가 개발하고 이용하는 AI는 사람을 위한 일상의 도구입니다. 네이버는 AI의 개발과 이용에 있어 인간 중심의 가치를 최우선으로 삼겠습니다. 네이버는 사용자의 일상에 편리함을 더하기 위해 기술을 개발해왔고, AI 역시 일상의 도구로 활용될 수 있도록 발전시켜 나가고 있습니다. 네이버는 AI가 우리의 삶을 편리하게 만들어줄 수 있는 기술이지만, 세상의 다른 모든 것처럼 완벽할 수 없다는 점을 인식하고 있습니다. 네이버는 AI가 사람을 위한 일상의 도구가 될 수 있도록, 지속적으로 살펴보며 개선해 나가겠습니다.

2. 다양성의 존중: 네이버는 다양성의 가치를 고려하여 AI가 사용자를 포함한 모든 사람에게 부당한 차별을 하지 않도록 개발하고 이용하겠습니다. 네이버는 다양성을 통해 연결이 더 큰 의미를 가질 수 있도록 기술과 서비스를 구현해 왔습니다. 그 과정에서 사용자에게 다채로운 기회와 가능성을 열어왔고, 합리적 기준 없는 부당한 차별이 발생하지 않도록 노력해 왔습니다. 네이버는 AI 서비스에서도 부당한 차별을 방지하고 다양한 가치가 공존하는 경험과 기회를 제공해 나가겠습니다.
3. 합리적인 설명과 편리성의 조화: 네이버는 누구나 편리하게 AI를 활용하도록 도우면서, 일상에서 AI의 관여가 있는 경우 사용자에게 그에 대한 합리적인 설명을 하기 위한 책무를 다하겠습니다. 네이버는 AI에 관한 합리적인 설명의 방식과 수준이 다양할 수 있다는 점을 고려해, 이를 구체적으로 실현하기 위하여 노력하겠습니다. 네이버의 AI는 기술을 위한 기술이 아니며, 기술적 지식이 없이도 누구나 손쉽게 활용할 수 있는 도구가 될 것입니다. 네이버는 서비스의 편리함을 추구하면서, 사용자의 요구가 있거나 필요한 경우에는 AI 서비스에 대해 쉽게 이해할 수 있도록 사용자의 눈높이에 맞춰 설명하겠습니다.
4. 안전을 고려한 서비스 설계: 네이버는 안전에 유의하여, 서비스의 전 과정에서 사람에게 유해한 영향을 미치지 않는 AI 서비스를 설계하겠습니다. 사람을 위한 일상의 도구인 AI가 사람의 생명과 신체를 위협하는 상황이 발생하지 않도록, 네이버는 전 과정에서 안전을 고려해 서비스를 설계하고, 테스트를 거치며, 배포 이후에도 안전성에 대해 지속적으로 살펴보겠습니다.
5. 프라이버시 보호와 정보 보안: 네이버는 AI를 개발하고 이용하는 과정에서 개인정보 보호에 대한 법적 책임과 의무를 넘어 사용자의 프라이버시가 보호될 수 있도록 노력하겠습니다. 또한 개발 단계를 포함해 AI 서비스의 전 과정에서 정보 보안을 고려한 설계를 적용하겠습니다. 네이버는 개인정보 활용에 있어 법적 책임과 의무를 다하는 것을 넘어 개인의 프라이버시도 적극적으로 보호하고 있습니다. 또한 사용자가 서비스를 활용하면서 정보 보안을 우려하게 되는 상황을 원천적으로 차단할 수 있도록, 서비스 전 과정에서 정보 보안을 고려한 설계를 적용하고 있습니다. AI 서비스에 있어서도 마찬가지로, 사용자가 프라이버시와 정보 보안을 걱정하지 않고 AI 서비스를 자유롭게 활용해 삶에 편리함을 더할 수 있도록 노력하겠습니다.

이상의 5가지 준칙에 대한 발표와 함께 네이버는 "AI 개발과 이용에 있어 인간 중심의 가치를 최우선으로 삼겠다"고 언급했다.[4] AI 도입 과정에서 기업들이 단순한 기술적인 발전을 넘어 윤리적인 부분에 대해 고려하는 자세가 중요하다는 것을 보여주고 있다.

출처

1,2) 카카오, 전 직원 대상 AI 윤리 교육 실시, 엄주연, 뉴데일리경제, 2021.02.17
3,4) 네이버, 'AI 윤리 준칙' 발표…"인간 중심 가치 최우선", 박현익, 조선비즈, 2021.02.17

PART 3

WS 모델을 적용한 행동선도전략

파트 2에서는 1단계 전략인 메커니즘구축전략을 다뤘고, 파트 3에서는 2단계 전략인 행동선도전략을 다룬다. 파트 3에서 다루는 전략개발은 세 단계로 나누어 접근한다. 7장에서는 전략정보, 8장에서는 전략정보 분석방법, 9장에서는 분석 결과 도출되는 전략대안과 선택이다. 파트 3을 세 장으로 나눠서 접근하는 이유는 <그림 7.1>에 설명되어 있다. 이 표는 시스템을 투입(Input) → 과정(Process) → 산출(Output)로 설명하고 있다. 전략개발 시스템도 마찬가지로 첫 단계의 투입에 해당하는 전략정보, 두번째 단계의 과정에 해당하는 전략정보 분석방법, 세번째 단계의 산출에 해당하는 전략대안과 선택으로 전개할 수 있다.

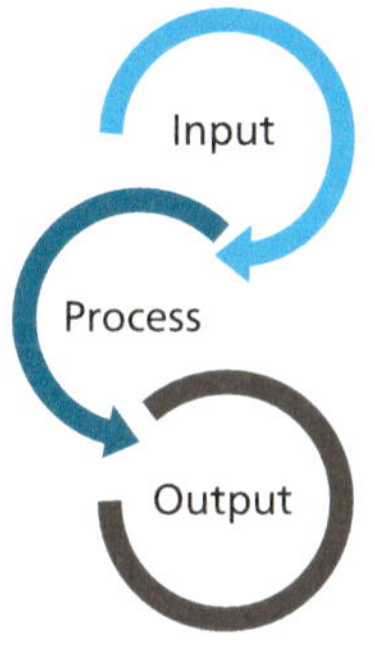

그림 7.1
시스템의 구조

STRATEGIC MANAGEMENT in the Age of Artificial Intelligence

CHAPTER 07

투입: 전략정보

특강

고대군사전략(손자병법)과 현대전략경영(앤드류즈)의 전략정보[1]

손자병법의 제 십(十)편인 지형편(地形篇)의 결론 부분에는 "故日: 知彼知己 勝乃不殆 知天知地 勝乃可全"이란 구절이 있다. 즉 직접적인 경쟁 상대를 염두에 두고 "적을 알고(知彼) 나를 알면(知己) 승리를 추구하는 데 있어 결코 위태로워지지 않을 것이며, 그 위에 지리(地理)와 천시(天時)를 알면(知地, 知天) 승리(목표달성)를 가히 보전하리라"는 것이다.

여기서 손자병법의 피(彼)와 지(地)는 케네스 앤드류즈(Kenneth Andrews, 1971)로 대변되는 현대 경영전략 기준으로 볼때 기업의 외부여건, 기(己)는 내부여건과 기업철학, 천(天)은 사회적책임을 뜻한다. 이처럼 손자병법의 네가지 범주와 현대 경영전략정보의 네 가지 범주는 서로 그 내용이 일치한다. 이것을 도표화해 보면 <표 7.1>과 같다.

표 7.1
손자병법과 현대 전략경영의 비교

	손자(군사전략)		앤드류즈(전략경영)
구성 요소	땅(地)	↔	외부여건
	상대(彼)	↔	내부여건
	나(己)	↔	기업철학
	하늘(天)	↔	사회적책임

다만 두 가지 모델에 차이가 있다면 손자병법은 현대경영전략의 외부여건을 땅과 상대라는 두가지 범주로 나눴고, 현대경영전략은 손자병법의 나 자신을 내부여건과 기업철학이라는 두가지 범주로 나눈 것이다.

손자병법과 현대경영전략의 차이점을 보면 손자병법은 전쟁에서 1대1로 싸워야 하는 직접적인 경쟁상대인 적군을 피(彼)로, 전쟁터를 지(地)로 엄격히 구별함으로써 1대1의 전투에서 피할 수 없는 경쟁자의 중요성과 상대성을 강조하고 있다. 반면에 현대경영전략은 손자병법에서 기라는 한가지 범주로 다루고 있는 나 자신에 대한 정보를 내부여건과 기업철학이라는 두가지 범주로 다룸으로써 본질적이고 개념적인 면을 강조하는 특징을 보이고 있다.

또한 손자병법의 가장 기본이 되는 사상은 제 삼(三)편 모공편(謀攻篇)의 "百戰百勝非善之善者也 不戰而屈人之兵 善之善者也 故上兵伐謀 其次伐交 其次伐兵"이다. 즉 "싸우지 않고 적의 전쟁 의지를 굴복시키는 것이 가장 최선이며, 백 번 싸워서 백 번 이긴다는 것은 최선이 아니다. 따라서 적의 계략을 쳐부수어 아예 싸움의 여지를 없애는 것이 최상의 전략이며, 적의 외교관계를 끊는 것이 그 다음 전략이고, 전투를 통해 적을 쳐부수는 것은 하위 전략"이라는 것이다. 여기에서 손자는 전략의 실시에 상당한 손실, 즉 비용이 따른다는 것을 강조함으로써 전략이 얼마나 훌륭한가에 대한 궁극적인 평가는 달성된 결과만을 보고 내릴 것이 아니라 전략 실시에 따른 비용을 고려한 후 내려야 한다는 소위 시스템적인 견해를 시사하고 있다.

7장에서 다루는 전략개발의 네 가지 원소는 전략개발의 첫 단계이다.

전략개발은 기업이 목적을 달성하기 위해 실천하고자 하는 전략을 만드는 작업이다. 기업이 매출액과 이익을 높이고, 고객, 구성원, 주주, 지역사회 구성원과 같은 이해관계자를 만족시키며, 국가의 번영과 세계 평화에 이바지하는 목적을 설정했다면 이를 달성하기 위해 여러 가지 노력을 할 것이다.

기업이 목적을 달성하기 위해서는 훌륭한 경영자를 모셔오는 것도 한 방법이고, 성장성이 높고 경쟁자가 없거나 약한 산업으로 진출하는 것도 한 방법이며, 경쟁자보다 우월한 인력, 자금, 기술, 상표와 같은 경영능력을 확보하는 것도 한 방법이다. 또 구성원들이 협업과 조정을 통해 효율적으로 역할을 할 수 있도록 임무가 주어지고 구성원 간에 소통이 이루어지는 조직을 만드는 것도, 구성원들이 보람을 느끼고 즐겁게 맡은 일을 수행하는 문화를 만드는 것도 한 방법이다.

여기서 훌륭한 경영자는 주체(S)이고, 진출하고자 하는 산업은 환경(E)이며, 우월한 경영능력은 자원(R)이고, 조직과 문화 안에 들어있는 기본 원리와 원칙은 메

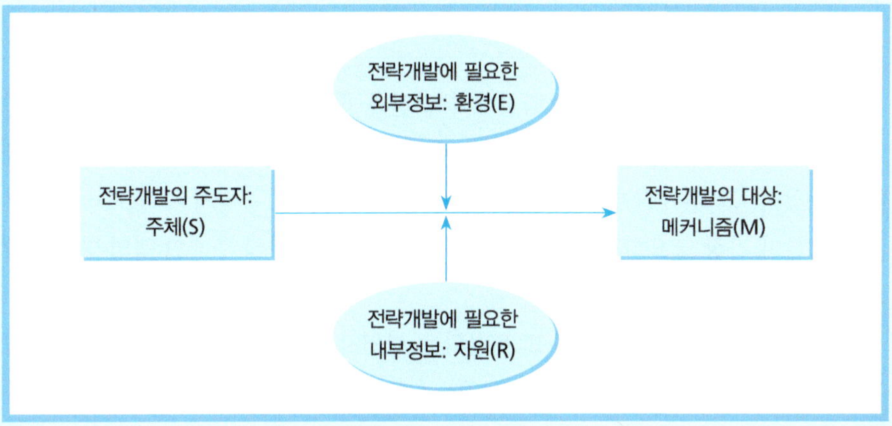

그림 7.2
전략개발의 4원소

커니즘(M)이다. 이같이 파트 1에서 다루었던 SER-M 패러다임이야말로 전략개발의 4가지 원소로 적절한 방법이라 할 수 있다. <그림 7.2>에서 보듯이 주체는 전략개발의 주도자이고, 환경과 자원은 전략개발에 필요한 외부여건과 내부여건이며, 메커니즘은 1단계 전략개발의 대상이다.

1절 전략개발의 주도자: 주체[2]

우리는 파트 1의 1장에서 경영전략의 발전과 한계에 대해 살펴보았다. 그런데 앞에서는 실제 기업에서 전략의 결정을 담당하는 주체인 경영자에 대해서는 언급하지 않았다. 그러나 실제적인 경영현장을 살펴보면 전략결정의 주체로서의 경영자의 역할이 가장 중요하다. 따라서 이 장에서는 전략결정의 주체인 경영자를 대상으로 해서 그의 역할을 논의한다.

여기에서 전략결정의 주체라고 표현되는 경영자는 회장, 사장과 같은 최고경영자(Top Manager, Chief Executive Officer: CEO)[3]를 지칭하는 것이 아니라, 독자적으로 전략을 개발하고 실시할 의무를 지니고 있는 전반경영자(General Manager)를 말한다. 따라서 여기서는 이 책의 내용에 대한 기초적인 이해를 돕기 위해, 전략결정의 주체인 전반경영자가 가진 의미를 전략과의 관계 및 최고경영자와의 관계를 통해서 조명해 본 후, 전반경영자에게 필요한 세 가지 능력을 살펴보고, 마지막으로 전반경영자의 역할을 파악해 보기로 한다.

1. 전반경영자의 의미

위에서 여러 번 전반경영자라는 다소 생소한 용어를 사용해왔다. 그러면 전반경영자는 구체적으로 누구를 지칭하는 말인가? 전반경영자의 반대말은 무엇인가?

기업에서 생산 부문은 원가를 절감하는 목표를 추구한다. 반면에 마케팅 부문은 매출액을 늘리는 목표를 추구한다. 서로 상충하는 목적을 가지고 있기 때문에 그냥 놔두면 끊임없이 충돌한다. 생산 부분에서 원가를 절감하기 위해서는 소품종 대량생산을 해야 하는 반면, 마케팅 부문에서 매출액을 늘리려면 다품종 소량생산을 해야 하기 때문이다. 생산과 마케팅을 비롯해서 인사, 재무 등 여러 기능 부문을 동시에 관장하는 전반경영자는 기능적인 전문성에 입각해서 기업 활동의 한 기능만을 담당하는 기능관리자(Functional Manager)가 자칫 가지게 되기 쉬운 '나무는 보되, 숲을 보지 못하는' 약점을 극복해야 한다. 구체적으로 마케팅과 생산, 인사와 재무, 또는 라인 부문과 스태프 부문과 같은 관리 부문 상호간에 빈번히 일어나는 갈등을 조정하는 역할을 맡아야 한다.

또한 전반경영자는 각자 책임지고 있는 조직이 나아갈 방향을 제시해 주는 책임을 맡고 있어, 환경에 알맞은 전략계획을 수립해서 적절한 시기에 실천에 옮기는 일을 하게 된다. 이같이 경영활동에 대한 포괄적인 판단과 결정은 기업을 전체적으로 내려다볼 수 있는 전반경영자에 의해서 이루어진다. 이러한 맥락에서 볼 때 전반경영자는 전략결정의 주체이다. 좀더 구체적으로 전반경영자와 전략의 관계를 살펴보자.

1) 전반경영자와 전략의 관계

기업의 인적 구성은 최고경영자, 중간경영자 및 하부경영자의 세 계층으로, 또는 더욱 엄밀히 볼 때 최고경영자층에서 하부경영자층에 이르는 연속체로 이루어진다. 이것을 '경영자의 폭'이라고 부르기로 하자. 이들 경영자가 담당하는 경영 기능에는 앞에서 살펴본 바와 같이 전략(strategy), 관리(management) 및 운영(operation)이라는 세 가지가 있다. 그런데 여기에서 주의해야 할 점은 전략, 관리 및 운영이 각각 독자적인 내용을 가진 개념이 아니라 경영학자들이 일반의 이해를 도모하기 위해서 개념적으로 분류한 것에 불과하다는 것이다.

최고 · 중간 · 하부경영자로 경영자를 삼분하는 것보다 최고경영자에서 하부경영자에 이르는 하나의 연속체로 이해하는 것이 타당한 것과 같이, 경영 역시 전략에서부터 운영에 이르는 하나의 연속체로 보아야 한다. 이것을 '경영의 폭'이라 부르기로 하자. 또한 경영활동을 담당하는 주체가 어떤 위치에 있는가에 따라 같은 경영활동이라 할지라도 전략, 관리 또는 운영 중 어느 것으로도 규정될 수 있다. 예를 들어 그룹 차원에서는 전략의 하위에 있는 관리의 성격으로 규정된 활동이, 그룹 내의 자회사의 입장에서는 전략적인 의사결정 사항이 될 수 있는 것이다.

위에서 설명한 '경영자의 폭'과 '경영의 폭'을 각각 Y축과 X축으로 나타내면 <그림 7.3>과 같은 관계가 성립된다. 여기에서 생각해야 할 것은 경영자와 경영 간에 어떠한 상관관계가 있느냐 하는 문제다. 위에서 본 바와 같이 전략이 관리보다 상위에 있는 개념이고, 관리가 운영보다 상위에 있는 개념이라는 것을 인정한다면 <그림 7.4>와 같이 최고경영자는 전략, 중간경영자는 관리 그리고 하부경영자는 운영을 담당하는 것이 맞다. 이런 관계는 조직과 경영활동을 상하관계로 이해할 때 일견 타당하다고 볼 수 있다.

그러나 최고경영자라고 해서 전략에만 몰두하고 관리 및 운영에는 시간을 전연 할애하지 않거나, 하부경영자라고 해서 전략 및 관리에는 전연 참여하지 못하고 운

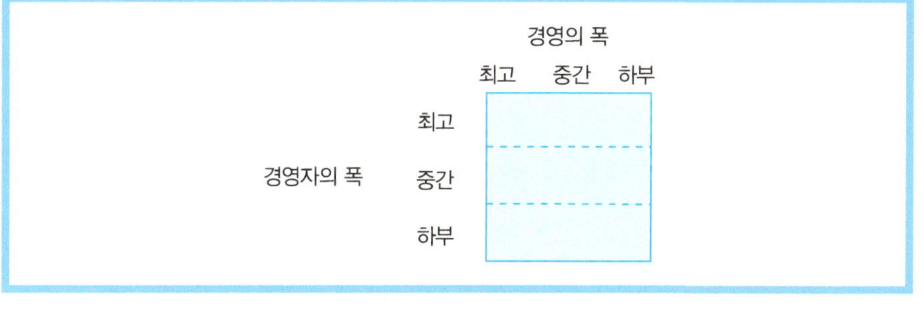

그림 7.3
경영자와 경영의 관계 (1)

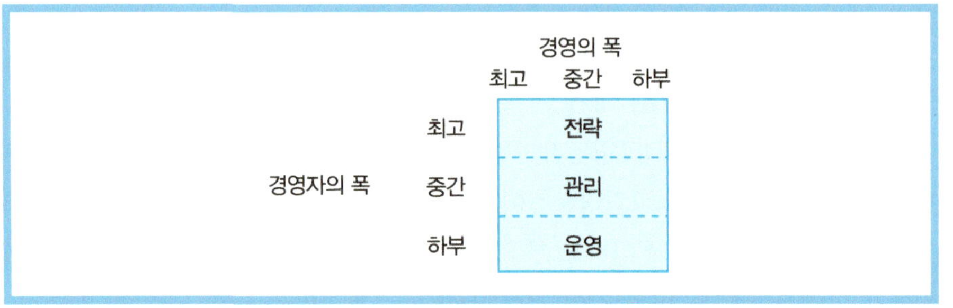

그림 7.4
경영자와 경영의 관계 (2)

영에만 종사하지는 않는다. 예를 들어 사장과 같은 최고경영자가 비서의 부재 시에 직접 전화를 받는다면 그는 사장으로서의 위치를 벗어난 것인가? 이와 같은 사소한 예에서도 볼 수 있듯이 경영자의 위치와 그의 경영활동을 <그림 7.4>와 같이 경직적으로 규정하는 경우 여러 문제점이 뒤따른다. 따라서 이러한 문제점을 해소하면서도 경영자와 경영의 관계를 나타내려면 <그림 7.5>와 같이 마치 미식 축구공을 그린 것과 같은 풋볼 차트(football chart)를 그려보자.

여기에서 풋볼과 같은 모양을 점선으로 표시한 것은 최고, 중간 및 하부 경영자 상호 간에, 그리고 전략, 관리, 운영 상호 간에 엄밀한 분류를 해서 선으로 구획하는 것이 적합하지 않다는 것을 나타내기 위한 것이다. <그림 7.5>는 ㉠과 같이 비교적 최고경영자에 가까운 경영자의 경우, 시간의 대부분을 전략에 할당하고, 남은 시간의 상당량은 관리에, 그리고 극히 적은 부분만을 운영에 사용한다는 것을 보여주고 있다. ㉡과 같이 중간경영자층에 속하는 경영자는 관리에 시간의 대부분을, 그리고 전략 및 운영에 나머지 시간을 할애한다. 이에 비해 ㉢과 같이 하부경영자에 속하는 경영자는 대부분의 시간을 운영에 할당하게 되고 극히 적은 시간만을 전략 또는 관리에 사용하게 된다.

그러면 전반경영자는 이러한 '경영의 폭'에서 어떠한 부분을 주로 담당하는가? 이러한 의문은 전반경영자의 역할이 무엇이며, 어떠한 계층에 속해서 있는가의 문제와 밀접한 상관관계를 갖는다. 경영전략의 내용을 전략의 개발(strategy formu-

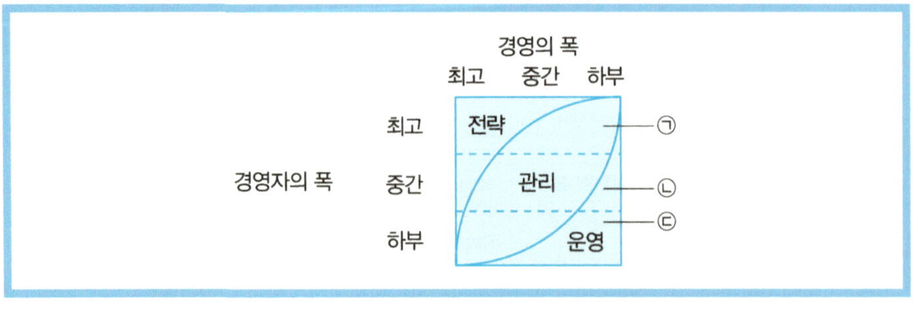

그림 7.5
경영자와 경영의 관계 (3)

lation)과 전략의 실천(strategy implementation)으로 나눌 수 있다는 점은, 전반경영자의 역할이 이 두 측면에 중점을 두고 이루어져야 한다는 것을 잘 시사해 주고 있다. 그런데 이 두 역할 중 전반경영자가 먼저 수행해야 하는 것은 경영활동에 대한 포괄적인 판단과 결정, 즉 기업의 목표와 상황을 염두에 둔 전략의 개발이다. 그러므로 전반경영자는 <그림 7.6>과 같이 풋볼 차트에서 주로 전략을 담당하는 일이 그 본연의 업무라고 할 수 있으며, 이러한 설명은 다음에 기술할 전반경영자와 최고 경영자의 관계에 대한 고찰에서 더욱 확실히 이해될 수 있다.

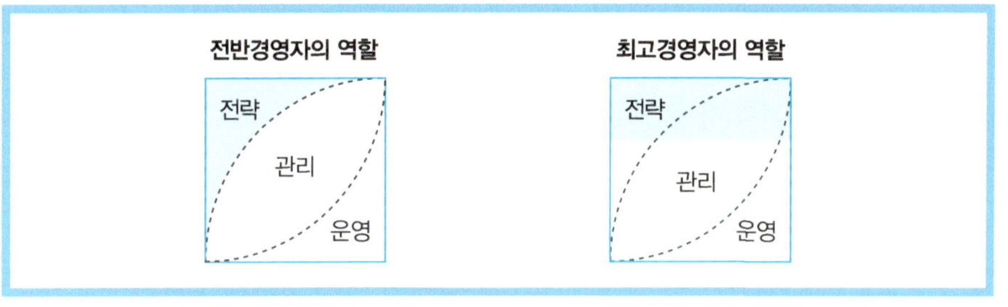

그림 7.6
전반경영자와 최고경영자의 역할 차이

2) 전반경영자와 최고경영자의 관계

우리나라에서는 흔히 높은 것이 좋다는 생각에서 전략의 담당자로서 최고경영자라는 표현을 선호하는 것 같다. 그러나 엄격한 의미에서 최고경영자는 경영자의 계급 또는 직위를 나타낸 표현이고, 전반경영자는 경영자의 역할 또는 직책을 나타낸 표현이다. 그러면 최고경영자와 전반경영자는 구체적으로 어떻게 차이가 나는가? <그림 7.6>은 경영자와 경영의 상관관계를 나타낼 뿐만 아니라 우리가 흔히 혼동하기 쉬운 최고경영자(top manager)와 전반경영자(general manager)의 개념을 명확히 해주고 있다. 최고경영자는 문자 그대로 경영자의 폭에서 최상단을 점하는 최고경영자 층을 지칭한다. 따라서 그의 임무는 주로 전략을 담당하나, 관리 및 운영에 대한 것도 포함되어 있다. 이에 대해서 전반경영자는 기업의 궁극적인 책임자로서 기업목표를 선정하고 이를 달성하기 위한 전략을 담당하는 임무를 가진다. 따라서 전반경영자는 대부분의 경우 최고경영자지만, 반드시 최고경영자여야 할 필요는 없다.

예컨대 이익사업부 조직을 채택하고 있는 기업의 경우 하나의 사업부를 담당하는 책임자가 부장의 직위에 있다면 사장, 부사장, 전무, 상무 및 이사를 포함하는 임원 층으로 최고경영자를 규정하는 일반적인 견해에서 볼 때, 그는 최고경영자라고 일컬을 수 없을 것이다. 그러나 사업부 부장이 독립채산제를 채택하고 있는 사업부의 매출액과 비용 그리고 이의 결과인 이익의 극대화에 대해서 전반적인 책임을 지고 있고, 이러한 책임을 완수하기 위해서 독자적으로 전략을 개발해야 할 임무를 가지고 있다면 그는 전반경영자의 역할을 담당하고 있는 것이다.

이와 반대의 경우도 생각해보자. 어느 제조업체의 공장장이 이사급의 직위를 가지고 있을 경우, 그는 당연히 최고경영자의 신분을 가지고 있다. 그러나 그의 임무가 조직 전체의 전략을 개발한다기보다는 기업의 한 부문인 공장의 책임자로서 상부에서 결정되는 생산량, 품질, 원가 등에 대한 효과적이고, 효율적인 관리의 책임만을 갖고 있다면 그는 전반경영자가 아닌 부문경영자이다. 이같이 최고경영자와 전반경영자는 비록 중복된 부분을 많이 가지고 있다 할지라도 그 적용 범위가 다르다는 점에서 엄격히 구분되어야 한다.

2. 전반경영자에게 필요한 능력

경영전략은 전반경영자 또는 전반경영자가 되기를 지망하는 후보자들이 필수적으로 이해해야 하는 분야이다. 그러면 경영전략이 구체적으로 어떠한 능력을 전반경영자에게 제공하는가? 이 문제를 다루기 전에 우리는 경영학이 다른 학문과 근본적으로 그 성격이 다르다는 사실을 이해해야 한다. 우선 경영학과 다른 학문이 공통적인 것은, 어느 학문을 막론하고 새로운 지식(knowledge)을 추구하는데 그 학문의 사명이 있다는 것이다. 새로운 지식의 추구가 연역적인 사고에 의한 이론의 전개이건 귀납적으로 과거의 사회현상을 정리한 결과에서 나오는 일반화이건 간에, 우리가 모르던 사회현상을 객관적으로 밝히는 것이야말로 모든 학문의 사명이다.

그러나 다른 학문에 비해서 경영학은 실용적인 학문으로서 이론의 현실에 대한 적용을 대전제로 한다. 따라서 경영학은 새로운 지식의 추구뿐 아니라 경영학도에게 경영 지식을 현실에 활용하는 능력 역시 배양시켜 줄 의무를 가지고 있다. 이러한 지식의 현실 적용을 위해서 경영학도는 지식 이외에도 기술(skills)과 자세(attitudes) 두 가지 능력을 겸비해야 한다. 따라서 경영학은 그 내용으로서 지식, 기술 및 자세라는 세 가지 능력을 경영학도에게 전수해야 할 책임을 가지게 된다.

이러한 경영학의 세 가지 내용은 경영전략 분야를 추구하는 전반경영자에게 특히 필요한 능력이 된다. 그것은 전반경영자야말로 부문경영자와 달리 임무를 성취하는 것만을 그가 평가받는 유일한 기준으로 삼아야 하기 때문이다.

1) 지식(Knowledge)

피터 드러커는 『자본주의 이후의 사회』에서 "이시대는 지식산업시대 · 지식경제시대이며, 이 시대의 경쟁력은 지식의 생산성이며, 지식의 생산성은 지식의 활용과 연결 및 지식의 현장화다"라고 말했다. 경영자가 자기 부서나 팀의 직무를 수행하는 데 있어서 전문성이 부족하면 사람이나 조직에 영향력을 행사하지 못하고 사람이나 조직을 변화시키는 것이 불가능해진다. 따라서 그 분야에 대해 전문가로서의 지식을 갖춤은 유능한 경영자가 되기 위해 기본적으로 요구되는 속성이다. 여기서 지식이란 관련지식을 의미하는 것으로, 행동하는 데 유효성이 있는 정보, 미래에 대한 예측과 통제에 도움이 되는 정보를 말한다.

이러한 관련지식이야말로 전문적인 교육에 있어 핵심이 되며, 이 같은 지식의 습득을 통해 해당 분야의 전문가가 될 수 있는 것이다. 또한 지식은 기술이나 태도를 가지기 위한 기반이 된다. 특히 기술은 지식의 도움 없이는 배울 수도 없고 가르칠 수도 없다. 기술 습득이 단순히 훈련을 통해 교육된다면 그 기술은 발전 없이 그 상태에 머물러 마침내는 도태되고 말 것이다.

마지막으로 지식과 관련한 경영자 교육에 있어 요구되는 또 하나는, 현대의 폭증하는 정보와 지식의 홍수 속에서 유용한 정보를 신속하게 획득하고 소화할 수 있는 능력을 배양시키는 것이다. 그러나 전반경영자는 전략적 문제에 대해 전문 지식의 적용이 어느 정도 한계를 지니고 있음을 항상 명심해야 하며, 다른 산업 또는 기업에서 채택한 전략을 상황적 맥락에서 이해해야만 이를 그가 담당한 조직에 그대로 채택하는 우를 범하지 않을 것이다. 다시 말해 기업의 전략은 그 기업이 처한 특수한 환경과 여건을 고려해서 개발되어야만 가장 훌륭한 성과를 가져올 수 있는 것이다.

한편 전반경영자가 필수적인 지식을 배우기 위해서는 교과서보다는 사례(case)를 통하는 것이 가장 효과적이다. 어떤 이는 사례에서 취급하는 내용이 경영학 지식의 습득에 무슨 도움이 되느냐고 의문을 제기하기도 한다. 그러나 현재 또는 미래의 전반경영자는 의사결정에 필요한 상황을 재빨리 이해하고, 사건의 핵심을 꿰뚫어 볼 수 있는 안목을 기르며, 여기서 파생될 수 있는 문제점을 종합적으로 예측해서 대비책을 마련하는 등의 문제해결 능력을 개발해야 한다. 이를 위해서는 산업의 특수성을 무시하거나 경영자란 천편일률적인 가치관과 사고과정을 가진 경제적인 동물일 것이라는 가정을 깨뜨릴 필요가 있다.

이러한 가정을 깨뜨리기 위해서는 여러 사례를 통해 각각의 문제가 그 여건에 따라 차이가 있다는 것이나 관계조직 또는 인물의 가치관 내지 성격의 차이에서 오는 의사결정상의 영향력을 어떻게 고려해야 할 것인가 등의 문제를 다루어야 한다. 따라서 사례를 읽고 연구하는 현재 또는 미래의 전반경영자는, 예컨대 미국의 자동차산업과 회사의 환경 여건에 대해서 언급한 사례를 대할 때 그 표면에 나타난 정보만을 뒤쫓을 것이 아니라, 그 정보 내면에 존재하고 있는 사고의 틀(conceptual framework)을 찾아서 문제의 실마리를 풀어나갈 수 있는 능력을 기르도록 해야 한다. 이같이 객관적인 정보에서 문제의 요점을 찾아내고 또한 해결방안을 창출해 내는 훈련이야말로 사례가 전반경영자에게 제공할 수 있는 지식의 핵심이다.

2) 기술(Skills)

'경영학은 일반적인 과학(science)인가, 특수한 기술(art)인가?'하는 명제를 가지고 경영학도 사이에 논쟁이 벌어지는 경우를 많이 보게 된다. 경영학이 일반적인 과학이라고 주장하는 사람들은 정치학, 사회학, 경제학과 같은 인접 학문이 국가, 사회, 경제현상이라는 고유 영역을 가지고 있는 것과 마찬가지로, 경영학도 경영 또는 기업이라는 고유한 영역을 가지고 이에 필요한 규범과 가치를 창조하는 하나의 사회과학이라고 규정한다. 이에 대해서 경영학이 특수한 기술이라고 주장하는 사람들은 다른 인접 학문이 개념적인 이론의 개발에 초점을 두고 있는 데 반해서 경영학은 개발된 이론을 어떻게 현실에 적용할 것인가를 다룬다는 면에서 특수한 방법론을 추구하는 기술이라고 규정한다.

이러한 각자의 주장은 상반된 견해라기보다는 경영학의 양면을 한쪽만 보는 데서 오는 대립으로 생각된다. 경영학은 다른 사회과학과 마찬가지로 그 나름의 고유한 영역과 가치를 가지고 있는 일반적인 과학이지만, 그와 동시에 이러한 과학에서 개발되는 이론을 현실에 적용하는 기술적인 면도 포괄하는 이론과 현실의 양면성을 가진다. 경영학은 과학인 동시에 기술이다. 이러한 관점에서 볼 때, 경영학 특히 경영전략이 제공해야 할 경영능력으로 이미 설명한 지식과 함께 기술이라는 면을 빼놓을 수 없다. 여기에 전략결정의 주체인 전반경영자가 전략결정과 실행에 필요한 기술을 습득할 필요가 존재하는 것이다. 전반경영자가 학습해야 할 기술은 크게 분석적(analytical) 기술과 관리적(administrative) 기술로 나누어진다.

분석적 기술로는 먼저 상황을 재빨리 그리고 정확하게 포착해서 환경변화와 조직의 강 · 약점을 분석함으로써 기회와 위협 요인을 식별하는 능력을 들 수 있다. 또한 구체적으로 어떠한 문제를 해결하기 위해 재무, 회계, 생산, 판매 등의 여러 가지 기능 중 어느 하나에 치우치지 않으면서 이들 부문간의 상호관계를 파악하고, 각 기능 간의 이해 충돌에서 생기는 문제의 크기를 이해하는 기술도 중요하다. 그러므로 분석적 기술이란 외부여건과 내부적인 문제의 관계를 능력과 기회의 관점에서 연결시켜 각 상황에 적합한 정책대안을 개발하는 전반경영자의 역할 수행에 밑거름이 되면서, 궁극적으로는 각 기능 간의 비체계적인 관계를 자기 나름대로의 체계로 집약할 수 있는 능력을 말하며, 일반적으로 학습을 통해 습득하고 발전시킬 수 있다.

그러나 전반경영자에게 궁극적으로 필요한 기술은 기업의 목표를 결정, 수정 및 달성하기 위한 경영의 제 노력을 계속 관리 및 통제하는 관리적 능력이다. 이러한 기술은 누구나 가지고 있는 능력도 아니고, 책 또는 강의실에서 손쉽게 얻을 수 있는 능력도 아니다. 이것은 현재 또는 미래의 전반경영자가 자기 반성에 의한 의지적 노력으로, 그리고 시행착오에 의한 반복적 경험을 통해서 습득하는 것이다. 결국 관리적 기술은 다음에 언급하는 세 번째 능력인 자세에서 그 기반이 마련된다.

3) 자세(Attitudes)

경영자가 많은 관련지식과 기술을 가지고 있다면 그 경영자는 유능한 경영자로 생각될 수 있다. 하지만 그 경영자에게 야망을 달성하려는 적극적인 자세가 없다면 아무리 탁월한 지식과 기술을 가지고 있다고 해도 유능한 경영자로 불릴 수 없다. 즉 경영자가 자신의 태도에 자신감이 없다면 그의 숙달된 지식과 기술은 아무 소용이 없다. 반대로 자기 일에 강한 자신감을 가지고 실험정신을 발휘해서 일을 진취적으로 수행하는 경영자라면 그의 지식과 기술을 십분 활용할 수 있다. 경영자들에게 있어 이러한 자세의 중요성이 가끔은 경시되는 측면이 있다. 어쩌면 지식이나 기술보다는 이러한 자세를 먼저 가지는 것이 중요할 수도 있다. 왜냐하면 자세가 지식습득이나 기술훈련의 성과에 많은 영향을 끼치기 때문이다.

경영자의 자세는 단지 그에게만 국한되지 않고 조직의 생명력을 좌우한다. 기업의 구성원들은 매사에 활력적이고, 기운을 솟게 만들며, 열성적이고, 긍정적이고, 낙관적인 경영자를 존경한다. 구성원들은 경영자가 그들에게 힘을 불어넣어 주는 사람이기를 바라는 것이다. 자세는 첫째로 전반경영자가 지닌 좌절 또는 성취에 대한 수용력을 의미한다. 다시 말해서 전반경영자가 추진하고 있는 사업이 실패로 돌아갔을 경우 그가 좌절에 빠져 재기에 대한 의욕을 잃는다면 그는 전반경영자로서의 자세를 갖고 있지 못하다고 말할 수 있다. 반대로 그가 재기에 필요한 자세를 잃지 않았다면 그는 전반경영자로서 필요한 자세를 갖춘 셈이다.

전반경영자가 갖추어야 할 두 번째 자세는 이론적인 완전성만을 추구하는 학자 또는 방만하고 낡은 사고방식을 가진 직관주의자의 자세가 아니라, 사고력과 창의력을 가진 실제 행동자의 자세다. 전반경영자는 실용적이고 결과 지향적이며 실제적이어야 한다. 주위의 비판에 굽히지 않는 자신감과 개발된 의사결정에 대한 과감한 추진력도 필요하다. 실제 행동가로서의 전반경영자는 불완전한 정보와 불확실한 환경 아래에서 최적의 해법을 찾는데 신경을 집중하기보다는 적용 가능한 해법을 찾아 신속하고도 과감히 현실에 도입하려는 특성을 보여야 하는 것이다.

마지막으로, 전반경영자에게는 현실의 유지보다 창의와 개혁에 의한 능동적인 지도력이 요구된다. 우리가 처해 있는 사회는 부단히 변화하고 있고 이처럼 변화하는 환경에 적응하기 위해서는 능동적인 자세가 필수적으로 요청된다. 그러나 이러한 능동적인 자세가 독점적인 사업과 특허 등에 대한 합리적인 권익의 유지를 부정하지 않음은 물론이다.

이같이 전반경영자가 갖추어야 할 자세는 의욕적이면서도 현실적이고, 동시에 능동적이어야 한다. 이러한 경영자세의 배양이야말로 궁극적으로 경영능력의 진수를 터득하는 것이며 경영학 교육의 대상에서 제외할 수 없는 분야이다. 다만 이러한 경영자세 교육도 관리적인 기술능력의 교육과 마찬가지로 교과서 또는 교실에서의 교육보다는 자기반성과 부단한 경험의 축적에 의한 개인 성격의 변화를 전제로 한다는 점에서 그 어려움이 있다.

21세기에 들어와서는 경영자가 갖춰야 할 자세로 꿈(dream)이 등장하고 있다. 애플(Apple)의 창업자 스티브 잡스(Steve Jobs: 1955~2011)는 "언제나 갈망하고, 언제나 우직하게(Stay hungry, stay foolish)"[4] 살면서, 1976년 회사 창립시에 내걸었던 "모든 일반인의 손에 컴퓨터를 들려주는(to put a computer in the hands of everyday people)" 꿈을 실현했다. 아마존(Amazon)의 창업자 제프 베이조스(Jeff Bezos, 1964~)는 1982년 고등학교 졸업식에서 대표 연설자로 등단해서 다음과 같이 말했다. "지구주위를 도는 우주 거주지를 건설하고 호텔과 놀이공원을 짓고 요트를 띄워서 2~3백만 명이 살게 하겠다. 이 아이디어는 지구를 보호하기 위한 것이고, 궁극적으로는 모든 인간을 지구 밖에 살면서 지구를 거대한 자연공원으로 만들고자 하는 것이다."[5] 베이조스는 2000년 블루오리진(Blue Origin)이란 회사를 설립해서 그의 꿈을 실현해나가고 있다. 그의 꿈은 단순하다. "마지막 개척지인 우주, 그곳으로 나를 만나러 오시오. (Space, the final frontier. Meet me there!)" 테슬라(Tesla)의 창업자 일론 머스크(Elon Musk, 1971~)는 그의 꿈을 2002년 설립한 스페이스X(SpaceX)로 실현해나가고 있다. 그의 꿈은 "내가 죽기 전에 인간을 화성(火星)으로 보내는 것이다. (My main goal is to get humanity to Mars before I die.)" 현대 사회는 이러한 꿈을 좇는 경영자에 열광하면서 최고몽상가(Chief Dreaming Officer: CDO)라는 신조어를 붙여주고 있다.

3. 전반경영자가 담당하는 역할

"우리 기업에서는 무엇을, 누구에게 팔 것인가? 기업활동을 통해 달성하고자 하는 목표는 무엇인가? 설정된 목표를 성취하기 위해 어떻게 기업활동을 관리할 것인가?"

전반경영자는 기업이라면 반드시 당면하게 되는 이상의 세 가지 기본적 문제에 대한 해결방안을 복합적이고 체계적인 방법으로 풀어 나아가야 한다. 전반경영자는 첫 번째 문제에 대한 해답을 제시함으로써 그가 소속한 기업의 존재 이유, 활동 및 이익 포트폴리오의 구성과 범위를 결정하게 된다. 그리고 두 번째 질문에 대한 생각을 정리함으로써 기업활동의 우선순위를 결정해서 기업이 무원칙적으로 경영되는 위험성을 제거한다. 또한 세 번째 문제를 해결하기 위해 그는 목표를 달성하기에 알맞은 게임 플랜, 즉 전략을 개발해서 이를 실천에 옮긴다. 이처럼 세 가지 기본적인 전략문제를 해결하는 것이 바로 전반경영자의 주요한 역할이다.

이제 여기에서는 기업의 주체가 전반경영자라는 시각에서 전반경영자의 역할을 보다 자세히 살펴보기로 한다. 또한, 이를 토대로 한국 경영자의 역할을 역사적으로 고찰하고, 최근 환경변화에 따라 수반되어야 할 한국 경영자의 과제를 제시해서 보는 것도 의미있다.

1) 전반경영자의 역할

앞에서 우리는 전반경영자의 역할에 대해 살펴본 바 있다. 여기에서 독자들은 전반경영자가 자신이 책임지고 있는 조직의 경영활동에 대한 포괄적인 정책 개발과 실천을 책임지고 있음을 알 수 있었다. 그런데 주의해야 할 것은 앞에서는 전반경영자의 특징을 부각시키고, 최고경영자나 기능관리자와 구별하기 위해 전략개발을 담당하는 측면을 강조했으나, 전반경영자의 역할이 전략개발에만 국한된 것은 아니라는 점이다. 즉 전략을 세우는 것이 전반경영자를 특징짓는 가장 두드러진 역할이기는 하나, 대부분의 경우 전반경영자는 최고경영자나 사업부의 책임자 역할을 맡고 있어 개발된 전략의 실행과 그에 따른 결과에 대한 평가와 책임을 동시에 짊어지고 있기 때문이다.

그러므로 전반경영자의 역할에 대해 연구하는 경영전략 분야는 전략의 개발(strategy development), 전략의 실행(strategy implementation) 및 전략의 평가(strategy evaluation)로 구분될 수 있는 것이다. 그중에서 전략의 실천을 좀 더 구체적으로 세분하면 조직화, 동기부여, 실행으로 나누어지므로, 결국 기업의 주체로서의 경영자는 전략 결정, 조직화, 동기부여, 실행, 결과책임의 다섯 가지의 역할을 담당한다. 여기에서는 전반경영자가 최고경영자 내지는 사업부의 담당자 역할을 맡고 있는 현실에 맞추어 전반경영자의 역할을 크게 전략의 개발과 실행, 그리고 전략 결정과 실행에 따르는 결과책임, 즉 전략평가를 포함해서 살펴보기로 한다.

전반경영자는 전략 결정자로서 기업의 목표를 설정하고, 이를 달성하기 위한 전략을 개발한다. 이러한 과정에서 그는 기업을 알맞은 시기에 적합한 궤도 내지는 방향으로 이끌어가기 위해 기업활동의 우선순위를 설정하고 자금의 조달방안을 강구하는 등 고민에 고민을 거듭하게 된다. 이때 그가 염두에 두어야 할 것은 기업이 탁월한 성과를 낼 수 있도록 바른 궤도를 설정하는 동시에 환경의 변화에 신속히 대응하며 지속적인 성장을 이루어낼 수 있는 역량을 갖춘 상태로 기업의 체질 또는 문화를 형성하는 문제이다.

이를 위해 전반경영자는 새로운 시장에 진입할 기회를 포착하고, 참신하고 보다 향상된 제품이나 서비스를 개발하며, 여기저기서 나타나는 환경의 변화와 경쟁 위협에 효율적으로 대처할 방안을 강구한다. 이와 동시에 언제 어떻게 기업활동을 다각화하며, 포기 또는 유지하거나, 새로 시작할 사업분야를 어떻게 선별할 것인가 등 기업의 사활을 좌우할 전략적 관심사와 혁신 노력에 시간을 투입한다. 또한 뒤에서 자세히 살펴보겠지만 내부적으로 마찰 없이 수익성이 높은 분야로 자원을 어떻게 이동시킬 것이며, 기업문화 또는 기업의 각 부문 간의 역학관계를 전략개발 시에 어느 정도 참작해야 할 것인가의 문제가 때로는 그 전략의 폭과 유효성을 제약하기도 한다(<표 7.2> 참조).

표 7.2
전반경영자의 역할 분류

전략결정	전략 실천			결과책임(평가)
	조직	동기여부	실행	
• 창의, 혁신 기능 • 경영목표 결정 • 전략적 의사결정 • 기술개발 지향 • 국제적 시각 • 각종 투자결정 • 계획수립 과정의 관리적 행위	• 인적 조직기반 • 기업 실체의 형성, 유지 • 충원 • 조직의 규모와 성격 형성 • 목표관리 • 적절한 리더십의 발휘	• 기업 구성원의 동기, 기업목적과 조화 연결 • 종업원 노조관련 인사정책 수행 • 복지후생 • 민주적 경영 • 인화 • 종업원 훈련 • 전략의 집행	• 전략의 집행 • 경영지식 • 기술지식 • 대외적 능력	• 기업활동 결과에 대한 책임 • 목표달성을 위한 결과 통제 • 성공과 실패의 원인 분석 및 새로운 전략 수립에 반영 • 소비자보호 • 납세의 충실한 이행

전반경영자가 전략을 개발할 때 제일 먼저 고려해야 할 일은 기업활동의 대전제로 기업의 존재 이유, 이념 또는 기업의 비전(vision)을 분명히 규정하거나 염두에 두는 것이다. 이러한 작업은 현재와 미래에 걸쳐 지속적으로 유지될 기업의 성격을 제시해서 주기 때문에 기업활동의 범위와 영역을 설정하는 데 필수적이다. 조직의 존재 이유, 이념 또는 비전이란, 그 기업이 무엇을 추구하며 어떠한 시장과 고객을 대상으로 봉사를 할 것인가를 밝혀주어 현재와 미래에 기업이 지향해야 할 활동에 대한 윤곽을 전반경영자에게 가르쳐 주는 전략개발 시의 시금석이라 할 수 있기 때문이다.

전략개발의 두 번째 단계는 첫 번째 단계에서 설정된 기업의 이념에 위배되지 않는 범위 내에서 기업이 달성해야 할 구체적인 결과로서의 목표를 분명히 하는 일이다. 기업의 목표란 외부적으로는 고객의 만족, 제품의 성능 또는 사회적 요구의 충족과 결부되어야 하며 내부적으로는 바람직하게 여겨지는 조직 성과, 예를 들어 시장점유율, 기업 성장, 이익, 현금 흐름, 투자수익률과 직결되어야 한다. 이러한 과정을 통해 목표가 명확히 설정되면 기업활동의 초점이 명확해져 경영자를 비롯한 기업 성원들은 흔들림 없이 목표를 달성하기 위해 관심과 노력을 집중할 수 있게 된다. 따라서 목표를 명확히 설정하는 것은 그 조직이 목표를 달성할 가능성을 높여 주는 지름길이다. 그러므로 목표는 경영의 모든 차원을 망라해서 기업의 생존과 번영에 영향을 주는 영역이라면 어디에서든 세워져야 한다.

이렇게 기업의 이념을 정립하고 목표를 개발한 전반경영자는 환경과 내적 제약을 충분히 고려해서 목표를 달성하기 위해 가지고 있는 자금, 인력 등의 자원을 배분하는 전략을 개발하게 된다. 뒤에서 전략개발의 기반, 요소, 수단, 방향 등을 자세히 다루게 될 것이므로 여기에서는 전략개발에 대해 자세한 설명은 피하기로 한다. 이같이 형성된 전략은 기업활동의 방향을 제시해 주는 지도와 같은 역할을 하게 되므로 전반경영자가 보여주는 전략 결정의 역할은 그 중요성을 새삼 강조할 필요가 없을 정도의 무게를 지니고 있다. 그래서 앞에서는 전반경영자의 전략 결정 기능을 최고경영자 또는 부문관리자와 구분짓는 가장 두드러진 특징으로 간주했던 것이다.

다만 아무리 잘 세워진 전략이라도 제대로 실행되지 않으면 아무 쓸모가 없다는 점에서 최고경영자 또는 사업부의 책임자 위치에 있는 전반경영자는 전략의 실행에도 관심을 가져야 한다. 다시 말해서 전략개발이 마무리 지어졌을 때 전반경영자는 전략안을 잘 실행해서 바라는 목표를 달성하기 위해 노력해야 하는데, 이러한 과정은 전략개발시보다 더욱더 많은 시간을 필요로 하며, 실행과 함께 조직과 동기부여가 앞서거나 병행되어야 한다.

전반경영자가 원활한 기업활동을 수행하기 위해서는, 먼저 인적(人的) 조직기반이 마련되어 기업의 실체가 형성되어 있어야 한다. 그러므로 전반경영자의 주요한 기능의 하나로 개인의 분산된 능력을 집합시켜 기업 실체로 조직화하는 조직자의 역할이 대두하게 된다. 이는 전략의 실행 시 개발된 전략에 맞추어 조직의 규모와 성격을 형성하고 필요한 인재를 확보해 적재적소에 인력을 배치하는 한편, 목표 관리의 도입, 조직의 활성화 노력, 적절한 리더십의 발휘가 덧붙여져 이루어진다. 조직구조는 전략에 맞추어 결정되어서 전략이 성공적으로 수행되도록 뒷받침하는 기능을 수행한다. 때로는 기존의 조직체계가 어떠한 것이냐에 따라서 앞으로 채택될 전략의 한계가 규정되기도 하며, 기업 또는 조직의 성장단계에 따라 알맞은 전략의 형태가 다르게 나타나기도 한다. 그러므로 전반경영자가 전략을 개발하고 실천에 옮길 때는 이러한 조직과 전략의 관계를 충분히 고려해야 바라는 성과를 얻어낼 수 있는 것이다.

이와 동시에 전반경영자는 동기부여자 또는 격려자로서 기업구성원의 동기를 기업 목적에 부합시키는 지도력을 발휘해야 한다. 한편으로는 조직 내의 갈등과 세력 다툼 등에 대처해서 설득과 타협, 조정해야 하며, 다른 한편으로는 기업구성원의 무기력과 무사안일 풍토에 맞서 확신을 심어주고 의욕을 불어넣어 주어야 한다. 이를 위해서 전반경영자는 그 자신의 열정과 추진력 그리고 애사심을 보여주어 부하들의 귀감이 되는 한편, 성과급 등 물질적 보상을 제공하는 동시에 개발된 전략을 실행에 옮기는 과정에서 가능한 한 많은 사람을 참여시키고, 재량권을 일정한 한도 내에서 아래로 이양해서 기업구성원들의 내적인 만족을 불러일으킬 필요가 있다. 또한 더욱 장기적인 관점에서 바람직한 방향으로 기업문화 또는 조직 분위기를 형성, 정착시키도록 노력하는 것도 좋은 방안의 하나이다. 그리고 기업구성원을 위한 복지후생정책을 수행하고, 인사정책의 공정성을 기하며, 건전한 노사관계를 육성하는 일도 동기부여에 큰 효과를 가져다준다.

전략의 실행과정에서 전반경영자는 이와 같은 조직 및 동기부여 역할과 아울러 조직화된 힘을 움직여 기업의 목적을 달성하기 위한 전략의 집행 시에도 중추적인 역할을 담당한다. 다시 말해 마케팅, 생산, 재무, 인사, R&D 등 여러 기능 부문의 활동을 적절히 조정해서 개발된 전략이 목표한 대로의 성과를 낼 수 있도록 전반경영자는 근면한 자세로 자신의 능력을 동원한다. 이 과정에서 그는 끊임없이 각 기능 부문 또는 전체 기업이 내는 성과를 검토해서 세부 계획을 수정하기도 하고, 격려와 질책을 거듭하며, 자원 및 인력의 배분을 조정하는 등 결과의 통제를 위해 있는 힘을 다한다.

이같이 전략의 개발에서 실행까지 고통의 과정을 지나온 전반경영자는 마지막으로 달성된 결과를 평가하고 그 결과에 대한 책임을 지게 된다. 다시 말해 그는 결과책임자 또는 위험부담자로서 성공, 실패를 불문하고 기업활동의 결과에 대한 책임을 지고 위험을 부담해야 한다. 한편 평가된 결과를 소상히 분석하는 것도 필요하다. 앞으로 새로운 전략을 개발하고 실행하는 데 유용하게 쓰일 자료가 되므로, 전반경영자는 성공과 실패의 원인을 철저히 밝히는 작업도 잊어서는 안된다. 지금까지 소개한 전반경영자의 역할은 <표 7.2>와 같이 요약된다.

2) 한국 경영자의 역할과 과제

지금까지 전반경영자의 역할을 전략의 개발과 실행 및 평가 측면에서 전략 결정, 조직화, 동기부여, 실행, 결과책임 등 다섯 가지로 구분해서 자세히 살펴보았다. 이제 앞의 분류에 맞추어 지금까지 한국의 경영자가 수행해 온 역할을 역사적으로 고찰해서 보고, 선진국 대열에 진입한 한국기업에서 경영자가 맡아야 할 새로운 과제를 생각해 보자.

(1) 한국 경영자의 역할

1960년대에서 1970년대까지 경제개발이 모든 것에 앞섰던 시대를 살았던 한국의 경영자들은 국민의 잘살겠다는 소망과 정부의 경제발전에 대한 의지를 연결하는 역할을 했다. 입신출세를 지향하는 한국인의 인생관은 경제적 지위의 향상이라는 구체적인 목적과 이를 위해 여하한 노력도 불사하는 적극적 자세로 나타났고, 정부의 경제발전에 대한 열망은 시장 원리와 경쟁촉진 대신 획일적인 경제계획에 의한 기업의 지도와 보호로 나타났다. 이러한 여건하에서 경영자는 근로 대중을 조직화해서 그 힘으로 정부의 지침을 실행하는 조직자와 실행자의 역할을 담당했고, 정부는 지도로 전략결정자의 역할, 보호로 결과책임자의 역할을 대신했으며, 근로대중은 자발적인 동기로 기업의 격려자 역할을 불필요하게 했다. 이러한 경영자와 정부, 근로자의 삼각관계에서 대정부 관계자라는 새로운 경영자의 역할이 등장했다. 전략 결정자와 결과 책임자의 역할을 정부가 대신했기 때문에 대정부 관계를 담당하는 역할이 요구되었던 것이다. 따라서 이 시기의 성공적인 경영자는 조직자와 실행자 그리고 대정부 관계자라는 세 가지 역할이 필요했다.

한편 1980년대에 들어서면서부터는 1960~1970년대의 고도성장에 따른 구조적 어려움을 극복하기 위한 기초 작업이 나름대로 진행되었다. 이때 나타난 두드러진 문제는 극심한 인플레이션이었다. 1980년대 전반에는 안정위주로 성장 기조를 전환시켜 재정금융정책의 건실한 운용과 명목임금 인상의 자제 강요, 금리 인하, 추곡 및 하곡 수매가 인상 억제, 부동산 투기 규제 등의 정책수단을 통해 1980년 42.3%였던 도매물가 상승률을 1982년 이후 연 2~3% 수준에서 안정시키는 데 성공했다. 다만 이 과정에서 과거 인플레이션을 성장의 주요한 기반의 하나로 삼았던 많은 기업들은 제품 또는 서비스 가격의 인상이 힘들어져 고통을 겪게 되었다. 이를 극복하기 위해 많은 기업이 생산성 향상 노력보다는 임금 인상의 억제를 통한 저임금 구조의 유지를 꾀함으로써 1980년대는 자동차 파업, 어패럴 사건 등 많은 노사분규로 점철된 시기가 되고 말았다.

1990년대에 이루어진 주요 경제시책으로는 시장경제체제로의 전환을 위한 여러 정책들을 손꼽을 수 있다. 공정거래제도의 시행을 통해 독과점의 폐해를 시정하고 시장경제 질서를 회복시키려는 노력했으며, 시중 은행의 민영화 등을 통해 금융자율화를 추진해서 자금 분배의 왜곡을 개선하고자 했다. 또한 더욱 강화된 시장개방 압력에 직면해서, 정부는 수입자유화의 촉진과 관세율 인하 그리고 자본자유화 시책을 통해 국내 산업의 경쟁력 향상을 유도하려고 했다. 그 결과 기업은 과거와 달리 정부의 보호와 지원이라는 온상 속에서 더 머물러 있을 수 없게 되었으며, 이에 따른 충격의 파장은 기업과 경영자에게 자성과 함께 위기의식을 심어주게 되었다. 이 밖에도 1990년대에는 산업체에 의한 공해와 환경오염, 날로 심해 가는 빈부의 격차 등으로 인해 기업에 쏟아지는 국민들의 날카로운 비판과 요구가 더욱 증대되어 기업의 사회적책임과 이념에 대한 나름의 검토와 정립이 필요해졌다.

1997년의 IMF위기는 한국 기업경영자들에게 다시 한번 환골탈태를 강요받았다. 기업은 해외차관에 대한 지불보증과 같은 보호를 해주지 않기로 한 정부에 대한 의존심을 버리고 스스로 살아남기 위해 기술개발과 원가절감 등의 자구책을 모색했다. 30대 재벌중 19개가 무너지는 비상사태 속에서 살아남은 기업들은 내부적인 경쟁력을 갖추고 해외시장을 향한 세계화를 시작했다. 그 결과 삼성전자, 현대자동차, 엘지전자 등 세계적인 브랜드 경쟁력을 갖춘 기업들이 하나둘 나오기 시작했다.

(2) 한국 경영자의 과제

① 기존 역할의 심화

이상과 같은 국내외의 환경변화에 따라 향후의 한국 경영자는 기존의 조직자, 실행자의 역할 외에 다음의 역할을 보다 잘 수행해야 한다.

첫째, 경영자는 전략 결정자의 역할을 심화시켜야 한다. 구체적으로는 전략가로서의 사고능력을 길러야 하고, 기업 내에 장기전략계획과 같은 체계적인 제도를 정착시켜야 한다. 전략가로서의 사고는 앞으로의 의사결정 내용이 과거와 달라진 것을 인식하는 데에서 출발한다. 즉 과거에는 시장규모의 성장에 따른 시설 확장과 같은 양적인 의사결정이 필요했으나, 해외시장의 제약, 국내 기업활동 여건의 악화, 국경을 초월한 무한경쟁의 가속화와 같은 구조적인 여건의 변화를 맞아 이제는 기존의 사업이 미래의 여건에 적합한 것인가를 판단해야 하는 질적인 의사결정문제로 바뀌었다.

둘째, 경영자는 종업원의 태도, 희망, 불만 등에 주의를 기울임으로써 그들의 지지와 협조를 얻는 격려자의 역할을 강화해야 한다. 가장 효과적인 방법은 말 그대로 종업원과 사회 그리고 국가에 대한 책임을 적극적으로 수행하는 것이다. 이러한 역할은 재량적인 성격을 갖는 까닭에 사회와 국가에서도 이들에 대한 보상 등과 같은 제도를 고려할 수 있다.

셋째, 경영자는 결과 책임자의 역할을 담당해야 한다. 정부의 보호와 후견인 역할이 감소함에 따라 1980년대의 국제그룹 도산, 1990년대 후반의 기아그룹 부도 등의 예에서 보듯이 1980년대 후반부터 적자생존의 법칙이 한국 경제를 지배하고 있다. 자유경쟁 체제에서 결과에 대한 책임을 지고 경쟁에 임하는 기업이 궁극적으로 승리하는 것은 당연한 이치라 하겠다.

② 기존 역할의 확장

'전략(strategy)이 무엇이냐에 따라 조직의 구조(structure)가 결정되며, 그 구조의 유지를 위해 운영시스템(system)이 정해진다는 말만큼 기업세계를 지배해 온 경구는 지금까지 별로 없었다. 오늘날 대부분의 기업들도 이 원칙에 따라 설계되고 경영자의 역할도 이 법칙에 따르고 있다. 그러나 오늘날, 특히 향후의 경영환경은 지금까지와는 크게 다를 것이다. 과잉 생산시설 속에서 치열한 경쟁이 범세계적으로 벌어지고, 사업도 지리적으로 분리되어 관리가 어려워졌으며, 정보통신 기술의 급속한 발달과 보급으로 인해 다량의 정보를 처리해야 한다. 경영자 역할의 중요성이 점증하고 있다. 이러한 환경하에서 경영자에게 진정으로 필요한 것은 전략, 구조, 시스템의 경영논리를 뛰어넘는 근본적인 변화이다. <표 7.3>은 확장된 경영자의 역할에 대해 간단히 정리했다.

표 7.3
경영자의 역할 확장

기존 역할의 심화	역할의 확장
• 전략, 구조, 시스템에 기초한 경영논리 중시 및 이에 따른 역할 수행 • 즉 정책결정자, 격려자, 조직자, 실행자, 결과 책임자의 역할 수행	• 전략, 구조, 시스템의 경영논리에서 나아가 기업의 목적/비전 설정, 관리 과정 및 종 업원의 능력 개발을 중시 • 보다 신뢰받는 리더십의 발현

예를 들어보자. 3M의 연간 총매출액 중 30% 이상은 지난 5년 이내에 새로 개발된 제품으로부터 창출된다. 140억 달러 이상의 규모에도 불구하고 혁신적 능력과 기업가정신을 보유하기 위해 3M의 경영자는 어떠한 역할을 수행했는가? 또한 초기에는 형편없었던 ABB사가 발전장비 산업의 세계적인 선두주자로 발전하게된 이유는 무엇인가? 캐논사가 어떻게 카메라로부터 전자계산기, 복사기, 컴퓨터까지 사업을 확장하면서 스스로 혁신하고 성장할 수 있었는가? 그것은 바로 이러한 기업의 경영자들이 전략, 구조, 시스템에 기초한 경영논리를 넘어서는 다음과 같은 세 가지 공통적인 철학을 공유하고 있었기 때문이다.

첫째, 이들 기업의 경영자들은 명확한 전략을 개발하는 것 외에 기업의 목적/비전을 설정하는데 보다 충실했으며, 둘째, 조직구조의 설계보다 효과적 관리과정(management process)을 더 강조해 왔다. 셋째, 종업원의 행위를 통제하는 데 관심을 두기보다는 종업원의 능력을 개발하고 그들의 시야를 확장하는 데 더 많은 관심을 두었다. 그리고 이러한 세 가지 요소 외에, 이들 내용의 바탕이 되는 개념으로 지금보다 더 효과적인 리더십의 발현이 필요하다는 점을 지적할 수 있다. 계속해서 이들 각각의 내용에 대해 좀 더 구체적으로 살펴보자.

a) 기업 목적/비전 설정의 중시

전략을 개발하고 우선순위를 결정하는 것은 최고경영자의 영역이자 오랜 과업이었다. 그러나 아무리 최고경영자가 개발한 전략이라 하더라도 그것이 전체적 조직목적에 연결되지 않으면 구성원의 자발적 몰입을 유발하기 어렵고 소기의 성과도 창출하기 힘들다.

이러한 기업 목적을 설정하면서 경영자가 고려해야 할 세 가지 요소로는 첫째, 기업의 목적/비전을 설정할 때 조직구성원의 적극적 관심과 몰입을 유도할 수 있도록 그들의 관심과 이익에 중점을 두어야 한다는 점, 둘째, 조직이 무엇을 향해 나아가고 있는가를 구성원이 알 수 있도록 조직의 구체적 목표와 성과 등 조직이 추구하는 핵심가치를 명확히 정립하고 가시화 시켜야 한다는 점, 셋째, 구성원 개인이 조직의 중요한 일부라고 인식하고 목표의식을 느낄 수 있도록 개인의 자율권과 성과를 인정해주는 등 구성원의 직무에 경영자가 의미와 관심을 부여해야 한다는 점을 지적할 수 있다. 이러한 사실은 결국, 전략 이전에 기업 목적(purpose)이 제대로 정립되어야 하며, 이러한 목적을 제대로 정의하고 설정하는 것이 바로 경영자의 우선적 역할이라는 것을 의미한다.

b) 관리과정의 중시

조직은 일련의 과정(process)들의 집합체이다. 실제로 일부 진취적인 경영자들은 조직을 구조로 파악하지 않고 과정으로 파악해서 수직적 계층구조 중시의 경향에서 탈피, 수평적 정보전달 과정을 중시하고 있다. 성공하는 기업들의 공통적인 핵심과정으로서 ㉠ 구성원들이 마치 조직이 자기 소유인 것처럼 생각하며 업무에 임하도록 하고 기회를 스스로 찾도록 하는 '창업가 정신 배양 과정', ㉡ 내부적인 단위조직 간의 경계를 초월해서 개별 조직이 지니고 있는 자원들을 서로 연결하고 효과적으로 이용할 수 있도록 함으로써 기술융합 등에 대비하는 '경쟁력 강화 과정', ㉢ 기존의 지식과 기업 관행을 뛰어넘어 새로운 자원과 기회를 만들어 내는 '재창조 과정'을 지적하고 있다.

c) 임직원 역량 육성의 중시

오늘날과 같이 환경이 급변하고 경쟁이 치열해지며 세계화된 경영환경 속에서는 지식(knowledge)을 이용할 줄 아는 능력이야말로 기업의 경쟁우위를 결정하는 중요한 요소 중의 하나가 된다. 자본과는 달리 지식은 조직구성원 개개인에게 체화되어 활용될 때 그 가치가 발휘된다. 이러한 사실이 시사하는 점은 경영자에게 자못 중요하다. 즉 경영자들은 구성원을 단순한 생산요소가 아니라 전략적 자산으로 인식하고 또 육성해야 하며, 나아가서 지금까지 임원들의 몫이었던 직무들이 보다 낮은 계층의 실무자들에게 이양되도록 조직구성원들의 역할과 책임을 재조정해야 하는 것이다. 결국 앞으로의 경영자들은 경쟁우위 확보를 위해 인간 중심의 경영모델을 적극적으로 채택하고 활용해야만 한다. 경영자들의 가장 근본적인 임무는 조직 내에서 가치있는 구성원들의 특징을 회복시키는 것이며, 그렇게 하기 위해서는 앞서 설명한 목적, 과정, 인재에 기초한 경영철학을 채택할 필요가 있다.

d) 리더십의 발현

급변하는 경영환경, 특히 국경 없는 경쟁상황 속에서 조직 전체의 근본적인 혁신과 변화를 이끌어내고, 그 결과 기업을 지속적으로 성장시킬 수 있는 바탕은 어디서 비롯되는가? 그것은 바로 신뢰받는 리더십의 발현에서 비롯된다. 구성원들로부터 신뢰받는 지도자가 올바른 목표를 제시하고 그 목표를 달성할 수 있도록 구성원들의 역량을 배양하고 효과적으로 조직화할 수 있을 때 비로소 조직 혹은 집단은 공동목표를 무난히 달성할 수 있다. 따라서 신뢰받는 리더의 효과적인 리더십 발휘는 어떠한 일이 이루어지도록 하는 데 없어서는 안 될 중요한 요소이다. 왜냐하면 리더와 구성원 간에 신뢰감이 형성되지 못하면 구성원들은 최선을 다해 자신의 잠재능력을 개발, 발휘하지 않게 될 것이며, 요구받은 업무를 마지못해 수행하는 결과만을 초래할 것이기 때문이다. 이 경우 발휘되지 않고 개발되지 않은 힘과 자질을 생각해 보자. 또 반대로 신뢰를 바탕으로 리더와 구성원들이 완전히 호응해서 발휘하는 힘과 저력, 그리고 그 결과를 비교해 보자. 이 두 경우의 결과는 시간이 지남에 따라 엄청난 격차로 나타날 것이다.

그렇다면 기업의 리더인 경영자가 구성원들로부터 신뢰감을 획득하기 위해서는 어떻게 해야만 하는가? 무엇보다 기본 자질을 갖추어야 한다. 우리나라의 경우 성공기업의 경영자가 지니는 행동 특성으로는 구성원에 대한 인간적 배려, 즉 인간중시 경영의 강조, 경영자 스스로가 성실과 근면의 모범을 보이며 현장을 중시하는 솔선수범의 자세, 사업에 대한 소명의식과 강한 집념, 내부 구성원과의 돈독한 관계 유지를 포함한 대인관계 능력, 실력주의 등을 지적할 수 있다.

이제 정부 영향력의 감소 그리고 국제적인 여건의 악화와 더불어 몇년 내에 무(無)에서 일약 대기업으로 등장하고 또 패망하던 청년 실업가들의 스토리는 과거의 신화가 되었다. 건실한 기반 위에서 기대수익과 위험부담을 냉철하게 판단해서 채택된 기회를 적극적으로 추진하는 경영자, 즉 정책 결정자, 격려자, 조직자, 실행자 그리고 결과 책임자의 다섯 가지 역할 외에 새로운 경영논리에 맞는 역할까지도 모두 갖춘 경영자만이 국내외의 도전을 성공적으로 극복하고 기업을 성장시킬 수 있는 시대가 온 것이다.

2절 전략개발에 필요한 정보: 환경과 자원

1. 전략개발에 필요한 정보의 4가지 범주

현대경영전략에서는 경영자가 전략개발 전에 수집해야 하는 네가지 범주의 전략정보를 제시하고 있다(<그림 7.7> 참조).

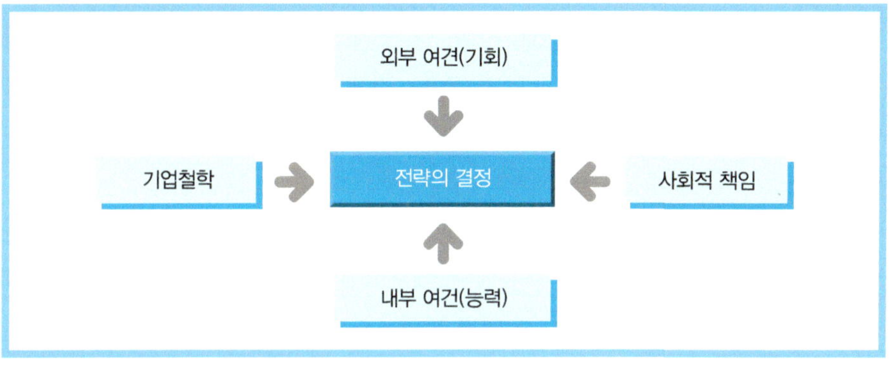

그림 7.7
전략개발에 필요한 정보의 4가지 범주

경영자가 첫 번째로 알아야 할 범주는 외부여건이다. 여기에는 경쟁기업을 포함해서 기업이 경영활동을 하는 데 있어 영향을 미치는 거시적인 환경요인 즉, 정치, 경제, 기술, 사회문화 등이 포함된다. 기업 외부여건을 파악하고 나면 기업이 추구할 수 있는 기회는 저절로 포착된다.

두 번째로 파악해야 할 범주는 내부여건이다. 기업이 가지고 있는 자금 능력을 포함한 재무구조, 생산시설 및 기술, 경영관리능력, 업종 및 제품구조 등에 관한 모든 내부적 능력과 한계점을 명확히 이해해야 한다. 이같이 외부에서 주어지는 기회와 내부에서 가지고 있는 능력을 알게 되면 기업이 선택할 수 있는 여러 가지 기회 중에서 자신의 약점을 노출시키지 않으면서도 강점을 십분 살릴 수 있는 가장 좋은 기회를 택할 수 있게 된다.

세 번째로 고려할 범주는 기업철학이다. 기업 구성원들은 개인적 가치 판단, 야심, 주관 또는 금기사항을 가지고 있으며 이러한 주관적 가치관이 기업철학이 되어 의사결정에 영향을 미치게 된다.

네 번째, 마지막으로 고려되어야 하는 범주는 기업의 사회적책임이다. 20세기만 해도 사회적책임은 교과서에서나 다루는 이론적인 규범이라고 생각하는 기업인들이 많았다. 그러나 개인 생활은 물론 기업 활동도 국가 번영 및 사회 안녕과 질서 위에서만 성립된다는 엄연한 현실을 생각할 때 경영자가 기업의 사회적책임을 망각한다는 것은 자신의 존재를 부정하는 것과 다를 것이 없다.

한편 전략정보의 4가지 범주 중 외부여건과 내부여건은 객관적으로 분석이 가능한 반면, 기업철학과 사회적책임은 주관적인 범주이다. 또한 외부여건과 사회적 책임은 기업 외부와 관련된 범주인 반면, 내부여건과 기업철학은 기업 내부적 측면과 관련되어 있다.

A. 전략정보 범주1: 외부여건(기회)

인간이 그를 둘러싼 가족, 동료, 사회, 국가, 세계와 같은 외부여건으로부터 영향받듯, 기업 역시 기업을 둘러싼 정치(정부), 경제, 기술, 문화 그리고 인구 특성과 같은 거시적 환경요인이나 기업이 속한 산업, 그리고 경쟁 회사와 고객의 영향을 받는다.

기업 외부여건은 쉬지 않고 변화하기 때문에 경영자는 기업을 둘러싼 외부여건 변화에 대해 항상 주의를 기울여야 한다. 왜냐하면 그가 현재 선택하고 있는 전략은 현재 상황에는 적합할지 모르나 어떤 방향으로 변화할지 모르는 미래 여건하에서는 수정을 필요로 할 수 있기 때문이다. 또한, 이러한 수정은 여건이 변화함에 따라 자동적으로 이루어지는 것이 아니라 경영자가 의식적으로, 그리고 능동적으로 행동에 옮길 때에만 가능하기 때문이다.

미국이나 서유럽에서는 여러 외부여건 중에서도 기술변화 템포가 가장 빠르다. 따라서 기술변화를 경영자가 관심을 집중해야 할 가장 중요한 외부여건으로 간주한다. 여기서 말하는 기술 변화란 새로운 학문과 기술 발전, 그에 따른 제품 개발, 그리고 자동화 등을 뜻한다. 이하에서는 이러한 기업 환경요소를 크게 기술, 정치(정부), 경제, 문화 그리고 인구 변수라는 거시환경과 기업이 속한 산업 그리고 경쟁 회사 및 고객 순으로 나누어 살펴보기로 한다.

1. 거시환경 분석

환경 분석이란 기업전략개발 및 핵심 성공요인에 영향을 미칠 수 있는 기회, 위협, 그리고 전략적 의문점 발견을 위한 분석을 말한다. 이 중 거시환경 분석은 변화 추세 및 사건의 발생 가능성을 파악하고 그 영향을 평가하려는 분석이다. 거시환경을 분석할 경우에 대부분 분석의 범위가 지나치게 확대되고, 상황 서술적인 분석이 되기 쉬운데, 실제 유용성 측면에서 볼 때는 기업의 전략개발에 구체적인 영향을 미치는 범위로 분석을 제한할 필요가 있다. 거시환경 분석의 구성요소는 일반적으로 기술, 경제, 문화, 인구 통계, 정치(정부) 등이다.

1) 기술

기술은 오늘날 기업에 가장 큰 영향을 미치는 환경요소라 해도 과언이 아니다. 21세기를 특징짓는 범세계화(globalization)는 결국 운송, 통신수단 등의 급격한 기술발전에 기인한 것이기 때문이다. 이러한 기술발전을 잘 응용해서 성공한 사례 중 대표적인 것으로 베네통(Benetton) 사례가 있다.

베네통사는 회사 설립 10년 만에 79개 국가에 5,000개의 이태리 패션점을 개설했다. 베네통의 주 상품은 밝은 색깔에 초점을 둔 스포츠 웨어이다. 베네통은 제품의 라이프 사이클이 매우 불안정한 의류시장에서 안정적인 기반을 제공하는 '고객유인(customer draw)'시스템이라는 독특한 전략을 구사했다. 이러한 고객유인 시스템은 전세계에 걸쳐 있는 5,000개의 점포를 공장과 전산망으로 연결해서 주문에서 물건 인도까지 겨우 2주에서 6주밖에 걸리지 않게 하는 시스템이다. 따라서 베네통 대리점 업자는 주문할 제품을 예측할 필요가 없다. 왜냐하면 주문에서 제품배달까지 시간이 얼마 소요되지 않으므로 잘 팔리는 제품만을 주시하면서 그것을 재주문하면 되는 것이다. 디자인 또한 CAD(Computer-Aided Design) 시스템을 이용하므로 대리점에서 요구하는 어떠한 사양의 제품도 즉각 공급할 수 있다. 이처럼 베네통사는 컴퓨터, 통신기술을 잘 활용해서 독특한 경쟁우위를 확보했다.

위와 같이 오늘날의 기업은 급격한 기술 변화에 직면하고 있으며 이것을 기회로 잘 활용하는 기업은 독특한 경쟁우위로 전환시킬 수 있는 반면에 이러한 기술 변화에 적응하지 못하는 기업은 경쟁에서 밀려나게 된다. 따라서 기업은 항상 자신을 둘러싼 기술환경 변화를 예의 주시해야 한다.

그렇다면 기술환경을 어떻게 분석할 것인가? 일반적으로 기업 입장에서 가장 초점을 두는 것은 현재 기업이 활용하고 있는 기술이다. 그러나 기술도 제품 수명 주기와 같이 기술 수명주기를 갖는다. 따라서 자신이 사용하는 기술이 어떠한 수명주기 단계에 와 있는지 파악하고 미래에는 어떠한 기술이 등장할 것인가에 관심을 가져야 한다. 기술 수명주기에 따른 기업 경쟁우위 변화를 요약하면 <표 7.4>와 같

표 7.4
기술 수명주기와 경쟁우위

기술 수명주기 단계	경쟁우위에 대한 기술의 중요성
1. 초기단계 (Emerging Technologies)	아직은 경쟁의 기반을 변화시킬 수 있는 잠재력을 보이지 않음.
2. 발전단계 (Pacing Technologies)	경쟁의 기반을 변화시킬 수 있는 잠재력을 보임.
3. 핵심단계 (Key Technologies)	제품 과정에 사용됨. 가치 창출 (비용, 성과, 품질)에 주요한 영향을 끼쳐 독점적 위치를 차지하게 함.
4. 표준화단계 (Base Technologies)	가치 창출에는 소규모 영향, 모든 경쟁자에게는 공통적인 기술.

다. 따라서 기업은 미래에 핵심 기술로 변화할 수 있는 현재의 초기단계 기술에 중점을 두고 기술환경을 분석해야 한다.

2) 경제

기업이 개발한 전략이 실제 실행되었을 때 나타나는 결과는 전략실행 시의 실업률과 경제성장률에 영향을 받게 된다. 예컨대 자본집약적 산업에 대한 막대한 투자는 초기에 당기 순손실이 크다는 점을 고려해서 경제적 여건이 좋은 호경기에 맞추어 이루어져야 한다. 호텔업체라면 건물 신축 시기를 결정할 때, 건물의 준공 시점과 호경기를 일치시키려 한다. 그러므로 경제환경에 대한 분석 또한 전반적인 경제환경보다도 개별 산업에 관계되는 경제환경에 초점을 맞추어야 한다. 투자 결정 또한 현재의 이자율과 미래의 이자율을 예측한 결과에 영향을 받을 수 있다. 환율의 예측은 국제 경영활동을 하는 기업에 특히 큰 영향을 미치게 될 것이다.

3) 문화

문화의 변화추세는 많은 기업들에게 기회와 위협을 제공한다. 서구식 문화에 익숙한 청소년층의 대폭적인 증가는 '웬디스', '버거킹', '맥도날드'와 같은 패스트푸드 체인점이 번창할 기회로 작용했으며, 반대로 기존의 제과점을 쇠퇴시키는 위협요인으로 작용했다. 또한 취업 여성의 증가는 '즉석 냉동식품', '유아원', '자동 조리기' 등의 시장을 확대시켰다. 그러나 문화적인 환경의 변화가 현재 기업이 활동하는 시장 모두를 사양화시켜 버리는 것은 아니다. 그러한 위협에 대응해서 새로운 문화에 기존 제품을 적응시킴으로써 성공할 수도 있다. 요컨대 중요한 것은 위협을 위협으로 인정하기보다 위협을 기회로 전환시킬 수 있는 기업경영자의 자세라고 할 수 있다.

4) 인구 통계

인구 통계적 환경은 시장의 규모를 결정하는 가장 기초적인 요인이다. 인구 통계적 변수는 연령, 소득, 교육수준, 주거지역 그리고 인구이동 등을 포함하고 있다. 예컨대 의료, 위생시설의 발전으로 인한 인간의 평균수명 연장과 가족계획으로 인한 청소년층의 감소는 연령 분포상 노인 인구를 증가시켰고, 이는 '실버산업' 이라는 새로운 사업 기회를 출현시켰다. 또한 소득수준의 증가는 자동차시장의 규모 확대에 영향을 미쳤으며, 교육수준의 증가는 특히 우리나라와 같이 교육열이 세계적으로 높은 곳에서는 교육관련 사업을 확대시켰다. 주거지역의 아파트단지화는 부도심에 위치한 쇼핑센터 출현의 기회로 작용했다.

5) 정부[6]

정부는 기업에게 지원자와 규제자의 역할을 수행하는 정도에 따라 네가지로 나눌 수 있다(Cho, 1992).[7] 첫 번째 모델은 지원과 규제를 모두 최소한으로 하는 자유방임적(Laissez-faire) 정부이다. 두 번째 모델은 지원은 강하고 규제는 약한 중상주의적(Mercantilistic) 정부이다. 세 번째 모델은 지원과 규제가 모두 강한 가부장적(Paternalistic) 정부이다. 네 번째 모델은 지원은 약하고 규제는 강한 입법주의적(Constitutional) 정부이다. <그림 7.8>은 기업-정부관계에 대한 네 가지 유형을 보여준다.

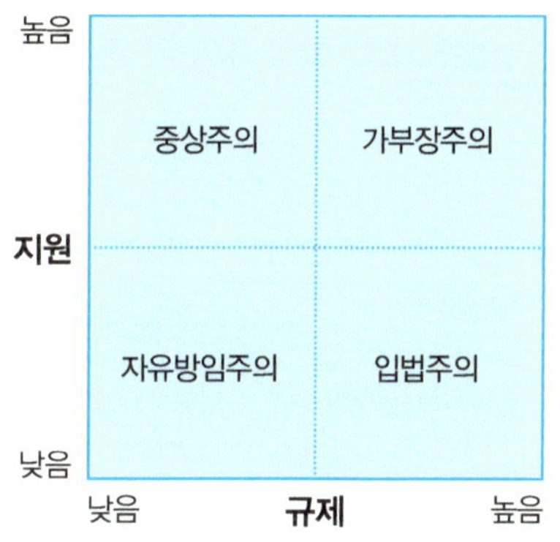

그림 7.8
기업-정부관계의 네가지 유형(Cho, 1992)

미국의 경영자는 다음과 같은 조크로 미국 정부에 대한 그들의 불만을 나타낸다고 한다. "외국에서 활동하는 미국 기업은 세 명의 적과 동시에 싸워야 한다. 세 명의 적이란 첫째 외국의 경쟁기업, 둘째 그 외국의 정부, 셋째 미국 정부이다." 이 조크를 통해 미국의 경영자는 자기 정부가 그들에게 도움을 주기는커녕 규제중심의 정책을 통해 방해만 한다는 것을 꼬집고 있다. 그리고 이 조크가 진실을 반영한다면 미국 정부는 입법주의적 정부라 할 수 있다. 그러나 한 나라 정부가 반드시 한 가지 유형만을 고집해야 하는 것은 아니다. 2017년에 취임한 도날드 트럼프(Donald Trump) 대통령의 공화당 정부는 '미국우선주의(America First Policies)'라는 슬로건 하에 민족주의, 일방주의, 보호주의, 고립주의를 강조하면서 미국 기업들을 지원하는 정책을 내세웠다. 이 정책만을 보면 트럼프 정부는 중상주의적 정부라 할 수 있다. 2021년에 취임한 조 바이든(Joe Biden) 대통령의 민주당 정부는 다시 대기업에 대한 증세정책을 통해 최고통합세율(top combined integrated tax rate)을 47.3%에서 65.1%까지 올렸다.[8] 이러한 증세정책은 미국정부를 다시 입법주의적 정부로 되돌려 세울 만하다.

일본에서는 재계, 관계, 정계가 지연과 혈연 그리고 학벌을 통한 인맥에 의해서 마치 거미줄과도 같이 밀착되어 있으며 행정부의 주요 시책은 재계의 영향권을 벗어날 수 없다고 한다. 이러한 중상주의적 일본정부의 정경일체 현상을 일본주식회사(Japan, Inc.)[9]로 빗대어 표현하기도 한다.

우리나라에 대해서는 정부와 기업 간에 긴밀하고 상호 협조적인 관계가 있는데도 불구하고, 일본식으로 한국주식회사(Korea, Inc.)라는 표현을 어느 누구도 쓰지 않는다. 그 이유는 정부가 기업에 대한 지원 못지 않게 통제, 지시, 행정 명령 등 여러 형태의 규제조치와 관료적인 절차 등을 통해서 기업 활동을 제약하기 때문이다. 실제로 지난 70여년간 한국정부는 대통령의 철학과 시대정신에 따라 끊임없이 변화해왔다. <그림 7.9>는 기업에 대한 한국 정부의 자세가 변화한 모습을 가설적으로 보여준다.

그림 7.9
한국 정부-기업관계의 변화

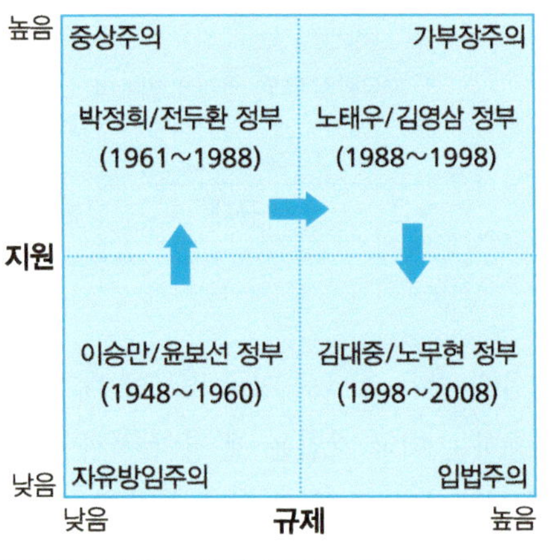

미국, 일본, 한국의 경우에서 보듯이 정부와 기업의 관계는 기업 활동의 촉진 또는 제약 요인으로 부각되고 있다. 그러나 정부정책은 대기업, 중소기업, 창업기업, 일반 서민 등 다양한 계층을 상대로 이루어지므로, 기업에게 긍정적인 효과를 가져온다고 해서 국민경제 전체에도 긍정적이라는 평가를 할 수는 없다.

한국에서는 1948년부터 1950년대까지의 자유방임적 정부에서 1960년대부터 1990년대까지 관 주도 형의 경제체제 속에서 기업 기능의 상당부분을 정부가 대신해 주는 중상주의적 정부로 바뀌었다. 그 후 1990년대의 가부장주의적 정부, 2000년대의 입법주의적 정부로 끊임없이 변화해왔다. 그 와중에서 기업 역시 정부의 모습에 발맞춰 왔다. 중상주의적 정부하에서는 대정부관계, 즉 대관업무가 가장 중요한 기업의 기능이었다가, 가부장적 정부와 입법주의적 정부하에서는 서서히 내부의 생산성을 비롯한 경쟁력 강화를 초점으로 삼기 시작했다. 그 결과 경영의 초점을 국내시장에 맞추었던 삼성전자, 현대자동차, LG전자와 같은 기업들이 세계시장에 진출하는 계기가 마련되었다. 그럼에도 불구하고 정도와 내용은 달라졌으나 정부는 여전히 기업활동에 큰 영향을 미치고 있다. 한국 기업경영자에게 정부의 정책을 분석하는 일은 기업의 업무 중에서도 매우 중요한 비중을 차지할 수밖에 없다.

2. 산업구조 분석[10]

동일한 산업 내에 존재하는 각 기업은 서로를 구체적인 경쟁 대상으로 의식하게 되므로, 기업 간의 경쟁은 필연적으로 존재하게 된다. 이 경우 경쟁은 기업의 생존과 발전을 결정할 뿐만 아니라 슘페터가 말한 '창조적 파괴'의 과정을 유발해서 경제발전의 원동력 역할을 하므로, 기업으로 보나 국가적으로 보나 매우 중요한 의미를 지닌다.

이러한 기업간 경쟁의 본질과 양상 및 그 강도는 기본적으로 경쟁관계에 있는 기업들이 형성하고 있는 산업의 구조적 요인과 이를 반영한 개별 기업의 경쟁전략에 의해 결정된다. 그러므로 전반경영자는 전략을 개발하기에 앞서 산업구조를 분석하고 경쟁기업의 특성과 능력 및 전략을 살펴보아야 한다. 여기에서는 산업조직론적 관점과 기업전략적 관점에서 산업구조의 본질과 그 구성요소 및 다양한 유형을 제시함으로써 기업간 경쟁의 문제에 대한 독자들의 이해를 높이고자 한다.

1) 산업조직론의 관점에서 파악한 산업구조

산업구조에 관한 문제는 전통적으로 경제학에서 수리경제학과 쌍벽을 이루는 산업조직론에서 다루어왔다. 수리경제학을 따르는 학자들이 시장에서 이루어지는 모든 경제현상을 숫자로 바꿔서 분석하고 이해하는 반면, 산업조직론을 택한 학자들은 기업을 현실 경제 안에서 생동하는 유기체로 인식하고 시장 여건에 대해 기업이 조직적 반응을 보이며 투입 산출 과정을 일으키는 것으로 본다.

여기에서 시장(market)이란 재화를 거래하는 판매자(seller)와 구매자(buyer)의 집단을 말하고, 산업(industry)은 보통 시장에서 공급자(supplier) 반대편에 서있는 소비자(consumer)를 의미한다. 일반적으로 시장에서 판매자는 제품의 공급자이고, 구매자는 제품의 소비자이므로, 우리가 분석하고자 하는 산업구조(industry structure)란 시장에 판매자로서 참가하고 있는 기업 간의 경쟁 양상을 결정하는 구조라고 할 수 있다.

그러면 산업구조는 어떤 요인에 의해서 구성되는가? 그와 같은 구성요소들은 서로 어떻게 관련되어 어떤 산업구조 유형을 형성하는가? 시간이 지남에 따라 산업구조는 어떻게 변화하는가? 이러한 세 가지 질문에 대한 답을 이제부터 차례로 살펴보기로 하자.

(1) 집중도

산업구조를 기업 수와 규모 관점에서 설명하는 것이 집중도인데, 이는 한 산업 내 주도적 기업들이 공동으로 지배하는 시장점유율로 나타난다. 즉 집중도는 과점(寡占) 정도를 말하는 것으로서, 집중도가 높다는 것은 과점기업들 간 상호의존성이 높다는 뜻이 된다. 이같이 집중도가 높은 산업에서는 과점기업들이 서로 협조를 하든 치열한 경쟁을 하든, 결합된 시장지배력은 동일한 시장점유율을 지닌 단일기업이 갖게 되는 효과보다 약하게 나타난다.

이처럼 기업 수와 기업규모 분포라는 두 가지 관점에서 집중도 개념에 따라 산업구조를 정의할 때, 집중지수(concentration index)를 사용하면 산업구조를 수량적 척도로 동시에 계측할 수 있어 산업이 보이는 핵심 형태를 비율 하나만 가지고도 합리적이고 간결하게 파악하는 것이 가능해진다. 경영자는 이러한 상품 시장집중 외에 산업집중의 일반적 추세를 살펴보고, 자기기업이 소속한 산업 분야 또는 새로이 진입하고자 하는 분야의 집중도 추이와 특성을 파악하며 산업 구조에 관한 이해를 높여야 한다. 그래야 앞으로 언급할 진입장벽이나 제품 차별화에 관한 전략을 결정하고 신규 진입시장을 물색해서 진입 장벽을 세우는 것과 같은 전략개발 시에 도움을 받을 수 있기 때문이다.

(2) 진입장벽

한 산업 내에서 기업이 거둘 수 있는 성과는 장기적으로 볼 때 기존 기업간 경쟁뿐만 아니라 이 산업에 참여할 가능성이나 구체적 의사를 지닌 새로운 기업에 의한 잠재적 경쟁에 의해서도 영향을 받는다. 그런데 현실적으로 산업에는 새로운 기업이 들어오는 것을 어렵게 하는 진입장벽(barriers to entry)이 존재해서 이것이 산업의 구조적 성격을 크게 좌우하며, 기존 기업들은 진입장벽 높이에 따라 일정한 범위 내에서 시장지배력을 행사하게 되는 경우가 많다.

이러한 진입장벽은 다양한 경제적 원인에 의해 결정되는데, 가장 우선적으로 고려할 수 있는 것이 절대비용우위(absolute cost advantage)이다. 즉 기존기업의 경우 특허를 통해 우월한 생산기법을 지배하거나 생산에 필수적인 자원을 독점 소유하는 반면, 새로이 시장에 진입하려는 기업은 경영 서비스, 노동, 장비, 원료 등 필요한 생산요소나 투자에 필요한 자금을 기존기업만큼 유리한 조건으로 얻을 수 없어 불리한 것이다.

또한 국내 유한양행의 약품사례에서 잘 나타나는 바와 같이, 소비자들은 기존기업 제품 또는 기존 유명 브랜드에 대해 신뢰를 가지는 경우가 있는데, 이러한 현상은 제품차별화(product differentiation)에 의한 진입장벽을 잘 설명해 준다. 이와 같은 제품차별화는 계속적인 광고나 기업 이미지에 따른 구매자 선호현상 외에, 우수한 제품 디자인이나 유통경로 장악을 통해서도 이루어진다. 이처럼 제품차별화를 이룩했을 경우 새로이 진입하는 기업은 기존 기업으로부터 소비자를 흡수하기 위해 평균비용 이하로 가격을 책정하거나, 더 많은 판촉비용을 지급하거나, 새로운 유통경로를 개척하는 등 불리를 감수해야 한다.

한편 기존 기업의 경우 절대생산량이 늘어남에 따라 제품 단가가 떨어지는 규모의 경제(economy of scale)를 실현해서, 새로이 진입하려는 기업으로 하여금 대규모로 뛰어들어 기존 기업들이 강력히 반발하는 속에서 위험을 무릅쓰게 하거나 소규모로 진입해서 원가상의 불이익을 감수하게 하는 두 가지 대안 중 하나를 택하게 함으로써 진입장벽을 형성한다. 다만 규모의 경제는 생산량이 증가함에 따라 한계생산비는 낮아지나 일단 최적생산규모를 초과하면 다시 상승한다는 것을 전제로 한다. 특이하게도 텍사스 인스트루먼트(Texas Instrument)사가 휴대용 전자계산기 가격 책정 시 도입해서 큰 성공을 거두었던 경험곡선(experience curve)은 누적된 경험에 따라 한계생산비가 무한히 낮아지는 것으로 상정했는데, 이러한 경험곡선 역시 진입장벽을 설득력 있게 설명해주고 있다. 이밖에도 특허권, 지적 소유권과 같이 기존 기업이 가진 우위를 법률로 보호해 줄 때 나타나는 법률적 진입장벽, 산업으로부터 기존 기업이 철수하는 것을 힘들게하는 철수장벽 등이 진입장벽과 더불어 산업이 가진 구조적 특성으로서 경영자에게 중요한 이슈가 된다.

진입장벽은 앞에서 살펴본 집중도와도 밀접한 관계를 갖는다. 즉 산업의 장래성 여하에 따라 기업들이 진입과 철수를 통해 그 산업 구조를 변화시키게 되는 것이다. 예를 들어 어떤 산업의 진입장벽이 높아 새로운 기업이 시장에 뛰어들지 못하면 집중도에 별 변화가 없지만, 진입장벽이 낮아 새로운 기업의 진입이 자유롭다면 산업구조가 변하게 되어 집중도 역시 달라질 것이다. 따라서 경영자는 진입장벽의 높고 낮음에 따라 산업구조를 파악할 수 있다.

지금까지 설명한 집중도와 진입장벽 외에도 산업구조를 형성하는 요인에는 여러 가지가 있다. 그 중 하나는 앞에서 진입장벽을 결정하는 중요한 요인으로 파악한 제품차별화이다. 수요자는 차별화된 제품을 선택하는 경향이 있으므로, 그런 제품을 만드는 공급자들은 어느 정도의 독점력을 행사할 수 있다. 그러므로 제품차별화가 이루어지면 동질적인 제품을 취급하는 산업에서와 다른 양상의 경쟁을 하게 된다는 점에서 제품차별화가 산업구조를 결정하는 독자적인 변수로 간주되기도 한다. 이 밖에 기업의 다각화 정도, 정부의 정책, 기업의 수직적 결합 및 수요자 독점 등이 기업 간 경쟁의 정도를 나타내므로 산업구조를 파악할 때 어느 정도 고려되어야 할 요소지만, 여기서는 설명을 생략하기로 한다.

이상에서 고찰한 산업구조 구성요소의 배합 여하에 따라 몇 가지 산업구조의 유형이 나타날 수 있다. 경제학에서는 기업의 수에 따라 독점, 과점, 경쟁의 3대 기본적 유형으로 나누는 전통적인 방법을 자주 쓴다. 그런데 앞에서 살펴본 바와 같이 실제 세계에서는 과점의 산업구조를 이루고 있는 경우가 많으므로, 기업체의 수와 기업의 상대적 규모를 고려한 집중지수로 산업구조를 분류하는 방법이 널리 쓰이고 있다.

산업구조를 제대로 파악하기 위해서는 시간이 지남에 따라 기업 간의 경쟁관계가 어떻게 변화하는지를 동태적으로 살펴보는 작업이 필요하다. 현실을 자세히 관찰해 보면 많은 산업들은 제품의 개발부터 수요가 급격히 늘어나는 단계를 거쳐 성숙한 산업으로 진화해 나간다. 이때 신제품을 개발한 기업은 초기에 독점적으로 시장을 지배하나, 특허 기간이 지나거나 기술이 표준화되어 널리 퍼지는 단계에 이르러 제품이 폭넓게 알려지게 되면 수요가 증가하게 되고 많은 기업이 이 제품을 경쟁적으로 생산하게 된다. 그래서 제품을 처음 개발해서 시장에 내놓은 기업의 시장점유율은 점차 떨어지게 되며, 이 산업은 성숙단계에 이르러 보다 경쟁적으로 된다.

한편 기존 상품보다 편리하고 성능이 뛰어난 제품이 개발되어 상업화 되면 대체관계에 있는 기존 상품은 급격히 사양화된다. 비디오 촬영기에 밀려 무비 카메라 산업이 사양길에 접어든 경우나, 한때 미국 수송산업의 중추적인 역할을 했던 철도산업이 자동차와 항공수송에 뒤져 침체일로에 있는 현상이 이를 잘 설명해 주고 있다. 그러므로 현실 세계의 여건을 잘 살펴 전략을 개발해야 할 경영자 입장에서는 산업구조를 파악할 때 단순히 현재의 상태만 살펴서는 안 되며, 제품 또는 산업의 주기에 입각해 산업이 현재 위치한 단계를 동태적인 측면에서도 고려해야 한다.

다른 모든 여건이 동일하다 하더라도 앞으로 수요가 폭발적으로 늘어나리라 예상되는 산업에서 경영자가 취해야 할 투자전략은 수요가 더 이상 늘지 않을 것으로 추측되는 산업에서의 투자전략과 근본적으로 차이가 있어야 한다. 그리고 성장이 예상되는 단계에서 선택하는 투자전략에 산업의 수요가 성숙단계에 이르게 될 때 나타나는 기업 간 경쟁양상과 균형상태가 충분히 고려되어야 함은 물론이다. 예를 들어 수요가 급증하리라 예상되는 산업에서의 경영자는 미래에 나타날 경쟁을 고려해서 남보다 먼저 전략적으로 우월한 위치를 차지하려는 의욕이 앞서 시설투자에 급급함으로써 유휴설비를 만들어 놓는 경향이 있는데, 이러한 양상을 보고 경영자가 잘못하고 있다고 나무랄 수는 없는 것이다. 이와 반대로 수요가 더 이상 늘지 않으리라 추측되는 산업에서 경영자가 시설투자에 총력을 기울였다면 그에 대한 평가는 그다지 좋게 내려지기 어려운 것이다.

결국 합리적인 투자전략이란 현재와 미래에 걸친 수익의 흐름을 최대로 할 수 있어야 하며, 이는 산업구조를 제대로 파악했을 때에만 가능한 것이다. 이렇게 볼 때 다른 기업의 전략을 분석함에 있어서도 어느 한 시점만을 고려하는 단기적 시야에서는 제대로 이해하기가 곤란하며, 그 기업의 의도와 채택한 전략이 앞으로 산업구조에 미칠 영향 등을 폭넓게 분석해서 대응전략을 개발해야 한다.

2) 기업전략적 관점에서 파악한 산업구조

앞에서 우리는 산업조직론의 연구 결과를 통해 산업구조를 파악하는 방법에 대해 간략히 살펴보았다. 그런데 80년대에 들어와서는 산업구조를 기업전략 관점에서 연구해서 경영자에게 보다 현실적이면서 유용한 분석의 틀을 제공하려는 시도가 활발히 이루어지고 있다. 이러한 논의에 의하면, 각 산업의 경쟁도(競爭度)는 우연히 정해지는 것이 아니라 근본적인 산업의 구조와 경쟁자들 간의 상호적 대응방식에 의해 결정된다. 어떤 산업이든 경쟁이 심해질수록 그 산업에 속한 기업의 투자수익률은 일반적으로 낮아지고, 일정 수준 이상의 높은 투자수익률을 보이는 산업의 경우에는 기존 기업의 확장이나 신규 경쟁자의 진입으로 인해 투자가 증가한다.

이때 산업 내 기업 간의 경쟁도를 결정해서 투자 결정 및 이익률에 영향을 주는 요소는 크게 <그림 7.10>에 제시된 잠재적 진출 기업, 산업 내 경쟁기업, 공급자, 구매자, 대체품으로 요약될 수 있다. 이처럼 기업 전략론적 관점에서 산업구조를 파악할 때에는 고객과 공급자, 대체품, 잠재적 진출 기업 모두를 특정 산업에서 활동하는 기업들의 경쟁자로 간주해서 경쟁의 범위를 넓게 잡는 것이 특징이다. 다만 특수한 상황에 따라 이런 경쟁 요소들이 두드러지게 나타날 수도 그렇지 않을 수도 있는 것이므로, 전략을 개발할 때에는 서로 어우러져 산업의 경쟁도와 투자수익률을 결정짓는 포터의 다섯 가지 경쟁요소 중 보다 큰 영향을 미치는 요소를 중시해야 한다. 예를 들어 잠재적 진출 기업이 별다른 위협이 안 될 만큼 특정 산업 시장에서 매우 확고한 기반을 다져 놓은 기업이라 할지라도 품질이 더 낮고 값이 싼 대체품이 등장하면 수익률이 저하된다는 것을 우리는 앞에 언급한 미국의 철도산업의 경우에서 잘 알 수 있었다. 또한 유조선 산업 분야에서는 주요 경쟁요소가 대규모 석유회사 즉 구매자일 것이라는 점에서 볼 때, 산업에 따라 경쟁 상태를 형성시키는 주도적 요소들이 서로 다르다는 것도 알 수 있다. 그러므로 경영자들은 다섯 가지 경쟁요소를 면밀히 검토해서 자기 기업이 속한 산업구조를 분석함으로써 그 결과 나타난 경쟁요소 간의 상호 관계를 정책 개발 시에 반영해야 한다.

그림 7.10
기업경쟁을 유발하는 다섯 가지 힘

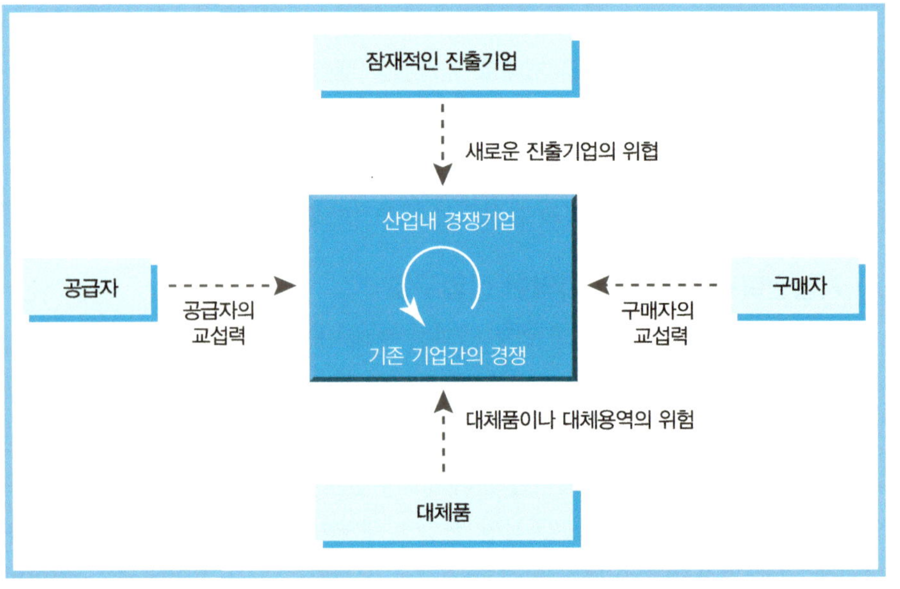

이하에서는 이들 다섯 가지 요소가 산업 경쟁도에 미치는 영향을 차례로 살펴보고, 이에 따라 분석된 강점과 약점에 알맞은 경쟁전략에 대해 알아보기로 한다.

(1) 새로운 기업의 진출에 따른 위협

어느 산업에 새로운 기업이 진출할 때 이들은 새로운 능력과 시장을 확보하려는 강한 의욕, 그리고 때로는 상당한 자원을 가지고 뛰어든다. 그럴 경우 가격이 떨어지거나 부대비용이 상승해서 결국 수익성을 저하시킬 가능성이 많다. 이 경우 새로운 진출 기업이 주는 위협의 폭은 그 산업에 내포된 진입장벽과 그 기업이 예상하는 기존 경쟁기업들의 대응에 따라 결정된다. 즉 장벽이 높고 신규 진출 기업이 예상하는 기존 기업의 보복적 대응이 높을 경우에는 새로운 기업이 진입할 가능성이 낮아질 것이다.

다시 말해서 기존 기업들에 비해 새로이 진입하려는 기업들은 규모의 경제, 제품의 차별화, 투자 시 필요한 소요 자본의 크기, 구매자가 기존 제품에서 공급자의 제품으로 바꿀 때 그 과정에서 부담하게 되는 교체비용(switching costs), 유통경로에의 접근의 어려움, 생산기술, 기존 기업의 원자재 독점 및 경험곡선의 작용과 같은 규모와 무관한 원가상의 불리, 허가요건 및 제안 규정, 대기와 수질오염 규제 기준이나 제품의 안정성 및 효능에 대한 단속 규정 등 정부의 정책에 따른 불리함 등을 겪게 된다. 이러한 진입장벽에 대해서는 앞에서 살펴본 바 있으므로 구체적인 설명은 생략하기로 한다. 다만 기업 전략적 관점에서 중요하게 고려되는 진입장벽의 몇 가지 속성에 대해서는 더욱 자세히 알아볼 필요가 있다.

진입장벽은 여건이 바뀌면 형태가 달라질 수 있다. 예를 들어 미국의 폴라로이드(Polaroid)사가 독점한 즉석 사진은 그 특허 시효가 만료되면서 기술독점으로 만들어진 절대적인 진입장벽이 무너졌다. 이에 따라 코닥(Kodak)사가 그 시장에 뛰어든 것은 조금도 놀라운 일이 아니었다. 이처럼 장벽은 기존기업들이 통제할 수 없는 이유로 인해 바뀌는 경우가 흔히 있지만, 이들의 전략적인 결정에 따라서도 큰 영향을 받을 수 있음은 물론이다. 예를 들어 일본의 반도체 생산기업들은 한국의 삼성, 엘지 등의 기업이 64K D램, 256K D램의 양산을 시작하자 가격을 대폭 낮추어 시장의 잠식을 막으려고 노력했는데, 이는 진입을 억제할 수 있는 가격구조를 설정해서 단기적으로 손해를 보더라도 진입의 위협을 제지해서 시장점유율을 유지하려는 전략의 소산이라고 하겠다.

그러나 일부 기업들은 특수한 자원이나 기술을 지니고 있어 다른 대부분의 기업들보다 훨씬 적은 비용으로 특정 산업의 진입장벽을 넘을 수 있다. 예를 들면 우리나라의 유수한 건설 회사들이 자체 건설한 아파트라는 안정된 수요처를 가지고 가구업에 진출한 경우나, 면도칼과 면도날의 유통경로를 튼튼하게 장악하고 있는 미국의 질레트(Gillette)사가 다른 많은 회사보다 훨씬 적은 비용으로 일회용 가스라이터 산업에 뛰어든 경우가 이를 잘 설명해준다.

한편 기존기업의 전략적 관점에서 볼 때 규모의 경제성이 오히려 진입장벽으로 작용하는 문제가 발생하기도 한다. 이러한 문제는 규모의 경제를 위해 대규모 설비를 갖추는 경우 제품의 차별화 또는 다양화를 동시에 추구하기 어려우며 신축성이 부족해서 기술적 변화가 필요할 때 신속히 대응하기가 힘든 동시에 규모의 경제에 집착하다 보면 새로운 기술이나 경쟁 방법을 개발하는 데 신경을 덜 쏟기 때문에 나타난다.

새로운 산업에 진입하려는 경영자는 진입장벽을 고려할 때, 반드시 기존 경쟁기업들이 어떠한 형태의 반응을 보일 것인가를 예상해야 한다. 경영자들은 다음 과 같은 현상이 나타날 경우 기존 기업들의 보복이 크리라고 생각할 수 있다.

- 신규 진입기업에 대한 심한 보복의 역사가 있는 경우
- 기존 기업들이 막강한 자원동원 능력, 잉여생산 능력, 유통경로나 고객들에

대한 막강한 영향력을 갖추어 보복을 할 수 있는 능력이 큰 경우

- 기존 기업이 진출대상 산업에 전력을 다하고 있으며, 막대한 고정자본을 이미 가지고 있어 그 산업에서 철수하기 어려운 경우
- 진출대상 산업이 완만하게 성장해서 새로운 기업이 진출할 때 기존 기업의 판매량과 수익이 크게 줄어들 가능성이 큰 경우

(2) 기존 경쟁기업들 간의 경쟁[11]

기존 경쟁기업들 간의 경쟁은 흔히 유리한 위치를 차지하려는 여러 전술, 즉 가격 경쟁이나 광고 경쟁, 신제품 개발, 소비자 서비스 및 제품 보증 등의 형태로 나타난다. 한 산업 내의 각 기업들은 서로 상호 의존적인 관계를 맺고 있어 어느 한 기업이 경쟁적인 조치를 취할 경우 다른 경쟁기업들에게 두드러진 영향을 미치기 때문에 자연히 보복적인 조치나 대응조치를 불러일으키게 된다. 특히 가격 경쟁의 경우에는 곧 경쟁자의 대응조치를 유발하게 되고, 그 결과 산업에 대한 수요탄력성이 그리 높지 않은 한, 모든 기업들의 수입은 떨어지게 마련이다. 다만 광고 경쟁이 벌어졌을 때에는 시장 자체를 확대시킬 뿐만 아니라 각 기업이 제품차별화에 성공하는 경우 모든 기업에 이익을 가져다줄 수 있다.

그런데 일부 산업에서는 '전쟁 같은', '격심한', '필사적인'이라는 수식어가 어울릴 만큼 치열한 양상을 보이는가 하면, 다른 산업에서는 '점잖은', '신사적인' 이란 표현이 알맞을 만큼 부드럽게 경쟁이 벌어지기도 한다. 그 이유는 무엇이 일까? 이에 대한 해답을 구하기 위해 우리는 치열한 경쟁을 야기하는 산업의 구조적 측면을 살펴보아야 한다.

먼저 어느 산업이나 기업 수가 굉장히 많을 때에는 한 기업의 움직임이 다른 기업들에 의해 발견되지 않으리라고 생각하기 쉬워 경쟁을 유발하는 전략을 채택하는 이단자가 나오게 마련이다. 그리고 기업 수가 많지 않은 산업의 경우 경쟁기업들이 규모나 외형적인 자원 면에서 비교적 균형관계를 이루고 있을 때는 불안정한 상태가 유발되어 서로 싸움을 벌이기 쉽고 지속적이고 강력한 보복 조치를 취하기 쉽다.

또한 성장이 느린 산업에서는 시장점유율을 넓히기 위한 경쟁이 일어나게 되는데, 특히 고정비용이나 재고비용이 높은 산업에서는 더욱 이러한 양상이 두드러지게 나타난다. 이외에도 경쟁상품이 동질적이어서 제품차별화가 곤란하거나 교체비용이 큰 경우, 규모의 경제를 이루기 위해 대규모 시설확충이 필요한 경우, 상이한 경쟁전략을 펴는 다양한 유형의 경쟁기업이 산업 내에 공존하는 경우, 많은 기업들

이 특정 산업에서의 성공 여부에 전략적 이해관계가 걸려 있는 경우, 철수장벽이 높은 경우에 경쟁은 치열해지게 마련이다.

그런데 이처럼 경쟁 강도를 결정하는 요인들은 시간이 지남에 따라 변화하게 되는데, 산업이 성숙되면 경쟁이 격화되어 성장률 및 수익률이 떨어지게 되며, 새로운 경쟁자가 산업에 나타날 때에도 새로운 방식의 경쟁을 유도할 수 있다.

(3) 대체품의 압력

특정 산업에서 경영활동을 벌이고 있는 기업들은 넓은 의미에서 대체품을 생산하는 산업들과 경쟁을 벌이고 있는 셈이다. 대체품의 존재 및 그 가격 수준은 특정 산업에서 활동하는 기업들이 이윤을 감안한 가격을 결정하는 데 일정한 상한을 설정함으로써 그 산업의 잠재적인 수익을 결정한다. 예를 들어 철강 파이프, 플라스틱 파이프와 동 파이프 또는 기차와 고속버스 간에는 대체성이 존재하고 있으므로 한쪽의 가격 수준은 다른 쪽의 가격 수준에 영향을 주게 된다. 대체품이 있는지를 확인하기 위해서는 기존 상품과 동일한 기능을 수행하고 있는 제품을 찾으면 된다고 쉽게 이야기할 수 있지만, 실제 이러한 작업은 상당히 어렵거나 섬세한 분석을 필요로 하며, 때로는 얼핏 봐서는 무관한 듯한 산업이나 영업활동까지 눈여겨 관찰해야 할 경우가 많다.

한편 대체품에 대한 기존 상품의 경쟁적 위치는 산업 내의 한 기업이 좌우할 수 있는 것이 아니라 산업 전체의 집단적인 행동에 의해 결정되는 경우가 많다. 얼마 전 모 고속도로를 건설할 때 시멘트업계와 아스팔트 생산업계가 시멘트 포장과 아스팔트 포장 간의 우월성을 놓고 공방전을 벌인 것이 좋은 예라 할 수 있다. 대체품이 기존 제품과 가격 및 효능 면에서 대체성을 계속 향상시키고 있거나 이미 높은 이익을 올리고 있는 산업에 의해 대체품이 개발되었을 때, 경영자는 기업의 운명을 걸고 대체품에 예리한 관심을 기울여야 한다. 1950년대까지 미국에서 가장 큰 수동 타자기 제조회사였던 언더우드(Underwood)의 사례가 그 중요성을 잘 웅변해주고 있다. 언더우는 IBM사가 개발한 전동 타자기의 대체성을 무시함으로써 타자기 시장에서 혁명을 일으키게 된 IBM의 전동 타자기에 대처할 전략을 개발하지 않아 종국에는 군소업체로 전락하고 말았다(언더우드사는 1959년 경쟁기업이었던 올리베티(Olivetti)사에 흡수, 합병되었다).

(4) 구매자의 교섭력

구매자들은 가격 인하나 품질 향상 및 서비스 증대를 요구하거나 경쟁기업들을 서로 대립시켜 이득을 보는 행위 등으로 구매 대상 산업과 경쟁을 벌이는데, 이러한 행위는 모두 그 산업의 수익성을 감소시키는 결과를 빚는다. 이때 구매자가 다음과 같은 여건을 갖추고 있는 경우 공급자보다 유리하게 된다.

- 집중적인 구매를 하거나 구매자의 구매 비중보다 그 구매자에 대한 공급자의 판매 비중이 클 때
- 그 산업에서 구매하는 제품이 구매자의 비용이나 구매비의 상당부분을 차지해서 구매자가 유리한 가격으로 또 선별적으로 구매하려는 경향을 가질 때
- 제품이 규격화되어 있을 때
- 교체 비용이 거의 들지 않을 때
- 구매자들이 신빙성을 가지고 구매 상품을 직접 생산하겠다는 위협을 줄 때

(5) 공급자의 교섭력

공급자가 구매자보다 유리한 상대적 위치를 가지고 있다면 가격 인상이나 판매하는 제품 및 서비스의 질을 떨어뜨리겠다는 위협을 통해 교섭력을 발휘할 수 있다. 따라서 유리한 위치에 있는 공급자를 가진 기업은 판매가격에 부품 공급자로부터의 비용 증가를 전가시키지 못하는 경우 자신의 수익성을 낮출 수밖에 없다. 예컨대 한국의 전자 및 기계 산업과 같이 주요 부품을 일본으로부터의 수입에 의존하고 있는 경우 1986년 엔화가 크게 상승해서 부품 구매 비용이 증대 되었음에도 불구하고 부품의 가격 인하를 거의 성사시키지 못해 엔화 상승분을 모두 추가 부담하게 되었던 것은 바로 공급자의 경쟁력이 얼마나 큰가를 보여주고 있다.

다시 말해서 한국 기업은 산업 구조상 일본의 기계와 부품을 사용하지 않을 수 없는 여건에 처해 있어 갑작스러운 수입선의 변경이 곤란한 동시에 주요 핵심부품을 국산화하지 못했기 때문에 일본 공급자의 제품이 생산공정이나 제품 품질에 필수 불가결하게 되어 결국 일본의 공급자가 유리한 위치를 차지하게 되었다. 대개 다음과 같은 경우 공급자의 위치는 상대적으로 유리해진다.

원료 및 부품의 공급이 소수의 대규모 기업에 의해 지배되고 있으며, 구매자가 다수인 경우

- 공급자가 판매하는 제품에 대체품이 없는 경우
- 공급자의 제품이 구매자 제품의 중요한 요소일 경우
- 공급자의 제품이 차별화되어 있거나 교체 비용이 막대하게 소요될 경우
- 공급자가 신빙성 있는 전방통합을 위협수단으로 삼는 경우

한편 앞에서 보았듯이 정부의 정책과 간섭은 위에서 말한 다섯 요소에 모두 영향을 미칠 수 있으므로 경영자가 산업구조를 분석할 때에는 정부 정책에 대한 조사를 잊어서는 안된다. 이같이 특정 산업의 경쟁에 영향을 미치는 여러 작용들과 이러한 작용을 야기하는 기본적 요인들을 밝혀내고 나면, 경영자는 산업구조와 관련된 기업 자체의 강점과 약점을 파악할 수 있게 된다.

이때 경영자가 전략적인 관점에서 중요시해야 할 강 · 약점은 곧 기본적인 경쟁요소들에 대한 그 기업의 준비태세 상의 문제를 말한다. 그러므로 효과적인 경쟁전략이 개발되었다면 다섯 가지 경쟁 요소들에 대응하는 방어적 태세를 갖추기 위해 공세적 또는 수세적 행동을 취하게 마련이다.

넓은 의미에서 본다면 이러한 전략은 다음과 같은 여러 접근 방식을 취할 수 있다. 즉 산업구조를 주어진 것으로 받아들여 경쟁요소에 대항하는 방어 태세를 개발하거나 경쟁요소들이 가장 취약해 보이는 부문에 포진하는 전략이 그 한 예이다. 기업에 따라서는 제품의 차별화를 위해 노력하거나 대규모 설비투자를 하는 등 공세적 전략을 통해 경쟁요소들의 균형에 영향을 미침으로써 기업의 대응 태세를 강화하기도 한다. 이때 산업구조 분석은 특정 산업 내의 핵심적인 경쟁 유발요인을 밝혀냄으로써, 이의 균형에 영향을 미칠 수 있는 전략적 대응을 통해 최선의 성과를 얻어낼 수 있는 분야를 드러내 준다.

또한 유능한 경영자라면 경쟁요소들의 기본 바탕이 변화할 것을 예상해서 경쟁기업들이 이를 인식하기 전에 변화에 따른 새로운 경쟁적 균형에 적합한 전략을 선택함으로써 상대적으로 유리한 위치를 먼저 차지할 수 있다. 앞에서 언급한 산업의 발전이란 현상은 그 자체에 의미가 있다기보다는 그 현상이 구조적인 경쟁 요소에 영향을 미치기 때문에 중요한 것이다. 예를 들어 미국에서 1980년대에 접어들어 소형 컴퓨터산업이 성숙단계에 들어가자 IBM, Apple, Wang 컴퓨터사 등 선도적 기업에서는 컴퓨터 제작과 소프트웨어 개발의 양면에서 광범위한 수직적 통합을 이루었다. 이러한 추세는 곧 경쟁에 필요한 자본투자액을 늘리고 진입장벽을 높이게 되어 군소 경쟁자나 신규 진입자들은 더 이상 버티지 못하고 탈락하는 결과를 빚었다. 이러한 결과를 예측해서 대비하는 것이야말로 경영자의 주요한 과제이며, 산업구조 분석이 중요한 이유도 여기에 있다. 결론적으로 볼 때, 산업구조는 그 산업 내의 경쟁방식을 결정할 뿐만 아니라 각 기업이 선택할 수 있는 전략의 범위도 제한하기 때문에 산업의 구조에 대한 분석과 이해는 경영자가 성공적인 경영정책을 개발하는 데 기본이 되는 것이다.

3. 경쟁기업 분석

1) 경쟁기업 분석의 요소

경쟁기업의 상황은 외부여건 중에서도 기업의 활동에 가장 직접적으로 영향을 미치는 요소이다. 따라서 경쟁기업들과 구별되는 특정 기업이 지닌 여러 능력의 가치나 장점을 극대화하는 전략을 개발하기 위해서 경영자는 경쟁자가 누구인가를 파악한 후, 각 경쟁자가 취할 법한 전략 변화의 특성과 성공 여부, 다른 기업들이 취할 실현 가능한 전략적 조치에 대한 경쟁자들의 대응 형태, 그리고 앞으로 나타날지 모르는 산업 또는 주변 환경의 변화에 대한 경쟁자들의 대처 방향 등을 개괄적으로나마 분석하는 데 신경을 써야 한다.

이처럼 전략개발 시 면밀한 경쟁기업 분석이 반드시 필요한 데도 그러한 분석이 실제로 이루어지지 못하는 경우가 많다. 이에 따라 경영자는 "경쟁기업에 대한 체계적 분석이 사실상 불가능하다" 또는 "매일 경쟁을 벌이고 있는 만큼 경쟁기업들에 대해서는 모르는 것이 없다"는 등 위험스러운 생각을 가지기 쉽다. 이러한 문제는 근본적으로 경쟁기업을 철저히 분석하는 데 수많은 자료가 필요하며, 이러한 자료의 상당 부분은 대단한 노력을 기울여 여러 측면에서 정보를 수집하지 않고서는 찾아낼 수 없다는 현실적인 어려움에 의해 나타난다. 그래서 많은 기업들이 경쟁기업에 대한 정보를 조직적으로 수집하는 대신 경영자나 실무진의 개인적 인상이나 추측, 직관에 의존하려는 경향을 보이기도 한다. 이러한 경우 정밀한 경쟁기업 분석이 힘들므로 경영자는 체계적인 정보수집 분석 체제를 갖추어 경쟁기업을 분석해야 한다.

이러한 경쟁기업 분석에 있어서 첫 번째 등장하는, 그리고 어떤 의미에서 가장 중요한 질문은 '과연 경쟁기업이 누구냐'하는 것이다. 이 질문은 얼핏 봐서는 대답이 비교적 쉬운 것 같이 느껴진다. 즉 같은 업종에 종사하는 기업 중에서 규모가 비슷하거나 약간 큰 기업체가 경쟁기업이라고 일반적으로 대답하기 마련이다. 대개 자존심이 강한 경영자들이 자기보다 규모가 작은 기업을 경쟁자로 간주하지 않는 경향을 고려했을 때 이러한 대답은 맞는 것 같다.

그러나 경쟁기업이란 이렇게 쉽게 파악되는 것은 아니다. 예컨대 앞에서 잠깐 언급한 바와 같이 1950년대까지만 해도 미국에서 가장 큰 수동 타자기 회사였던 언더우드(Underwood)사의 사장은 자기의 경쟁자로는 진보된 기술을 갖추고 있는 스웨덴의 화씨트(Facit)사나 이탈리아의 올리베티(Olivetti)사 정도밖에 없다고 생각했다. 당시 전동타자기의 개발에 손을 대고 있던 아이비엠(IBM)에 대해 어떤 중역이 우려를 나타냈을 때 그는 전동타자기와 수동타자기는 전혀 그 성격이 다르며

전자(前者)는 고도로 전문화된 사무실에 극히 제한적으로 쓰이는 외에 별로 시장성이 없을 것이라고 단언했다. 그러나 그 후 IBM의 전동타자기가 폭발적으로 팔리게 되자, 언더우드사는 IBM을 경쟁사로 인식하지 못한 경영자의 잘못 내지는 비체계적인 경쟁기업 분석 탓에 군소업체로 전락해 버리고 급기야는 이탈리아의 올리베티사에게 합병되고 말았다.

저자(조동성)가 경험한 또 다른 예를 하나 살펴보자. 일본 유수의 종합상사(Sogo-Shosa) 중에 이토추와 마루베니라는 기업이 있다. 이 두 기업은 배후에 계열그룹도 별로 없이 약 450억 달러 수준의 매출액을 올려 높은 평가를 받고 있는데, 공교롭게도 매출액뿐만 아니라 이익률, 상품 구조, 활동 스타일도 비슷하고 같은 뿌리에서 나온 회사라는 공통점마저 지니고 있었다.

이에 흥미를 느낀 저자는 1981년 어느 날 이토추사의 한 중역에게, 저자가 당연히 이토추의 경쟁자라고 생각한 마루베니사에 대한 경쟁전략을 물어본 적이 있다. 이때 저자는 경쟁자의 이름을 언급하는 것 자체가 실례라고 판단해서, "당신 회사의 경쟁기업은 누구입니까?"라는 질문으로 말을 시작했는데, 놀랍게도 그 중역은 이토추사의 경쟁자로 마쓰시타, 도요타, 신일본제철을 열거했다. 이에 놀란 저자는 "마루베니는 경쟁자가 아닙니까?"라고 물었는데, 이에 대해 그는 "마루베니는 이토추의 파트너라고 생각합니다"라는 의외의 대답을 했다. 사실 1960년대에 같은 질문을 했다면, 그는 마루베니를 경쟁자로 지적했을 것이다. 그러나 1960년대와는 달리 도요타나 신일본제철 등이 종합상사를 통해 수출하는 대신 해외 지사망을 구축해서 직접 판매에 나서게 된 1980년대 당시의 상황에서는 과거 제조업체의 물건을 서로 차지하기 위해 싸웠던 종합상사, 특히 이토추와 마루베니는 지나친 경쟁을 지양하고 파트너 체제를 갖추어 서로 공존하는 길을 택할 수밖에 없었다.

위의 두 예에서 본 바와 같이 경쟁기업이란 항시 변하는 것이므로 경영자는 노출된 경쟁자뿐만 아니라 현재는 표면에 나타나지 않고 있더라도 미래에 강력히 등장할 경쟁자를 예견해야 한다. 이같이 경쟁기업을 파악하고 나면, 경영자는 일정한 틀에 맞춰 경쟁기업 분석을 본격적으로 해야 한다. 경쟁기업 분석에는 미래의 목표, 현재 실행 중인 전략, 가정, 능력 등 네 가지 진단요소들이 있으며, 이 네 요소들을 정확히 파악한다면 경쟁기업들의 대응 윤곽을 예측할 수 있다. 그 내용은 <그림 7.11>에 잘 나타나 있다.

경쟁기업의 여러 목표에 대한 진단은 경쟁기업들이 현재상황과 재무구조에 만족하는지와, 그러한 성과를 바탕으로 그 경쟁기업이 기존전략을 수정할 가능성, 경기순환과 같은 외적 상황 및 다른 기업들의 움직임에 대응하는 태도를 예측하는 밑거름이 된다. 예를 들어 경기 하강이나 다른 기업의 시장점유율 증대와 같은 상

그림 7.11
경쟁기업 분석 요소

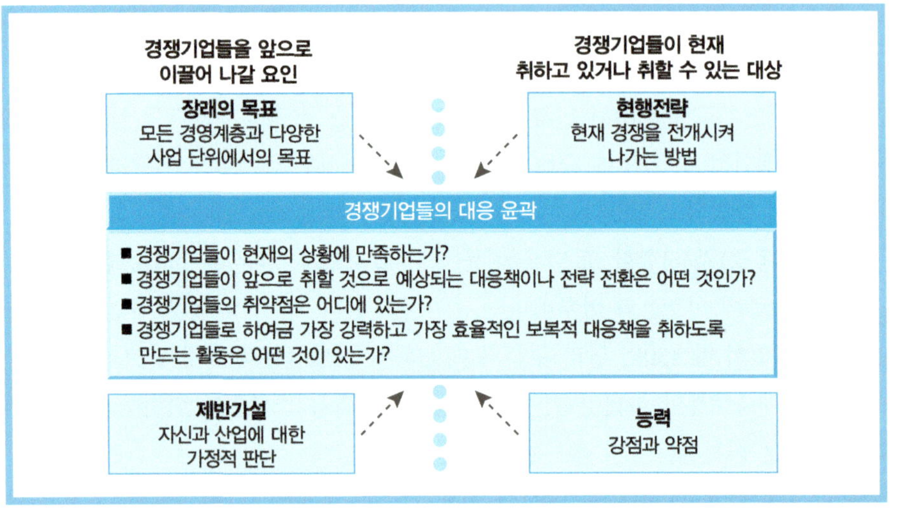

황 변화에 대해, 안정적인 매출액 성장에 역점을 두는 기업은 투자수익률 유지에 가장 큰 관심을 보이는 기업과는 다른 대응 전략을 세우게 될 것이다. 이처럼 경쟁기업의 여러 목표, 예컨대 재무상의 목표나 시장우위 · 기술수준 · 사회적 성취와 같은 목표를 파악하게 되면 전략적인 변화에 대한 그 기업의 대응과 경쟁기업이 취한 선제 조치의 진의를 파악하는 데 도움이 되므로, 경영의 각 수준, 즉 특정 사업단위 및 사업부 수준에서든 모기업 수준에서든 목표의 파악이 먼저 이루어져야 한다.

또한 목표 파악과 동시에 경쟁기업이 자기 회사에 대해 가지고 있는 가정과 소속되어 있는 산업 및 그 산업 내의 다른 기업에 대해 지니고 있는 가정과 판단을 알아낼 수 있다면, 그 기업의 활동방식이나 대응 태도를 예측하기가 한층 수월해질 것이다. 이때, 특정 사업과 관련한 경쟁기업의 목표와 가정적 판단의 내용은 그 기업의 역사, 즉 사업 경력을 면밀히 분석하고 경영자들의 경력과 성향, 그리고 자료를 구하는 기관과 그 기관의 자문 방향을 파악할 때 더욱 확실히 알 수 있으므로 이에 대한 조사를 잊어서는 안 된다. 경쟁기업을 분석할 때 가장 중요한 것은, 경쟁사의 전략을 파악하는 일이다. 경쟁기업의 전략은 경영활동을 담당하는 각 직능부문의 핵심적인 운영방침과 직능 간의 상관성을 헤아려보는 데 가장 유용한 수단이다.

이같이 경쟁기업을 선정해서 그 장래 목표, 가정, 전략 및 능력을 분석한 경영자라면 그 경쟁기업이 어떤 방법으로 대응할지의 윤곽을 대체로 잡을 수 있다. 예를 들어 현재 상황에 비추어 볼 때 경쟁기업이 전략적 변화를 시도할 가능성은 어느 정도이며, 경쟁기업의 목표나 가정, 능력을 고려해볼 때 취할 가능성이 짙은 조치는 무엇이고, 그 조치들의 강도와 중요성은 어느 정도일까를 추측할 수 있는 것이다. 또한 경쟁기업 분석을 통해 경쟁기업을 속속 파악했다고 자신하는 경영자라면, 경쟁기업들이 제대로 대비를 갖추지 못하거나 전의가 가장 약한, 또는 경쟁을 벌이기에 가장 불편한 시장 부문이나 전략 차원을 찾아낼 수 있으며, 그 부문에 자기 기업이 상대적 강점을 가지고 있다면 이를 경쟁영역으로 선택해서 전략을 개발할 수 있다. 그리고 기존 또는 잠재적 경쟁기업을 낱낱이 분석하면 장래의 산업구조를 예측하는 자료를 얻을 수도 있다. 그러므로 이처럼 중요한 경쟁기업 분석을 위해서 경영자는 기업 내에 자료 수집을 효율적으로 할 수 있는 경쟁기업 정보관리 체제를 별도로 구축해야 한다.

2) 전략집단을 활용한 경쟁기업 분석

(1) 전략집단의 개념 및 활용

전략집단을 활용해서 산업 내 경쟁구조를 분석하는 첫 번째 단계는 우선 모든 경쟁기업의 전략을 여러 차원에 따라 유형화시키는 것이다. 이러한 유형화 작업을 통해 산업 내부의 모든 기업은 '전략집단'들로 분류될 수 있다. 전략집단 이란 특정 산업 내에 속해 있는 기업 중에서 전략적 차원에서 동일하거나 유사한 전략을 추구하는 기업군을 말한다. 어떤 산업 내의 모든 기업이 기본적으로 동일한 전략을 추구한다면, 그 산업에는 오직 하나의 전략집단만이 있던 셈이다. 이와 반대로 모든 기업이 저마다 각기 다른 전략을 추구한다면 개개 기업 하나하나가 별도의 전략집단이 되는 극단적인 경우도 생각해볼 수 있다. 그러나 일반적으로 산업 내에는 기본적인 전략적 차이 때문에 몇 개의 전략집단들이 존재한다.

예를 들어 1990년대 한국 퍼스널 컴퓨터 산업의 경우, 폭넓은 제품라인, 높은 상표 이미지, 넓은 판매망, 재벌그룹의 계열사라는 점 등에서 동일한 특성을 나타내는 삼성전자, LG전자, 대우전자, 현대전자 등이 하나의 전략집단을 이루고 있었다. 그리고 좁은 제품라인, 가전 3사보다 낮은 상표 이미지, 중소기업이라는 점에서 비슷한 큐닉스, 갑을전자, 삼보컴퓨터 등과 같은 전문업체들이 다른 하나의 전략집단을 형성하고 있었다. 2000년대 이후의 퍼스널 컴퓨터 산업에서는 스마트폰과 태블릿 PC가 출시되면서 오프라인과 온라인의 벽이 허물어지게 되었는데, 두 제품군을 동시에 출시하는 애플, 삼성전자, LG전자 등이 하이브리드형 전략집단을 형성했고, 스마트폰에 집중하는 HTC, 후발자 전략을 취하는 마이크로소프트로 전략집단이 나뉘고 있다.

의류업계의 경우도 마찬가지다. 과거에는 삼성물산(에스에스패션), LG패션, 삼풍(캠브리지)처럼 주로 고가격 전략을 펴온 기업들이 있고, 이랜드로 대표되는 기업들처럼 저가격 저수익 전략을 추구하는 기업들도 있었다. 최근 10대 의류업계에서는 제일모직, LG패션, 이랜드그룹이 해외브랜드 사용권과 자체브랜드 개발에 성공하면서 패션 선도기업으로 자리매김하며 새로운 전략집단을 형성했고, 나머지 기업들이 이를 벤치마킹하고 있는 구도로 변화되었다.

부각되는 전략적 차원은 시장 및 고객 차원, 산업 차원, 지역 차원, 수직적 통합 차원이 있다. 기업을 유형화시키는 변수에 관해서는 뒤에서 자세히 설명될 것이다.

① 전략집단 개념에 관한 기존의 연구

경제학의 산업조직론 분야에서 창안된 전략집단(Strategic Group) 개념은 1972년 헌트(Michael E. Hunt)에 의해 처음으로 실증적 연구가 시작된 이후 뉴만, 포터 등의 후속 연구를 통해'한 산업은 성격이 다른 전략집단들로 구성되어 있어 동질적이지 못하고 이질적임'을 증명하려는 목적으로 활용되어 왔다. 그러나 케이브스와 포터(Caves & Porter, 1977)에 의해 이동장벽(mobility barrier) 개념이 제시되면서 전략집단 개념은 논리적 근거를 갖추게 되었고, 그 후 경영학의 전략연구에 그 개념이 도입되면서 환경과 구조, 그리고 전략과 기업성과에 관한 상황적 모형에 따라 다각적으로 활용되었다. 즉 전략군들이 추구하고 있는 각 전략의 성격, 전략군의 환경적 특성 연구, 각 전략군의 환경과 전략의 조화를 통한 기업성과에 대한 연구들과 전략군들에 속한 기업 간의 성과를 비교 · 분석하는 연구들이 그 예이다.

헌트는 전략집단 개념에 대한 1972년 박사학위 논문에서 1960년대 미국 가전산업 내 경쟁에 대한 연구를 통해 연구대상 기업들을 그들의 전략적 특성에 따라 제조업체 상표를 가지고 전 품목을 취급하는 기업군(full line national manufacturers' brand producers), 유통업자 상표를 취급하는 기업군(private brand producers), 그리고 전국적인 소매점을 가진 기업군(national retailers)이라는 세 가지 전략집단으로 구분했다. 헌트는 이처럼 전략집단의 개념을 이용해 산업을 구분하면 각 전략집단 간에 존재하는 진입장벽(entry barrier)을 설명할 수 있다고 주장했다. 이후 여러 학자에 의해 연구가 진행되면서 헌트가 제기한 가설, 즉 '동일한 산업 내에도 전략이 다른 집단이 존재한다'는 가설은 점차 보편성을 인정받게 되었다.

이러한 일련의 연구들은 산업조직론에서 신봉되어 온 고전적인 이론에 반하는 결과를 보였다는 점에서 의의를 찾을 수 있다. 사실 1970년대 초까지만 해도 기업의 전반적인 경영형태는 단순히 산업의 구조를 반영하기 때문에 기업들의 성과도 산업의 특성에 의해 결정되는 것으로 보는 고전적인 이론에 입각한 산업 분석이 일반적이었다(<그림 7.12> 참조).

이러한 이론에 따르면 특정 산업 내의 기업들은 모두 동질적인 산업구조를 반영해서 동일한 전략을 구사하게 되므로 전략을 실천하는 기업의 능력차이만 배제된다면 모든 기업이 거의 똑같은 성과를 거둘 것이라는 결론에 도달하게 된다. 그러나 헌트를 비롯한 여러 학자는 현실이 그렇지 못함을 인식하고, 전략집단 연구를 통해 동일한 산업 내에서도 기업들이 동질적인 경영형태를 보이는 것이 아니라 상이한 전략을 구사하는 여러 개의 전략집단이 존재하기 때문에 서로 다른 경영형태를 보인다는 것을 실증함으로써 산업 분석에 새로운 시각을 제시했다(<그림 7.13> 참조).

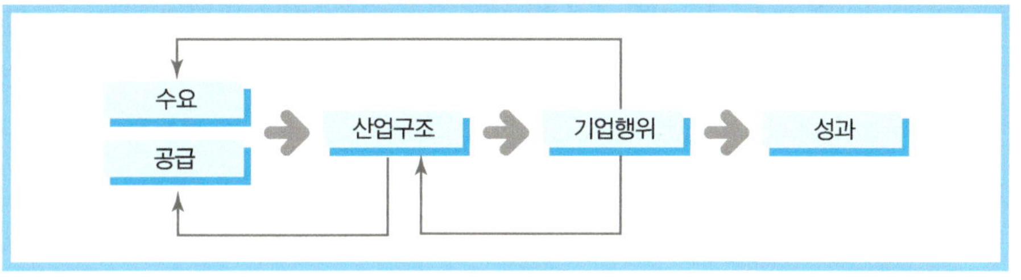

그림 7.12
산업구조와 성과에 대한 고전적 모델

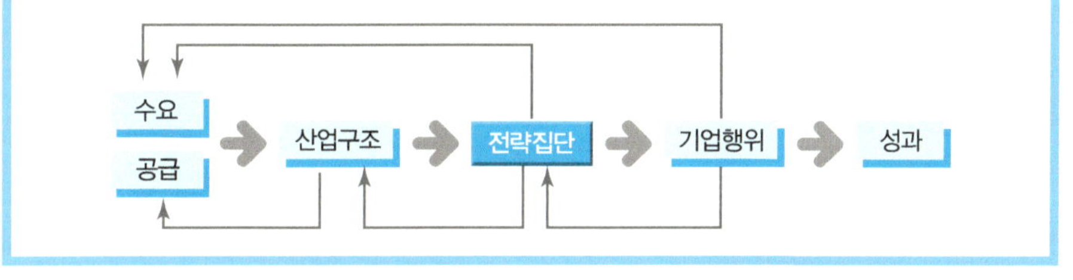

그림 7.13
산업구조와 성과에 관한 새로운 모델

헌트 이후 전략집단에 관한 연구는 케이브스와 포터(Caves & Porter, 1977)가 산업조직론에서 다뤄온 진입장벽 개념을 이동장벽(mobility barrier)의 개념으로 확장시킴으로써 보다 이론적 모습을 갖추게 되었다. 원래 베인(Joe Staten Bain)이 최초로 제기한 진입장벽론에서는 한 산업 내에 속하는 모든 기업이 규모의 차이 외에는 다른 모든 측면에서 동질적이라고 가정함으로써, 진입장벽이 모든 기존 기업을 산업의 진입자들로부터 무차별적으로 보호한다고 보았다. 그러나 케이브스와 포터는 현실적으로 동일한 산업에 속한 기업이라도 기업이 가지고 있는 중요한 특성들이 다르기 때문에, 서로 이질적인 구조를 지닌 하부집단 사이에도 자신들을 보호하는 이동장벽을 갖게 된다고 주장함으로써 전략집단의 존재를 논리적으로 설명하려 했다. 그들의 견해에 따르면 이동장벽이란 한 기업이 특정 전략집단에서 다른 전략집단으로 이동하는 것을 억제하는 '산업 내의 진입장벽'을 뜻한다. 즉 진입장벽은 어떤 산업에 진출하고자 하는 신규 진입자들로부터 그 산업에 속한 기존기업들을 보호해주는 기능을 강조한 거시적 개념이고, 이동장벽은 산업 내에 있는 타

집단의 기업들로부터 특정 집단을 보호하는 역할을 중시하는 미시적 개념이다. 그러나 이동장벽도 단지 산업 전체를 분석대상으로 하는지 혹은 산업 내의 하부집단을 분석대상으로 하는지의 차이만 있을 뿐 장벽의 생성 원천이나 특성은 진입장벽과 마찬가지다.

이동장벽의 개념을 이용하면 "어떻게 동일 산업 내의 특정 전략집단이 산업 내의 다른 기업들보다 지속해서 높은 수익을 올릴 수 있는가?"라는 질문에 대한 해답을 얻을 수 있다. 만약 산업 내에 이동장벽이 존재하지 않는다면 특정 전략집단의 성공적인 전략은 다른 전략집단에 속한 기업들에 의해 즉시 모방될 것이므로 동일 산업에 속한 모든 기업의 수익성은 균등해질 것이다. 그러나 각 전략집단 사이에는 전략 변경을 억제하는 이동장벽이 존재하기 때문에 전략집단은 고도의 안정성을 유지할 수 있고 이 때문에 전략집단 간에 성과가 달라지게 된다.

이동장벽의 개념이 도입되면서 전략집단 개념은 이론적인 체계를 갖추게 되었으며, 그 이후 전략집단에 관한 연구는 산업 내의 이질성을 검증하는 산업 조직적 연구로부터 보다 미시적인 측면, 즉 전략집단 간의 기업성과를 비교 · 분석하는 연구로 추세가 바뀌고 경영학 연구에 본격적으로 도입되기 시작했다.

② 전략집단의 활용

경쟁전략에서는 전략집단이 어떤 차원에서 형성되는가 하는 현상 분석도 중요하지만, 형성된 전략집단이 산업구조에 어떤 영향을 미치는가 혹은 어떤 기업이 특정 전략집단에 진출하거나 다른 기업이 우리 기업이 속한 전략집단에 진출할 때 산업 구조상에 어떤 변화가 일어나는가와 같은 문제들의 분석도 매우 중요하다. 이번에는 전략집단을 구분하고 개별기업에 전략적 시사점을 제공할 수 있는 분석도구 전략집단도(Strategic Group Map)를 소개한다. 경쟁전략을 개발하는 데 있어 전략집단의 개념을 활용하는 데 도움이 되기 때문이다.

전략집단도란 산업 내 기업들을 특정지을 수 있는 포괄적인 변수 두 가지를 각각 횡축과 종축에 표시한 후, 산업 내 기업들을 대상으로 이들 두 가지 전략변수의 활용 정도를 측정해서 해당 기업들을 몇 개의 전략집단으로 그룹화시킨 것이다. 논리적 엄밀성은 그리 높지 않을 수 있지만 간단한 그림을 통해 많은 전략적 시사점을 얻을 수 있다는 강점이 있어 학계뿐만 아니라 실무에서도 많이 이용되고 있다. <그림 7.14>은 이러한 전략집단의 개념을 활용해서 오디오산업의 전략집단을 유형화한 것이다.

기업경영자는 이러한 전략집단 분석을 통해 기업의 장단점과 그 산업이 제공하는 기회나 위협요소를 훨씬 구체적이고 명확하게 가시화할 수 있다. 예를 들어 특

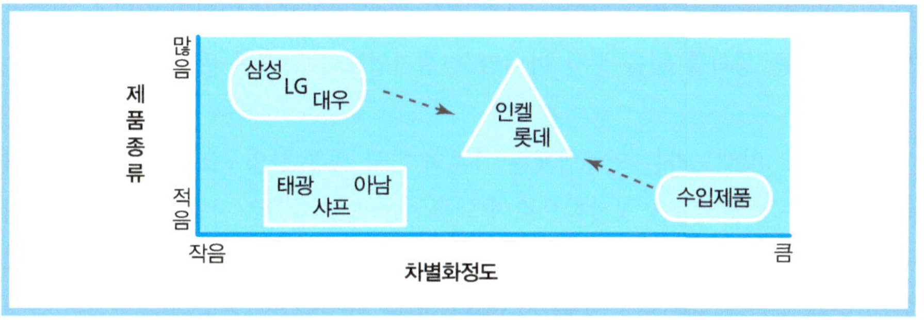

그림 7.14
오디오산업의 전략 집단도

정 전략집단의 이동장벽이 폭넓은 제품라인이나 독점적 기술축적에 의한 원가상의 이점이라면, 이러한 이동장벽의 원천은 특정 전략집단에 속한 기업의 중요한 강점을 반영하는 것이다. 또 특정 산업 내에서 가장 유리한 위치에 있는 전략집단이 독점적인 유통경로 및 서비스 조직을 통해 규모의 경제를 누리고 있다면, 그렇지 못한 기업은 바로 그러한 요인이 핵심적인 약점 중의 하나가 될 것이다.

이처럼 전략집단 개념은 경쟁기업들과 비교해 특정 기업의 장단점을 체계적으로 규명할 수 있는 기본 틀을 제시한다. 그러나 한 가지 유의해야 할 것이 있다. 이러한 기업의 장단점은 고정된 것이 아니라는 점이다. 산업이 진화되어 전략집단들의 상대적 위치가 재편성되거나 혹은 기술혁신이나 대규모 투자가 이루어질 경우 각 기업의 구조적 위치나 장단점이 변화할 수 있는 것이다.

따라서 기업들은 자신이 속한 산업 내에서 다음과 같은 전략적 행동을 함으로써 기업의 위치를 강화해서 수익성을 증대시킬 수 있다.

첫째, 새로운 전략집단을 형성하는 것이다. 기술혁신이나 산업구조의 변화는 종종 전혀 새로운 전략집단을 형성시킨다. 이 과정에서 선견지명이 있는 기업은 경쟁기업들이 인식하지 못하는 사이에 새롭고 유리한 전략집단을 형성할 기회를 포착할 수 있다. 경쟁기업보다 앞서 새로운 전략집단을 형성하는 것이 쉽지는 않지만 산업구조의 동태적 분석을 통해 기업에게 가장 유리한 경쟁영역을 사전에 발견할 수 있는 것이다.

둘째, 특정 산업 내에서 보다 유리한 기반을 지닌 전략집단을 선택해서 파고들어가는 것이다.

셋째, 소속 전략집단의 구조적 기반이나 그 집단 내에서의 입지를 강화시키는 투자를 하는 것이다. 이동장벽을 높이거나, 대체품에 대비하거나, 판매능력을 키우는것 등이 있다. 이러한 투자나 조정을 통해 보다 새롭고 경쟁적인 전략집단을 형성할 수 있다.

이같이 구조적으로 유리한 새로운 전략적 위치를 포착하거나, 산업이 진화해서 다른 전략집단으로 이동할 기회가 생긴 것을 미리 파악해서 기업의 전략을 변경한다면 보다 큰 성과를 얻을 뿐만 아니라 경쟁기업보다 전략적 위치를 강화시킬 수 있다.

한 사례로 이랜드라는 의류업체는 기존의 한국 의류 산업구조에 중저가 시장이라는 새로운 세분시장을 창출함으로써 의류업에 성공적으로 진입, 높은 성장을 이룩할 수 있었다. 그리고 현재는 의류산업 내에서 아르가니 제롤라모, 숙녀 캐주얼 로엠 등의 고가 브랜드로 이동을 시도하고 있다. 그 전까지 한국 의류산업은 삼성물산의 에스에스패션, LG패션, 논노, (주)대현(마르조, 페페), (주)나산실업(조이너스, 꼼빠니아), 유럽 등지 유명 브랜드, 전문 디자이너에 의한 고급 의류, 수입품 등으로 대표되는 고가시장과, 군소업체들이 생산해서 남대문시장 등의 재래시장과 소규모 의류점에서 유통시키는 저가시장으로 대별되어 있었다.

이랜드가 본격적인 의류업 진출을 시도할 당시, 기존의 고가시장에서는 기존업체의 고급 브랜드 이미지, 전국적 유통망, 대기업이 가진 규모의 경제 등 높은 진입장벽이 있었고, 저가시장은 군소업체가 난립하고 있었으며, 유통망 자체도 전 근대적이었다. 게다가 소득 향상에 따른 소비자들의 저가시장 이탈과 재래시장의 침체로 인해 저가시장 진출기업들은 작은 규모와 낮은 수익을 감수해야만 했다.

이러한 상황에서 이랜드는 고가 의류의 매력인 브랜드 이미지를 어느 정도 제공하면서 저가 시장이 가진 가격 상의 매력을 동시에 제공할 수 있는 수준에서 중저가 의류시장이라는 의류산업 내의 새로운 전략집단을 구축함으로써 진입장벽을 극복하고 높은 성장을 이룩했다. 그러나 중저가 시장은 진입장벽이 높지 않아 에드윈, 제이빔, 시실리안, 웰리스, 브이네스, 체이스 컬트, 카스피 등 신규진입자가 늘어났고 경쟁이 치열해졌다. 이랜드는 이러한 중저가 시장의 경쟁을 탈피하고 장기적으로 의류업체로서의 경쟁력을 확보하기 위해서는 고가 시장으로의 진출이 필요하다는 판단에서 아르가니 제롤라모, 로엠 등의 브랜드로 산업 내 이동을 시도했다. 하지만 기존 고가의류시장이 가지고 있던 고급 이미지, 전국 유통망, 많은 광고비의 부담 능력, 규모의 경제 등의 산업 진입장벽이 여전히 산업 내 이동 장벽으로 작용해서 고전을 면치 못했다.

4. 고객분석

기업들은 현재 또는 잠재적 소비자들의 욕구를 파악한 다음 이러한 욕구를 충족시켜 줄 수 있는 수단으로 기업활동을 수행해야 한다. 기업이 소비자의 욕구에 얼마나 부응하느냐에 따라서 기업의 경쟁력이 결정되기 때문이다. 따라서 생산된 제품의 판매보다 소비자의 욕구와 필요를 사전에 파악해서 경쟁기업보다 차별적으로 이들의 욕구에 부합함으로써 기업은 경쟁우위를 확보할 수 있는 것이다.

즉 기업의 제품을 구매하는 고객은 기업의 경쟁력을 좌우하는 중요한 요인이다. 우리와 치열한 경쟁을 벌이는 경쟁자 못지 않게 중요한 것이 바로 우리 기업의 제품을 구입하는 고객이다. 왜냐하면 경쟁자와 대비한 경쟁우위를 최종적으로 인정해 주는 것이 바로 고객이기 때문이다. 넓은 의미에서 보면 경쟁요인의 범주 속에 고객이 포함되기 때문에 앞에서 설명한 산업구조 분석의 틀을 이용하면 고객에 대한 개략적인 분석도 가능하다.

그러나 고객은 기업경영 활동에 너무나 중요하고 또 앞에서 언급한 기본 분석보 정교한 분석이 필요하기 때문에 좀 더 상세히 다룰 필요가 있다. 왜냐하면 경쟁사의 반응에만 신경을 쓰다가 고객 욕구의 변화와 같은 중요한 추세를 발견하지 못해 낭패를 보는 수가 많기 때문이다. 그러므로 경쟁자 분석과 함께 고객 분석도 경쟁 전략개발에 반드시 필요하다. 경쟁자 분석, 자사 분석 그리고 고객 분석의 삼박자가 맞아야 경쟁우위를 가져다주는 경쟁전략을 개발할 수 있다. 자사가 아무리 경쟁사보다 원가우위를 가지고 있다 하더라도 고객이 가격이 아니라 차별화된 독특한 특징을 원한다면 경쟁우위를 획득할 수 없는 것이다. 기업이 경쟁자와 고객 중 어디에 중점을 두느냐에 따라 기업전략을 <그림 7.15>와 같이 4가지 유형으로 나눌 수 있다.

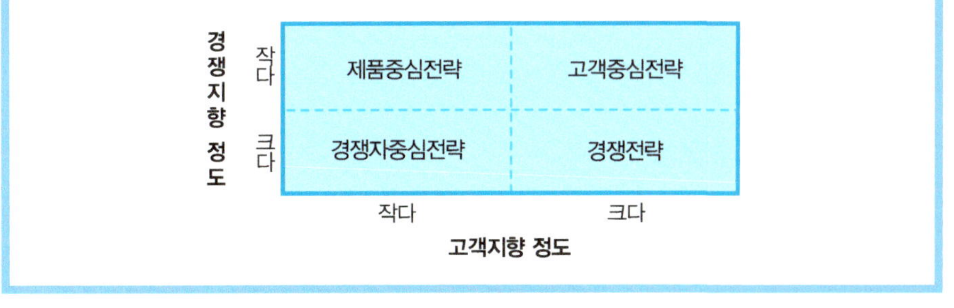

그림 7.15
기업 지향성에 따른 전략 유형

그림 7.16
제품의 성장과 전략의 변화

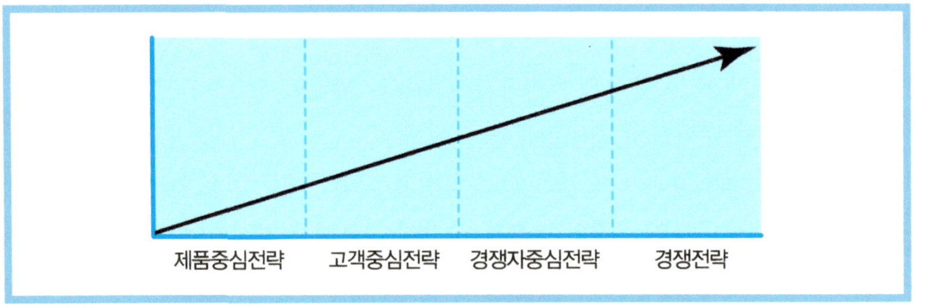

<그림 7.15>에서 보는 바와 같이 경쟁자와 고객에 대한 분석이 동시에 이루어져야만 비로소 바람직한 경쟁전략이 개발될 수 있다. 경쟁자에게만 비중을 두는 기업은 기본적으로 경쟁업체의 행동과 반응에 따라 행동하는데, 이와 같은 방식으로 경쟁에 대응하면 경영자들이 경쟁자의 행동에 매우 민감해짐으로 경쟁지향적이 되고 경쟁자에 대비한 자사의 위상과 강 · 약점을 잘 파악한다는 장점이 있다. 그러나 지나치게 경쟁자의 행동에 수동적으로 반응하는 패턴을 가지게 되어 일관된 대 고객 전략을 개발하지 못하고 경쟁자의 행동에 따라 우왕좌왕하는 부정적인 결과를 빚기 쉽다. 반면에 고객에게만 비중을 두는 기업은 고객 욕구의 변화 동향을 잘 파악함으로써 특정 고객집단이나 새로이 생긴 고객 욕구를 일정한 자원과 목적으로 잘 충족시켜 이윤을 올릴 수 있다는 장점이 있으나, 경쟁자의 행동에 무감각하고 변화에 탄력적으로 반응하지 못해 치열한 경쟁상황을 극복하지 못하는 단점이 있다.

대체적으로 시장이 계속 성장하고 있을 때는 고객 중심적인 전략만으로도 버틸 수 있으나, 시장의 성장이 정체되거나 계속적인 신규기업의 진출로 경쟁이 격화될수록 고객 중심 전략만으로는 부족하고 대 경쟁자전략이 반드시 필요하다. <그림 7.16>에서 보는 바와 같이 일반적으로 경쟁이 치열해짐에 따라 기업의 중심 전략이 바뀌게 되는데, 경쟁이 심하지 않을 때는 제품 중심으로 전략을 개발하다가 경쟁이 심화되면 될수록 그 중심점이 고객, 경쟁자로 옮겨 가서 마침내는 두 가지(고객, 경쟁자)를 모두 중시하는 경쟁전략으로 귀착된다.

1) 고객 분석의 중요성

기술이 발전하고 경제가 고도화되며 인구증가율이 낮아지고 소비자 욕구는 다양해지고 기업 간 경쟁도 치열해지면서, 기업이 공급하는 제품이 소비자의 수요를 초과하게 되었다. 이에 따라 오늘날의 시장도 판매자 시장이 아닌 소비자 시장이 되었다. 소비자는 어느 의미에서 소비자 주권을 가진 환경적 존재이므로 기업은 이들 고객의 욕구를 만족시키기 위해 기업활동을 전략적으로 전개하지 않으면 안 된다. 이러한 관점에서 경쟁전략개발과정에 고객 분석이 꼭 필요한 이유를 정리하면 다음과 같다.

첫째, 시장의 급격한 변화가 기업들에 커다란 위협과 기회를 제공하고 있다. 따라서 고객의 욕구와 필요의 변화를 이해하지 못하면 경쟁에 뒤지게 된다. 이미 기술 변화, 에너지 위기, 국제화, 개방화, 지역 전쟁과 테러 등 거시적 환경변화가 제품에 대한 소비자의 욕구, 선호도를 변화시키고 있다. 자동차를 예로 들면 20세기 후반에는 1차, 2차 석유위기라는 거시적 환경변화 때문에 자동차에 대한 고객의 욕구가 바뀌었다. 석유위기 이전에는 대형차에 대한 수요가 많았고 자동차의 경제성에 대해서는 무관심했다. 그러나 두 차례의 오일 쇼크로 원유값이 폭등하자 고객은 예전에 무관심했던 경제성을 중시하기 시작했으며 따라서 대형차보다는 소형차를, 소형차 중에서도 연료가 적게 들고 연료 효율이 높은 차를 선호하게 되었다. 21세기에 와서는 또다시 큰 변화가 일어났다. 자동차가 더 이상 부의 상징이 아닌 시대로 변하면서 승용차 대신 스포츠 실용차(Sports Utility Vehicle: SUV)가 폭발적으로 성장한 것이다.

그러나 150년이 넘은 자동차산업 역사에서 가장 큰 대전환은 2020년대부터 일어날 예정이다. 친환경이 일반 소비자들에게까지 널리 인식되기 시작한 시대를 맞이해서 내연기관 중심의 자동차 제조회사들은 전기차 제조로 대전환을 하고 있다. 미국 최대 자동차 회사인 GM이 2035년까지 모든 자동차 생산을 전기차로 선언했고,[12] 다른 자동차회사들도 속속 전기차진영으로 넘어가고 있다. 국제에너지기구(IEA)가 2020년 기준으로 3% 미만인 전기차의 세계 자동차 시장 점유율이 2030년에는 12%를 넘으리라는 전망을 내놨지만,[13] 저자들이 보기에는 그보다 훨씬 빠른 속도로 내연차를 대체할 것이다.

이번 전환은 단순히 내연차가 전기차로 넘어가는 것이 아니다. 자율주행과 함께 자동차의 개념 자체가 변화하고 있다. 전문가들 사이에서 운전대를 잡지 않고 이동하는 일이 가능한가 여부에 대한 논란은 이미 끝났다. 남은 이슈는 시간뿐이다. 지금은 테슬라(Tesla) 주도로 3단계에 와 있는 자율주행 수준이 5단계까지 가는 시기가 언제인가를 두고 논란 중이다. <그림 7.17>에서 보는 바와 같이 3단계는 고속도로와 같은 조건에서 자율주행이 가능하고 필요시 운전자가 즉시 개입하는 '부분자율주행' 단계이고, 5단계는 자동차에서 운전대와 페달을 제거하고 운전자가 필요 없으며 탑승자가 목적지만 입력하는 것만으로 주행이 가능한 '완전자율주행' 단계다. 자율주행 5단계 시대가 오면 자동차에 운전자가 따로 없이 탑승자들이 마주 보며 마음껏 수다를 떠는 기차여행과 같아진다. 전기차 시대는 이미 도래하고 있다. 내연차는 종말을 앞두고 있는 마차와 같은 존재다. 이같이 거시적 환경의 변화는 고객의 욕구를 일시에 변화시킨다.

둘째, 인구통계적 환경의 변화를 들 수 있다. 인구의 크기와 숫자는 시장 변화의 기본적 출발점이고 기존의 사업이나 제품으로는 충족되지 못하는 사회적 욕구를 낳는다. 바로 여기에서 신제품과 새로운 사업의 기회가 발견된다.

시장규모를 거시적으로 결정하는 인구를 보자, 산업혁명이 본격화되기 전인 1800년까지 10억 수준이었던 세계 인구는 1927년 20억, 1959년 30억, 1974년 40억, 1987년 50억, 1999년 60억, 2011년 70억으로 증가했다.[14] 2021년 6월 26일 기준으로 78억 7,496만 5,732명인 세계 인구는 2023년 80억 명, 2100년 110억 명에 달할 것으로 추정된다.[15] 세계 인구는 가히 폭발적으로 늘고 있다.

한국 인구는 세계 인구와 전혀 반대로 움직이고 있다. 2019년 5,184만 9,861명으로 최고점을 찍은 한국 인구는 2020년 12월 31일 기준 5182만 9,023명으로 2만 838명 줄었다. 인구감소의 가장 큰 이유는 출생율이다. 2020년 출생아는 역대 최저치인 27만 5,815명으로 30만명 선이 붕괴되며 2019년보다 10.7% 줄어든 반면, 사망자는 30만 7,764명으로 2019년 대비 3.1% 늘었다. 저출산 쇼크로 인한 '인구 데드 크로스(dead cross)' 현상이 현실로 나타난 것이다. 2029년부터 인구 자연 감

그림 7.17
미국자동차공학회(SAE) 기준 자율주행 자동차 발전단계

미국자동차공학회(SAE) 기준 자율주행차 발전 단계

단계 (Level)	정의	주행 제어 주체	주행 중 변수 감지	차량 운행 주체
00 No Automation	**전통적 주행** 운전자가 모든 것을 통제. 시스템은 경고와 일시적인 개입만	인간	인간	인간
01 Driver Assistance	**부분 보조 주행** 속도 및 차간거리 유지, 차선 유지 등 시스템이 일정 부분 개입	인간 및 시스템	인간	인간
02 Partial Automation	**보조 주행** 특정 상황에서 일정 시간동안 보조 주행. 필요시 운전자가 즉시 개입	시스템	인간	인간
03 Conditional Automation	**부분 자율주행** 고속도로와 같은 조건에서 자율 주행. 필요시 운전자가 즉시 개입	시스템	시스템	인간
04 High Automation	**고도 자율주행** 제한 상황을 제외한 대부분의 도로에서 자율주행	시스템	시스템	시스템
05 Full Automation	**완전 자율주행** 탑승자는 목적지만 입력. 운전대와 페달 제거 가능	시스템	시스템	시스템

소가 시작될 것이라고 전망했던 전문가들 예측이 9년 앞당겨 시작된 것이다.

인구가 줄어든 것보다 더 큰 문제는 급격한 노령화 추세다. 2011년 15.8%였던 60세 이상 인구비율은 2020년에 24.0%로 늘었다. 반면 같은 기간 동안 19세 이하 인구는 22.4%에서 16.9%로 줄었다. 경제활동을 시작하는 인구는 줄어들고, 이들이 부양해야 하는 고령층은 대폭 늘어난 것이다.[16] 한국은 2025년 노인 비율 20%를 넘어서며 초고령 사회에 진입할 것으로 예상되며, 이후에도 고령화는 진행되어 2060년대에는 낙관적으로는 40%, 비관적으로는 50%를 넘어설 전망이다.

이러한 인구통계학적 추세를 분석하면 유년 인구를 대상으로 하는 사업과 시장은 양적으로 급속히 축소되고 있다고 유추할 수 있다. 반면 한국 국민의 소득 증대와 자녀 숫자의 감소는 유년인구가 가정에서 발언권이 강화되어, 질적으로는 유년층의 소비가 고급화, 개성화되는 모습을 파악할 수 있다. 이와 동시에 노년인구를 대상으로 하는 시장이 양적으로 확대, 질적으로 고급화되고 있다.

셋째, 사회 · 문화적 요인이다. 국민소득 증가에 따른 소비자 욕구의 변화는 제품의 수요 측면에서 기업 간의 경쟁을 심화시킨다. 소득수준 향상에 따라 소비자들의 욕구와 소비 패턴은 양 중심에서 질 중심으로 바뀌고 있으며, 변화 속도가 이전보다 훨씬 빨라지고 있다. 이러한 변화는 과거 저가격 소품종 대량생산체제의 기업을 고가격 다품종 소량생산체제로 변모시키고 있다. 다양한 소비자들의 욕구는 시장 세분화를 촉진시키고 새로운 기업들의 시장참여 기회를 늘려주어 경쟁상태를 심화시킨다. 따라서 고객 욕구에 잘 부응하지 못하는 기업은 경쟁에서 살아남을 수가 없게 된다.

현대는 '감각 시대(high-touch)'라고 표현될 정도로 소비자의 욕구가 다양하다. 20대 중반부터 30대 초반까지의 M세대는 1987년 민주화와 1988년 서울올림픽 이후 태어난 한국 최초의 초기 선진국 국민이다. 10대에서 20대를 중심으로 하는 Z세대는 명실상부한 선진국에서 태어난 국민이다. 이들은 한국이 후진국이던 1960년대 이전에 태어난 60~70대 시민들이 가지고 있었던 경제성장을 위한 희생과 이를 통한 보람, 그리고 한국이 중진국이던 1970년대에서 1980년대 중반까지 태어난 40~50대 시민들이 가지고 있었던 민주화에 대한 열망보다는, 한국이 선진국으로 도약한 1980년대 이후 태어난 선진국 시민으로서의 자부심과 자신감을 가지고 완벽한 자유와 공정, 그리고 자신의 이익을 지키기 위한 행동을 서슴없이 하는 당당한 신세대이다.

2021년 7월 2일 한국은 유엔무역개발회의(United Nations Conference on Trade and Development: UNCTAD)에서 소속이 그룹 A(아시아 · 아프리카)에서 그룹 B(선진국)로 바뀌었다.[17] UNCTAD에서 선진국으로 지위가 변경된 나라는

1964년 이 기구가 만들어진 뒤 처음 있는 일이다. 원조 수혜국에서 공여국으로 처음 전환한 한국은 경제력이 올라가면서 각 국제기구에서의 지위 역시 선진국 반열에 들어서고 있다. 이것 우리 스스로의 위상을 강화하는 동시에 국제사회에서 한국에 요구하는 역할이 달라지고 있다는 것을 의미하기도 한다.

기업들은 시대와 경제수준을 달리하면서 태어난 소비자들을 제각기 다른 목표 고객으로 하는 제품 개발(product development)과 시장 세분화(market segmentation)를 해야 한다. 예컨대 인구의 노령화로 노인 층을 주요 고객으로 하는 산업, 즉 '실버산업'이 크게 발전하고 있다. 이러한 사회 · 문화적 환경의 변화에 따른 새로운 욕구의 창출을 잘 활용하면 새로운 제품 개발과 함께 새로운 시장을 개척할 수 있다.

이상에서 살펴본 바와 같이 고객을 분석하는 목적은 고객에 대한 이해를 충분히 해서 경쟁사보다 더 잘 고객의 욕구에 부응하는 데 있다. 철저한 고객 분석을 통해 최소한의 고객 욕구를 충족시키면 경쟁사보다 훨씬 효과적으로 원가를 관리할 수 있을 뿐만 아니라, 독특하고 표출되지 않은 고객 집단의 욕구를 충족시켜 경쟁사와 차별화를 이룩할 수도 있다. 또한 고객 분석을 통해 신제품을 시장에 소개하는 타당성을 확인하고 기존제품의 위상도 개선시킬 수 있다.

2) 고객분석의 내용

기업이 경쟁전략을 개발하려면 소비자가 왜, 언제, 어떻게 구매하고 재화나 서비스를 소비하는가를 포괄적으로 설명해주는 체계가 필요하다. 이를 위해 소비자의 복잡한 행동을 이해해야 한다. 고객 분석에 앞서 우선 시장을 구성하는 소비자에 대한 이해가 필요한 것이다. 기업을 둘러싸고 있는 거시적 환경변화를 정확히 파악하고 소비자에 대한 이해를 충분히 해야만 목표시장의 선택이 가능하다. 따라서 고객 분석의 출발점은 고객 행동의 이해에서부터 시작한다. 고객 행동에 대한 이해가 끝나고 나면 이를 바탕으로 다음과 같은 세 가지 질문에 대답할 수 있어야 한다.

첫째, 우리의 고객은 누구인가? 우리 기업의 고객을 알기 위해서는 시장을 세분화하고이 자료를 바탕으로 우리 기업이 만족시키고 있는 고객층을 발견해야한다.

둘째, 고객이 재화나 서비스를 구매하는 동기는 무엇인가? 제품이나 서비스의 특성 중에서 실제로 고객들에게 중요한 것은 무엇인가? 고객의 현재 구매동기나 앞으로 일어날 구매동기의 변화를 파악하면 우리 제품의 상대적 위치를 평가하는 데 매우 유용하다.

셋째, 고객들이 인식하지 못한 채로 존재하는 충족되지 않은 욕구가 있는가? 고객들이 현재의 제품과 서비스에 만족하고 있는가? 고객의 충족되지 않은 욕구를 파악하면 새로운 사업 기회를 발견하게 되는 셈이다.

고객 분석은 이상의 세 가지 질문에 답하는 것을 의미한다. <그림 7.18>은 고객 분석의 절차를 도식화한 것이다.

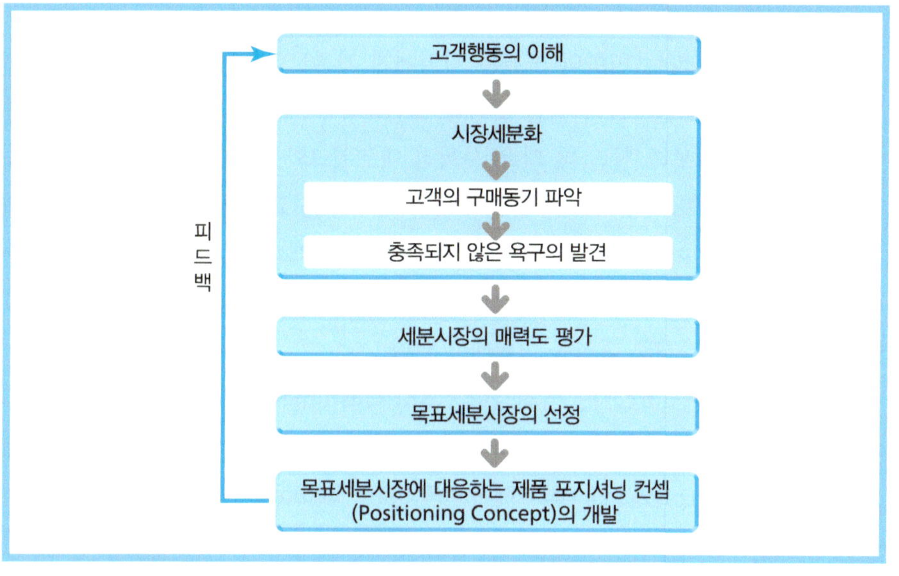

그림 7.18
고객분석의 절차

사례 9

'세일즈포스'의 AI CRM 솔루션

"기술 혁신과 능동적 고객관계 형성의 조화"

이 사례는 김기현 서울과학종합대학원 연구원이 조동성 교수와 김보영 교수의 도움을 받아 작성하였다.

4차 산업혁명이라는 변화의 물결은 기업에게 기존보다 더욱 많은 정보와 스마트해진 기술이 경영환경을 뒤덮을 것임을 예언한다.[1] 이는 기업에게 큰 기회가 된다. 왜냐하면 과거보다 훨씬 더 많은 사회적 네트워크와 인터넷 상 정보로 고객을 이해해서, 개별적으로 더 특화된 정보와 맞춤 서비스를 고객에게 제공할 수 있음을 뜻하기 때문이다. 이에 기업들은 고객을 이해하고 고객과 연결되기 위해 더 이상 감에 의존하지 않고 고객 정보라는 빅데이터를 인공지능 기술로 스마트하게 분석해서 고객관리와 마케팅 혁신을 이뤄내고 있다.

세일즈포스(Salesforce)는 세계 1위 CRM(Customer Relationship Management: 고객관계관리) 기업으로서, 이러한 기회를 놓치지 않고 변화의 물결에 앞장섰다. 세일즈포스는 1999년 마크 베니오프(Marc Benioff)가 설립한 기업용 고객 CRM 솔루션을 제공하는 기업으로, Fortune지 선정 100대 기업 중 99개기업이 세일즈포스의 솔루션을 사용할 정도로 막대한 영향력을 가지고 있다.

세일즈포스는 1999년 설립 당시부터 혁신의 아이콘이었다.[2] SAP, Oracle, Microsoft에 대항해서, 기존 설치형 CRM 소프트웨어에서 클라우드 기반의 SaaS(Software-as-a-Service: 서비스로서의 소프트웨어) 모델을 적용한 소프트웨어로 전환했다. 2005년에는 자사 소프트웨어와 연계된 부가기능(Add-on)을 공유, 판매하는 플랫폼을 개발해서 새로운 소프트웨어 생태계를 구축했다. 제품혁신전략에만 의존했다면 지금의 세일즈포스는 없었을 것이다. 다행히 세일즈포스는 고객의 중요성을 인식하고 있다. 고객의 기대와 신뢰를 이끌어내기 위해 2003년에 시작한 '드림포스 이벤트(Dreamforce Event)'에서 매년 자사 소프트웨어에 탑재된 최신 기능과 청사진을 소개하고 있으며, 고객사를 중심으로 규모를 확대해서 현재 IT 업계의 대표적인 행사로 발전시켰다.[3]

경쟁사들에게 세일즈포스는 따라가기 힘든 존재이다. 끊임없는 변화들을 이어오던 세일즈포스는 드디어 2016년에 '아인슈타인(Einstein)'이라는 AI 솔루션을 출시하기에 이르렀다. 아인슈타인은 소프트웨어에 기능을 추가해 판매하는 별도의 새로운 클라우드 제품이 아니다. 세일즈포스의 모든 제품에 인공지능을 결합시켜 모든 종류의 분석과 예측을 강화하는 인공신경망이다. 세일즈포스는 아인슈타인 AI를 개발한 이후에 지속적으로 자사 제품 및 기능으로 적용범위를 확대하고 있다. 세일즈포스의 실적은 상승세를 유지하고 있다. CRM 소프트웨어 시장은 연평균 15%의 성장율을 보이고 있으며, 세일즈포스는 매해 확실한 1위를 기록하고 있다.[6)] 비대면 서비스 수요가 확대되는 가운데 AT&T 등 고객사를 꾸준히 확대하고 있으며, 10년 연속 Forbes 선정 10대 혁신기업 3위 이내를 기록하고 있다.

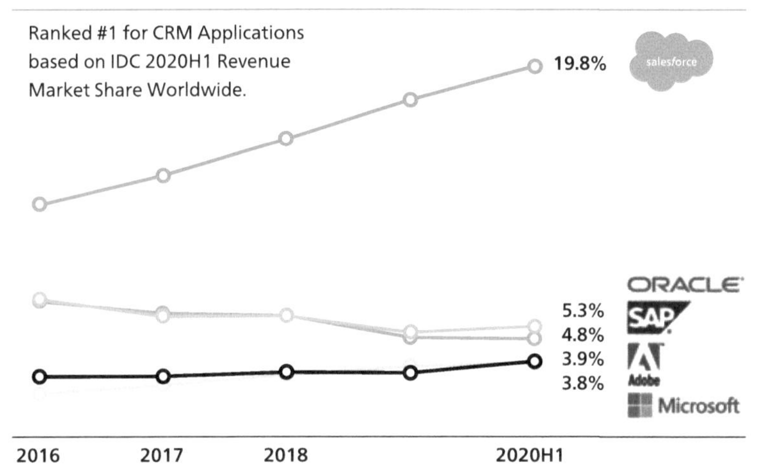

출처: https://www.salesforce.com/content/dam/web/en_us/www/images/campaign/crm/crm/idc-oct2020-crm-page-crm_single.png

그림 7.19
2016년~2020년 CRM 시장의 매출비율. SalesForce가 매년 1위를 차지.

세일즈포스의 혁신에는 두가지 성공요인이 존재한다. 첫째, 시장과 고객과의 능동적 관계 형성이다. CRM 솔루션을 제공하는 기업이 모범적으로 이를 실천하는 것으로 볼 수 있다. 이는 특히 드림포스 이벤트에서 확인할 수 있다. 드림포스 이벤트는 '매년 3번 변화한다'는 혁신의 원칙을 고객들에게 증명하는 자리이다. 해마다 얼마나 많은 고객의 요구를 반영해서 새로운 기능을 추가하고 제품을 출시했는지를 발표한다. 주요 고객, 즉 기업들이 솔루션을 활용해서 거둔 성과를 발표해서 고객 기업과 세일즈포스의 동반 성장을 축하하는 자리이다. 이러한 투명한 피드백 관리로 기존 고객의 신뢰를 유지한다. 드림포스는 신규제품 그 자체뿐 아니라, 신규제품을 고객들이 활용하는 다양한 방법을 소개함으로써 신규 고객사를 유치하는 중요한 마케팅 수단으로 삼는다. 자사의 새로운 제품과 기능을 선보이는 한편, 타 개발사들이 세일즈포스 플랫폼을 기반으로 창출한 효용가치를 소개하는 장이 되는 것이다. 이를 통해 기존 고객사들과의 협업을 확대하는 동시에, 신규 고객사들로 수요처를 확대할 수 있다.

둘째, 통합적 전략 수행을 위한 내부 관리이다. 세일즈포스는 새로운 전략에 맞추어 조직 및 인사 개편에도 적극적이다. 2020년 9월에는 조직을 개편해서 12,000명을 추가 고용하는 한편 기존 인력 1,000명에 대한 정리해고를 감행했다. 당해 분기에 기록적인 29%의 매출 성장을 기록했음에도 불구하고 기존 인력의 역량을 판단해서 전략과 불일치하는 경우에는 구조조정을 감행했다.[7] 결국 기업의 혁신 실행에 있어 전략에 맞게 인적자원의 재배치가 중요한 요인으로 작용함을 확인할 수 있다.

출처

1) "세일즈포스, 디지털 혁신의 판을 뒤집다". 김영국, 김평후, 김지민. (베가북스) 2019.01.31

2) 위의 책

3) "Nonstop Benioff: Inside The Master Networker's Audacious Plan To Disrupt Salesforce -- And The World". Alex Konrad. (Forbes). 2016.08.24.

6) "CRM시장 확실한 1등…세일즈포스 주식 84% 기관 손에". 김기철. (매일경제). 2020.10.13. https://www.mk.co.kr/news/stock/view/2020/10/1049113/

7) "美 세일즈포스, '기록적 매출'에도 1000명 감원 추진". 이슬기. (조선비즈). 2020.08.27

B. 전략정보 범주2: 내부여건(자원과 능력)

앞에서 우리는 일반 산업 및 경쟁자 환경에 대해 살펴보았다. 이와 같은 환경에 대한 인식과 이해를 바탕으로 기업은 시장기회를 파악하고 이에 상응하는 제품과 서비스를 제공할 수 있다. 지금부터는 기업 자체에 초점을 두고 전략 결정을 살펴보고자 한다. 기업의 내부여건 분석을 통해 기업은 자신이 무엇을 할 수 있을지 알 수 있다. 즉 기업의 행동은 기업이 소유한 자원과 능력, 또한 핵심역량에 의해 결정되는 것이다. 할 수 있는 것(can do)과 해야 할 것(must do)의 부합(match)을 통해 기업은 목표를 설정하고 전략적 계획을 수립하며 목표와 계획을 실행에 옮길 수 있다. 따라서 여기에서는 이러한 기업의 내부여건에 대해 보다 자세히 알아보고 아울러 기업의 철학과 사회적책임에 대해서도 살펴본다.

외부여건의 분석에 의해서 여러개의 기회가 포착되었을 때 그중 하나를 선택하기 위해서 경영자가 해야할 첫 번째 일은 자신의 기업이 이러한 기회를 성공적으로 현실화할 수 있는 자원(resource)과 능력(capability)이 있는가를 판정하는 것이다.

기업의 내부여건 분석의 일차적 목적은 기업이 보유한 자원과 능력을 평가해서 경쟁우위의 원천이 되는 강점과 약점을 파악하는 데 있고, 궁극적으로는 외부기회에 대해 강점을 활용하거나 핵심역량이나 능력의 개발과 축적을 통해 강점을 계속 유지하고 약점은 보완하는 데 있다.

어떤 조직에도 강점과 약점은 동시에 존재한다. 따라서 그 기업의 약점을 가능한 한 나타내지 않고, 강점만을 효과적으로 발휘하게 할 수 있는 전략이 개발되어야 한다. 이를 위해서는 기업이 가지고 있는 자원과 능력을 파악해서 강점과 약점을 분석할 수 있어야 한다. 그러나 자기 회사의 능력, 그리고 한계점을 파악한다는 것은 변화하는 외부여건을 살피는 것만큼이나 어려운 일이다. 왜냐하면 자신이 속한 기업의 강 · 약점을 이해하는 데 있어서 자신의 주관적 편견을 배제하기 어려울 뿐만 아니라 기업에서 어떤 기회를 선택하느냐에 따라 강 · 약점의 판정 자체가 달라질 수 있기 때문이다.

1. 종류와 특성

1) 종류

내부여건이란 기업이 전략을 개발하고 실행하는 데 있어 도움이 되는 것으로 기업이 보유하고 있는 모든 자산, 능력, 정보, 지식 등을 포함하고 있다. 기업이 누리는 경쟁우위의 원천이 무엇인가를 정확하게 파악하기 위해서는 내부여건의 종류와 개념에 대한 정확한 이해가 필수적이다. 기업이 보유한 자원을 크게 분류한다면 유형자원과 무형자원으로 나눌 수 있다. 유형자원은 기계 · 장비와 같은 물질적 자산과 재무적 자원 등 가시적 자원을 의미하며, 무형자원은 기업의 명성, 기술, 노하우와 같은 비가시적 자원을 의미한다. 기업 내부여건에 대한 분류는 내부여건의 종류만큼이나 다양하나, 여기서는 콜리스(Collis)의 분류를 기준으로 설명하기로 한다. 콜리스는 전략 결정에 있어 핵심적 역할을 하는 내부여건으로 핵심역량, 조직능력, 관리적 유산을 지적하고 있다.

(1) 핵심역량(Core Competence)

핵심역량은 경쟁기업에 비해 특별히 뛰어난 자원이나 능력을 의미한다. 즉 핵심역량이란 특정 기업이 보유하고 있는 우월적 내부 능력으로 경쟁사와 차별화될 뿐만 아니라 사업성공의 핵심요인으로 작용하기도 하는 힘을 의미하다. 이러한 핵심역량은 자원기반관점에서 특히 강조되는 개념이다. 기업의 내부여건에서 핵심역량이 차지하는 비중이 매우 크므로 핵심역량은 다음 절에서 좀 더 구체적으로 살펴보기로 한다.

(2) 조직능력(Organizational Capability)

조직능력이란 조직이 습득한 동태적 일상성(dynamic routine)으로서의 무형자산을 의미한다. 구체적으로는 기업의 효율성과 효과성을 지속적으로 개선하고 증진시킬 수 있는 경영능력을 의미한다. 일반적으로 성공보다는 실패를 거듭하는 기업에서 발견되는 특징의 하나로 들 수 있는 것이 조직의 타성(inertia)이다. 타성은 환경변화에 원활하게 적응하지 못해서 결과적으로 비생산적이거나 비효율적인 행동양식이나 일상성을 조직 내에 고착시킨다. 이에 비해 성공기업의 특징은 지속적으로 기업을 개선시키는 방향으로 외부변화를 수용하고 혁신하는 조직능력을 보유하고 있다는 것이다. 이러한 조직능력은 진화론적 관점(evolution perspective)에서 특히 강조하고 있는 개념이다.

(3) 관리유산(Administrative Heritage)

관리유산은 전략 선택에 있어서 조직의 제약조건으로 주로 작용한다. 왜냐하면, 관리유산은 누적적인 성격을 가지고 있어 기업의 자산구성을 환경 요인에 맞추어 한순간에 최적화할 수 없게 하기 때문이다. 관리유산은 무형적 문화유산과 물질적 유산으로 나눌 수 있다. 무형적 문화유산은 최고경영자의 리더십과 비전, 조직문화, 조직구조 등을 의미하며, 전략을 변화시키려는 기업의 의도적 노력에도 불구하고 전략 변화의 속도와 방향을 제약하는 타성으로 작용하기도 한다. 한편 물질적

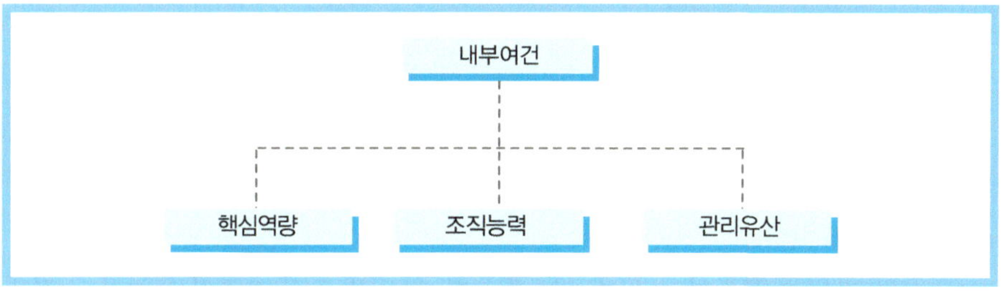

그림 7.20
내부여건의 유형

유산에는 공장의 입지, 사무시설, 통신시스템, 장비 등이 포함된다. 초기공장의 입지가 후속설비의 입지 결정에 영향을 미치는 것처럼 물질적 유산도 역시 전략 결정에 영향을 미친다. <그림 7.20>은 지금까지 설명한 기업의 보유자원 유형을 나타낸 것이다.

2) 특성

베르너펠트(Birger Wernerfelt, 1984)와 바니(J. B. Barney, 1991)는 기업의 자원이 성공적인 전략 수행의 원천이 되기 위해서는 VRIN으로 대표되는 네 가지 특성, 즉 가치(Value), 희소성(Rareness), 불완전한 모방성(Incomplete Imitability), 대체불가능성(Nonsubstitutability)을 갖춰야 한다고 주장했다. 바니는 네번째 특성인 대체불가능성은 조직이 자원과 능력을 활용할 수 있는 규칙과 과정(rule and process)을 가지고 있는가가 더 중요하다는 전제 하에 조직(Oranization)으로 바뀌었고, 이에 따라 VRIN 역시 VRIO로 바뀌었다.

(1) 자원의 가치

보유한 자원이 가치가 있을 때 그 자원은 지속적인 경쟁우위의 원천이 될 수 있다. 자원이 가치가 있다는 것은 기업의 효율성과 생산성을 증대시키기 위한 전략을 개발하고 실행하는 데 도움을 줄 수 있다는 뜻이다.

(2) 자원의 희소성

어떤 기업이 보유한 자원을 다수의 경쟁기업과 잠재적 경쟁기업이 보유하고 있다면 이 자원은 경쟁우위의 원천이 될 수 없다. 즉 어떤 자원의 가치가 높다고 하더라도 희소성이 없을 경우 그 자원은 경쟁우위의 원천이 되기는 어려운 것이다. 이런 점에서 다른 기업이 그 자원을 보유하고 있지 않을수록 자원의 희소성이 증대되고, 그러한 자원을 보유한 기업은 보유하지 않은 기업에 비해 경쟁우위를 가질 것이다.

(3) 불완전한 모방성

유용하면서도 희소한 자원이라 하더라도 장기적으로 다른 기업들이 이들 자원을 획득할 수 없어야만, 즉 완전하게 모방할 수 없어야만 비로소 경쟁우위를 지속적으로 유지시킬 수 있다. 모방의 불완전성에 영향을 주는 요인으로는 다음 세 가지가 특히 중요하다.

① 특정 자원을 획득하기 위해서는 독특한 역사적 조건(기업의 독특한 성장과정과 기업문화 조성)이 갖추어져야 할 때
② 기업이 보유하고 있는 자원과 기업의 지속적 경쟁우위 간의 연관성에 대한 인과관계가 모호할 때
③ 경쟁우위가 기업이미지, 기업의 대외적 유대관계 등 사회적 복잡성에 의해 나타날 때

(4) 대체불가능성 및 조직

기업의 자원이 경쟁우위의 원천이 되기 위해서는 대체자원이 존재하지 않아야 한다. 즉 기업이 보유하고 있는 가치있고 희소하고 모방이 어려운 자원과 동등하게 취급될 수 있는 대체재가 존재하지 않을 때 비로소 그 자원이 지속적인 경쟁 우위를 가질 수 있는 것이다. 아무리 가치있는 자원이라도 그것을 대체할 수 있는 자원이 있다면 경쟁력을 잃게 된다. 이와 동시에 기업이 그 자원을 활용할 수 있는 규정과 과정을 가지고 있지 못하다면 그 자원은 활용될 수없다. 지금까지 설명한 자원들의 특성과 경쟁위치 간의 관계를 간단히 요약하면 <표 7.5>와 같다.

표 7.5
자원의 특성과 경쟁 지위

자원의 특성				경쟁지위
유용성	희소성	불완전한 모방성	대체불가능성 및 조직	
X	X	X	X	경쟁열위
O	X	X	X	동등한 경쟁
O	O	X	X	일시적 경쟁우위
O	O	O	X	동등한 경쟁
O	O	O	O	지속적 경쟁우위

2. 핵심역량

1) 개념

기업을 한 그루의 나무라 할 때 줄기와 큰 가지들은 핵심제품이 되고 잎과 꽃 그리고 열매는 최종제품이 될 것이다. 기업의 핵심역량이란 바로 이들 제품에 영향을

보충해주고 더욱더 튼튼히 자랄 수 있는 토대를 마련해 주는 뿌리이다. 따라서 기업의 꽃과 열매인 최종제품들의 풍성하고 알찬 수확을 위해서는 그 기업의 뿌리인 핵심역량, 즉 전략적 자산의 확보와 증식이 이루어져야 한다.

핵심능력(core capability)이란 가치사슬 상의 특정 요소에 대한 기술 및 생산능력을 강조하는 핵심역량(core competence)을 포함해서 가치사슬 전체를 포괄하는 광범위한 개념이다. 핵심역량의 개념에서 보면, 오토바이에서 잔디 깎는 기계, 소형선박용 모터, 자동차 등과 같은 상이한 사업분야로 진출한 혼다(Honda)의 성공요인은 엔진과 동력 전달기관에 대한 핵심역량의 보유 때문으로 설명될 수 있다. 그러나 혼다의 엔진에 대한 핵심역량이 중요하기는 하지만 이것만으로 이 회사가 과거 20년에 걸쳐 광범위한 사업분야에서 성공을 거두어온 사실을 모두 설명할 수는 없다. 왜냐하면 GM과 같은 경쟁기업도 엔진에 관해서는 탁월한 디자인 및 제조 능력을 확보하고 있기 때문이다.

혼다가 이러한 기업과 구별될 수 있는 것은 바로 핵심능력 외에 '대리점 관리능력', '제품 구현능력'과 같은 보다 광범위한 핵심능력을 강조하고 있기 때문이다. 즉 핵심능력은 하드 스킬뿐만 아니라 소프트 스킬(마케팅, 고객 서비스 등)까지도 포함하는 특정회사만의 차별적 강점을 의미하는 것으로 이해되어야 한다. 핵심역량은 남들이 쉽게 모방할 수 없는 차별적 능력이기 때문에 시장에서의 리더십 장악을 가능하게 해주며, 또한 기업이 특정 사업분야뿐만 아니라 그것을 바탕으로 관련된 사업 분야에서도 성공할 수 있는 기회를 제공해준다.

이상을 종합해 볼 때 핵심능력은 본질적으로 최종제품이나 사업단위의 시장전략 및 제품믹스에 구애받지 않는 보다 근본적인 조직능력이라고도 할 수 있으며, 기존의 자원기반관점에서 말하는 협의의 핵심역량 외에 조직능력까지도 포함하는 광의의 개념으로 이해해야 한다.

2) 확보 방안

핵심능력은 남이 개발해 놓은 제품을 뒤쫓아가는 시장 추종적 차원이 아닌 신수요 창조, 시장 포지션의 주도적 개선 등 시장 창조의 차원으로 기업활동을 격상시켜주는 역할을 한다. 이러한 점에서 핵심능력은 적극적으로 환경을 개척해 나가는 초일류 선진기업으로 발전하기 위해 갖추어야 할 필수 요건이라 하겠다. <그림 7.21>은 이러한 핵심능력을 바탕으로 한 기업의 성장원리를 보여주고 있다.

그렇다면 과연 어떻게 핵심능력을 구축할 수 있을 것인가?

첫째, 자사의 내부 능력에 대한 치밀한 분석과 투자가 이루어져야 한다. 기업전략 수행의 주 대상은 제품이나 시장이 아니라 비즈니스 시스템이다. 따라서 내부

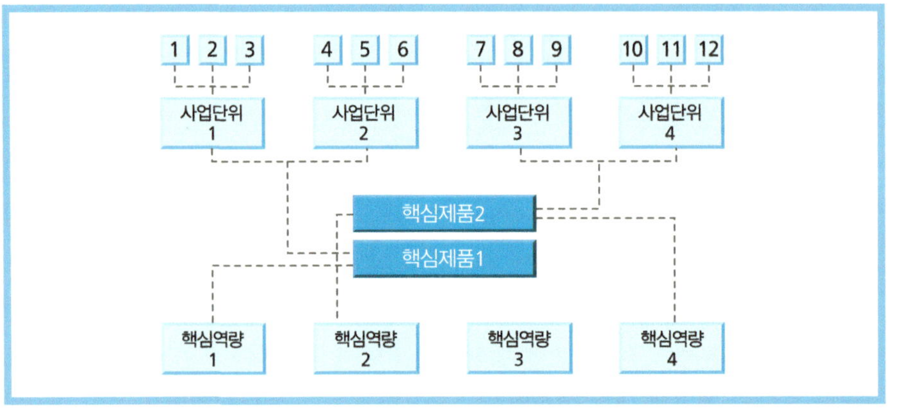

그림 7.21
핵심역량을 바탕으로 한 성장

능력을 강화하기 위해서는 반드시 자사의 핵심적인 비즈니스 시스템을 파악해서 장기적인 관점에서 집중적으로 투자해야 한다. 이때 특히 주의해야 할 점은 관리 시스템, R&D, 생산, 마케팅과 같은 포괄적이고 일반적인 개념이 아닌 구체적인 기능을 도출해야 한다는 것이다. 세계적 GMS업체인 월마트(Walmart)의 경우를 예로 보면, 월마트는 비즈니스 시스템 중 적하장(積荷場) 교차연결(cross docking)이란 재고 보충 시스템에 집중 투자함으로써 최소의 재고를 유지하면서 가장 효율적으로 제품을 공급할 수 있는 역량을 갖출 수 있었다.

둘째, 전략적 비전과의 정합성을 고려해야 한다. 전략적 비전이 먼저 명확해져야 이에 따른 핵심능력의 구축 방향이 도출되기 때문이다. 다시 말해 전략적 비전은 자사가 선택한 사업 영역 내에서 경쟁우위 확보를 위해 어떤 핵심능력을 어떻게 육성, 발전시켜 나가야 하는가를 제시할 수 있어야 하며, 기업경영자는 이러한 전략적 비전과 차별화된 핵심능력을 연계 · 조화시키는 데 각별한 노력을 기울여야 한다.

셋째, 최고경영자를 포함한 관리자들이 핵심적인 역할을 해낼 수 있어야 한다. 핵심능력은 기업의 전 기능, 전 부문과 관련이 있다. 그래서 이들만이 고객에게 최선의 제품 · 서비스를 제공케 하는 핵심능력의 창출을 위한 전 조직인의 관심을 결집시킬 수 있으며, 동시에 핵심역량 창출을 위한 하부 지원시스템에 대한 체계적 투자를 가능케 한다.

넷째, 인내심이 필요하다. 핵심능력은 단기간에 획득할 수 없기 때문이다. 단기적이고 근시안적인 계획은 유망한 기술개발 등 핵심능력 확보 노력을 저해할 우려가 높다. 기업의 미래 경쟁우위 원천인 핵심능력을 확보하는 데는 그만큼 많은 시간과 노력이 소요된다는 점을 간과해서는 안 된다.

특히 경쟁에서의 성공 여부는 고객에게 가치를 제공해 주는 비즈니스 시스템의 전략적 역량을 제고시킬 수 있느냐에 달려 있다. 여기서 중요한 것은 고객의 관점에서 고객의 욕구를 잘 충족시킬 수 있도록 고객의 욕구를 발견하는 것에서부터 시작해서 충족시키는 것으로 끝나는 피드백 시스템으로 이해하는 것이 필요하다. 그리고 이러한 비즈니스 시스템이 복잡하고 길수록 이들의 능력을 제고시키는 데 투입되는 자원과 시간은 더욱 많아진다. 그러나 일단 능력이 어느 정도 수준 이상으로 향상되고 나면 경쟁자가 모방하기 어렵기 때문에 고객에게 차별적 가치를 제공해줄 수 있게 된다.

3. 내부여건 중시 이론

기업의 내부능력을 전략 결정의 핵심으로 보는 이론은 크게 자원기반관점과 진화론이 있다.

1) 자원기반관점

(1) 개념

기업의 차별적 성과를 설명하는 최근의 관점은 개별기업의 특이성에 중점을 두는 자원기반관점이다. 자원기반관점의 이론적 핵심은 기업을 유형자원과 무형자원의 독특한 집합체(unique bundle)로 파악하는 것이다. 즉 기업은 장기간에 걸쳐 나름대로 독특한 자원과 능력을 결합하고 구축해 가는데, 바로 이들 자원과 능력의 차별적 역량에 근거해서 경쟁우위를 얻을 수 있다는 것이다.

특히 자원기반관점은 기존 연구들이 상대적으로 등한시했던 조직능력, 핵심 역량, 기업문화, 경영자의 능력 등과 같은 무형자산을 중요하게 다루고 있다. 이러한 자산은 대부분 무형적이고 암묵적(intangible & tacit)이므로 경쟁기업이 쉽게 구입하거나 모방하기가 어렵다. 따라서 기업의 경쟁우위는 바로 이러한 특징을 지닌 자원과 능력에 의해서 뒷받침될 때만 지속될 수가 있다는 것이다.

자원기반관점은 또한 경쟁우위의 원천이 되는 자원에 있어서 기업간 동질성과 이동성을 인정하지 않는다. 즉 자원기반관점은 우선 기업이 동일산업에 속하는 기업 간에도 통제 가능한 전략적 자원에 있어서 이질적이라는 것을 전제로 하며, 두 번째로 이들 자원은 기업 간에 완전하게 이동할 수는 없다고 본다. 이러한 이유로 자원의 이질성은 장기간 지속될 수 있으며, 이것이 경쟁우위의 지속성을 뒷받침한다고 본다. 자원기반관점은 경쟁우위의 지속성에 있어서 이상의 두 가지 가정, 즉 자원의 이질성과 자원이동의 불완전성이 어떤 의미를 갖는가 하는 점에 초점을 맞추어 이론을 발전시키고 있다.

① 자원의 이질성

자원기반관점의 첫 번째 전제는 기업이 보유하고 있는 자원의 조합과 능력이 기업 간에 다르다는 자원의 이질성이다. 자원의 이질성이란 본질적으로 개별 기업이 보유한 자원이 효율성과 생산성에 있어서 차이가 발생한다는 것을 의미한다. 개별 기업이 보유한 자원은 각 기업의 특성에 따라 그 자원의 효율성 측면에서 수준의 차이가 남을 알 수 있다. 경쟁기업보다 효율성이 뛰어난 자원과 능력을 보유한 기업이 고객의 요구를 충족시키는 데 있어서 보다 유리한 것은 주지의 사실이다.

② 자원이동의 불완전성

개별 기업에 있어 경쟁기업의 성공적인 전략을 모방하는 가장 쉽고 일차적인 방법은 성공적인 전략의 수행에 필요한 자원이나 능력을 요소시장에서 구입하는 것이다. 이 때 중요한 개념이 자원의 이동성이다. 즉 자원과 능력의 이동이 용이하면 그만큼 모방이 쉽고 빠르다. 그러나 어떤 자원은 쉽게 모방되지 않는다. 즉 경영자의 탁월한 리더십, 종업원의 학습능력, 독특한 기업문화 등과 같은 자원은 기업 특유의 자원이므로 기업간 모방이 용이치 않다. 이같이 자원이나 능력이 독특해서 모방이나 구입이 어려워 기업간 자원의 이동이 제약을 받는 것을 자원의 비이동성이라 한다.

자원의 비이동성은 본질적으로 자원의 이질성에 의해서 초래된다. 화폐, 단순 원재료같이 이질적이지 않은 자원의 이동성이 제한되는 경우는 드물기 때문이다. 즉 자원이 독특하고 기업 특유적 속성을 지닐수록 기업 간의 이동성은 제한을 받는 것이다.

(2) 내용: 이질성과 렌트

자원의 불완전한 이동성은 요소시장의 불완전성에 기인한다. 자원기반관점에서 볼 때 기업이 얻는 초과이익은 공급이 제한된 우월한 자원에 대한 렌트(rent)를 의미한다. 과거 전략에 관한 기존의 논의가 제품시장의 판매자 입장에서 기업 행동을 설명하고 있는데 반해, 자원기반관점은 요소시장에서의 구매자 관점에서 요소시장의 불완전성과 초과이익(rent)의 발생을 설명하고 있다.

자원의 이질성은 공급이 제한된 효율적인 자원이 존재한다는 것을 의미한다. 여기서 공급이 제한된다는 것은 자원을 다른 기업이 개발하거나 모방할 수 없다는 것을 의미한다. 특히 무형자원의 경우 단기간에는 모방이 불가능하므로 단기적으로 볼 때 이들 자원은 수요를 전부 충족시킬 수 없는 희소자원이라고 하겠다. 이런 자원을 확보하지 못한 기업은 이 자원보다 비효율적인 자원을 투입할 수밖에 없다. 즉 비효율적인 자원을 보유하고 있는 기업은 효율적인 자원을 보유하고 있는 기업에 비해 생산원가가 높을 것이다.

우월한 자원의 공급을 단기간에 증가시킬 수 없다면 이들 자원을 투입해서 생산된 제품의 시장가격이 아무리 높다 하더라도 공급곡선은 비탄력적이다. 제품에 대한 수요가 증가해서 제품의 시장가격이 높아지면 다른 비효율적인 기업이 산업에 참가할 수 있게 된다. 이들 기업은 가격이 한계비용을 초과하는한 그 산업에 진입해서 생산활동을 계속한다. 산업 내의 공급과 수요가 균형을 이루어 비효율적인 자원을 보유한 기업이 손익분기(P=AC)에 이르더라도 효율적인 자원을 보유한 기업은 초과이익(P>AC)을 누리게 된다. 이때의 초과이익은 희소한 자원에 대한 렌트이다(<그림 7.22> 참조).

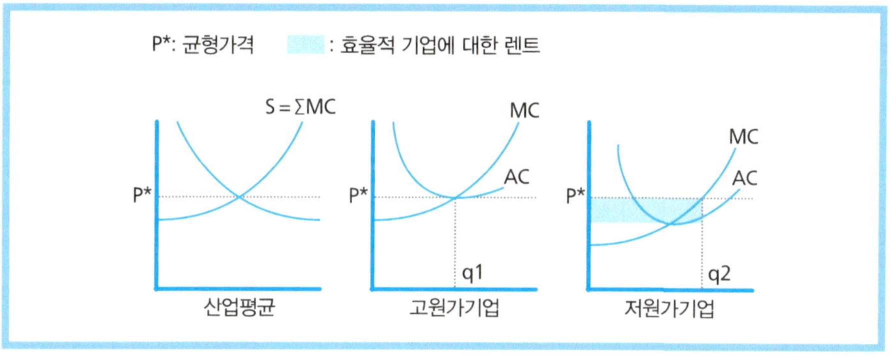

그림 7.22
자원의 이질성과 렌트의 발생

이상에서 알 수 있는 결론은 우수기업이 누리는 초과이익은 산업조직론의 일반적인 주장인 생산량에 대한 인위적 제한이나 시장지배력의 결과가 아니라, 보다 효율성이 높은 자원을 보유한 기업이 얻을 수 있는 것이다. 이러한 초과이익을 공급이 제한된 상황에서 발생하는 효율성이 높은 자원에 대한 렌트라고 한다. 따라서 효율적 기업은 그들이 보유한 자원의 공급이 제한되거나, 다른 기업에 의해 모방되기 어려울 때 경쟁우위를 지속적으로 유지할 수 있다는 것이 자원기반관점의 주된 내용이다.

(3) 전략적 의미

제품시장에서 판매자 입장의 기업행동을 주로 설명하고 있는 산업조직론의 산업 구조 모형은 많은 장점에도 불구하고 두 가지 측면에서 취약점을 가지고 있다. 첫째, 기업이 누리는 초과이익을 기업 외부적 요인으로 설명하려 한다는 점이다. 즉 산업구조모형은 산업매력도에 영향을 주는 산업의 구조적 특징을 이용해 기업의 초과이익을 설명하고 있어 상대적으로 기업의 내부적 특징에 대한 고찰이 빠져 있다. 둘째, 산업구조모형은 같은 산업에 속한 기업 간에 발생하는 성과의 차이에 대한 설명이 미흡하다. 산업구조모형은 산업의 매력도를 평가함으로써 그 산업에 속한 기업의 수익성을 예측하는 데 도움을 준다. 그러나 이러한 설명은 그 산업의 대표적 기업(representative firm)이 얻을 수 있는 수익성을 설명할 뿐이지 각 기업의 수익성 차이를 설명하지 못하고 있다.

위와 같은 산업구조모형의 한계 때문에 가치사슬(value chain)모형과 가치활동으로 대표되는 포터의 경쟁우위모형이 등장했다. 이들 모형은 기업의 성과를 기업 내부적 요인으로 설명하려고 노력했고 산업구조모형이 개별 기업의 수익성을 설명하지 못했던 것을 어느 정도 보완할 수 있었다. 하지만 경쟁우위모형도 경쟁우위가 창출되는 과정과 지속되는 과정에 대해서는 근본적인 설명을 하지 못한다. 즉 어떤 기업이 가치활동을 저원가로 수행하거나 차별적으로 수행할 수 있는 원인과 과정에 대해서는 설명하지 못하는 것이다.

그런데 이러한 문제점을 해결한 것이 바로 자원기반관점이다. 자원기반관점은 경쟁우위의 원천이 무엇인가를 설명해주며, 경쟁우위가 창출되고 지속되는 과정을 설명해준다. 기업이 보유하는 독특한 내부여건이 경쟁우위의 원천이 되는 이유를 설명하고, 경쟁우위가 지속되는 이유를 설명할 수 있으며, 자원의 특성과 렌트 발생을 연결시킴으로써 개별 기업이 누리는 초과이익의 근거를 설명할 수 있다.

2) 진화론

경영전략 연구의 또 다른 흐름 중의 하나는 기업간 이질성을 창출하는 동태적 일상성(dynamic routines)을 분석하는 진화론적 관점이다. 진화론(evolutionary theory)에서는 기업을 경로의존적인 지식기반을 바탕으로한 '일상성'들의 결합체(bundles of hierarchically arranged 'routines')로 보고 있다. 즉 기업 내부의 자원은 암묵적인 집단적 지식에 체화되어 있어서 인과관계가 모호하고 경로의존적이므로 쉽게 모방되지 않는다고 생각해서 이러한 암묵적인 일상성(routine)에 많은 관심을 기울이고 있다.

조직능력의 본질에 관한 가장 의미 있는 연구결과 중의 하나는 넬슨과 윈터(Nelson & Winter)의 조직 일상성이란 개념이다. 조직 일상성이란 개인들의 조화된 행동들로 구성된 규칙적이고 예측 가능한 행동유형을 의미한다. 특히 진화론적 관점에서는 이러한 일상성이 형성되어 가는 과정에 많은 관심을 가지고 있으며 이들 무형자산의 습득과 전수 및 개발 과정에서 발생하는 암묵적인 내용을 가시적인 것으로 전환해서 이해하려는 데 많은 노력을 기울이고 있다. <표 7.6>은 지금까지 설명한 두 이론의 주요 항목을 비교한 것이다.

표 7.6
자원기반관점
VS.
진화론적 관점

	진화론적 관점	자원준거관점
배경이 되는 경제이론	과정(Process)	균형(Equilibrium)
분석수준	주로 산업수준	기업수준
분석단위	일상성(Routine)	자원(Resource)
공헌한 학자	Nelson & Winter Metcalfe & Gibbons	Wernerfelt, Barney Dierickx & Cool, Rumelt
주요 설명대상	기술적인 진보와 경쟁	경쟁우위의 원천, 다각화
중심자원	무형자산	모든 자원
중심자원	이익창출을 위한 routine의 명확화	모방이 불가능한 자원의 개발과 축척을 통한 초과이익의 달성

4. 내부여건의 전략적 활용: 제품군 전략

오늘날 많은 기업들은 단일제품(single product)을 신속히 개발, 출시하는 데만 큰 관심을 보이는 경향이 있다. 그러나 이러한 제품개발 방식은 두 가지 문제점을 내포하고 있다. 첫째는 기술 및 마케팅 자원 등의 중복투자를 유발할 수 있다는 점이며, 둘째는 장기적 관점에서 자원투입의 일관성과 집중성을 저해할 수 있다는 점이다. 따라서 이러한 문제점을 극복하기 위해서는 제품군(product family)의 관점에서 핵심자산과 부품 등 핵심역량을 개발하고 공유하는 것이 무엇보다 중요하다. 다각화를 비롯한 신제품의 지속적인 창출도 바로 이러한 핵심역량을 육성 · 공유함으로써 가능하게 되는 것이다.

제품군이란 각각의 고객이 요구하는 독특한 기능과 특징을 가지면서도 공통의 플랫폼(platform)을 사용하고 있는 제품들을 의미한다. 여기서 제품 플랫폼이란 일련의 제품에 의해 공유되고 있는 디자인, 부품 등을 포괄해서 일컫는 말로서, 관련 제품들로 구성되는 제품군의 성공적인 창출에 핵심이 된다. 신제품 창출은 이러한 플랫폼의 확장과 개량에 의해 가능하게 되며, 공통의 플랫폼을 사용해서 개발된 일련의 신제품들이 바로 제품군을 형성하게 되는 것이다. 이렇게 형성된 제품군은 또한 세분시장을 창출하게 되고, 제품군 내의 이들 개별제품은 세분시장 내에서 틈새시장을 공략하게 된다.

사례 10

'넷플릭스', AI를 활용한 고객분석으로 미디어 산업에서 경쟁 우위를 점하다

"고객성향 파악을 위한 AI기반 추정기술"

이 사례는 서주연 서울과학종합대학원 연구원이 조동성 교수와 김보영 교수의 도움을 받아 작성하였다.

기업이 경쟁전략을 개발하려면 소비자가 재화나 서비스를 왜, 언제, 어떻게 구매하고 소비하는가를 포괄적으로 설명해 주는 체계가 필요하다.[1] 최근 기업들은 보다 정확하게 고객들의 니즈를 분석하기 위해서 빅데이터 수집은 물론 AI를 활용한 다양한 분석과 추천서비스를 시도하고 있다. 이러한 AI 기반 추천서비스의 확산을 이끌어 나가고 있는 가장 대표적인 산업이 인터넷으로 영화, 드라마 등 각종 영상을 볼 수 있는 서비스를 제공하는 OTT(Over The Top)산업이다. OTT산업의 대표주자인 넷플릭스는 창업 이후 첫 10년간 비디오 · DVD 렌탈 시장의 트렌드를 바꾸고 선도했다.

넷플릭스 구독을 이어가게 만드는 힘은 고객의 취향을 정조준하는 영상 추천이다. 넷플릭스는 같은 추천 영화라고 해도 보는 사람의 개인 취향에 따라 추천 삽화마저도 다르게 보여주는 철저함까지 꾀하고 있다. 실제로 넷플릭스의 발표에 따르면 전체 영화시청의 75%가 추천을 통해 이뤄지고 이에 따른 만족도도 높다. 그리고 이를 가능하게 했던 것은 AI 및 머신러닝을 활용한 빅데이터 분석과 활용 기술이다.[5]

넷플릭스의 초기 추천 시스템은 콘텐츠에 매긴 별점을 바탕으로 선호패턴을 분석해서 추천해 주었으나, 현재는 인공지능 알고리즘을 더해 방식을 고도화했다. 현재 넷플릭스에서 사용하는 알고리즘은 고도화된 협업 필터링이다. 이 필터링은 나와 비교적 취향이 가까운 사용자 집단을 찾아낸 다음, 그들 모두가 좋아하는 작품을 선별하는 것이다. 넷플릭스에서 기본적으로 수집하는 사용자 정보는 좋아요 갯수, 시청 시간대, 영상시청 기기, 영상을 시청하거나 되감거나 멈춘 지점, 끝까지 시청하는지 여부이다. 이를 토대로 이용자를 분류한다. 비슷한 시청 패턴을 가진 사람들은 같은 그룹군에 묶고 이는 사용자 행동 데이터의 기반이 된다. 그리고 영상에 태그를 붙인다. 영화의 특징들이 태그로 붙고 영상에 붙은 태그 정보는 머신러닝을 적용한 알고리즘을 이용해 추천에 활용된다.[6]

아래 자료는 넷플릭스가 고객 성향을 위해서 파악하는 빅데이터의 종류를 보여주고 있다. 구체적으로 이용 고객이 '좋아요'라고 평가한 콘텐츠(ratings), 콘텐츠 이용 기록(watch history), 검색한 콘텐츠(searches), 콘텐츠를 이용하는데 사용한 기기(device), 콘텐츠 정지 시간(program pause time), 다시 재생한 콘텐츠(re-watch program), 콘텐츠의 성격(nature of show), 고객의 신용 평가(credit calculation)에 대한 정보를 모은다. 고객과 관련된 고객이 흘린 작은 정보도 다 놓치지 않고 수집하는 것이다.

출처: MUVI

그림 7.23
넷플릭스가 고객성향 파악을 위해 수집하는 빅데이터 종류

넷플릭스가 OTT공룡이 될 수 있었던 것은 AI, 머신러닝, 빅데이터 분석을 활용한 개인 맞춤형 추천 시스템이 있었기 때문이다. 넷플릭스가 AI를 활용한 개인 맞춤형 추천 시스템에 집중하고 이를 고도화 시키는 작업에 집중하는 이유는 콘텐츠 산업 내에 '90초 법칙'이 있기 때문이다.[8)] 넷플릭스에 접속한 사람은 하나의 콘텐츠 이미지에 평균 1.8초를 소비해 시청 여부를 판단하는데, 90초 내 볼만한 콘텐츠를 찾아내지 못하면 이탈하는 것이다. 이런 상황이 반복되면 구독을 해지하게 돼 가입자를 잃는 결과로 이어진다. 이러한 90초 법칙은 OTT산업에서 고객 분석력이 얼마나 중요한지를 알려준다.

"Netflixed(넷플릭스 당하다.)"라는 말이 나올 정도로 넷플릭스의 파급력은 어마무시하다. "Netflixed(넷플릭스 당하다.)"는 새로운 비즈니스 모델의 등장으로 기존 비즈니스가 위축되는 현상으로 넷플릭스에 의해 기존 DVD 대여업체들이 큰 타격을 입은데서 유래된 말이다. 그러면 넷플릭스도 언젠간 "넷플릭스 당하겠지"라는 예측도 나오고 있다.[13)] OTT시장의 성장으로 아마존, 디즈니, 훌루 이외에도 많은 대기업들이 OTT시장에 진출하고 있다. 그 중에서도 넷플릭스는 2020년에 이러한 OTT에 진출한 틱톡을 경쟁사로 언급하기 시작했다.[14)]

넷플릭스가 틱톡을 경쟁사로 언급한 것은 틱톡이 인터넷 엔터테인먼트의 유동성을 보여주기 때문이다. 중국 경제 금융 전문 매체 차이신이 인용한 리서치 기관 센서타워 집계에 의하면 바이트댄스 산하 틱톡은 전 세계에서 1억 470만 다운로드를 기록하며 전 세계 SNS다운로드 1위에 오른 것이다.[15)] 이와 같은 기록을 통해서 틱톡의 인기를 확인할 수 있다. 틱톡의 인기는 숏폼(짧게는 15초 길게는 10분 내외의 영상) 시장의 인기를 나타내주기도 한다. 숏폼이 대세인 2021년 현재로서는 과자를 먹듯 짧은 시간에 간단하고 쉽게 즐기는 스낵 컬처 트랜드에 맞는 숏폼 콘텐츠가 시장을 주도하고 있다.[16)] MZ세대부터 그 다음 세대까지 숏폼 콘텐츠에 열광하고 있으며 '숏확행'이라는 말까지 등장했다.[17)] 넷플릭스도 이러한 시장의 열풍 속에 합류하기 위해서 넷플릭스의 클릭을 짧게 스마트폰 비율에 맞춰 보여주는 '패스트 래프(fast laugh)'를 출시했다.

숏폼 영상은 크게 2가지 형식으로 나뉜다. 사용자들이 영상을 제작하는 쌍방향 콘텐츠와 제작들이 콘텐츠를 제작해 배포하는 일방향 콘텐츠로 구분된다. 틱톡이 쌍방향 콘텐츠라면 넷플릭스는 일방향 콘텐츠이다. 넷플릭스가 현재의 규모를 넘어 또다른 트렌드를 창출하기 위해서는 새로운 플랫폼을 만들어야 한다. 넷플릭스가 쌍방향 콘텐츠를 제작할 수 있는 플랫폼으로도 성장한다면, 어떠한 영상을 만들 것인지 흥미로울 것이다. 넷플릭스가 보유하고 있는 빅데이터와 AI가 새로운 시장에서는 어떠한 방향성으로 사용될지 또한 지켜봐야한다.

출처

1) https://www.asiae.co.kr/article/2021031909451024081, 아시아경제, 2021.03.19,
2) https://coremuni.tistory.com/45
3) CEO들, AI가 만병통치약이란 막연한 생각에서 벗어나 목표 분명해야(donga.com), 동아사이언스, 2020.11.15
4) https://www.yna.co.kr/view/AKR20210215100400005?input=1195m, 연합뉴스, 2021.02.15
5) https://m.etnews.com/20201005000062, ETnews, 2020.10.05
6) https://m.blog.naver.com/with_msip/221870532849, 과학기술정보통신부, 2020.03.24
7) [딜라이트닷넷] 넷플릭스 대 웨이브, 이제 'AI' 경쟁 (ddaily.co.kr), 디지털데일리, 2020.10.16
8) https://coremuni.tistory.com/45
9) http://www.sisajournal-e.com/news/articleView.html?idxno=225641
10) https://www.hankyung.com/it/article/202104124028i
11) http://www.opinionnews.co.kr/news/articleView.html?idxno=25659
12) https://www.the-pr.co.kr/news/articleView.html?idxno=46415
13) https://www.hankyung.com/it/article/202006263785H
14) https://news.einfomax.co.kr/news/articleView.html?idxno=4073204
15) https://www.mobiinside.co.kr/2020/11/27/snack-culture/
16) https://brunch.co.kr/@neaptide/62
17) http://www.ohmynews.com/NWS_Web/View/at_pg.aspx?CNTN_CD=A0002710707&CMPT_CD=P0010&utm_source=naver&utm_medium=newsearch&utm_campaign=naver_news

C. 전략정보 범주3: 기업철학, 목표, 비전

이처럼 제품군 내의 개별 제품들은 제품 플랫폼에서 탄생하고, 제품 플랫폼은 다시 기업의 핵심역량에서 비롯된다. 따라서 제품군 분석을 통해 우리는 특정 기업의 핵심역량이 시간이 지남에 따라 어떻게 성장, 쇠퇴, 통합되어 왔는지를 알 수 있게 된다.

위에서 우리는 기업이 외부여건에서 기회를 포착하고, 이를 기업 자신이 가지고 있는 내부적인 능력과 한계점에 의해서 선별함으로써 경제적인 전략, 즉 객관적으로 가장 바람직한 전략을 결정하게 되는 것을 살펴보았다. 여기에서는 이와 같은 바람직한 전략을 현실적으로 실천하기 위해서 고려해야 하는 세 번째 요소인 기업철학과 비전 등에 대해서 구체적인 분석을 시도하기로 한다.

1. 기업철학

기업철학이란 창업자를 포함한 역대 · 현재의 최고경영자들의 가치철학 · 세계관을 융합한 하나의 체계 또는 최고경영자가 기업의 경영과 관련해서 가지는 기본적인 가치, 태도, 신념이나 행동기준이다. 이상적으로 볼 때 기업의 전략은 조직구성원 모두에게 공유되는 가치관에 의해 결정되어야 하지만, 현실적으로 특정 주체에 의해 의식적으로 주도되는 경우가 많다. 이때 특정 주체란 주로 기업의 의사결정 과정에서 핵심역할을 수행하는 사람들을 말한다. 특히 최고경영자의 철학은 기업의 의사결정에 지대한 영향을 미친다.

2. 목표

기업목표는 기업활동과 경영시스템의 근간이 된다는 의미에서 날로 중요성이 부각되고 있다. 즉 기업활동과 관련해서 그 활동의 방향을 설정해주고 외부로부터 그 활동이 정당화될 수 있도록 하기 위한 가치체계가 필요한데, 그 가치체계가 바로 기업목표이다. 우리 회사는 무엇 때문에 존재하는가, 그리고 우리 기업을 어떤 목적으로, 어떤 방식으로 경영해 나가야 할 것인가에 대한 대답을 포괄적으로 제시해 주는 것이 바로 기업목표이다. 또한 기업목표는 구성원을 하나로 응집시키는 상징적인 작용을 한다. 기업철학이 과거로부터 축적되어 온 것이라면 기업목표는 현재 기업이 당면한 시대의 좌표이다. 기업철학이 기업문화에 내재된 암묵적인 면이 많은 반면, 기업목표는 전 구성원들이 쉽게 공유할 수 있도록 명시적으로 나타나 있다. SK의 '합리적인 경영', LG의 '고객을 위한 가치창조' 등이 예가 될 수 있다.

3. 비전

기업비전은 기업이 미래에 달성하고자 하는 기업상이며, 사회 속에서 기업의 위상과 미래를 향한 기업의 꿈을 실현시키기 위해 기업이 갖추어야 할 역할과 기본 방향을 기업목표보다 더 구체화시킨 것을 의미한다. 기업비전은 현재의 기업목표를 토대로 형성되지만 아울러 새로운 기업목표설정에도 영향을 미친다. 즉 비전은 기업목표의 초기 설정단계보다는 기업목표 형성 후에 이를 새로 정비하는 과정이나, 기업목표가 구체적으로 경영계획이나 경영전략의 설정에 영향을 주는 과정에서 기업목표에 영향을 미치게 된다. 현대의 'Global Top Ten', 삼성의 "세계 초일류기업" 등이 이러한 기업비전의 예가 될 수 있다.

4. 기업철학 · 목표 · 비전의 관계

이상의 내용을 종합해 보면 기업철학과 기업목표, 기업비전의 관계는 다음과 같이 요약될 수 있다. 즉 기업철학은 경영자의 철학이 기업의 성장과 더불어 축적되어 현재의 기업 의사결정의 배경 사상이 되고, 기업목표는 현재의 기업이 수행해야 하는 과업을 함축적으로 표현한 것이며, 기업비전은 기업이 미래에 나아가야 할 방향을 제시한 것으로 볼 수 있는데, 이들은 상호 밀접한 관련을 가지고 서로 영향을 미친다(<그림 7.24> 참조).

그림 7.24
기업철학 · 목표 · 비전이 전략 및 경영 성과에 영향을 미치는 과정

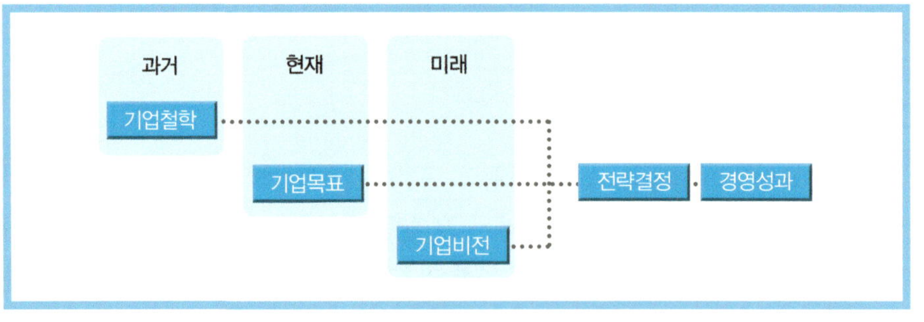

5. 전략 결정에 있어서의 기업철학 · 목표 · 비전의 의미

1950년대 아메리칸 모터즈 자동차 회사의 사장이었던 조지 롬니는 판매부진에 따른 경영위기를 극복하기 위해서 고정비 부문을 극소화해서 손익분기점을 대폭 낮추고 경제적인 소형차를 개발해서 판매를 촉진했다. 이러한 그의 전략은 성공적인 결과를 가져와서 부채를 완전히 청산할 수 있었고, 그는 기업의 외부여건과 내부여건을 훌륭히 조화시킨 가장 유능한 경영자라는 평을 받게 되었다.

그러나 아메리칸 모터즈를 살리기 위한 전략으로 부채를 말끔히 청산하는 대신

에 소형 자동차의 개량을 위한 기술개발에 투자를 할 수도 있었고, 자동차의 경제성을 강조하는 대신에 소비자의 기호를 추구할 수도 있었으며, 고정비 감소 대신에 부품생산 등의 수직적 결합에 과감한 투자를 할 수도 있었으리라는 점을 생각해 볼 때 롬니 사장이 개인적으로 소비자 기호보다는 경제성, 부채보다는 유동성 확보, 그리고 높은 수익보다는 낮은 위험부담을 더 선호했으리라는 추측을 하게 된다.

이같이 경영자의 철학(또는 인생관, 가치관, 편견, 고집 등과 같이 개인적인 속성을 나타내는 어떤 표현이라도 가능하다)과 목표, 비전이 기업의 전략에 영향을 미치는 예는 많이 발견된다. 한국의 경영자 중에서 A그룹의 甲 회장과 B그룹의 乙 회장을 비교해보자. 甲 회장은 행정 권력이 영향을 미치지 않는 진공 상태에서 수익성과 위험 부담을 냉철하게 비교 검토해서 전략을 구성하는 데 반해서, 乙 회장은 정부의 지원이라는 발판을 토대로 해서 불도저와도 같은 추진력을 아낌없이 쏟음으로써 위험성이 높은 사업을 이끌어가는 전략을 채택하고 있다. 따라서 A그룹 내에는 높은 수익성을 가진 회사도 없지만 그렇다고 큰 손실을 내는 회사도 없는 데 반해서, B그룹 내에는 높은 수익성을 갖는 기업과 큰 문제점을 안고 있는 기업의 두 종류가 공존하고 있다. 이같이 A그룹의 계열회사 구성과 B그룹의 계열회사 구성이 큰 차이를 보이는 이유는 결국 甲 회장과 乙 회장이 서로 다른 기업철학과 목표 · 비전을 가지고 있고, 그것이 그대로 현실화되었기 때문이다.

이처럼 기업의 최고경영자가 어떠한 성격과 전략적 의도를 지닌 경영자인가에 따라 전략을 선택하는 스타일이 구분되는 경우가 많다. 일반적으로 대규모 기업의 전문경영자는 자신이 가진 분석 능력과 스태프가 제공하는 계량적인 보고서를 근거로 해서 경제적 최선의 전략을 선택하려는 경향을 보인다. 이에 대해서 교육이나 자아의 인식보다는 개인적인 에너지와 추진력을 더 많이 가진 경영자는 객관적 판단보다 주관적인 직관에 더 많이 의지한다. 물론 서로 다른 두 가지의 경영자 스타일 중에서 어떤 것이 더 좋은가를 가릴 수는 없는 일이다. 기업 내부여건의 강약점과 마찬가지로 기업철학도 기업이 어떠한 외부여건하에서 어떠한 기회를 포착하려고 하는가에 따라 그 좋고 나쁨이 가려질 것이기 때문이다.

그러나 최고경영자 개인의 가치관만으로 모든 기업의 성격을 파악할 수는 없다. 물론 창업자 또는 창업자의 성격과 인생관을 그대로 물려받은 2세 경영자에 의해서 지배되는 기업에서는 최고경영자 개인의 가치관이 절대적인 영향을 미친다. 하지만 최고경영자의 가치관이 반복적인 의사결정과 경영활동을 통해서 조직 내에 깊숙이 스며들어 체질화된 회사에서는 최고경영자 개인의 의사보다도 조직 전체의 풍토에 의해서 형성된 기업문화(corporate culture)에 의해서 기업의 철학이 대변되는 경우도 있다.

D. 전략정보 범주4: 사회적책임

기업의 경영전략을 결정하는 네 번째 요소로는 기업이 가진 사회에 대한 윤리적인 책임을 들 수 있다. 우리는 지금까지 기업의 외부여건을 살핌으로써 어떤 기회가 있는가, 기업의 내부여건을 살핌으로써 어떤 기회를 추구할 수 있는 능력이 있는가, 그리고 기업철학을 살핌으로써 어떤 기회를 추구하고 싶어하는가를 알아보았다. 여기에서는 사회적책임을 살핌으로써 어떤 기회를 추구해야 하는가를 알아보기로 하자.

1. 사회적책임의 개념

인간과 달리 기업이 존재할 수 있는 권리, 다시 말해서 사업을 영위할 권리는 하늘 또는 자연이 절대적으로 주는 것이 아니라 인간이 모여서 만든 국가가 법률을 통해서 주는 것이다. 따라서 기업은 직접적으로 법률에 의해서 구속을 받게되지만 근본적으로는 그 법률을 채택한 국가, 더 나아가서 국가를 구성하고 있는 인간에 대해서 궁극적인 책임을 진다. 즉 기업은 사업을 하는 권리를 보장받기 위해서 그 권리를 부여한 국가와 그 구성원인 인간에 대한 의무를 다해야 하는 것이다.

그러나 일반 대중은 기업가들이 사회로부터 혜택을 받는 만큼 사회에 대해 공헌을 하지 않는다고 불평한다. 이러한 일반인의 사고방식은 비단 우리나라에만 국한된 것이 아니라 기업가가 존재하는 어떤 나라에도, 특히 자본주의의 메카로 일컬어지는 미국에서도 볼 수 있는 현상이다. 예컨대 기업에게 가능한 한 최대의 자유를 보장하고 규제가 필요한 경우에는 주정부에게 위임하는 것을 원칙으로 삼는 미국의 연방 정부에서도 1962년부터 1974년까지의 13년 동안 기업에 대한 규제 법안을 무려 37개나 제정한 것이다.

물론 산업화 초기에 있어서 기업의 사회에 대한 책임은 공공기관이 사회에 기여하는 것과는 달리 이해되었다. 즉 어떤 사회단체가 사회제도라는 일종의 규범에 의해서 제약을 받는다고 할 때, 이러한 사회제도상의 제약에 따라 기업이 책임져야 할 대상은 주주나 채권자, 소비자와 같은 직접적인 이해관계자에 국한되어 있었으나 공공단체는 전체 사회의 복지에 대해서 직접적인 책임을 지고 있었다. 그러나 고도산업사회로의 발전과 함께 기업이 사회의 주역으로 등장함과 동시에 기업의 사회에 대한 영향력이 증대함에 따라 공공단체에 비해서 자기중심적인 경향을 보이던 기업의 책임의식은 일반 대중들에 의해서 비판을 받게 되었다. 이제는 기업의 경제활동이 전체 사회생활의 큰 부분을 차지하고 있기 때문에 일반 대중들은 기업이 공공단체와 비슷한 수준, 심지어는 동등한 수준의 사회적책임을 수행해야 한다고 보는 것이다.

그렇다면 기업이 가진 사회적책임은 무엇일까? 앤드류즈(Andrews)에 의하면 기업의 사회적책임은 인류 생활의 향상을 도모하기 위해서 개인과 기업의 행동을 제약하는 지적이면서도 객관적인 모든 역할을 포함한다. 그러나 여기에서 기업의 행위가 사회에 대해서 나쁜 영향을 미치지 않는 한 기업은 자유를 갖는다고 보는 소극적인 견해와 기업의 행위는 사회에 좋은 영향을 미쳐야 한다는 적극적인 견해로 나뉘게 된다.

소극적인 견해는 자유 기업 제도하의 모든 가능한 수단을 합리적으로 동원해서 이윤을 극대화하는 것을 기업의 유일한 책임으로 여겨 왔다. 즉 고전적 기업관에 따른 기업 경제 기능의 발휘가 기업이 수행해야 할 사회적책임이다. 기업은 이러한 결과를 얻기 위해 회계, 생산 등의 구체적인 업무를 수행하는 데 있어서 성실하고 정직한 태도를 취하고 법규를 준수함으로써 사회적책임을 다할 수 있다고 본다.

밀튼 프리드만을 비롯한 고전적 기업관을 대변하는 보수주의 학자들은 기능주의의 관점에서 이러한 소극적 책임론을 정당화하려 하고 있다. 즉 기업은 자기 고유의 기능만을 수행해야 하며, 정부가 책임져야 할 공익의 추구와 같은 사회적 기능까지 담당하게 될 경우, 궁극적으로는 기업 스스로가 정부의 통제 아래 놓이게 되는 결과를 초래하게 되리라는 우려를 표명했다.

따라서 기업이 선량한 관리자로서의 의무를 다했는데도 불구하고 사회에 나쁜 영향을 미쳤다면 그 나쁜 영향을 제거하는 책임은 기업에 있는 것이 아니라 국가에 있게 된다. 이러한 견해는 애덤 스미스의 『국부론(國富論, The Wealth of Nations)』에 근거를 두고 있다. 즉 고전적인 경제이론에 의하면 시장경제체제에 있어서 자원의 최적 배분과 일반 대중의 극대 만족을 도모하기 위해서는 '보이지 않는 손'에 의거한 완전경쟁이 가장 바람직하다고 한다. 이러한 완전경쟁은 시장의 구성원인 생산자와 소비자, 즉 기업과 일반 대중이 모두 자신의 경제적 이익의 극대화를 추구할 때 이루어진다. 따라서 기업이 이윤의 극대화가 아닌, 예컨대 사회적책임과 같은 동기를 추구한다면 완전경쟁이 이루어질 수 없고, 그 결과 자원의 최적 배분과 일반 대중의 극대 만족은 기대할 수 없다는 것이 바로 소극적인 견해의 골자이다.

그러나 고전적 경제학자들이 기대했던 바와 달리, 기업은 완전경쟁하에서 시장에 영향을 주지 못하는 존재가 아니라 독점적인 위치에서 시장에 절대적인 영향력을 행사하는 엄청난 조직으로 발전했다. 이에 대해서 소비자는 시장에 대한 완전지식을 가지지 못하고 기업에게 조종당하는 위치로 전락했다. 우리나라에서는 1960년대와 1970년대의 경제발전 정책을 통해서 국제적 경쟁력을 갖기 위한 방편의 하나로 기업의 대형화가 이루어졌다. 이에 따라 각 산업에서는 독점적인 생산체제가 이루어졌으며, 생산능력이 소비량을 따라가지 못하는 생산자 시장(seller's market)

여건하에서 기업의 소비자에 대한 횡포가 커다란 사회 문제로 등장하게 되었다.

이같이 경쟁원리에 입각한 자본주의 체제를 채택하고 있음에도 불구하고 그 기본 전제인 완전경쟁이 이루어지지 못하는 우리나라에서는 기업의 사회적책임이 이윤의 극대화에 있다는 소극적인 견해보다 기업이 사회에 대해서 적극적인 책임을 져야 한다는 적극론이 더 타당하다고 보아야 한다.

이러한 적극론은 이론보다는 현실에 바탕을 두고 있다. 적극론의 논리 전개는 사회적, 정치적, 경제적 현상이 상호 불가분의 관계에 있다는 인식으로부터 출발한다. 사기업은 그 규모가 커짐에 따라 사회와 국가의 공적인 조직으로서의 성격을 갖게 되고, 따라서 사기업의 경영자는 공적 조직의 책임자 역할도 동시에 갖게 된다. 만일 기업이 다른 공적 조직과 마찬가지로 국가의 철저하고 완벽한 법적 규제를 받는다면 경영자는 그 테두리 안에서 행동함으로써 사회에 대한 책임을 다할 수 있다.

그러나 국가는 다른 공적 조직과 달리 기업에 대한 철저하고도 완전한 규범을 만들 수 없다. 왜냐하면 자본주의 체제하에서의 기업은 다른 공적 조직과 달리 법규에 의해서 그 존재가치를 보장받는 것이 아니라 경쟁기업과의 부단한 경쟁에서 패배하지 않음으로써만 생존할 수 있기 때문이다. 다시 말해서 국가가 법률로 기업의 독점성을 부여하지 않는 한 법률로 그 존재가치를 부인할 수도 없다. 따라서 현실적으로 기업이 독점성을 갖고 있다 할지라도 자본주의 체제를 채택하고 있는 국가에서는 법규로 기업의 활동을 완벽하고 철저하게 규제할 수 없게 된다. 이러한 모순을 해결하기 위해서 기업으로 하여금 사회에 대한 책임을 적극적으로 수행하게 해야 한다는 적극론이 나오는 것이다.

특히 우리나라와 같이 자본주의 체제를 근본적으로 부정하고 있는 북한을 휴전선 건너편에 두고 있는 여건하에서 기업은 안정된 국가와 사회를 유지하기 위한 적극적인 노력을 해야 한다. 안정적인 국가 사회를 이룩하기 위해서는 소위 방위성금과 같은 기부금을 출연하는 직접적인 방법이 있으나 이것으로 기업의 사회적책임이 끝나는 것은 아니다. 일차적으로 현재 우리나라 사회의 불치병이 되다시피 한 정치나 정부권력과의 결탁에 의한 부정부패나 탈세부터 시작해서 근로자의 반감을 조장시키는 임금제도 및 복지후생의 미비, 소비자를 우롱하는 불량제품의 남발과 그 결과에 대한 책임 회피, 공장 주변의 주민을 괴롭히는 각종 공해물의 유출과 같이 사회적 불안을 야기하는 모든 행위를 경영자들이 솔선수범해서 근절해야 한다. 여기서 한 걸음 더 나아가 기업의 활동이 근로자, 소비자, 공급자, 채권자, 일반 대중 등 기업과 직접 · 간접으로 관계를 갖고 있는 모든 이익집단에 대해서 생활 수준과 복지 향상, 기타 그들이 원하는 모든 바람을 증진시키고 충족시키는 방향으로 나아갈 때 기업의 사회적책임은 적극적으로 수행될 것이다.

2. 기업의 사회적책임에 관한 연구발전

1) 전통적 시각

기업의 사회적책임(Corporate Social Responsibility, CSR)은 많은 세월을 거치면서 진화한 개념이다. 1940년대 무렵 윌키(W. Wilkie)가 기업가들이 사회적책임감과 같은 새로운 감각을 익히도록 교육해야 한다고 주장한 것이 CSR의 시발점이었다. 이후 현대적 관점에서의 사회적책임은 보웬(H. R. Bowen)의 저서인 "기업가의 사회적책임(Social Responsibilities of the Businessman)"에 CSR에 관한 일반적인 정의가 명시되면서 관련 연구들이 시작되었다. 보웬을 필두로 이후 사회 곳곳(정부, 공공기관, 연구단체, 사회단체 등)에서 사회적책임에 관한 많은 연구와 주장들이 쏟아져 나왔고, 1950년대에 경영학 관점에서 피터 드러커(Peter Drucker) 교수가 당시 경영자들의 방만한 경영행태를 꾸짖으며 기업의 사회적책임에 관한 논의가 활성화되었다. 기업을 중심으로 한 사회적책임에 관한 수많은 저서와 논문들이 사회학과 경영학을 넘나들면서 동시다발적으로 출판되었는데, 그 연구의 시작에는 위에서 언급된 밀튼 프리드만이 자리잡고 있다. 주요 개념에 관한 논의의 전개과정을 간단히 표로 정리하면 아래와 같다.

표 7.7
전통적인 CSR에 대한 연구발전

저자	년도	관점
프리드만 (Friedman)	1962	순수 이익추구 Profit making only
데이비스, 백맨 (Davis, Backman)	1960, 1975	순수 이익추구의 극복 Going beyond profit making
맥과이어 (McGuire)	1963	경제적/법적 요구의 극복 Going beyond economic and legal requirement
맨느 (Manne)	1972	자발적 활동 Voluntary activities
스타이너 (Steiner)	1972	경제적/법적/자발적 활동 Economic, legal, voluntary activities
데이비스, 블롬스트롬 (Davis and Blomstrom)	1975	동심원적 순환, 지속적 확산 Concentric circles, ever widening
일스, 왈튼 (Eells and Walton)	1961	광의의 사회적 체계에 관한 우려 Concerns for the borader social system
헤이, 게이, 게이츠 (Hay, Gray, and Gates)	1976	다양한 사회적 문제에의 책임감 Responsibility in a number of social problem area
애커맨, 바우어, 세시 (Ackerman and Bauer, Sethi)	1975, 1976	사회적 대응에 대한 양도 Giving way to social responsiveness

2) 현대적 시각

기업의 사회적책임에 관한 연구를 집대성하고 발전시킨 인물로는 아치 캐롤(Archie B. Carroll)이 있다. 그는 1979년 Academy of Management Review에 "A Three-Dimensional Conceptual Model of Corporate Performance"라는 제목으로 논문을 기고했는데, 연구의 핵심적인 질문은 1) 기업의 사회적책임에는 어떠한 것들이 포함되어야 하는가? 2) 조직이 분명히 밝혀야할 사회적 이슈는 어떤 것들이 있는가? 3) 사회적 대응 방식이나 조직의 철학이란 무엇인가? 등과 같다. 캐롤은 기업의 사회적책임을 경제적(economic), 법적(legal), 윤리적(ethical), 자유재량적(discretionary) 책임으로 구분하면서, 각 범주는 서로 배타적인 의미를 지니고 기업의 사회적인 책임을 통해 이루어진 성과도 이 범주의 한정된 영역내에서 발생한다고 설명했다.

캐롤은 위의 4가지 범주를 조금 더 발전시켜 피라미드 형태를 지니는 기업의 사회적책임(The Pyramid of Corporate Social Responsibility: Toward the Moral Management of Organizational Stakeholders)을 비즈니스 호라이즌(Business Horizons)에 발표했다(<그림 7.25> 참조). 그의 1979년 논문이 시발점이 되어 많

그림 7.25
CSR 피라미드

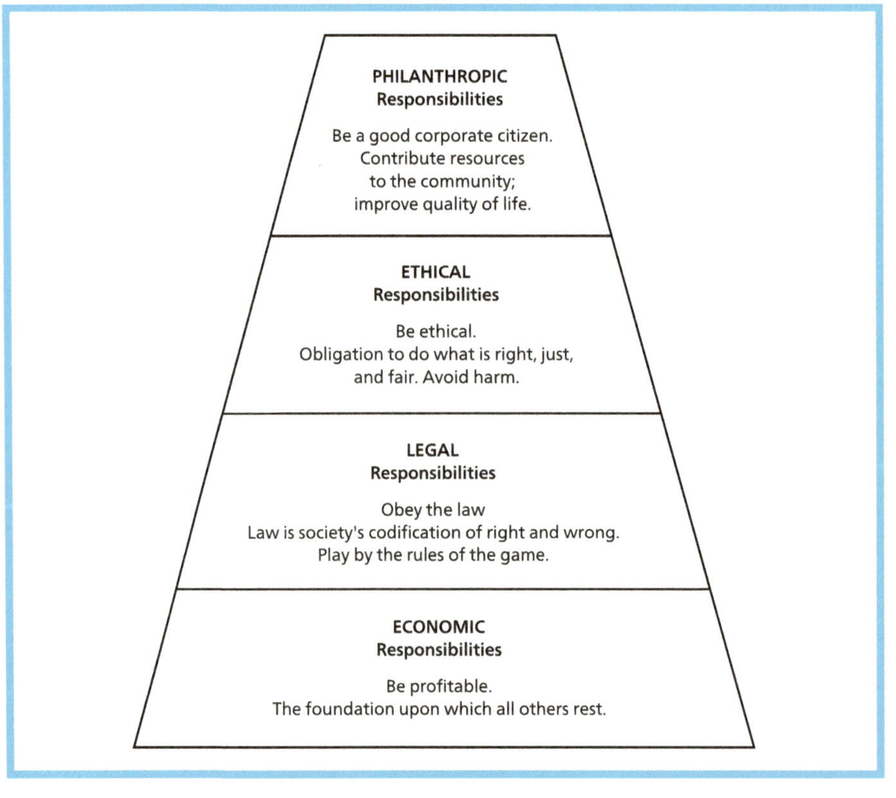

은 연구가 진행되었고, 다양한 연구를 종합해본 결과 경제, 법, 윤리의 범주는 변함이 없으나 자유재량의 범주는 자선(philanthropic)의 영역을 상당수 포함한다는 것과, 각 범주는 동일선상에서 행해지는 것이 아니라 일정한 위계(hierarchy)가 존재한다는 것이 발견되었다.

3. 경영환경의 변화

1) 20세기의 좋은 기업

기업의 사회적 가치가 중요해지게 된 배경을 이해하기 위해서는 '좋은 기업'에 대한 이론과 현실의 괴리에 대한 설명이 필요하다. 성장 지상주의가 대세이던 1970년대만 해도 매출액이 크지만 이익이 작은 회사와 매출액이 작더라도 이익이 큰 두 기업 중에서 더 좋은 기업을 선택하라고 한다면, 경영자들은 매출액이 더 큰 기업을 선택했다. 그런데 1980년대가 되자 매출액보다 이익에 더욱 초점을 맞추기 시작했고, 1990년을 지나면서 미래이익(시가총액)의 극대화를 추구하는 기업이 더 좋은 기업으로 각인되기 시작했다. 이론에서 말하는 좋은 기업과 현실에서의 좋은 기업 간에 발생하는 괴리가 점차 좁아지면서 균형을 이루게 된 것이다.

결국 우리는 좋은 기업을 평가할 때 시장지배력을 보여주는 매출액, 기업가치를 과거 이익 실적으로 보여주는 이익, 기업가치를 미래 이익 흐름의 현가로 보여주는 시가총액과 같이, '좋은 기업'을 바라보는 시점에 따라 그에 맞는 해답을 귀납적으로 찾아왔던 것이다.

2) 21세기의 좋은 기업

21세기로 접어들면서 20세기에 주류를 이루던 좋은 기업에 대한 평가요소가 바뀌기 시작했다. 좋은 기업에 대한 이론과 현실에서의 괴리가 또다시 나타났으며, 매출액과 이익보다 더 중요한 기업의 목표가 등장했다. 예컨대, A사는 100억 원 매출액에 10억 원 이익을 내는 기업이고 B사는 100억 원 매출액에 5억 원 이익을 내는 기업이라고 했을 때, 전통적인 견해에서는 A사가 더 좋은 기업으로 인정받아야 한다. 하지만, 위의 상황에 더해 A사는 국민으로부터 경멸과 비판을 받는 대신, B사는 국민으로부터 존경과 사랑을 받는 기업이라고 하자. 과연 21세기를 살아가는 우리는 어떤 기업이 더 좋은 기업이라고 생각해야 하는가?

많은 기업들이 과거의 전통적인 잣대에 의지한 나머지 변화된 경영환경을 읽지 못한 채, 방만한 경영으로 인해 존재 자체가 사라지거나 큰 위험에 빠지는 경우가 발생했다. 즉, 많은 사람들의 부러움 속에 잘 나가던 기업이 하루아침에 종적도 없이 사라지거나 파산 위기에 처하기도 하는 것이다. 이들 불행한 기업이 가진 공통적인 특징은 바로 경영 윤리의식 및 기업에 대한 고객의 이미지 결여에 있었다. 반면, 경영위기에 처했으나 여러 방면의 윤리적 문화 정착과 이미지 쇄신을 통해 회생에 성공한 기업도 있었다.

1910년대 이후 형성된 현대 경영이론은 이론을 일반화하는 과정에서 실증분석을 통해 현실을 반영하는 방향으로 발전했다. 미국에서는 포춘(Fortune) 500이 다양한 실증연구 중에서도 미국의 대기업을 중심으로 기업정보와 재무정보를 공개했고, 이를 중심으로 실증연구가 활발히 진행되었다. 하지만, 포춘 500에 등록된 기업들은 대부분 일정 수준의 경영능력을 가진 기업들이었으므로 현실을 적극적으로 반영하기란 어려웠다. 당시 기업주소(corporate address)를 명확히 밝히고 사업을 영위하는 기업들이 많지 않았기 때문이다. 그리고 포춘 500은 미국을 중심으로 한 연구이므로 전 세계에 분산되어 있는 모든 기업을 대상으로 실시한 것도 아니었다. 연구대상에 대한 편의(bias)가 있다는 것이다. 따라서 미국을 넘어 전 세계에 존재하고 있는 다양한 기업에게 적용이 가능한지, 또한 포춘 500에 등록이 되면 좋은 기업으로 인정받을 수 있는 것인지에 대해서도 지속적으로 의구심을 가져야 한다.

그렇게 함으로써, 매출액과 이익이 많은 "큰 기업"을 위한 경영이론(正)과 더불어 존경과 사랑을 받는 "좋은 기업"을 위한 경영이론이 필요함을 인식(反)하고, 궁극적으로 변증법적인 사고방식을 통해 두 조건을 모두 충족시킬 수 있는 좋은 기업에 관한 연구(合)를 지속적으로 발전시켜야 한다.

3) 기업의 사회적책임

좋은 기업이란 사회로부터 존경과 사랑을 받는 기업이며, 사회로부터 부여받은 역할, 즉 사회적책임을 잘 수행하는 기업을 의미한다. 그렇다면 기업의 사회적책임이란 무엇인가? 기업의 사회적책임이란 기업이 경제적인 목적(이윤 창출)과 사회적 목적(사회 봉사)을 동시에 만족시키는 것을 의미한다. 기업이 사회적책임을 이행해야 한다는 주장을 이해하기 위해 <그림 7.26>을 살펴보자.

그림 7.26
사람과 기업의 권리와 원천

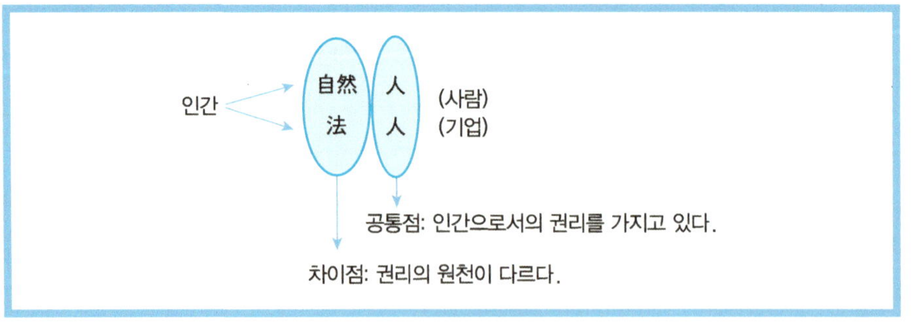

우선, 기업의 역할은 사회의 틀 안에서 그 권리가 정당성을 지닐 때, 사회적으로 올바르다고 판단된다. 즉 사회의 가치사슬 속에서 행동과 법칙이 자연인(自然人)을 따르게 되면 사람이며, 법인(法人)을 따르게 되면 기업이라는 것이다. 두 사회적 존재는 인(人)이라는 공통분모에서 인간으로서의 권리를 가지고 있지만, 자연과 법이라는 권리의 원천이 다르다.

기업활동의 목표로서 '이윤 창출'과 '사회에 대한 공헌' 중 하나를 고르라면 독자는 어느 쪽을 선택하겠는가? 올바른 선택을 하려면 먼저 기업의 존재이유가 무엇인가를 살펴보아야 한다. 사회의 가치사슬(Social Value Chain)은 <그림 7.27>와 같이 나타낼 수 있다. 즉, 자연인(사람)은 자연(하늘)으로부터 부여받은 자연과 환경에 대해 책임을 져야 하며, 사후적으로 발생되는 규칙(regulation)에 의해 사회가 형성이 된다. 사회에서는 법인(기업)이 법(상법)에 귀속되므로 기업은 사회적책임을 져야 한다. 요약하자면, 사람과 기업은 권리의 원천이 다르기 때문에 책임을 져야 하는 원천이 다르다는 것이다.

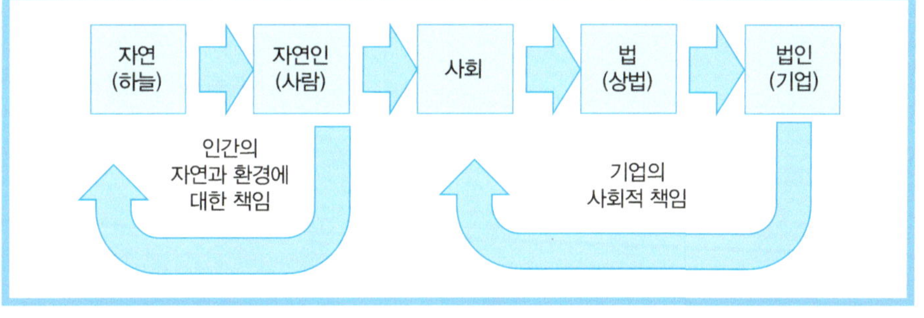

그림 7.27
사회의 가치사슬(Social Value Chain)

사람은 아주 오래전부터 자연으로부터 위협을 느꼈기 때문에 안정적이고 안전한 삶을 살아가기 위해 자연의 법칙에 도전하며 살아왔다. 사람의 권리는 위에서 설명된 바와 같이 하늘로부터 주어진 것이기 때문에 중세시대에는 자연권(또는 천부인권설)을 토대로 시민을 억압하려는 왕에게 대항하기도 했다. 이후, 이러한 자연권은 프랑스 인권선언(1789년)의 정신으로 계승되어 사람의 권리는 권력이 있는 사람으로부터 받은 것이 아니므로 권리를 수여한 자연에게 책임을 져야 한다는 논리로 발전했다.

자본주의가 발달하면서 '사회'라는 틀이 자연스럽게 형성되었고, 특수한 목적을 지닌 집단이 생기기도 하고 특정 주제에 관해 다른 의견을 가진 사람들이 생기면서 사건과 사고들이 무질서하게 발생하게 되었다. 사회 안에서 가해자와 피해자가 생기게 되자 사람들은 '법'을 통해 많은 문제를 제재하고 해결하고자 했다. 이런 법

중에서 특히 상법은 법인인 기업에 적용된다. 결국 규칙이나 법이라는 것은 모든 사람의 행복을 위한 규제수단일 뿐 그 자체가 목적은 아니라는 것이다.

따라서 기업은 사회 안에서 존재하므로 사회에 대한 공헌을 통해서 사회적 책임을 져야 한다. 책임이라는 것도 강도가 존재하기 때문에 적극적인 책임과 소극적인 책임으로 나눌 수 있다. 이 때 기업은 소극적으로 사회에 대해 피해를 주지 않으면 된다는 사고방식을 가지면 안된다는 20세기 적 사고가 21세기에는 적극적으로 사회에 대해 공헌을 해야 한다는 사고로 바뀌었다. 현재 우리가 사는 2020년대의 시대정신은 기업이 사회에 존재하는 궁극적 목적으로 "사회에 대한 공헌"을 요구하고 있다. 다만 사회에 대한 공헌을 하기 위해서는 이윤 창출이 필요하다. 따라서 기업의 1차적 목적은 이윤 창출, 궁극적 목적은 사회 공헌이라고 보아야 한다.

사례 11

'SK텔레콤', 독거노인을 위한 '인공지능 돌봄 서비스'

인공지능 기술을 활용한 사회적 가치창출
'두뇌톡톡', '소식톡톡', 건강톡톡' 서비스
AI 사회공헌의 혁신과 진화된 발전

이 사례는 서주연 서울과학종합대학원 연구원이 조동성 교수와 김보영 교수의 도움을 받아 작성하였다.

'통신업의 AI사회공헌'이라는 단어가 생성될 정도로 이동통신 3사가 인공지능 기술을 활용한 사회적 가치 창출 활동에 앞장서고 있다. KT는 인공지능 기술을 활용해 청각장애인들의 음성을 구현해주는 '목소리 찾기 캠페인'을 진행하고 있고, LG유플러스는 '행복한 나라 만들기 프로젝트'로 소외계층에 꼭 필요한 AI, IOT서비스를 확산해서 생활 속 고충을 해결하고 세상과의 연결을 돕고 있다. SK텔레콤은 'AI돌봄서비스'로 두뇌톡톡(어르신 치매예방 프로그램), 소식톡톡(지역소식 알리미), 건강톡톡(만성질환 안내 기능)을 운영하고 있다.

사회가치창출에 앞장서고 있는 대표적인 기업인 SK 텔레콤의 AI사회공헌 사례를 조금 더 구체적으로 살펴보자. 기업의 사회적책임이란, '기업이 경제적, 사회적, 환경적, 윤리적 책임을 다함으로써 기업의 지속가능한 성장을 유도하는 것'으로, 이해당사자들 간의 단기적 거래관계가 아닌 '장기적 가치 중심의 관계를 추구하는 기업전략'으로 정의될 수 있다. 현대 사회에서 기업이 사회적책임을 가지고 실현하는 것은 기업의 생존과 성장을 위해서 하나의 의무사항이다.[1)]

SK텔레콤은 '행복커뮤니티 인공지능 돌봄 서비스'를 2019년 4월부터 사회적 취약계층에 제공해서, 2020년 9월 기준으로 30개 지역 4804명의 어르신들에게 서비스를 제공하고 있다. 이 서비스는 SK텔레콤 인공지능 스피커 '누구(NUGU)' 를 기반으로 하는 방문 및 상담으로 이어지는 휴먼터치 케어로, 독거노인 삶의 질 개선에 기여하는 것으로 평가받고 있다.[2)]

인공지능 스피커 누구에는 '두뇌톡톡', '건강톡톡', '소식톡톡'의 3가지 기능이 탑재되어 있다. 이중 '두뇌톡톡' 프로그램은 치매라는 사회적 문제를 해결하기 위해서 개발한 프로그램으로 노령화되는 사회적 문제에 책임감을 가지고 서울대 의과대학과 손을 잡고 AI기반 치매 예방 프로그램으로 개발되었다. 두뇌톡톡 서비스는 인지능력 강화훈련 프로그램으로 국내 최초로 AI스피커 누구와 대화하며 퀴즈를 푸는 형식으로 구현된다. '소식톡톡'은 정보취약계층인 어르신들에게 제공하는 지역 소식 알리미 서비스다. 지자체 및 복지센터 이벤트를 알려주고 특히 코로나19가 시작된 이후에는 코로나 확진자 동선, 코로나19현황, 예방 수칙, 공적 마스크 구매 안내 등 필요한 소식을 전달한다. 마지막으로 '건강톡톡'은 만성질환 및 각종 질환을 안내해주는 서비스이다.[1)]

이러한 톡톡 서비스 이외에도 '긴급 SOS기능'이 탑재되어 있어 위급한 상황 속에서 '살려줘' 라고 하면 평일 주간은 ICT케어 센터에, 휴일과 야간은 ADT캡스에서 대처한다. 실제로 2020년 8월 24일 기준으로 누적 접속 수는 총 710건이고 119와 연계되어 구조된 것은 36건이다.[2)]

이러한 사회공헌 프로그램들의 효과를 분석해본 결과, 행복감이 7% 향상되었고, 고독감은 4% 저하된다는 결과가 나왔다. '인공지능 돌봄' 서비스 이용 패턴과 효과를 분석한 결과 인공지능 돌봄 서비스 이용 후 어르신들의 행복감과 긍정 정서가 높아지고 고독감과 부정 정서는 감소한 것이다.[3)]

또한 SK텔레콤은 독거노인의 증가뿐만 아니라 1인 가구가 늘어가는 상황 속에서 서귀포시 한전과 협력해 빅데이터를 기반으로 사회적 안전망을 강화하는 '1인 가구 안부 살핌' 서비스를 구축했다. 이 서비스는 가정 내의 전력사용 패턴을 AI기반 솔루션으로 분석한 다음 시간대별 통화, 문자 발신 여부, 데이터 사용량 등의 통신 데이터와 결합해서, 이상 상황을 감지하면 서귀포 복지 담당자에게 알림을 전달하는 시스템이다.[4)]

오늘날 급변하는 기술환경의 대응과 동시에 사회가치 창출에 앞장서야 하는 기업의 모습을 고려할 때 인공지능 기반 사회공헌의 새로운 장을 열고 있는 SK텔레콤의 서비스는 미래 시장에 대처하는 중요한 기업사례이다. 이제 모든 기업이 크기와 업종에 상관없이 디지털 트랜스포메이션 전략을 추구하며, 기업 내 인사, 경영기획, 마케팅, 영업에 이르는 전 분야에서 인공지능 기반으로 변화하고 있다. 사회공헌 분야 역시 전통적인 접근방식에서 벗어나 인공지능 시대에 걸맞게 진화하는 시대가 왔다.

출처

1) https://www.hankyung.com/economy/article/2020101507491
2) https://www.eroun.net/news/articleView.html?idxno=9505
3) https://post.naver.com/viewer/postView.nhn?volumeNo=29322753&memberNo=34920570&vType=VERTICAL
4) https://www.eroun.net/news/articleView.html?idxno=23845

3절 전략개발의 대상: 메커니즘

이 책의 가장 큰 특징은 전략을 수립할 때 우선 전체를 보아야 하는 것을 강조하는 것이다. 따라서 주체(S), 환경(E), 자원(R)뿐 아니라 메커니즘(M)의 4가지 요소를 모두 고려해야 한다. 이 장의 내용인 '투입: 전략정보'인 경우도 마찬가지이다. 다만 여기서는 전략정보와 관련된 S, E, R 만을 추가적으로 다루었고 M에 대해서는 파트 2에서 상세하게 설명된 내용을 참고하기 바란다.

CHAPTER 08

과정: 행동선도전략 개발

사례 12

'LS그룹'과 'LG전자'의 디지털 트랜스포메이션을 위한 조직관리

"디지털 트랜스포메이션을 위한 조직 구조와 문화 혁신"

이 사례는 김효진 서울과학종합대학원 연구원이 조동성 교수와 김보영 교수의 도움을 받아 작성하였다.

4차 산업혁명에 따라 기업의 디지털 전환(Digital Transformation: DT)이 필수요소로 자리잡으면서 기업활동 전반에 걸쳐 빅데이터와 인공지능 기술 도입을 위해 많은 기업들이 노력하고 있다. 하지만 높은 비용을 지불하고 인공지능을 도입했음에도 예상한 성과가 나오지 않는 기업들에게 조직 내 인공지능 내재화는 언제나 고민의 대상이 된다. 왜 어떤 기업은 성공하고 어떤 기업은 실패하는 것일까? 인공지능 기술 도입을 위해 어떤 조직 구조와 문화를 설계해야 하는가? 이러한 질문의 해답을 찾기 위해 LS그룹과 LG전자 사례를 살펴보자.

LS그룹은 전선 사업, 산전 사업, 엠트론 사업에 주력하고 있으며 신사업으로 스마트그리드, 미래형자동차 부품 및 솔루션, 친환경기기 및 부품, 신재생에너지 분야에 진출해 있다.[1)] 2015년 '디지털 전환'을 미래 전략으로 개발한 뒤로, 전통적인 제조업 분야에 자동화 빅데이터 · AI 기술 등을 적용해 지주사부터 계열사까지 디지털 전환 작업을 실행하고 있다.[2)]

이를 위해 LS그룹은 전사적 차원의 디지털 전환을 위한 고위 경영진부터 사원에 이르기까지 빅데이터와 인공지능 전문가 양성 교육을 시행하고 있다. '디지털 트랜스포메이션 아카데미(DT Academy)'를 개설해서 직원들은 물론 임원들까지 데이터 분석 및 파이썬, 머신러닝, 딥러닝 학습에 이르는 데이터 분석 전문가 양성 교육을 시행하고 있는 것이다.[3] 그리고 이러한 교육의 성과로 생산공정에서 수집되는 빅데이터를 분석해 생산효율을 최적화하는 스마트 공장인 LS-Nikko동제련을 구축했다.[4] 기존 공장이 스마트 공장으로 탈바꿈하면서 저압기기 생산라인 하루 생산량이 기존 7,500대에서 20,000대로 증가하고, 에너지 사용량도 60% 이상 절감되었으며, 불량률도 글로벌 스마트 공장 수준으로 줄이는 성과를 내었다.[5]

LG전자는 생활 및 디지털 가전제품, 정보통신기기와 핵심부품의 생산 · 판매를 주요 사업으로 하고 있으며, 2018년 초부터 영업, 마케팅, 구매, 회계, 인사 등 12개 직군의 업무에 로봇프로세스자동화(RPA)기술을 도입했다. 회사 내 사무직 업무에 인공지능 기술을 활용함으로써 업무효율성을 높이고자 한 것이다.[6]

LG전자는 기업 내 직원들의 인공지능 기술 활용도를 높이기 위해 사원급 직원들을 대상으로 머신러닝, 딥러닝 설계 등 AI기술 교육을 진행했다. 하지만 상급자가 인공지능 기술에 대한 이해가 부족해 직원들의 의견을 수용하지 못하는 문제가 발생해서, 교육 대상을 리더까지 확대했다. 이러한 조직 변화를 기반으로 해서 LG전자는 2020년에 500개 업무에 RPA 기술을 적용해 디지털전환을 가속화하고 있다. 지능형 RPA와 인공지능 이미지 인식 기술을 도입해 RPA를 적용할 수 있는 업무 영역을 넓혀가고 있으며,[7] 950개의 RPA가 처리하는 업무량은 월 2만 시간을 단축하는 효과를 올렸다.

두 기업 사례를 통해 기업은 디지털 전환을 위한 조직의 혁신과 변화를 이끌어 내기 위해서 전사적인 조직문화를 구축하고 기술이해를 위한 교육활동을 실시해야 함을 알 수 있었다. 특히 기업의 디지털 전환전략을 성공적으로 이끌어 내기 위해서는 경영진의 의지와 리더십이 중요하다는 것을 확인했다.[8] 고위 경영진의 이해가 부족하면 혁신을 이끌어 나가는 동력이 약해지고, 잘못된 방향의 전략이 설계될 수 있다. 또한 전사적인 조직문화 구축 및 커뮤니케이션이 중요한 만큼 의사결정자가 기술을 이해하고 활용하겠다는 의지가 명확하게 자리잡아야 한다.

이와 함께 조직원들의 인공지능 기술에 대한 접근은 인간활동을 대신하는 대체재가 아니라 인간활동에 대한 보완재로 인식해야 한다. 대체재로의 접근은 기업의 전사적 혁신에 대한 저항력을 높일 수 있으며, 유동적이고 적극적인 변화를 이끄는 데 한계를 나타낸다. 그러나 보완재로써 미래와 조직을 위한 발전적 측면에서 인공지능 기술을 바라볼 때 구성원들은 새로운 디지털 전환 환경에 쉽게 적응하고 업무 능력을 빠르게 향상시킬 것이다.

출처

1) 네이버기관단체사전: 기업 [웹사이트]. URL: https://terms.naver.com/entry.nhn?cid=43167&docId=651407&categoryId=43167 (2021.02.17 접속)
2) 최인준(2020). 전통 제조업에 AI · 빅데이터 접목, 미 스타트업에 350억 투자. 조선일보. (2020. 06. 29)
3) 이현아(2020). LS미래원_특화된 DT 교육 통해 디지털 인재 양성. 월간 HR Insight 10월호. (2020.09.25)
4) 김현정(2019). 구자열, 디지털 전환에 LS 그룹 미래 건다. 비즈니스포스트. (2019.01.03)
5) 고재연(2019). LS 그룹, AI · 빅데이터 접목한 R&D 혁신 확산. 한국경제. (2019. 08. 05)
6) LG 전자(2018). LG 전자, 인공지능 · 로봇기술 도입해 사무직 생산성 높인다. LIVE LG. (2018. 10. 31)
7) 윤민혁(2020). LG 전자, 올해 500개 업무에 로봇 자동화 도입. 조선비즈. (2020.12.14)
8) Tim Fountaine, Brian McCarthy, and Tamim Saleh (2019). Building the AI-Powered Organization. Harvard Business Review. July-August 2019. pp.62-73

8장에서는 7장에서 다룬 전략정보를 이용해서 9장에서 다룰 다양한 전략대안을 개발하는 과정을 다룬다. 이미 파트 1의 3장에서 메커니즘기반관점에 입각해서 전략을 메커니즘구축전략과 행동선도전략이라는 두 단계로 접근할 수 있다는 것을 확인했다. <그림 3.5>는 메커니즘구축전략, <그림 3.6>은 행동선도전략을 개발하는 과정을 보여주고 있다. 1단계 전략개발은 이미 파트 2에서 설명했다. 따라서 8장에서는 행동선도전략에 초점을 맞추어 전략개발과정을 설명하겠다.

지금까지 수많은 전쟁과 경영에서 사용된 전략들은 모두 전략정보를 투입해서 찾아낸 산출 결과다. 이 과정에서 수많은 군사전략가와 경영전략가가 다양한 전략분석 방법과 수많은 전략대안을 개발했다. 전략가들이 창안한 대부분의 전략모델은 전략개발과정과 전략대안을 모두 포함하고 있지만, 둘 중 어디에 초점을 맞추고 있는가에 따라 두가지 유형으로 나눌 수 있다. 첫번째 유형은 과정, 즉 전략대안을 찾아내는 원인이나 기준에 초점을 맞추고 있고, 두번째 유형은 결과, 즉 전략대안에 초점을 맞추고 있다.

이 책에서는 첫번째 유형에서 대표적인 전략분석 모델 세가지, 두번째 유형에서 대표적인 전략대안 모델 세가지를 소개하고 각각의 장단점을 설명한다.

전략분석에 초점을 둔 첫번째 유형으로는 현대경영전략을 대표하는 앤드류즈(Andrews) 모델, SWOT 모델, WS 모델을 선택했다. 앤드류즈 모델은 전략정보의 4가지 범주인 외부여건, 내부여건, 기업철학, 사회적책임을 기준으로 전략을 분류하고 있고, SWOT 모델은 기업의 내부여건인 강약점(Strengths and Weaknesses)과 외부여건인 기회 및 위협(Opportunities and Threats)을 결합해서 전략을 개발하는 방법을 보여주고 있으며, WS 모델은 비중(Weight)과 순서(Sequence)를 결합해서 만든 전략매트릭스(Strategic Matrix)로부터 네가지 전략대안을 제시하고 있다. 이들은 전략분석 기준을 구체적인 전략대안 제시보다 더 강조하고 있다.

전략대안에 초점을 둔 두번째 유형으로는 보스턴컨설팅그룹의 PPM 모델, 포터의 경쟁전략, 손자병법을 선택했다. 이들은 전략분석 기준보다 구체적인 전략대안 제시를 더 강조하고 있다.

1절 행동선도전략을 개발하는데 도움을 주는 전략모델

1. 앤드류즈 모델

앤드류즈(Kenneth Andrews, 1971)는 『기업전략의 본질(The Concept of Corporate Strategy)』에서 기업의 전략을 개발할 때 다음 네 가지를 알아야 한다고 했다.

- 외부여건: 기회와 위협(opportunity and risk)
- 내부여건: 기업의 물자, 기술, 재무, 경영자원(the company's material, technical, financial, and managerial resources)
- 기업철학: 경영자의 개인적 가치와 포부(personal values and aspirations of senior management)
- 사회적책임: 사회에 대한 비경제적 책임(acknowledgement of non-economic responsibility to society)

네 가지 범주로 구성된 앤드류즈의 전략정보 모델은 현대경영전략의 표준으로 인식되고 있다.

1) 외부여건

첫 번째 범주는 외부여건으로서 경쟁자를 비롯해서 기업이 경영활동을 하는 데 있어 영향을 미치는 거시적인 환경요인 즉, 정치, 경제, 기술, 사회문화 등 모든 외적 기회와 위협을 포함한다. 기업 외부여건을 파악하고 나면 기업이 추구할 수 있는 기회는 저절로 포착된다. 이처럼 외부여건을 고려한 전략은 '외부적으로 바람직한 전략(externally desirable strategy)'이다.

2) 내부여건

두 번째 범주는 내부여건이다. 경영자는 기업이 가지고 있는 자금 능력을 포함한 재무구조, 생산시설 및 기술, 경영관리능력, 업종 및 제품구조 등에 관한 모든 내부적 능력과 한계점을 명확히 이해해야 한다. 이같이 외부에서 주어지는 기회와 내부에서 가지고 있는 능력을 알게 되면 기업이 선택할 수 있는 여러 가지 기회 중에서 자신의 약점을 노출시키지 않으면서도 강점을 십분 살릴 수 있는 가장 좋은 기회를 택할 수 있게 된다. 이처럼 외부여건과 내부여건을 고려한 전략은 '외부적으로 바람직하고 내부적으로 실천에 옮길 수 있는 전략(externally desirable and internally feasible strategy)'이다.

3) 기업철학

세 번째 범주는 기업철학이다. 기업 능력을 외부 기회에 맞춰 전략을 개발했을 때 비로소 우리는 '경제적 전략(economic strategy)'을 세웠다고 할 수 있다. 이러한 전략은 기업이 외부여건과 내부여건을 객관적으로 그리고 논리적으로 판단해서 결정한 이상적인 전략이다. 그러나 현실에 있어서 전략 결정자는 개인적 가치판단, 야심, 주관 또는 금기사항을 가지고 있으며 이러한 주관적 가치관이 기업철학이 되어 의사결정에 영향을 미치게 된다. 예컨대 어떤 중공업 제품 제조회사 사장이 한국 중공업 발전에 지대한 공헌을 하고 있다는 긍지와 자부심을 가지고 있다면, 그가 경영하는 회사에서는 아무리 기회가 좋고 능력이 있다고 할지라도 개인 편의 또는 사치생활을 조장하는 제품 생산을 선뜻 시작하지 않을 것이다. 이같이 외부여건과 내부여건을 결합해서 개발된 바람직한 전략이 제3의 범주인 기업철학이라는 주관적 가치판단 테스트를 통과할 때 '외부적으로 바람직하고 내부적으로 실천에 옮길 수 있으면서 하고 싶은 전략(externally desirable and internally feasible and doable strategy)'이 성립된다.

4) 사회적책임

마지막으로 고려해야 하는 범주는 기업의 사회적책임이다. 이것은 교과서에서나 다루는 이론적인 규범이라고 생각되기 쉬우나 개인 생활은 물론 기업 활동도 국가 번영 및 사회 안녕과 질서 위에서만 성립된다는 엄연한 현실을 생각할 때 경영자가 기업의 사회적책임을 망각한다는 것은 자신의 존재를 부정하는 것과 다를 바가 없다. 더구나 1991년 두산전자의 페놀 방류로 인한 낙동강 오염, 1995년 호남정유(현 GS칼텍스)의 씨프린스호 유출사고로 인한 여수 앞바다 오염, 2007년 삼성중공업의 허베이스피리트호 원유유출로 인한 태안반도 오염 등 환경 문제는 사회적 비판에 그치지 않고 장기적으로 기업 생존에도 치명적인 위협을 초래한다. 2001년 미국에서 매출규모로 6위었던 엔론(Enron)이 저지른 회계부정과 반사회적 행위가 폭로되면서 불과 2주일만에 흔적도 없이 사라지고 CEO였던 제프 스킬링(Jeffrey Skilling) 사장이 24년의 징역형을 받은 사건은 모든 기업들에게 경각심을 갖게 해주었다.[1]

특히 2020년부터 불기 시작한 "환경, 사회, 지배구조(Environment, Society, Governance)"는 블랙록(BlackRock)을 비롯한 대규모 자산운용사들이 이러한 이슈에 대해 노력하지 않는 회사에 대한 투자를 하지 않겠다는 선언을 통해 직접 실력행사를 시작했다는 점에서 경영자들에게 더욱 중요한 이슈로 다가오고 있다. 오늘날과 같은 다원주의 사회에서 기업의 사회적책임은 기업이 사회 일원으로 행동하는 선량한 시민 역할뿐만 아니라 기업의 장기적 생존을 위해서도 필수불가결하다는 것을 인식해야 한다. 경제적인 면에서 보더라도 현재 안정이 장래 성장, 현재 성장이 장래 수익을 위한 것이라면 안정 및 성장을 추구하는 기업활동은 장래 수익성을 궁극적인 목적으로 한다. 따라서 경영자는 장기적 기업 수익성을 실현하기 위해서라도 오늘의 사회적책임을 다해야 한다.

처음 세가지 범주, 즉 외부여건, 내부여건 및 기업철학에 의해 구성된 '내부적으로 실천에 옮길 수 있는 전략'은 사회적책임이라는 네 번째 범주가 추가될 때 비로소 '외부적으로 실천에 옮길 수 있는 전략(externally feasible strategy)'이 된다. 다시 말해 <그림 8.1>에 나타난 네 가지 범주가 모두 고려될 때, 기업에서는 '외부적으로 바람직하고 내부적으로 실천에 옮길 수 있으면서 하고 싶은 동시에 사회적으로 허용되는 전략(externally desirable, internally feasible and doable strategy, socially acceptable strategy)'이 성립된다.

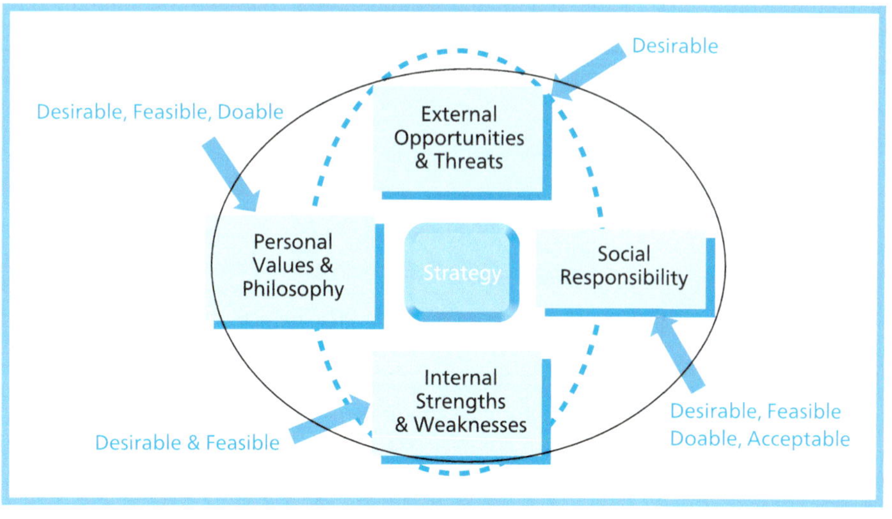

그림 8.1
현대전략경영 모델

2. SWOT (Strengths-Weaknesses-Opportunities-Threats) 모델

1) SWOT 모델의 역사와 내용

SWOT 모델은 기업의 내부적인 요인인 강점(Strengths)과 약점(Weaknesses), 외부적인 요인인 기회(Opportunities)와 위협(Threats)을 분석하는 전략적 기획방법이다. 기업이 신규사업에 뛰어들려고 할 때 사전에 기업의 비전과 일치하는지를 판단하려는 차원에서 발전된 개념으로, 스탠포드 교수였던 알버트 험프리(Albert Humphrey)가 포춘 500대 기업을 상대로 분석한 결과에서 시사점을 얻어 만들었다. 그 후 맥킨지(McKinsey & Company)를 비롯한 전략컨설팅회사들이 이 모델을 사용하면서 널리 알려졌다. 심지어는 하버드경영대학원을 비롯한 세계 모든 경영대학에서 학생들이 사례개발을 할 때 필수적으로 사용하는 모델이 되었다. SWOT 모델에서 말하는 좋은 전략은 성장할 기회를 포착 하면서 현저한 위협은 완화시키고, 회사의 강점을 지렛대(leverage)로 활용하면서 약점은 회피하거나 축소시키는 방향으로 개발되는 것이다(<그림 8.2> 참조).

그림 8.2
SWOT 모델

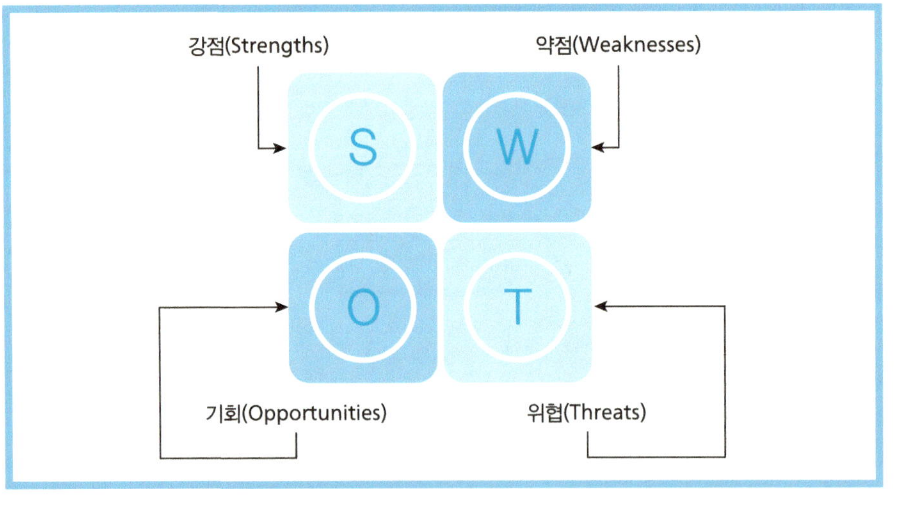

SWOT 모델은 단순명쾌하고 사용하기 쉽다는 장점 때문에 경영자나 학생들이 전략을 도출하기 위해 사용하는 수많은 분석도구들 중에서 가장 빈번히 사용하고 있다. 그러나 이 모델에는 치명적인 문제가 세 가지 있다.

2) SWOT 모델의 문제점

(1) 가치관 및 철학과 사회적책임을 고려하고 있지 않는 SWOT 모델

첫 번째 문제점은 SWOT 모델이 가치관 및 철학과 사회적책임을 고려하고 있지 않다는 점이다. SWOT 모델은 현대경영전략 모델에서 사용하고 있는 4가지 범주 중에서 기업에게 바람직한(desirable) 범주인 외부의 기회와 위협, 그리고 실현 가능한(feasible) 범주인 내부의 강점과 약점만을 사용하고 있을 뿐, 현대경영전략 모델에서 고려하고 있는 세번째 범주인 조직 구성원들의 가치관과 철학, 그리고 네 번째 범주인 사회적책임을 고려하지 않는다.

세 번째 범주인 구성원, 특히 최고경영자의 가치관과 철학이 반영되지 않는 전략은 실행가능한(doable) 전략이 되지 못한다. 외부 컨설턴트들이 내부사정을 충분히 이해하지 않고 성급하게 만든 전략대안이 대부분 휴지조각이 되는 것은 바로 이 경우에 해당한다.

네 번째 범주인 사회적책임을 고려하지 않고 만든 전략은 더욱 큰 문제를 초래한다. 가치관과 철학이 반영되지 않은 전략은 사용되지 않으면 그만이지만, 사회적 책임이 반영되지 않은 전략은 해당 기업은 물론이고 사회전반에도 커다란 재앙을 초래할 수 있기 때문이다. 사회적책임을 고려하지 않은 전략이 집행되는 경우, 그 기업을 둘러싼 사회가 수용가능(acceptable) 하지 않다고 반발하면 어떻게 되겠는가? 앞에서 언급된 바와 같이 윤리적으로 심각한 문제를 일으켜 24년 징역형을 선고받은 엔론사의 제프 스킬링 사장이 세계 최고의 경영대학인 하버드의 경영학석사(MBA)과정에서 최고 성적을 받은 학생만이 받는 명예인 '베이커 스칼러(Baker Scholar)'였다는 것은 아이러니한 일이다. 하버드경영대학원은 엔론 사태 이후 윤리과목을 MBA과정의 필수과목으로 채택했다.

(2) 전략을 세우기 전에 먼저 강점과 약점, 기회와 위협을 구별할 것을 요구하는 SWOT 모델

둘째 문제점은 SWOT 모델이 전략을 세우기 전에 먼저 강점과 약점, 기회와 위협을 구별하도록 요구한다는 점이다. 그러나 기업 능력 평가는 상대적인 것이어서 선택하는 전략에 따라 강점이 될 수도 있고 약점이 될 수도 있다. 전략을 세우기 전에 내부 여건을 강약점으로 구분하고 나면 약점을 강점으로 바꾸는 전략은 상상도 할 수 없게 된다. 이런 방식은 이미 가지고 있는 내부여건이 우월해서 이를 강점으로 활용해서 전략을 가지고 있는 선도기업에게는 적절하지만, 내부여건이 열악해서 시장에서 자리를 제대로 잡고 있지 못한 하위기업이나 후발기업에게는 "뒤에서 쫓아가는 기업이 앞서는" 전략적 발상을 막게 된다.

예컨대 1960년대 미국 자동차회사 중 가장 규모가 작았던 아메리칸 모터즈(American Motors Corporation)는 미국시장에서 1%도 안되는 낮은 시장점유율로 인해 시장점유율이 50%인 GM, 25%인 포드(Ford Motor Company), 12%인 크라이슬러(Chrysler Corporation)와 같은 대형기업들이 고가의 대형자동차를 대량으로 생산하고 판매하면서 누리는 큰 매출액과 높은 이익률을 따라갈 수 없었다.

그렇다면 낮은 시장점유율은 약점이었겠는가? 만일 아메리칸 모터즈의 전략팀이 SWOT 모델을 써서 내적 강약점을 평가했다면 아메리칸 모터즈의 낮은 시장점유율은 약점으로 평가될 수밖에 없었을 것이다. 아메리칸 모터즈가 대형 자동차기업들이 채택하고 있는 전략과 같은 전략을 가지고 같은 시장 내에서 동등한 조건으로 비슷한 제품인 대형 자동차를 가지고 경쟁을 하면 낮은 시장점유율은 규모의 경제면에서 치명적인 약점으로 노출될 수밖에 없기 때문이다.

그러나 아메리칸 모터즈는 중형과 소형 중간 정도 크기의 소형자동차(compact car)인 램블러(Rambler)를 개발한 후 낮은 가격과 높은 가성비로 소비자 기호를 대형 자동차에서 소형 자동차로 변화시키는 대대적인 마케팅 활동을 벌였다. 용을 죽인 전설의 주인공인 지그프리드(Siegfried) 왕자가 램블러 위에서 긴 칼로 대형자동차를 찔러죽이는 광고는 램블러를 일약 최고로 인기있는 자동차로 올려놓았다.

이러한 아메리칸 모터즈의 전략에 대해 대형자동차회사들은 속수무책이었다. 이들이 맞불작전으로 소형 자동차를 만든다면 그들이 가진 우수한 제품개발능력으로 인해 램블러보다 훨씬 좋은 제품을 더 싸게 팔수 있겠지만, 자신들의 고가 자동차는 그만큼 덜 팔릴 것이기 때문이었다.[2] 만일 시장점유율이 50%인 GM이 소형자동차를 10대 판다면 확률적으로 자신의 대형자동차 판매량은 5대 줄 수밖에 없게 될 터였다. 소형자동차보다 대형자동차 대당 판매가격이 2~3배, 이익은 5~6배 높은 시장에서 이런 상황에서 GM은 소형자동차를 팔면 팔수록 손해가 나는 구조였던 것이다. 이러한 제살 베먹기 현상을 가져오는 자기잠식효과(Cannibalization)로 인해 대형자동차회사들은 아무런 전략도 세울 수 없었던 반면, 아메리칸 모터즈는 시장접유율을 1%에서 8%까지 올리는 대성공을 거두었다.

이 사례를 다시 한번 정리하면 아메리칸 모터즈의 시장점유율이 낮다는 사실은 어떤 전략을 전제로 해서 검토하는가에 따라 약점이 될수도 있고, 강점이 될수도 있다. 그러나 SWOT 모델은 전략대안을 만들기 전에 내부여건을 강점과 약점으로 나눌 것을 요구하고 있고, 그 결과 피상적으로는 약점으로 보이는 조건을 역으로 활용해서 일견 자신보다 조건이 좋은 것으로 보이는 골리앗(Goliath)과 같은 상대방을 때려눕히는 다윗(David)의 전략을 만들 수 있는 가능성을 막아버린다. 결국

SWOT 모델은 골리앗과 같이 자원이 풍부하고 환경이 좋은 시장지배기업에게는 적절하겠지만 다윗과 같이 자원이 부족하고 환경이 열악한 추종기업에게는 창조적 발상을 막는 제약이 된다. 국가 간의 경쟁에서도 미국과 같이 자원이 풍부하고 경쟁력이 높은 선진국가에게는 SWOT 모델이 의미가 있겠지만, 이렇다 할 자원이 없는 개도국에게는 SWOT 모델이 현재 위치를 감수해야 한다는 근거로 사용될 수밖에 없을 것이다. 우리가 찾아내야 할 진정한 전략은 약자를 강자로 만들고, 위기를 기회로 만들며, 뒤선 기업이 앞서도록 해주어야 한다.

(3) 외부여건보다 내부여건을 앞세운 SWOT 모델 이름

셋째 문제점은 외부여건인 OT보다 내부여건인 SW를 앞세운 모델의 이름이다. 외부여건보다 내부여건을 먼저 검토하게 되면, 먼저 발견된 내부의 약점으로 인해 위축된 상황에서 매력적인 기회를 놓칠 가능성이 높아진다. 그래서 SWOT 모델을 쓰고자 하는 사람들 중에는 모델 이름을 '스와트'로 발음되는 SWOT 대신 OTSW로 쓰려다가, 이 약자가 발음이 잘 안되니까 '타우즈'로 발음할 수 있는 TOWS로 쓰기도 한다. 그러나 TOWS 역시 위기를 뜻하는 T를 기회를 뜻하는 O보다 먼저, 그리고 약점을 뜻하는 W를 강점을 뜻하는 S보다 먼저 검토하게 되는 문제점을 노출한다. 그래서 결국 SWOT라는 이름을 사용하게 되어 문제를 해결하지 못하게 된다. 물론 이 모델을 사용하는 사람들이 모델의 이름과 관계없이 분석 순서를 스스로 정하면 되겠지만, 이름이 가진 상징성으로 인해 약점으로 남는다.

3) SWOT의 문제점 극복방안

위에서 설명한 바와 같이 SWOT 모델은 간단명쾌하다는 장점이 있지만 모든 변수를 포함하는 MECE 조건이 부족하고 모델로서의 정교성이 떨저지는 문제점을 가지고 있다. 저자(문휘창)는 국내 모 대기업의 간부들에게 워크샵을 하면서 SWOT 모델을 사용한적이 있었는데 몇 개의 팀으로 나누어 해당기업의 SWOT 분석을 하도록 과제를 부여했다. 그런데 팀 별로 그 결과가 상당히 다르게 나왔다. 생산관리 담당인원이 많은 팀은 주로 생산관리, 마케팅 담당인원이 많은 팀은 주로 마케팅에 관한 SWOT 분석을 해서 전체적인 상황을 파악할 수 없었다. 이러한 문제를 해결하기 위해서 <그림 8.3>에서 보다시피 '다이아몬드 모델'과 SWOT 분석을 동시에 사용하게 하였다. 즉, 각 팀별로 '다이아몬드 모델'의 네가지 변수에 대한 파악을 한 후, 파악한 내용에 SWOT 모델을 적용한 결과 체계적이면서도 균형된 분석을 할 수 있었다.

그림 8.3
'SWOT 모델'과 '다이아몬드 모델'의 통합모델

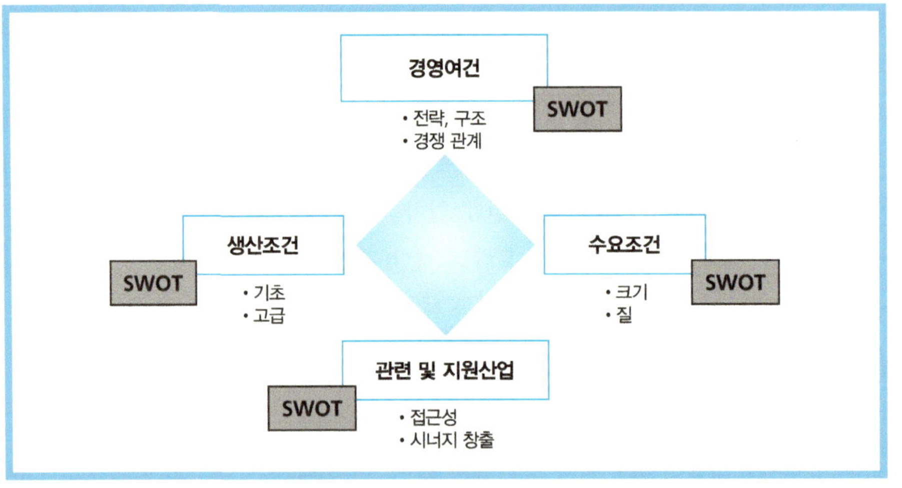

'다이아몬드 모델'에 국제화와 인적자원을 포함한 'IPS 모델'을 사용하면 더욱 정교한 분석을 할 수 있다. 이미 설명했듯이, 앤드류즈 모델에서는 SWOT 모델에 포함된 2가지 범주에 '기업철학'과 '사회적책임'을 추가한 4가지 범주를 사용하고 있다. 그러나 '기업철학'과 '사회적책임' 변수도 'IPS 모델'로 포괄할 수 있다. <그림 8.4>에서 보다시피 '기업철학'은 'IPS 모델'의 '창업가', '사회적책임'은 '관련 및 지원산업'에 해당된다. '사회적책임'이 어떻게 '관련 및 지원산업'의 '산업'에 해당되는가에 대해 의아해할 수도 있지만 여기서 말하는 산업은 좁은 의미의 산업이 아니라 관련 및 지원 '분야'로 해석할 수 있다. 실제로 CSR, CSR, ESG등은 해당 기업과 관련된 산업의 환경 또는 사회분야에서 벌어지는 활동이다.

이렇게 의미 있는 변수를 포함시킨다 하더라도 실제 전략을 행동에 옮길 때에는 각 변수들의 비중과 순서를 정해야 한다. '앤드류즈 모델', 'SWOT 모델', '다이아몬드 모델'을 이용해서 중요한 변수들을 모아 놓는 것은 전략적 선택의 시작이지 끝이 아니다. 훌륭한 전략가라면 이러한 모델을 이용해서 적절한 변수들을 추출한 다음, WS 모델을 이용해서 각 변수의 비중과 변수간의 순서를 잘 결정해야 한다. WS 모델에 대한 구체적인 내용은 2장의 SER-M 패러다임에 대한 설명에서 소개했다.

3. PPM모델

전략대안에 초점을 둔 가장 널리 알려진 모델은 Product Portfolio Matrix (PPM)이며 Growth-Share Matrix 또는 BCG Matrix라고도 불리운다. PPM의 유용성, 문제점, 발전방안을 설명하면 다음과 같다. <그림 8.5>에서 보다시피 이 모델은 종축에는 산업성장(Growth), 횡축에는 해당 기업의 시장점유율(Share)로

그림 8.4
Andrews 모델, SWOT 모델, 다이아몬드 모델의 통합모델

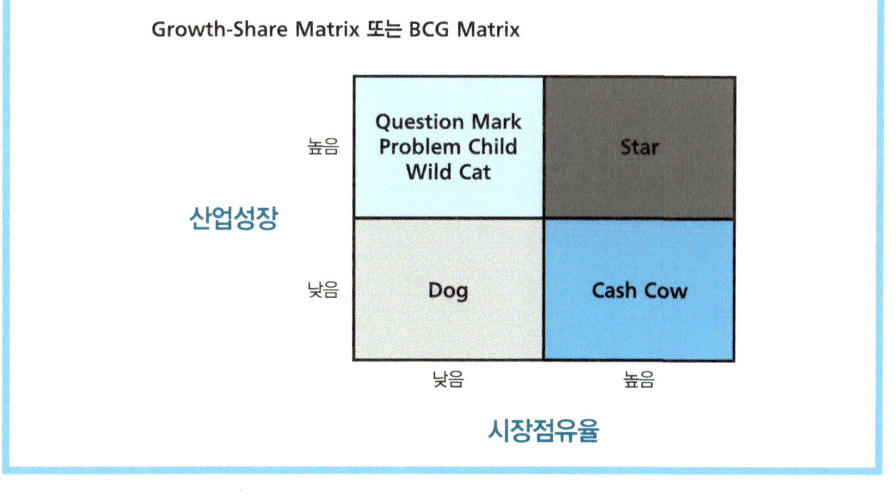

그림 8.5
Product Portfolio Matrix (PPM)

놓고 각 변수의 높고 낮음에 따라 4가지의 전략대안(Star, Question Mark, Cash Cow, Dog)을 제시하고 있다. SWOT 모델과 마찬가지로 PPM도 매우 간단해서 쉽게 활용할 수 있는 장점이 있다. 그러나 이 모델은 제조업에서 적용되는 한계비용체감의 법칙 등을 근거로 하여 만들어졌기 때문에 서비스업을 비롯한 다른 분야에서 적용하기 어렵다는 문제점이 있다.

1) 개념과 도표의 작성 방법

우리는 파트 2의 4장에서 기업의 외부여건을 분석하기 위해서 제품수명주기(Product Life Cycle)개념을 사용했다. <그림 8.6>에서 보는 바와 같이 제품의 시장규모는 도입기에서 성장기에 이르기까지 계속 커지다 성숙기에서 쇠퇴기로 접어들며 줄어든다.

도입기에서 가장 중요한 전략 변수는 연구개발(Research & Development, R&D)이다. 초기에 신제품이 일반 소비자에게 적응되기 위해 여러 차례의 시행 착오를 반복하는 과정에서 필수적인 능력이기 때문이다. 이러한 과정을 거쳐 제품이 일단 소비자가 만족하는 품질을 갖추면 시장이 급격히 커지게 된다. 따라서 성장기에 가장 필요한 경영 능력은 마케팅이다. 이 시기는 경쟁기업이 나타나기 전이고 제품을 처음 개발한 기업이 독점적인 시장지배권을 행사하는 까닭에 가격은 그동안 투입된 연구개발비, 시설비 등의 고정비를 회수하기 위해 비교적 높게 책정된다. 따라서 생산과정의 합리화로 인한 변동비의 절감은 아직 문제점으로 등장하지 않는다.

그러나 제3단계인 성숙기로 넘어가면서 시장 모습이 달라진다. 우선 후발기업이 경쟁에 참가하면서 가격경쟁이 일어나고, 어느 정도 포화상태에 이른 시장은 신규소비자에서 반복소비자로 구성이 바뀌게 된다. 따라서 마케팅 활동의 가치가 상대적으로 사라지고, 가격경쟁에서 이기기 위한 원가 절감이 중요 문제로 대두 하면서 경영의 초점이 생산으로 옮겨가게 된다.

그림 8.6
제품수명주기

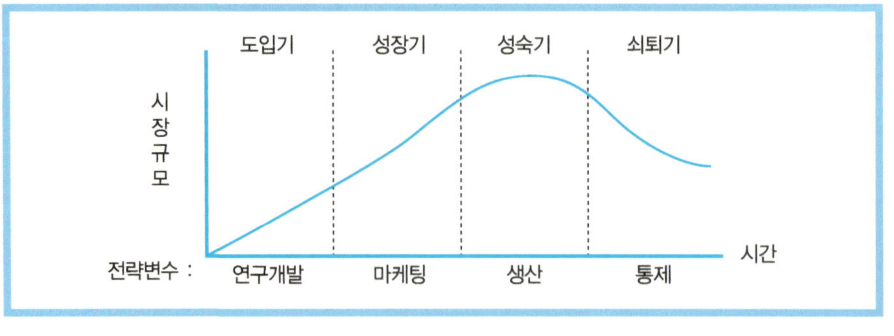

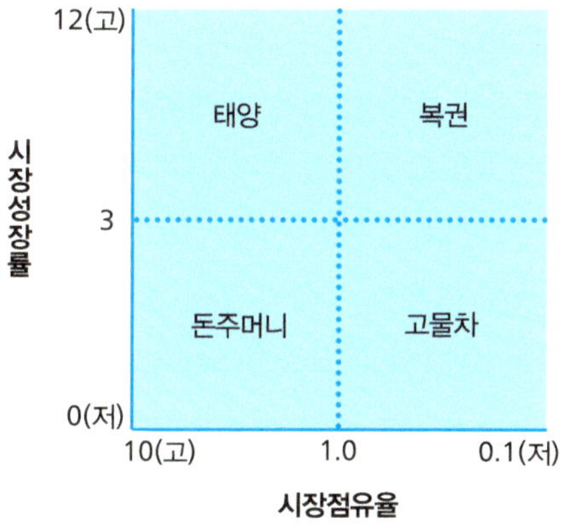

그림 8.7
제품 포트폴리오 도표

마지막 쇠퇴기에서는 이미 새로운 대체제품의 개발 및 시장조건의 변화로 그 제품에 대한 소비자가 급격히 줄어들게 된다. 따라서 이 시기에는 무엇보다도 철저한 통제를 통한 원가관리로 단기적인 수익성의 침체를 저지하고, 궁극적으로는 제품의 생산 자체를 포기하기 위한 전략이 필요하게 된다. 여기에서는 시장규모의 성장이라는 외부여건 하나만으로 전략의 방향이 결정된다는 것을 주의해야 한다.

이번엔 이러한 외부여건에 내부여건을 연결시켜서 생각해보기로 하자. 여기에서 시장성장률이라는 외적 변수와 시장점유율이라는 내적 변수를 각기 Y축과 X축에 놓으면 <그림 8.7>이 된다. 이 그림을 제품 포트폴리오 도표(Product Portfolio Matrix)라 하며, 제품 포트폴리오 관리(Product Portfolio Management, PPM) 기법에서 핵심적으로 활용된다.

2011~2020년 사이의 우리나라 경제성장률은 2020년 코로나바이러스로 인한 −0.9%를 제외하고는 2.2~3.7%로 평균 3%를 약간 밑도는 수준이었다. 따라서 향후 기대성장률을 3%로 가정하면 3%를 Y축의 중간점에 위치시킬 수 있다. 따라서 기업이 생산하는 제품 중에서 그 제품에 대한 국내의 시장성장률이 3% 이상인 경우에 <그림 8.7>에 있는 사각형의 상단에 표시되고 그렇지 못한 경우에는 하단에 표시된다.

다음으로 X축의 시장점유율은 전체 시장에서 그 기업의 제품이 점하는 절대적 비율이 아니라 동종 산업에 있는 경쟁기업 중 가장 큰 기업의 규모와 비교되는 상대적 시장점유율로 나타낸다. 예컨대 2005년 갑(甲)제품에 대해서 제일 큰 시장점유율을 갖고 있는 A기업의 판매액이 10억 원 이었고 두 번째로 큰 B기업의 판매액이 5억 원이었다면 A기업의 시장점유율은 2.0, B기업의 시장점유율은 0.5가 된다. 따라서 1.0보다 적은 시장점유율은 그 기업이 시장 내에서 제일 큰 점유 율을 갖고 있지 않음을 뜻하며, 반대로 1.0보다 큰 점유율은 그 기업이 시장 내에서 제일 큰 점유율을 갖고 있음을 뜻한다.

또 한 가지 X축에 대해서 주의할 점은 스케일이 Y축과 달리 로그 스케일(log scale)이라는 것이다. 즉 1.0을 중심으로 해서 오른편에 0.1을 나타내는 점이 있 다면 왼편에 그 대칭되는 위치에는 1.9가 아니라 10.0을 나타내는 점이 찍혀야 한다. X축에 로그 스케일을 쓰는 이유는 상대적 점유율의 성격상 0~1 사이의 구간과 1~무한대 사이의 구간에 1대1의 대칭관계(one-to-one correspondence)가 있기 때문이다. 즉 위의 A기업과 B기업 간의 예에서 보는 바와 같이 A기업의 2.0에 반대되는 수치는 0(산술적인 스케일에서 1을 중심으로 했을 때 2에 대칭되 는 수치)이 아니라 0.5이므로 이러한 2와 0.5 또는 10과 0.1 간의 대칭관계를 나타내기 위해서는 로그 스케일을 써야 하는 것이다. 물론 1을 X축의 중간지점에 놓았을 때 현실적으로 생길 수 있는 10 또는 100 등의 수치를 산술적인 스케일에 의한 그래프에 나타내기 어려운 점도 로그 스케일을 쓰게 되는 이유이다.

X축의 시장점유율을 나타내는 데 있어서 절대적인 점유율을 쓰지 않고 최대 경쟁기업과의 상대적 위치를 쓰는 것은 60%와 40%의 시장점유율을 가진 두 기업으로 구성된 甲제품 시장과 30% 시장점유율을 가진 한 회사와 10% 점유율을 가진 7개 회사, 도합 8개 회사로 구성된 乙제품 시장을 비교해 볼 때 甲제품 시장의 40% 시장점유 기업보다는 乙제품 시장의 30% 시장점유 기업이 훨씬 높은 경쟁력을 갖고 있기 때문이다.

시장성장률과 시장점유율을 나타내는 Y축과 X축을 각각 이분(二分)하면 <그림 8.7>과 같이 4분면으로 나눌 수 있다. 여기에서 우상방(右上方)의 1/4분면은 고성장 · 저점유, 좌상방(左上方)의 2/4분면은 고성장 · 고점유, 좌하방(左下方)의 3/4분면은 저성장 · 고점유, 우하방(右下方)의 4/4분면은 저성장 · 저점유를 나타내는데 각 분면의 특징에 따라 물음표(question mark), 별(star), 자금 젖소(cash cow), 개(dog)라고 비유하거나, 물음표(?), 별(☆), 돈($), ×표(×) 등의 부호로 나타내기도 한다. 이책 에서는 그 속성을 가장 잘 표현한다고 생각되는 복권, 태양, 돈주머니, 고물차로 나타내기로 한다.

기업은 자신이 취급하는 각 제품을 성장성과 시장 내에서의 위치에 따라 <그림 8.7>에 있는 사각형 안에 그려 넣을 수 있다. 그리해서 제품은 사각형 안에 점으로 표시되거나 제품 매출액에 비례한 크기를 가진 원으로 표시된다. 특히 후자의 방법은 매출액이 다른 여러 제품들을 시각적으로 비교할 수 있게 하므로 더 좋은 방법이라 하겠다.

그러면 <그림 8.7>에 나타난 네 분면을 자금 수지 측면에서 살펴보기로 하자.

2) PPM의 특성

(1) 1/4분면(복권)

복권은 일반적으로 확률은 지극히 낮으나 요행히 경제성 있는 유전을 발견하면 한몫 잡을 수 있는, 마치 실제 복권과 같은 사업이다.[3] 1/4분면에 위치한 사업은 현재 시장 내에서의 위치가 미약하기 때문에 점유율을 높이고 단위원가를 내림으로써 경제성을 확보하기에는 많은 어려움이 따르지만, 성공만 한다면 시장 자체의 성장성이 높기 때문에 좋은 수익성을 올릴 가능성을 갖고 있다. 따라서 이 사업을 유지하고 성장하기 위해서는 많은 자금이 필요한 반면 시장점유율은 낮은 까닭에, 조속한 시간 내의 자금 회수는 곤란하다.

(2) 2/4분면(태양)

이것은 성장률도 높고 점유율도 높은 사업이다. 자금을 자급자족할 수도 있고 그렇지 못할 수도 있다. 그러나 장기적으로 볼 때 많은 수입을 가져오는 사업이 될 것이다.

(3) 3/4분면(돈주머니)

시장점유율은 높으나 이미 제품수명주기상의 성장기를 넘어선 사업이다. 많은 자금을 창출할 수 있는 능력을 가지고 있다.

(4) 4/4분면(고물차)

이 사업은 성장률도 낮고 점유율도 낮은 까닭에 수익이 많지 않을 뿐 아니라 앞으로 전망도 별로 없기 때문에 재투자도 필요 없다. 이러한 4분면 간의 자금 수지를 보면 <그림 8.8>에서 보는 바와 같이 3/4분면 (돈주머니)에서 1/4분면(복권)으로 자금이 흐르는 것이 가장 적절하다고 보겠다. 다만 2/4분면(태양)의 자금 필요

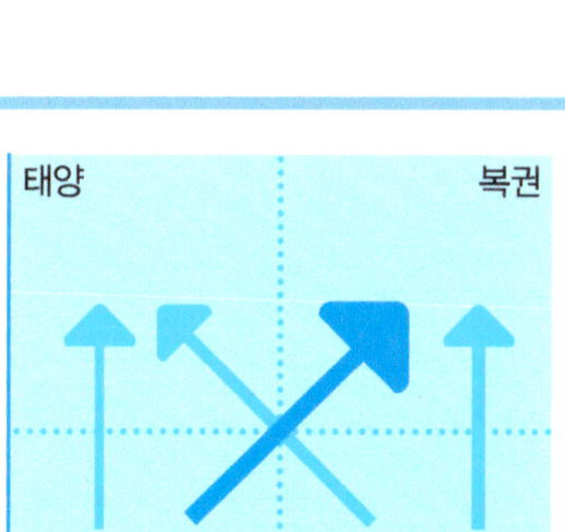

그림 8.8
제품 포트폴리오 도표에서의 자금이동

성에 따라, 그리고 4/4분면(고물차)의 수익성에 따라 부분적인 자금의 이동이 가능하다.

각 사업은 기업이 채택한 전략의 성패 여부에 따라, 외부여건인 제품수명주기에서 시장성장률이 변화함에 따라, 제품 포트폴리오 도표 내에서의 위치가 바뀐다. 예컨대 기업이 1/4분면에 있는 "복권"사업에 손을 대기도 전에 성장률이 떨어진다면이 사업은 4/4분면의 "고물차"사업이 될 것이다. 이와 반대로 기업이 적극적인 전략 활동을 성공적으로 수행해서 시장점유율을 높인다면이 사업은 "태양"사업으로 자리를 바꾸게 된다. 2/4분면에 있는 "태양"사업은 장기적으로 성장률이 둔화됨에 따라 필연적으로 "돈주머니"로 변화한다. 여기에서 기업이 "돈주머니" 사업의 쇠퇴를 감안해서 적극적인 투자활동을 삼가고 있을 때 경쟁업 체가 생산시설 확장 및 마케팅 활동을 적극적으로 벌인다면, 이 사업은 결국 "고물차"사업으로 변모한다. <그림 8.9>는 제품 포트폴리오 도표 상에서 사업이 변화하는 과정을 보여주고 있다.

이같이 각 분면의 특성과 관계를 정의할 때 가장 좋은 전략은, "돈주머니"사업에서 나온 자금을 "복권"사업 중에서도 가장 잠재경쟁력이 큰 사업에 투자해 그 사업을 "태양"사업으로 만드는 것이다. 이 투자에 의해 이루어진 "태양"사업은 다시 "돈주머니"사업으로 변해 또 다른 "복권"사업에 대한 투자 지원을 하게 될 것이다. 반면에 잠재경쟁력이 없다고 인정되는 "복권"사업은 투자를 멈추고 "고물차"사업으로 만들거나 도태시키는 전략이 채택되어야 한다. "고물차"사업은 자금이 창출되는 한 유지시켜야 하겠으나, 이 사업을 매각해서 나오는 자금이 더 효과적으로 쓰일 수 있다면 한시 바삐 처분해야 한다.

그림 8.9
제품 포트폴리오 도표에서의 사업 위치 변화

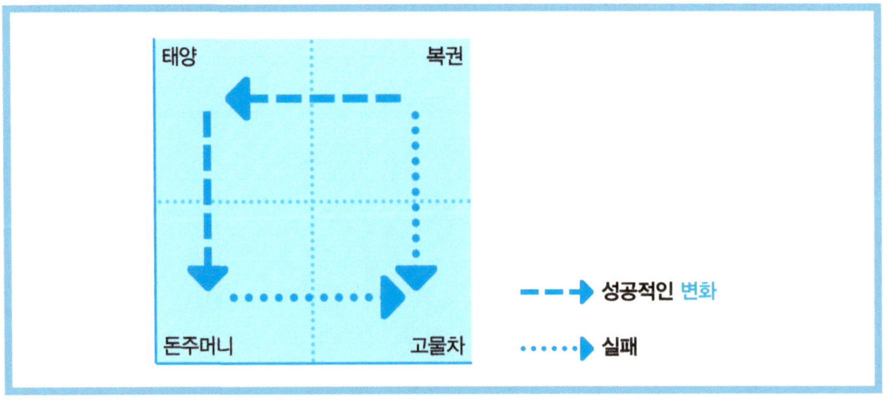

3) PPM 분석

기업의 제품을 포트폴리오 도표에 나타내면 다음과 같은 다섯 단계 분석을 할 수 있다.[4]

(1) 내부 균형

포트폴리오의 4분면 각각에 제품이 적절히 배치되었는지 검토되어야 한다. 가장 많은 매출액(가장 큰 원)을 갖는 제품은 "태양"이나 "돈주머니"분면에 위치해야 한다. "복권"분면에는 제품을 거의 배치하지 말아야 한다. 왜냐하면 "복권" 분면의 제품들을 "태양"분면으로 옮기기 위해서는 많은 자금이 필요하고 조금이라도 잘못되면 큰 손실을 입을 것이기 때문이다. 대부분의 제품들은 "돈주머니" 분면에 위치해야 한다. 그 이유는 "돈주머니"에서 나오는 자금으로 다른 제품에 대한 투자 지원을 해야 하기 때문이다. "고물차"분면에 자리잡게 될 제품도 거의 없어야 한다. "고물차"분면의 제품들이 창출해 내는 얼마 안 되는 자금은 그 사업의 경영에 필요한 노력에 비해서 볼 때 큰 가치가 없기 때문이다. <그림 8.10>은 성공적으로 다각화된 기업의 전형적인 포트폴리오이다.

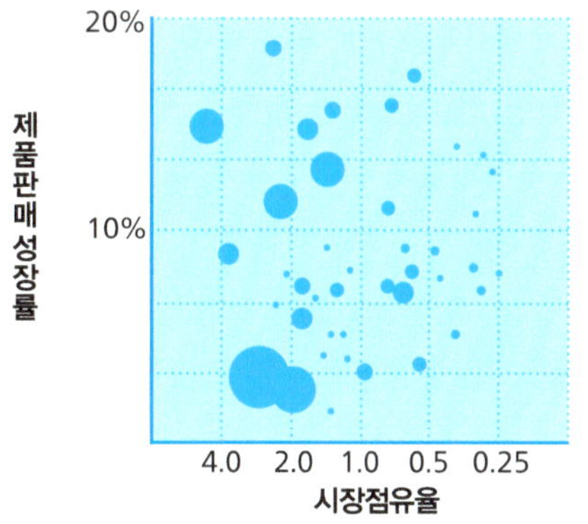

그림 8.10
비교적 견실하고 다각화된 기업의 전형적 제품 포트폴리오 도표

(2) 추세

3년 내지 5년 전에 포트폴리오 도표를 작성한 경우, 이것을 현재의 그림과 비교해 봄으로써 각 제품이 움직이는 방향과 속도를 알 수 있다. 이 두 그림을 비교했을 때 주요 제품의 변화가 발견되면 현재의 변동 방향을 정확히 파악하기 위해 변동된 제품들의 변동 궤적을 연도별로 추적해봐야 한다. 이러한 추세에 비추어 다가오는 5년 후를 예측하면 현재 정책이 그 기간 동안 유지될 때 각 제품이 어디에 위치하게 될 것인가를 알 수 있다. 이 전망 도표로부터 바람직한 포트폴리오를 나타

내는 목표 도표를 도출할 수 있다. 목표 도표를 작성함으로써 다음 단계에서 현재와 미래의 경쟁 상태와 재무 조건 하에서 과연이 목표가 달성될 수 있는가를 검토할 수 있게 된다.

(3) 경쟁도(競爭度) 분석

이 단계에서는 주요 경쟁회사의 제품 포트폴리오 도표가 도출되어야 한다. 일반적으로 이것은 자기 기업에 대한 도표만큼 믿을 만한 것은 못되지만 경쟁자에 대한 최대로 이용 가능한 정보로 작성하는 한 산만한 데이터보다는 유용한 자료가 될수 있다. 경쟁도의 분석에 있어서는 한 번에 한 제품만을 택해야 한다. 점유율 증가에 대한 가능성을 검토하기 위해서는 각 기업 간에 경쟁의 강도가 평가될 수 있도록 도표가 작성되어야 한다. 예를 들어 저성장 부분에서, 즉 '돈주머니'와 '고물차'분면에서 점유율을 높이기 위한 시도는 점유율 면에서 최대 경쟁기업과 자기 기업이 대충 비슷한 위치에 있거나 자기 기업이 가장 높은 점유율을 가지고 있을 때, 또는 현재 점유율이 낮더라도 추세 도표에서 좌향(坐向) 추세가 분명한 경우에만 해야 한다. 따라서 '복권' 또는 '고물차'부문에 있으면서도 시장점유 율이 특히 낮은 제품은 적극적인 점유율 증가 전략을 포기해야 한다. 반면에 '복권'분면상에서 상대적 시장점유율이 1.0에 가깝고 최대 경쟁기업과 경쟁할 만큼 충분한 판매량을 가진 제품이나 좌향 추세가 뚜렷이 보이는 제품, 그리고 시장에서 선도적 위치에 있는 '태양'제품은 적극적인 점유율 증가 전략을 시도할 가치가 있다.

이 단계에서 제품은 잠정적으로 네 개의 전략그룹으로 나누어지게 된다. 즉점유율 증가 전략이 시도될 수 있는 성장 제품(제1그룹), 점유율 유지 제품(제2그룹), 자금 창출에 이용될 고갈 제품(제3그룹), 그리고 제거대상 제품(제4그룹)이 있다. 이 분류는 다음 단계에서 목표 포트폴리오를 재조정하는 데 활용된다.

(4) 산업에서의 위치

Y축에는 시장성장률을 그대로 사용하고 X축에는 시장점유율 대신 그 기업에 한정된 제품성장률을 나타내는 <그림 8.11>과 같은 성장률 도표를 작성해 보자. <그림 8.11>에서 대각선을 중심으로 좌상방(左上方)은 시장 성장이 제품 성장 보다 높은 제품을 나타내는데, 이는 결국 시장점유율의 감소를 가져온다. 기업에서 거액의 자금 유출을 하려는 경우(제3그룹)나 제품을 시장에서 제거하려는 경우(제4그룹)를 제외하고는 어떤 제품도 대각선 윗부분에 위치하지 않는 것이 바람직하다. 만약 현재 상황이 그렇지 못하다면 위의 세 번째 단계에서 확립된 제품의 전략적 분류를 재조정해야 한다.

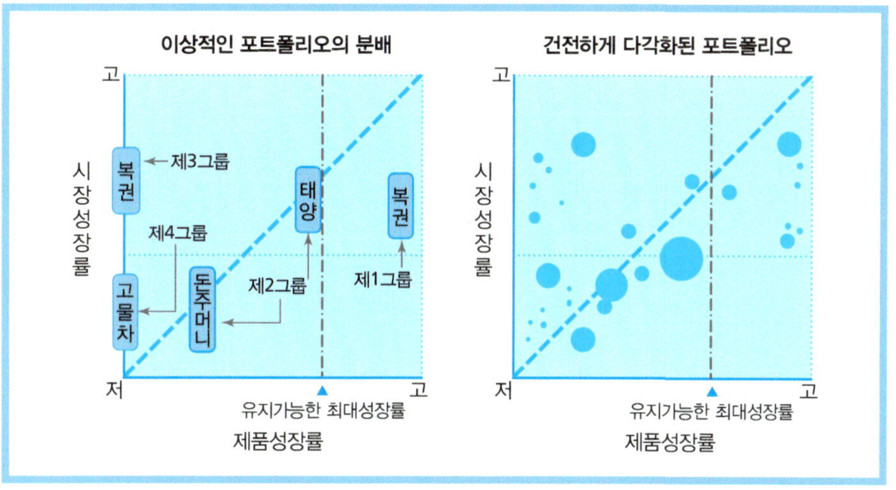

그림 8.11
성장률 도표

이 단계에서의 분석은 보통 제2단계에서 행했던 추세 분석의 결론을 그림으로 확인하는 역할을 한다. 특히 이 단계에서는 유지 가능한 '최대성장'의 개념을 분석에 도입할 수 있다. 만약 공식으로부터 계산된 유지 가능한 최대성장률이 도시(圖示)된 바와 같이 Y축에 평행하는 사출선(· — · —)으로 표시된다면, <그림 8.11> 왼쪽에 그려진 '이상적' 포트폴리오 형태를 기준으로 제품의 위치를 변화시키는 제품전략이 개발될 수 있다. <그림 8.12>를 보면, 유지 가능한 최대성장률선 근처에 위치한 "고물차"제품은 잠재력에 비해 지나친 성장을 추구하고 있다. 따라서 이경우에는 시설 확장을 금지해서 시장점유율을 떨어뜨림으로써 이상적인 제로 성장축 근처에 재위치시킬 수 있다. 이러한 전략을 수확(harvesting)이라 한다.

<그림 8.11>에 나타난 것처럼 제품들은 성질에 따라 그룹을 이룬다. '고물차'는 Y축 근처에 집중되어야 한다. 왜냐하면 시설 확장을 하지 않는 것이이 제품에 대한 전략이기 때문이다. 그리고 '돈주머니'는 대각선을 따라 밀집해야 한다. 시장성장률과 제품성장률을 동일하게 유지해서 시장점유율을 계속 유지해야 되기 때문이다. "태양"은 계속 시장점유율을 증가시킬 수 있기 때문에 대각선에서 좌하방(左下方)에 집중되어야 한다. '복권'은 통상 두 가지 그룹을 이룬다. 하나는 성장을 위한 지원을 거의 받지 않는 그룹이고, 다른 하나는 매우 많은 지원을 받는 그룹이다.

이런 분석의 목적은 유지 가능한 최대 성장선에 대한 제품 간의 균형이 이루어졌는가를 알아보는 것이다. 적절히 조정되고 균형잡힌 포트폴리오는 <그림 8.11>의 오른쪽 도표처럼 성격에 따라 제품들이 알맞게 자리잡고 있는 형태를 이루게 된다.

그림 8.12
성장률 도표에 의한 제품 전략개발

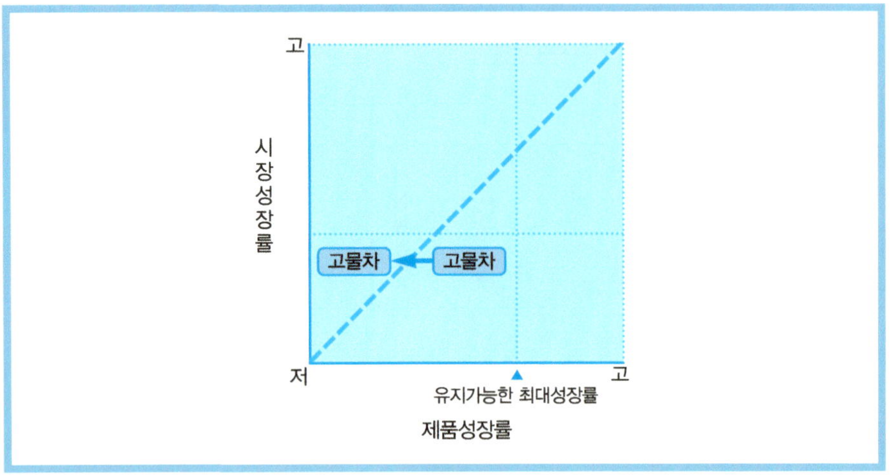

(5) 재무적 균형

이 마지막 단계에서 그동안 검토된 전략이 자세한 자금 수급 계산에 의거해 확정된다. 전 단계에서 도출된 잠정적 제품 분류를 참고해 모든 제품에 대한 자금의 수요 또는 공급이 추정된다. 즉, '고물차'와 일부의 '복권'은 극히 소량의 자금을 공급하고 나머지 대부분은 '돈주머니'와 일부의 '태양'에 의해 공급된다. 그리고 시장 점유율 증가가 목표인 일부의 '복권'과 '태양'은 공급된 자금을 모두 소요하게 된다. 그러고도 자금의 수요가 공급을 초과한다면 외부로부터 공급될 수 있는 자금이 궁극적으로 자금 수급의 균형을 유지하는 데 사용될 것이다. 만일 외부로 부터의 자금 확보가 어렵다면 몇 가지 제품이 재분류되어야 한다. 예를 들어 현재 포트폴리오에서 자금 부족이 발생한다면 더 많은 '고물차'와 '복권'이 처분되어 자금 공급의 원천으로 이용되어야 한다.

4) PPM에 의한 전략개발

이상과 같은 전사적 차원의 분석과 전략개발이 끝난 다음에는 구체적으로 각 제품 및 제품 그룹에 대한 전략을 개발, 실시해야 한다. 일반적으로 다음과 같은 전략 방안이 제시될 수 있다.

- '복권'제품은 가능한 한 빨리 '태양'제품으로 육성해야 한다. 물론 모든 '복권' 제품을 육성할 자금 능력이 없으므로, 가장 유망한 제품만을 선택하고 나머지는 그대로 두거나 처분해야 한다.
- '태양'제품에 대해서는 시장점유율을 계속 늘리기 위해 집중적인 투자를 해야 한다. 여기서는 수익성보다도 시장점유율이 더욱 중요한 목표이다.

- '돈주머니'제품에 대해서는 자금 공급을 극대화하기 위해 시설의 유지와 생산원가 절감에 도움이 되는 투자만을 행하고, 나머지 연구개발, 선전 광고, 신규 시설 투자 등에 대한 투자는 일체 금지해야 한다. 동시에 경쟁기업에 대해 원가 면에서 유리한 위치를 차지하기 위해 고정비에 대한 감가상각을 빨리 끝내야 한다.
- '고물차'제품에 대해서는 가능한 한 빨리 처분을 하는 것이 유리하다. 신규 시설 투자는 물론 시설 유지비에 대한 투자도 억제해야 한다. 만일 다른 기업에 이 부분을 팔 수 없다면 결손 처분을 하는 것이 더 현명할 수도 있다. 그러나 경영자들은 이러한 '고물차'제품 사업에 대해서도 미련을 갖고 연연해하는 경향이 많은 것 같다.

PPM에 대한 문제점은 어느 경영자도 '고물차'사업은 물론 '돈주머니'사업도 맡기 싫어한다는 사실이다. 성장성이 낮고 장래에 대한 전망이 나쁜 사업보다는 성장성도 높고 전망도 좋은 사업을 맡고 싶은 것이 당연하다 하겠다.

이 문제는 사업 성격에 따라 적절한 능력과 성격을 가진 경영자를 배치하는 인사관리로 해결될 수 있다. "복권"사업은 과감하고 도전적이며 모험심이 강한 창업가적 정신을 가진 경영자에게 맡겨야 한다. 또 '태양'사업은 연구개발 능력과 마케팅 능력을 갖춘 경영자가 적합하다. 반면 '돈주머니'사업은 생산관리의 배경과 경영의 합리화에 대한 능력을 갖춘 경영자를 필요로 한다. 마지막으로 "고물차"사업은 종업원을 해고하고 기업 자산을 처분하는데 주저 없이 결단을 보일 수 있는 강인하고 냉정한 성격의 소유자만이 이끌어 갈 수 있다.

동시에 인사 고과에 있어 '복권'에는 성공에 대한 높은 보너스 제도, '태양'에는 시장점유율 증대와 연결된 보너스 제도, '돈주머니'에는 자금 공급의 극대화에 연결된 보너스 제도, 그리고 '고물차'에는 높은 고정급과 기업 처분 시기에 연결된 보너스 제도를 채택하는 방법도 생각할 수 있다.

5) PPM의 응용과 변형

(1) 로얄 터치 셸 기법과 GE 매트릭스

PPM 기법은 경험곡선 개념을 개발한 보스턴 컨설팅그룹에서 창안했다. 이 기법을 효과적으로 활용하기 위해 흔히 채택되는 조직제도가 전략사업단위제도인데, 다양한 제품에 의한 다각화가 이루어져 있는 외국 기업에서는 물론 국내의 S그룹, L그룹, D그룹 등에서도 성격이 다양한 여러 업종에 대한 전략을 각각 효과적으로 개발하기 위해 채택하고 있다.

그림 8.13
제품 포트폴리오 도표의 변화도(로열 더치 셸의 기법)

사업에 대한 전망 \ 기업의 경쟁능력	고	중	저
고	선두주자 (leader)	조금 더 노력 (try harder)	노력 배가 또는 포기 (double or quit)
중	성장 (growth)	보류 (custodial)	단계적 철수 (phased withdrawal)
저	자금 공급 (cash generator)	단계적 철수 (phased withdrawal)	처분 (disinvest)

세계 제2의 석유회사인 로열 더치 셸에서는 제품 포트폴리오 도표를 수정해서 <그림 8.13>과 같이 3 × 3 = 9, 즉 9개로 분리된 도표를 사용한다. 제너럴 일렉트릭에서는 <그림 8.14>와 같이 9개로 나뉜 도표를 사용해서 해외시장을 분석한다.

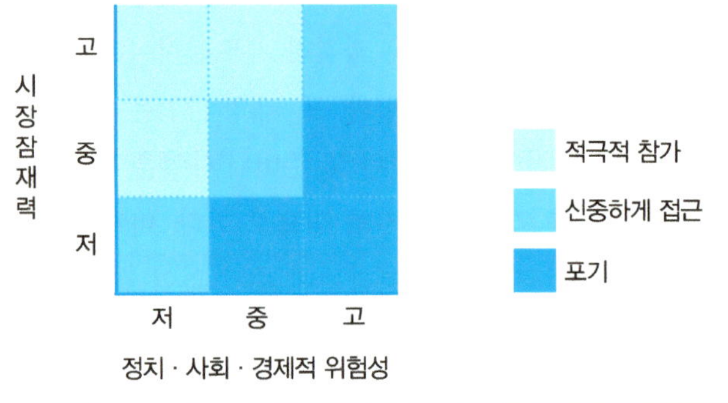

그림 8.14
제너럴 일렉트릭의 해외시장 분석표

다만 <그림 8.14>에서는 Y축과 X축에 모두 기업의 외부여건인 시장의 잠재력과 정치 · 사회 · 경제적 위험성을 변수로 채택하고 있으며, 이러한 관점에서 볼 때 보스턴 컨설팅그룹의 PPM과는 사각형을 쓴 것만이 같을 뿐이므로 둘을 엄격히 구별해야 한다. 여기서 사각형이 갖는 의미는 무수히 많은 독립변수 중에서 가장 중요한 2개의 변수만을 골라 2차원의 평면에서 정렬해 놓은 것에 불과하다. 이러한 사각형을 보스턴 컨설팅그룹은 외부여건인 시장성장률과 내부여건인 시장점유율로 규정한 반면, 제너럴 일렉트릭에서는 2개의 외부여건으로 규정한 것이다. 따라서 경영자는 위와 같은 기준의 양식에 얽매일 것 없이 각기 자신에게 가장 중요한 전략 변수라고 판단되는 2개를 골라 고유한 전략 모델을 개발할 수도 있다.

예컨대 우리나라 기업의 국제화 전략 방안으로 <그림 8.15>와 같은 전략 모델을 구성할 수 있다. 이 그림에서 Y축은 우리나라 기업의 외부여건 중에서도 국제적으로 가장 심각한 애로사항으로 대두되고 있는, 한국 제품에 대한 수입 규제 또는 생산설비 투자에 대한 투자비율 규제와 같은 진출 대상국이 우리나라 기업에 대해 취하는 규제 조치의 강도를 나타낸다. 그리고 X축은 기업의 내부여건인 재무능력, 국제경영 관리능력, 해외 마케팅 등에 대한 능력을 나타낸다.

X축과 Y축을 이등분 할 때 기업의 외부 및 내부여건이 각각 상이한 4분면으로 나누어진다. 그중 1/4분면은 약한 외적 규제와 약한 내적 능력을 나타내며, 이러한 여건에서는 수출이 가장 적절한 국제화 전략이 된다. 2/4분면은 약한 규제하에서 강한 능력을 가지고 있는 경우이다. 이럴 때는 현지 시장에 적극적으로 침투하여 부가가치를 높이기 위해, 100% 직접투자를 통한 마케팅 활동 그리고 궁극적으로 현지 생산활동까지도 시도할 수 있다. 그러나 3/4분면과 같이 진출 대상 국가의 현지 직접투자에 대한 규제가 강화되면, 기업은 한 발 후퇴해서 현지 인과의 합작투자를 모색해야 한다. 문제는 우리나라 기업의 국제 경영 능력이 갖추어지지 못한 상황에서 등장하는 수입 규제로 말미암아 4/4분면의 여건이 닥치는 경우이다. 이 때 기업이 축적한 기술이 있다면 현지 생산자에 대한 기술의 라이선싱(licensing)으로 해외 진출 전략을 바꿀 수도 있다. 그러나 기업이 아무런 기술 축적 없이 그동안 저렴한 생산비에서 나오는 국제 경쟁력만을 바탕으로 수출활동을 해왔다면, 어쩔 수 없이 진출 시장에서 철수해야 하는 딱한 처지에 놓이게 될 것이다. 이렇게 2차원으로 나타나는 두 개 변수에 만족하지 못하는 경영자는 세 개 변수에 의한 3차원의 입체적 전략 모델을 개발해 볼 수도 있겠다.

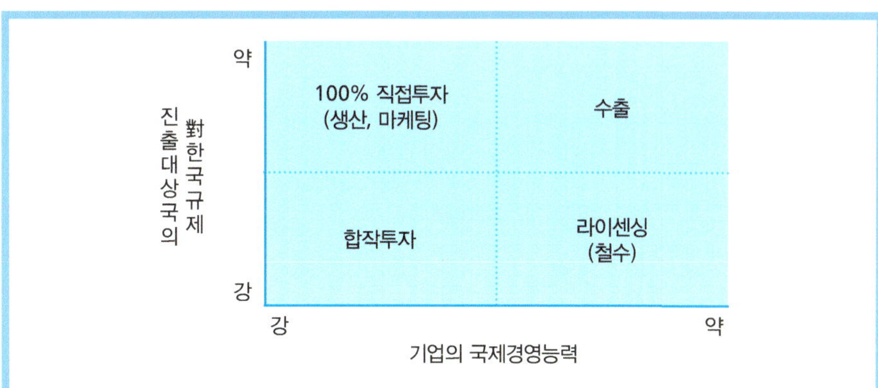

그림 8.15
한국 기업의 국제화 전략 모델

(2) 대안적인 보스턴 컨설팅그룹 매트릭스

'대안적인 보스턴 컨설팅그룹 매트릭스'는 매트릭스의 차원을 경쟁 가능한 방법들의 수와 경쟁우위의 규모로 나누어 분석한 본원적 전략을 제시한다. 이러한 두 차원에 따라 그려진 매트릭스를 보면 <그림 8.16>과 같다.

그림 8.16
대안적인 보스턴 컨설팅그룹 매트릭스의 구조

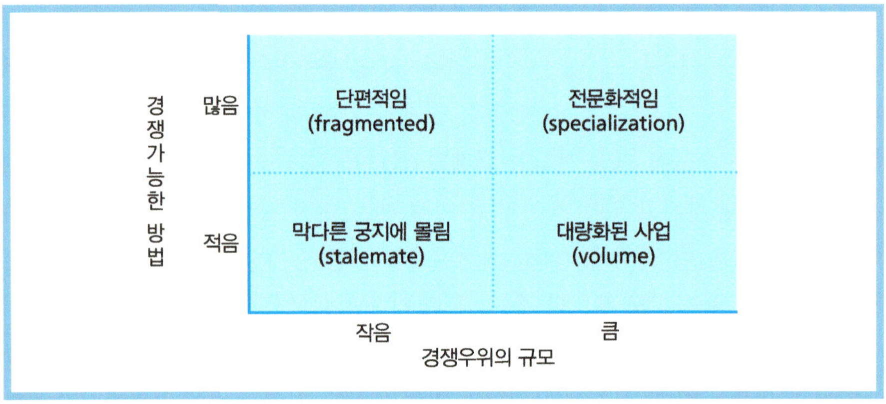

경쟁가능한 방법이란 한 기업이 경쟁우위를 성취하는 방법이 다양한지에 관한 것으로, 대개 산업 내에서 그 기업의 차별화 가능성에 의해 결정된다. 또한 경쟁 우위의 규모는 경쟁우위 정도의 대소에 대한 것이며 대개 특정 산업에 대한 진입 장벽의 크기에 따라 결정된다.

이러한 두 가지 변수를 가지고 작성된 '대안적인 보스턴 컨설팅그룹 매트릭스'가 제시하는 본원적 전략들은 <표 8.1>과 같다.

표 8.1
대안적인 보스턴 컨설팅그룹 매트릭스의 구조에 따른 본원적 전략

사업의 범주	본원적 전략
대량화된 사업	원가우위 선도
전문화적임 단편적임 막다른 궁지에 몰림	차별화된 제품으로 적소 시장을 추구하거나 전 시장을 커버 경쟁 가능한 많은 방법들이 존재 자신의 상대적 강점과 독특한 능력을 찾음 생존, 비용 감소, 생산성을 추구

(3) 수명주기 포트폴리오 매트릭스

수명주기 포트폴리오 매트릭스는 '아더 디 리틀 회사(Arthur D. Little, Inc.)'에서 개발되었으며, 매트릭스의 형태와 수명주기별 특징을 보면 각각 <그림 8.17>, <표 8.2>와 같다. 여기서 매트릭스의 한 축을 형성하는 경쟁적 위치는 다음과 같이

6단계로 구분할 수 있다.

- 지배적 위치(dominant): 지배적인 경쟁자가 거의 없다. 지배적인 기업이 있다 해도 대개 의사 독점(quasi-monopoly)이거나 강력히 보호된 기술우위로부터 나온다.
- 강력한 위치(strong): 모든 산업에 지배적이거나 강력한 경쟁자가 존재하는 것은 아니다. 하지만 이런 강력한 경쟁자는 대개 자신이 선택한 전략을 방해 없이 추구할 수 있다.
- 양호한 위치(favorable): 산업이 세분화되어 있고 명백한 경쟁자가 없는 경우, 선도 기업은 양호한 위치에 있을 수 있다.
- 방어가능한 위치(tenable): 방어 가능한 위치는 작거나 보호되는 시장에서 수익을 올림으로써 유지된다. 지역적 전문화나 제품 전문화 등이 있을 수 있다.
- 약한 위치(weak): 약한 경쟁자는 규모가 너무 작아 장기적으로는 생존할 수 없다. 산업 경쟁조건이 호전되어 대규모의 강력한 경쟁자가 될 수 있으나 결정 적인 약점이나 과거 비용상의 실수로 인해 고통을 받을 수 있다.
- 생존불가능한 위치(nonviable): 여기에 속하는 기업은 현재와 미래에 있어 어떤 강점도 가지고 있지 않다. 특정 산업들에서는 철수가 유일한 전략 대안이다.

위에서 설명한 경쟁적 위치와 성숙도 두 가지 변수에 따라 '수명주기 포트폴리오 매트릭스'가 제시하는 본원적 전략의 발전단계별 특징은 <표 8.2>, 시장점유는 <표 8.3>, 투자는 <표 8.4>, 수익성과 현금흐름은 <표 8.5>와 같다.

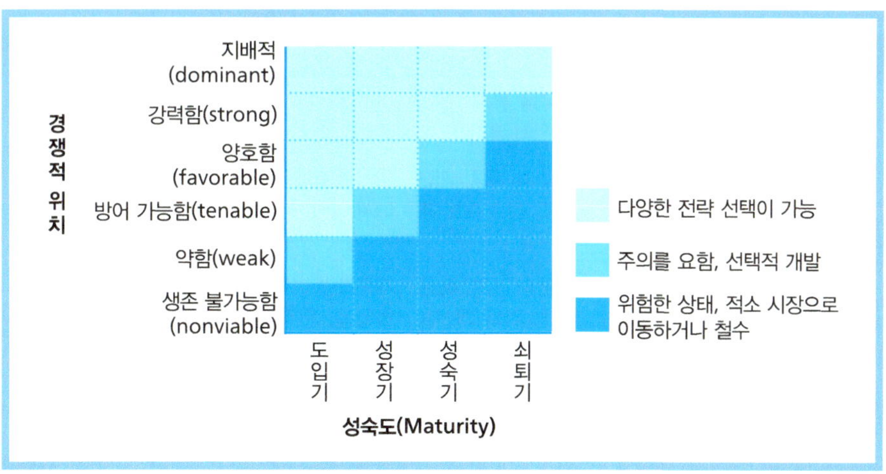

그림 8.17
수명주기 포트폴리오 매트릭스의 구조

표 8.2
수명주기 포트폴리오 매트릭스의 발전단계별 특징

평가 요소	발전단계			
	도입기	성장기	성숙기	쇠퇴기
시장점유율 성장	지속적으로 증가하나 기본 성장률이 적으므로 의미있는 성장률을 계산하지는 못함	GNP보다 빠르나 증가 속도는 일정하거나 감소함	GNP와 같거나 느린 속도	장기적으로 쇠퇴함
산업 잠재력	결정하기 어려움	예기치 못한 개발로 인하여 산업 전체 규모를 넘어섬	잘 알려진 주요 시장은 포화 상태에 접근해 감	포화기에 이름, 잠재 시장의 개발 여지가 없음
제품 라인의 폭	기본 제품라인	제품라인의 빠른 확대	제품라인의 폭은 변화없음	제품라인이 감소함
경쟁자의 수	급속히 증가함	경쟁자의 수가 절정에 이름	안정적임	경쟁자의 수가 줄어듦
시장점유의 안정성	자주 바뀜	소수 기업이 주요 점유율을 가지나 순위 변동 가능, 소수 점유 기업이 주요 점유 기업이 되기는 어려움	주요 점유를 가진 기업들이 시장을 주도	한계 기업들이 철수함에 따라 시장 집중이 나타나거나 소수 기업들로 시장점유가 분산됨
구매패턴	근소하거나 없음	약간 존재, 구매자는 공격적임	공급자들이 잘 알려져 있어 구매패턴이 정착됨	대안의 수가 감소하므로 구매패턴이 강함
진입의 용이	쉬우나 기회가 명백히 보이지는 않음	쉬움, 경쟁자의 출현은 급속한 성장에 의해 영향이 없음	어려움, 경쟁자들이 포진하고 있고 성장이 늦어짐	어려움, 인센티브가 없음
기술	개념 개발, 제품 엔지니어링	제품라인의 정교화와 확장	과정과 자재의 정교화: 성장을 위한 신제품 라인 개발	역할이 미비함

표 8.3
수명주기 포트폴리오 매트릭스의 시장점유

	도입기	성장기	성숙기	쇠퇴기
지배적임	점유 확보를 위해 전력 투구	점유율 유지, 산업 내 위치 유지	산업 내 위치 유지, 산업 내에서 성장	산업 내 위치를 유지
강력함	산업 내 위치 개선을 시도, 점유 확보를 위해 전력 투구	산업 내 위치 개선 시도, 점유 확보 추구	위치 유지, 산업 내에서 성장	위치유지 또는 수확
양호함	점유 확보를 위해 전력투구하거나 선택적으로 추구, 위치 개선을 선택적으로 추구	제품라인의 빠른 확대, 위치 개선을 시도, 점유 확보를 선택적으로 추구	제품라인의 폭은 변화없음, 현상태 유지, 적소 시장 발견 및 보호	제품 라인이 감소함, 수확 또는 점진적 철수

(계속)

표 8.3
(계속)

	도입기	성장기	성숙기	쇠퇴기
방어 가능함	위치를 선택적으로 추구	적소 시장 발견 및 보호	적소 시장에 매달리거나 점진적 철수	점진적 철수 또는 포기
약함	점유율을 돌리거나 철수	관망을 하거나 포기	관망을 하거나 점진적 철수	포기

표 8.4
수명주기 포트폴리오 매트릭스의 투자

	도입기	성장기	성숙기	쇠퇴기
지배적임	시장 성장보다 약간 빠르게 투자	새로운 경쟁자 방지 및 성장 유지를 위한 투자	필요한 만큼 재투자	필요한 만큼 재투자
강력함	시장 성장 속도만큼 투자	위치를 개선시키기 위해 투자	필요한 만큼 재투자	최소한의 재투자 또는 유지
양호함	선택적으로 투자	위치 개선을 위한 선택적 투자	최소한 또는 선택적 재투자	투자 회수
방어 가능함	매우 선택적으로 투자	선택적 투자	최소한의 재투자 또는 투자 회수	투자 회수 또는 철수
약함	투자 또는 철수	투자 또는 철수	선택적 투자 또는 철수	철수

표 8.5
수명주기 포트폴리오 매트릭스의 현금흐름

	도입기	성장기	성숙기	쇠퇴기
지배적임	수익성은 있으나 반드시 그렇지는 않음. 순현금 차입자 입장	수익성이 있음. 현금 창출자이나 반드시 그렇지는 않음.	수익성 있음. 순현금 창출자 입장	수익성 있음. 순현금 창출자 입장
강력함	수익성 없음. 순현금 차입자 입장	수익성 있음. 순현금 차입자 입장	수익성 있음. 순현금 차입자 입장	수익성 있음. 순현금 차입자 입장
양호함	수익성 없음. 순현금 차입자 입장	수익성 조금 있음. 순현금 차입자 입장	수익성 보통임. 순현금 차입자 입장	수익성 보통임. 현금흐름 균형 상태
방어 가능함	수익성 없음. 순현금 차입자 입장	수익성 없음. 순현금 차입자 또는 현금흐름 균형 상태	최소한의 수익성 유지. 현금흐름 균형	최소한의 수익성 유지. 현금흐름 균형
약함	수익성 없음. 순현금 차입자 입장	수익성 없음. 순현금 차입자 또는 현금흐름 균형 상태	수익성 없음. 순현금 차입자 또는 순현금 창출자 입장	수익성 없음.

(4) 전략계획에 있어 포트폴리오 접근법의 공헌과 이에 대한 비판

포트폴리오 접근법은 전략계획의 발전에 다음과 같은 중요한 공헌을 했다. 첫째, 포트폴리오 접근법은 기업의 활동들을 잘 정의된 사업의 집합으로 분해하는 데 간단하고 효과적인 방법이다. 또한 매트릭스의 두 차원으로 사업들을 분류하는 과정에서 사업들의 장점을 재검토할 기회들이 나타나기도 한다. 최고경영자는 산업 매력도와 경쟁 위치를 바탕으로 특징을 명확히 인식함으로써 사업의 잠재력과 개발 필요성에 따라 적절한 전략을 개발할 수 있다.

둘째, 포트폴리오 접근법은 전략적 분석의 본질을 이해하는데 실용적인 방법이다. 사업들을 포트폴리오로 간단히 도식화했기 때문에 기업이 직면한 전략적 대안의 중요한 특성을 쉽게 이해할 수 있다.

셋째, 최고경영자는 기업 전체 수준에 포트폴리오 접근법을 적용함으로써 사업전략평가와 자원 할당에 대한 통찰력을 얻을 수 있으며 구체적으로 다음과 같은 이점이 있다.

- 포트폴리오 매트릭스 내의 사업 위치에 따라 투자 우선순위를 설정할 수 있다.
- 개별사업이 필요로 하는 자원과 전체 사업 포트폴리오 위치에서 나오는 필요 사이의 일관성을 검토하는 메커니즘을 제공한다.
- 기업의 사업부 사이에 현금 요구와 현금 공급에 대한 적절한 균형을 촉진시킨다.

각 사업의 성과를 통제, 감독하는 수단을 제공한다.

넷째, 포트폴리오 접근법은 사업부 수준의 전략개발과정에도 적용될 수 있다. 이때의 초점은 사업부가 아니라 사업부를 구성하는 제품시장 단위이다.

다섯째, 기업의 전체 사업들을 고려함으로써 잠재적인 취득(acquisition)과 철수(divesture)를 고려하는 유용한 메커니즘을 제공한다.

여섯째, 포트폴리오 접근법은 경영자가 전략적 관심을 가지는 데에도 큰 역할을 한다. 왜냐하면 포트폴리오 접근법은 경쟁자에 대한 정보를 수집하고 이들의 경쟁우위에 대해 검토하는 것을 가능케 할 뿐만 아니라, 경쟁자의 잠재적인 반응과 동기도 예측하게 만들기 때문이다.

위와 같은 포트폴리오 접근법의 공헌에도 불구하고 비판도 따른다. 그중 가장 자주 등장하는 비판은 포트폴리오 접근법은 전략적 사고를 단순하고 기계적인 작업으로 간주하며, 또한 제공하는 결과도 상당히 의심스럽다는 것이다. 또 포트폴리오 접근법은 경영자의 업무인 전략적 분석과 전략적 사고를 기획부서의 업무로 만들어 버렸다는 비판도 받고 있다.

이러한 비판들은 나름대로 타당성을 가지지만 이들이 간과하고 있는 것은 매트릭스가 단지 수단일 뿐이지 잘 설계된 전략계획과정의 최종 결과는 아니라는 것이다. 어떤 도구를 사용하든 도구의 최종 가치는 사용자의 재능에 달려 있다. 포트폴리오 매트릭스는 포트폴리오 관리라는 복잡하고 딱딱한 문제에 대해서 의사 소통의 기회들을 제공한다. 매트릭스의 각 분면은 복잡한 문제를 과도하게 단순화시킨 면도 있지만, 포트폴리오 매트릭스는 전 사업들을 모두 포함하기 때문에 한 사업에만 신경을 집중시킴으로써 시야가 협소해지는 것을 막아주며, 전체적인 자원 할당에 큰 도움을 주는 것이다.

4. 포터 모델

마이클 포터는 이 PPM 모델을 조금 더 정교하게 만든 후 컨설팅에 많이 사용했다. <그림 8.18>에서 보다시피 포터는 종축의 산업성장을 산업매력도(Industry Attractiveness)로 바꾸고 횡축의 시장점유율을 경쟁우위(Competitive Advantage)로 바꾼 새로운 모델을 개발하면서 전략설정의 기본(Basics of Strategy Formulation)으로서 다음과 같은 2가지의 기본적인 질문을 하였다.

- 어느 산업에서 경쟁할 것인가? (In which industry to compete?)
- 우리 기업의 경쟁우위는 무엇인가? (What is the competitive advantage of our firm?)

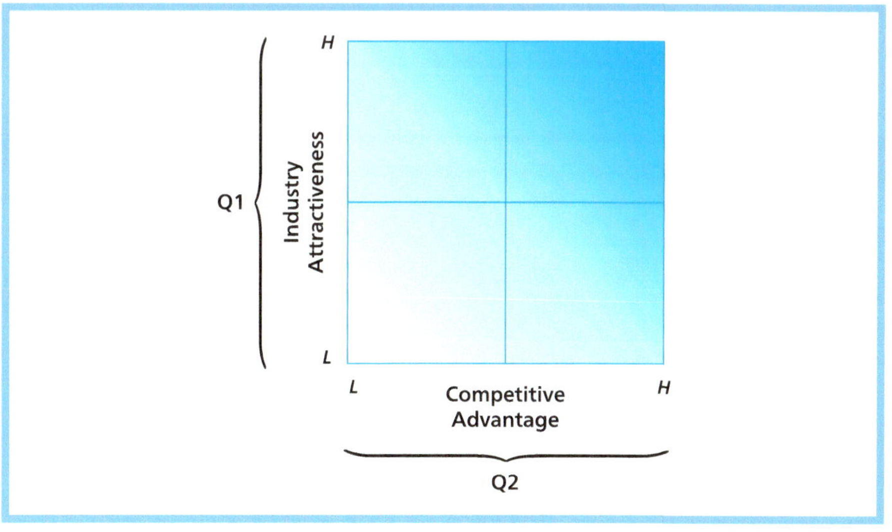

그림 8.18
PPM 모델의 이론화 시도

포터는 첫 번째 질문에 대한 답으로 5가지 힘 모델(5 Forces Model), 두 번째 질문에 대한 답으로 본원적 전략(Generic Strategy)을 개발했다. 포터의 경쟁전략이라고 하면 보통 저원가 전략이냐 차별화 전략이냐를 구별하는 본원적 전략만을 얘기하지만 포터의 경쟁전략(Competitive Strategy, Porter, 1980)에서는 기업의 경쟁력을 높이기 위해서 5가지 요인 모델과 본원적 전략 모델을 함께 고려해야 한다고 주장했다. <그림 8.19>는 이를 도식으로 보여주고 있다. 그러나 이것으로 끝나지 않고 포터의 5가지 요인 모델은 '다이아몬드 모델'로 발전되고 본원적 전략도 <그림 8.20>에서 보다시피 3개(Porter 1980)에서 4개(Porter 1985), 그리고 1996년 하버드 비즈니스 리뷰 논문에서 포터는 다시 3개의 전략(Variety-based, Needs-based, Access-based Strategy)을 추가한다(Porter 1996).[5]

그림 8.19
포터의 경쟁전략

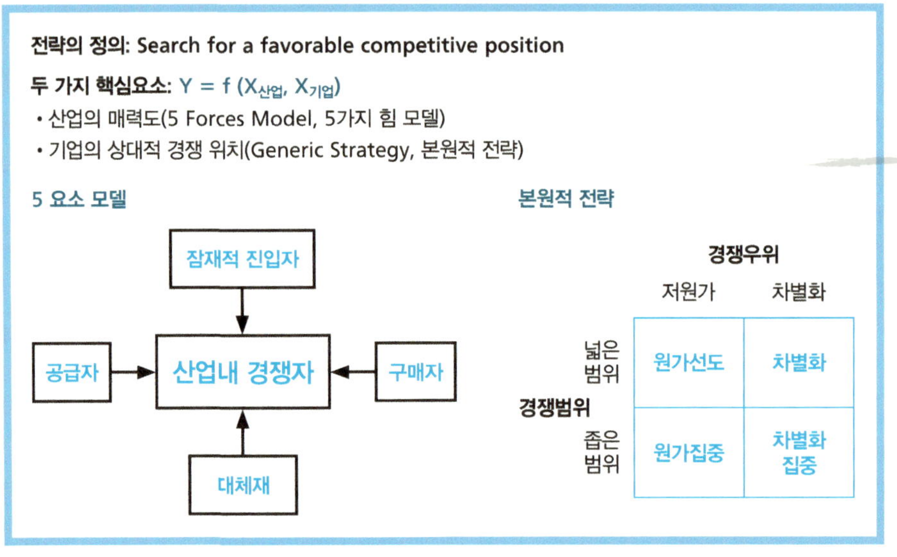

그림 8.20
포터 본원적 전략의 발전

1980	1985	1996
Cost	Cost	Cost
Differentiation	Differentiation	Differentiation
Focus	Cost Focus	Variety-based
	Differentiation Focus	Needs-based
		Access-based

물론 여기서도 의미있는 새로운 변수를 아무리 많이 추가하더라도 각 변수들의 비중과 순서를 제대로 정하지 못하면 원하는 성과를 얻지 못하기 때문에 전략수립의 마지막 단계에서는 반드시 'WS 모델'을 사용해서 자원 또는 전략변수의 비중과 순서를 정해야 한다. 이는 모든 종류의 전략수립에 해당되는 것으로 전략의 최고봉이라고 할 수 있는 손자병법에서도 핵심은 자원과 전략의 비중과 순서를 정하는 것이다. 다음 절에서는 손자병법과 마이클 포터의 경영전략을 비교분석해서 대가들의 전략을 융합하고 발전시킬 수 있는 방법을 살펴보겠다.

2절 손자병법과 마이클 포터의 경영전략 비교: WS 모델 접근법으로 융합과 발전[6]

1. 경영자가 <손자병법>을 접근하는 방법

<손자병법>과 경영전략을 심도 있게 분석해 보면 군사전략 중에서 경영전략에 적용 가능한 부분이 있고 전쟁과 경영의 본질적인 차이점으로 인해 경영에 적용할 수 없는 부분이 있기 때문에 <손자병법>을 무차별적으로 경영전략에 적용하는 것은 금물이다. 따라서 이 글에서는 <손자병법>만 공부해서 경영에 적용하는 것이 아니라 <손자병법>과 경영전략의 대가인 마이클 포터의 전략이론을 13편으로 나누어 일대일 대응해서 정교하게 분석함으로써 <손자병법>으로부터 경영에 적용할 수 있는 정확하고 유용한 시사점을 보여주려고 한다.

또한 이 책에서는 전략수립의 마지막 단계에서 전략적 자원을 배치할 때 각 자원의 비중과 순서가 중요하다는 WS 모델을 강조하고 있는데 <손자병법>에서도 이 WS 모델이 직접 또는 간접으로 표현되어 있다. 독자들은 이러한 면을 염두에 두면서 이 글을 읽으면 전략적 사고를 함양하는데 도움이 될 것이다. 우선 <손자병법>에 대한 일반적인 사항들을 간단히 소개하고, <손자병법>과 포터의 경영전략을 13편으로 나누어 요약해서 비교한 후 마지막으로 <손자병법>에 WS 모델이 구체적으로 어떻게 나타나 있고 경영전략에 어떻게 활용할 수 있는가를 설명하고자 한다.

2. <손자병법>의 난해성

<손자병법>에 나오는 유명한 문구를 잘 아는 사람은 많겠지만 원전을 모두 읽어보거나 이를 제대로 이해한 사람은 그다지 많지 않을 것이다. 원문은 총 13편에 6,000여 자로서 일반적인 글씨 크기로 쓰면 A4 용지로 약 다섯 페이지에 불과하다. 표현은 쉽지만 함축적이고 간결해 문구 속에 숨겨진 깊은 뜻을 이해하는 것은 결코 쉽지 않다. 또한 <손자병법>의 원본은 2,500여 년 전에 죽간(竹簡)에 쓰여져 세월이 흐르면서 대나무 조각을 이은 끈이 끊어지기도 하고 일부 원문의 배열이 흩뜨려져 심오한 내용을 이해하는 데 많은 어려움이 있다.

<손자병법>을 외국어로 번역할 경우 원문(중국어)의 뜻과 개념을 정확히 이해하고 이에 상응하는 외국어 단어를 찾기가 쉽지 않다. 특히 대립 또는 모순되는 개념을 많이 다루는 음양사상이 <손자병법>을 이루는 철학의 바탕인데 이 음양사상

을 정확하게 이해하지 못하면 <손자병법>의 진의를 파악하지 못할 수 있다. 이와 같은 어려움에도 불구하고 <손자병법>을 연구하고 전파하는 후세들의 노력은 지속돼 왔다. 기원전 6세기경 춘추전국시기 제(齊)나라 사람 손무(孫武)가 <손자병법>을 펴낸 후 1,200년이 조금 더 지나 8세기 무렵에 <손자병법>이 일본으로 전파됐다. 그 후 다시 1,000년이 지나 18세기 프랑스 신부 아미오(Jean Joseph Marie Amiot)가 불어로 번역해 처음으로 유럽에 전파됐고 이후 지금까지 영어, 스페인어, 러시아어 등 30여 개국의 언어로 번역돼 왔다.

<손자병법>은 병법에 대한 책이지만 정치, 경제, 사회, 문화 등 다양한 분야에서 지침서로 활용되고 있다. 특히 경영전략에 많이 활용되고 있는데 <손자병법>의 내용 중에는 경영에 큰 도움을 주는 내용들도 많지만 경영에 적용하기 어려운 독소조항도 상당히 많다. 기존 관련 서적들이 이러한 점을 무시하고 <손자병법>을 무차별적으로 경영지침서로 활용하려는 시도를 하고 있는데 매우 위험하다. 경영 분야에 제대로 적용하기 위해서는 우선 전쟁과 경영의 본질적인 차이를 확실하게 이해하고 <손자병법>을 연구하는 것이 중요하다.

3. 전쟁과 경영, 그리고 <손자병법>의 특징

사람들은 기업전략을 적과 싸워 이기는 경쟁전략으로만 보기 때문에 군사전략을 경영전략에 널리 활용하지만 전쟁과 경영 간에는 본질적으로 매우 큰 차이가 있다. 이를 '가치창출의 정도'와 '윤리수준'이라는 두 가지 측면에서 살펴보도록 하겠다(<그림 8.21> 참고).

전쟁은 인간뿐 아니라 재산과 자연자원을 파괴한다. 승자는 패자의 자원을 차지

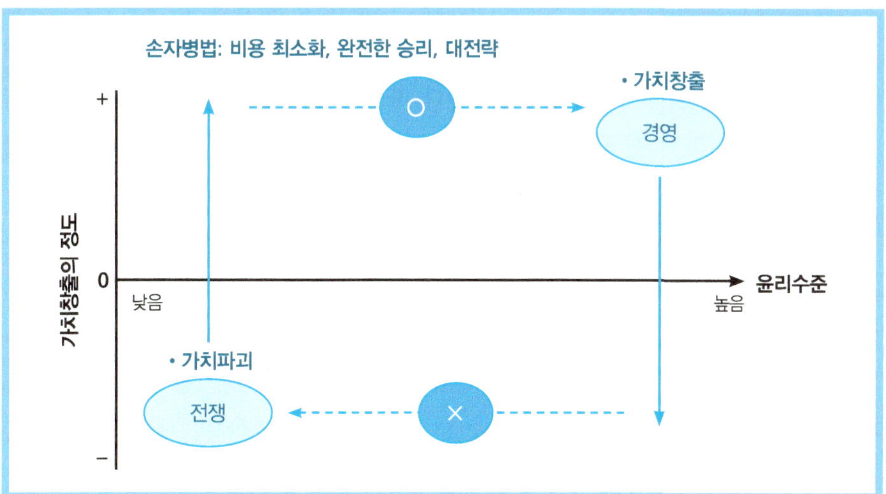

그림 8.21
전쟁, 경영, 그리고 <손자병법>의 특징

하므로 전쟁은 자원 재분배의 역할을 하게 된다. 또한 승자 역시 전쟁으로 인한 일정한 대가(비용)를 치러야 하기 때문에 전후(戰後) 결과는 항상 마이너스가 된다. 따라서 전쟁은 본질적으로 가치파괴(value destruction)란 특성을 가진다. 반면 경영 활동의 본질은 가치창출(value creation)이다. 기업은 소비자가 원하는 제품과 서비스를 제공하고, 고용을 창출하며, 관련 기업과 협력하고, 주주에게 이윤을 줌으로써 가치를 창출한다. 특히 다른 기업과 경쟁을 하면서 더욱 좋은 제품과 서비스를 제공하며 사회 전반을 발전시킨다.

윤리적 측면에서 살펴보면 전쟁에서는 속임수가 필수요건이다. 손자는 '용병의 본질은 적을 속이는 것(兵者 詭道也)'이라고 했다. 즉, 군사전략을 수립할 때 속임수를 써서 적이 아군의 능력, 의도 및 상태에 대해 오판하도록 유도한다. 따라서 전쟁에서 윤리수준은 매우 낮거나 거의 없다. 반면 경영에서 윤리는 기본이다. 사회에 해를 주면서 이익만 추구하는 기업은 사회의 배척을 받아 시장에서 도태된다. 따라서 경영에서 윤리는 필수적이며 그 수준은 매우 높다.

비록 전쟁의 윤리적 기준을 경영전략에 적용시킬 수 없고 전쟁의 목적 또한 가치창출과 거리가 멀지만 <손자병법>은 몇 가지 점에서 기존의 일반 병법서와는 달리 경영의 목적에 상당 부분 일맥상통한다. 이에 대해서 살펴보면 다음과 같이 세 가지로 정리할 수 있다.

첫째, 손자는 전쟁에서 무조건 적을 이기는 것보다는 전쟁으로 인한 피해와 비용의 최소화를 강조했다. 이는 전쟁이 엄청난 물자와 병력을 소모하므로 전쟁에서 승리하더라도 개인은 물론 국가에 큰 피해가 발생하며 남는 것이 별로 없기 때문이다. 전쟁은 돈과의 싸움이다. 손자는 군사 10만 명을 동원하는데 하루에 천금(千金)이 필요하고 전쟁을 오래 끌수록 투입된 자원도 계속 늘어나기 때문에 결국 국력이 쇠약해진다고 주장했다. 그래서 손자는 전쟁을 통해 얻을 수 있는 이득이 없으면 군대를 동원하지 말아야 하고 더욱 중요한 것은 전쟁에서 이기더라도 오래 끌면 안 된다(故兵貴勝 不貴久)고 역설했다. 또한 그는 만약 승리의 확신이 없으면 차라리 비겁하더라도 전쟁을 피하는 것이 좋다고 했다. 즉, 무조건 전쟁에서 이기는 것이 아니라 효율적으로 확실하게 이기는 전쟁을 강조했다.

둘째, 손자는 전쟁에서 전승(全勝: 싸우지 않고 적을 굴복시키는 것)이란 방법을 강조했다. "백 번 싸워 백 번 이기는 것이 최선이 아니라 싸우지 않고 적을 굴복시키는 것이 최선이다(百戰百勝 非善之善者也 不戰而屈人之兵 善之善者也)"라는 손자의 말은 이에 대한 대표적인 예이다. 모든 승리를 군사적 대결을 통해 얻으면 자원 소모도 그만큼 많아지고 이러한 승리는 오히려 새로운 재앙의 시작인 '화(禍)'가 될 수 있다. 따라서 손자는 전쟁은 피치 못할 상황에서 쓰는 최후의 대안이어야 하고 그 자체가 목적이 돼서는 안 된다고 주장했다.

셋째, <손자병법>은 단순히 무력으로 적을 이기는 군사전략의 수준을 넘어서는 대전략(大戰略)이다. <손자병법>에는 전쟁에 필요한 전략과 전술을 제시할 뿐만 아니라 전쟁 전의 준비와 이에 필요한 경제적 요소에 대한 준비, 그리고 전쟁 후 사회와 경제 전반에 미칠 영향까지 고려해야 한다는 내용이 포함돼 있다. 또한 손자는 군사적 힘과 수단뿐만 아니라 정치, 경제, 외교 등 모든 분야의 역량을 통합해 전쟁에서 승리하는 방법을 추구하기에 일반 병법서보다 다루는 내용의 폭이 훨씬 더 넓다고 할 수 있다. 예를 들면, 근대 군사이론의 아버지로 불리는 클라우제비츠(Carl von Clausewitz)가 쓴 <전쟁론(Vom Kriege)>에서는 무력을 통해 승리를 얻는 전략을 위주로 논의했으며 전쟁 전과 후에 대한 고려 및 기타 비무력 수단에 대한 논의는 제대로 다뤄지지 않았다.

이와 같은 <손자병법>의 전쟁비용 최소화, 완전한 승리, 대전략 등의 핵심원칙은 군사 분야뿐만 아니라 경영전략에도 적용 가능하다. 그러나 <손자병법>을 경영 분야에 적용하는 기존 연구는 대부분 <손자병법>의 일부 문구를 인용해 기업의 성공사례를 해석하는 수준에 머물고 있기 때문에 경영전략을 위한 체계적인 시사점을 도출하는 데 한계가 있다. 따라서 단순한 사례를 통한 군사전략과 경영전략의 연관성을 모색하는 것보다는 <손자병법>과 경영전략의 이론적 체계를 깊이 있게 이해한 후 이들 간의 연관성(그리고 비연관성)을 잘 연구해 경영전략에 대한 시사점을 도출해야 할 것이다.

4. <손자병법>과 포터 경영전략의 연관성

경영전략 분야 최초로 학문적 기반을 정립하기 시작한 사람은 경영학의 대가인 하버드대의 마이클 포터 교수다. 그는 이론과 현실을 넘나들며 시대의 변화를 꿰뚫는 많은 경영전략모델을 제시했다. <손자병법>과 포터의 경영이론을 비교해 보면 아래와 같이 크게 두 가지 측면에서 유사한 점이 있다.

첫째, 전략요소의 구성이다. 손자는 전쟁에서 승리를 얻기 위해 적군과 아군의 비교뿐만 아니라 주변상황도 포함해 철저히 파악할 것을 강조했다. <손자병법>에서는 적에 대응하기 위해 天과 地 같은 외부요소도 전략수립에 포함했다. 이러한 외부요소는 완전히 통제 불가능한 것이 아니라 장군(지도자)의 능력을 충분히 발휘해 적절히 아군에게 유리한 조건으로 활용 가능하다는 것을 강조했다. 마찬가지로, 포터는 산업환경이 기업의 활동에 주는 영향만을 강조하는 기존의 산업조직론(Industrial Organization Theory)에서 한 단계 발전해 기업의 성공에 영향을 주는 요인에 기업이 속한 산업의 환경뿐만 아니라 기업이 산업 내에서 선택한 포지션도 중요한 요인으로 다뤘다. 즉 손자와 포터는 통제 불가능한 외생변수와 통제 가능한 내생변수를 모두 전략의 구성요소로 포함시켜 전쟁 또는 경영에서 효과적인 성과를 얻을 수 있다는 공통점을 보여주고 있다.

둘째, 전략의 핵심원칙이다. 손자는 싸우지 않고 적을 굴복시키는 것, 즉 '전승(全勝)'이 최상의 병법이라고 했다. 이는 적과 무력으로 직접 싸우는 것보다는 전략으로 적을 미리 무력화시키는 것이 아군의 군사력과 자원의 소모를 최소화함으로써 국가 이익을 극대화할 수 있기 때문이다. 한편, 포터는 기업이 포지셔닝의 선점을 통해 같은 분야에서 다른 경쟁자와의 경쟁을 최소화하면서 시장에서의 경쟁우위를 획득할 수 있기 때문에 기업의 전략을 '독특한 포지셔닝(Unique Positioning)의 확보'로 정의했다. 따라서 손자와 포터는 모두 경쟁자와의 직접적인 경쟁을 피하면서 경쟁에서 유리한 위치를 차지하는 것을 통해 경쟁우위를 확보하는 것을 전략의 핵심원칙으로 보았다.

손자는 고대 동양의 군사전략가이고 포터는 현대 서양의 경영전략가로서 시간적, 공간적으로 큰 차이를 보이지만 그들의 전략이론에서는 중요한 공통점을 가지고 있다. 이러한 공통점을 기반으로 <손자병법> 각 편의 핵심원칙과 포터의 중요한 경영이론들과의 연결성을 좀 더 구체적으로 살펴보도록 하겠다.

5. <손자병법> 13편과 이에 대응하는 포터의 경영전략이론

<손자병법>은 총 13편으로 구성되어 있는데 1편부터 6편까지는 전쟁에서 유리한 위치 선점을 위한 효율적 자원배치와 관련된 전반적인 계획에 해당하는 전략(strategy) 부분이고 7편에서 13편까지는 구체적인 군사행동을 실행하기 위한 세부적인 책략에 해당하는 전술(tactics) 부분이다.

특히 손자가 '용간(用間)'을 마지막 편에 뒀는데 이는 최초의 전략계획에서부터 최후의 승리에 이르기까지 시종일관 적을 알아야 한다는 것을 강조함으로써 제1편 '계'와 마지막 편의 '용간'이 일관성을 이루고 있다. 특이한 점은 각 편에서 비록 전쟁에서 승리를 이루기 위한 서로 다른 주제를 다루고 있지만 각 편의 순서는 임의로 배정된 것이 아니라 깊은 논리가 내재돼 있다.

<손자병법> 각 편의 핵심내용을 간략히 정리하고 포터의 경영전략과의 연관성을 소개하겠다(<표 8.6> 참고).

1) 1편(計 · 계)

<손자병법> 전체 13편을 총괄하는 편으로서 <손자병법>의 핵심사상이 압축돼 있다. 손자는 전쟁은 국가의 중대사이고 국민의 생사와 국가의 존망이 달려 있기

표 8.6
<손자병법> 13편과 포터 경영이론의 연결[7]

편	<손자병법> 핵심 내용	포터 경영이론
1편(計)	전쟁 전 먼저 고려해야 할 사항: 도(道), 천(天), 지(地), 장(將), 법(法)	다이아몬드 모델
2편(作戰)	속승(速勝)과 적지에서 보급 조달	가치사슬
3편(謀攻)	완전한 승리와 '적을 알고 나를 안다'	5가지 힘 모델
4편(形)	싸움에 패하지 않을 군의 형태를 먼저 배치하고, 적군의 약점을 공격	네 가지 본원적 전략
5편(勢)	정(正)과 기(奇)를 통한 세(勢)를 조성	운영 효과성(OE)과 전략적 포지셔닝(SP)
6편(虛實)	피실격허(避實擊虛), 병력의 집중, 무형(無形)	전략적 포지셔닝(Strategic Positioning), 트레이드오프(Trade-off), 적합성(Fitness)
7편(軍爭)	우직지계(迂直之計)	공유가치창출(Creating Shared Value)
8편(九變)	상황에 따른 임기응변 원칙	경영전략의 본질: 상황에 따른 선택과 판단
9편(行軍)	적의 정황을 파악하는 다양한 방법	경쟁타깃을 추가한 본원적 전략
10편(地形)	6패병(六敗兵)	새 CEO들의 일곱 가지 주의할 점
11편(九地)	병사의 심리를 고려한 9가지 전략적 형세에 따른 용병법	배치 · 조정 모델(Configuration-Coordination Model)
12편(火攻)	화공(火攻)의 효과성	창조된 우위의 효력
13편(用間)	간첩을 통한 적의 상황파악	정보통신기술의 유용성

에 전쟁을 시작하기 전에 이를 치밀하게 고찰하지 않을 수 없다고 했다(兵者 國之大事 死生之地 存亡之道 不可不察也). 구체적으로 도(道), 천(天), 지(地), 장(將), 법(法)의 5가지 측면에서 적군과 아군의 상황을 파악하고 비교해 승패의 가능성을 미리 예측할 수 있다고 주장했는데 5개 요소 중 천(天)과 지(地)는 통제 불가능한 외부 요소이고 나머지 3개 요소인 도(道), 장(將), 법(法)은 통제 가능한 내부 요소다. 따라서 손자의 5가지 요소는 전쟁을 시작하기 전 적군과 아군의 경쟁력을 비교하는 기본 모델이다.

이와 관련된 포터의 경영전략 모델은 '다이아몬드 모델(Diamond Model)'이다. 이 모델은 국가경쟁력을 평가하기 위해 개발한 모델이지만 산업, 기업, 개인 등 다양한 차원과 분야에서의 경쟁력 분석 도구로 활용되고 있다. '다이아몬드 모델'은 '생산조건', '수요조건', '관련 및 지원 산업', '기업 전략, 구조 및 경쟁'의 4개 내생변수와 '정부'와 '기회'라는 2개 외생변수로 구성돼 있다. '다이아몬드 모델'의 구성요소는 하나의 시스템을 구성해 각 요소의 우위창출에 영향을 준다. 따라서 손자의 5가지 요소와 '다이아몬드 모델'은 모두 통제 가능한 내적 요소와 통제 불가능한 외적 요소를 활용해 종합적인 경쟁력을 높인다는 측면에서 공통점이 있다.

2) 2편(作戰 · 작전)

전쟁을 준비하는데 필요한 전쟁비용과 군사물자를 조달하는 방법을 논했다. 전쟁을 일으키려면 필요한 비용을 철저히 준비해야 하기 때문에 책의 앞 부분에 둔 것이다. 전쟁에서 드는 막대한 경제적 부담을 덜기 위해 손자는 작전 면에서 속승(速勝)과 현지조달을 최대한 활용하는 보급을 강조했다. 전쟁기간이 오래 지속되면 병사들의 사기가 떨어지게 되고, 국가의 자원이 소진되며, 사회질서가 혼란해져 주변 제후국들이 이를 이용해 전쟁을 일으킬 수 있기 때문이다. 한편 적국에서의 현지조달은 주로 군대의 식량을 의미한다. 이는 운수장비와 인프라가 낙후돼 장거리 보급이 어려운 부분을 해결할 수 있다. 또한 포로로 잡힌 적에게 잘 대해줘 가능하면 '우리' 편으로 만들게 한다. 따라서 손자는 "적을 이길수록 아군이 더욱 강해진다(勝敵而益強)"라고 했다.

손자의 경제적 비용을 줄이는 전략은 포터의 경제적 이윤을 창출하는 가치사슬(Value Chain)과 연결시킬 수 있다. 기업은 일련의 활동을 통해 경영활동의 가치를 창출하는데 이러한 과정을 가치사슬이라고 한다. 포터는 가치창출 활동을 주요 활동(Primary Activities)과 지원 활동(Support Activities)으로 구분했다. 주요 활동은 다시 다섯 가지 활동으로 나뉘고 지원 활동은 다시 네 가지로 나뉜다. 기업의 가치사슬은 단순히 분리된 활동의 집합이 아니라 하나의 시스템으로서 가치사슬 각 활동 간의 매끄러운 연계와 조정을 통해 전반적인 비용을 줄이거나 가치를 높여 이윤을 극대화할 수 있다. 가치사슬의 각 활동 간의 효율적인 연계를 통한 비용절감은 손자의 속승을 통한 전쟁비용을 줄이는 과정과 연결시킬 수 있다. 또한 가치사슬의 모든 활동을 내부에서 자체 수행할 필요가 없고 외부 업체에 맡기거나 다른 기업과 팀을 구성해 함께 수행할 수도 있다. 외부 업체와의 협력을 통한 가치창출 활동은 손자의 현지조달의 개념과 연결시킬 수 있는데 이들은 모두 외부의 자원을 이용해 자체의 경쟁력을 높인다는 점에서 유사하다.

3) 3편(謀攻 · 모공)

3편부터는 본격적인 작전단계에 해당한다. 이 편의 제목인 '모공'은 교묘한 전략으로 공격한다는 뜻인데 이를 세 번째 편에 배치한 것은 전쟁 전의 충분한 계산과 전쟁에 필요한 경제적 지원이 구비됐을 때 교묘한 전략을 사용해 적을 공격하는 것이 가능하기 때문이다. 이 편에서 손자는 무력으로 적을 굴복시키는 것보다는 싸우지 않고 적을 이기는 것이 최상의 병법이라고 주장했다. 후자는 전자에 비해 경제적 손실을 덜 보기 때문이다. 그러나 전자나 후자나 승리를 쟁취하려면 이에 따른 전략을 수립해야 한다. 이를 위해 손자는 '지피지기(知彼知己: 적을 알고 나를 안다)'라는 전쟁의 전제조건이자 용병의 기본을 제시했다. 손자는 "전쟁에서 적을 알고 나를 알면 백 번 싸워도 위태롭지 않지만 적을 모르고 나만 알면 승부가 반반이며 적도 나도 모르면 싸울 때마다 위태롭다(知己知彼 百戰不殆 不知彼而知己 一勝一負 不知彼不知己 每戰必殆)"라고 주장했다.

손자의 싸우지 않고 적을 이기는 전승론(全勝論)은 포터의 산업매력도를 분석하는 5가지 힘 모델(Five Forces Model)과 연결시킬 수 있다. 산업의 매력도, 즉 산업의 이익과 성과는 5가지 요소에 의해 결정되는데 기존 경쟁자들 사이의 경쟁, 신규 진입자의 위협, 대체 제품 및 서비스의 위협, 공급자의 교섭력, 그리고 구매자의 교섭력으로 구성된다. 매력도가 높은 산업에 투자할수록 상대적으로 많은 이익을 얻을 가능성이 높다. 이 모델을 잘 활용하면 산업의 구조적인 변화까지 분석할 수 있기 때문에 재무적 분석만을 통한 투자결정보다 훨씬 더 정확한 의사결정을 할 수 있다. 따라서 전쟁에서 승리하려면 '적을 알고 나를 알아야 한다'는 전쟁의 전제조건은 경영에서 더 많은 이익을 창출하려면 우선 그 산업의 구조, 즉 5가지 요소를 확실히 알아야 한다는 것과 일맥상통한다.

4) 4편(形 · 형)

3편에서 제기한 싸우지 않고 적을 이기는 전승론은 비록 적을 이기는 가장 이상적인 방법이지만 실제로 전쟁을 통해 적을 굴복시켜야 하는 경우가 더 많다. 4편부터는 전쟁에서 무력으로 싸워야 할 경우 적을 이기는 방법에 대해 논했다. 손자는 전쟁에서 이기기 위해 우선 적보다 압도적으로 우월한 형(形: 군대가 포진한 형태)을 만들어야 하며 구체적으로 우선 적이 아군을 이길 수 없게 만든 다음 적이 실수를 저지를 때까지 기다렸다가 승리를 얻는 것(先為不可勝 以待敵之可勝)이라고 했다. 여기서 전자는 방어의 형을 가리키고 후자는 공격의 형을 의미한다. 이와 더불어 손자는 "승리하는 군대는 우선 승리의 조건을 다 갖춘 후 전쟁을 시작하지만 패배하는 군대는 전쟁을 시작한 후에 승리를 구한다(勝兵先勝而後求戰 敗兵先戰而後求勝)"라고 주장했다.

여기서 적에게 패하지 않을 형을 조성하는 것은 포터의 네 가지 본원적 전략(Generic Strategy)과 연결시킬 수 있다. 포터는 한 산업에서 다른 기업보다 뛰어난 성과를 이루기 위한 전략적 포진의 방법을 낮은 원가(low cost)와 차별화(differentiation)라는 두 가지의 전략으로 구분했고 또한 사업의 범위를 전 산업으로 할 것인지, 아니면 산업의 일부분만 선택해서 할 것인지를 결정해야 한다고 주장했다. 위의 두 가지 전략(저원가/차별화)과 사업의 범위(좁다/넓다)를 결합하면 네 가지 본원적 전략을 얻게 된다. 포터는 네 가지 본원적 전략 중 하나를 선택할 경우 경쟁자에 비해 더 나은 성과를 이룰 수 있다고 했다. 따라서 손자의 전쟁에서의 형의 조성과 포터의 네 가지 본원적 전략은 모두 적 또는 경쟁자에 비해 뛰어난 경쟁우위를 확보하는 전략이다.

5) 5편(勢 · 세)

4편이 물리적 측면에서 적에 비해 압도적인 군의 형태에 대해 논했다면 5편은 심리적 측면에서 군대의 세력을 최대한 발휘할 수 있는 방법을 설명했다. 세(勢)는 기세를 의미하는데 군대의 세력을 한 방향으로 몰아가게 하는 힘의 작용을 가리킨다. 손자는 이러한 '세'는 정(正)과 기(奇)의 결합에 의해 형성되는데 '정'은 정수로 적을 상대하고 견제하는 방법이고, '기'는 묘수로 상대방이 예상하지 못하는 방법을 가리킨다. '정'과 '기'는 서로 다른 역할을 하는데 손자는 '정'으로 적과 대치하고 '기'로 승리를 얻는다고 했다(以正合, 以奇勝). 이러한 적에게 드러난 병력 또는 방법과 감춰진 병력과 방법을 교묘하게 결합해 적으로 하여금 잘못된 곳에 병력을 배치함으로써 적군과 아군의 전력 차이를 만들어 전쟁을 승리로 이끈다.

경영에서 '정'과 '기'의 역할을 하는 것은 포터의 운영 효과성(Operational Effectiveness, OE)과 전략적 포지셔닝(Strategic Positioning, SP)이다. OE는 더 좋은 제품을 경쟁자보다 더 빨리 만들어내는 것을 의미한다. 한편 SP는 경쟁자와는 다른 활동을 하거나 비슷한 활동을 다른 방법으로 수행하는 것을 말한다. OE는 해당 분야에서 다른 효율적인 경영모델을 벤치마킹하는 것이기에 전쟁에서 적에게 쉽게 드러나는 방법인 '정(正)'의 역할과 유사하고 SP는 경쟁자와는 차별화된 경영모델을 추구함으로써 직접적인 경쟁을 회피할 수 있기에 '기(奇)'의 역할과 유사하다. 한편 손자는 '정'과 '기'의 역할의 중요성을 동일하게 봤지만 포터는 OE는 결국 산업 내에서 파괴적 경쟁을 유도하기 때문에 경쟁력의 향상에 있어서 OE보다는 SP를 선호한다는 차이점이 있다.

6) 6편(虛實 · 허실)

앞서 5편에서 군대의 세력이 모두 한 방향으로 집중함으로써 막대한 힘을 조성하는 것을 강조하였는데 6편에서는 구체적인 힘의 방향성에 대해서 명확히 제시했다. 즉 피실격허(避實擊虛), 적의 강점을 피하고 약점을 공격하는 것이다. '피실격허'를 위해 손자는 세 가지 원칙을 제시했는데 첫째, 작전에서 주도권을 장악하는 것이다. 주도적 위치에 서 있지 않으면 적이 가하는 위협에 대응하는 데 급급해 끌려 다니게 돼 힘을 제대로 쓸 수 없게 된다. 둘째, 결정적인 지점에서 아군의 전력을 한곳에 집중하는 것이다. 만약 병력이 여러 장소로 분산되면 각각의 장소에 병력이 부족해 '허'로 변하게 되기 때문이다. 셋째, 무형(無形), 즉 아군의 '형'이 적에게 드러나지 않게 하는 것이다. 만약 아군의 배치가 적에게 드러나면 원하는 곳에 병력을 집중할 수 없고 따라서 전쟁에서 주도권도 장악할 수 없게 된다.

손자의 이러한 용병원칙은 포터의 전략적 포지셔닝(Strategic Positioning), 트레이드오프(Trade-off), 적합성(Fitness) 등 세 가지 전략개념과 연결시킬 수 있다. 우선 포터의 전략적 포지셔닝은 경쟁자가 차지하고 있지 않은 시장에 집중해 가치창출을 극대화하면서 주도권을 잡는 것을 목적으로 하는 개념이기 때문에 손자의 첫 번째 원칙과 연결시킬 수 있다. 포터는 기업의 경쟁우위는 기업 전체가 아닌 몇 개의 핵심능력에 의해 결정되므로 핵심능력을 육성하기 위해 기업이 갖고 있는 자원을 어느 분야에 더 많이 또는 적게 배치해야 하는지를 결정해야 한다. 따라서 포터의 트레이드오프는 손자의 두 번째 원칙과 연결시킬 수 있다. 마지막으로 기업 경쟁우위의 지속성은 하나의 활동이 아닌 여러 활동으로 이뤄진 하나의 시스템 조성에 달려 있다. 이러한 시스템이 결국 경쟁자가 자사의 경쟁전략을 쉽게 모방하지 않게 하는 방어의 역할을 하는 것과 마찬가지다. 따라서 이것은 전쟁에서 아군의 진정한 군대의 형태를 드러나지 않게 하는 '무형'의 전쟁원칙과 연결시킬 수 있다.

7) 7편(軍爭 · 군쟁)

7편부터는 전쟁에서 당면하게 될 구체적인 상황에 대한 전술을 제시하는 데 중점을 두고 있다. 군쟁(軍爭)은 전쟁에서 유리한 위치나 승리를 쟁취하기 위해 싸운다는 뜻이다. 이 편에서는 아군의 군사력이 약한 경우 적을 이기는 방법으로 우회해 오히려 빨리 가는 '우직지계(迂直之計)'를 제시했다. 이는 우회로를 택해 적을 잘못된 곳에 유인함으로써 적보다 늦게 출발하지만 결국 먼저 유리한 위치에 도달하는 방법이다.

이는 경영에서 포터의 공유가치 창출(Creating Shared Value, CSV)의 개념과 연결할 수 있다. 기업의 경영결과인 이윤의 일부분을 사회에 환원하는 기업의 사회책임(Corporate Social Responsibility, CSR)과 달리 CSV는 기업이 가치창출을 하는 과정에서 관련된 사회 분야와 협력을 통해 함께 새로운 가치를 창출을 하고 궁극적으로 기업과 사회가 모두 이득을 보게 되는 것을 강조한다. 따라서 CSV는 겉으로 보기에는 사회의 이익까지 고려함으로써 기업의 입장에서는 더 많은 자원과 시간을 투입하는 것처럼 보이지만 결과적으로는 사회로부터 더 많은 이득을 얻게 되고 또한 지속 가능한 발전을 할 수 있다. 따라서 포터의 CSV와 손자의 '우직지계'는 모두 겉으로 보기에 어렵고 별로 이로움이 없는 길을 선택하는 것처럼 보이지만 결국은 더 큰 이익을 얻게 된다는 점에서 공통적인 시사점을 찾을 수 있다.

8) 8편(九變 · 구변)

이 편의 제목은 '9가지 변칙'으로 돼 있지만 고대 중국어에서 숫자 9는 '아홉'이 아니라 '아주 많다'는 것을 의미하므로 '구변'은 무궁무진한 변화를 뜻한다. 이 편에서는 상황에 따른 무궁무진한 변화에 대한 임기응변 원칙을 강조했다. 용병에 있어서 일반적인 원칙이 있지만 원칙에만 너무 집착해서는 안되고 상황에 따라 변칙을 쓸 줄 알아야 한다. 손자는 "장수가 상황에 따라 용병을 달리 할 줄 모르면 비록 지형을 이용하는 원칙을 알지라도 지형을 이용해 이익을 얻지 못한다(將不通于九變之利者 雖知地形 不能得地之利矣)"고 했다. 전쟁에서의 변칙은 경영에서의 '전략' 개념과 연결시킬 수 있다. 포터는 기업 전략에 대한 개념을 세 번이나 바꿨다. 1980년 <Competitive Strategy>라는 책에서는 '한 산업에서 유리한 포지션을 찾는 것'이 전략이라 했고, 1985년 <Competitive Advantage>라는 책에서는 '네 가지 본원적 전략 중에서 하나를 선택하는 것'이 전략이라고 했으며, 1996년 <What is Strategy?>라는 논문에서는 '독특한 포지션을 선택하는 것'이 전략이라고 했다. 전략에 대한 정의가 비록 여러 번 바뀌었지만 경영전략의 본질은 변하지 않았는데 그것이 바로 선택이다. 어떠한 산업에서 경쟁할지, 산업에서 어떠한 위치를 차지할지, 그리고 경쟁우위를 확보하기 위해 어떠한 활동에 자원을 집중할지 등은 모두 선택과 관련돼 있다. 따라서 전쟁에서 변칙의 사용과 경영에서 경영전략의 사용의 핵심은 모두 상황에 따른 정확한 선택과 판단이라는 측면에서 공통점을 가진다.

9) 9편(行軍 · 행군)

이 편의 '행군'은 단순히 군대를 한 곳에서 다른 한 곳으로 이동하는 것이 아니라 기동, 전투, 행군, 숙영 등 일련의 작전행동을 포함하는 넓은 의미를 가지고 있다. 구체적으로 이 편에서 손자는 산지, 하천, 척택, 평지 등 네 가지 특수지형에서 군의 운용법과 외부로 드러내는 적의 행동을 통해 적의 의도와 상황을 파악하는 방법을 제시했다. 손자는 전략 수립과 작전에 있어서 전반적으로 지피(知彼: 적을 아는 것)의 중요성을 강조했지만 9편에서 처음으로 적의 상황을 판단하는 32가지 방법을 구체적으로 제시했다. 32가지 방법은 크게 두 가지로 구분되는데 한 가지는 자연현상을 통해 적의 상황과 의도를 판단하는 것으로서 예를 들면 '새들이 날아 오르는 것은 복병이 있기 때문이다(鳥起者 伏也)' 등이 있다. 32개 중 아홉 개가 여기에 속한다. 다른 한 가지는 적의 외적인 행동을 통해 파악하는 것이다. 예를 들면, '병사들이 작은 그룹을 지어 왔다 갔다 하는 것은 숙영을 준비하는 것이다(少而

往來者 營軍也)' 등이 있는데 나머지 23개가 여기에 속한다.

포터의 네 가지 본원적 전략은 기업이 경쟁자에 비해 높은 이익을 창출하는 데 유용한 전략이지만 경쟁환경이 복잡해지면서 기업의 경영전략도 단순히 위의 네 가지로 설명하기에는 부족했다. 예를 들면, 미국 자동차 정비회사인 Jiffe Lube는 엔진 오일 교환, 에어컨 및 타이어 점검 등 몇 가지 서비스만 제공하고, 스웨덴 가구회사인 Ikea는 새로 가정을 꾸린 젊은 부부를 주요 고객으로 삼는다. Jiffe Lube와 Ikea는 모두 저원가 전략을 선택하지만 구체적으로 서로 다른 분야에 특화했다. 전자는 특정 서비스의 제공에 특화하고 후자는 특정 소비자의 수요에 특화했다. 즉, 같은 본원적 전략을 선택했지만 구체적인 경쟁타깃(Competitive Target, 상품 또는 소비자)이 다르다. 따라서 경쟁타깃이라는 요소를 본원적 모델에 추가함으로써 포터모델의 설명력을 한층 더 강화시킬 수 있다. 포터의 본원적 전략모델에 경쟁타깃의 추가와 <손자병법>에 있어서 따로 적의 정황을 판단하는 법을 제시한 것은 모두 경쟁상대의 상황에 대한 정확한 전략수립의 중요성을 강조하는 데 있어서 공통점을 가진다.

10) 10편(地形 · 지형)

이 편은 크게 두 부분으로 나뉜다. 앞 부분은 여섯 가지 지형에 따른 작전원칙을 설명했는데 구체적으로 통형(通形), 괘형(挂形), 지형(支形), 애형(隘形), 험형(險形), 원형(遠形) 등 여섯 가지 지형으로 구성됐다. 손자는 "적과 나를 알면 승리를 이루면서 위태롭지 않고, 천과 지를 알면 승리하되 그 승리가 완전한 것이다(知彼知己 勝乃不殆 知天知地 勝乃可全)"라고 했다. 이는 지형을 알고 지형의 이로운 점을 충분히 활용하는 중요성을 강조한 것이다. 뒷부분은 장수의 능력 부족 또는 과실로 인해 군대가 위태로워지는 여섯 가지 상태인 주병(走兵), 이병(弛兵), 함병(陷兵), 붕병(崩兵), 난병(亂兵), 배병(北兵)을 제시했다. 장군의 능력은 전쟁의 승패에 결정적인 역할을 한다. 손자는 "나아가되 명예를 구하지 않으며 물러나되 죄를 피하지 않고, 오로지 국민을 보호하고 군주에게 이익이 되는 것 만을 해야 국가의 보배이다(進不求名 退不避罪 惟人是保 而利合于主 國之寶也)"라고 했다.

포터의 '새 CEO들의 일곱 가지 주의할 점'이라는 리더십에 관한 논문의 내용은 손자의 6패병(敗兵)과 많은 면에서 유사하다. 지면 관계로 여기서는 일곱 가지를 모두 설명하지 않고 이 중의 한 가지만 설명하겠다. 예를 들면, 새 CEO들이 주의할 첫째는, CEO는 직접 회사를 운영해서는 안 된다'는 것이다. 업무가 내외적으로 아주 많기 때문에 CEO는 모든 업무를 모두 본인이 직접 수행하는 것보다는 업무의 특성에 따라 알맞은 사람을 선택해 적합한 업무를 주는 것이 훨씬 더 효율적이기 때문이다. 한편, <손자병법>의 붕병(崩兵)은 장수가 부하 장교들의 능력을 잘 알지 못하고 제대로 활용하지 못해 통제권을 잃은 군대를 의미한다. 따라서 손자의 '붕병'과 포터의 새 CEO들의 첫 번째 주의할 점을 연결시킬 수 있다. 이들은 모두 하부 직원의 능력에 대한 이해와 활용에 있어서의 능력 부족 때문에 문제점을 야기시킬 수 있다는 공통점을 가진다.

11) 11편(九地 · 구지)

'구지'는 <손자병법>에서 가장 긴 편이다. 7편(군쟁)이 실제 용병론의 서론이라면 이 편은 결론으로 볼 수 있다. 이 편의 地는 10편(지형)의 地와 달리 땅의 자연적인 형상을 지칭하는 것이 아니라 적군과 아군 간 형성되는 전략적 상황을 의미한다. 이 편에서는 아홉 가지 전략적 형세에 따른 용병법과 원정작전법이 강조됐다. 특히 전략적 형세에 따른 병사들의 심리를 고려해 용병하는 것이 이 편의 중요한 특징이다. 손자는 "병사들의 일반적인 경향은 포위당하면 스스로 막는 법이며 불가피한 상황에 직면하면 싸우고 상황이 지나치게 위급하면 명령에 절대 순종하게 되는 것이다(故兵之情 圍則御 不得已則鬥 過則從)"라고 했다. 이는 손자의 각 전략적 형세에 따른 용병전략의 논리적 근거를 제시했다. 예를 들면, 손자는 중지(重地)전략에서 병사를 적지에 깊이 들어가게 하면 병사들은 마음이 전투에 집중돼 군대의 응집력이 높아지고 또한 병사들의 긴장된 정신상태가 유지돼 결사적인 정신력과 투지를 발휘하게 된다는 것이다.

이와 같이 지역적 형세를 전략적 요소로 다루는 경영전략은 포터의 배치 · 조정(Configuration-Coordination, C-C)모델과 연결시킬 수 있다. C-C 모델은 포터가 가치사슬과 국제경쟁우위의 원리를 이용해 개발한 기업의 세계화 전략모델이다. 배치(Configuration)는 기업의 가치사슬 내의 활동을 어느 지역, 그리고 몇 개 지역에 배치할 것인가를 결정하고, 조정(Coordination)은 서로 다른 지역에 배치한 활동들의 연계 정도를 의미한다. 배치와 조정을 기준으로 수출중심전략, 단순한 글로벌 전략, 현지적응 전략, 통합적 글로벌 전략 등 네 가지로 나눌 수 있다. 기업이 가치사슬 활동을 세계 각 지역의 적합한 곳에 배치해 현지 우위를 최대한 활용하고 각 지역 간의 조정을 통해 경쟁우위를 추구하는 것이 전쟁에서 손자가 형세에 따라 병사의 심리적 상태를 고려해 용기와 투지를 높이는 전략과 공통적인 시사점을 얻을 수 있다.

12) 12편(火攻 · 화공)

'화공'을 <손자병법>의 뒷 부분에 둔 것은 손자가 화공의 피해 정도가 아주 커서 이를 사용하기 전에 신중하게 고려해야 하기 때문이다. 이 편은 크게 두 부분으로 나눠져 있는데 전반부는 화공의 종류, 시행조건, 활용원칙 및 파괴성 등을 다뤘다. 특히 화공은 고대 전법에서 중요한 특수전의 하나로서 무기체계가 아직 발달되지 않는 손자 시대에서는 그 효력이 일반 무기보다 훨씬 높아 현대의 핵무기에 해당한다고 볼 수 있다. 이 편의 후반부는 화공과 직접적으로 관계된 내용보다는 전쟁의 신중론(愼重論), 즉 "유리하지 않으면 군대를 움직이지 말고, 소득이 없으면 군대를 사용하지 말며, 위태롭지 않으면 전쟁을 일으키지 말라(非利不動 非得不用 非危不戰)"와 같이 전쟁의 전반적인 면에 대한 경고를 주로 다루고 있다.

한편 경영에서 경쟁자 간 기술 차이가 크지 않은 경우 경쟁전략의 역할이 중요하지만 포터가 특별히 강조했다시피 경쟁자에 비해 절대적으로 높은 경쟁우위를 유지하려면 기존과는 다른 기업의 창조된 우위(Created Advantage)를 기반으로 한 혁신이 더 중요한 역할을 한다. '창조된 우위'는 천연자원, 비숙련 노동자 등과 같은 '물려받은 우위(Inherited Advantage)'와 대조되는 개념으로서 고기술, 고등교육을 받은 인력 등과 같은 고급 및 전문화된 새로 창출된 요소를 말한다. 포터는 창조된 우위는 차별화된 제품과 독점적 제품 기술과 같이 높은 수준의 경쟁우위를 획득하는 데 필수조건이라고 했다. 따라서 전쟁에서의 화공과 경영에서의 창조적 우위는 모두 성공을 이루는 혁신적인 수단과 뛰어난 효력을 가지는 측면에서 공통점이 있다.

13) 13편(用間 · 용간)

손자는 "적의 상황을 아는데 있어서 귀신에 의지해서는 안 되고 오직 사람에 의존해야 한다(先知者 不可取於鬼神 必取於人)"라고 했다. 9편(행군)에서 손자는 적의 상황을 파악하는 32가지 방법을 제시했는데 이는 적의 외부에 드러난 상태를 파악하는 데는 유용하나 적의 내적 의도나 외부로 드러나지 않는 정보를 알아내는 데는 스파이(용간)가 훨씬 더 효율적이기 때문이다. 스파이를 사용하는 데 드는 비용은 막대한 전쟁 비용에 비해서는 아주 적기 때문에 용간에 대한 비용을 아끼지 말아야 한다고 주장했다. 용간은 적에 대한 정보를 얻는 것뿐만 아니라 적으로 하여금 나에 대한 잘못된 인식을 갖도록 하는 기만의 역할도 한다.

전쟁의 본질이 속임수이므로 군사전략에서 용간이 적의 정보를 알아내는 데 중요한 도구로 사용할 수 있지만 경영에서는 윤리경영은 기본이기 때문에 산업 스파이를 통해 경쟁자의 비밀정보를 알아내는 것은 불법이다. 따라서 경영에서는 스파이를 활용할 수는 없기 때문에 현재 정보를 수집하는 데 중요한 역할을 하는 것은 정보기술(Information Technology, IT)이다. IT의 발전은 산업구조를 구성하는

5요소에 영향을 주고 또한 가치사슬을 구성하는 각 활동에 영향을 줌으로써 새로운 경쟁우위의 원천을 창출할 수 있다. 전쟁이든, 경영이든 정보의 획득이 경쟁우위 창출에 있어서 모두 중요한 역할을 한다는 공통점을 갖지만 방법에서는 다른 점이 있다.

6. <손자병법>과 포터 경영이론의 비교를 통한 시사점

<손자병법> 13편의 각 편의 핵심주제와 이에 맞는 포터의 경영이론을 연결시킨 결과 놀랍게도 포터의 중요한 경영이론들이 '누락되거나 겹치는 부분 없이(No missing and no overlapping)' 모두 관련됐다. 그러나 앞에서도 강조했듯이 <손자병법>을 무차별적으로 경영전략에 적용하는 것은 금물이다. <손자병법>과 경영전략을 심도 있게 분석해 보면 군사전략 중에서 경영전략에 적용 가능한 부분(①)이 있고 전쟁과 경영의 본질적인 차이점으로 인해 경영에 적용할 수 없는 부분(②)이 있다. 이와 더불어 경영의 독특한 영역으로 군사전략으로 설명할 수 없는 부분(③)도 있다(<그림 8.22> 참고).

여기서는 <손자병법>과 포터의 경영이론의 공통점을 강조하면서 군사전략을 경영전략에 적용할 수 있는 핵심부분을 주로 보여줬다. 그러나 경영에 적용할 수 없는 부분도 많이 있는데 예를 들면, 1편의 속임수, 2편의 약탈의 의미가 담긴 적지에서의 식량 조달, 4편의 적이 실수를 저지르게 만든 후 적의 '허'를 공격하는 것 등은 가치파괴 또는 탈취의 성격을 가진 군사전략들이다. 또한 기술 혁신을 기초로 한 차별화 전략, 기업 전략의 지속적인 업그레이드, 최후의 심판권을 가진 소비자와 정부의 조정역할의 존재 등 가치창출과 관련된 일련의 전략들은 경영에서만 있을 수 있다.

일부 기존 연구들은 이러한 구분이 없이 군사전략을 무작정 경영전략에 적용하려고 하는데 자칫하면 기업을 잘못된 방향으로 이끌 수 있다. 예를 들면, 속임수와 같은 경영에 적용할 수 없는 군사전략을 경영에 이용한다면 기업의 지속적인 발전은 물론 사회에도 해를 끼칠 수 있다. 여기서는 <손자병법>과 경영전략의 이론적

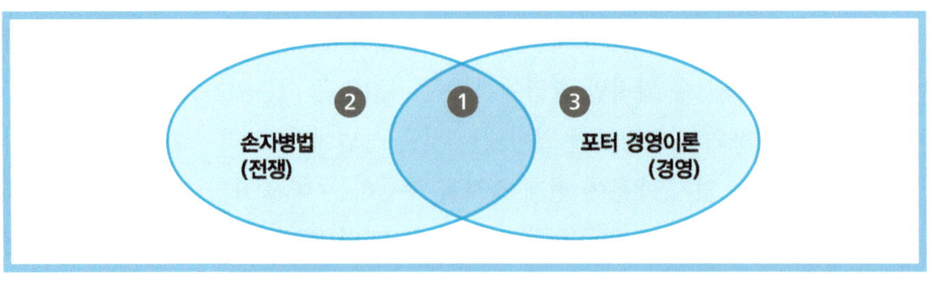

그림 8.22
<손자병법>과 포터의 경영이론

측면에서 비교하는 방법론과 큰 틀을 보여줬고 더 구체적인 내용과 두 축 간의 자세한 연결은 문휘창의 The Art of Strategy (Moon, 2018)[8]를 참고하기 바란다. 특히 각 편마다 위에서 언급한 경영에 적용 가능한 손자의 군사전략, 적용 가능하지 않는 군사전략, 그리고 경영에 특유한 경영전략 등 세 부분으로 나누어 이해하는 것이 중요하다. 이러한 정밀한 분석은 기업으로 하여금 <손자병법>과 같은 소중한 군사전략 지침서를 올바르고 체계적으로 이해해서 이를 경영전략에 적용하는 데 유용한 가이드라인이 될 것이다.

3절 <손자병법>과 'WS 모델'

<손자병법>은 비중, 즉 중요성과 순서를 교차해가면서 정교하게 내용을 구성하고 있다.[9] 중요성과 순서를 기준으로해서 2편씩 구분해보면 첫째 편은 전략의 중요성, 둘째 편은 전략의 순서로 정리되어 있다. 간단하게 설명하면 다음과 같다.

1. 중요성을 강조한 제1편 계(計)와 순서를 강조한 제2편 작전(作戰)

<손자병법>의 제1편 계(計) 맨 앞에서 손자는 전쟁은 국가의 중대사이고 생사의 갈림길이며 존망이 결정되는 길이니 "아무리 고찰해도 결코 지나치지 않다(不可不察也)"라고 주장하면서 전쟁을 결정할 때는 매우 신중해야 한다고 중요성을 강조하고 있다. 반면 제2편 작전(作戰)에서는 결정이 되면 너무 신중하게 머뭇거리지 말고 빨리 진행해야 한다(兵聞拙速 未睹巧之久也)라고 주장하면서 순서를 강조하고 있다.

이와 유사한 사례로 비행기를 타면 산소마스크 사용법에서 자신이 먼저하고 옆에 있는 자기 아이를 해 주라고 설명한다. 부모의 경우 자신의 아이가 더 중요(Weight)하겠지만 오히려 내가 먼저(Sequence)해야 더 중요한 아이를 살릴 수 있기 때문이다. '수신제가치국평천하/修身齊家治國平天下'라는 고어에서도 가장 중요한 것은 平天下이지만 순서로는 修身이 먼저인 것이다.

보통 중요성이 높으면 실행순서도 먼저 온다고 생각하기 쉽지만 실제로는 다른 경우가 많다. 최근 회자되고 있는 일론 머스크(Elon Musk)와 제프 베이조스(Jeff Bezos) 모두 자신들이 가장 중요시하는 것은 우주탐험인데 사업의 순서로서 머스크는 전기자동차, 베이조스는 아마존 전자상거래를 먼저 시작한 것이다.

2. 중요성을 강조한 제3편 모공(謀攻)과 순서를 강조한 제4편 형(形)

제3편 모공(謀攻)에서는 상황에 따른 최상의 용병을 말하면서 백전백승은 싸움의 최상이 아니고 싸움을 하지 않고 적을 굴복시키는 것이 최상이다(百戰百勝 非善之善者也 不戰而屈人之兵 善之善者也)라고 하면서 상대방을 알고 나를 알아야 백번 싸워도 위태롭지 않다(知彼知己 百戰不殆)고 주장했다. 그런데 구체적으로 어떤 순서(Sequence)로 적을 압도할 수 있는가에 대해서는 제4편 형(形)에서 다음과 같이 설명하고 있다. 공격과 방어 중에서 우선 방어를 철저하게 해서 상대방이 나를 이기기 못하게 한 다음, 기회를 노려서 상대방의 약점이 보일 때 공격을 해서 승리하는 것이다(先為不可勝 以待敵之可勝). 더 나아가 손자는 (적이) 나를 이기지 못하는 것은 나에게 달려 있고, (내가) 적을 이기는 것은 적에게 달려있다(不可勝

在己 可勝在敵)라고 주장했다. 우리는 보통 공격이 최상의 방어라고 하지만 손자는 방어를 철저하게 먼저하는 순서를 택하고 있다.

3. 중요성을 강조한 제5편 세(勢)와 순서를 강조한 제6편 허실(虛實)

제5편 세(勢)에서는 변화무쌍하고 화려한 전략적 다양성을 보여주고 있다. 소리의 기본은 5가지(宮商角徵羽: 궁상각치우)에 불과하지만 이들이 잘 결합하면 못 내는 소리가 없고, 색도 5가지(靑黃赤黑白: 청황적흑백)에 불과하지만 못 내는 색이 없으며, 맛도 5가지(酸恬苦辣鹹: 산첨고랄함)이지만 못 만드는 맛이 없다. 그리고 싸움에서 전략은 奇와 正 두가지 요소에 불과하나 기정의 다양한 변화는 끝이 없다(奇正之變 不可勝窮之也). 여기서 손자는 싸움에서는 정(正)으로 대치하고 奇로 이긴다(以正合 以奇勝)라고 하면서 특히 기(奇)를 강조하였다. 그리고 이 奇에 관한 최고의 전략은 우선(Sequence) 자기를 숨기는 것이라고 제6편 허실(虛實)에서 설명하고 있다. 전투에 임하게 되면 우선 적보다 먼저 전장에 도달해서 적을 기다려야 한다(先處戰地而待敵). 이후 진형을 짤 때 적의 형(形)은 드러나되 나의 형(形)은 드러나지 않게 해야 한다(形人而我無形). 이런 상황에서 적의 강한 곳은 피하고 약한 곳을 공격하는 것이다(避實而擊虛) 더욱 효과적인 전략으로 나는 온전하되 적은 나누는 것이다(我專而敵分). 나는 온전하게 하나로 있고 적은 10으로 나누면(我專爲一 敵分爲十) 나는 집중하고 적은 부족하게 만들 수 있다(我衆而敵寡). 이순신 제독의 명량해전에서의 승리는 <손자병법>의 이 부분을 잘 활용한 것으로 판단된다.

4. 중요성을 강조한 제7편 군쟁(軍爭)과 순서를 강조한 제8편 구변(九變)

제7편 군쟁(軍爭)에서는 속도전을 강조하면서 경우에 따라서는 돌아가는 것이 오히려 빨리 갈 수 있다는 방법(迂直之計: 우직지계)을 역설하였다. 군쟁에 있어 우회하는 것이 결국 직행하는 결과를 만들고, 어려운 상황도 결국 좋게 만들 수 있다는 것이다(以迂為直 以患為利). 마오쩌뚱의 대장정은 이러한 전법을 실행한 것으로 볼 수 있다. 또한 적을 섬멸할 수 있는 상황이 되어도 적을 섬멸하는 것이 목적이 아니라 희생을 최소화하면서 전쟁에서 승리하는 것이 목적이기 때문에 본국으로 철수하는 적군을 막지 말고, 포위된 적은 한 쪽 출구를 열어주며, 궁지에 몰린 적은 너무 압박하지 않는다(歸師勿遏 圍師必闕 窮寇勿迫)라고 주장하였다. 이러한 원칙하에서 구체적인 내용을 제8편 구변(九變)에서 다음과 같이 역설하였다. 길은 통과하지 말아야 할 길이 있고, 군대는 공격하지 말아야 할 군대가 있으며, 성은 공격하지 말아야 할 성이 있고, 땅은 다투지 말아야 할 땅이 있으며, 군주의 명령은 따르지 말아

야 할 명령이 있다는 것이다. 이와 같이 실전에서는 여러 가지의 변화무쌍한 상황을 고려해서 공격할 곳과 그러지 않을 곳의 순서를 잘 정해서 실행해야 한다는 것이다.

5. 중요성을 강조한 제9편 행군(行軍)과 순서를 강조한 제10편 지형(地形)

제9편 행군(行軍)에서는 적의 상황에 따른 행군전략을 설명하면서 병력이 많다고 좋은 것이 아니고, 오로지 함부로 진격하지 말라(兵非益多也 惟無武進)는 효율 경영의 정수를 보여주고 있다. 구체적인 방법으로 제10편 지형(地形)에서는 특히 행군에 있어 확실히 승리할 수 있으면 (이기는 길이 있으면) 군주가 싸우지 말라고 해도 싸울 수 있으며, 승리할 수 없으면 군주가 싸우라고 해도 싸우지 않을 수도 있다(戰道必勝 主日無戰 必戰可也 戰道不勝 主日必戰 無戰可也)라고 주장하였다. 이럴 경우 군주의 명을 어긴 것에 대한 책임문제가 발생하는데 손자는 이런 상황을 말끔하게 정리하고 있다. 이럴 경우 장군은 "나아가되 명예를 구하지 않으며 물러나되 죄를 피하지 않고, 오로지 국민을 보호하고 군주에게 이익이 되는 것 만을 해야 국가의 보배이다(進不求名 退不避罪 惟人是保 而利合于主 國之寶也)"라고 하였다. 이순신 제독의 죽음을 두고 전쟁에서 이기더라도 나중에 선조와의 갈등을 겪느니 차라리 전장터에서 명예롭게 죽었다라고 해석하는 것은 매우 잘못된 것이다. <손자병법>에 정통한 이순신 제독이 군주와 갈등을 겪는다는 것은 있을 수 없는 일이고 그 전에도 억울하지만 어려운 고초를 겪으면서 백의종군한 것은 장군으로서의 권한과 책임을 철저하게 이해한 것이다. 전쟁 후에는 군주의 명령이 우선이지만 전쟁 중에는 야전 사령관의 결정이 먼저(Sequence)인 것이다.

6. 중요성을 강조한 제11편 구지(九地)와 순서를 강조한 제12편 화공(火攻)

제11편 구지(九地)에서는 싸움터인 땅의 종류를 9개로 구분해서 각각의 상황에 따른 전략을 설명하고 있다. 그러나 이렇게 단편적으로 이해하는 것보다 더 중요한 것은 구지(九地)가 단순한 지리적 형태가 아니라 이러한 지리에서 적군과 아군의 전략이 어떻게 형성되는가를 보여주고 있는 것이다. 이러한 상황에서 손자가 가장 중요하다고 생각하는 전략은 적의 앞에 있는 부대와 뒤에 있는 부대가 서로 미치지 못하게 하는 것이다(能使敵人前後不相及). 어떻게 하면 되는가? 중요한 곳을 빠르게 적이 생각(우려)하지 못하는 길을 통과해서 적이 경계하지 않는 곳을 공격하는 것이다(由不虞之道 攻其所不戒). 제2차 세계 대전 말기의 노르만디 상륙작전이

나 한국전쟁 당시의 인천상륙작전은 이 원칙에 의하면 쉽게 이해할 수 있다. 따라서 제11편의 핵심 내용은 기습공격으로 적을 혼란에 빠뜨리는 중요성을 강조한 것이고 제12편 화공(火攻)에서는 이를 가장 효율적으로 이루기 위해서는 기습방법도 적군이 예상하기 힘든 수단을 먼저 하는 것이 좋다는 것이다. 즉, 불로 공격을 하는 것이 먼저라는 것이다. 적벽대전에서 제갈공명과 주유는 이 전법을 실행한 것이다.

7. 마지막 제13편 용간(用間)의 심오한 의미

<손자병법>은 모두 13편으로 되어 있지만 손자는 원래 12편으로 마무리하려고 했었던 것 같다. 그 증거로서 제12편 화공(火攻)은 전반부와 후반부로 나눌 수 있는데 전반부에는 화공의 중요성과 여러가지 사용방법을 설명하고 있는데 후반부에는 이와는 관계없는 전쟁의 결정과 시행에 있어 주의 할 점을 다시 한번 강조하는 결론적인 내용을 담고 있기 때문이다. 구체적인 내용은 다음과 같다. (무릇 전쟁 여부를 결정할 때) 유리하지 않으면 움직이지 말고, 이득이 없으면 군대를 사용하지 말며, 위태롭지 않으면 전쟁을 하지 말라(非利不動 非得不用 非危不戰)는 것이다. 또한 군주는 노여움으로 군대를 일으키면 안되고 장수는 화가 난다고 싸움을 하면 안된다(主不可以怒而興師 將不可以慍而致戰). 노여움이 있다가도 다시 기쁨이 돌아올 수 있고 화가 났다고도 다시 즐거움이 돌아올 수 있지만 망한 국가는 다시 존재할 수 없고 죽은 자는 다시 살아 돌아올 수 없다(怒可以復喜慍可以復悅 亡國不可以復存 死者不可以復生). 이러한 내용들은 화공과 관계없는 결론적인 얘기들인 것이다.

손자가 제13편 용간(用間)을 덧붙인 것은 전쟁을 무조건 이겨야 한다는 것이 아니라 최소비용으로 최대효과를 얻는 방법을 다시 한 번 강조하기 위해서인 것이다. 이러한 효율경영을 위해 <손자병법> 전체를 꿰뚫는 핵심전략은 막강한 자원으로 적을 일망타진하는 것(자원기반 접근법)이 아니라 '지피지기'를 통해서 적의 상황에 알맞은 최적의 전략을 최소의 비용으로 승리하는 것이다. 이와 관련된 최적의 전략이 간첩을 활용하는 용간이다.

<손자병법>을 좋아하는 사람들도 처음 제1편의 '속이는 전략(詭道)'과 마지막 제13편의 '간첩을 활용하는 전략(用間)'에 대해서는 불편해하는 경우가 많으나 이 두 가지야말로 지피지기(知彼知己) 사상의 가장 핵심전략인 것이다. 용간과 관련해서 손자는 다음과 같이 주장하고 있다. (간첩에게 주는) 백금(百金)을 아까워하여 적의 정황을 모르는 것은 백성에 대한 사랑이 없음의 극치이니, 국민의 진정한 장수가 아니며, 군주에 대한 진정한 보좌가 될 수 없으며, 승리의 주인이 될 수 없다(愛爵祿百金 不知敵之情者 不仁之至也 非人之將也 非主之佐也 非勝之主也). 여기에서 손자는 전쟁에서 가장 중요하게 생각하는 목표가 백성과 군주를 위한 승

리라는 것을 다시 한번 주장하고 있다. 이와 동시에 전쟁은 국가의 가장 큰 일이기 때문에 승리가 가장 중요하지만 이를 위한 전략적 선택의 수단은 그 순서가 상황에 따라 다양하다는 것을 강조하고 있다.

8. 종합적인 검토

이와 같이 손자는 각 편별로 상황에 따른 전략의 원칙과 중요성을 설명한 후 그 다음편에는 구체적으로 전략을 수행하는 순서를 말해 주고 있다. 물론 더욱 넓고 깊게 분석할 수도 있지만 매우 복잡하고 정교한 <손자병법>을 비중-순서 전략으로 살펴보면 <손자병법>의 핵심 내용과 구조를 체계적으로 이해할 수 있다.

그렇다면 모든 사람이 이러한 비중-순서를 쉽게 결정할 수 있는가? 손자는 1편에서 "전쟁의 승리는 상대하는 적과 상황에 따라 서로 다른 방법을 사용해야 하기 때문에 이를 정형화해 가르쳐 줄 수 없다(兵家之勝 不可先傳也)"고 주장한다. <손자병법>을 공부한 사람들 중에서도 실력 차이가 나는 것은 이 때문이다. 경영에서도 결국 좋은 의사결정을 내리는 사람은 경륜이 있는 CEO가 될 것이다. 그렇지만 <손자병법>을 비중-순서 전략과 결합해서 행동선도전략(Action Leading Strategy: ALS)을 자유자재로 사용할 수 있는 CEO는 전략을 정밀하게 실행해서 원하는 결과를 얻을 수 있을 가능성이 높아질 것이다.

CHAPTER 09

산출: 행동선도전략

9장에서는 제2단계의 행동선도전략개발과정에서 만들어지는 전략대안들을 포괄적으로 다룬다. 먼저 1절에서 전략대안을 체계적으로 분류한 다음, 제2절에서 전략을 세 수준(Level)으로 나누어 접근한다.

<표 9.1>은 전략을 현장에 가까운 곳에서 실행되는가, 이사회와 대표이사로 구성된 최고경영자에 가까운 곳에서 실행되는가에 따라 제1수준, 제2수준, 제3수준으로 나누고 있다. 여기서 제1수준은 가장 현장에 가까운 것으로 주어진 제품-시장에서 사용할 수 있는 본원적전략이고, 제2수준은 최고경영자부터 현장경영자까지 모두 참여하는 사업부 차원에서의 전략이며, 제3수준은 주로 이사회와 대표이사가 다루는 내용으로 사업을 시작하거나 사고, 팔거나 철수하는 기업 차원에서의 전략이다.

그러나 제1수준의 본원적 전략을 포함한 제2수준의 사업전략은 전략의 내용을 다루고, 제3수준의 기업전략은 전략을 실행하는 방법을 다룬다는 점에서 이들은 대체적이 아니라 보완적 관계로 봐야 한다. 예를 들어, 어느 사업부에서 원가선도전략을 추구하기 위해 경쟁사를 인수합병한다면 인수합병이란 행위는 원가선도전략이라는 사업전략을 실행하기 위한 방법이다. 또, 제품을 해외 현지에서 직접 생산하기 위해 해외직접투자를 할 때 현지의 유력기업과 전략적제휴라는 방법을 채택한다면 이 역시 해외직접투자라는 사업전략을 실행하기 위한 방법이다.

표 9.1
전략대안의 체계

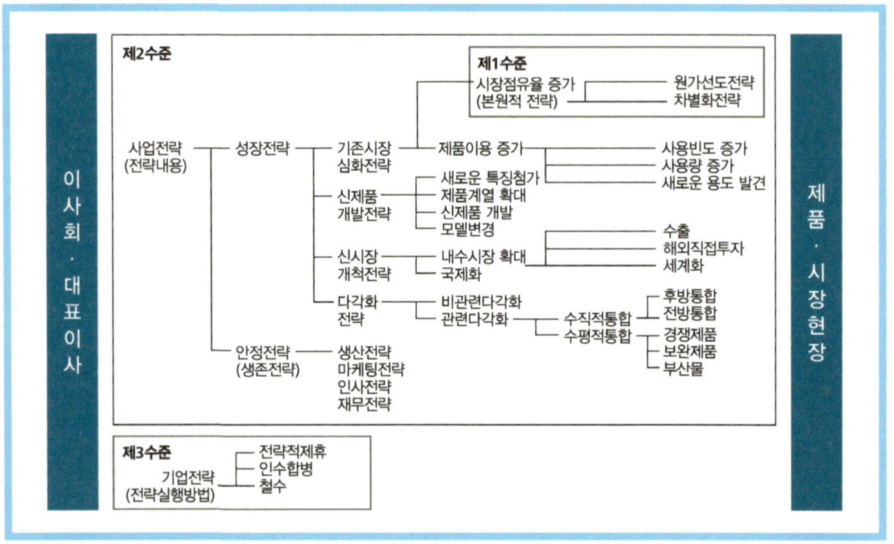
이사회 · 대표이사
제2수준
제1수준
시장점유율 증가
(본원적 전략)
원가선도전략
차별화전략
사업전략
(전략내용)
성장전략
기존시장
심화전략
제품이용 증가
사용빈도 증가
사용량 증가
새로운 용도 발견
신제품
개발전략
새로운 특징첨가
제품계열 확대
신제품 개발
모델변경
신시장
개척전략
내수시장 확대
국제화
수출
해외직접투자
세계화
다각화
전략
비관련다각화
관련다각화
수직적통합
수평적통합
후방통합
전방통합
경쟁제품
보완제품
부산물
안정전략
(생존전략)
생산전략
마케팅전략
인사전략
재무전략
제3수준
기업전략
(전략실행방법)
전략적제휴
인수합병
철수
제품 · 시장현장

1절 전략 대안의 체계적 분류방법

전략은 조직이 추구하는 목표를 달성하기 위해 구성원들이 힘을 합쳐 나아가야 할 방향을 보여주는 대안이다. 어떤 전략이 사업부차원에서 혹은 기업차원에서 선택이 될 때, 우리는 그 전략이 나아가고자 하는 방향을 붙여서 '–전략'이라고 흔히 부른다. 이를테면 기업이 기존사업에서 벗어나 새로운 사업을 시작해서 다각화를 추구할 때 우리는 그 기업이 '다각화 전략'을 채택했다고 표현한다.

우리는 일상생활에서 '–화(化)'라는 접미사로 끝나는 단어를 많이 사용하고 있다. 영어에도 '–ation'으로 끝나는 단어가 많이 있다. 이 접미사로 끝나는 대부분의 단어를 전략대안이라고 할 수 있다. 전략은 현재 위치에서 원하는 다른 곳으로 방향을 트는 것으로 정의할 수 있다. 화(化)자로 끝나는 단어를 <표 9.2>에 열거해본다.

표 9.2 화자로 끝나는 다양한 전략대안

강화 계량화 과학화 국제화 극대화 극소화 기계화 기업화 내부화 다각화 다변화 다양화 단기화 단순화 단일화 데이터화 동질화 디지털화 명확화 민주화 변화 복잡화 사업화 선진화 성력화 세계화 수출산업화 아날로그화 안정화 약화 온라인화 유연화 자립화 자율화 장기화 적정화 전략화 지식화 진화 집중화 차별화 체계화 체화 최대화 최소화 최적화 퇴화 특성화 특화 표준화 프로세스화 합리화……

전략 대안의 선택은 기업에게 주어진 상황과 기업이 도달하고자 하는 목표를 비교하는 데서 시작한다. 기업이 사업을 전개시키는 방향을 전략적 대안으로 본다면 전략적 대안의 범위는 현실과 미래 사이에 존재한다. 현재의 이익흐름과 시장에서 나타나는 신호들을 분석한 결과, 현재의 전략에 더욱 치중할 것인지, 아니면 미래의 전략을 위해 현재 전략을 조금 포기할 것인지 등을 고민해야 하며, 이는 <그림 9.1>처럼 성장전략(Growth Strategy)과 안정전략(Stabilitzation Strategy)으로 구

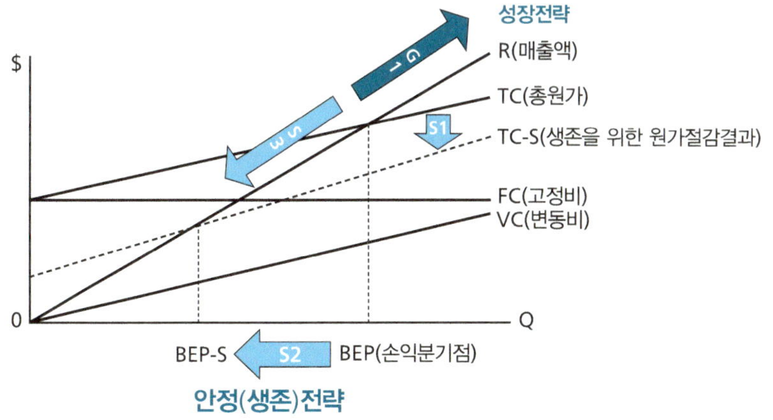

• 성장전략: R선에서 우상향으로 매출액 증가(G1)하면 성장
• 안정(생존)전략: 총원가를 낮춰서(S1) 손익분기점을 낮추면(S2) 매출액이 떨어져도(S3) 생존

그림 9.1 성장전략(Growth Strategy)과 안정전략(Stabilization Strategy)

분이 가능하다. 안정전략은 생존전략(Survival Strategy)이라고 불리기도 한다.

경영자가 특정 사업을 대상으로 해서 선택할 수 있는 전략적 대안의 범위는 대분류, 중분류, 소분류, 세분류로 나눌 수있다. 대분류는 기업의 목적(objective) 관점에서 살펴보는 방법이다. 기업의 목적함수(profit)는 수익(revenue)에서 비용(cost)을 차감한 것인데, 수익을 극대화하는 전략을 성장전략으로 지칭하고 비용을 최소화하는 전략을 안정전략이라고 한다. 앞에 나온 <표 9.1>은 사업전략을 성장전략과 안정전략으로 나눈 체계를 보여준다.

중분류에서는 성장전략과 안정전략을 각각 다른 방식으로 분류할 수 있다. 성장전략의 경우 제품(product)을 기존제품과 신제품, 시장(market)을 기존시장과 신시장으로 구분한 다음 이를 결합하면 네가지 전략이 나온다. <표 9.1>에서 보듯이 기존제품-기존시장에서는 시장심화전략, 신제품-기존시장에서는 신제품개발전략, 기존제품-신시장에서는 신시장개척전략, 신제품-신시장에서는 다각화전략이라는 4가지 전략유형을 발견할 수 있는 것이다.

소분류에서는 성장 전략의 대안들을 좀더 상세히 분석해서 각각의 유형에 대한 구체적인 전략프로세스를 개발할 수 있다. 마지막으로 시장심화전략을 세분류하면 본원적 전략(Generic Strategy)에 해당하는 차별화(differentiation) 전략과 비용선도(cost leadership) 전략이 나온다.

안정전략에서는 성장전략과 다른 접근법을 시도할 수 있다. 비용을 고정비용(fixed cost)과 변동비용(variable cost)으로 구분하고 각 비용의 상승과 하락을 메트릭스로 나열하면 <그림 9.2>에서 보듯이 9가지 대안이 나온다. 이 중에서 비용을 늘리는 4가지 대안은 바람직하지 않고, 비용을 줄이는 3가지 대안은 관리적 대안이다. 전략대안은 남은 두가지이다. 하나는 고정비를 늘이고 변동비를 줄이는 대안이고, 다른 하나는 고정비를 줄이고 변동비를 늘리는 대안이다. 이 중에서 안정전략은 고정비를 줄이고 변동비를 늘려서 손익분기점을 줄이는 대안이다. 손익분기점이 준다는 것은 지금보다 적은 매출액으로도 이익을 낼 수 있다는 의미이므로, 이것이 바로 생존을 가능케 해주는 안정전략이다.

그림 9.2
안정전략의 대안

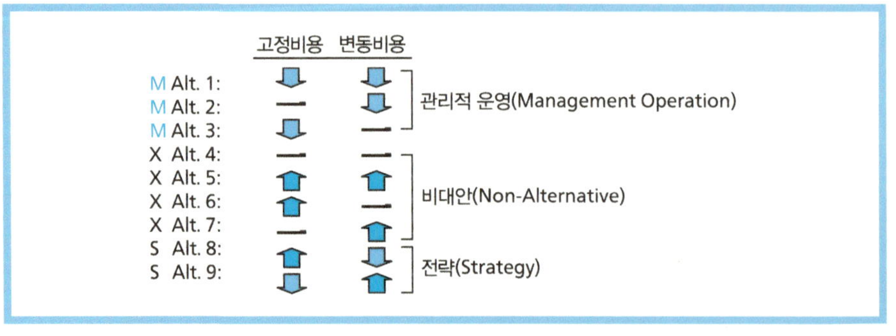

2절 전략결정의 대안

2절에서는 앞에서 본 <표 9.1>에 따라 전략을 제1수준, 제2수준, 제3수준으로 나눠서 접근한다. 제1수준의 전략은 'A. 제품-시장 수준의 본원적 전략'에서 다루고, 제2수준의 전략은 'B. 사업부 수준의 전략내용'에서 다루며, 제3수준의 전략은 'C. 기업 수준의 전략실행방법'에서 다룬다.

A. 제품-시장 수준의 본원적 전략

기업이 본원적 전략을 가지고 성공하려면 그 본원적 전략을 실행하는데 필요한 조건을 가져야 한다. 즉 원가선도전략을 성공시키려면 원가우위가 있어야 하고, 차별화전략을 성공시키려면 차별화우위가 있어야 한다. 본원적 전략에서 본원적(Generica)이란 단어가 의미하는 것도 바로 전략에 내재하는 경쟁우위라는 근본이 있어야 한다는 뜻이다. (여기에 바로 '본원적(generic)'의 의미가 있는 것이다).

1. 경쟁우위

기업이 소기의 목적을 달성하기 위해서는 경쟁기업과 싸워 승리할 수 있는 경쟁우위를 확보하고 있어야 한다. 따라서 여기서는 위에서 설명한 기업의 목적을 달성함에 있어 그 원천이 되는 경쟁우위에 대해 살펴보기로 하자.

1) 개념

경쟁우위란 특정 기업이 제공하는 제품이나 서비스가 시장에서 우선적으로 선택될 수 있도록 하는 능력, 즉 경쟁에서 승리할 수 있는 힘을 의미한다. 이러한 경쟁우위는 다음과 같은 특징을 지녀야 한다. 첫째, 경쟁우위는 시장에서의 핵심적 성공요인을 포함해야 한다. 둘째, 경쟁우위는 사실상의 차이를 가져올 정도로 구별되어야 한다. 셋째, 환경변화나 경쟁자의 대응조치에도 불구하고 지속될 수 있어야 한다.

이렇게 볼 때, 고객이 시장에서 특정 기업의 제품이나 서비스를 선택한다 하더라도 이 거래가 일회적인 것으로 그치거나, 기업에 불리한(원가 이하) 거래가 되어서는 경쟁우위를 확보하고 있다고 말할 수 없다. 자사제품을 선택하는 고객의 수가 많을수록(매출 증대), 그리고 이로부터 창출되는 이익의 많은 부분을 기업이 향유할수록(이윤 증대) 기업의 성과(수익성)는 증대될 것이다.

따라서 고객이 어떤 기업의 제품이나 서비스를 경쟁기업의 그것에 비해 더 가치있다고 평가하고 원가 이상의 가격으로 그 제품이나 서비스를 구매하려 할 때 비

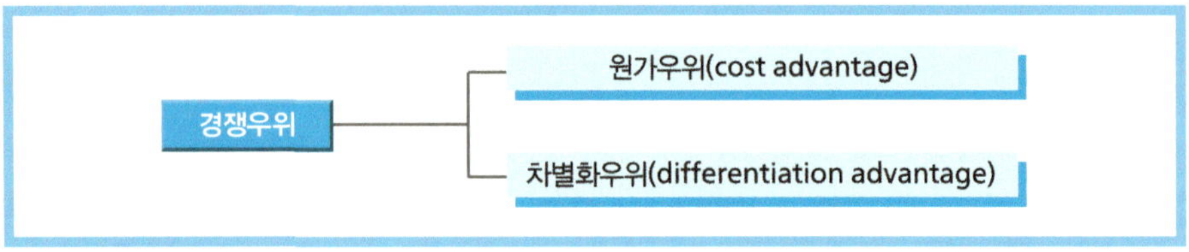

그림 9.3
경쟁우위의 종류

로소 그 기업은 경쟁우위를 확보하게 된다. 기업이 창출할 수 있는 경쟁우위의 종류에는 <그림 9.3>에서 보는 바와 같이 원가우위(cost advantage)와 차별화우위(differentiation advantage)의 두 가지가 있다.

2) 경쟁우위의 원천과 인과관계 사슬

(1) 가치사슬

기업의 차별적 성과 내지 성공은 그 기업이 속한 산업의 구조적 매력도와 산업 내에서의 상대적 위치(relative position)에 의해서 결정된다. 즉 기업의 성과는 산업효과(industry effect)와 기업효과(firm effect)의 두 가지에 의해 결정된다. 그런데 산업 매력도에 의한 산업효과는 그 산업에 속한 모든 기업에 공통적으로 적용되므로, 동일 산업 내의 기업 간 성과 차이는 기업효과, 즉 기업의 상대적 지위에 의해 달라지게 된다(<그림 9.4> 참조).

그러면 이러한 기업의 상대적 위치는 어디서 비롯되는가? 기업의 우월한 위치는

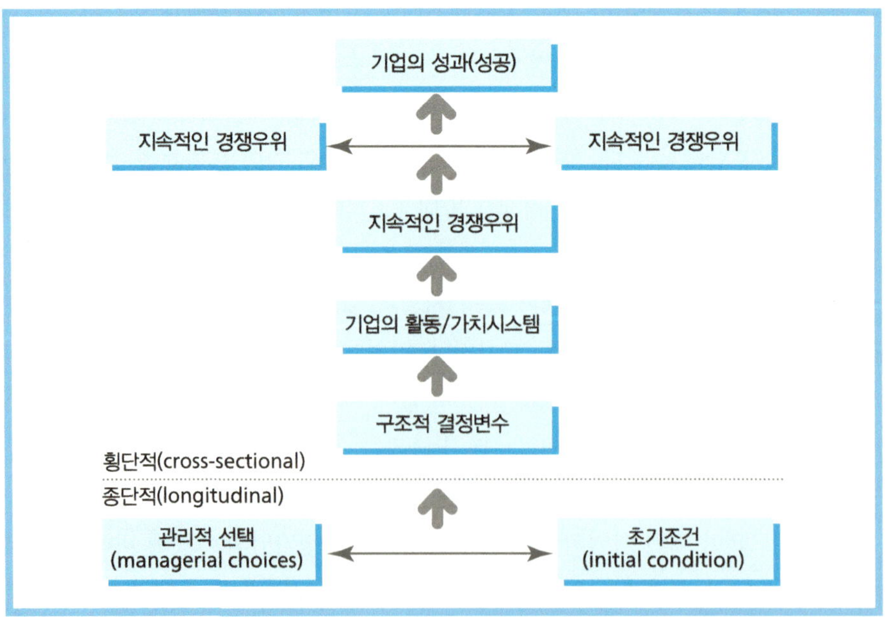

그림 9.4
경쟁우위 원천과 인과관계 사슬

바로 경쟁우위에 의해서 뒷받침된다. 그런데 원가우위와 차별화우위로 대별되는 경쟁우위는 기업의 상대적 위치를 결정하는 원인임과 동시에 또 다른 어떤 요인의 결과물이다. 따라서 기업은 경쟁우위를 어떻게 확보할 수 있는가, 즉 "경쟁우위 원천은 무엇인가?"라는 의문이 여전히 남게 된다.

이러한 경쟁우위 원천은 바로 기업의 활동(activity)이나 가치시스템(value system)에서 비롯된다. 즉 기업의 경쟁우위는 경쟁자보다 낮은 비용으로, 또는 프리미엄 가격을 받을 수 있는 차별화된 방법으로 여러 활동들을 구성하고 수행할 수 있는 능력(ability)에서 창출되는 것이다. 이런 점에서 볼 때 경쟁우위의 기본 단위는 기업활동을 가치사슬(value chain)에 따라 분리한 단위 가치활동이다. 그리고 분리된 가치활동들은 서로 연계되어 다른 활동에 영향을 미치는 동시에 스킬(skill), 조직 루틴(routine), 지식 등의 무형자산을 창출한다. 이하에서는 기업이 수행하는 가치활동, 즉 가치사슬에 대해 좀 더 구체적으로 살펴보자.

① 가치사슬의 개념

가치사슬은 1980년에 『경쟁전략(Competitive Strategy)』을 저술한 하버드경영대학원(Harvard Business School)의 포터 교수가 1985년에 두 번째로 낸 『경쟁우위(Competitive Advantage)』에서 기업가치 분석의 틀로 사용한 모델로 <그림 9.5>에 소개되어 있다.

기업의 경쟁우위를 살피기 위해서는 기업의 모든 구성요소를 몇 개의 범주로 세분해서 분석해야 한다. 이러한 분석을 위한 세분화는 상호 비교를 위해 기본적 틀이 필요하며, 이러한 필요에 따라 기업의 거의 모든 활동을 전략적 단위활동으로 구분해 놓은 그림이 바로 가치사슬이다. <그림 9.5>는 일반적인 가치사슬을 보여준다.

우리는 가치사슬을 통해서 그 기업이 원가 또는 차별화에서 우위를 형성할 수

그림 9.5
가치 사슬

있는 요소들을 체계적으로 파악해서 경쟁우위의 원천을 찾을 수 있다. 그러면 가치사슬에서의 가치의 개념과 가치사슬의 구성요소들을 차례로 살펴보자. 가치란 기업이 공급하는 제품에 대해 구매자가 기꺼이 지불하려고 하는 금액을 말한다. 가치사슬은 총 가치(total value)로 구성되며, 다시 총 가치는 가치활동(value activity)과 이윤(margin)으로 구분된다. 가치활동은 소비자에게 가치 있는 제품을 제공하기 위해 기업이 수행하는 활동이며, 이윤은 총 가치에서 가치활동 수행 시 필요한 원가를 뺀 차액이다. 기업의 일반적 목적은 총 가치가 원가를 초과하게 하는 것이다. 따라서 우리가 분석해야 하는 것은 가치를 창조하는 가치 활동(value activities)이며, 이 부분이 기업의 경쟁우위를 성립시키는 요소이다.

가치활동은 다시 기본활동(Primary Activities)과 지원활동(Support Activities)으로 구분된다.

② 기본활동(Primary Activities)

기본활동은 제품의 물리적 산출과 판매, 소비자에게 전달되는 과정, 그리고 사후 관리 등을 포함하며, 일반적으로 다음 5단계로 구성된다.

- 물류 투입활동(inbound logistics): 투입요소의 구입, 저장, 유통에 관련된 활동을 말하며, 자재 관리, 저장, 재고 관리, 장비 사용 계획, 공급자에게 재주문 등이 포함된다.
- 작업활동(operations): 투입요소를 최종제품 형태로 만드는 활동을 말하며, 기계작업, 포장, 조립, 설비 유지, 검사, 인쇄, 설비 가동 등이 포함된다.
- 물류 산출활동(outbound logistics): 제품을 구매자에게 유통시키기 위한 수집, 저장, 물적 유통과 관련된 활동을 말하며, 완성품 보관, 자재 관리, 운송장비 작업, 주문 처리, 유통계획 등이 있다.
- 마케팅과 판매(marketing & sales): 구매자가 제품을 구입할 수 있게 하고, 또한 그러한 행동을 유도하는 수단을 제공하는 활동을 말하며, 광고, 판촉, 판매원 고용, 판매량 할당, 유통경로 선택, 유통경로와의 관계 증진, 가격 설정 등이 포함된다.
- 서비스(service): 제품 가치를 유지, 증진시키기 위한 활동을 말하며, 정착, 보수, 훈련, 부품 공급, 제품 조정 등이 포함된다.

③ 지원활동(Support Activities)

지원활동은 기본활동과 다른 활동에 대해 구입 요소, 기술, 인적 자원, 기타 다양한 기능을 공급하며 지원하는 것을 말한다. 일반적으로 4개의 범주로 구성되는

데, <그림 9.5>에서 점선은 전체 가치사슬뿐만 아니라 특정 기본활동에도 지원할 수 있음을 나타낸다.

- 획득활동(procurement): 획득활동이란 기업의 가치사슬을 이용해서 기계, 실험 설비, 사무 장비, 건물 등의 자산과 원재료, 소모품 등의 요소를 구입하는 기능을 말한다. 획득활동은 개별적 본원활동 및 전반적 가치사슬을 모두 지원할 수 있다. 여기서 구매(purchasing) 대신 획득이라는 용어를 사용하는 것은 구매가 관리자에게 협소한 의미를 주기 때문이다. 획득이 경쟁우위에서 핵심적인 산업으로는 초콜릿 제조업, 전기 설비업 등을 들 수 있다.
- 기술개발(technology development): 기술개발은 제품과 공정을 향상시키기 위한 노력을 말하며, R&D(연구개발) 대신 이 용어를 사용하는 것은 획득의 경우와 동일한 이유 때문이다. 기술개발도 개별적 활동과 전반적 가치사슬 모두를 지원할 수 있다. 기술개발은 특히 엔지니어링 개발 부문과 깊이 연결되어 있으나, 사실 기업의 거의 모든 부문에서 발생되고 있음에도 명백히 인식되고 있지 않을 뿐이다. 철강산업에서는 기술개발이 경쟁우위의 가장 중요한 요소이다.
- 인적자원관리(human resource management): 인적자원관리는 모집, 고용, 훈련, 개발, 보상 등의 활동을 말하며 개별적, 전반적 활동을 모두 지원한다. 인적 자원 관리가 중요한 산업은 고도의 전문지식을 요하는 산업들이다.
- 기업의 하부구조(firm infrastructure): 기업의 하부구조는 일반 관리, 계획, 재무, 회계, 법률, 정부 관계 등으로 구성된다. 이것은 개별적 활동을 지원하지 못하고 전체 가치사슬만 지원할 수 있다. 하부구조 활동은 사업단위와 기업단위의 활동으로 분리할 수 있으나 대부분 두 곳에서 모두 발생한다. 전화, 통신회사에서는 하부구조가 경쟁우위의 중요 요소가 된다.

여기서 가치활동을 분리하는 방법에 대해서 살펴보자. 활동 분리는 그 활동이 직면하고 있는 경제적 상황과 가치사슬의 이용 목적에 따라 그 정도를 달리 한다. 그리고 활동 분리의 기본원칙으로는 다음의 세 가지를 들 수 있다. 첫째, 서로 다른 경제적 상태를 지닐 것, 둘째, 차별화에 대한 높은 잠재적 영향력을 지닐 것, 셋째, 원가의 상당 부분을 점할 것. 또 활동에 대한 적절한 범주를 선택하기 위해 각 활동이 어떤 범주에 가장 큰 영향을 주는가를 판단해서 분류해야 한다. 이와 같은 정확한 판단하에 기업의 가치사슬을 작성하면, 기업의 내부여건을 분석하기가 훨씬 수월해진다.

마지막으로, 이러한 가치사슬은 기업뿐만 아니라 공급자, 유통업자, 구매자에 대

그림 9.6
가치체계

해서도 작성할 수 있으며, 이 네 가지 사슬의 흐름을 <그림 9.6>에서 보듯이 가치체계라 한다.

④ 정보가치사슬

a) 가치사슬에 스며든 정보기술

정보기술은 가치사슬(value chain)의 모든 분야에 스며들어 기업의 가치창조 활동의 수행방식을 변화시킨다. 과거에는 기업의 가치창조 활동이 물적 측면에 의해 큰 영향을 받았다. 그러나 오늘날에는 물적 측면보다 정보 측면에서의 기술 변화 속도가 훨씬 빠르다. 정보기술이 일반기술보다 훨씬 빠른 속도로 발전하고 있는 것이다. 이러한 정보기술의 발전은 기업의 업무영역을 확대시키고 경영자들에게 새로운 사업 기회를 제공해 준다. 즉 기술개발에서의 CAD에서부터 설비에 대한 원격서비스에 이르기까지 가치창조 활동의 전반에 영향을 미치고 있는 것이다(<그림 9.7> 참조).

한편 정보기술은 제품의 개념도 변화시킨다. 역사적으로 볼 때 제품의 물적 측면이 정보 측면보다 중시되어 왔다. 그러나 정보기술의 발달로 인해 제품의 물적 측면 못지 않게 정보 측면도 기업 경영에 중요한 역할을 하게 되었다. 이러한 정보기술이 경영방식에 어떠한 변화를 초래하는지를 일본 중고차 시장을 통해 좀 더

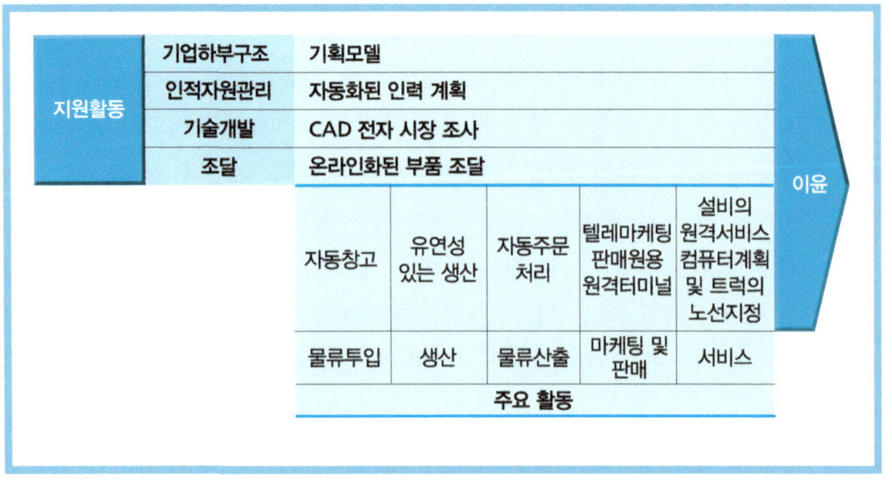

그림 9.7
가치사슬에 스며든 정보기술

구체적으로 살펴보자. 1980년대 중반까지 중고 자동차들은 매주 몇 개의 집결지로 수송되어 거기서 경매를 통해 소매상에게 판매되었다. 그러나 이러한 방법을 통해 판매되는 자동차 수는 재고량의 45% 정도에 불과했으며, 그 결과 도매상들은 많은 재고를 부담하지 않을 수 없었다.

이러한 비효율을 제거하기 위해 한 청년이 오크네트(Aucnet)라는 컴퓨터 및 위성통신 시스템을 개발했다. 그는 영상과 문자정보에 의한 TV경매시스템을 통합했다. 중고차를 팔 사람들이 오크네트에 차의 리스트를 입력하면 오크네트의 검사원들은 자동차 소재지에 가서 제시된 정보를 확인하고 차량을 검사하며 사진을 수집한다. 이렇게 수집된 정보는 레이저 디스크로 옮겨져 이 시스템에 가입한 소매상들에게 배포된다. 그리고 매주 말에 전국에 걸쳐 컴퓨터 스크린을 통해 경매가 이루어진 뒤 구매된 차량은 해당 차고지로 배달된다. 이와 같이 오크네트 시스템의 출현으로 인해 차량의 소재지와 구매가 이루어지는 장소가 전혀 별개의 것이 되었다. 즉 물건을 실제로 팔고 사는 사람 사이의 시장접촉이 사라진 것이다.

이러한 새로운 형태의 거래 방식은 다음 세 가지 면에서 전통적 거래 방식과 차이가 있다. 첫째, 거래 내용이 다르다. 자동차 자체가 아니라 자동차에 관한 정보가 자동차를 대신한다. 둘째, 거래 방법이 다르다. 컴퓨터 스크린을 통한 경매가 매매 당사자 간 얼굴을 보면서 진행하는 경매를 대신한다. 셋째, 거래를 성립시키는 하부구조가 다르다. 컴퓨터와 통신라인이 자동차 전시장을 대신한다. 결국 정보가 지배하는 거래에서는 고객이 제품에 관한 정보를 입수하고 구입하는 방법이 다르며, 제품이 인도되는 방식도 달라지게 되는 것이다.

이 사례에서 오크넷이 특화한 활동은 전통적으로 한 회사가 담당하던 중고자동차 거래의 전 영역을 여러 단위의 가치사슬활동으로 나누고 그 중에서 '요소획득'에 해당하는 차량에 관한 정보 수집활동만을 떼내어서 이를 정보기술로 통합한 것임을 알 수 있다.

b) 정보통신과 인공지능(AI)에 의한 가치창조 메커니즘

이제 이러한 정보기술이 어떤 메커니즘으로 가치를 창조하는가를 전통적인 방식과 비교해서 살펴보자. 전통적으로 고객이 인식하는 가치는 제공되는 가치의 내용(content)과 가치 제공 방법/형식(context)의 결합에 의해서 형성된다. 예를 들어 신문은 내용(뉴스, 경제, 스포츠, 날씨등 각종 정보)과 제공 형식(구성, 편집 스타일 등), 하부구조(인쇄기, 트럭, 가판대, 가정배달 등)의 활동들이 하나의 가치체계 속에서 종합적으로 엮어져야만 독자들이 그 가치를 인식할 수 있다. 그러나 정보기술의 발달로 인해 내용과 형식/방법, 하부구조가 각각 독자적으로 가치를 창조할 수 있게 되었다. 디젤연료를 트럭 운수업자들에게 판매하고 있는 퍼시픽 프라이드(Pacific Pride)사의 경우를 살펴보자.

이 회사는 고속도로변에 무인주유소를 설치하는 독특한 유통방식을 도입했다. 이 시스템을 통해 트럭 운전기사들은 일반 소비자들이 자동출납기에서 현금을 인출하는 것과 유사한 방법으로 주유소에서 연료를 구입할 수 있게 되었다. 즉, 24시간 급유할 수 있을 뿐만 아니라 길게 줄지어 서서 기다리는 일 없이 연료를 신속하고 효과적으로 조달하게 된 것이다. 한편 운수회사는 트럭 운송시스템 전반에 걸쳐 개별 트럭과 운전기사의 연료 효율성을 모니터하는 부가가치를 향유할 수 있었다.

퍼시픽 프라이드사가 제공하는 이러한 가치구조를 내용, 방법, 하부구조의 관점에서 살펴보면, 디젤연료 및 부가가치 정보서비스는 가치의 내용, 주요 트럭 운송로의 자동 급유 주유소는 가치 제공의 방법, 자동 재고파악이 가능하고 트럭을 위해 특별히 설계되어 적소(適所)에 위치하고 있는 주유소는 가치 제공을 가능케 하는 하부구조에 해당된다.

이처럼 기업의 가치창조 활동은 두 가지 측면에서 이루어지고 있다. 하나는 전통적인 물(物)의 흐름과 관련되는 가치사슬(physical value chain) 상에서, 다른 하나는 정보흐름과 관련되는 가치사슬(information value chain)상에서 창조되고 있는 것이다. 경영자들은 물적 측면뿐만 아니라 정보 측면에서도 어떻게 가치가 창조되는지를 정확히 이해하고 있어야만 앞서 예시한 가치들을 향유할 수 있다.

가치사슬은 사물인터넷(Internet of Things: IOT)이 주도하는 제4차 산업혁명이 진행되고 있는 2020년대에 특히 중요한 전략개발수단으로 각광받고 있다. 과거에는 주로 제조기업의 생산에 해당하는 '작업활동'을 중심으로 한 단위 가치사슬 활동을 자동화해서 가치 상승을 주도했다면, 제4차산업혁명에서는 단위 가치사슬 활동 간의 연결고리를 IOT로 연계함으로써 총 가치를 비약적으로 상승시킬 수 있게 된 것이다. 여기에 인공지능(AI)이 본격적으로 도입되어 기존 경영이론에서 찾아낼 수 없었던 새로운 가치상승기회를 가치사슬 모델이 제공해줄 것으로 기대된다.

c) 정보가치사슬의 활용

일반적으로 정보가치사슬(IVC)을 통해 기업이 가치를 창조해 내는 과정은 그 정도에 따라 IVC의 기반 마련 단계, IVC의 구축 및 활용 단계, 새로운 시장 및 새로운 고객관계의 창조 단계 등 3단계로 구분할 수 있다(<그림 9.8> 참조).

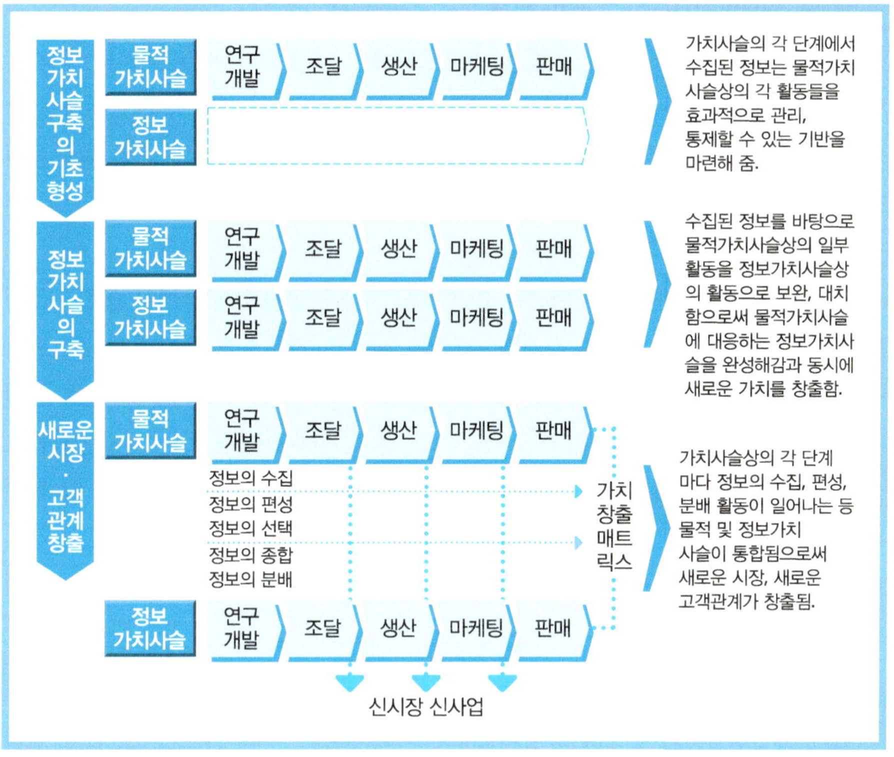

그림 9.8
정보가치사슬의 구축 단계 및 특징

- **1단계: 정보가치사슬의 기반 마련**

기업이 정보를 활용해 보다 효과적으로 물(物)의 흐름, 즉 물적 가치사슬(PVC)을 통제할 수 있는 능력을 확보하는 단계이다. 이 단계에서는 물적 가치사슬 상의 활동들을 효과적으로 관리하기 위해 대규모 정보기술체제를 구축하고 사용하는 기초를 다진다. 이렇게 구축된 정보기술은 PVC를 별개 활동들로 구성된 단순한 집합체가 아니라 통합된 시스템으로 인식할 수 있도록 해줌으로써, PVC 관리에 필요한 통찰력을 제공해준다.

프리토레이(Frito-Lay)사는 이러한 통찰력을 경쟁우위로 연결시킨 대표적 기업 중 하나로 손꼽힌다. 프리토레이는 자사 브랜드 스낵제품의 효율적 생산, 유통 등을 위해 탄탄한 정보시스템을 구축하고 있는데, 이 시스템은 제조, 물류, 마케팅, 판매 등 모든 활동을 통합 관리할 수 있게 해줄 뿐만 아니라, 고객, 공급자, 경쟁자에 대한 정보도 제공해준다. 즉, 동사의 종업원들은 현장에서 자사 및 경쟁 사의 판매, 판촉활동과 관련된 매일매일의 정보를 입력하고, 본사 차원에서 이러한 정보를 PVC상의 각 단계별로 결합, 분석함으로써 원자재 조달, 생산스케줄 관리, 배송 관리 등을 매우 효과적으로 수행하고 있는 것이다.

- **2단계: 정보가치사슬의 구축 및 활용**

가치사슬상에서 물(物)의 흐름을 정보흐름으로 대체해가는 단계이다. 특정 기업이 정보 인프라를 구축한 경우, 그 기업은 PVC에서 뿐만 아니라 IVC에서도 가치를 창조할 수 있는 기반을 확보했다고 할 수 있다. 즉 PVC상의 어떤 활동들이 IVC 상의 활동들로 대체될 수 있고 이때 어떤 가치가 창조될 수 있는가를 알 수 있게 된다.

포드(Ford)사는 제품 개발이라는 PVC상의 핵심활동을 IVC상에서 통합 · 조정함으로써 세계시장에 동시에 소개할 수 있는 글로벌 자동차를 개발했다. 즉, 동사는 전 세계에 걸친 엔지니어링, 디자인, 마케팅 전문가들을 정보기술로 상호 연결시킴으로써, 시간과 공간의 제약을 극복하고 전 세계에 산재해 있는 개발팀원들로 하여금 24시간 정보와 디자인을 공유하고 컴퓨터를 통해 시뮬레이션할 수 있게 했다. 결국 포드는 PVC상에서 수행되던 일부 활동을 IVC상에서 수행함으로써 전세계 소비자의 욕구를 반영한 제품을 보다 신속히, 그리고 효과적으로 개발할 수 있었다.

- **3단계: 정보가치사슬을 통한 새로운 시장, 새로운 고객관계의 창출**

일단 기업이 PVC 및 IVC상의 가치 창조 활동들을 모두 관리할 수 있게 되면 고객과의 새로운 관계를 창조할 수 있는 여건을 확보한 셈이다. DEC사는 인터넷을 통해 고객에게 서비스하는 새로운 방법을 개발했는데, 이렇게 함으로써 고객들은 PC를 사용해 판매관리자와 접촉하고 제품과 서비스를 주문해서 DEC 설비의 각종 명세서를 검토할 수 있게 되었다. DEC는 이를 통해 고객과 관련된 대부분의 가치 창조 활동을 IVC상에서 수행함으로써 관련 비용과 시간을 절감시켰을 뿐만 아니라, 고객과의 관계 개선을 통해 자사 제품의 사용을 증가시키는 효과까지 향유했다.

제4차 산업혁명이 우리 삶의 일부가 되고, 빅데이터를 이용한 인공지능(AI)이 우리 삶을 환골탈태 해주는 오늘날 정보기술의 중요성은 이제 더 이상 논쟁의 대상이 아니다. 문제는 정보 기술이 언제, 어떤 방법으로 우리 기업의 경쟁적 위치에 영향을 미칠 것인가 하는 점이다. 정보기술의 발전에 제대로 대응하지 못하는 기업은 경쟁기업이 주도하는 변화에 순응하고 따를 수밖에 없으며, 결국 경쟁우위를 상실하고 마는 처지로 전락하게 될지도 모른다. 앞으로 정보가치사슬이 빅데이터로 무장한 인공지능기반 가치사슬(AI-based Value Chain: AIVC)로 발전하게 되면 가치사슬 이론이 어떤 방향으로 변화발전 할지 예측하고 준비하는 것도 경영학도들의 새로운 과제이다.

(2) 구조적 결정요인

지금까지 기업의 경쟁우위는 기업이 가치사슬상의 활동을 구성하고 수행하는 능력에서 나온다고 설명했다. 그렇다면 이러한 활동수행 능력은 또 어디서 나오는가? 왜 특정 기업은 다른 기업에 비해 가치활동을 보다 잘 수행할 수 있는가? 이는 경쟁기업 간 원가상의 차이를 가져오거나 고객의 가치를 창조하는 방법상의 차이를 낳게 하는 동인들(drivers), 즉 구조적 결정변수로 설명할 수 있다.

가치활동에 있어 경쟁우위를 결정짓는 중요한 변수로는 활동의 규모, 누적 학습(cumulative learning), 활동 간 연계성, 타사업 단위와의 활동공유 능력, 생산시설의 가동률, 활동의 입지, 투자 의사결정 시기의 적절성, 수직적 통합의 정도, 정부규제와 같은 제도적 요인, 가치활동의 구성과 관련된 기업의 정책결정 등을 들 수 있다.

이하에서는 이들 변수를 원가우위 원천과 차별화 원천이라는 두 측면에서 살펴보자.

① 원가우위의 원천

a) 기업활동 간 관련성

특정 기업활동의 원가는 그 기업에서 수행하는 다른 활동이 어떻게 수행되는가에 따라 영향을 받는다. 기계의 사용과 보수유지 활동, 품질검사와 애프터서비스 활동, 부품구매 활동과 생산 활동 등에서 볼 수 있듯, 이 경우에는 의도적으로 한 활동에서 원가를 높임으로써 다른 활동에서의 원가를 낮출 수 있을 뿐 아니라 총원가도 절감할 수 있는 경우가 많다. 예컨대 품질검사활동과 애프터서비스 활동의 경우를 보면, 품질검사가 엄격하면 자연히 애프터서비스 활동 원가가 적게 들 것이다. 그러므로 품질검사활동을 강화하면 애프터서비스 활동에 드는 원가를 절감하고 나아가 소비자들에게 좋은 제품 이미지를 심어주어 더욱 많은 제품을 판매할 수 있게 된다. 복사기산업에서는 구입 부품의 품질이 조립 후 조정활동과 관련 깊은데, 대표적인 복사기 제조업체 캐논(Canon)사에서는 보다 정밀한 부품을 구입함으로써 개인 복사기 라인의 조립 후 조정단계를 생략할 수 있었다.

b) 사업부 간의 상호 관련성

기업 내 다른 사업단위와의 상호 관련성도 원가에 영향을 미친다. 특히 어떤 활동을 기업 내 다른 사업단위와 공동으로 수행되는 경우 상당한 원가절감을 할 수 있다. 즉, 한 사업부가 다른 사업부와 공동의 브랜드나 유통경로, 부품 등을 사용하면 원가절감 효과를 거둘 수 있는 것이다.

c) 수직적 통합

수직적 통합 정도도 원가에 영향을 미친다. 기업이 자체적으로 컴퓨터와 소프트웨어를 갖고 있는 경우, 외부 용역회사를 이용하는 것보다 주문처리 시스템을 운영하는 비용을 줄일 수 있고, 자체 운송차량을 갖고 있는지에 따라 원재료 투입 활동과 수송활동 비용도 달라질 수 있다. 통합이 이루어진 경우에는 각 활동을 결합함으로써 경제적 이익을 향유할 수 있다. 예컨대 강철 생산과 단조 공정이 같이 있는 경우 철을 다시 가열하지 않아도 된다. 그러나 통합은 유연성을 해치거나 철수장벽을 높임으로써 오히려 원가를 상승시킬 수도 있다.

d) 규모의 경제

규모의 경제는 많은 제품을 생산함으로써 기업활동들을 다른 방법보다 효과적으로 수행할 수 있는 능력, 또는 광고 활동이나 R&D 활동 등에서 발생한 원가를 보다 많은 생산량에 분산시킬 수 있는 능력에서 비롯된다. 규모의 경제는 제품 생산량이 증가함에 따라 생산에 부수되는 간접비가 제품 생산량에 비해 적게 증가하거나 기업 활동이 보다 효율적으로 변하는 경우에도 나타날 수 있다. 한편 규모가 증가함에 따라 나타나는 복잡성 때문에 기업활동에서 규모의 비경제가 나타날 수도 있다. 예를 들어 금속 캔(can) 공장의 경우 생산라인 수가 15개를 넘으면 공장 관리의 복잡성이 갑자기 증가하게 된다. 규모의 비경제는 환경변화에 빨리 반응해야 하는 패션산업이나 전문 서비스업과 같이 큰 조직에서 능률이 저하되는 특성을 보여주는 곳에서 많이 나타난다.

e) 학습효과

기업활동은 학습효과에 의해 효율이 증대되므로 시간 경과에 따라 각 활동의 원가는 감소한다. 학습효과로 원가를 낮출 수 있는 방법은 다양하다. 예컨대 설비배치의 변경, 일정계획의 개선, 노동생산성 향상, 생산을 용이하게 만드는 제품설계의 변경, 공정에 적합한 원자재 구매 등이 있다. 학습효과는 학습의 원리가 다양하고 산업에 따라 상이하기 때문에 각 활동에 적합한 학습효과 수준이 다르다. 예를 들어 학습이 종업원의 능률 향상을 통해 원가구조에 영향을 미치는 경우라면 학습효과는 그 활동의 누적량과 관련이 깊을 것이다. 그러나 학습이 보다 효율적인 설비의 도입을 통해 이루어지는 경우라면 학습효과는 기업의 누적생산량과 무관하다.

f) 경험곡선 효과

어떤 기업이 다른 기업보다 낮은 원가를 갖게 되는 이유 중 하나로 경험곡선 효과를 들 수 있다. <그림 9.9>의 왼편 그림은 누적된 경험이 두 배로 늘 때마다 생산

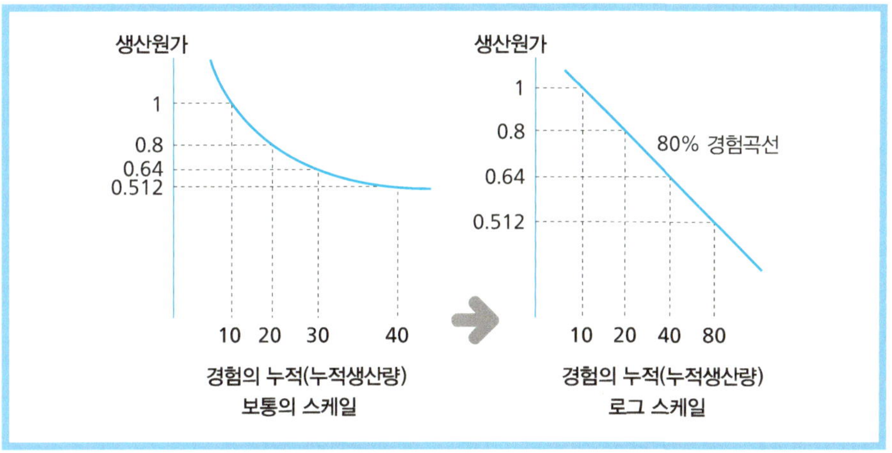

그림 9.9
경험곡선

원가(더욱 정확히 표현한다면 부가가치의 원가)가 20%씩 감소되는 것을 보여주고 있다. 이러한 생산원가와 경험 누적 간의 관계를 X축과 Y축이 모두 로그 스케일로 되어 있는 방안지에 나타내면, <그림 9.9>의 오른편 그림과 같이 직선이 된다. 이 선을 경험곡선이라 한다.

경험곡선이란 이름은 1966년에 경영전략 컨설팅회사인 보스턴 컨설팅그룹(Boston Consulting Group: BCG)에서 처음 사용했다. 경험곡선은 학습곡선(learning curve)과 구별될 필요가 있다. 직공이 반복적인 작업을 계속함에 따라 제품 1단위에 필요한 노동시간이 감소되는 현상을 학습곡선이라 하는데, 대체적으로 한 직공의 누적된 작업량이 두 배가 될 때마다 그가 제품 한 단위에 소모하는 노동시간은 약 10~15% 줄어든다고 한다. 이 관계는 이미 여러 예를 통해 증명되었으며, 실생활에도 많이 이용되고 있다. 예컨대 미국정부는 군납계약 시 학습곡선에 의한 단가 조정을 부대 조건으로 붙이는 것이 보통이다. 그러나 학습곡선은 직접비 중에서도 임금에만 적용된다. 따라서 그 적용에는 한계가 있다. 이에 반해 경험곡선은 직접비와 간접비를 망라한 총 생산원가가 감소하는 패턴을 설명하므로 그 적용범위가 훨씬 넓다.

경험곡선 개념은 이론적으로 정립된 것이 아니라 여러 사례를 통해 경험적으로 개발되었다. 1960년대 초 BCG는 고객사인 제너럴 일렉트릭에서 컨설팅에 필요한 자료를 수집하던 중, TV 생산원가가 하락 추세를 보이고는 있으나 흑백 TV보다 컬러 TV가 더 빨리 하락하고 있는 것에 대해 의문을 갖게 되었다. 즉 같은 공장, 같은 노동력, 같은 조립 시설을 사용하는데도 불구하고 컬러 TV의 단위당 생산원가는 지난 1년 동안에 약 20% 하락했음에 반해 흑백 TV는 5%밖에 하락하지 않았던 것이다. 이러한 의문은 전자공업의 기본 요소인 반도체에 대한 연구에서 또다시 제기되었다. 여러 종류의 반도체를 비교해 보니 원가의 변화가 제각기 다른 패턴을 보여주었던 것이다. 이 의문을 규명하기 위해 BCG의 연구자들은 각 반도체의 생산원가와 관계가 있을 만한 모든 변수를 조사해 보았다. 이러한 연구 끝에 결국 반도체의 누적생산량이 생산원가와 일정한 상관관계를 갖고 있다는 결론을 얻게 되었다. 즉, 어느 반도체를 막론하고 누적생산량이 두 배가 되면 불변가격으로 표시된 생산원가는 약 25%씩 감소한다는 것이 경험적으로 증명된 것이다.

이러한 통계적 결론은 우리가 아는 경제학 이론과 모순되는 면을 보여준다. 우선 고전 경제학에서는 생산비를 생산규모의 함수로 인정하되 그 관계는 U형으로 나타낸다. 생산량이 증가함에 따라 한계생산비는 낮아지나 일단 최적생산규모를 초과하면 다시 상승한다는 것이다. 그러나 경험곡선에 의하면 한계 생산비는 무한히 하락하게 된다. 또한 고전 경제학은 완전경쟁에 의한 자유경제체제 내에서 모든 경쟁자가 동일한 한계생산비를 갖는 것을 전제로 한다. 그러나 경험곡선에 의하면 어떤 경쟁체제건 각 회사의 누적생산량이 많고 적음에 따라 한계생산비가 달라진다. 특히 완전경쟁시장에서 모든 참가자가 극히 미세한 점유율만을 갖는 경우에는 한계생산비의 차이가 오히려 심화된다.

이러한 사례들을 통해서 경험곡선은 차츰 그 객관적 타당성을 인정받게 되었다. 또한 여러 종류의 제품에 적용해본 결과 그 제품의 성격에 따라 원가절감의 속도가 제각기 다르다는 것도 발견되었다. 예컨대 자동차산업에서는 누적생산량이 2배 증가함에 따라 한계생산비가 23%, 제철공업에서는 18% 감소한다는 식이다. 이러한 경험곡선은 경영자에게 다음과 같은 아이디어를 제공하고 있다.

- 시장점유율: 생산비는 시장점유율과 역비례 관계를 갖는다. 따라서 높은 시장점유율은 낮은 생산비를 가능하게 한다.
- 성장성: 경쟁자보다 높은 성장률을 유지하는 회사에서는 생산비도 상대적으로 낮아진다.
- 기채능력(起債能力): 시장점유율이 증가할수록 안정성을 해치지 않고도 기채능력을 높일 수 있다.
- 경험의 공유: 유사한 제품을 많이 생산하는 회사는 생산비의 하락 속도가 빨라진다.
- 생산비 통제: 생산비 하락에 대한 예측이 가능해짐에 따라 이에 대한 통제도 가능해진다.
- 직접생산과 구매: 부품을 직접 생산할 것인가 구매할 것인가 하는 문제도 부품판매자에게 이미 축적된 경험을 따라잡을 수 있는가에 의해 결정될 수 있다.

- 시장의 장래성: 시장의 장래성 역시 소비자의 가격탄력성과 생산비 하락 속도를 비교함으로써 평가될 수 있다.

경험곡선은 기업이 전략을 결정하는 데 있어서도 큰 도움을 준다. 예를 들어 텍사스 인스트루먼트사에서는 경험곡선의 경험적 이론에 따라 휴대용 계산기의 생산량을 증가시키면 그 생산원가가 하락할 것이라는 전제하에 1970년대 초 1대당 50달러 이상 하던 휴대용 계산기의 판매가격을 30달러 수준으로 크게 내렸다. 이에 따라 텍사스 인스트루먼트의 시장점유율은 급증했고, 회사에서는 수요를 감당하기 위해서 생산량을 대폭 증가했으며 결국 원가는 30달러 이하로 하락되었다. 텍사스 인스트루먼트는 그 전략을 실시하는 동안 초기에 원가보다 낮은 가격으로 인해서 큰 손실을 입었으나 경험곡선에 근거를 둔 과감한 판매가격 인하 전략이 그대로 적중함에 따라 1970년대 중반 이후 휴대용 계산기 시장의 최강자로 군림했다.

이같이 경험곡선은 회사마다 생산원가가 다른 이유로 누적생산량의 차이를 들고 있다. 만일 생산원가가 낮은 회사일수록 능력이 많은 회사라고 한다면 누적생산량이 많은 회사일수록 그리고 그 결과 시장점유율이 높은 회사일수록 능력이 많은 회사가 되는 셈이다.

그러나 제품원가는 기업이 가질 수 있는 능력의 일부이지 결코 그 전부는 아니다. 특히 제품수명주기상의 성숙기 또는 쇠퇴기에 있는 제품에 대해서는 원가가 큰 의미를 갖지만 그 이전의 도입기 또는 성장기에 있는 제품을 취급하는 기업에게는 원가, 즉 생산보다 연구 개발과 마케팅이 더 중요한 능력으로 부상된다. 예컨대 새로운 기술개발이나 시장의 성장이 기대되지 않는 제철산업에서는 효율적인 생산에 의한 원가 절하가 기업의 생명이지만 급속한 기술 진보가 이루어지고 제품의 변화가 빠른 컴퓨터산업에서는 연구 개발 능력이, 위스키를 비롯한 양주 제조판매업에서는 마케팅 능력이 기업에서 가장 중요한 능력이 되는 것이다.

g) 조업도

특정 활동에서 발생하는 고정비가 클 경우 그 활동의 원가는 조업도에 큰 영향을 받는다. 고정비가 클 경우에 조업도가 낮으면 원가가 급상승하기 때문에, 총 원가에 대한 고정비의 비율(고정비/총원가)은 기업활동의 조업도에 대한 민감도를 나타낸다.

h) 입지(location)

기업활동이 이루어지는 지리적 입지조건이 원가에 영향을 미치기도 한다. 입지 선정이란 대체로 전략적 선택의 결과이지만 기업의 성장배경이나 주요 투입요소의 소재지, 기타 다른 요소의 영향을 받기도 한다. 입지는 여러 가지 방법으로 원가에 영향을 미친다. 즉 입지에 따라 근로자의 인건비, 경영자의 인건비, 연구개발요원의 인건비, 원자재, 에너지 및 기타 요소들의 가격이 다르다. 그리고 같은 항목이라 하더라도 임금수준과 세율은 나라마다 도시마다 큰 차이를 보인다. 또한 그 지역의 사회간접자본이 얼마나 잘 갖추어져 있는가에 따라 그곳에 입지한 기업의 원가가 달라진다. 기후, 문화적 규범, 취향 등도 입지에 따라 달라지는데, 이러한 요인은 제품에 대한 소비자의 요구에 직접 영향을 미치기도 하지만 기업이 활동을 수행하는 방법까지도 바꿔놓을 수 있다.

② 차별화의 원천

a) 일반적인 차별화정책

기업은 어떤 활동을 수행할 것이며, 그 활동을 어떻게 수행할지에 대한 전략적 의사결정을 하는데, 이러한 정책의 선택이 가장 일반적인 차별화의 원천이 될 수 있다. 차별화우위를 창출하기 위해 기업이 선택할 수 있는 전형적인 정책에는 제품의 외양, 성능이나 서비스(예: 신용, 배달, 수리) 등과 같은 보편적인 것들뿐만 아니라 투입물의 품질, 종업원들의 기술, 경험 및 교육 · 훈련수준, 기계장비의 정확성, 공장의 자동화 정도와 같은 것들이 포함될 수 있다.

b) 수직적 통합

기업의 수직적 통합수준 또한 차별화우위의 원천이 될 수 있다. 예컨대 외부공급 대신에 내부공급으로 서비스를 제공한다면, 그 기업은 경쟁자에 비해 독특한 서비스를 제공할 수 있다. 이처럼 기업이 통합을 시도할 때는 공급자나 유통경로 상의 거래처 활동뿐만 아니라 구매자들에 의해 수행되고 있는 활동까지도 통합의 대상에 포함시킬 수 있다. 예컨대 미국의 American Hospital Supply사는 병원들을 그들의 컴퓨터 시스템에 연결시켜 온라인망을 통해 필요한 물건을 주문시킬 수 있도록 함으로써, 기존 병원이 수행해오던 구매활동까지 대신 수행하는 방향으로 차별화를 이룩했다. 이러한 차별화의 원천들은 각 활동별로 다르기 마련이며, 동일한 활동이라도 산업에 따라 차별화의 원천이 달라진다. 따라서 기업은 그들의 사업영역 내에서 어떤 요인들이 차별화를 이루는가를 면밀히 살펴보아야 한다. 경쟁사가 미처 생각하지 못했던 분야에서 차별화의 원천을 발견할 수도 있기 때문이다.

c) 기업활동 간의 관련성

만약 한 가지 활동을 수행하는 방법이 다른 활동의 성과에 영향을 준다면 이러한 관련성을 통해 차별화우위를 창출할 수 있다. 예컨대 배달시간은 주문처리 속도와 주문을 받는 빈도에 따라 결정되므로, 이 두 가지 활동을 잘 조정함으로써 배달

시간을 단축할 수 있다. 이와 마찬가지로 판매원과 서비스 조직 간의 조정은 소비자들에게 보다 높은 수준의 서비스를 제공해줄 수 있다. 예컨대 일본의 복사기나 반도체 기업들은 불량품 검사와 같은 단일 가치활동에만 의존하지 않고 불량품에 영향을 주는 모든 활동을 조절함으로써 불량비율을 급격히 낮출 수 있었다.

d) 입지

기업이 선점한 입지로부터 차별화우위가 창출되기도 한다. 예컨대 시중은행은 고객의 입장에서 가장 편리한 장소에 자동 현금 출납기를 설치해야 한다.

e) 사업단위 간의 상호 관련성

차별화우위는 계열회사끼리 활동을 서로 공유함으로써 창출될 수도 있다. 예컨대 금융업의 경우 보험과 다른 금융상품 판매를 동일한 판매조직에서 담당함으로써, 판매원들은 구매자들에게 보다 나은 서비스를 제공할 수 있다.

3) 인과관계의 동태성

이상에서 설명한 구조적 결정변수를 고려함으로써 경쟁우위의 구축과 지속성을 설명할 수 있다. 즉, 경쟁우위의 지속성은 기업이 보유한 가치사슬상의 경쟁우위의 수와 독특한 결정변수에 의해 결정된다. 예컨대 학습에 근거한 경쟁우위의 지속성은 그 학습을 자사만의 전유물로 만드는 능력에 의해 결정되며, 생산요소에 대한 조건(factor conditions)에서 비롯되는 경쟁우위의 지속성은 요소시장의 불완전성에 의해 결정된다.

이처럼 경쟁우위의 잠재적 원천을 파악하기 위해서는 구조적 결정변수를 알아야 한다. 즉 어떤 기업이 경쟁우위로서 브랜드 명성을 확보하고 있다고 할 경우, 이 기업이 브랜드 명성을 어떻게 구축했으며, 그것이 왜 경쟁우위가 될 수 있는가를 알기 위해서는 그 동인(driver)을 알아야 한다는 것이다. 예를 들면 시기적으로 어떤 기업이 광고를 일찍 시작했기 때문(광고 투자시기의 적절성)에 경쟁기업과 차별화할 수 있었으며, 이렇게 시기적으로 앞선 광고와 누적적 광고를 통해 확보한 명성은 현재의 광고비 지출을 줄여주거나(원가우위), 고가격 정책을 수행할 수 있도록 해준다(차별화우위)는 것과 같은 설명이 필요하다. 이러한 사실은 결국, 구조적 결정요인의 수준에서만 경쟁우위의 원천이 규명될 수가 있다는 것을 의미한다.

그런데 여기서 인과관계의 사슬을 거슬러 올라가 보면 또 다른 의문에 직면하게 된다. 어떤 기업이 경쟁기업보다 일찍 광고를 해서 경쟁우위를 확보했다면, 그 기업은 어떻게 해서 경쟁기업보다 일찍 광고를 하게 되었는가? 이러한 물음에 답하기 위해 포터는 초기 조건(initial conditions)과 관리적 의사결정(managerial choices)이라는 변수를 제시하고 있다.

초기 조건이란 기업이 과거로부터 물려받은 유형·무형의 자원으로서 기존(preexisting)의 명성, 스킬, 입지 등을 의미하며, 관리적 의사결정이란 기업활동의 배열, 자산이나 스킬에 대한 경영자의 투자결정 등을 의미한다. 여기서 관리적 의사결정은 초기의 강점이 없더라도 경영자의 창의력 등을 기반으로 해서 기업을 성공으로 이끌 수 있도록 해주는 특징을 지닌다.

이렇게 볼 때, 어떤 기업이 경쟁기업보다 일찍 광고를 할 수 있었던 것은 초기 조건(풍부한 자금)에 의한 것이거나, 경영자의 과거 의사결정에 의한 것이다. 그리고 풍부한 자금(초기 조건)은 또 어떻게 축적되었는가에 대한 대답 역시 과거로 부터 물려받은 초기조건이나 그 전단계의 경영자가 내린 의사결정의 결과로 설명할 수 있다.

이상의 사실을 종합해 보면, 어떤 단계의 원인은 앞선 단계에서 보면 결과이며, 따라서 기업의 성공원인이나 경쟁우위의 원천을 설명하고자 할 때에는 인과관계 사슬을 고려해야 한다. 그리고 이를 위한 방법으로는 횡단분석(cross-sectional analysis)과 종단분석(longitudinal analysis) 두 가지가 있다. 횡단분석은 현 시점에 주어진 능력에서 전략 선택과 성공원인을 분석하는 것으로, 경쟁우위를 확보하는 과정에 대해서는 설명하지 못한다. 반면 종단분석은 특정 기업이 왜 우월한 위치를 확보하고 또 유지해 가는가를 설명해 준다. 그런데 종단분석도 무한정 인과관계 사슬을 거슬러 올라갈 수는 없기 때문에 적절한 분석기간을 선정해야 한다.

이제 지금까지 설명한 경쟁우위의 종류와 원천을 바탕으로 기업이 선택할 수 있는 여러 가지 전략 대안에 대해 살펴보기로 하자.

2. 본원적 전략

기업은 경쟁자에 대해 수많은 강점과 약점을 가지고 경쟁을 하지만 거기에는 두 가지 기본적인 유형의 경쟁우위가 있다. 원가우위와 차별화우위가 바로 그것인데, 기업이 가진 강점과 약점도 크게 보면 상대적 원가 및 차별화와 밀접한 관계가 있다. 또한 이러한 두 가지 기본유형의 경쟁우위는 기업이 산업 내에서 평균 이상의 성과를 얻기 위해 본원적 전략, 즉 원가우위와 차별화전략을 수행하는 경쟁 범위와 연계되어 있다. 아래에서는 마이클 포터에 의해 제시된 본원적 경쟁 전략을 검토해서 보기로 하자.

1) 본원적 전략의 대두 배경과 유형

앞에서 설명한 PPM기법은 시장점유율이 높을수록 누적생산량이 많아지고, 그에 따라 생산원가가 낮아지며, 그 결과 기업의 경쟁력이 높아진다는 경험곡선을 기

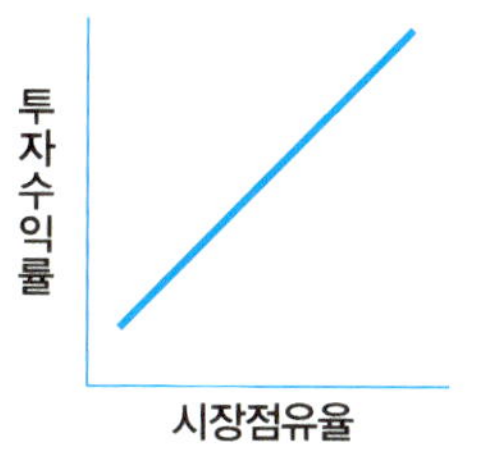

그림 9.10
PPM의 기본 전제

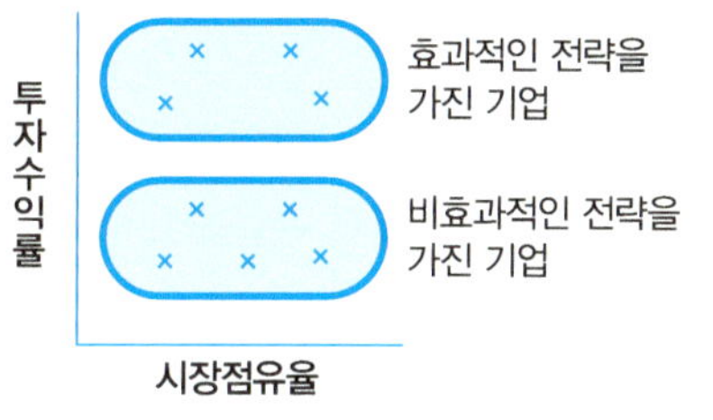

그림 9.11
현실적인 시장점유율과 투자수익률 간의 관계

본 전제로 하고 있다. 즉 시장점유율이 높아질수록 기업의 투자수익률(return on investment)이 높아진다는 <그림 9.10>와 같은 관계를 전제로 해서 '복권'사업은 '태양'사업으로, '고물차'사업을 '돈주머니'사업으로 이행시키는 것을 전략 수행의 목표로 삼도록 기업경영자를 유도하고 있는 것이다. 그러나 현실에 있어서는 기업의 수익성을 높이기 위해 반드시 업계 제일의 시장점유율을 가져야 하는 것은 아니다. 아메리칸 모터즈 자동차 회사 사례에서 본 바와 같이 기업의 능력을 100% 활용하는 방향으로 전략을 개발하고, 그 전략을 효과적으로 수행할 수만 있다면 업계에서 1%도 안되는 적은 시장점유율을 갖고도 얼마든지 높은 수익률을 올릴 수 있다. 따라서 최근에는 <그림 9.11>에서 보는 바와 같이 투자수익과 시장점유율 간에 획일적인 관계가 존재하는 것이 아니라 각 기업이 개발하고 실시하는 전략이 얼마나 효과적인가에 따라 투자수익률이 결정된다고 가정하고 있다.

이러한 시각에서 포터는 투자수익률을 높이는 한편 장기적으로 산업 내에서 자신의 위치를 지키며 경쟁우위를 누리기 위한 본원적 전략을 제시했는데 원가우위(cost leadership)전략과 차별화(differentiation)전략이 바로 그것이다.

2) 원가선도전략

원가우위는 경험곡선의 개념을 기본 전제로 해서 보편화된 것으로, 특정 기업에서 원가를 낮추기 위한 일련의 기능별 정책을 통해서 산업 내에서 원가상의 우위를 달성하는 것이다. 이때 원가상의 우위를 확보하기 위한 구체적인 방법으로는 적

정규모 설비의 건설, 경험에 의한 원가절감 추구, 원가와 총경비에 대한 엄격한 통제, 한계고객과의 거래 회피, R&D, 서비스 영업인력, 광고 등에 있어서의 원가 최소화 등을 생각할 수 있다. 이와 같은 여러 가지 기능 분야에서 공통적으로 원가절감의 목표를 달성하기 위해서는 원가통제에 대한 경영자의 계속적인 관심이 필요하다. 물론 경영자들이 품질, 서비스 등의 기타 영역을 완전히 무시해도 좋다는 것이 아니라, 경쟁기업에 비해서 낮은 원가를 달성하는 데 초점을 두어야 한다는 것이다.

원가상의 우위를 확보한 기업은 경쟁이 심한 경우에도 산업 전체의 평균보다 높은 수익을 얻게 된다. 즉 과도한 경쟁으로 인해서 경쟁기업이 이익을 남기지 못 할 때에도 원가상의 우위를 가진 기업에서는 상대적으로 수익을 올릴 수 있다. 또한 구매자들도 두 번째로 원가가 낮은 기업의 수준으로밖에 가격을 끌어내릴 수 없기 때문에 원가선도기업은 강력한 구매자들로부터도 보호된다. 이러한 기업은 투입비용 증가에 대해서도 탄력성을 갖기 때문에 강력한 공급자들로부터도 보호될 수 있다. 원가를 낮게 만드는 요소들은 규모의 경제 혹은 원가상의 이점의 형태로 그 기업에게 강력한 진입장벽을 제공해서 잠재적 경쟁자의 진입을 막기도 한다. 마지막으로 원가우위를 가진 기업은 대체품에 대해서 경쟁기업들보다 우월한 위치에 서게 된다.

이상과 같이 원가선도전략은 경쟁기업, 구매자, 공급자, 잠재적 경쟁자, 그리고 대체품과 같은 다섯 가지의 경쟁력 결정요소로부터 기업을 보호한다. 구매자 또는 공급자와의 협상(bargaining)은 두 번째로 효율적인 경쟁기업이 제거될 때까지만 이익을 깎아 내릴 뿐이고 경쟁적 압력에 직면해서 가장 먼저 시련을 겪게 될 기업도 효율적이지 못한 경쟁기업이기 때문이다.

원가선도전략은 그 이전의 경쟁 형태가 다른 것이었거나 경쟁기업이 원가 최소화의 필요성을 인식하지 못한 경우, 또는 이러한 준비가 갖춰지지 않은 산업에서 혁신을 불러일으킬 수도 있다. 하니쉬훼거(Harnischfeger)사는 1979년 원가선도전략을 수행함으로써 기중기산업에서 혁신을 불러일으켰다. 회사에서는 우선 부품의 규격화, 외형의 변화, 원자재의 감소 등을 통해서 제조와 서비스가 쉽도록 기중기를 새로 디자인했다. 그리고 나서 조립 체계를 확립하고 조립 공정을 컨베이어 벨트화했다. 이것은 당시 이 산업에서 지켜온 관행으로부터 커다란 변화를 보인다. 또한 원자재를 대량으로 주문해서 원가를 절감했다. 이러한 전략의 결과로 하니쉬훼거사에서는 우수한 제품을 생산하면서도 가격을 15% 가량 내릴 수 있었고 시장점유율도 15%에서 25%로 늘어났던 것이다. 이 회사의 한 경영자는 다음과 같이 말하고 있다.

"우리는 다른 기업보다 우수한 기계를 개발하려고 했던 것이 아니라 단지 조작하기 간편하고 값이 싼 기계를 개발하고 싶었던 것입니다."

하니쉬훼거사의 경쟁기업들은 시장점유율이 늘어나는 대신 이윤이 떨어지는 결과를 초래했다고 투덜댔지만 이 회사에서는 이러한 비판을 부인하고 있다.

3) 차별화전략

두 번째의 본원적 전략은 기업이 제공하는 제품이나 서비스를 차별화함으로써 산업 전반에 걸쳐서 그 기업이 독특하다고 인식될 수 있는 그 무엇을 창조하는 것이다. 차별화에는 고객에 대한 서비스, 디자인, 상표이미지와 기술 등 여러 방법이 있을 수 있다. 또한 한 기업이 여러 가지 분야에서 차별화할 수도 있다. 그러나 차별화전략을 채택한다고 해서 원가를 무시해도 좋다는 것은 아니다. 단지 원가가 제일의 전략적 목표가 아니라는 것뿐이다.

원가선도전략과는 상이한 방법에 의하기는 하지만, 차별화도 일단 성취되기만 하면 산업 경쟁을 유발하는 다섯 가지 요소에 대항해서 기업을 보호해 주기 때문에 산업 평균 이상의 수익을 제공해 준다. 고객에 의한 상표 충성도와 가격의 비탄력성으로 인해서 경쟁에 시달리지 않아도 되며, 이윤을 증가시키므로 낮은 원가체계를 반드시 가져야 할 당위성이 없어진다. 또한 고객의 충성도 및 경쟁기업이 차별화된 기업의 특성을 극복해야 하는 필요성 때문에 진입장벽은 점점 더 높아진다. 구매자는 비교할 만한 대체품이 없기 때문에 가격에 대해서 비탄력적이 되고 협상능력을 행사하지 못한다. 차별화전략을 채택해서 고객의 충성도를 높인 기업의 제품은 경쟁기업의 대체품보다 나은 위치에 있게 된다.

LG전자는 컬러 TV 부문에서 유기발광다이오드(Organic Light Emitting Diodes: OLED)기술을 개발해서 글로벌 프리미엄 TV 시장에서 빠른 속도로 성장하고 있다. 그간 적자에도 OLED TV의 성장 가능성에 미래를 걸어왔던 LG디스플레이와 함께 시장 선점 효과를 톡톡히 누리고 있다. OLED 방식의 TV디스플레이는 자체발광하여 기존 LCD 방식보다 화면이 밝고 명암비가 우수하며, 응답속도도 빨라 잔상이 없으며 시야각이 넓고 소비전력이 적은 장점을 가지고 있다. 따라서 경쟁사 제품에 비해 높은 가격을 받으며 고가품 시장에서 확고한 위치를 확보하고 있다. 다른 예로서 브렌닥스(Blendax) 치약은 차별화전략을 통해 LG화학이 구축해 놓은 치약 시장 독점의 신화를 붕괴시키면서 고급 치약으로서 위치를 굳혀가고 있고, 제일모직이 생산하는 VIP 양복지도 모헤어라는 고급 양모를 섞어 제품을 차별화한 결과 고가 시장에서 높은 부가가치를 획득하고 있다.

그런데 차별화전략과 높은 시장점유율과는 서로 양립되지 못하는 수가 있다. 차별화는 배타성을 의미하는데 그것은 높은 시장점유율과 어울릴 수 없는 개념이기 때문이다. 그 이유를 좀 더 분석해 보면 다음과 같다. 우선 차별화를 이룩하기 위해서 요구되는 활동이 광범위한 시장조사, 제품설계, 높은 품질의 원자재, 집중적 고객지원 등 많은 비용을 수반하는 것이라면 제품 및 서비스에 대한 원가는 올라갈 수밖에 없게 된다. 그러나 비록 그 기업의 우수성을 인정한다 하더라도 높은 원가에 상응한 높은 가격을 기꺼이 지불할 고객은 그리 많지 않은 법이다. 따라서 차별화전략을 추구하는 기업에서는 시장점유율을 올리는 데 일정한 한계가 있게 되는 것이다. 다만 산업에 따라서는 차별화전략을 추구하는 기업이라 할 지라도 경쟁기업과 비슷한 수준의 가격을 갖는 것이 불가능하지 않은데, 이러한 기업에서는 시장점유율을 증가시키는 것이 가능하다.

이러한 본원적 전략은 또한 서로 다른 지도자 유형을 요구하며, 서로 다른 조직문화와 분위기, 그리고 서로 다른 종류의 인재를 필요로 한다. <표 9.3>은 지금까지 설명한 두 가지 본원적 전략의 특징을 요약한 것이다.

- 유통 시스템의 원가 절감
- 동 산업에서의 오랜 역사나 타 산 업에서 얻은 기술의 독특한 결합
- R&D, 제품 개발, 마케팅 분야의 상호 조정
- 양적 측정에 대신한 주관적 측정과 자극 임금제도
- 고도로 발달된 기술, 과학자, 창의 적인 인재를 유인할 수 있는 좋은 분위기

표 9.3
두 가지 본원적 전략의 특징

본원적 전략	기술과 자원	조직요건
원가우위	• 지속적인 자본조달과 자본투자 • 공정 공학 기술 (process engineering skills) • 노동력에 대한 집중적 감독 • 제조에 용이하게 설계된 제품 • 유통 시스템의 원가 절감	• 철저한 원가 관리 • 빈번하고 자세한 통제보고 • 구조화된 조직과 책임 • 양적 목표 달성 정도에 기초한 자극 임금제도
차별화	• 강력한 마케팅 능력 • 제품공학 • 창의적 재능 • 기초 연구 분야의 우수한 능력 • 질적 또는 기술상의 기업 명성 • 동 산업에서의 오랜 역사나 타 산업에서 얻은 기술의 독특한 결합 • 유통경로로부터의 협동	• R&D, 제품 개발, 마케팅 분야의 상호 조정 • 양적 측정에 대신한 주관적 측정과 자극 임금제도 • 고도로 발달된 기술, 과학자, 창의적인 인재를 유인할 수 있는 좋은 분위기

4) 어중간한 상태

두 가지 본원적 전략은 두가지 경쟁력 결정요소에 대응하는 대체적 전략인가, 아니면 두가지 경쟁력 결정요소를 결합해서 추구할 수 있는 보완적 전략인가? 이 이슈에 대해 포터는 명확한 의견을 내세우고 있다. 즉 두 가지 본원적 전략을 동시에 추구하면 '어중간한 상태'가 되어 시장점유율, 자본투자, 원가우위, 차별화 등이 결핍되어 보잘것없는 전략적 상황에 놓이게 된다는 것이다. 그 결과 어중간한 상태에 놓여 있는 기업은 대부분 낮은 수익성에 시달린다고 한다. 그들은 낮은 가격을 요구하는 대규모 고객을 잃거나 원가우위를 확보하고 있는 경쟁기업에 밀려 이익을 포기해야 한다는 것이다.

실제로 이러한 사례는 많이 있다. 적재용 트럭산업에 있어서 미국 내에서뿐만 아니라 세계적으로도 높은 시장점 유율을 점하고 있었던 클라크 장비회사(Clark Equipment Co.)가 이러한 어중간한 상태에 빠졌다. 토요타(Toyota)사와 고마쯔(Komatsu)사 등 일본 제조업체가 대량 고객만을 대상으로 생산원가를 최소화하고, 수송비를 상쇄하고도 남았던 일본의 저렴한 철강가격을 이용해서 최저가격으로 침투하는 전략을 채택했기 때문이다. 클라크사는 다양한 제품라인과 낮은 원가절감에 대한 관심 부족으로 인해서 높은 시장점유율을 점하기는 했지만 원가우위를 확보하지 못하고 있었다. 반면 대형 적재용 트럭에 중점을 두고 R&D에 많은 투자를 아끼지 않았던 하이스터(Hyster)사에서는 기술상의 명성과 제품 차별화를 통해서 강력한 위치를 구축했다. 따라서 클라크사의 수익이 하이스터사에 비해서 낮게 나타난 것이다.

포터에 의하면 어중간한 상태에 처한 기업은 근본적인 전략적 의사결정을 내려야 한다. 원가우위나 적어도 경쟁기업과 동일한 원가수준을 유지하는 조치를 취하든지 아니면 특정 목표에 집중하거나(집중화), 기업의 특이성을 가져야(차별화) 하는 것이다. 그리고 이러한 본원적 전략을 채택하기가 힘든 경우에는 소속 산업에서 철수하는 방안도 고려해야 한다.

집중화나 차별화는 시장점유율의 저하나 절대 판매액의 감소까지 초래하므로 본원적 전략 중에서 어떤 것을 선택하느냐 하는 문제는 필연적으로 기업의 능력과 한계에 달려 있다고 한다. 각 본원적 전략을 성공적으로 수행하는 데는 서로 다른 자원과 능력, 조직 관리 스타일이 적용되어야 하며, 두 전략에 모두 적합한 능력을 가진 기업은 극히 드물다.

일단 어중간한 상태에 빠져들게 되면 그 상황에서 벗어나기 위해서 많은 시간과 지속적인 노력이 소요된다. 어려움에 처한 기업은 두 가지의 본원적 전략 사이에서

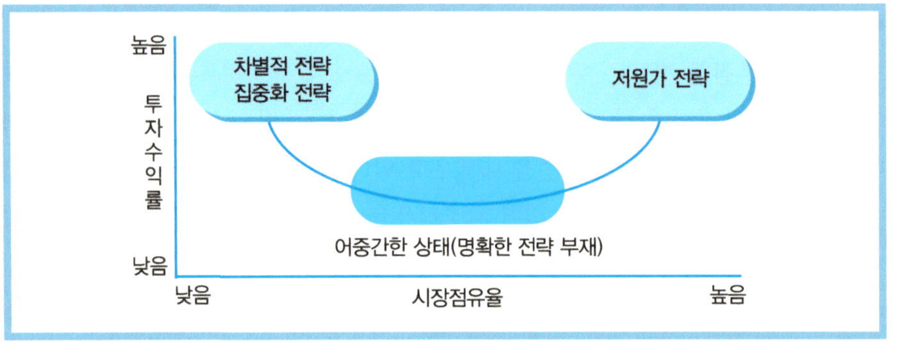

그림 9.12
본원적 전략, 시장 점유율과 투자수익률 간의 관계

우왕좌왕하는 경향을 보일 수 있고, 그러한 일관성의 결여로 말미암아 실패의 가능성이 더욱 높아진다. 이러한 점에서 우리는 시장점유율과 수익성의 관계를 알수 있다. 일반적으로 집중화되거나 차별화된 기업과 원가우위를 지닌 기업의 수익성이 가장 높고, 어중간한 상태에 빠진 기업은 수익성이 낮다. <그림 9.12>에서 보는 바와 같은 U자형의 관계가 있는 것이다.

<그림 9.12>에 나타난 U자형의 관계는 자동차산업에도 적용될 수 있다. 일반적으로 미국의 GM, 일본의 토요타(Toyota), 한국의 현대기아차는 원가선도전략을 추구하고, 다임러 벤츠(Daimler Benz), BMW 등은 차별화전략으로 높은 수익을 올리고 있다. 반면 브리티쉬 리이랜드(British Leyland), 피아트(Fiat)사 등은 원가우위도 차별화도 이룩하지 못한 어중간한 상태에 있다. 토요타는 저원가전략을 유지하고 있으면서 차별화전략을 동시에 추진하고 싶었다. 그러나 토요타 내에서 차별화전략을 동시에 추진하면 자칫 '어중간한 상태'가 될 것이라고 예감하고, 렉서스(Lexus)라는 회사를 별도로 만들어서 차별화를 추진한 결과 성공적인 결실을 올렸다.

그러나 <그림 9.12>와 같은 U자형의 관계가 모든 산업에 다 적용되는 것은 아니다. 곡물이나 석유제품과 같은 원자재산업의 경우 차별화의 기회는 없고 가격경쟁만이 존재한다. 또 다른 산업에서는 구매자 특성과 제품 특성으로 인해서 원가가 상대적으로 덜 중요시되는 경우가 있다. 이러한 산업에서는 종종 시장점유율과 수익률 사이에 역의 관계가 성립된다. 예컨대 미국의 철강산업과 같이 경쟁자의 수가 많고 경쟁이 치열해서 평균 이상의 수익을 올리는 단 하나의 방법으로 차별화전략을 택할 수밖에 없는 경우도 있다.

저원가는 반드시 높은 시장점유율이 아니더라도 이룰 수 있다. 그 예로 적재용 트럭에서 2위를 달리고 있는 하이스터사는 동종 산업의 많은 소규모 제조업체보다 높은 수익을 올리고 있다. 소규모 기업들은 원가우위를 이룩할 만큼 큰 시장점유율을 갖지도 못하고 원가우위를 상쇄시킬 만큼 충분한 제품 차별화도 이루지 못하고 있기 때문이다.

따라서 가장 중요한 것은 특정 기업에 가장 적합한 전략이 무엇인가를 판단하고 선택하는 것이다. 그리고 전략을 선택할 때는 기업의 능력에 가장 적합한 동시에 경쟁기업이 쉽사리 모방할 수 없는 전략을 선택해야 한다.

5) 본원적 전략의 위험부담

본원적 전략을 채택하고 수행하는 데에는 두 가지 위험이 존재한다. 첫째는 전략을 개발하지 못하거나 개발된 전략을 지속적으로 수행하지 못하는 것이고, 두 번째는 전략을 채택해서 얻는 이점이 산업의 발전과 함께 점차 사라지는 것이다. 두 가지 전략은 경쟁력 결정요소에 대해서 각각 다른 유형의 문제점을 제공하고 있으며, 그 결과 서로 다른 위험을 내포하고 있다. 따라서 기업이 최적 전략을 선택할 때에는 이러한 위험요인들을 명확히 파악해야 한다.

(1) 원가우위에 따르는 위험요인들

원가선도전략을 채택하는 기업에서는 장비를 현대화하고, 진부화된 자산을 미련없이 폐기처분하고, 제품라인을 확대하지 않고, 기술진보에 항상 주의를 기울이는 등 자신의 위치를 지키려는 노력을 계속해야 한다. 수량이 늘어난다고 해서 자동적으로 원가가 하락하는 것은 아니다. 치밀한 계획과 함께 상당한 관심을 쏟지 않으면 규모의 경제를 달성할 수 없다.

원가선도전략을 채택하는 기업은 진입장벽으로 규모와 경험에 지나치게 의존하는 경우가 많아 다음과 같은 위험에 직면하기 쉽다.

① 과거의 투자나 교육훈련을 헛되이 만드는 기술상의 변화
② 모방에 의해서 또는 최신 시설에 대한 투자에 의해서 산업에의 신규 진입자나 추종자들이 저원가 기술이나 묘책을 터득하는 경우
③ 원가에 지나치게 주의를 기울여서 생산과 마케팅의 변화를 깨닫지 못하는 경우
④ 경쟁기업의 상표 이미지나 기타의 비가격경쟁 요소를 상쇄하기에 충분한 가격 차이를 보장해 주던 기업 능력의 감소

원가선도전략의 위험을 가장 잘 나타내 주는 것은 1920년대의 포드 자동차 회사의 사례이다. 포드사는 모델과 차종을 제한하고 적극적인 후방 통합, 고도로 자동화된 설비, 보다 저렴한 원가의 적극적인 추진을 통해서 타의 추종을 불허하는

저원가 체제를 이룩했다. 그러나 이미 차를 소유하고 있던 구매자들은 수입이 늘어남에 따라 점차 스타일, 모델의 변화, 안락성 등에 관심을 보이기 시작했다. 고객은 그러한 특징을 가진 차를 구입하기 위해서 대가를 기꺼이 지불했다. 당시 포드보다 후발업체이던 GM사의 알프레드 슬로언(Alfred P. Sloan) 사장은 이러한 구매자 욕구의 변화를 파악해서 다양한 모델을 시장에 내놓았다. 당시 포드사는 진부한 모델의 원가 최소화에 막대한 비용을 투입했으므로 전략의 재조정에 또다시 거대한 비용을 필요로 하게 되었고, 이에 따라 GM의 전략에 기민하게 대처하지 못했던 것이다. 포드사는 1931년 GM에게 빼앗긴 업계 제1위의 위치를 80년이 지난 지금까지도 되찾지 못했다.

(2) 차별화에 따른 위험요인들

차별화전략도 다음과 같은 위험을 수반한다.

① 저원가전략을 채택하고 있는 경쟁기업과의 가격 차이가 너무 커서 상표 충성도가 제 역할을 못하게 되는 경우, 구매자는 낮은 가격에 이끌려 차별화전략을 채택하는 기업의 제품 특성, 서비스, 제품 이미지 등의 일부를 포기하게 된다.

② 차별화 요소에 대한 구매자의 욕구가 줄어들 수 있다. 이러한 현상은 구매자가 더욱 많은 정보에 의해서 합리적인 판단을 하게 될수록 현저하게 나타난다.

③ 모방에 의해서 차별화는 더욱 줄어든다.

이 중 첫 번째 위험은 매우 중요하다. 한 기업이 차별화를 이룩하는 데는 그만큼의 가격 차이가 따르게 마련이다. 그리해서 차별화된 기업이 기술상의 변화나 단순한 무관심으로 원가 면에서 크게 불리한 위치에 놓이게 된다면 원가선도전략을 사용하는 기업에 의해서 시장을 쉽사리 잠식당하게 된다. 예를 들면 카와자키(Kawasaki)를 비롯한 일본의 오토바이 제조업자들은 구매자에게 엄청나게 낮은 가격을 제공함으로써 할리 데이빗슨(Harley Davidson)과 트라이엄프(Triumph)와 같이 차별화전략을 추구하는 업체를 성공적으로 공략할 수 있었다.

사례 13

'제너럴 일렉트릭'의 최고경영자 교체와 디지털 전환[1]

제1저자/교신저자 조동성(산업정책연구원 이사장), 제2저자 이동현(산업정책연구원 연구원)

요약

이 사례논문에서는 GE에서 일어난 2001년의 최고경영자 교체, 2010년대의 디지털 전환, 그리고 이 과정에서 이루어진 전략선택과 경영성과를 다루면서 기존 대기업이 AI로 인해서 급변하는 환경에서 선택할 수 있는 전략대안과 인사대안을 비교검토한다. 이 논문은 AI전환에 대해 고민하고 있는 한국의 대기업들에게 다양한 옵션을 제시해주는 동시에 각 옵션의 효과에 대한 시사점을 줄 것이다.

1. 서론: 인공지능이 바꾼 세상

2010년대 초반에 딥러닝(Deep Learning)기술의 발달로 인한 고성능 인공지능(Artificial Intelligence: AI)의 출현은 모든 기업들을 혼란에 빠뜨렸다. 작은 기업은 AI를 도입하고 싶어도 이에 필요한 인력, 자금 등의 자원이 부족해서 발을 동동 굴렀고, 큰 기업은 AI를 도입하는 경우 버려야 할, 그러나 현재는 가치를 가지고 있는, 큰 자원을 버릴 수 없어서 고민에 빠졌다. 이같이 작은 기업, 큰 기업을 불문하고 기존 기업들은 AI라는 도전 앞에서 전략적 결정에 직면했다.

이로부터 10년 가까이 지난 2021년에 나타난 확실하게 변화는 기업 경영자에게 AI도입이 선택이 아니라 필수라는 것을 확실하게 깨닫게 해주었다. 그동안에 일어난 세계 각국 대기업들의 부침을 바라본 경영자들은 AI에 대해 아무런 결정을 하지 않거나, AI도입을 포기하는 것도 AI에 관한 수동적인 의사결정이고 기업의 미래에 큰 영향을 미친다는 것을 확인했기 때문이다. 이제 우리 기업이 AI도입을 안 하더라도 경쟁기업이 AI도입을 한다면 경쟁관계에 변화가 일어날 수밖에 없게 된 것이다.

AI로 인한 변화의 선두주자인 미국을 보자. 지난 10년 동안 제너럴 일렉트릭(General Electric: GE), 엑슨모빌(Exxon-Mobil), 월마트(Wal-Mart) 등 주로 제조업이나 유통업을 담당하는 기존 대기업들이 시가총액 기준 미국기업랭킹에서 1, 2, 3등을 놓친 반면, MAGFAT, 즉 마이크로소프트(Microsoft), 애플(Apple), 구글(Google), 페이스북(Facebook), 아마존(Amazon), 테슬라(Tesla)로 이루어진 AI 계열 기업들이 2020년 랭킹에서 1~6등을 차지하게 되었다. 중국에서도 주로 대형

국유기업들이 차지하던 대기업 명단의 최상단에 AI기업인 텐센트와 알리바바가 1, 2등을 차지하면서 이제 세계는 AI가 피할 수 없는 과제라는 것을 절감했다.

미국과 중국의 AI기업들이 차지하고 있는 위치를 <표 9.4>은 극명하게 보여주고 있다. 2000년부터 2020년까지의 시가총액 기준 세계 10대 기업을 년도별로 보여주는 이 표에서, 2000년부터 2009년까지 10년간은 마이크로소프트 혼자서 고군분투했다. 2010년부터 2013년까지 4년간은 애플이 참여해서 AI기업 수가 2개로 늘었다가, 구글이 들어온 2014년부터 2015년까지는 3개, 2016년과 2017년에는 아마존과 페이스북이 들어와서 5개, 2018년에는 중국의 텐센트가 들어와 6개, 2019년과 2020년에는 중국의 알리바바가 들어와 무려 7개가 1등부터 7등까지 세계 10대 기업의 상단을 차지하게 된 것이다.

한국에서도 <표 9.5>에서 보듯이 20년 가까이 삼성전자, 현대차 등이 전통적 기업들이 차지하고 있던 대기업명단에 네이버와 카카오가 2018년부터 들어왔고, 2021년에는 2, 3등을 차지하기에 이르렀다. 이제는 20년간 계속해서 1등을 유지한 삼성전자 마저도 과연 AI기업에게 1등을 빼앗길 것인가가 아니라 언제 빼앗길 것인가로 화두가 넘어갔다.

전통적 기업과 AI기업간의 경쟁은 이제 한 고비를 넘겼다. 이제 기존기업은 AI를 받아들일까 말까의 문제가 아니라, AI를 받아들이는 방법에 경영의 초점을 모으고 있다.

표 9.4
시가총액 기준 세계 10대 기업

	1	2	3	4	5	6	7	8	9	10
2000	GE	Cisco Systems	Exxon Mobil	Pfizer	Microsoft	Wal-Mart	Citigroup	Vodafone	Intel	RDS
2001	GE	Microsoft	Exxon Mobil	Wal-Mart	Citigroup	Pfizer	Intel	BP	Johnson&Johnson	RDS
2002	Microsoft	BE	Exxon Mobil	Wal-Mart	Pfizer	Citigroup	Johnson&Johnson	RDS	BP	IBM
2003	GE	Microsoft	Exxon Mobil	Pfizer	Citigroup	Wal-Mart	AIG	Intel	BP	HSBC
2004	GE	Exxon Mobil	Microsoft	Citigroup	BP	Wal-Mart	RDS	Johnson&Johnson	Pfizer	BoA
2005	GE	Exxon Mobil	Microsoft	Citigroup	Wal-Mart	BP	Pfizer Inc	BoA	Johnson&Johnson	HSBC
2006	Exxon Mobil	GE	Microsoft	Citigroup	BP	BoA	RDS	Wal-Mart	Toyota	Gazprom
2007	Exxon Mobil	GE	Microsoft	Citigroup	AT&T	Gazprom	Toyota	BoA	ICBC	RDS
2008	Exxon Mobil	Petrochina	GE	Gazprom	China Mobile	ICBC	Microsoft	AT&T	RDS	P&G
2009	Exxon Mobil	Petrochina	Wal-Mart	ICBC	China Mobile	Microsoft	AT&T	Johnson&Johnson	RDS	P&G
2010	Petrochina	Exxon Mobil	Microsoft	ICBC	Apple	BHP Billiton	Wal-Mart	Berkshire Hathaway	GE	China Mobile
2011	Exxon Mobil	Petrochina	Apple	ICBC	Petrobras	BHP Billiton	CCB	RDS	Chevron	Microsoft
2012	Apple	Exxon Mobil	Petrochina	Microsoft	IBM	ICBC	RDS	China Mobile	GE	Chevron
2013	Apple	Exxon Mobil	Berkshire Hathaway	Petrochina	Wal-Mart	GE	Microsoft	IBM	Nestle	Chevron
2014	Apple	Exxon Mobil	Microsoft	Google	Berkshire Hathaway	Johnson&Johnson	Wells Fargo	GE	Hoffmann-La Roche	Wal-Mart
2015	Appl	Exxon Mobil	Berkshire Hathaway	Google	Microsoft	Petrochina	Wells Fargo	Johnson&Johnson	ICBC	Novartis
2016	Apple	Alphabet Inc	Microsoft	Exxon Mobil	Berkshire Hathaway	Johnson&Johnson	GE	Amazon.com	Facebook	Wells Fargo
2017	Apple	Alphabet Inc	Microsoft	Amazon.com	Berkshire Hathaway	Exxon Mobil	Johnson&Johnson	Facebook	JPMorgan Chase	Wells Fargo
2018	Apple	Alphabet Inc	Microsoft	Amazon.com	Tencent	Berkshire Hathaway	Alibaba Group	Facebook	JPMorgan Chase	Johnson&Johnson
2019	Microsoft	Apple Inc	Amazon.com	Alphabet Inc	Berkshire Hathaway	Facebook	Alibaba Group	Tencent	Johnson&Johnson	Visa
2020	Microsoft	Apple Inc	Amazon.com	Alphabet Inc	Alibaba Group	Facebook	Tencent	Berkshire Hathaway	Visa	Johnson&Johnson

표 9.5
시가총액 기준 한국 10대 기업

	1	2	3	4	5	6	7	8	9	10
2000	평화은행우선	Samsung Elec	SK텔레콤	한국통신공사	KEPCO	포항제철	한통프리텔	국민은행	담배인삼공사	외환은행(1우B)
2001	Samsung Elec	SK텔레콤	한국통신공사	국민은행	KEPCO	포항제철	KTF	Hyundai Motors	신한지주	LG전자
2002	Samsung Elec	SK텔레콤	KT	국민은행	KEPCO	POSCO	Hyundai Motors	LG전자	KTF	신한지주
2003	Samsung Elec	SK텔레콤	국민은행	POSCO	KEPCO	KT	Hyundai Motors	LG전자	삼성SDI	Samsung Elec(1우)
2004	Samsung Elec	KEPCO	POSCO	SK텔레콤	국민은행	LG필립스LCD	Hyundai Motors	KT	LG전자	LG카드
2005	Samsung Elec	국민은행	KEPCO	Hyundai Motors	POSCO	우리금융	하이닉스	LG필립스LCD	SK텔레콤	신한지주
2006	Samsung Elec	KEPCO	POSCO	국민은행	신한지주	SK텔레콤	우리금융	하이닉스	Hyundai Motors	KT
2007	Samsung Elec	POSCO	현대중공업	KEPCO	국민은행	신한지주	SK텔레콤	LG필립스LCD	SK에너지	Hyundai Motors
2008	Samsung Elec	POSCO	KEPCO	SK텔레콤	현대중공업	KB금융	신한지주	KT&G	LG전자	KT
2009	Samsung Elec	POSCO	Hyundai Motors	KB금융	KEPCO	신한지주	LG전자	현대모비스	LG화학	LG디스플레이
2010	Samsung Elec	POSCO	Hyundai Motors	현대중공업	현대모비스	LG화학	신한지주	KB금융	삼성생명	기아차
2011	Samsung Elec	Hyundai Motors	POSCO	현대모비스	기아차	LG화학	현대중공업	신한지주	KEPCO	삼성생명
2012	Samsung Elec	Hyundai Motors	POSCO	현대모비스	기아차	LG화학	KEPCO	Samsung Elec우	삼성생명	신한지주
2013	Samsung Elec	Hyundai Motors	현대모비스	POSCO	SK하이닉스	NAVER	Samsung Elec우	기아차	신한지주	KEPCO
2014	Samsung Elec	Hyundai Motors	SK하이닉스	KEPCO	POSCO	Samsung Elec우	NAVER	삼성생명	현대모비스	삼성에스디에스
2015	Samsung Elec	Hyundai Motors	KEPCO	삼성물산	Samsung Elec우	아모레퍼시픽	현대모비스	SK하이닉스	삼성생명	LG화학
2016	Samsung Elec	SK하이닉스	Hyundai Motors	Samsung Elec우	KEPCO	현대모비스	NAVER	삼성물산	삼성생명	POSCO
2017	Samsung Elec	SK하이닉스	Samsung Elec우	Hyundai Motors	POSCO	NAVER	LG화학	Celltrion	KB금융	현대모비스
2018	Samsung Elec	SK하이닉스	Celltrion	Samsung Elec우	Samsung Bio	Hyundai Motors	LG화학	SK텔레콤	KEPCO	POSCO
2019	Samsung Elec	SK하이닉스	Samsung Elec우	NAVER	Samsung Bio	Hyundai Motors	현대모비스	Celltrion	LG화학	POSCO
2020	Samsung Elec	SK하이닉스	Samsung Bio	NAVER	Celltrion	Samsung Elec우	LG화학	삼성SDI	Kakao	삼성물산

이러한 기업 중 하나가 제너럴 일렉트릭(General Electric: GE)사이다. 1878년 토마스 에디슨이 설립한 후 2001년 시가총액 6천억 달러를 가볍게 뛰어넘어 미국을 대표하는 기업이 된 GE의 이사회는 2001년 9월 최대실적을 올리면서 명예롭게 은퇴한 잭 웰치(John Welch) 회장의 후계자로 후보 세명을 검토한 후 그 중 플라스틱, 가전 및 의료 사업에서 잔뼈가 굵은 제프 이멜트(Jeff Immelt)를 선택했다. 이멜트는 자신이 GE에서 오래 경험했던 제조업에서 승부를 걸었으나 2009년 2월 부동산 버블이 터지면서 세계 금융위기 속에서 GE의 시가총액이 900억 달러 이하로 떨어지는 수모를 당했다.[1] 그 후 미국 최대기업 자리를 놓고 거침없이 GE에 도전하는 마이크로소프트, 애플, 구글, 아마존 등 AI기업에 밀리면서 이멜트는 과감한 구조조정과 함께 필연의 과제로 다가온 디지털 전환(Digital Transformation: DT)을 어떤 방식으로 진행할 것인가를 두고 고민에 빠졌다. 그의 앞에 놓인 두 갈래 전략대안은 다음과 같았다.

- **전략대안 1)** 기존 핵심사업인 제조분야, 금융분야를 유지하되 이 분야에 AI를 적용한다.
- **전략대안 2)** 기존 핵심사업인 제조분야, 금융분야를 과감하게 버리고 AI사업에 뛰어들어 주력사업으로 만든다.

이 사례논문의 독자는 GE가 두가지 전략대안 중 어느 것을 택해야 하는지 판단해보기 바란다. 그 다음으로 이 논문에서 이멜트가 택한 전략이 어떤 결과를 가져

왔는지 확인해보자. 이 분석을 통해 독자는 대기업이 디지털 전환에서 성공하기 위한 조건을 찾아낼 수 있을 것이다.

전략 다음으로 이 사례 논문에서 다루고자 하는 주제는 인사, 그 중에서도 인력관리이다. 이 논문은 GE가 디지털 전환이라는 새로운 과제를 성공적으로 달성하는데 필요한 AI인재를 확보하는 구체적 방법이 전략 못지않게 중요한 과제라는 것을 보여준다.

여기에도 GE의 이멜트 회장에게는 두 가지 대안이 있었다.

- **인사대안 1)** 내부 인력에게 AI교육을 시킨 다음, 이들에게 기업 전체의 경영권과 투자결정권을 주어 기존 사업을 AI기반으로 환골탈태하도록 한다.
- **인사대안 2)** AI를 전공한 젊은 세대를 영입해서 이들에게 기업 전체의 경영권과 투자결정권을 주고 이들이 기존 사업을 구조조정하고 AI 분야에서 창업을 해서 GE의 주력사업을 바꾸는 환골탈태 역할을 맡긴다.

이 두 가지 인사대안을 앞에서 다룬 두 가지 전략대안과 연결해서 생각해보자. 전략과 인사는 서로 독립적인 관계인가, 아니면 불가분의 관계인가? 만일 독립적인 관계라면 GE에게는 네 가지 전략–인사 조합에 대한 옵션이 생긴다.

- **옵션** 1) 전략대안1(기존사업 유지)-인사대안1(내부인력 AI교육)
- **옵션** 2) 전략대안1(기존사업 유지)-인사대안2(AI전문인력투입)
- **옵션** 3) 전략대안2(AI사업 주력화)-인사대안1(내부인력 AI교육)
- **옵션** 4) 전략대안2(AI사업 주력화)-인사대안2(AI전문인력투입)

아마도 이 논문의 독자라면 "AI전문인력을 기존사업에 투입하는" 옵션 2와 "내부인력에게 AI교육을 시켜서 AI사업에 주력화하는" 옵션 3이 불가능하지는 않더라도 적절하지 않은 조합이라는 것을 금방 알아챌 것이다. 그렇다면 실제적으로 남는 조합은 옵션1과 옵션4 뿐이다.

세계 최고의 실적을 올려 20세기 최고의 경영자 반열에 오른 웰치에 이어 GE의 회장이 된 이멜트에게는 시가총액을 늘려서 주주수익을 극대화하고, 더 나아가 세계 최대 기업이라는 과거의 GE 위상을 되찾는 것이 필연의 과제일 수밖에 없다. 그러려면 어떤 옵션1과 옵션4 중에서 어떤 목표를 추구해야 할 것인가?

이에 대한 판단은 잠시 유보하고 GE사례를 심층적으로 살펴보면서 GE가 과연 어떤 전략을 선택했을까 살펴보기로 하자.

2. 사례1: GE의 2001년 최고경영자 교체

GE는 토마스 에디슨(Thomas Edison)이 1878년 설립한 전기조명 회사를 모체로 성장한 세계 최대의 글로벌 인프라 기업 중 하나로, 전력, 항공, 헬스케어, 운송 등 다양한 분야에서 사업을 진행하고 있다. GE는 1981년에 취임한 잭 웰치(John F. Welch Jr.) 회장의 지휘 하에 합병, 분할, 재조직 등의 과정을 거쳐 다양한 사업 구조를 정착시켰다. 특히 "1등이나 1등에 가까운 2등 사업만 남기고(Keep only the first and the close second) 나머지 사업은 모두 매각"하라는 웰치 회장의 지침에 따른 GE는 1등이 아니라는 이유로 에어컨 사업에서 퇴출하고 심지어는 창업자 에디슨이 발명한 수많은 제품 중에서도 GE의 출발점이자 구성원의 추억과 향수가 담긴 전구(electric bulb) 제조사업도 포기했다.

웰치는 전략과 독점을 동의어로 생각했다. 독점 위치를 차지하기 위해서는 경쟁자를 물리쳐야 한다. 포터(Porter)는 독점을 달성하는 방법, 즉 경쟁자에게 이기는 방법으로 '차별화(Differentiation)'와 '원가선도(Cost Leadership)' 라는 두 가지 전략을 제시했고, 이 두가지를 합쳐서 '본원적전략(Generic Strategy)'이라고 불렀다. 웰치는 이 중에서 차별화 전략을 선택했다 그 결과 GE는 매출액보다는 높은 수익성을 가져오는 사업을 선택했고, 그 결과 금융산업으로 진출했다. 금융산업 중에서도 GE의 제조부문이 생산한 제품을 리스해주는 사업에 특화한 GE 캐피털(GE Capital)을 만들었고, 이 부문은 GE 전체 이익의 40% 이상을 차지했다. 그 결과 GE는 2001년에 시가총액 6천억 달러를 넘어선 세계 최대기업으로 등극했다.

GE 이사회는 20세기 최고의 경영자라는 칭송을 받으면서 2001년에 은퇴할 예정이었던 잭 웰치의 후임으로 세 명의 후보[2)]를 1998년부터 무려 3년간에 걸쳐 신중하게 검토했다.

- 제프 이멜트(Jeff Immelt): 2001년 당시 44세. GE 경력 18년. 하버드 MBA, 대학에서 미식축구 선수 생활. 기업 마케팅(Corporate Marketing) 분야로 입사해서 주로 전자제품을 다루는 플라스틱 부문(Plastics Division)에서 경험을 쌓은 후, 고객서비스(Consumer Service) 부사장, 마케팅 및 제품관리(Marketing and Product Management) 부사장, 플라스틱 부문 부사장, 메디컬 시스템(Medical Systems) 부문 부사장을 역임했다.
- 로버트 나델리(Robert Nardelli): 52세, 동력시스템(GE Power Systems) 부문 사장. 매출액보다는 수익성을 지상과제로 생각했던 잭 웰치와 같은 경영스타일로 인해 리틀잭(Little Jack)이라는 별명으로 불렸다.
- 제임스 맥너니(W. James McNerney): 51세. 항공기엔진(GE Aircraft En-

gines) 부문 사장. 항공기엔진 분야에서 큰 이윤을 창출해서 내외에서 인정받았다.

이멜트가 임명되었을 때 미국 최대의 투자은행인 골드만삭스에서는 이멜트는 메디컬 시스템 부문에서 "성장과 신시장 진출이라는 큰 성과를 올린 사람이었다(He compiled a strong record of generating growth and moving into new markets)"고 평가했다.[3] GE 이사회는 수익성만을 추구하면서 확대와 성장을 포기했던 잭 웰치의 후임으로 (1) 웰치와 반대 성향을 가진 성장지향형 이멜트, (2) 웰치와 완벽하게 같은 성향을 가진 수익지향형 나델리, (3) 웰치와 비슷하게 수익성을 추구하는 맥너니, 이상 세 후보 중에서 이멜트를 선택함으로써 웰치와 완전히 다른 성장 중심으로 GE의 기수를 돌린 것이다.

3. 사례2: GE의 2010년대 디지털 전환(The GE Digital Transformation)

웰치로부터 회장직을 물려받은 이멜트는 제조업을 강조하면서 GE를 기술 및 에너지 인프라, 기업 및 소비자 금융, 미디어 등 글로벌 인프라, 의료 서비스, 금융 서비스, 정보 및 엔터테인먼트, 환경 기술에 걸쳐 매우 다변화된 사업으로 확장시켰다.[4]

그러나 2008년의 금융위기는 GE의 금융업과 제조업을 동시에 침체에 빠뜨렸다. 특히 GE가 수익성에서 크게 의존하고 있었던 GE 캐피털은 의존도가 높았던 만큼 금융위기 속에서 GE를 더욱 큰 파국으로 몰아넣었다. 2009년 GE의 시가총액이 금융위기 속에서 500억 달러 이하로 줄어든 2009년에는 성장론자 이멜트도 무릎을 꿇을 수밖에 없었다. 그 결과 이멜트는 구조조정을 시작하면서 당시 새롭게 등장한 디지털 전환, 특히 인공지능 분야로의 진출에 승부를 걸었다.

우선적으로 GE는 각종 산업 디바이스들에 의해 수집된 빅데이터 활용과 이를 효과적으로 활용하기 위해서 'GE 디지털 전환(GE Digital Transformation)'이라는 이름으로 변화를 시작했다. 2015년까지만 해도 GE의 기술 담당자들은 비행기 엔진, 기관차, 가스 터빈 등을 분석하기 위해 기기가 작동하는 소리와 계측기 수치를 일일이 점검해야 했다. 그러나, 이러한 인간의 노동력은 인공지능에 의해 대체되었다.[5]

'GE 디지털 전환' 전략의 도입은 시대적으로 뒤쳐지지 않고 세계적인 디지털 소프트웨어 회사로 혁신하겠다는 GE의 목표를 담았다. 이를 위해 GE는 10억 달러를 들여 기계에서 도출되는 데이터를 수집하고 분석하기 시작했다.[6] 나아가 단순히 데이터들을 분석하는 것을 넘어 인공지능을 활용해서 필요한 분석 결과를 도출하는 스마트한 모델과 솔루션들을 내부에서 설계했다.

가장 대표적인 GE의 인공지능 도입 예시로는 '디지털 트윈(Digital Twin)'을 꼽을 수 있다. 디지털 트윈은 GE에서 시작한 개념으로, 기계가 수집하는 센서 정보에 인공지능 및 데이터 분석을 결합한 소프트웨어 코드이다. 디지털 트윈의 목적은 물리적인 설계 대신 소프트웨어로 가장의 설계, 즉 디지털 쌍둥이를 만들어 모의실험을 함으로써 실제 제품을 가동시킬 경우 발생할 수 있는 문제점을 도출해내는 것이다. <그림 9.13>에는 실물 터바인 세 개의 왼편에 가상적인 터바인을 소프트웨어로 만든 모습이 보인다.

GE는 디지털 트윈을 기반으로 효율성 증대를 실현했다. 기관차, 비행기 엔진, 가스와 풍력 터빈의 마모 혹은 손상을 직원들의 단순하고 오류성이 짙은 가정과 예측이 아닌 실제 센서 데이터를 바탕으로 문제점을 파악해서 실제로 언제 수리가 필요한지 편리하고 빠르게 예측할 수 있게 구성했다. 더 나아가 GE의 디지털 트윈에는 지속적으로 스스로를 업데이트하는 인공지능 기술이 탑재되었다. 때문에 GE의 디지털 트윈이 수집한 데이터가 오염되거나 손상되면 스스로 학습하는 인공지능이 그 공백을 메꾸게 된다. 이렇게 효율적으로 검사를 진행해서 효율성을 높임으로써 배송 스케줄의 효율적이고 빠른 관리가 가능하게 된 것이다. 특히 GE는 디지털 트윈을 통해 약 160억 달러를 절약했으며 네트워크 디지털 트윈은 최대 30%의 비용 절감, 최대 20%의 계획 시간 단축, 최대 7%의 신규 빌드 및 내부 프로세스 비용 절감 효과를 획득했다.[7)]

출처: https://www.gereports.kr/wp-content/uploads/2016/10/digital-twin.png

그림 9.13
GE의 디지털 트윈
(Digital Twin)

또 다른 GE의 인공지능 활용 사례는 2013년에 시작된 '프레딕스 플랫폼(Predix Platform)'이다. 프레딕스 플랫폼은 클라우드 기반 인공지능과 빅데이터를 통한 예측 플랫폼으로, 이를 통해 공장 내 생산되는 물건들의 불량률을 대폭 감소시킬 수 있다. 이에 따라 GE는 지속적으로 축적된 데이터를 기반으로 생산의 효율성 증대와 지속적인 진화 계획을 설계할 수 있다. 더 나아가 엔진, 발전소, 공장, 열차등의 기계들이나 시설들을 온라인으로 연결해서 데이터들을 모니터링할 수 있다.[8)] 이러한 과정에서 GE는 다른 회사들과의 경쟁에서 차별화를 추구하고 있다.

또한, GE는 스마트 팩토리를 운영해서 제품 생산 프로세스의 자동화와 최적화를 이루어내고 있다. GE는 '생각하는 공장'이라는 미래의 공장을 실현시키는 중이다. 공장 내의 설치 및 생산 기계에 소프트웨어를 결합해서 제품의 설계, 생산, 설치의 방식을 효율적으로 변화시키는 중이다. 기계에 센서를 설치하고, 분석하고 통찰을 얻어 기업의 생산성 향상이라는 궁극적인 목적을 추구한다. GE는 이것을 '디지털 스레드(Digital Thread)'라고 일컫는다. <그림 9.14>는 디지털 스레드가 이뤄지는 구체적인 사례인 GE의 생각하는 공장(Brilliant Factory)의 모습이다. GE는 생산설비에 인공지능을 결합해서 생산, 설치, 설계의 방식을 효율적으로 변화시키는 중이다.[9)]

이같이 GE는 스마트 팩토리를 통해서 제품 생산 프로세스를 효율성으로 최적화하면서, 원가 절감을 이루고 있다.[10)]

이러한 성공적인 사례들을 만들어 나가기 위해 GE는 기업 내부적으로 빅데이터와 인공지능을 가르치는 온라인 프로그램을 개설해서 전사적 교육과 디지털 과학

그림 9.14
GE의 디지털 스레드 (Digital Thread)

출처: https://www.gereports.kr/wp-content/uploads/2015/09/brilliant-cb55be60-e1455516064648.jpg

자 육성을 위한 세미나를 실시하고 있다. 이를 통해 GE의 모든 직원들이 인공지능과 최신 기술에 적응하고 친숙하게 만들기 위해 노력하고 있는 것이다. 이러한 노력의 결과 400여 명이 GE의 데이터 분석 과정을 수료했고, 50여 명의 과학자들이 디지털 분석 업무로 새로이 배정되었다.[11] 결국 이러한 전 사원의 디지털 전환을 위한 준비와 노력이 새로운 디지털 GE를 이끌어 나가는 원천으로 작용하고 있다.

GE는 과거의 성공에서 멈춰 있는 기업이라는 인식을 탈피하고 4차 산업 혁명과 인공지능 시대를 이끌어가는 대표적인 디지털 기업으로 변신하고자 한다. GE는 디지털 전환이 시대적 변화에 따른 적응을 뛰어넘어, 기업의 미래지향적 발전, 그리고 지속가능성에 필요조건이라는 것을 깨닫고 있다. 그리고 디지털 전환을 성공적으로 이끌어 나가기 위해 가장 중요한 무기가 되는 인공지능 기술의 장착은 이제 선택이 아닌 필수가 되었음을 알고 있다.

4. GE사례3: 전략선택과 경영성과에 대한 평가

2008년의 금융위기는 GE의 금융업과 제조업을 동시에 침체에 빠뜨렸다. 특히 GE가 수익성에서 크게 의존하고 있었던 GE 캐피털은 의존도가 높았던 만큼 금융위기 속에서 GE를 더욱 큰 파국으로 몰아넣었다. 당시 회장이던 이멜트는 2008년부터 2017년까지의 10년 동안 나름대로 구조조정을 시작해서 디지털 전환, 특히 인공지능 분야로의 진출에 노력했다. 그러나 그의 노력은 기존 제조업에 AI를 접목하는 활동에 국한되었다. 디지털 트윈, 프레딕스 플랫폼, 디지털 스레드 등의 프로젝트는 제조업의 생산성을 높이는데 성공했지만, 인터넷 세상에서 네트워크를 플랫폼으로 하여 하늘을 날아가는 MAGFAT 기업을 따라잡는 목표는 아예 꿈도 꿀 수 없었다.

지속적인 성과부진의 늪에 빠진 이멜트가 2017년 회장직에서 은퇴하면서 바톤을 이어받았던 존 플래너리(John Flannery)는 더욱 큰 수렁에 빠지고 말았다. GE의 시가총액이 2018년에 이르러 600억 달러 이하로 떨어지고, GE는 미국 증권시장의 바로미터인 다우존스 산업평균지수(Dow Jones Industrial Average: DJIA)가 지수산정에 기준으로 삼는 30대 우량기업 리스트에서 2018년 6월 퇴출된 것이다.

플래너리는 2018년 10월 회사 이미지가 나락으로 떨어지는 역경 속에서 다시 로렌스 컬프(H. Lawrence Culp) 회장에게 자리를 물려주었고, 컬프 회장은 과감한 구조조정을 다시 시작하겠다고 선언했다.

그러나 <그림 9.15>에서 보듯이 2020년 5월 25일 GE의 시가총액은 432.9억 달러로 떨어져서 2001년에 찍었던 최고점의 7%에 불과하고, 상태가 악화되었던 2009년에 비해서도 1/2밖에 안되는 지경에 이르렀다. 그후 2021년 12월 23일 기준

그림 9.15
GE 시가총액의 역사적 추이

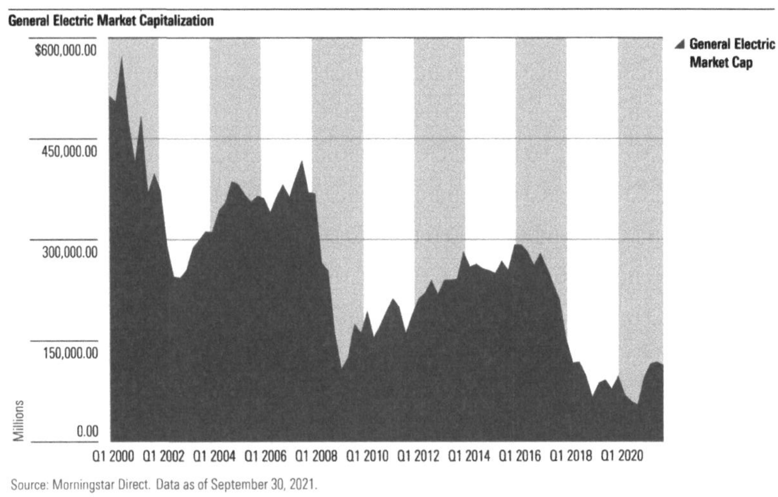

출처: https://www.morningstar.com/articles/1067123/5-charts-on-general-electrics-fall-from-grace

GE의 시가총액은 다시 1,032.2억 달러로 1년 반 전에 비해 2배 이상 상승했다.[12] 그러나 이러한 상승은 GE 자체의 경영 개선 덕분이 아니라 미국 정부가 코로나 위기 극복의 일환으로 실시하고 있는 재정확대로 인해서 나타난 착시현상일 뿐이라고 전문가들은 말하고 있다.

GE의 2021년 시가총액은 MAGFAT기업 중 가장 작은 페이스북의 1/10도 안되는 수준이다. 그리고 GE의 사업영역은 10년 전과 같다.

우리는 앞에서 다룬 사례로부터 이멜트가 선택한 전략대안과 인사대안에 대해 두 가지 결론을 유추할 수 있다.

첫째, GE는 인공지능, 빅데이터 산업으로 주역사업을 옮기지 않은 채 기존 제조사업에 AI를 도입하는 "전략대안 1)"을 선택했다.

둘째, GE는 기존 인력에게 AI를 교육시키고 그들에게 경영권과 투자결정권을 주어 기존 사업의 AI화를 추구하는 "인사대안 1)"을 채택했다.

이 것은 GE가 실제적으로 선택가능한 전략대안-인사대안 조합의 옵션인 옵션 1(기존사업 유지-내부인력 AI교육)과 옵션4(AI사업 주력화-AI전문인력투입) 중 옵션 1을 선택한 결과다.

옵션 1은 나름대로 GE의 경영성과를 개선하는 역할을 했지만, AI기업으로 시작해서 시가총액으로 1조 달러를 크게 넘어선 MAGFAT기업들과 비교할 때 역부족인 상황을 가져왔다. 디지털 전환이라는 노력에도 불구하고 GE는 MAGFAT를 따라잡거나 최소한 추격이라도 하는 모습을 보이지 못했다.

그럼 옵션4는 GE에게 실천가능한 전략일까? GE가 1978년부터 무려 143년간 미국을 대표하는 제조기업으로서의 자부심을 버리면서 기존 사업을 포기하는 것이 과연 가능했을까? 역사학에서는 "만약(What if)"이라는 단어가 용납되지 않겠지만 이 사례논문에서 다음과 같은 상황을 가정하고 그 결과를 유추하는 것은 미래를 준비하는 경영자에게 의미 있는 일일 것이다.

- 만약 잭 웰치가 은퇴하지 않고 2010년대에 일어난 AI의 약진을 만났다면 GE는 전략대안 2), 즉 기존 사업을 과감하게 버리고 AI사업을 주력사업으로 만들어서 키웠을까? 만일 GE이사회가 2001년에 이멜트 대신 웰치의 분신이라 할 수 있는 나델리를 선택했다면?
- 만약 이멜트가 옵션1 대신 옵션4를 선택했다면 GE는 전통에 대한 고정관념을 극복하고 MAGFAT에 준하는, 아니면 그 이상의 성과를 낼 수 있었을까?

이 두가지 가정적 질문에 대한 답변은 이 사례논문을 읽는 독자에게 맡긴다.

5. 결론: GE사례의 교훈

GE의 인공지능 기술 활용은 차별화와 원가선도라는 두 가지 본원적전략 중에서 차별화전략만을 추구해온 GE가 이제부터는 차별화전략과 원가선도전략을 동태적으로 결합해서 두가지 모두 달성하겠다는 전략적 진화로 설명할 수 있다. 그러나 글로벌 대기업으로서 오랜 역사를 지닌 GE가 수십년 선택해온 차별화전략을 포기하고 원가선도 전략을 동시에 추구하기 위해서 변화하고 혁신하는 것은 쉽지 않은 일이다. 특히 사업하는 근본적 방식이라 할 수 있는 본원적 전략의 동태적 결합은 방대한 GE의 규모와 다양한 사업 단위로 인해 어려운 과제가 될 수 있다.

알렉스 모아지드(Alex Moazed)는 GE의 디지털 전환이 성공하기 어려운 원인을 세 가지로 분석하고 있다.[13)]

첫째, GE는 디지털 기술(Digital Technology: DT)를 기존 사업에 부가하는 추가기술로 보았다. 그 결과 약간의 개선은 일어났지만, 게임의 룰을 바꾸는 수십억 달러에 달하는 혁신(game-changing multibillion-dollar innovations)은 달성하지 못했다.

둘째, GE는 GE Digital, GE Software와 같은 내부 조직으로 하여금 혁신을 추구하게 한 결과 큰 조직에 필연적으로 존재하는 관료화 된 문화의 벽을 깰 수 없었다.

셋째, GE는 디지털 전환 작업을 수행하는 GE 디지털(GE Digital)에게 단기적 이익을 올리는 목표를 부여하고 분기별로 목표달성을 요구했다고 한다. (GE

Digital was given a P&L and had to make quarterly commitments on performance.)

그러나 기업의 사활이 순간적인 결정에 의해 좌우되고 있는 오늘날, GE가 MAGFAT 수준의 성과를 보이는 혁신을 추구하지 못했다고 해서 GE를 일방적으로 단죄하는 것이 맞을 것인가? 옵션4를 선택하지 못하고 옵션1을 선택한 GE를 증권가에서는 높은 평가를 하지 않지만, 경영학계에서는 다음과 같이 평가할 수 있을 듯하다.

"이 논문에서 다룬 GE 사례는 디지털 기업으로 변화가 필수화 된 오늘날의 비즈니스 환경에서 기업의 본원적 전략을 동태적으로 혁신해서 성공가능성을 시도하고 있는 대표적인 사례이다. GE가 인공지능의 적절한 활용을 통해 차별화와 원가절감을 동시에 이루려는 시도는 성공 여부를 떠나 많은 기업에게 시사점을 준다."

출처

1) https://www.youtube.com/watch?v=u3zjmgEaQ2E
2) https://abcnews.go.com/Business/story?id=89020&page=1
3) https://abcnews.go.com/Business/story?id=89020&page=1
4) https://www.joongang.co.kr/article/17817672#home
5) https://www.techm.kr/news/articleView.html?idxno=4116
6) https://www.techm.kr/news/articleView.html?idxno=4116
7) GE의 생각하는 공장이 현실화되고 있다, GE리포트 코리아(gereports.kr)
8) GE산업인터넷 플랫폼, 프레딕스TM(PredixTM)에 대해 알아야 할 모든 것, GE리포트 코리아(gereports.kr)
9) https://www.gereports.kr/ge-using-ai-build-powerhouse-knowledge/
10) GE의 생각하는 공장이 현실화되고 있다, GE리포트 코리아 (gereports.kr)
11) 거대기업 GE는 어떻게 디지털 기업으로 변신했나, 테크M (techm.kr)
12) https://compniesmarketcap.com/general-electric/marketcap/
13) Why GE Digital Failed, Moazed Alex (applicoinc.com)

6) 본원적 전략의 동태적 결합

(1) 원가우위와 차별화의 동시 달성

원가우위와 차별화는 동시에 달성될 수 있는가? 포터의 주장에 의하면 두 가지 본원적 전략인 원가선도전략과 차별화전략은 양립될 수 없다. 왜냐하면 원가우위 전략은 낮은 원가를 유지하기 위해 추가적인 제품 특성이나 서비스를 없앤 표준화된 제품을 소비자에게 제공해야 하는 반면, 차별화전략은 소비자에게 특별한 혜택을 제공하기 위해 추가적인 비용이 소요되기 때문이다.

그러나 현실적으로 가전산업의 삼성전자와 LG전자, 자동차산업의 토요타(Toyota)와 Honda, 담배산업의 필립모리스(Philip Morris) 등은 원가선도전략뿐만 아니라 차별화전략도 추구해서 원가우위와 차별화를 모두 달성했다. 두가지 전략을 동시에 추구해서 성공하고 있는 기업들을 메커니즘기반관점에서 보면 모두 강력한 기업문화를 가지고 있다는 공통점을 찾을 수 있다. 즉 한 기업의 전략적 성과가 본원적 전략에 의해서만 이루어진다면 포터 주장에 일리가 있다. 그러나 전략적 성과는 다양한 변수에 의해 이루어지고, 그 중에 기업의 독특한 조직문화를 형성하는 메커니즘이 있는 것이다. 이 메커니즘이 조직 구성원의 단결과 화합을 이끌어낼 수 있다면 그 기업은 차별화전략과 원가선도전략을 동시에 쓰더라도 그런 메커니즘을 가지지 못한 기업이 한가지 전략에만 의존하는 경우보다 더 우수한 성과를 낼 수 있는 것이다.

이러한 현상을 고려한 듯 포터는 금속 컨테이너산업에서 원가우위와 차별화를 동시에 달성한 크라운코크앤실(Crown Cork and Seal)사의 예를 들면서 상황에 따라서는 기업이 원가우위와 차별화를 동시에 달성할 수 있다고 주장했다. 포터가 제시한 특정 상황이란 첫째, 경쟁자가 두 가지 전략 대안 중 어느 하나도 수행하지 못하는 어중간한 상태에 빠진 경우, 둘째, 원가절감에 영향을 미치는 여러 요인들 중에서 시장점유율이나 상호 관련성이 원가절감에 절대적 영향을 미치는 경우, 셋째, 기업이 중요한 기술혁신의 선두주자일 경우 등이다.

그러나 포터는 비록 두 가지 본원적 경쟁우위를 동시에 달성한 기업이라 할지라도 경쟁자에 의해 상호 관련성이나 기술혁신 등이 모방당하거나 한 가지 경쟁 전략만을 추구하는 강력한 경쟁자가 나타날 경우에는 두 가지 경쟁우위를 지속적으로 추구하는 것이 어렵다고 주장했다. 이러한 포터의 주장을 요약하면, 결국 기업이 상황에 따라 두 가지 본원적 경쟁 우위를 동시에 달성할 수도 있지만, 이는 단지 일시적 현상일 뿐이며 경쟁자의 끊임없는 위협 때문에 두 가지 경쟁우위를 계속 유지한다는 것은 불가능하다는 것이다.

반면 원가우위와 차별화를 동시에 달성할 수 있다고 주장하는 연구들이 있는데 이는 크게 몇 가지 부류로 구분할 수 있다.

첫째, 앞서 이야기한 포터의 주장과 달리 특정 상황에서는 두 가지 본원적 전략을 일시적이 아니라 지속적으로 추구할 수 있다. 예컨대 특정 산업에서 차별화전략이 수요를 증가시키고, 수요 증가는 다시 원가를 절감시키게 되면 두 가지 본원적 전략은 동시에 달성될 수 있다. 둘째, 특정 상황이 아니더라도 차별화전략, 예를 들면 품질개선을 통한 차별화를 달성한 경우에 불량으로 인한 제반비용을 절감할 수 있는 것과 같이, 가치활동상의 연계에 의해 원가가 절감될 수도 있다. 셋째, 차별화와 시장점유율 간에는 정(正)의 관계가 있어 차별화를 달성한 기업은 시장점유율을 높일수 있고, 시장점유율이 높아지면 규모의 경제효과에 의해 다시 원가를 낮출 수 있기 때문에 결국 차별화전략은 원가를 절감시킨다는 것이다.

그러나 이러한 주장들은 두 전략의 동시 추구가 가능한 특정 상황만을 언급하고 있거나, 원가우위와 차별화전략 간에 상충관계가 있다고 가정해서 차별화전략에 필요한 원가 부담분이 이로 인한 효익을 초과할 경우에는 원가우위와 차별화를 동시에 달성할 수 없다고 한다. 이 외에도 차별화전략을 추구하면서 원가우위를 달성하는 경우는 설명하고 있지만 그 반대의 경우는 설명하지 못하고 있다.

(2) 동태적 관점에서 본 본원적 전략의 결합

① 진화론적 기업이론에 의한 설명

진화론적 기업이론에서는 기업의 성장과정을 기업이 보유한 특유의 자원이나 능력을 활용하는 계획과정과 새로운 자원이나 능력을 개발하는 학습과정으로 설명한다. 그러나 이 두 가지 과정은 기업의 적응적 변화를 설명할 뿐 급격한 변화는 충분히 설명하지 못한다. 민츠버그와 웨슬리(Mintzberg & Westley)에 의하면, 최고경영자는 각자가 지닌 독특한 비전을 통해 불확실한 미래에 대응하는데, 바로 이러한 비전의 차이가 기업간 전략의 차이를 가져오고 기업에 급격한 변화를 유발시킨다는 것이다.

이렇게 볼 때 기업의 전략적 행동은 <그림 9.16>에서와 같이 크게 비전, 계획, 학습의 3단계로 구성된 순환과정에 의해 이루어지며, 최고경영자에 의해 개발된 비전은 계획과정을 통해 실현되고 학습과정을 통해 재정립(revisioning)된다. 이러한 기업진화의 동태적 모델을 본원적 전략과 결합해 보면, 결국 기업이 수립한 본원적 전략은 비전, 계획, 학습, 다시 비전으로 이어지는 순환과정 속에서 변하게 되고, 이러한 전략의 변환과정에서 두 가지 본원적 전략은 다시 통합된다(<그림 9.16> 참조).

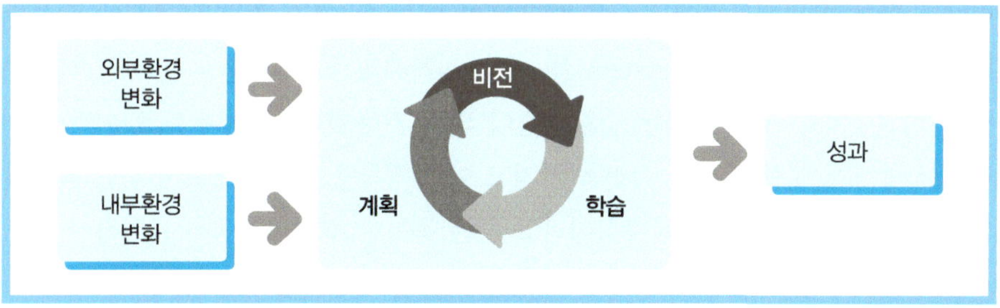

그림 9.16
진화론적 관점에서 본 전략 프로세스

<그림 9.17>에서 보는 바와 같이 원가우위를 성공적으로 실행해서 원가우위를 획득한 기업은 자신의 전략을 모방하는 경쟁자나 차별화를 추구하는 경쟁자로부터 자신을 보호하기 위해 계속 원가절감에 주력하든지 아니면 차별화를 추구하게 된다. 마찬가지로 차별화를 달성한 기업도 차별화를 계속 추구하거나 가치창조 활동의 연계, 규모의 경제, 학습효과 등에 의해 원가를 절감할 수 있다. 이처럼 두 가지 본원적 전략은 특정 시점에서 보면 양립하기 어렵지만 동태적으로 보면 비전, 계획, 학습으로 이어지는 순환과정에 의해 서로 결합될 수 있다.

미국의 자동차기업들은 가격에 민감한 고객을 중심으로 대량 생산, 대량 판매 전략을 사용해 한때 세계 자동차산업의 선두 위치를 차지했었다. 그러나 석유위기라는 환경변화를 맞아 함께 원가선도전략을 추구한 일본 자동차업계의 공격에 적절히 대응치 못했다. 미국 기업들은 일본 기업에 맞서 원가를 더 절감하거나 차별화전략을 추구했어야 했던 것이다. 반면 토요타, 닛산 등 일본 기업들은 원가선도

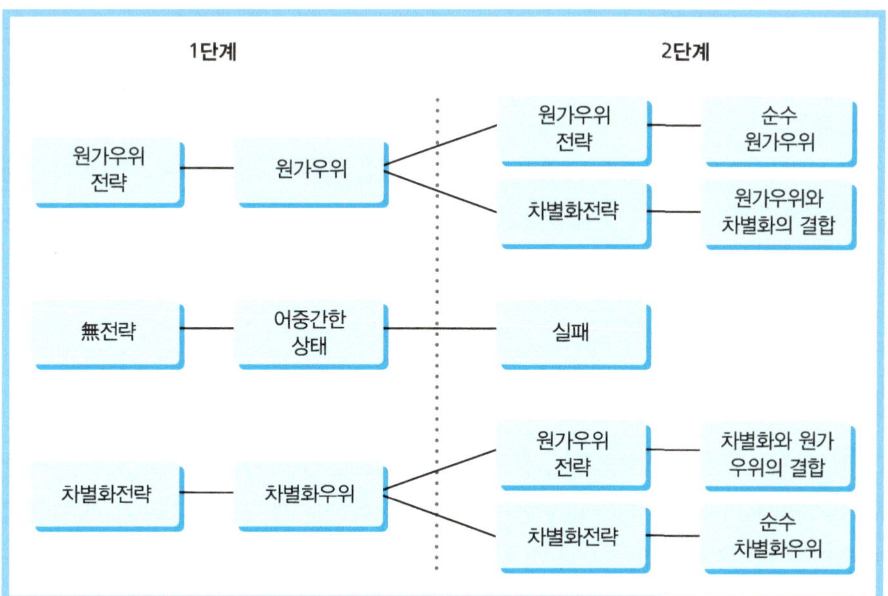

그림 9.17
본원적 전략의 네 가지 패턴

전략과 함께 차별화전략에도 노력을 기울여 이들 두 가지 전략을 동시에 달성할 수 있는 린 생산방식(lean system)을 개발, 정착시켰다. 이러한 본원적 전략의 통합은 비전-계획-학습이라는 순환과정에 의해 가능했다. 예컨대 토요타의 경우, 린 생산방식에 대한 확실한 비전을 가지고 이의 정착을 지속적으로 추진한 최고경영자가 있었다. 그는 린 생산방식이라고 하는 독특한 경영시스템을 완성하기 위해 기술, 유통, 조직, 하청업체 등 모든 기업활동에 걸쳐 일관성 있는 전략을 추진했으며, 이러한 전략의 추진과정에서 나타나는 문제점들을 끊임없는 학습과정을 통해 수정, 보완했던 것이다.

② 비중-순서 모델(WS Model)에 의한 설명

포터의 주장에 대한 두번째 동태론적 반론은 비중-순서 모델로 설명할 수 있다. 기업은 특정시점에서 두가지 본원적 전략을 동시에 쓰더라도 그들간의 비중, 즉 각 본원적전략의 중요성에 따른 가중치를 통해서 시장에 적합한 균형점을 찾을 수 있다. 또 시간이 지나면 기업은 다양한 환경변화에 맞춰서, 또는 새로운 환경을 창조하기 위해 전략을 지속적으로 바꿔야 한다. 따라서 순서를 고려해가면서 차별화전략에서 원가선도전략으로, 또는 원가선도전략에서 차별화전략으로 변화해 나가야 한다. 실제 기업현장은 기업, 특히 시장점유율이 높은 대기업이 한가지 전략만을 써도 될 정도로 단순하지 않다.

2008년 전기차를 출시해서 시장을 선도하고 있는 테슬라(Tesla)는 세단형 모델S와 크로스오버형 모델X를 내세워 차별화전략으로 성공한 후, 2021년에는 세단형 모델3와 크로스오버형 모델Y로 원가선도전략을 추진하고 있다. 테슬라의 CEO인 일론 머스크의 두뇌에서는 테슬라라는 자동차사업과 스페이스엑스(SpaceX)라는 우주사업 간의 그가 가지고 있는 가치관에 입각한 중요성의 가중치를 3대7 정도로 판단하고, 전자자동차 시장 진입순서를 프리미엄 시장에서 시작해서 보편적 시장으로 나가는 것으로 결정한 작업이 진행되고 있을 듯하다. 앞으로 머스크의 테슬라가 전기자동차 시장에서 실패한다면 어중간한 상태가 될 것이라고 한 포터의 이론이 맞고, 성공한다면 본원적 전략에 대한 포터의 이론을 수정할 수 있는 흥미로운 주제이다.

B. 사업부 수준의 전략내용

사업부는 제품과 시장으로 구성된 사업의 기본단위를 의미한다. 사업부는 매출을 일으켜서 비용을 상쇄하고 남는 이익을 극대화하는 목표를 가지고 있기 때문에 매출만을 책임지는 영업부서나 비용만을 책임지는 생산부서와 같은 기능부서와 다

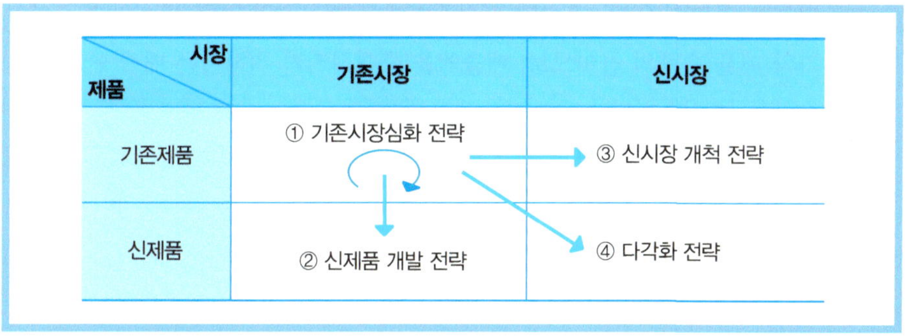

그림 9.18
성장전략의 유형

르다. 따라서 사업부 수준의 전략이야말로 기업의 가장 기본적인 전략이라고 할 수 있다. 기업 중에는 여러 사업부를 가진 기업도 있고 사업부가 단 하나인 기업도 있다. 후자의 경우 사업부의 전략과 기업의 전략은 일치한다.

1. 전략 대안의 결정

기업의 목적이 설정되고 나면 경영자는 목적에 부합하는 방향으로 구체적인 목표를 개발하고 자원을 배분하기 위한 전략 대안을 결정해야 한다.

<공식 1> 이윤 = 수익 − 비용

기업의 목적함수를 이윤(profit)의 극대화라고 할 때, 이윤은 매출액과 매출원가의 차액, 더 정확히 말하면 <공식 1>에서 보듯 수익(revenue)과 비용(cost)의 차액이다.

<공식 2> Max 이윤 = Max 수익 − Min 비용

따라서 이윤을 극대화하기 위해서는 <공식 2>와 같이 수익을 증대시키거나 비용을 감소시켜야 한다.

<공식 2>를 보면 두 가지 전략이 자연스럽게 도출된다. 즉 '이윤극대화'라는 기업의 목적을 달성하려면, 첫째는 수익을 극대화하기 위해 매출액을 증대시키는 전략이고, 둘째는 비용을 극소화시키기 위해 매출원가를 감소시키는 전략이다.

여기서는 매출액을 증대시키는 외형 추구적 전략 대안을 성장전략으로, 매출원가를 감소시키는 내실 추구적 전략 대안을 생존전략, 또는 안정전략으로 표현한다.

1) 성장전략

기업이 이윤을 지속적으로 증대시키기 위해서는 매출액의 지속적인 성장이 필수이다. 따라서 기업의 경영자들은 일반적으로 성장을 통한 이윤극대화를 위해 매출액 성장률이나 시장점유율 등을 양적 목표로 설정해 자원을 배분하는 성장전략을 채택하려는 경향이 있다. 그런데 성장전략에서 핵심적인 전략 변수인 매출액은 매출 단가와 매출 수량의 곱이므로, 매출액을 증대시키기 위해서는 매출 단가를 높이거나 수량을 늘려야 한다.

매출 단가를 높이기 위해서는 제품을 혁신하거나 품질 내지는 이미지를 개선시켜야 하며, 매출 수량을 늘리기 위해서는 기존시장에서의 매출 규모를 확대시키거나 새로운 시장을 개척해야 한다. 따라서 기업의 성장전략은 앤소프(I. H. Ansoff)가 제시한 제품과 시장의 매트릭스 모델을 통해 네 가지 유형으로 구분할 수 있다. 즉 제품과 시장의 두 가지 변수를 각각 기존제품과 신제품, 기존시장과 신시장으로 구분해서 <그림 9.18>과 같은 매트릭스로 모델화했을 때, 성장 추구를 위해 기업이 선택할 수 있는 전략은 기존시장 심화 전략, 신제품 개발 전략, 신시장 개척 전략 및 다각화 전략의 네 가지로 분류된다.

경영자가 자신이 경영하는 기업의 특성에 적합한 전략을 선택하기 위해서 각각의 성장 전략 대안을 구체적으로 살펴보자.

(1) 기존시장 심화 전략

어떤 기업이 기존시장을 심화시키는 방법에는 시장점유율 확대와 기존고객의 제품사용률을 증가시키는 두 가지 방법이 있다.

① 시장점유율 확대전략

시장점유율을 확대하기 위해서는 경쟁자가 가지지 못한 능력을 가져야 하는데 이러한 능력에는 원가우위와 차별화우위가 있다. 그리고 이 두가지 능력을 기반으로 해서 선택할 수 있는 전략이 바로 원가선도전략과 차별화전략이라는 본원적 전략이다. 본원적 전략에 대해서는 이미 앞에서 다뤘다.

마케팅 시각에서 전략을 보면 마케팅의 기본요소인 4P에서 제시되는 제품(Product), 가격(Price), 유통경로(Place), 판매촉진(Promotion)중 제품은 차별화전략, 가격은 원가선도전략의 대상이고, 유통과 촉진은 정해진 제품-가격의 판매를 확대하는 방법이다. 반대로 전략 시각에서 마케팅을 보면 원가선도전략은 제품과 가격간의 균형에서 가격 편을 드는 전략이고, 차별화전략은 제품과 가격간의 균형에서 제품 편을 드는 전략이다. 따라서 본원적 전략이외에 시장점유율을 확대하는 전략에는 유통전략과 촉진전략이라는 기능별 전략이 있는 셈이다. 이 중에서 제품을 기반으로 한 차별화전략은 경쟁자와 정면으로 부딪치지 않는 전략이고, 가격을 기반으로 한 원가선도전략, 유통전략, 촉진전략은 경쟁자와의 경쟁을 전제로 한 전략이다.

② 제품 사용률 증가전략

기존고객의 제품 사용률을 증대시키는 전략에는 사용빈도 증가, 사용량 증가, 새로운 용도 개발 등이 있다. 가벼운 사례를 통해 설명한다면 사용빈도 증가는 치약을 하루에 세번 사용하게 유도하는 광고, 사용량 증가는 치약을 사용할 때 사용량을 늘리게 유도하는 광고, 새로운 용도 개발은 치약을 은수저 닦는데 사용하도록 유도하는 광고를 들 수있다.

앞에서 소개한 대로 기존시장의 심화전략이란 미래에도 현재와 동일한 제품 구성을 유지하고 판매시장의 범위 또한 변화를 주지 않으면서, 단지 그 제품의 시장점유율을 높이기 위해 마케팅 측면에 중점을 둔 기본적인 전략 대안이다. 기술적으로 비교우위가 있는 새로운 제품이 빠른 속도로 개발되어 기존상품의 수요를 대체해 나가는 동시에 제품의 수명주기가 점차 짧아지고 있는 오늘날의 기업환경에서는, 새로운 경쟁자들이 계속 시장 진입 기회를 노리고 있고 기존 경쟁자들의 시장점유율 확대 또는 유지 전략 역시 강화되고 있기 때문에, 기존제품으로 기존시장을 공략하는 전략 대안만으로는 장기간 성장을 지속해서 이윤을 극대화시키는 데 어려움이 존재한다. 따라서 이같이 동태적으로 변화하는 환경에 적응해서 기업의 성장을 지속시키기 위해서는 신제품 개발, 신시장 개척, 다각화 등의 전략 대안이 모색되어야 한다.

(2) 신제품 개발 전략

먼저 신제품 개발 전략에 대해 고찰해 보면, 앤소프는 기존제품을 대체할 만한 신제품을 개발해서 기존시장의 시장점유율을 새로운 제품으로 유지 또는 확대하는 전략을 신제품 개발 전략으로 보고 있으나, 보다 넓은 의미에서 생각하면 <그림 9.19>에서 보듯 제품수명주기(product life cycle) 상의 성숙기 내지는 쇠퇴기에 나타나는 한계를 극복하기 위해 기존제품을 개량하거나 제품의 새로운 용도를 찾아

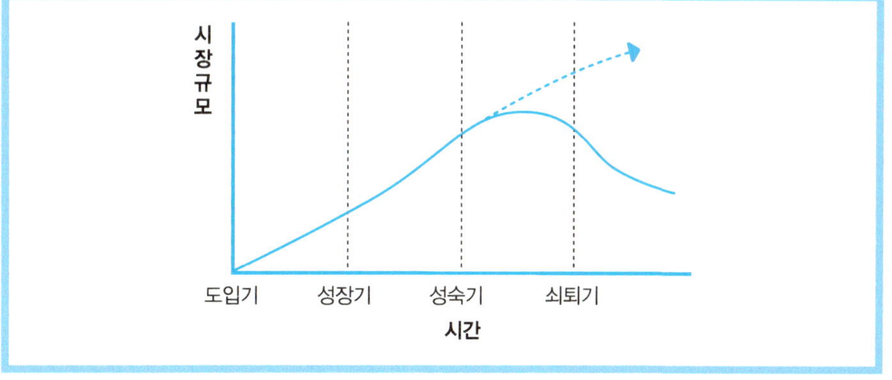

그림 9.19
제품수명주기에 대응한 신제품 개발 전략

내어 새로운 수요를 창조하는 재순환(recycling)전략까지 포괄하는 의미로 해석해야 한다.

다시 말해서, 여기서 말하는 신제품이란 기업이 연구개발 활동을 통해 기획 · 개발한 제품은 물론 기존제품을 개량 내지 수정하거나 새로운 용도를 개척한 제품까지 모두 뜻하는데, 이는 소비자가 어떤 품목을 '새 것(new)'으로 보느냐에 따르는 것이다. 따라서 신제품 개발 전략은 이미 시장에서 위치를 확보한 기업이 주체가 되는 기존제품 수명주기의 연장 및 개량 외에, 사회나 시장의 잠재수요를 포착한 기술창업가(technical entrepreneurs)에 의해서도 채택될 수 있는 전략이다.

선진국의 예에서 보면 과거의 제품과는 획기적으로 다른 새로운 기술의 제품이나 이에 의한 새로운 산업의 창시는, 기술창업가가 자기가 가진 새로운 아이디어나 기술을 활용하기 위해 기술집약적 소기업을 조직하고 창의적 아이디어를 개발해서 기업화함으로써 이루어진다. 또 대기업 내에서도 기존 조직으로부터 분리 독립해서 기술집약적 소기업과 비슷한 여건하에서 새로운 아이디어를 개발하고 실용화하려는 모험적 사업(venture business)으로 시작되는 경우가 많다.

예컨대 탁상 전자계산기는 1962년에 전동계산기를 생산하던 몬로(Monroe)나 프라이덴(Friden)과 같은 대기업이 아니라, 전자적 방식에 의한 계산기 개발 아이디어를 가지고 설립된 소규모 기업인 영국의 섬록(Sumlock)사와 미국의 와일러(Wyler)사에 의해 실용화되었던 것이다. 이같이 신제품 개발에 성공해서 대기업이 기존제품으로 유지해왔던 과점적 시장에 성공적으로 진입한 예는 많이 찾을 수 있다.

일반적으로 신제품을 개발하기 위해 기업은 자체적으로 기술을 개발하거나 외부로부터 기술을 도입하는 방식을 택한다. 기업이 신제품을 개발함에 있어서, 기술도입과 자체 기술개발 방식을 어떻게 조화시키는 것이 바람직할까? 이 질문에 대해서는 기술레버리지(technological leverage) 개념을 적용할 수 있을 듯하다. 재무레버리지(financial leverage) 이론에 따라 자금 확보를 하는 데 자기자본과 타인자본 간의 균형을 적절하게 맞춰서 리스크와 비용을 동시에 통제하듯이, 자체기술과 도입기술 간의 균형을 적절하게 맞춰서 효과와 비용을 동시에 통제해야 하는 것이다. 즉 어느 정도 초기적 기술을 갖춘 기업의 경우 기술도입을 통해 신규기술에 접하는 한편 자체의 연구개발 투자를 통해 기술 소화 능력을 갖춤으로써 도입기술을 보다 빨리 자체기술로 흡수하고 궁극적으로는 자체기술에 의해 신제품을 개발하는 체제를 갖추어야 한다.

특히, 이미 선진권으로 진입한 우리나라 경제 속에서 개별 기업은 다양한 상황에 처해있다. 이미 세계 최정상의 수준에 올라있는 반도체 산업, 조선 산업을 비롯해서, 세계 기업들과 어깨를 겨루고 있는 배터리 산업, 바이오 산업 등에서는 자체 기술 개발에 무한 투자가 필요하다. 반면, 아직 선도적 위치에 오르지 못한 기업들은 최근 경제규모의 급격한 신장과 숙련 노동력의 임금 인상으로 인해 기술집약적인 분야로 시업구조를 변화시켜야 한다. 이에 따라 부가 가치가 더 높은 제품을 개발하거나 첨단산업으로의 진출을 시도해야 하는데, 이를 위해서는 첨단기술의 도입이 절실하게 요구된다. 이러한 기술의 도입은 다음과 같은 면에서 기업의 자체 기술능력 개발을 요구하고 있다.

첫째, 이들 기업이 도입하려는 기술은 선진국에서도 과도기에 있는 것이기 때문에 기술도입이 어렵다. 선진국은 과도기에 있는 기술을 상당 기간 동안 독점해서 높은 부가가치를 향유하려고 하기 때문에, 이러한 기술을 우리나라에 제공해 경쟁상대를 키우려고 하지 않는다. 이 경우 과도기 기술을 도입하기 위해서는 자체기술능력을 높여 선진국과의 기술적 격차를 줄임으로써, 기술 교섭력을 향상시키고 필요한 기술을 도입할 수 있는 여건을 조성해야 한다. 또한 상당한 수준의 기술 능력을 갖추게 되면 상업적 계약에 의한 방법 말고도 개인에 체화시켜 이전하거나(선진국의 유능한 기술자를 스카우트하는 등) 기술 정보의 형태로 이전할 수 있으며, 더 나아가 장비나 시설에 체화시켜 이전(최신 제품을 입수해서 분해 · 재조립 과정에서 기술 습득)할 수도 있다.

둘째, 우리가 도입하려는 기술은 정태적 기술이 아니라 선진국에서도 지속적으로 개발하고 있는 동태적 기술이기 때문에, 혹 기술을 도입했다 하더라도 자체의 연구개발을 통한 지속적인 기술혁신 없이는 기술 이전이 일시적인 효과만으로 그치게 된다. 즉, 시장의 변화 추세에 대응해서 도입 기술을 스스로의 능력으로 개량 · 진보시켜 생산성을 제고하고 신제품을 개발해야 한다.

따라서 신제품개발 전략을 원활히 수행해서 기업의 지속적인 성장을 통한 이윤극대화를 달성하기 위해서는, 기업이 우선적으로 연구개발 능력을 양성해 나가야 한다.

(3) 신시장 개척 전략[2]

신시장 개척 전략은 기존 제품의 판매 지역을 새로 개척하거나 고객층을 다양화함으로써 잠재적인 수요시장을 창출하려는 전략이다. 즉, 보다 적극적인 마케팅 활동으로 새로운 판로나 고객을 확보하고 기존제품에 대한 새로운 수요를 불러 일으켜 기업 성장을 도모하는 전략이다. 특히 어떤 이유에서건 기존시장에서 매출액이 떨어지기 시작할 때 수요가 줄고 있는 상품을 대체할 만한 신제품이 개발되지 않았다면, 기존의 제품을 지속적으로 판매할 수 있는 새로운 시장을 확보해야 한다.

이러한 신시장 개척 전략은 시장의 다변화로 표현할 수 있는데, 이는 기업의 목표시장이 되는 세분시장(market segment)을 기존시장 내에서 확대하는 것도 포함하나, 엄밀한 의미에서는 목표시장을 다른 지역으로 확장하는 것을 말한다.

기업이 처음 창설되고 나면 일반적으로 자금력이나 경영능력과 같은 내부적 능력에 한계가 있기 때문에 정보의 수집이 용이하고 친밀감이 있는 좁은 범위의 지역에서 기업 활동을 시작한다. 그러나 기업의 규모가 점차 커지고 경험이 축적되다 보면 그 대상 지역이 확대되기 마련인데, 우리나라의 경우 국내 시장이 협소하기 때문에 몇몇 대기업이 이미 국내 시장 전체를 장악하고 있는 경우가 많다. 따라서 우리나라의 기업들은 시장을 개척 또는 확대하기 위해 해외 시장으로 눈을 돌리게 된다. 즉 국내 시장을 이미 장악한 대기업에서 내부적으로 더 높은 성장을 이룰 수 있는 잠재력을 보유하고 있다면 그 여력을 해외 시장 진출에 활용하려 할 것이고, 새로 진출을 시도하는 기업 또한 이미 포화 상태에 있는 국내 시장에서의 격한 경쟁을 피해 상대적으로 진입장벽이 낮아 보이는 해외 시장 개척에 더 큰 매력을 느낄 것이다. 따라서 시장의 다변화란 기업의 해외 시장 진출, 즉 기업의 국제화를 의미한다.

물론 해외 시장의 무궁무진한 성장 가능성을 인식하면서도 기업의 능력이 부족하다고 생각하거나, 불확실성과 불편 불리성이 높은 해외시장으로의 진출을 일종의 도박으로 간주하고, 국내 시장에서의 안정적 성장을 선호하는 경영자들도 많이 있다. 그러나 생산자원이 부족한 우리나라의 현실을 고려할 때 국가경제적 차원에서 기업의 해외 시장 진출이 권장되고 있기도 하거니와, 산업별로 차이는 있을지라도 기업이 어느 정도 규모 이상으로 성장하기 위해서는 해외 시장으로의 적극적 진출이 불가피하다. 따라서 우리나라의 기업들은 항상 기업의 국제화에 대한 인식을 새롭게 해야 한다.

① 기업 국제화전략의 형태

특정 기업이 국제화전략을 고려할 때는 제반 여건에 따라 무역, 기술 이전, 직접투자 등 여러 가지 방안 중 하나를 선택해야 한다. 이러한 국제화전략을 이전되는 대상을 기준으로 분류해 보면 <표 9.6>과 같다.

여기서 제시된 여러가지 전략 형태 중 현실적으로 가장 많이 사용되는 것은 무역과 해외직접투자이다. 이 두 가지 방법에 따라 국제화를 추구한 전형적인 예를 미국과 일본의 기업에서 발견할 수 있다. 미국의 경우에는 방대한 국내 시장을 통해 어느 정도의 규모를 달성한 다음 이를 기반으로 해서 해외로 직접 진출하는 다국적 기업이 형성되어 왔다. 반면 일본에서는 근래까지 국내 시장의 규모가 별로

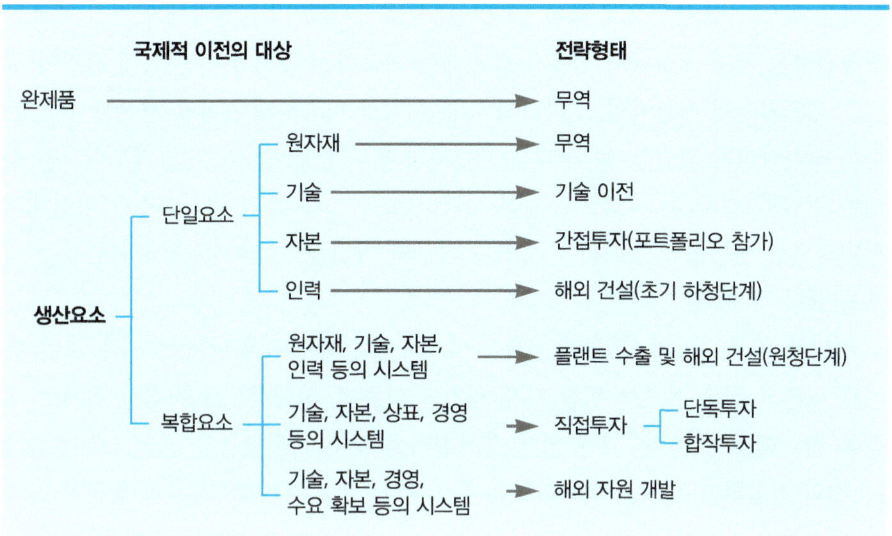

표 9.6
이전 대상을 기준으로 한 국제화전략의 형태

크지 않았던 탓에 독자적으로 국제화해 나갈 경제적 규모를 갖추지 못한 국내 제조업체들을 대신해, 이들의 무역 업무를 대행해 주는 종합상사인 소고쇼사(綜合商社, Sogo Shosha)가 크게 발전했다.

이같이, 일반적으로 기업이 국제화를 추구하기 위해서는 기업마다 자신의 능력에 따라 다음의 두 가지 방법 중 하나를 선택하게 된다. 하나는 국내 시장을 대상으로 한 영업활동을 통해 어느 정도 규모를 갖춘 기업이 이를 기반으로 해서 제품 수출이나 생산요인의 해외 직접투자를 통해 해외로 직접 진출함으로써 소위 다국적기업(多國籍企業, Multinational Corporation, MNC)을 지향하는 방법이고, 다른 하나는 독자적인 해외활동을 벌일 경제적 규모나 경영 여건을 갖추지 못한 기업이 그 역할을 대신해 주는 종합상사(綜合商社, General Trading Company, GTC)를 활용해서 간접적으로 해외에 진출하는 방법이다.

기업 국제화의 대표적인 예인 미국의 다국적 기업과 일본의 소고쇼사가 국제화의 길을 걷게 된 동기는 무엇이며 그에 따른 구체적인 전략 방식은 어떤 것이 었는지를 상세히 보면 기업 국제화전략에 대한 이해를 얻을 수 있다. 우선 미국에 기반을 두고 있는 기업의 경우를 살펴보면, 국내 시장 규모가 워낙 큰 까닭에 다른 나라의 경우와 같이 국내 시장규모의 협소성이 기업 성장의 제약 요소로 등장하지 않았다. 따라서 미국 기업은 언어, 풍속, 제도, 습관 등이 모두 다른 해외 시장에 관심을 가질 까닭이 없었다.

그러면 이들이 해외로 진출하게 된 동기는 무엇이었는가? 물론 1800년대 후반과 1920년대에 기업이 급성장을 추구할 때 해외 시장을 개척해서 성장성을 높이는 방법을 썼으나, 전통적으로 특히 1950년대 이후 미국 기업경영자에게 가장 중요한 경영전략은 국내 시장에서 점유율을 최대한 확보하는 것이었다. 여기에 관건이 된 것은 제조원가의 절감이었고, 따라서 이들은 가장 저렴하게 제품을 생산할 수 있는 곳을 찾아다니게 되었다. 즉 국내 시장에서의 우위를 확보하기 위해 제조원가를 최대한 절감할 수 있는 지역으로 자본, 생산시설과 기술 등의 생산요소를 이전해서 상대적으로 생산성을 높이려는 시도가 미국의 기업들로 하여금 국제화의 길을 걷도록 했던 것이다.

이러한 미국 기업들의 해외 진출은 제2차 세계 대전이 끝난 1950년대 초반 유럽과 일본의 전후 복구를 위한 경제 재건과 맞물려, 상대적으로 저렴한 원가로 제품을 생산할 수 있었던 그 지역에 생산설비를 갖추고 완제품은 본국으로 수출하는 해외 직접투자 방식을 채택하도록 유도했다. 그 후 유럽과 일본의 임금이 급격히 상승하자, 1960년대를 지나면서 진출대상 지역을 세계 각지의 개발도상국가로 확산시켰으며, 전반적인 세계 경제 발전에 따라 미국 기업들의 선진 기술을 바탕으로 한 제품의 수요처 또한 확대되었고, 이것이 다국적기업이 국제화하는 계기가 된 것이다.

반면 일본 기업은 미국의 경우와 달리 거의 무제한의 성장을 수용할 수 있는 국내 시장을 갖고 있지 못했다. 따라서 일본 기업은 내수시장의 형성이 어느 정도 이루어진 1890년대 이후 대외 팽창 정책에 편승해서 해외 시장을 개척, 완제품의 수출을 확대해 나감으로써 기업 성장을 달성했다. 식민지 시장이 없어진 1950년대 이후에도 일본 기업은 정부로부터의 적극적인 지원에 힘입어 일본 제품의 수출시장을 확대하는 데 총력을 기울여 왔다. 다만 정부와 달리 기업에서는 수출 자체의 증가를 목표로 삼는 대신, 생산에 필요한 원자재를 저렴한 값에 수입해서 생산원가를 낮추고 이를 통해 수출 경쟁력을 강화하는 데 초점을 두었다.

이때 수입된 자재의 가격 인하에는 수요 독점(monopoly)에 의한 대량구매가 가장 효율적이어서, 제조 기업에서는 독자적인 원자재 수입을 피하고 무역업무를 전문으로 하는 대형 상사로 수입 창구를 일원화시켜 이들이 저렴하게 수입한 원자재를 나누어 쓰는 방식을 취했다. 이러한 과정에서 생산 원자재의 수입과 완제품의 수출이라는 무역활동을 전담함으로써 일본 기업의 국제화 작업을 대행해 주는 소고쇼샤가 국제화 기업의 형태로 정립된 것이다. 그러나 무역과 해외 직접투자만이 국제화를 위한 전략 형태는 아니며, 기술이전이나 해외건설 등도 산업 특성이나 기업 능력, 진출 대상 지역의 규제 정도 등 여러 가지 변수에 따라 선택해야 한다.

② 시장 다변화의 장점과 한계

기업이 시장 다변화 전략을 채택함으로써 얻을 수 있는 장점은, 장기적인 성장의 잠재력을 갖게 된다는 점과 지역적인 기업 환경의 갑작스러운 변동에 의한 매출액 격감과 같은 위험으로부터 벗어날 수 있다는 점이다. 기업은 현 상황하에서 침투할 만한 가치가 있는 시장뿐만 아니라, 비록 당장은 부족함이 많지만 성장 잠재력이 큰 시장도 개척해서 시장을 다변화함으로써, 이들의 성장에 힘입어 기업도 성장할 수 있는 잠재력을 보유할 수 있게 된다. 즉 아직 미개발지로서 경제 규모는 작지만 성장 가능성이 큰 국가나, 제반 여건이 준비가 되지 않아 경영활동에 어려움이 있되 중요한 자원을 보유하고 있는 국가, 또는 우리나라와 외교관계가 없어 시장 침투에 어려움이 따르지만 관계 개선이 희망적인 국가 등으로의 진출을 촉진함으로써 지속적인 성장의 발판을 얻게 된다.

물론 기존의 시장만을 고수함으로써 독점 상권을 획득하고, 독점 우위를 통해 높은 부가가치를 얻을 수도 있겠으나, 막상 독점 상권 형성을 위해 기업이 총력을 기울인 시장의 정치적 · 경제적 제반 환경이 바뀌게 된다면 그 기업은 심각한 타격을 받을 수도 있다. 예컨대 이란의 타이어 시장에서 높은 시장점유율을 보이던 H물산은 회교 혁명으로 인한 정권교체와 대미관계 악화로 말미암아 큰 어려움을 경험한 바 있다. 또한 시장의 다변화를 통해 세계 각지에 정보망을 구성해서 효율적인 자원의 배분을 이룰 여건이 조성되거나 수입 쿼터제 등 규제조치에 묶여 일정량만을 수출할 수밖에 없을 때는, 새로운 시장의 개척이 필연적이라 하겠다.

그러나 시장을 다변화하다 보면 기업의 마케팅 능력을 분산시키게 되며, 만약 분산적인 조직을 효율적으로 관리 · 통제할 수 없다면 지역적인 최적화(local optimization)만을 달성하게 될 뿐 기업 전체 수준에서 최대의 성과를 올릴 수 없다는 점이 그 한계로 지적될 수 있다. 더구나 세계 각지로 시장을 다변화하기 위해서는 방대한 조직과 더불어 엄청난 자금 지원이 필요한데, 기업이 보유하고 있는 한정된 자원을 여기저기에 배분하다 보면 자칫 어느 한 지역에서도 우위를 점할 수 없는 결과를 초래할 수 있다. 이미 독점적인 위치를 확보한 경우라도 기득권을 유지하기 위해서는 더 많은 지원이 필요할 수 있으므로, 새로운 시장 개척에는 다양한 측면을 고려한 세심한 배려가 요구된다.

(4) 다각화전략

성장전략 중 보다 적극적이며 성장 지향적인 전략 대안은 다각화전략이다. 그런데 다각화의 개념과 범위에 대해서는 학자들 간에 의견의 일치를 보지 못하고 있다. 앤소프가 제시한 다각화전략은 신제품 개발과 신시장 개척을 동시에 추구하는

데 비해, 루멜트(Rumelt)는 제품 계열의 확장 과정으로 다각화의 과정을 파악해서 제품과 시장을 각각 독립된 다각화로 보는 보다 광의의 다각화 개념을 제시하고 있다.

양자의 견해는 본질적으로 큰 차이를 지니고 있지는 않다. 루멜트가 말한 바와 같이 제품 계열을 확장해서 새로운 사업 분야에 진출한 것을 다각화로 보더라도, 이는 새로운 고객층을 대상으로 신제품을 판매한다는 점에서 새로운 시장으로의 진출을 의미하기 때문이다. 따라서 다각화의 개념을 확장해서 규정한다면, 이와 같은 제품 · 시장 중심의 다각화와 더불어 금융 기능이나 정보의 수집 분석 기능과 같은 서비스 측면의 기능을 다각화시키는 기능 다각화를 포함시키는 것이 올바른 방향일 것이다.

이같이 기능 다각화를 광의의 다각화 범주에 포함시키는 것은 다음과 같은 이유로 설명될수 있다. 만일 다각화를 신제품 개발과 신시장 개척 방향으로만 국한시킨다면, 제품을 생산해서 직접 판매하는 제조 기업의 경우에는 정책 적용상의 문제가 없고 다양한 수준과 형태의 전략 대안을 분석하기에도 용이하겠으나, 다양한 기능면에서 서비스를 제공하는 것을 목적으로 하는 제3차 산업 기업에 대해서는 전략 방향으로서 충분한 설득력을 갖지 못한다. 특히 종합상사를 비롯한 대규모 서비스 기업들은 복잡하고 다변화된 기업 환경 속에서 수요자와 공급자를 적재 · 적소에 적절한 조건으로 연결시키는 기능의 다양성 여부가 기업의 능력을 좌우하는 중요한 요소이기 때문에, 여러 가지 기능을 종합적 · 복합적으로 수행함으로써 기능 다각화를 이루는 것이 기업 성장을 위한 전략 대안으로 중시되어야 하는 것이다. 따라서 여기에서는 다각화를 제품 · 시장 중심의 다각화와 기능 중심의 다각화로 나누어 고찰해 보기로 한다.

① 제품-시장 다각화 개념

제조 기업이 추구하는 제품 · 시장 중심의 다각화는 앤소프와 루멜트가 제시한 다각화전략에 잘 나타나 있다. 앤소프가 제시한 다각화전략이란 제품 개발과 시장 개척을 동시에 추구하는 종합화의 개념을 갖고 있다. 그는 다각화전략을 이미 살펴본 기존시장 심화 전략, 제품 개발 전략, 시장 개척 전략과 차원을 달리하는 성장을 위한 또 다른 전략 형태로 파악해서, 제품 · 시장 전략 매트릭스를 확장전략과 다각화전략으로 양분하면서[3] 기업이 두 가지 전략안 중에서 다각화전략을 선택하게 되는 경우를 다음과 같이 열거했다.[4]

a. 기존시장의 심화, 제품 개발 혹은 시장 개척 전략 중 어느 하나만으로는 기업의 성과가 목표치에 미달할 경우, 다각화전략을 채택함으로써 기업목표를 달

성하고자 한다.

b. 확장전략만으로 목표 달성이 가능할 경우 확장전략 선택 후에도 기업에 여유 능력이 있다면, 기업은 다각화전략을 채택하고자 한다.

c. 확장전략보다 다각화전략이 더욱 높은 수익성을 보장할 경우, 기업은 당연히 다각화전략을 선택하게 될 것이다.

d. 일반적으로는 다각화보다 확장전략 채택시 필요한 정보를 얻기 쉬운데, 만약 많은 정보를 수집해서 다각화 전략 채택 시에 이용할 정보의 양과 질이 확장 전략 채택 시와 비교해서 손색없다고 여겨지면, 기업은 다각화전략을 채택하고자 한다.

이에 대해 루멜트는 제품 계열의 확장으로 사업분야가 확대되는 과정을 다각화의 과정으로 인식하면서, 계수적인 측정기준에 따라 모든 기업을 몇 개의 다각화 집단으로 나누었다. 즉, 기업이 진출한 사업분야를 특화율(SR: Specialization Ratio), 수직비율 (VR: Vertical Ratio), 관련비율(RR: Related Ratio)이라는 세 가지 정성적(定性的) 척도로 측정해서 다음과 같이 7개 집단으로 구분하고 있다.[5]

- 전업형(S: single)
- 수직형(V: vertical)
- 본업집약형(DC: dominant-constrained)
- 본업확산형(DL: dominant-linked)
- 관련집약형(RC: related-constrained)
- 관련확산형(RL: related-linked)
- 비관련형(U: unrelated)

<그림 9.20>의 분류체계에 따르면 기업은 크게 전업형과 다각화형으로 나누어지고 다각화형은 다시 수직형, 본업형, 관련형, 비관련형으로 나누어진다. 수직형은 원료에서 최종제품에 이르는 전 생산공정을 일괄적으로 연결시켜 각 공정 사이의 이동을 내부화(internalization)시킨 기업을 의미한다. 본업형은 본업이라 할 수 있는 중심된 제품분야가 있는 동시에 다소의 다각화가 이루어진 기업이다.

관련형은 본업이라 할 수 있을 정도로 비중이 절대적으로 큰 분야는 없지만, 대부분의 분야가 시장, 기술 등의 면에서 어느 정도 관련성이 있는 경우이다. 비관련형은 관련성이 있는 분야를 합해도 기업 전체의 매출액에서 점하는 비중이 작은 기업이다. 이 중에서 본업형과 관련형은 각 분야 간 상호관계의 밀접성에 따라 각각 집약형과 확산형으로 나누어진다. 여기에서 집약형은 특정한 경영자원을 여러

그림 9.20
사업 분야의 다양성에 따른 기업 집단의 분류 체계

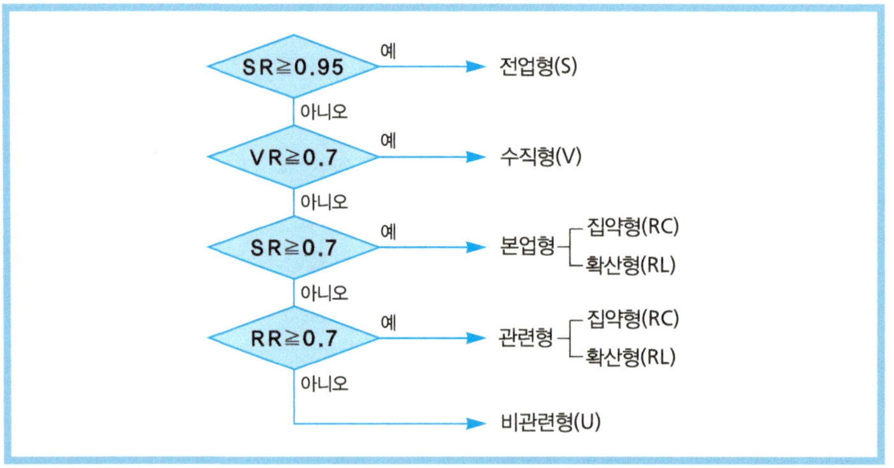

출처: Rumelt 1974, p.3.

분야에서 공통적으로 이용하는 것이고, 확산형은 한 분야의 경영자원을 지렛대로 이용해서 새로운 분야로 계속 진출하는 것이다.

<그림 9.21>은 집약형과 확산형의 차이를 상징적으로 보여주고 있는데, 여기에서 ○표는 각 제품분야를, ○표를 연결하는 실선은 각 분야 간의 관련성을 나타낸다.

여기서 제시된 일곱 가지 기업집단은 각각 특징적인 제품 계열 확대 전략의 형태이다. 이러한 기업집단의 유형별 분류는 제품 다양화를 추구하는 기업의 경영자에게 어느 정도까지 제품 계열을 확대할 것인지에 대한 시사점을 제공하고 있다. 즉, 기업 전체의 능력과 기존의 사업분야가 속해 있는 산업의 특성에 따라 제품 계열을 확대해야 한다는 것이다. 예컨대 원사에서 섬유, 직물, 봉제로 이어지는 의복분야의 경우 원료 조달과 거래선의 확보가 기업의 경쟁력을 결정하는 중요한 요인이 되므로 수직형의 전략을 사용하는 것이 유리할 것이나, 음 · 식료품 분야에서는 캔디 · 껌 · 비스킷 · 초콜릿 · 아이스크림 등 제품 원료 및 유통 면에서 서로 관련이 깊은 제품에 집약하는 관련집약형 전략이 더욱 바람직하다.

그림 9.21
집약형과 확산형

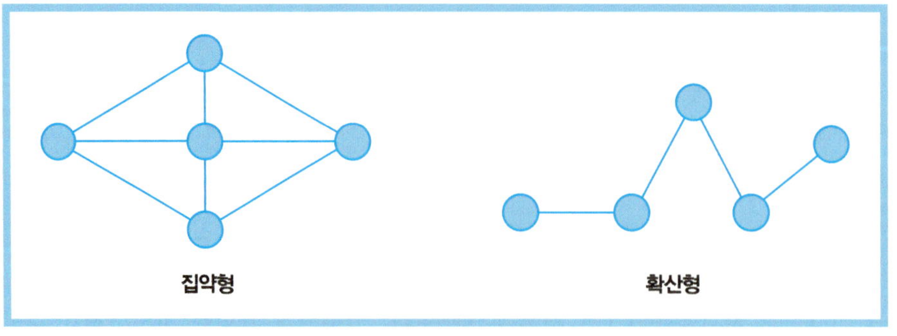

출처: 吉原英樹, 『日本企業の多角化戰略』, 東京 : 日本經濟新聞社, 1981, p.15.

② 다각화의 동기

현대 기업은 한 산업에서 하나의 제품만을 생산, 판매하거나 하나의 사업분야에서 활동하는 것이 아니라, 다품목 혹은 다사업 부문에서 경영활동을 수행한다. 이러한 다각화의 동기가 무엇인가에 대해서는 선진국 기업, 특히 미국 기업의 다 각화가 활발하게 추진된 70년대의 전략경영경영전략 분야에서 다양하게 논의되었다. 이중에서 중요하게 언급되었던 다각화 동기로는 기업가적 동기로서의 '지속적 성장 추구', '위험 분산', 범위의 경제 추구와 거래비용 절감을 통한 '시장지배력 강화' 등을 들 수 있다.[6]

a) 지속적 성장 추구

기업은 지속적 성장을 위한 수단으로 다각화를 추진한다. 즉, 기존제품이나 사업이 사양산업에 들어 성장률이 계속 떨어지는 경우에는 기업이 생존하기 위해 새로운 산업으로 진출하는 전략을 선택하게 된다. 또한 기존 사업의 전망이 나쁘지 않다 하더라도 새로운 유망분야에 미리 진출함으로써 얻는 선발기업의 이점(first mover advantage)을 향유하기 위해서도 다각화한다. 그리고 기업의 시장 위치가 규모에 의해서 결정되거나, 경영자의 업적 평가가 수익성보다는 매출액에 의해 평가받는 경우 경영자가 성장을 극대화하기 위해 다각화를 추구하려는 동기가 더욱 커진다.

b) 위험 분산

위험을 분산시키고자 하는 것도 다각화의 중요한 동기가 된다. 기업이 한 사업에만 진출해 있을 경우 경기순환(business cycle)에 의해 그 사업의 경기가 하락하면 손실이 크므로, 이러한 위험을 보전하기 위해 다른 사업으로 다각화하는 전략을 택하게 되는 것이다. 이렇게 볼 경우 특히, 관련 다각화보다는 비관련 다각화(conglomerate형)가 위험분산 효과가 크다. 이러한 위험분산 동기는 대리인 이론(Agency Theory)에 의해 잘 설명된다. 대리인 이론에 의하면, 경영자는 자신의 위치를 안정적으로 유지하기 위해 다각화를 한다. 즉 이익 수준이 일시적으로 낮아진 경우에는 자금 조달이나 자신의 위치 유지에 나쁜 영향을 줄 수 있기 때문에, 경영자들은 다각화를 통해 이러한 위험을 회피하려는 동기를 가진다.

한편 투자자나 주주, 종업원의 입장에서도 위험이 감소하는 것은 긍정적인 효과를 지닌다. 평균수익률이 높아지지는 않는다 하더라도 이익의 변동 가능성이 줄어들면 투자 매력도는 높아지고 따라서 주가도 향상될 수 있다. 또 종업원의 경우에도 이익의 변동 폭이 감소됨에 따라 고용의 안정성이 증가되는 등의 장점이 존재하게 된다.

c) 시장지배력의 강화

다각화는 범위의 경제와 거래비용 절감을 통해 궁극적으로 시장지배력을 강화하기 위해 이루어지기도 한다. 기업이 생산, 판매활동을 수행하는 과정에서 행하는 R&D 투자나 광고활동 등에 의해 기업 내 무형자산(기업 명성, 제품의 브랜드명, 기업 특유의 기술 등)이 축적되고, 이러한 자산은 새로운 제품의 생산에 유용하게 활용된다. 즉 한 사업의 생산, 판매활동에서 얻은 노하우가 다른 사업으로의 진출에 경제적인 효율성을 제공하는 범위의 경제로 인해 다각화를 하는 것이다.

한편 기업이 생산 활동을 수행하기 위해서는 생산에 필요한 원료, 중간재 등을 전방기업으로부터 구입해야 한다. 그런데 최종생산재의 생산에 필요한 요소를 공급하는 전방기업이 너무 멀리 떨어져 있어 수송비가 많이 소요되거나, 전방기업이 독점적인 위치를 활용해서 높은 가격을 책정하는 경우에는 이러한 전방으로 다각화를 함으로써 거래비용을 절감할 수 있다. 이처럼 기업은 범위의 경제 효과와 거래비용 절감 등을 위해 다각화를 추구함으로써 궁극적으로 시장지배력을 강화시킬 수 있게 된다.

③ 다각화의 평가기준 및 가치창조 가능성

다각화가 기업의 목적을 달성하는 데 도움이 되는가를 평가하는 방법으로, 포터는 매력도 테스트(attractiveness test), 진입비용 테스트(entry cost test), 발전성 테스트(improvement or better-off test)라는 세 가지 조건을 제시하고 있다.[7]

a) 매력도 테스트

이는 다각화할 산업이 구조적으로 매력적이거나 매력적으로 될 가능성이 있어야 한다는 것을 의미한다. 매력도 테스트는 포터의 산업구조 분석 모델을 적용해서 평가할 수 있다. 일반적으로 투자수익률이 높은 매력적인 사업이란 진입장벽이 높고 공급자와 구매자의 교섭력이 적으며, 대체가능성이 있는 제품이나 서비스가 없고 경쟁기업 간 경쟁 상태가 안정적인 경우를 의미한다.

b) 진입비용 테스트

이는 새로운 산업에 진입하는 데 소요되는 진입비용이 그 산업에서 얻게 될 총이익을 초과해서는 안 된다는 것이다. 진입비용 테스트는 특정 산업의 매력도가 그 산업에 이미 진입해 있는 기업과 진입 예정인 기업에게 서로 다르게 작용한다는 것을 전제로 하고 있다. 어떤 산업의 매력도가 높다는 것은 진입예정 기업에 대한 진입장벽이 높다는 것을 의미한다. 즉 산업이 매력적일수록 신규진입 기업의 진입비용은 높아진다는 것이다. 그러므로 경우에 따라서는 특정 산업에 진입하려는 기업이 이들 장벽을 극복하고 위치를 구축하는 데 소요되는 비용이 그 산업에서 얻을 수 있는 이익을 초과할 수도 있으며, 이 경우 다각화의 이점은 사라지게 된다.

c) 발전성 테스트

이는 새로운 사업단위가 기존사업과의 연관을 통해 경쟁우위를 확보하거나, 또는 기존사업이 새로운 사업과의 연관을 통해 경쟁우위를 얻을 수 있어야 한다는 것을 의미한다. 이러한 발전성 테스트는 다각화를 통해 시너지 효과를 향유할 수 있는가를 평가하기 위한 것이다. 즉 기업이 새로운 사업단위에 어떤 의미 있는 경쟁우위를 제공하거나 새로운 사업단위가 기업에 경쟁우위를 제공할 잠재력을 지녀야 한다는 것이다. 예컨대 새로운 사업단위가 기존 사업단위의 유통시스템을 활용할 수 있다면, 다각화는 계속적인 경쟁우위를 낳을 가능성이 높아지게 된다.

이러한 관점에서 볼 때, 비관련 다각화는 발전성 테스트를 적용하기 곤란한 점이 있다. 기존사업과 전혀 관련이 없는 사업이 있을 수 있는지 의문을 제기할 수 는 있으나, 일반적으로 비관련 다각화는 다른 사업과의 관련성을 확보할 수 없기 때문이다. 한편, 포터는 이상과 같은 다각화 평가기준을 제시한 후 다각화전략이 새로운 가치를 창출해내는 과정을 <그림 9.22>와 같이 네 가지로 구분했다. 그림에서와 같이 포터는 다각화전략이 포트폴리오 관리에서 리스트럭처링, 핵심 스킬의 이전, 중요 기업 활동의 공유로 이행할수록 점점 더 높은 가치를 창출한다고 했다.

다각화전략의 첫째 유형은 포트폴리오 관리로 부르는 콩글로머리트(conglomerate)에 의해 이루어지는 다각화이며, 둘째 유형은 비효율적인 경영을 하는 기업을 인수해서 회생시키거나 핵심역량과 관련이 없는 사업을 매각해서 사업영역을 재조정하는 리스트럭처링이다. 그리고 셋째 유형은 기존의 핵심 스킬을 새로운 사업으로 이전 해서 활용하는 다각화이며, 한 기업이 여러 사업부 간에 경영자원을 공유함으로써 비용절감과 차별화를 확보하는 다각화 유형도 있다.

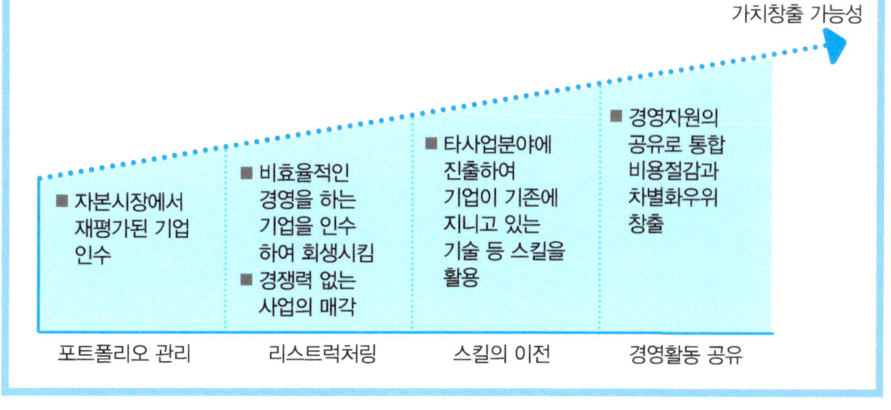

그림 9.22
다각화전략의 가치창출 가능성

④ 제품-시장 중심 다각화의 장점과 한계

기업이 업종을 다각화시킨다면 그들은 안정적인 성장을 지속하기가 용이하다. 각 업종 간의 상호 보완적 성장을 통해 기업 성과를 안정화시키면서 위험을 줄일 수 있기 때문이다. 보다 구체적으로 살펴보면, 주요 제품의 수명주기별 단계에 다른 매출액의 분산 정도가 크고 계절 간의 변동이 심한 경우나, 산업 간의 파행적인 경기변동에 따른 판매액과 그에 따른 이익의 불안정성이 큰 경우, 다각화에 따른 품목의 상호 보완작용으로 이런 어려움을 극복할 수 있다는 것이다. 특히 최근과 같이 제품 수명주기가 짧아지는 상황에서 신보호무역주의에 편승한 세계 각국의 수입 규제나 수입쿼터제의 피해를 줄이기 위해서는, 한두 가지 제품에만 주력하는 것보다 업종을 다각화시키는 것이 위험 경감 차원에서 기업의 강점이 될 수 있다.

물론 다각적이고 광범위한 조사작업을 통해 시장환경의 정확한 예측이 가능하고 경영자가 가장 합리적인 의사결정을 할 수만 있다면, 사업분야를 다각화시켜야 한다는 논리는 의미를 잃게 된다. 그러나 아무리 방대하고 철저한 정보망을 갖추고 있어도 장기적으로 미래 환경을 항상 정확하게 예측한다는 것은 불가능한 일이다. 그러므로 인간 능력의 한계에 기인한 '제한된 합리성(bounded rationality)'을 극복하기 위해서는, 어느 한 제품에만 집착해서 단기적 성과를 노리는 것보다 유망한 다수를 선별하는 것이 장기적으로 유리하다.

반면 다각화전략이 갖는 한계도 검토해야 한다. 우선 기업이 보유한 인적 · 물적 자원은 한계가 있게 마련이다. 이처럼 유한한 자원을 적절히 배분함으로써 기업의 경영 성과가 나타나는 것이므로, 기업 전체의 능력 혹은 기업의 생산능력을 과도하게 분산시켜 하나하나의 제품이 모두 경쟁력을 잃게 되는 우를 범하지 말아야 한다. 만약 시장에서 독점적으로 우위에 있는 제품을 만들려고 원한다면 기업 능력의 집중이 필요하며, 일단 시장에서 우위를 얻었다 하더라도 이를 유지하기 위한 노력이 지속적으로 필요함은 당연하다. 따라서 무조건적인 다각화만을 추구하게 되면 전통적으로 갖고 있던 전문성과 독점성도 유지하기 어렵게 된다.

또한 진출 분야를 계속 늘려나가다 보면 적자요인 발생에 의해 한계 수익성이 떨어지게 마련이며, 이는 결국 기업의 단기적 수익성 하락의 원인이 되기도 한다. 이와 같은 부분적 수익성의 하락은 장래의 급격한 수익성 악화를 모면하기 위한 코스트이므로 완전히 없애기는 어려우나, 가능한 한 이 코스트를 줄이면서 제품다양화를 통해 소기의 성과를 달성하려면 무차별적인 제품다양화는 지양되어야 한다.

2) 안정전략

(1) 개념 및 필요성

기업이 무한한 생명을 갖고 이윤을 창출하려면 그 과정에서 아무리 어려운 고비를 만나더라도 망하지 않아야 한다. 따라서 경영자 입장에서 보면, 기업 내부에서 내실을 다지며 갑작스러운 경기변동 등 어떤 환경 변화에도 이겨낼 수 있는 체질을 길러내기 위한 전략 대안이, 외부적으로 성장의 기회를 추구하는 성장전략 못지않게 중요하다.

또한, 기업의 목적함수인 'Max 이윤 = Max 수익 − Min 비용'의 관점에서 보더라도, 이윤을 극대화하기 위해서는 성장전략의 개발 · 실행을 통해 수익을 극대화시키는 방향과 함께, 비용을 극소화시키기 위해 기업 내부의 비용 구조를 설계하는 방향의 전략 대안이 도출되어야 한다. 환경의 영향을 많이 받는 성장전략은 그 실천 과정에서 불확실성이 크고 제대로 통제하기가 곤란하며, 설정한 목표를 달성하지 못한 채 자칫 기업을 위기에 빠뜨릴 수도 있다. 따라서 경영자 입장에서는 불확실성이 적고 관리할 여지가 큰 기업 내부 각 부문을 효율적으로 조정해서 내실을 추구하는 전략 대안 쪽으로 우선 눈길이 가기 쉽다.

이같이 기업 내부에서 기업 체질을 강화하는 전략 대안을 일컬어 성장에 대비되는 개념인 안정을 도모한다는 뜻에서 안정전략이라고 명명하기로 하자. 그러면, 이러한 안정전략은 구체적으로 어떤 목표 하에 자원을 배분하는 전략 대안인가? 안정전략은 매출액에 관계없이 매출원가를 절감하거나, 설사 매출액이 감소하더라도 매출원가를 더 높은 비율로 절감하면, 이윤이 발생해서 기업의 안정을 다지고 계속 존속할 수 있다는 기본적인 사고 하에 손익분기점(break-even point)의 하락을 그 목표로 한다.

손익분기점이란 기업의 생산 및 판매 활동에서 총수입과 총비용이 같아지는 점, 즉 순이익이 0이 되는 점을 말한다. 기업의 매출액이 손익분기점 이하일 때는 기업이 손실을 보게 되는 반면, 기업의 매출액이 손익분기점을 넘어서면 기업은 이익을 보게 되는 것이다. 그런데 손익분기점을 고려하려면, 고정비 및 변동비 개념에 대해 먼저 이해를 해야 한다. 고정비는 기업의 조업도나 매출량에 관계없이 일정하게 발생하는 비용이고 변동비는 조업도나 매출량의 변동에 직접 비례해서 발생하는 비용으로, <그림 9.23>에서 보는 바와 같이 고정비와 변동비가 합쳐져 기업의 총비용이 된다.

기업에서 발생하는 모든 비용이 변동비라면 손익분기점의 문제가 발생할 수 없다. 그러나 기업의 경영과정에 있어서는 필연적으로 고정비가 발생하게 되기 때문

그림 9.23
조업도와 비용간의 관계

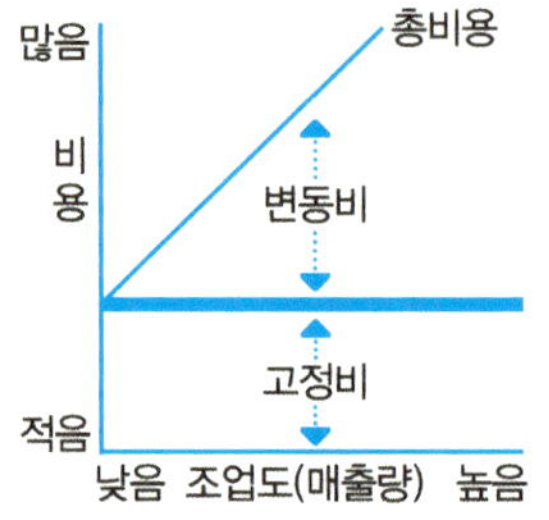

에, 조업도나 매출량이 어느 정도 수준, 즉 손익분기점의 조업도 내지 매출량에 이르지 못하면 기업은 손실을 보게 되어 안정과 생존을 위협받게 되는 것이다. 따라서 시설 투자 등으로 인해 고정비가 많이 지출된 기업의 경우 손익분기점이 높아져 이에 상응하는 조업도와 매출량을 실현해야만 이익을 낼 수 있는데, 경기가 좋을 때는 손익분기점에 이르기 위해 필요한 조업도 수준이 높아 별 문제가 없으나 불경기가 닥쳐와 조업도가 떨어졌을 때에는 손실을 보기 쉽다.

그러므로, 안정전략에서 설정한 손익분기점의 하락 목표를 달성하려면, <그림 9.24>에 나타나 있는 바와 같이 고정비 수준을 낮추는, 즉 고정비를 변동비로 대체하는 방향으로 기업의 자원을 배분하고 효율적으로 관리해 나가야 한다. 안정전략을 구체적으로 실천에 옮기기 위해서 경영자는 생산, 마케팅, 인사, 재무, 지속경영 등 각 경영부문에서 주요 고정비와 변동비 항목을 선정한 후, 각 고정비 항목을 변동비로 대체시킬 수 있는 방향을 도출해야 한다.

생산부문 측면에서 보면 부품이나 중간재를 자체생산(make)하느냐 외부로부터 구매(buy)하느냐 여부는 안정전략에 의거해 의사결정을 내릴 수 있다. 자체 생산을 하기 위해서는 시설투자가 필요하고 고정비가 많이 발생하는데 비해, 외부 구입시에는 고정비는 별로 없이 변동비가 주로 발생하기 때문이다. 앞에서도 이야기했듯 경기가 좋을 때는 손익분기점 수준의 조업도 달성이 용이하고, 일단 조업도가

그림 9.24
안정 전략과 손익분기점의 관계

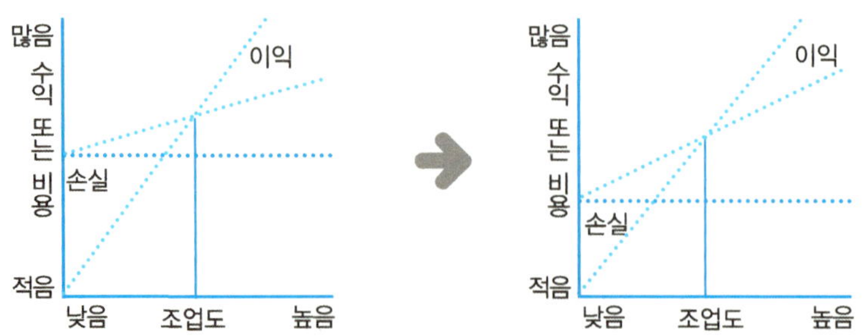

손익분기점 수준을 넘어섰을 때에는 영업 레버리지 효과에 의해 고정비 수준이 높을수록 이익이 증대되는 폭이 더 커지므로, 부품이나 중간재를 자체 생산하는 것이 유리하다. 그러나 경기가 악화되었을 때는 앞서 말한 영업 레버리지 효과에 의해 고정비 수준이 높을수록 손익분기점 아래에서 손실이 증대되는 폭이 더 커지는 반면, 고정비가 별로 없는 경우에는 손익분기점이 낮아 조업도가 어느 정도 하락하더라도 이익을 낼 수 있고 최악의 사태에도 손실이 적어 기업의 생존을 유지할 수 있다. 불경기가 도래했을 때에는 부품이나 중간재를 외부로부터 구입해서 고정비를 최소화하고 변동비를 늘리는 것이 올바른 의사결정이다.

마케팅 차원의 의사결정 시에도 안정전략은 의사결정의 기준이 될 수 있는데, 대리점과 직판점을 통한 판매 경로 중 어떤 것을 택할 것인가에 대한 의사 결정이 전형적인 예이다. 즉 경로의 통제가능성과 같이 경로선택에 기준이 될 수 있는 여타 요소는 고려하지 않고 원가 측면만을 본다면, 대리점을 통한 판매비용은 변동비가 되므로 불경기로 인해 판매액이 감소했을 때에는 대리점을 통한 판매 경로의 선택이 안정전략의 관점에서 볼 때 타당하다.

인사 측면에서 보면, 기본급은 고정비의 성격을 지니고 있으므로, 전체 임금 중 기본급의 비중을 줄이고 보너스를 늘리는 것이 안정전략이다. 일반적으로 안정과 생존을 추구하는 기업은 높은 수준의 기본급 대신에 최소한의 기본급에 회사의 영업수익을 보너스의 형태로 할당해서 고정비 부문을 감소시키고자 한다. 그러나 주의해야 할 것은, 기본급은 종업원의 생계 보장 측면과 직결되므로 노사 간의 완전한 타협에 의해서 기본급을 적절히 줄이는 방향으로 임금관리를 해야 한다는 점이다. 만일 노조나 종업원들의 충분한 이해를 얻지 못한 채 불경기나 기업 경영 수지 악화에 대응하기 위해 기본급을 조정한다면, 근로자들의 반발을 사 노사분규의 원인이 될 수 있다. 이때 기업의 안정과 생존은 더 큰 위협을 받는다.

재무 측면에서 보면, 자본을 조달할 때 자기 자본으로 할 것인가 외부로부터 자본을 조달할 것인가의 의사결정을 할 때 안정전략이 판단 기준이 될 수 있다. 여기에서 자기자본은 주식의 형태로 조달되고 주주에게는 배당금이 지급된다. 그런데 배당금의 경우 영업실적 등에 의해 매년 배당률이 다르게 책정되므로 변동비적 성격을 띠게 되는데 비해 이자는 고정적으로 지급해야 할 의무가 있으므로 고정비의 성격을 지니게 된다. 어떤 기업이 불경기에 대비해서 자금을 확보하려고 한다면, 증자를 통해 자본을 조달하는 편이 낫다.

지속경영 측면에서도 안정전략은 필요하다. 불경기라고 해서 환경과 사회에 대한 기업의 역할을 뒤로 미룬다면 그것은 진정한 경영자의 자세가 아니다. 경기가 나쁠수록, 경영자는 주변에 어려운 사람들이나 사회의 어두운 부분에 대해 배려해야 한다. 그러나 기업의 사회적 책임(Corporate Social Responsibility, CSR)은 비용을 발생하고, 기업이익이 대폭 줄거나 손실이 발생하면 이런 비용을 부담하기 어려워진다. 이런 때에는 사업활동이 모두 끝난 다음 발생시켜야 하는 사회적책임 대신 공유가치창출(Creating Shared Value: CSV)을 활용할 수 있다. CSV는 생산, 마케팅과 같은 사업활동을 하면서 기업가치와 사회가치를 함께 추구하는 활동이다.

결국 안정전략은 경기변동, 보다 정확히 말하자면 불경기에 대응해서 기업의 안정과 생존을 도모하고 이윤을 창출한다는 사고에 입각해서 고정비를 변동비로 대체시킴으로써 손익분기점을 하락시킨다는 목표를 설정하고, 각 경영 부문별로 손익분기점을 하락시키는 방향으로 의사결정을 하는 데 준거의 틀을 제공해 주는 전략대안이다. <표 9.7>은 분야별 안정전략의 내용을 정리한 것이다.

표 9.7
안정전략(생존전략)의 분야별 대안

분야	안정전략(생존전략: 고정비 → 변동비)
생산	자체생산(make) → 외부구매(buy)
마케팅(유통)	자체유통경로 → 대리점
인사(보상)	기본급 → 보너스
재무	타인자본 → 자기자본
지속경영	기업의 사회적 책임(CSR) → 공유가치창출(CSV)

이하에서는 안정전략의 대표적 수단인 외부구매의 방법인 아웃소싱전략과 그 반대편에 있는 수직적 통합전략에 대해 설명하기로 한다. 편의상 수직적 통합전략을 먼저 다루고 그 다음에 아웃소싱전략을 다룬다.

(2) 수직적 통합전략

① 개념

수직적 통합이란 기술적으로 구분되는 생산, 유통, 판매 그리고 그 밖의 경제적 과정들을 단일기업 내부에서 통합함을 의미한다. 즉 전방 혹은 후방 부문의 사업을 통합함으로써 시장거래보다는 내부거래를 통해 자체의 경제적 목적을 달성하고자 하는 기업의 의사결정을 말한다. 이러한 수직적 통합은 수요와 공급의 불확실성을 감소시키고 가격 변동으로부터 기업을 보호해주며, 시장에서 발생하는 판매·협상·계약 등의 비용을 절감시켜 주는 긍정적 역할을 한다. 그러나 반대로 기업의 고정비 비율과 철수장벽을 높이고 거래 상대를 교체할 수 있는 탄력성을 감소시키는 등 부정적 효과도 동시에 내포하고 있다.

② 필요성

일반적으로 수직적 통합은 다음 네 가지 경우에 주로 이루어진다. 첫째, 시장의 불확실성이 커 거래 자체가 위험하거나 예측하기 어려울 때, 둘째, 사업의 전방 또는 후방 분야에 종사하는 기업의 교섭력이 클 때, 셋째, 기존시장이 도입기 혹은 쇠퇴기에 있어 새로운 시장을 개척할 필요가 있을 때 등이다.

a) 시장실패(market failure)의 극복

시장실패는 시장에서의 거래 위험이 높거나 이러한 위험을 제거하기 위한 계약이나 관리가 불가능할 때 발생하는 것으로, 구매자와 공급자의 수, 거래 빈도, 자산의 특화 정도에 영향을 받는다.

- 구매자와 공급자의 수: 시장에 참여하고 있는 공급자와 구매자의 수가 시장실패를 결정하는 가장 중요한 요인이 된다. 즉 구매자와 공급자가 하나일 경우 이들은 독점적 위치를 활용, 서로 유리한 위치를 점하려고 시도하게 되며, 소수일 경우에도 이들 사이에 보다 복잡한 조정 과정을 거치게 됨으로써 시장실패가 발생하게 된다.
- 자산 특성: 한편, 시장에 참여하고 있는 구매자와 공급자의 수가 많은 경우라 할지라도, 이들이 자신의 독특한 설비를 이용해 독과점그룹을 형성함으로써 교체비용(switching cost)을 증가시킬 경우에는 시장실패가 발생하게 된다. 자산의 특화로부터 야기되는 이러한 시장실패는 그 자산이 자본집약적이거나 기업의 고정비용 구조를 높이는 경우에 더 강하게 나타난다.
- 거래 빈도: 소수의 구매자 · 공급자 간에 이루어지는 빈번한 거래 역시 거래 비용을 높여 시장실패를 유발하는 또 다른 요인이 된다. <그림 9.25>는 이러한 거래 빈도와 자산의 특성에 따른 시장거래 조정 메커니즘을 나타내고 있다.

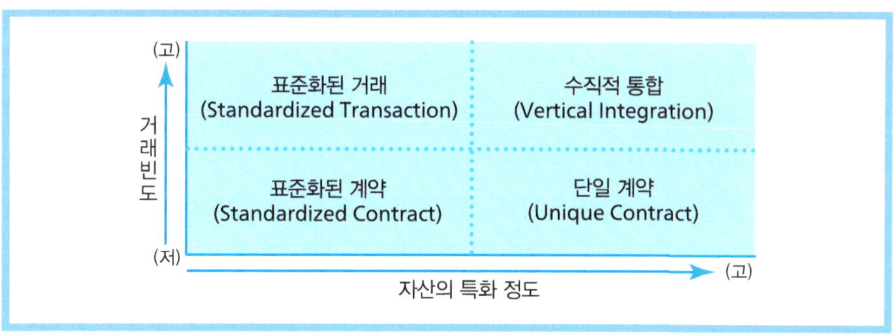

그림 9.25
시장거래 조정 메커니즘

공급자와 수요자 간의 거래 빈도가 많지 않을 경우에는 자산의 특성에 관계없이 수직적 통합의 필요성이 낮다. 즉 자산의 특화 정도가 낮은 경우에는 리스, 신용판매 협정 등과 같은 표준화된 계약을 통해 시장거래를 효율적으로 성사시킬 수 있으며, 반대로 자산의 특화 정도가 높은 경우에도 계약 자체는 다소 복잡해질 수 있으나 수직적 통합의 필요성은 여전히 높지 않다. 그러나 거래 빈도가 높은 경우에는 거래 비용과 거래 위험이 커지므로 수직적 통합의 필요성도 높게 나타난다.

b) 타 기업의 시장 지배력 행사에 대한 대응

수직적으로 연관된 전후방 사업의 어느 한 분야에 참여하고 있는 기업이 특정 기업에 대해 강한 교섭력을 행사함으로써 시장에서 높은 수익을 향유하고 있을 때, 이에 대응하기 위해 수직적 통합을 하게 된다. 한 예로 오스트리아 콘크리트 사업자의 경우를 살펴보자. 오스트리아의 콘크리트산업은 낮은 진입장벽, 잦은 수요 변화 등으로 인해 경쟁이 치열할 뿐만 아니라, 손익구조도 채석 산업의 공급 가격에 크게 영향을 받는다.

이에 반해 콘크리트산업에 모래와 돌을 공급하는 채석 산업은 제한된 채석장 수, 높은 수송비 등으로 진입장벽이 높아 커다란 수익을 향유한다. 따라서 이러한 불리한 시장 상황을 타개하기 위해 오스트리아의 한 콘크리트 사업자는 합병이란 방법을 사용, 채석 산업으로의 후방 통합을 실시함으로써 채석 사업자의 시장지 배를 방지하고 양 산업 모두에서 높은 시장 위치를 확보할 수 있었다.

c) 시장지배력의 유지 · 강화

수직적 통합은 또한 진입장벽을 형성해서 시장 위치를 보다 강화시키는 역할을 한다. 대다수의 경쟁자가 산업 내에서 수직적 통합을 하고 있을 경우 수직적 통합을 하지 않은 잠재적 시장 진입자는 사업의 모든 단계에 참여해야만 경쟁이 가능하기 때문에, 수직적 통합은 기존시장을 방어할 수 있는 진입장벽 역할을 하게 된다.

자동차산업의 경우를 예로 들어보자. 자동차 메이커들은 일반적으로 전방 통합을 통해 독점적 유통망을 확보하게 된다. 이 때문에 신규 진입자는 새로운 광범위한 유통망을 확보하는 데 많은 시간과 비용을 투자해야 하므로 경쟁에서 불리할 수밖에 없다. 만약 GM이 독점적인 유통망을 확보하지 못했다면 일본 기업에게 더 많은 시장을 내주었을 것이라는 데는 의심의 여지가 없다.

이 외에도 특정 세분시장을 목표로 한 전방 통합은 가격 차별화를 가능케 해서 시장지배력을 강화시켜 준다. 시장이 세분화되어 있을 경우 기업들은 가격민감도가 낮은 시장에는 높은 가격을, 가격 민감도가 높은 시장에는 낮은 가격을 책정함으로써 총수익을 최대화하려고 한다. 그러나 이러한 판매전략은 낮은 가격의 시장에서 높은 가격의 시장으로 상품이 재판매 될 가능성이 있어 실패할 위험이 높다. 따라서 이 경우 저가격 시장으로의 전방 통합을 실시함으로써 기업은 재판매의 가능성을 제거하고 높은 시장 위치를 창출, 유지할 수 있게 된다.

d) 신시장의 창조

수직적 통합은 산업이 도입기에 있을 때 시장을 창조하기 위해 이루어지기도 하는데, 이 경우의 수직적 통합은 경쟁자가 모방할 수 없는 독자적 기술이나 강력한 브랜드 이미지를 바탕으로 이루어질 때만 성공 가능하다. 수직적 통합은 또한 쇠퇴기에 있는 사업의 시장 창조를 위해서도 이루어진다. 주로 시장에서 철수하는 제조 또는 유통업자의 몫을 보다 많이 확보하기 위해 전방 통합이 이루어지는 경우가 이에 해당된다.

③ 차원(dimension)

수직적 통합전략은 수직적 통합의 단계(stage), 폭(breadth), 정도(degree), 형태(form)의 네 가지 차원으로 구분된다.

a) 수직적 통합의 단계

이것은 원재료에서 최종 고객에 이르기까지 가치사슬 상의 각 활동단계 중에서 기업이 어느 단계에 참여하고 있는가를 나타낸다. <그림 9.26>에서 기업 A와 B는 7개의 통합된 활동에, 기업 C는 3개의 통합된 활동에 참여하고 있음을 알 수 있다.

b) 수직적 통합의 폭

이것은 수직적 통합의 특정 단계 내에서 기업이 자체적으로 수행하는 활동의 수를 의미한다. 그림에서 B3, B5, C3, C5 등과 같이 광범위하게 통합된 SBU는 타 SBU보다 기업 내에서 많은 활동을 수행하게 된다. 통합의 폭이 지나치게 넓으면, 특정 제품라인을 생산하는 공장에 있어 규모의 경제 효과의 향유를 어렵게 만들 수도 있다.

c) 수직적 통합의 정도

이것은 특정 SBU가타 SBU로부터 얼마나 많은 아웃풋을 구매하는가를 의미한다. 일반적으로 한 SBU가 기업내 다른 SBU로부터 구매하는 특정 부품의 비율이 총 구매량의 95%를 초과할 경우, 두 SBU는 완전히 통합되어 있다. 수직적 통합의 정도는 전방 또는 후방 통합시 공장의 최소효율규모(minimum efficient size) 결정에 영향을 미친다는 점에서 그 중요성을 지닌다.

d) 수직적 통합의 형태

이것은 완전소유에 의한 통합인가, 아니면 의사통합(疑似統合)인가를 보여준다.

그림 9.26
수직적 통합전략의 차원

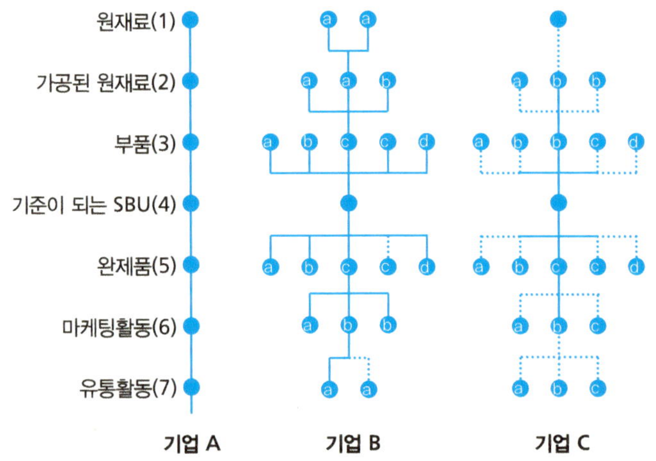

범례: ——— 기업내 거래(intrafirm transfers)
········ 외부조달 또는 판매
a, b, c 각 단계의 input

기업 A: 이 기업은 수직적으로 통합된 많은 활동단계에 참여하고 있으나 각 단계마다 하나의 input을 제공함으로써 통합의 폭은 매우 좁다. 그리고 이 기업은 각 단계의 output을 외부에 판매하지 않고 모두 다음 단계에 제공함으로써 완전소유의 통합형태를 취하고 있다.

기업 B: 이 기업은 수직적 통합의 3단계와 5단계에서 input a, b, c, d를 자체 조달하고 있으며, 3단계와 5단계에서 특히 광범위한 통합이 이루어지고 있다. 이 기업은 통합의 7단계 중 일부에서 외부 조달을 하고 있기 때문에 기업 A에 비해 통합의 정도는 낮다.

기업 C: 이 기업은 단지 2, 3단계에서 input b, 5단계에서 input c만을 자체 조달하고 있어 소수의 통합된 활동에 참여하고 있으며, 통합의 폭도 좁다.

출처: Harrigan, "Vertical Integration and Corporate Strategy", Academy of Management Journal, Vol.28, 1985.

실제로 수직적 통합의 효익을 향유하는 데 반드시 완전소유에 의한 통합이 필요한 것은 아니다. 의사통합 방법을 통해서도 그 효익을 충분히 향유할 수 있다. 의사통합에 대해서는 다음 '의사통합의 활용'에서 다루기로 한다.

④ 의사통합의 활용

수직적 통합 전략은 중요한 경영전략 중 하나이긴 하나, 너무 많은 자원이 소모되고 일단 실행되면 돌이키기 힘들다는 커다란 위험성을 내포하고 있다. 따라서 꼭 필요한 경우가 아니면 수직적 통합을 자제하고 다른 방법을 사용해야만 하는데, 그 대안이 바로 의사통합(quasi-integration)이다. 의사통합은 수직적으로 관련된 사업들 사이에 외부시장 거래도 아니고 완전한 통합(소유)도 아닌 어떤 관계를 설정하는 것으로, 수직적 통합에 부수되는 부작용을 감소시키면서도 수직적 통합의 혜택 대부분을 실현시켜 준다. 이러한 의사통합의 일반적 형태로는 장기계약, 합작투자, 전략적 제휴, 라이선 싱계약, 특화된 자산 보유, 공동 연구개발 등이 있다.

여기서 특화된 자산 보유에 의한 의사통합이란 특정 기업이 인접 사업 분야에 특화된 자산의 소유권을 보유하고 기타 다른 것은 하청계약을 함으로써 인접 사업 분야를 통제하는 것을 의미한다. 예를 들면 자동차 제조업자들은 그들의 핵심 부품에 맞는 특유한 금형 등의 설비를 보유하고 하청계약을 통해 부품을 제조하게끔 하는데, 이때 제조업자들은 특화된 자산을 무기화해서 공급자들의 기회주의로부터 자신을 보호하는 것이다.

⑤ 접근법

수직적 통합 전략은 시장구조 변화에 따라 수정되어야 하는데, 이러한 시장구조를 변화시키는 가장 중요한 요인으로 구매자와 공급자의 수, 그리고 특화된 자산의 중요성 정도 등을 들 수 있다. 예로 1960년대 중반 세계 원유시장을 보면 수요, 공급의 양 측면에서 상위 4개 사가 총 거래액의 59%, 상위 8개사가 84%의 점유율을 각각 차지했고 거래도 매우 빈번히 이루어지는 등, 전형적인 시장실패의 모습을 보였다. 그 결과 시장에 대한 조정 메커니즘도 시장실패로 인한 거래위험과 비용을 제거하기 위해 주로 수직적 통합과 장기계약(10년)이 사용되었다(<그림 9.27> 참조).

그러나 1980년대 중반에는 상위 4개 공급자의 시장점유율이 26%, 상위 8개 공급자의 시장점유율이 42%를 차지했고, 구매자의 집중도도 현저히 감소했다. 뿐만 아니라 기술 발전으로 인해 자산의 특화 정도가 낮아져 전환비용(switching cost)이 감소하는 등 시장구조면에서 급격한 변화를 보였다. 이러한 시장구조의 변화로

그림 9.27
원유산업의 시장구조 변화

	1966년	1985년
공급자 수	상위 4개사 = 59% 점유 상위 8개사 = 84% 점유	상위 4개사 = 26% 점유 상위 8개사 = 42% 점유
구매자 수	공급지와 마찬가지로 집중화 됨	구매자 집중도가 감소됨
거래 빈도	매우 빈번	매우 빈번
조정메커니즘	■ 수직적 통합이나 장기 계약(10년)에 의한 거래가 대부분 ■ 현물시장이 활용 안됨	■ 수직적 통합에 의한 내부 거래 감소 ■ 거래의 절반이 현물 시장에서 이루어짐

출처: Stuckey & White, "When and When Not to Vertically Integrate", Sloan Management Review, Spring 1993.

그림 9.28
수직적 통합을 위한 분석적 접근법

단계		주요내용
비즈니스 시스템 (혹은 industry chain) 분석		■ 사업 단위의 세분화
비즈니스 시스템의 각 단계에 참여하고 있는 기업의 수, 규모와 거래관계분석		■ 비즈니스 시스템의 각 단계에 참여하고 있는 여러 기업의 규모와 수를 측정 ■ 상이한 비즈니스 시스템에 속한 기업간의 거래 형태(현물거래, 내부거래 등 분석)
정적 요인 분석	시장실패 사례조사	■ 자산의 특유화 정도를 분석, 측정 ■ 과점, 독점 등의 규명 ■ 거래빈도 측정 ■ 시장의 불확실성 저동(수요 · 공급의 변화 등) 측정
	수직적 통합에 의한 시장 지배력 변화 조사	■ 비즈니스 시스템 각 단계의 부가가치 측정 ■ 수요, 공급의 독 · 과점 등 시장지배력의 불균형 사례 분석 ■ 수직적 통합에 의한 시장 지배력 강화 여부조사
동적 요인 분석	산업구조의 변화가능성 예측 시장지배력 결정요소의 변화가능성 예측	■ 향후의 산업구조 변화예측 　■ 비즈니스 시스템 상 각 단계의 매력 　■ 구매자, 공급자의 수요규모 　■ 기술적 변화 등에 기인한 자산의 특유화 정도 　■ 거래빈도 ■ 경쟁자의 수직적 통합관련 행위 예측
최적의 수직적 통합전략 및 지원 조직 선택		■ 수직적 통합관련 메커니즘의 선택을 위한 기준마련 ■ 의사통합 고려 ■ 순현가법, 위험정도, 실현가능성 등의 판단기준을 사용하여 최적전략선정 ■ 수직적 통합 전략을 지원할 구조, 시스템의 마련

출처: Stuckey & White, "When and When Not to Vertically Integrate", Sloan Management Review, Spring 1993.

인해 수직적 통합의 필요성이 감소함에 따라, 1985년에는 수직적 통합에 의한 거래비율이 감소하고 대신 현물시장을 통한 거래비율이 상승했다. 이같이 통합전략은 시장 상황에 적합하게 선택 · 활용되어야 하며, 이 경우에는 분석적 접근법을 통해 최선의 전략을 선택해야 한다. 수직적 통합전략을 구사하는 데 필요한 전반적 분석 절차와 각 단계별 핵심 내용은 <그림 9.28>과 같다.

(3) 아웃소싱전략

① 중요성

"고객에게 차별적 가치를 제공토록 하는 핵심역량의 육성에 경영자원을 집중하라. 그리고 전략적 중요성이나 차별적 우위를 지니지 못한 다른 활동들은 외부에서 조달하라." 기업은 이 두 가지 전략을 적절히 조화시켜 활용함으로써 내부 능력을 최대화하고 경쟁우위를 보다 효과적으로 확보할 수 있다. 즉, 경영자원을 자사가 가장 자신있는 분야에 집중 투자해서 핵심역량을 육성함으로써, 투자 효율성을 높일 수 있을 뿐만 아니라 현재 및 미래 경쟁자에 대한 강력한 진입장벽을 형성해서 자사의 시장 위치를 확보, 유지할 수 있는 것이다.

세계 최대의 운동화 제조업체인 나이키는 운동화의 핵심요소인 '나이키 에어시스템'만을 내부에서 생산하고 나머지는 모두 외부에서 조달함으로써 연평균 31%의 투자수익률과 20% 이상의 높은 성장세를 유지해오고 있다. 나이키는 연구개발과 같은 생산 전 단계와 마케팅, 유통 등의 생산 후 단계에 집중함으로써 최대의 가치를 창조해내고 있는 것이다.

② 외부자원의 전략적 활용 방안

그러면 나이키처럼 핵심역량의 육성과 외부자원의 활용을 효과적으로 결합함으로써 최대의 성과창출을 도모하려면 어떻게 해야 하는가? 이를 위해서는 다음 세 가지 사항을 유념해야 한다. 첫째, 자사의 경쟁우위 확보에 핵심이 되는 내부 능력의 파악과 이의 육성이 체계적으로 이루어질 수 있어야 한다. 둘째, 장기적이고 전략적인 관점에서 비즈니스 시스템 상의 어떤 활동들을 외부에서 조달하고 어떤 활동은 내부에서 생산할 것인가를 결정해야 한다. 셋째, 외부자원 활용의 이점과 비용을 정확하게 평가하고 언제 외부자원을 활용하는 것이 바람직할 것인가를 정확히 분석해야 한다.

a) 핵심역량의 파악 및 육성

장기적이고 전략적인 관점에서 외부자원을 활용하고자 할 경우 가장 먼저 할 일은 자사의 핵심역량이 무엇인지 파악하는 것이다. 비즈니스 시스템 상의 특정 활동이 핵심역량이 되기 위해서는 다음의 몇 가지 조건이 충족되어야 한다.

첫째, 핵심역량은 최종 제품이나 단위기능이 아닌, 자사에 지속적인 경쟁우위를 가져다줄수 있는 스킬이나 지식의 집합체여야 한다. 왜냐하면 제품은 그것이 비록 특허에 의해 보호받고 있다 하더라도 경쟁사에 의해 쉽게 모방될 수 있으며, 동시에 원재료 조달, 생산 등과 같은 기능도 그 하나만으로는 경쟁우위 확보에 크게 기여할 수 없기 때문이다.

둘째, 여러 제품에 장기적이고 공통적으로 활용됨으로써 다양한 시장에 접근할 수 있는 특성을 지녀야 한다. 즉, 고객의 욕구 변화에 신속히 대응할 수 있을 만큼 유연성이 있으면서 여러 제품라인에도 응용되는 시너지효과를 발휘할 수 있어야 한다.

셋째, 핵심역량은 기업의 미래사업 전개에 핵심이 되는 비즈니스 시스템 상의 소수 활동들로 구성되어야 한다. 3M의 경우 6만 종 이상의 다양한 제품을 생산, 판매하고 있으나 그 뿌리는 바로 도장 · 접착 기술이란 핵심기술과 이러한 기술개발을 지원하는 혁신시스템에 있다. 3M은 이러한 핵심역량을 바탕으로 창업제품인 샌드페이퍼에서 시작해서 스카치테이프, 셀로판테이프, 인화지 등을 개발해 세계시장을 석권하고 있다.

이같이 비즈니스 시스템 상의 활동들 중 일부만을 핵심역량으로 집중 육성하는 이유는 한정된 자원으로는 모든 분야에서 우위에 서기가 불가능하기 때문이다. 즉 활동이 많아질수록 자원이 분산되고, 그 결과 전략적으로 중요한 활동에서조차 경쟁사에 뒤처질 가능성이 높아진다.

넷째, 핵심역량은 대 고객 서비스와 연결될 수 있어야 한다. 머크사의 경우 자사의 핵심역량인 신약개발 관련 기초기술과 마케팅 노하우를 결합함으로써 업계 평균(66%)을 상회하는 72%의 매출이익률을 기록하고 있다.

마지막으로 핵심역량은 기업 내의 어느 특정 개인이나 부서 단위에 존재하는 것이 아니라 기업 전체의 차원에서 조직 내에 체화되어 있어야 한다. 맥킨지의 인재확보 · 육성 시스템, 맥도널드의 종업원 훈련 시스템, 3M의 혁신 시스템, 서비스마스터사의 동기부여 시스템 등이 바로 조직 내에 체화되어 있는 핵심역량의 예이다. 기업은 이상과 같은 제반 조건을 지닌 중요 활동들이 장기적인 경쟁우위 요소, 즉 핵심역량으로 작용할 수 있도록 지속적으로 보호하고 육성해야 한다.

b) 가치창조활동의 경쟁력 분석

경쟁환경이 급변하는 오늘날 한 기업이 비즈니스 시스템 상의 모든 활동을 전부 수행한다는 것은 불가능에 가깝다. 따라서 앞에서 설명한 핵심역량의 조건에 부합하는 전략적 중요성과 부가가치가 높은 활동들에 우선적으로 집중투자하고, 그 외의 활동들은 외부에서 조달하는 것이 합리적이다. 즉, 내부에서 자체적으로 모든 활동을 수행하기보다는 외부의 전문업체들을 활용함으로써, 핵심역량을 육성함은 물론 규모의 경제 달성, 유연성 증대, 전문화된 서비스 이용 등의 이점을 누릴 수가 있다.

물론 이를 위해서는 가치창조활동의 경쟁력 분석이 필수적이다. 즉, 비즈니스 시스템 상의 각 활동 단위별로 기업 내부에서 조달하는 것이 유리한지 외부에서 조달하는 것이 경쟁력이 있는지를 파악해야 하는 것이다. 이때 주의해야 할 것은 해당 기업이 속해 있는 산업만을 대상으로 분석해서는 안되며, 향후 경쟁 가능성이 있는 모든 공급자와 산업을 대상으로 각 활동의 경쟁력을 분석해야 한다는 점이다 (<그림 9.29> 참조).

이러한 분석을 통해 특정 활동이 고객서비스 수준 제고에 핵심적이고 또 자체적으로 수행하는 것이 외부에 의존하는 것보다 경쟁력이 있다고 판단될 때, 비로소

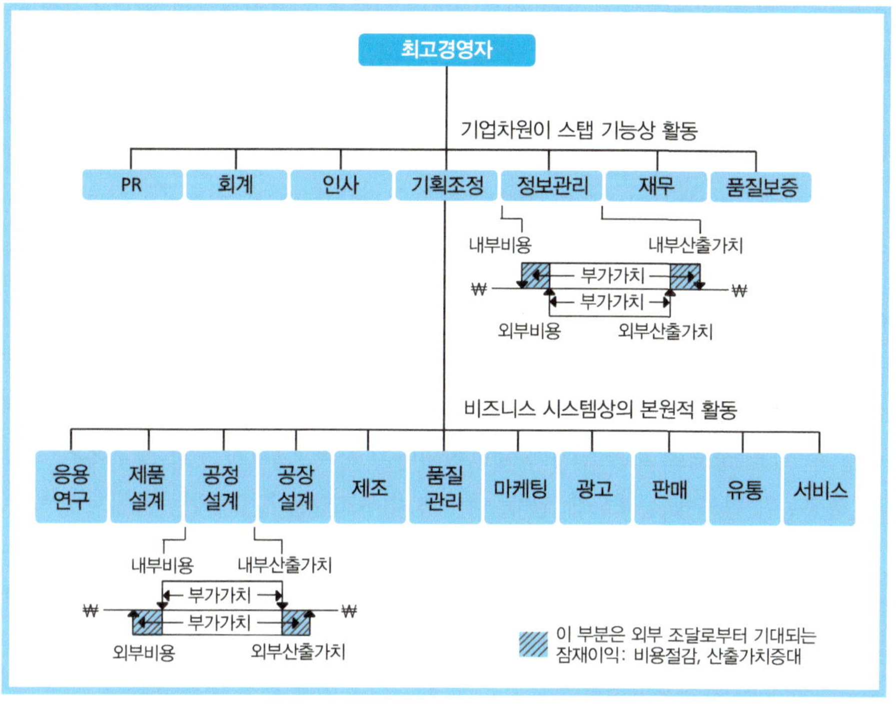

그림 9.29
비즈니스 시스템상의 가치창조 활동 분석 예

그 활동을 내부에서 조달한다. 더욱 구체적으로 보면, 비즈니스 시스템 상의 특정 활동의 중요성 정도와 이 활동이 외부에서 수행될 경우의 위험 정도를 엄격히 평가해서 외부조달 여부를 결정해야만 한다. 즉, 비즈니스 시스템 상의 특정 활동이 경쟁우위 확보에 필수적이고 외부 조달 시에 위험도가 높을 경우에는 통제의 필요성이 크므로 내부에서 수행하는 것이 유리하며, 그 반대일 경우에는 외부에서 조달하는 것이 효율적이다(<그림 9.30> 참조).

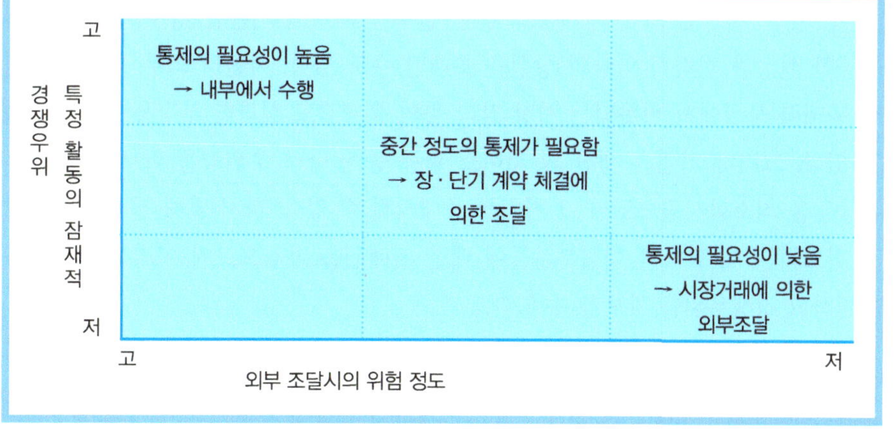

그림 9.30
통제의 필요성 정도에 따른 가치창조 활동 수행 방법

실제로 많은 기업들이 외부의 전문 서비스업체를 활용함으로써 비용에서의 우위와 부가가치 증대를 도모한다. 그 예를 ADP Service사를 통해 살펴보자. ADP Service사는 급료 처리 시스템, 은행의 일상적인 회계처리 시스템을 개발해서 저렴한 비용으로 서비스하고 있는데, 기업들은 이러한 ADP Service사로부터 전문적 서비스를 제공받아 간접비용을 줄이는 한편, 나머지 분야에 경영자원을 집중함으로써 규모의 경제효과도 달성하고 있다.

c) 거래비용 분석

한편, 거래비용 면에서도 내부 거래비용과 외부 거래비용을 면밀히 분석해야 한다. 만약 특정 활동을 내부에서 수행키로 결정했다면 외부의 공급업체와 경쟁해서 이길 수 있을 정도로 제반 투자가 뒷받침되어야 하며, 그렇지 못할 경우에는 장기적 경쟁우위 확보에 실패하게 된다. 따라서 내부조달을 할 때에는 이에 수반되는 제반 비용, 즉 투자 등의 직접 비용과 내부활동을 관리하는 데 소요되는 간접비용을 모두 고려해야 한다. 일반적으로 외부조달과 관련된 비용은 파악하기 쉬워 철저하게 분석되나 내부조달 비용의 경우에는 관련비용을 파악하기가 힘들어 제대로 분석되지 못하는 경우가 많다.

기업들은 이상과 같은 논리에 따라 핵심적인 활동 이외의 활동을 외부에서 조달함으로써 다음과 같은 효과를 기대할 수 있다. 즉, 어떤 부문이 최소 단위로 축소되거나 외부에서 조달되어야 하는지, 또 어떤 부문이 경쟁우위 원천으로 집중 투자되어야 하는지 명확해짐에 따라, 부가가치가 높은 전략적 활동에 대한 집중 관리가 가능해지고 조직 내부의 비용발생이 감소하게 되어, 기업 전체의 가치를 보다 효과적으로 증대시킬 수 있게 된다.

③ 성공적 아웃소싱전략을 위한 전제조건

a) 핵심역량에 대한 지배

비즈니스 시스템 상의 가치창조 활동 일부를 외부에 의존할 경우 자칫 기업의 공동화 현상과 전략적 역량의 상실을 초래할 수도 있다. 아울러 외부 공급자에 대한 통제력 상실에서 비롯되는 시장 잠식 등의 문제점도 심각한 부작용으로 지적되고 있다. 그러나 기업은 생산 및 서비스 활동 중 전략적 우위점을 확보할 수 없는 활동들을 최소화시킴으로써 그 가치를 증대시킬 수 있다. 다시 말해 전략적 우위점을 확보하는 데 필요한 핵심부문들에 대한 지배권을 가짐으로써 이러한 문제점을 제거하고 경쟁우위를 확보할 수 있다.

여기서 한 가지 주의할 점은 만약 특정 부문에서 기업이 전략적 우위성을 지니지 못하고 있거나 그 부문이 전략 목표 달성에 필수적 요소가 아니라면 그 활동을 외부에 의존할 필요가 있지만, 이 경우에도 외부 공급업자에게 전적으로 의존하거나 지배되지 않도록 해야 한다는 것이다. 그리고 핵심역량의 지배를 위해 필요하다면 비즈니스 시스템 상의 핵심활동을 중심으로 하류부문과 상류부문의 활동까지도 내부에서 수행함으로써, 경쟁사가 자사의 핵심스킬을 모방, 습득하는 것을 방지해야 한다.

혼다는 핵심역량인 엔진제조와 관련된 스킬뿐만 아니라 소형 모터 설계와 관련된 활동들까지도 내부에서 수행함으로써 핵심역량을 보호하고 있다. 이러한 사실은 바로 전략적 중요성이 낮은 활동들은 외부에서 조달하더라도 사업에 중요한 영향을 미치는 요소, 즉 핵심역량에 대해서는 다각적인 보호책을 개발해야 한다는 것을 의미한다. 이같이 사업운영에 필요한 핵심역량을 제대로 지배할 수만 있다면 그 기업은 목표시장을 대상으로 다각적이고 공격적인 전략을 구사할 수 있게 된다.

b) 가치창조 활동에 대한 전략적 접근

오늘날 많은 기업들이 과거 비즈니스 시스템 상의 핵심활동이라고 여기던 활동들을 외부에서 조달하고 있다. 사업의 내용이 복잡화, 전문화되고 기술의 발전 속도가 빨라짐에 따라 내부에서 모든 활동들을 수행하는 것보다 각 분야에서 강점을 지니고 있는 외부 공급업자를 활용하는 것이 보다 효과적이기 때문이다. 즉, 특정 제품에 대한 지식보다 특정 활동에 대한 지식의 중요성이 더해감에 따라, 모든 활동을 내부에서 수행하는 기업보다 특정 활동에 특화되어 있는 외부 공급업자가 더 저렴한 비용으로 높은 부가가치를 창조할 수 있는 여건이 조성된 것이다.

이러한 환경 하에서 기업은 비즈니스 시스템 상의 각 활동에 대해 전략적으로 접근함으로써 커다란 이익을 획득할 수 있다. 그러나 이를 위해서는 먼저 해당 기업이 특정 분야에서 최고의 경쟁우위를 지니고 있는지, 그렇지 않다면 외부조달 이나 합작투자 등을 통해 최고의 서비스를 제공받을 수 있는지를 결정해야 한다. 어느 방법으로도 핵심적인 활동 분야에서 경쟁우위를 확보할 수 없다면, 그 기업은 시장에서 도태될 수밖에 없다.

3) 수평적 전략

(1) 개념 및 필요성

이전 장에서 설명한 PPM은 기업을 구성하는 사업부들을 기업 전체 입장에서 관리 · 조정하는데 유용한 수단이 된다. 그런데 이와 마찬가지로 앞에서 설명한 전략 대안에 따라 결정된 사업전략들도 기업 전체 입장에서 상호 일관성과 보완 성을 유지해야 한다. 예컨대 기업이 단일 사업만을 영위한다면 사업전략이 곧 기업의 전체전략이 되어 조정의 필요가 없지만, 만일 기업이 여러 개의 사업을 가지고 있다면 각각의 사업단위 전략은 기업 전체 목적과 목표를 위해 공헌할 수 있도록 상호 연결관계를 가진 기업 전체전략으로 묶여야 한다.[8]

이같이 기업 전체 성과가 사업단위 성과의 단순한 합을 넘어설 수 있도록 사업전략 간에 시너지(synergy) 효과를 도모하는 것을 수평적 전략(horizontal strategy)이라 한다. 이러한 수평적 전략은 현대에 기업전략을 수행함에 있어 빠뜨려서는 안 되는 중요한 전략 대안 중 하나이다.[9] 사업단위 간의 상호 관련성과 이것을 이용할 수 있는 전략 능력은 20세기 부터 그 중요성이 증대되어 왔고, 21세기에 이르러서는 기업 경영에서 빠뜨릴 수 없는 위치를 점하게 되었다. 수평적 전략을 점점 더 중요하게 만드는 요인으로는 다음 네 가지를 들 수 있다.

① 다각화 철학(Diversification Philosophy)의 변화

많은 기업의 다각화를 이끌어 왔던 철학이 1970년대 초 급격히 변화되어 오늘날 대부분의 기업이 관련형 다각화를 강조하고 있다. 즉, 다각화된 기업이 전략개발시 상호 관련성을 추구하는 데 관심을 두게 되면서 포트폴리오적 다각화에 따른 기업 처분이 많이 이루어지고 있으며, 기업은 이렇게 함으로써 증권시장에서 그들의 주가를 올리고 있다. 예컨대 화물운송 회사인 보든(Borden)사, 스코빌(Scoville)사, 트랜스 월드 코퍼레이션(Trans World Corporation)사, 그리고 아이유 인터내셔날(I. U. International)사가 그렇다.

② 성장에서 성과로 강조점의 변화

대부분의 선진 국가에서 전개되고 있는 환경변화는 범세계적 경쟁의 증가, 성장의 둔화 등으로 요약될 수 있는데 이것은 과거와 판이하게 다른 환경의 변화이다. 이러한 환경변화로 기업전략개발 시의 강조점이 성장에서 경쟁우위 향상으로 옮겨지게 되었다. 지금까지 독립된 사업단위는 성장을 추구하는 데 유용한 도구 역할을 해 왔지만, 오늘날의 복잡다단한 환경은 독립된 사업단위보다 여러 사업단위의 상호 관련성을 이용하는 데 보다 역점을 두게 했다.

구매자들은 종종 사업단위 간의 조정을 촉진시키는 원동력 역할을 하기도 한다. 예를 들면 병원들이 보다 꼼꼼하게 의약품을 구매하게 되자, 존슨 앤드 존슨(Johnson & Johnson)과 아메리칸 호스피탈 서플라이(American Hospital Supply)사 등은 경쟁우위를 유지하기 위해 병원에 의약품을 공급하는 각 사업단 위의 판매조직과 유통 시스템을 통합시키지 않을 수 없었는데, 이들 두 기업은 과거에는 분권화의 가장 강력한 옹호자였다.

③ 상호 관련성 요인을 증가시키는 기술 변화

기술은 산업 간의 장벽을 없애주는데, 대표적으로 컴퓨터, 통신 기술이 많은 산업에서 산업간 기술을 공유하도록 촉진하고 있다. 이러한 기술은 많은 제품이나 생산과정에 이용되어 기술개발, 기술 획득, 기술사용의 공유성을 증가시키고 있다. 또한 정보 시스템의 정교성이 높아질수록 상호 관련성이 추구될 가능성이 높아 진다. 복잡한 온라인 데이터를 처리하는 능력이 증대됨에 따라 정보 기술은 자동 주문처리 시스템, 자동 재고관리 시스템, 자동 창고관리 시스템 및 기타 가치활동 자동화 시스템의 발전에 일익을 담당하고 있는데, 이러한 시스템들은 관련 사업단위 간 공유가능성이 매우 높다.[10]

정보기술은 또한 보험과 은행 같은 산업에 있어서 공유를 증가시키는 방향으로 유통 경로 내지 판매 경로를 재편성시키고 있다. 기술은 상호 관련성을 형성시킴과 동시에 기업으로 하여금 상호 관련성을 활용하는 데 필요한 원가를 절감시켜 주기도 한다. 예컨대 정보통신 분야의 편이성이 급격히 향상됨과 동시에 통신비용도 격감됨으로써 사업단위 간의 조정비용이 크게 줄어들었다. 이처럼 가치활동상의 신축성 부여가 가능해짐에 따라 과거에는 관리가 거의 불가능했던 복잡성을 관리하거나 엄청난 비용을 수반했던 가치활동의 공유 작업이 보다 단순하고도 적은 비용으로 이루어질 수 있게 되었다.

④ 다점 경쟁(Multipoint Competition)의 심화

기업에게 수평적 전략개발을 요구하는 네번째 동기는 다른 세 가지 동기에서 유도되어 나온 결과의 성격을 띠고 있다. 점점 더 많은 기업들이 상호 관련성을 가지게 됨에 따라 포터가 이름 붙인 '다점 경쟁자(multipoint competitors)'가 점차 늘어나게 되었다. 다점 경쟁자란 관련있는 많은 사업단위의 경쟁기업들이 하나의 사업단위에서만 경쟁하는 것이 아니라 여러 부문에서 경쟁하는 것을 말하는데, 예를 들면 프록터 앤드 갬블(Procter & Gamble), 킴벌리 클락(Kimberly Clark), 스코트 페이퍼(Scott Paper), 존슨 앤드 존슨(Johnson & Johnson)은 1회용 기저귀, 종이 수건, 생리대, 화장지 등 관련 있는 여러 가지 제품에서 동시에 경쟁하고 있다. 전기제품에 있어서도 제너럴 일렉트릭(General Electric), 웨스팅 하우스(Westing House), 스퀘어 디(Square D), 에머슨 일렉트릭(Emerson Electric)사는 다점 경쟁관계를 이루고 있다. 이처럼 기업이 다점 경쟁자를 가지고 있을 때 그 기업은 한 사업단위의 수준보다 훨씬 광범위한 수준에서 경쟁자를 보아야 하는데, 이는 경쟁우위가 보다 광범위한 수준에서 결정되기 때문이다.

많은 산업부문들이 위에서 언급한 네 가지 요소의 영향을 받고 있다. 금융 서비스는 정보 기술에 의해 만들어진 상호 관련성과 규제의 해제로 인해 혁명적인 변화 과정을 겪고 있다. 예를 들면 아메리칸 익스프레스(American Express), 시티코프(Citicorp), 시어즈(Sears), 프루덴샬 바쉬(Prudential-Bache)와 같은 기업들은 분리되어 있던 금융 서비스 산업을 통합하고 있다. 보건사업에 있어서도 많은 기업이 이미 병원, 육아원, 양로원이나 가정 내 치료 서비스와 같은 수요에 대응하기 위해 상호 관련성을 적극적으로 활용하고 있다.

포터의 기존 연구에서도 이러한 경향이 나타났는데, 1971년과 1981년의 시점에서 포춘(Fortune)지 선정 500대 기업중 75개의 다각화된 기업을 추출해서 본 결과 수천 개 사업단위를 1971년에는 3,000개의 그룹으로, 그리고 1981년에는 315개 그룹으로 통합한 실적이 있었으며, 각 그룹의 새로운 잠재적 상호 관련성도 10년 동안 그 수와 강도 면에서 증가되었다.

이처럼 점증하는 수평적 전략의 중요성이 여러 요인으로부터 입증되고 있는 반면, 과거의 시너지 개념을 활용하려고 시도하는 과정에서의 경험으로 볼 때 시너지 개념이 미래에 별 도움을 주지 못할 것이란 점도 드러나고 있다. 동시에 많은 기업이 그들의 잠재적 상호 관련성을 경쟁우위의 원천으로 만들고 있지 못하다는 점도 지적되어야 한다. 관련 사업단위의 그룹화를 이루고 있는 기업조차도 상호 관련성을 제대로 관리하지 못하고 마치 포트폴리오를 관리하듯 그룹을 경영하는 경향이 있다. 그러므로 다각화된 기업은 상호 관련성을 어떻게 관리하느냐에 대해 알고 있어야 하며, 동시에 계속적으로 새로운 상호 관련성을 찾아 관리할 수 있도록 해야 한다.

(2) 다각화기업의 관련성 관리

① 상호 관련성 관리의 중요성

신제품, 신시장 진출로 표현되는 사업 다각화는 기업의 미래 성장성과 수익성에 중대한 영향을 미친다. 그러나 다각화전략은 새로운 사업영역에 뛰어드는 것이라 대단히 위험한 전략 중 하나임에 틀림없다. 1970년대에 다각화를 행한 33개 대기업 중 50% 이상이 그 사업에서 철수하거나 사업을 매각했다는 포터의 조사결과를 보더라도 이를 잘 알 수 있다.

이러한 경향을 반영이라도 하듯 1980년대 이후부터는 기존의 내부 능력을 바탕으로 시너지 효과를 향유할 수 있는 방향으로 다각화가 이루어져 왔다. 그러나 최근 학자들의 연구결과에 의하면 시너지 효과를 향유할 수 있을 것으로 판단해서 이루어진 다각화 중에서도 실패하는 경우가 자주 발생하는 것으로 나타나고 있다. 이같이 시너지 효과의 추구에 바탕을 둔 사업 다각화가 실패하는 이유 중 하나는 바로 사업간 시너지 또는 상호 관련성의 측정이 어려운 관계로 시너지 효과에 대한 막연한 기대나 피상적 분석에 의존해서 다각화를 전개했기 때문이다. 따라서 이러한 문제점을 해결하고 다각화의 성공 가능성을 높이기 위해서는 먼저 상호 관련성, 즉 시너지 효과가 무엇인가부터 파악해야 한다.

② 상호 관련성의 개념

일반적으로 상호 관련성(시너지 효과)은 사업단위 간의 기술, 마케팅 등의 활동을 공유할 수 있을 때 발생한다. 그러나 시너지의 개념을 보다 잘 이해하기 위해서는 '시너지 효과가 사업성과에 영향을 미치는 과정/방법'과 '경영자가 사업을 개념화하고 자원을 배분해가는 지배적 경영논리(dominant logic of management)'에 대한 이해가 필요하다. 포터는 시너지가 다각화 과정에서 어떻게 가치를 창조하는가를 '관련성' 이란 개념으로 설명하고 있다. 즉, 사업단위들의 가치사슬 간 상호 관련성을 자원 공유 측면(동일한 제조설비, 동일한 유통경로 등)과 운영스킬 공유 측면(제품/공정기술의 공유, 마케팅기법의 공유 등)의 두 가지 형태로 규정하고 있다(<그림 9.31> 참조).

포터에 의하면, 상호 관련성이 효과를 발휘한다는 것은 자원이나 운영스킬을 공유함으로써 연관산업의 경쟁우위 확보에 도움을 줄 수 있다는 것을 의미하며, 이러한 논리에 따라 사업을 다각화할 경우 각 사업단위가 독립적으로 창출할 수 있는 것보다 더 많은 성과를 창출할 수 있게 된다는 것이다. 한편, 경영스킬 역시 다각화를 함에 있어 고려해야 할 요소 중 하나이다. 다각화된 사업을 영위하는 경영자는 각각의 사업을 성공적으로 운영하기 위해 다양한 경영역량을 지니고 있어야만 하는데, 이것이 바로 다각화의 성공 여부를 결정짓는 또 다른 요인인 지배적 경영논

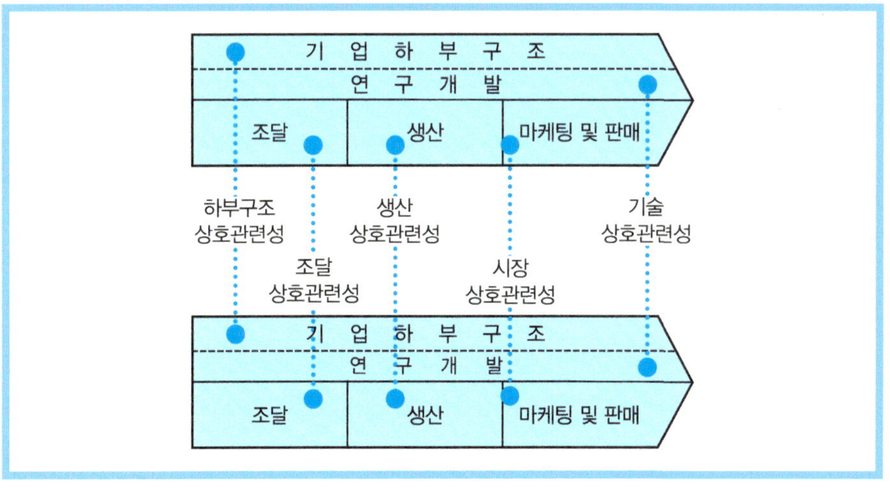

그림 9.31
상호 관련성의 종류 예

리이다. 여기서 지배적 경영논리란, 경영자들이 기존사업과 관련된 환경이나 조직형태에 익숙해져 그에 적합한 의사결정 패턴을 보일 수밖에 없다는 것을 의미한다.

③ 상호 관련성의 종류

이상을 정리해 보면, 관련성에는 두 가지 차원이 있음을 알 수 있다. 경영차원의 관련성(기존 경영스킬의 전파, 공유)과 운영차원의 관련성(자원 및 운영스킬의 공유)이 바로 그것이다.

a) 경영 차원의 관련성

다양한 사업을 영위하는데 필요한 경영역량은 '지금까지 경험해 온 기존의 경영논리'와 '새로운 경영논리를 습득하는 능력'의 두 가지 요소에 의해 영향을 받는다. 즉, 경영자의 의사결정 과정은 기존사업의 환경적, 조직적 특성에 적합한 경향을 지니는데, 다각화를 하는 경우에는 이러한 기존 경영방식들이 신사업에 그대로 적용되기 어려운 경우가 종종 발생한다. 따라서 다각화의 성공 가능성을 높이기 위해서는 기존의 경영방식을 그대로 적용할 수 있도록 경쟁구조와 사업의 성공요인이 기존사업과 유사한 분야로 다각화를 하던지, 아니면 신사업에 적합한 새로운 경영방식을 습득해야 한다.

b) 운영 차원의 관련성

운영 차원의 상호 관련성에는 두 가지 관점이 있을 수 있다. 하나는 기존사업에서 활용되고 있는 자원/스킬이 신사업에 전파, 공유될 수 있는가 하는 관점이며, 다른 하나는 신사업에서 활용될 자원/스킬이 기존사업으로 전파되어 기존사업의 경쟁력을 향상시킬 수 있는가 하는 관점이다. 결국 다각화의 성공 가능성을 높이기 위해서는 경영적, 운영적 차원의 상호 관련성을 면밀히 평가해서 가능한 한 정(正)의 레버리지 효과를 향유할 수 있도록 하는 것이 중요하다. 다만 시너지 효과를 추구하는 데는 조정비용, 비융통성 비용 등이 수반된다는 점을 고려해야 한다. 이는 상호 관련성이 존재함으로써 각 사업단위들이 여러 방식으로 그들의 행동을 수정해야 하기 때문이다.

C. 기업 수준의 전략실행방법

기업 수준의 전략은 주로 최고경영층에 의해서 개발되는데, 그것은 두 개 이상의 사업부를 가지고 있는 기업의 경우에 개별 사업부의 활동을 기업경영의 전반적인 관점에서 파악해서 조정하고 통제할 필요성이 있기 때문이다. 따라서 기업 수준의 전략에서는 기업이 어떤 사업을 수행할 것인가, 그리고 각 사업부에 자원을 어떻게 배분할 것인가 등에 관련된 문제를 비롯해서 자원의 획득, 기업이 사용할 신기술의 결정, 목표고객의 결정, 시너지효과의 극대화, 기업 활동의 통제방법 등과 같은 주요사항을 다룬다. 즉 기업 수준의 전략은 기업이 앞으로 나아가야 할 방향을 제시하고, 각 사업부가 수행해야 할 역할을 정의해 준다.

앞에서 사업부 수준에서의 전략을 살펴보았다. 사업부 수준에서의 전략 중 대분류 전략은 성장전략과 안정전략으로 분류된다. 이 중 성장전략을 실행하는 방법으로는 내부성장과 외부성장이 있다. 내부성장은 사업부에서 자체적으로 진행하는 것이고, 외부성장은 전략적제휴나 인수합병을 통해서 진행하는 것이다. 물론 성장전략의 반대로 축소전략이 있고, 축소전략의 대안으로는 철수매각전략이 있다. 여기서는 전략적제휴, 인수합병전략, 철수매각전략을 검토한다.

1. 전략적 제휴

1) 필요성

지금까지 경쟁전략에서는 기존 경쟁기업뿐만 아니라 공급업자, 구매업자도 경쟁자로 간주해서, 어떻게 하면 이들 기업에 비해 절대우위에 설 수 있으며 이들 기업보다 강한 협상력을 유지할 수 있는가에 관심을 쏟았다. 그러나 글로벌화의 가속화, 소비자 욕구의 다양화, 업종간 경계를 초월한 빠른 기술혁신, 기술과 시장의 급속한 확산 등 경영환경이 급변함에 따라 이와 같은 경쟁논리는 그 설득력을 잃고 있다.

따라서 글로벌화된 세계시장을 상대로 해야 하는 기업들은 원하든 원하지 않든 간에 제휴업체를 필요로 하게 되었으며, 여기서 바로 기업 간 제휴의 필요성이 대두된 것이다. 다시 말해 공급업자와 구매업자는 물론 기존의 경쟁기업과도 협력함으로써 보다 강한 경쟁우위를 확보하고자 하는 제휴전략이 이러한 시대상황과 맞물려 그 어느 때보다도 설득력 있게 받아들여지고 있다.

<그림 9.32>는 기업간 경쟁을 유발시키는 다섯 가지 요인을 이러한 제휴 전략

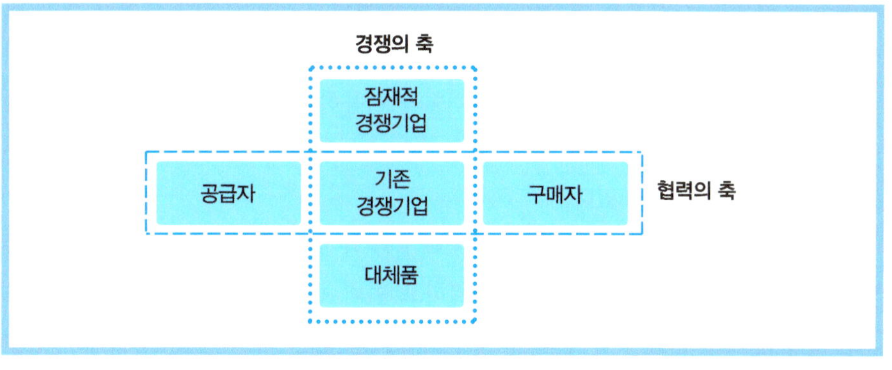

그림 9.32
기업간 경쟁의 축과 협력의 축

관점에서 재해석한 것이다. 그림에서 보는 바와 같이 수직축은 경쟁의 축으로서 기존기업과의 경쟁뿐만 아니라 잠재적 경쟁에도 대응할 수 있는 효과적인 경쟁전략이 필요한 부분이다. 반면 수평축은 협력의 축으로서 기존의 경쟁기업과도 필요시 제휴함으로써 기업이 경쟁우위 확보를 도모하는 전략적 제휴가 필요한 분야이다. 결국 경쟁과 협력은 기업으로서 경쟁력을 높이기 위해 항상 전략적인 관점에서 주시할 필요가 있는 두 개의 수레바퀴가 되는 셈이다.

2) 개념 및 유형

전략적 제휴란 2개 이상의 기업이 기술, 스킬, 제품 등을 상호 제공함으로써 자사 전략의 효과를 높이기 위해 형성하는 파트너십을 의미한다. 기업 간에 형성하는 파트너십이 전략적 제휴가 되기 위해서는 다음의 필요충분 조건을 충족해야 한다.20 첫째, 제휴 당사자가 제휴를 맺은 후에도 상호 독립성을 유지할 것, 둘째, 제휴 당사자 간에 제휴의 성과와 관련 업무에 대한 통제권을 공유할 것, 셋째, 제휴 당사자가 기술, 제품 등 전략적으로 중요한 분야에서 상호 간에 지속적으로 공헌할 수 있을 것. 이상의 필요충분조건을 바탕으로 해서 전략적 제휴의 유형을 범주화해 보면 <그림 9.33>과 같다.

한편, 전략적 제휴는 제휴 당사자 간 잠재적 갈등의 정도 및 상호 작용 정도에 따라 <그림 9.34>와 같이 네 가지 유형인 전경쟁제휴(precompetitive alliance), 경쟁제휴(competitive alliance), 후경쟁제휴(procompetitive alliance), 무경쟁제휴(noncompetitive alliance)으로 구분할 수도 있다. 이러한 전략적 제휴의 네 가지 유형과 유형별 특징 및 목표를 정리하면 다음 <표 9.8>과 같다.

3) 실태

일반적으로 전략적 제휴는 R&D 및 신공정에 대한 막대한 투자가 소요되고 기술혁신 속도가 빠른 반도체, 컴퓨터, 자동차 등과 같은 첨단산업 분야에서 가장 활발히 이루어지고 있다. 이들 분야의 선진기업들은 전략적 제휴를 신기술 습득 등 경쟁우위 확보의 기반으로 활용하고 있다. 즉, 국내외 시장에서의 경쟁력 제고 및 점유율 확대를 위해 경쟁기업과의 제휴를 적극 이용하고 있는 것이다. 한 예로 미국 반도체 기업들은 일본 기업의 제조 기술을 이용하기 위해, 그리고 일본 기업 들은 제조 설비에서 규모의 경제 달성과 신기술 습득을 위해 상호 간에 제휴를 하는 경향이 강하게 나타나고 있다.

반면 우리나라 기업의 경우를 보면, <표 9.9>와 같이 국내 기업간 제휴는 업종별 중복투자로 인해 기업간 경쟁이 치열하고 협력 관행이 정확하지 않아 아직 초보단계에 불과한 실정이며, 주로 각사가 보유하고 있는 특허의 공유, 국내 가전업

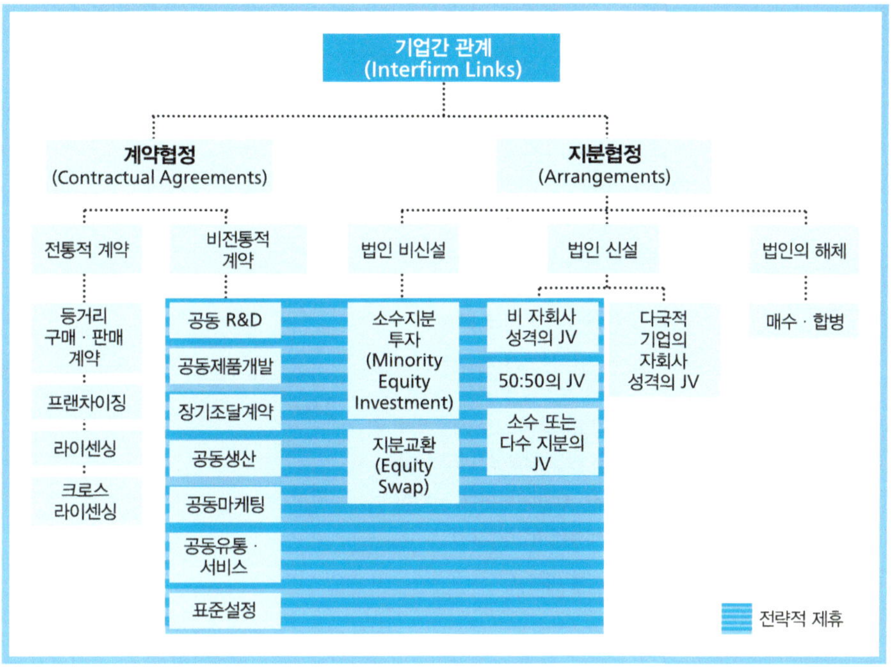

그림 9.33
전략적 제휴의 범주

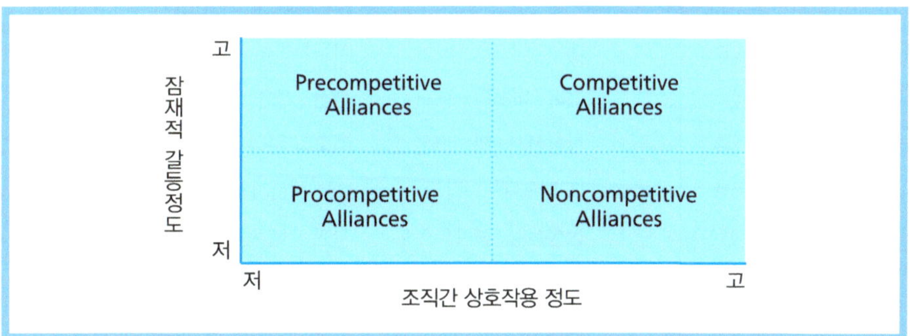

그림 9.34
전략적 제휴의 유형 (경쟁 vs 협력의 정도)

체를 중심으로 한 공동생산, 공동연구 및 교환 판매, 각사가 독자적으로 개발한 제품 및 부품의 상호 구매 등의 방향으로 추진되고 있다.

한편 외국 기업과의 제휴 면에서는 자동차 및 전자, 반도체 등 일부 산업에서 대기업을 중심으로 기술 및 자본 제휴 등이 추진되고 있다. 제휴 방법 면에서도 단순한 기술 도입을 위한 제휴에서 벗어나 향후 유망제품을 중심으로 해서 생산, 판매 제휴 및 자본 참여 등 보다 적극적인 형태의 제휴가 증가하고 있다. 그러나 우리나라 기업들이 대부분 기술적 기반이 취약한 데다 제휴를 기술도입의 수단으로만 간주하는 경향이 강해 제휴에 따른 실질적 효과가 아직 가시화되지 못하고 있는 실정이다.

표 9.8
전략적 제휴 유형별 특징 및 목표 삽입

특징 및 목표 / 전략적 제휴의 유형	특징	전략적 목표			
		유연성 확보	핵심역량 보호	지식 습득	가치 증대
Procompetitive Alliances	• 산업간 제휴(GM-히타찌) • 공급자, 판매자 등 Value Chain상 수직적 관계에 있는 기업간 제휴	***	**	*	****
Noncompetitive Alliances	• 동일 산업내 제휴(GM-ISUZU) • 동일 산업내 기업간 제휴이나 서로를 주경쟁자로 보지는 않음.	**	*	****	***
Precompetitive Alliances	• 이종, 비관련산업간 제휴(듀퐁과 소니의 광메모리 제품 공동 개발) • 어느 기업도 독자적으로 개발할 수 없는 신기술 등을 개발하기 위한 제휴	****	***	**	*
Competitive Alliances	• 최종 제품 시장에서의 직접적인 경쟁자간 제휴(GM-토요타)	*	****	***	**

주: *의 개수는 전략적 목표의 중요성을 나타냄.

표 9.9
우리나라 기업의 전략적 제휴

업종	제휴 형태	제휴 업체	제휴 내용
자동차 산업	기술, 자본제휴	현대-미쯔비시	자본참여 및 기술도입
	기술제휴	대우-이스츠-닛산	상용차관련 기술제휴
	복합제휴	기아-마쯔다-포드	생산-기술-판매의 복합제휴
전자산업	기술제휴	삼성전자-마이크론	메모리 분야 기술교환
	생산제휴	LG반도체-히다찌	D램 생산계약
	기술, 생산제휴	삼성전자-美 TI	자본, 기술제휴로 반도체 공동생산
	기술제휴	삼성전자-도시바	메모리반도체 공동개발, 특허 공유
	기술, 생산제휴	LG전자-히다찌	기술, 생산설비의 효율적 결합
	자본제휴	LG전자-제니스	자본제휴로 공동 기술개발 및 도입
	기술, 생산제휴	현대전자-후지쯔	반도체 생산 및 기술 개발

4) 장단점

이상의 예에서와 같이 전략적 제휴는 한 기업이 독자적으로 달성하기 어려운 문제의 해결이나 신기술, 신시장에 대한 신속한 접근 등 자사의 경쟁우위 확보를 위해 이루어진다. 그러나 반대로 전략적 제휴를 통해 자사의 경쟁우위를 확보하고자 하는 기업이 제휴의 부작용을 고려하지 않고 지나치게 의존할 경우, 자칫 자사의 역량 육성을 소홀히 하거나 역량을 상실할 위험도 존재하게 된다. 다시 말해 전략적 제휴가 여러 가지 이점을 지니고 있기는 하지만, 스킬, 기술 및 노하우의 유출 등 그 위험 역시 무시하지 못할 만큼 크다는 것이다.

특히 기술개발에 바탕을 둔 제휴는 해당 기술이 유사한 기술적 특성을 가진 타 제품에 응용될 가능성이 높기 때문에 관리하기가 훨씬 까다롭다. 즉, 제휴 당사자 간 제조관련 기술, 경험 등의 공유는 상대방에게 그 기술을 활용, 신시장에 진출할 기반을 제공해 주는 반면, 자사의 내부 기술개발 노력을 저하시키는 부작용을 낳기도 한다. 이는 결국 전략적 제휴가 의도하지 않은 또다른 강력한 경쟁자를 탄생시킬 가능성도 크다는 것을 의미한다.

5) 성공 방안

그렇다면 이러한 부작용을 최소화하고 전략적 제휴를 성공적으로 수행하기 위해 어떻게 해야 하는가? 무엇보다 기술변화 등 급변하는 경영환경이 자사의 경쟁 우위를 확보하는 데 어떤 영향을 미칠 것인가 등에 대한 포괄적 이해가 필요하다. 일반적으로 전략적 제휴에 수반되는 위험 요인, 즉 기술, 스킬 등의 유출, 파트너와의 부조화, 내부 능력의 상대적 저하 등은 경영자들이 전략적 제휴에 지나치게 의존해서 기술개발 등과 같은 내부 능력 육성을 소홀히 했기 때문에 발생한다. 즉, 전략적 제휴를 협력과 선의의 경쟁이 공존하는 것으로 인식하지 않고, 역량 육성에 많은 시간과 노력이 소요된다고 해서 제휴에만 지나치게 의존하게 되면, 결국에는 기업의 기술 및 스킬 등 내부 능력의 기반이 약화될 수밖에 없다. 전략적 제휴를 통해 자사의 경쟁우위를 확보하기 위해서는 다음과 같은 몇 가지 사항을 명심해야 한다.

(1) 핵심역량의 명확한 파악 및 육성

자사의 기술과 스킬 등 핵심역량을 명확히 파악하고 있어야 한다. 기업은 최종 제품의 집합체가 아니라 이들 제품을 지속적으로 창출할 수 있는 역량의 집합체로 인식되어야 한다. 따라서 기업의 미래 경쟁우위를 확보하기 위해서는 이러한 내부 능력을 심화시킬 수 있는 방향으로 제휴 파트너와 제휴 대상 분야를 선정해야 한다.

또한 제휴 파트너와 대등한 관계를 유지할 수 있도록 특정 분야에서만이라도 탁월한 강점을 지니고 있어야 한다. 상대방에게 매력적인 가치를 제공함으로써 전략적 제휴의 중심에 설 수 있도록 자사의 차별적인 핵심역량 확보에 각별한 노력을 기울여야 하는 것이다. 이렇게 함으로써 우리나라 기업들도 대등한 위치에서 선진기업과 전략적 제휴를 형성, 치열한 경쟁에 효과적으로 대처해 나갈 수 있다.

(2) 상호 보완적 파트너 선정

상호 간에 기술과 지식 및 시장 등을 보완적으로 제공해줄 수 있는 파트너를 선정해야 한다. 제휴 상대방에 대한 지나친 의존이나 제휴 상대방과의 잠재적 경쟁 가능성을 제거하기 위해서는 자사가 취약한 분야를 보완해줄 수 있는 파트너를 선정해야 한다. 왜냐하면 이렇게 상호 보완적인 기업이 제휴관계를 맺어야 기존 사업에서의 경쟁 가능성을 줄일 수 있을 뿐만 아니라 기존기술의 결합 및 신기술의 개발을 통한 신규사업 진출도 가능해지기 때문이다.

이러한 상호 보완적 형태의 제휴를 한 예로 코닝사를 들 수 있다. 코닝사는 전통적인 유리 제조업체로서 세라믹 기술과 산업용 효소(enzyme) 제조업체 및 전기, 전자업체에 이르기까지 다양한 분야에서 상호 보완적인 제휴관계를 형성함으로써, 자사의 핵심기술을 배양하는 한편, 제휴업체의 자사 시장 진입에 의한 경쟁 가능성을 제거해가고 있다. 이 외에도 각 제휴선이 상이한 시장에서 상이한 제품, 기술을 제공함으로써 강력한 제휴관계를 형성한 예로 도시바와 모토롤라사의 경우를 들 수 있다. 도시바는 D램 기술과 일본의 유통망을 제공하고, 모토롤라는 마이크로프로세서 기술과 미국의 유통망을 제공함으로써 안정적인 제휴관계를 형성하고 있다.

(3) 자사 전략 방향과의 일치

전략적 제휴를 자사의 전략 방향과 일치시켜야 한다. 과거 많은 미국, 유럽 기업들이 제조 기술에 대한 투자비용 절감 등 저비용을 추구하기 위해 일본 업체들과 제휴했으나, 결국에는 자신의 기술과 노하우 유출이라는 부정적 결과를 낳았다. 이러한 현상은 바로 전략적 제휴의 위험과 전략적 제휴가 자사의 기술혁신 등에 어떤 영향을 미칠 것인가 하는 전략적 의도에 대한 치밀한 분석이 결여된 결과이다. 다시 말해 단순히 자사의 제품라인 수를 증대시키거나 시간과 노력이 많이 소요되는 어려운 문제를 회피하기 위해 제휴하는 것은, 결국 자사의 역량 육성 기반을 약화시켜 장기적 관점의 경쟁우위 확보에 장애가 된다는 것이다.

장기적 관점에서 자사의 전략적 의도를 고려해서 제휴관계를 형성하고 있는 대표적인 기업으로는 IBM을 들수 있다. IBM은 자사의 핵심 기술을 방어하고 일본 시장에 진출하고자 하는 공격적, 방어적 목적으로 전략적 제휴를 추진했다. 즉, IBM은 우수한 기술을 보유하고 있는 SSI, Eteg, 마이크로 테크놀로지 등의 중소기업이 일본 기업에 의해 지배, 잠식당하는 것을 방지하기 위해, 그리고 신제품, 신기술의 공동 개발을 위해 미국, 유럽 기업과 제휴관계를 체결한 것이다. 또한 IBM은 후지쯔, NEC, 히다치 등 일본 기업과도 제휴함으로써 일본 시장으로의 진출 기반을 확대하는 한편, 신기술 · 신제품의 개발 및 응용의 장을 마련했다. 특히 도시바와 제휴함으로써 IBM은 최첨단 기술인 평판 디스플레이(Flat-Panel Display) 기술을 이용한 랩탑 컴퓨터를 공동으로 설계, 개발하는 등 신기술, 신시장의 동시 접근을 추구하고 있다.

(4) 자사 인력에 노하우 체화 기회 부여

전략적 제휴를 통해 필요 기술과 스킬을 습득할 수 있도록 제휴에 관여하고 있는 핵심 인력에게 충분한 기간을 부여해야 한다. 과거 서구 기업들이 일본 기업들에 비해 제휴에서 얻은 효익이 적었던 이유 중 하나는 핵심 인력이 제휴에 개입하는 기간이 짧았기 때문이다. 일본 기업들은 경영자와 엔지니어들로 하여금 지속적으로 제휴에 관여할 수 있도록 함으로써 제휴 선의 기술과 스킬을 효과적으로 습득할 수 있도록 한데 반해, 서구 기업들은 핵심 인력을 빈번히 교체하는 등 전략적 제휴를 통한 기술 및 스킬의 습득에 상대적으로 소홀한 면을 보여 왔다. 따라서 전략적 제휴의 효익을 충분히 향유하기 위해서는, 제휴에 직접 관여하고 있는 핵심 경영자와 엔지니어들이 필요 기술과 스킬을 습득할 수 있을 만큼 충분한 기간을 부여하는 것이 중요하다.

(5) 제휴 전 테스트 기간 필요

제휴를 원하는 업체 간에 사전 협력활동을 수행해보는 것이 필요하다. 제휴 파트너와 정식 제휴관계를 맺기 전에 상호 경쟁관계에 있지 않는 비관련제품이나 시장을 대상으로 비공식적인 협력활동을 수행해 보는 것이, 미래에 발생할지도 모를 제휴 실패 가능성을 줄일 수 있는 좋은 방법이 된다. 이러한 사전 협력활동은 제휴 당사자들이 서로 주요 관심사와 경영관습 및 문화 차이 등을 파악, 상호 조율할 수 있는 기회를 가질 수 있게 한다.

(6) 상호 작용의 제도화

끝으로 전략적 제휴가 이루어진 후 이에 대한 효과적 관리와 운영을 위해 제휴 기업간 계층별 인터페이스 체제를 구축하는 것이 필요하다. 인터페이스는 크게 전략 차원의 인터페이스와 운영 차원의 인터페이스로 나눌 수 있으며, 전략 차원은 다시 기업 차원과 제휴관리 차원의 인터페이스로, 운영 차원은 기능 차원과 감독 및 실행 차원의 인터페이스로 세분화할 수 있다. <그림 9.35>는 마쓰다의 전략적 제휴에서 상호 작용을 제도화한 사례이다. 이들 두 기업은 이러한 인터페이스 체제를 바탕으로 전략적 제휴를 효과적으로 관리, 운영해 나가고 있다.

대내외적으로 격화되는 경제 전쟁, 즉 선진국 중심의 신국제기술질서 태동과 가

그림 9.35
전략적 제휴에 있어서의 상호작용의 제도화 사례

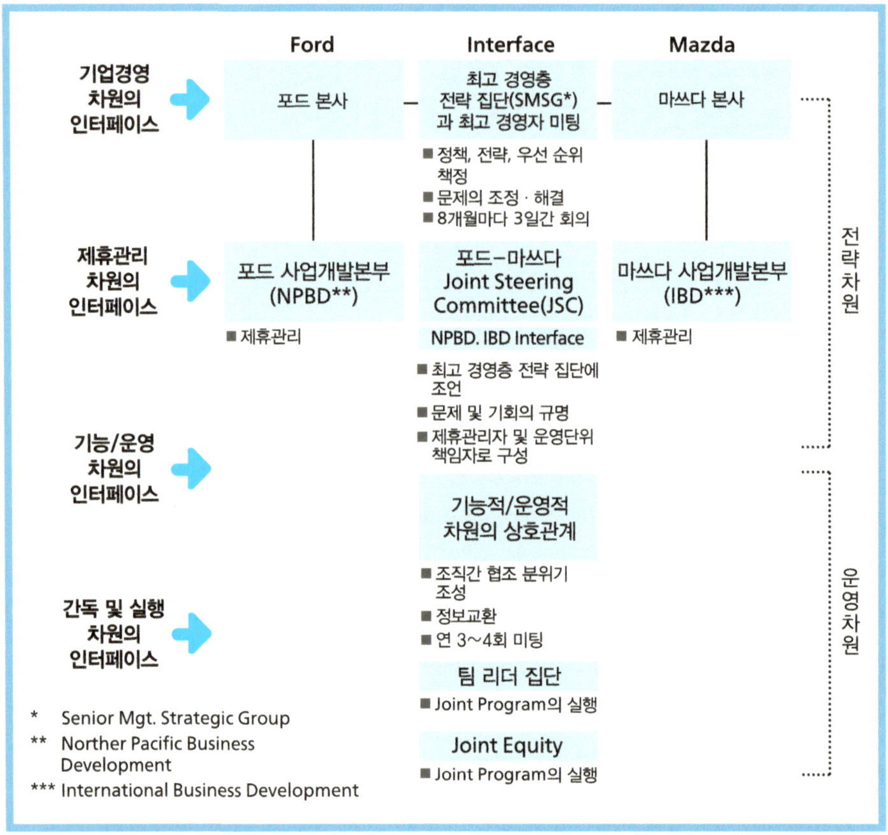

격 경쟁력을 앞세운 후발개도국의 추격에 대응하기 위해서는 기술력을 바탕으로 한 국제 경쟁력 확보가 필수적이다. 특히 기술 인력, 투자 등 기술 하부구조가 취약한 우리나라 기업들로서는 선진 기업과의 전략적 제휴가 경쟁우위 확보의 훌륭한 수단임을 인식, 이를 적극적으로 추진함으로써 첨단기술개발은 물론 국제 경쟁력 제고에도 힘써야 한다.

2. 인수합병전략

인수합병은 기업이 새로운 사업으로 진출할 때 시간과 비용을 줄이면서 효과적으로 추진할 수 있는 대안이다. 다만 이 전략은 보통 50%가 넘는 높은 실패율과 승자의 저주(Winner's curse)라고 불리는 문제로 인해서 쉽게 접근하기 어려운 전략이기도 하다. 또한 이질적인 두 기업이 하나가 되는 과정에서 긍정적 시너지를 내지 못하고 부정적 효과가 나는 경우도 많다. 따라서 합병후 통합(Post-Merger Integration: PMI)에 더 많은 노력을 해야 한다. 그럼에도 불구하고 IT분야의 절대강자들인 마이크로소프트(Microsoft), 애플(Apple), 구글(Google), 페이스북

(Facebook), 아마존(Amazon), 테슬라(Tesla) 등의 소위 MAGFAT기업들은 인공지능(AI) 분야의 전문가들을 영입하는 효과적인 방법으로 인수합병전략을 채택하고 있다.

3. 매각전략

성장전략과 안정전략이 대등한 전략대안인 것처럼, 철수와 매각은 전략적제휴 및 인수합병과 대등한 전략대안이다. 철수와 매각은 대안이 없을 때 추진하는 전략이 아니라 다양한 대안 중 하나로 충분한 시간과 준비를 거쳐서 진행해야 한다. 증권시장에서 주식을 잘 사는 것 못지 않게 잘 파는 것이 중요한 것처럼 경영자는 철수와 매각에 충분한 노력과 에너지를 써야 한다. 그럼에도 불구하고 철수와 매각은 실패라는 오명을 쓸 가능성이 있기 때문에 경영자들이 선택하고 싶어하지 않는 전략대안이다. 따라서 경영자는 철수와 매각을 다룰 때 부정적인 심리적 장벽을 극복해야 한다. 유연하게 대처하고 이해관계자들에게 철수와 매각의 당위성에 대해 충분한 설득을 통해 그들의 저항을 줄여야 한다. 매각 상대방에 대해서도 진심을 가지고 배려하면서 필요한 정보를 제공해야 한다.

효과적인 매각을 위해서 고려해야 할 5가지를 제시한다.

1) 매각은 더 이상 대안이 없는 상황에서 추진하는 전략이 아니다

- 핵심은 성장을 위해 인수한 것처럼, 매각도 상시 고민. 계획적 접근 필요
- 컬설팅사 올리버와이만 조사결과
- CEO는 기존사업 경쟁력강화에 32% 투자 / 신사업 55% / 매각에 불과 6%

2) 심리적 장벽을 극복한다

- 매각은 먹튀, 실패 오명 극복. 심리적 경향이 크게 작용
- 유일한 대안 용기: 이해관계자 매각 당위성 심리적 저항 최소화

3) 매각 상대에 대한 배려도 중요함

- 매각 상대에 도움을 줄 수 있는 정보 제공 (단점이나 위협요소도 설명, 신뢰구축)
- 시너지 원천에 대해 설명해 줌

4) 가치를 높일수 있는 다양한 방법 고려

- 매각은 화장술: 부실 없애고, 적극적 노력 신사업매출 증진하여 가치를 더 올리고 매각

5) 기술 및 시장 환경 변화를 주시

- 현재의 관점이 아니고, 플랫폼의 잠재력, 시너지효과 등을 감안 장기적 안목으로 매각

예: SK텔레콤 멜론 사모펀드 매각/AI 음원 중요. 핵심 수익원을 카카오사 인수

인간이 AI에게 답한다.

6가지 질문에 대한 인간계의 답변

이 책의 가장 앞에 있는 '프롤로그: AI가 인간에게 질문한다'에서 제기한 6가지 질문에 대해 답변해본다. 위 6가지 질문을 동료, 후배, 제자들에게 보냈더니 의미 있는 의견들이 쏟아져 들어왔다.[1] 이 의견들을 편집해서 답변을 만들었다. 따라서 이 답변은 나 혼자의 것이 아니라 '인간계의 집단지성'이다.

1. 경쟁력

AI가 확실하게 자리잡아 더 이상 AI가 경쟁력의 원천이 될 수 없는 AI 3.0시대가 오면 AI가 블랙박스로 간주하고 있는 시스템 내부의 규칙에서 기업의 진정한 경쟁력이 나올 것이다. AI 3.0을 이끌 기업들은 어떤 모습일까? 이들 리딩 기업들의 '경쟁력'의 원천은 어떤 내용일까?

(인간계의 답변) MAGFAT (Facebook이 Metaverse로 바뀌면서 이제는 MAG-MAT)로 불리는 플랫폼 기반 비즈니스는 고객의 빅데이터를 활용한 AI 특히 딥러닝을 활용하면서 가공할 만한 경쟁력을 갖추었다. 그러나 AI가 기업경영에 보편화하는 시대가 곧 닥칠 것이고, 그렇게 될 때 이 기업들이 계속해서 차별화된 경쟁력을 보유하기에는 한계가 있다. 만약 아직은 블랙박스 안에 들어 있는 인공신경망의 정체를 보다 분명하게 드러내는 기업이 생긴다면 기존의 AI 비즈니스와는 다른 차원의 경쟁력을 갖게 될 것으로 보인다. 따라서 AI 3.0을 이끌 기업들은 AI 1.0과 AI 2.0을 넘어서야 하는데 그러기 위해서 반드시 연결되어야 하는 분야가 뇌과학이다.

그 이유는 첫째 AI는 그 최초 정의에 있어서 '인간을 닮은 기계'이고, 둘째, 현재 AI기술로도 블랙박스 안의 시스템내부 규칙은 알려질 수 있을 것이기 때문이다. AI+뇌과학을 통해서 인간의 감정과 행동을 효율적으로 통제할 수 있게 된다면 그것이 적용 범위는 지금 상상하기 어려울 만큼 확장될지도 모른다. 현재까지 신경과학적 연구결과를 통해 일어나는 감정이나 행동(운동) 제어에 대해 어느 정도 알려져 있고 그것을 기반으로 고객마케팅 등의 연구가 진행되어 왔다.

AI기반의 뇌과학 또는 뇌과학 기반의 AI는 또다른 지평을 가지고 경영의 지평을 열어갈 것이다. 이미 돼지의 뇌에 칩을 박아서 인공신경망 연구가 시작된 것으로 알려져 있고 조만간 인간의 뇌에도 칩을 박아 블랙박스 내의 규칙을 드러내는 작업을 할 것이다.[2] 생명윤리적인 문제가 제기될 수도 있겠지만 인간들은 이를 극복하고 회피하는 방법을 찾아낼 것이다. 나노과학의 발달로 만들어진 신종 칩은 더 이상 인간에게 해가 되지는 않을 것이다. 정 안된다면 비침습적 검사(non-invasive testing)에 의해서라도 뇌의 비밀은 밝혀지게 될 것이다. 사실 뇌과학이 본격적으로 주목받은 것은 이러한 비침습적 연구가 활성화되면서부터이다.

2. 차별화전략

수많은 전통기업이 AI 1.0, 2.0 시대를 버티지 못하고 도태되거나 몰락하고 있다. 아직 살아남은 전통기업들, 그리고 새롭게 참여하는 신생기업들은 과감히 AI 위에 올라타야 하는가? 아니면 AI가 좀처럼 침범하지 못하는 영역을 찾아 AI에서 더 멀리 떨어져 나가야 하는가? 이런 기업들에는 어떤 '차별화 전략'이 요구되는가?

(인간계의 답변) 모든 기업이 AI 기업이 될 필요는 없다. 코비드-19는 5년 정도 걸려야 할 디지털 혁신을 1년으로 앞당겨 주었다. 이런 말을 하기는 조심스럽지만, 코비드-19는 일부 기업에 내린 하늘의 선물이다. 뉴노말로 지칭되는 비대면은 포스트코비드-19 시대에 확실하게 자리 잡을 것이다. 그렇다고 해서 기업 내 디지털 전환을 이루어내기 어려운 기업이 무리하게 AI기업이 되려고 하거나 그것을 흉내 내려고 노력할 필요는 없다. 앞서간 AI기업을 따라잡는 일보다는 최소한의 장점만을 취하고 틈새시장을 공략하는 것이 바람직하다. AI를 외면하기보다는 전략을 위해서 관련정보를 끊임없이 모니터하면서 때로는 활용하는 실용적 태도를 견지해야 한다. 사회적 동물인 인간은 아무리 비대면이 익숙해지는 AI중심 세상에서도 휴먼터치를 그리워할 것이기 때문이다. 점점 비인간화되어가고 있는 세상에 휴먼터치, 곧 소매틱(somatic)을 연결하는 전략을 세운다면 어떤 기업이던지 디지털 시대에도 그만큼의 지속 가능성(sustainablility)을 유지할 수 있다.

3. 생존전략

대공황과 석유위기와 같은 대이변은 앞으로도 일어날 수 있고, 이런 이변은 AI계의 몰락으로 이어질 것이다. 대이변은 언제, 어떤 모습으로 일어날 것인가? AI는 대이변을 어떻게 예측하고, 이를 극복하기 위한 기업의 '생존 전략'을 어떻게 제안할 것인가?

(인간계의 답변) AI는 2016년 이세돌에 도전한 알파고의 모습으로 인간의 영역에 도전장을 내밀었다. 2020년 인류에 도전한 코비드-19의 도움을 받아 AI는 인간계를 접수했다. 인간 기능의 상당 부분이 AI에게 맡겨지는 상황은 앞으로 지속될

것으로 보인다. 경제관점에서 이러한 흐름이 갑작스럽게 꺾일 가능성은 별로 없지만, 만약 AI의 실수나 제3차 세계 대전과 같은 인간의 잘못된 선택에 의해 환경재앙이나 전쟁 같은 끔찍한 대이변이 벌어진다면 AI가 지배하는 세상이 중단 될 가능성은 있다. 과학기술문명의 꽃인 AI의 멸망과 함께 인간의 과학기술문명은 잿더미 속에 사라질 것이다.

그 가운데에서 살아남은 인간은 그 잿더미 속에서 고대유적을 찾아내듯이 과학의 흔적을 찾아나갈 것이다. 인간이 대이변을 예측하기는 쉽지 않지만 합심해서 대이변이 나타날 가능성을 줄일 수는 있다. 보다 중요한 것은 대이변 속에서도 살아남는 생존의 비결을 터득하는 것이다. 그리고 이 비결은 의외로 단순하다. "민첩하고 융통성을 가지라. (Be agile and flexible.)" 경영학 용어로는 손익분기점을 최소한으로 낮추어야 한다(<자료 1> 참고). 즉 고정비를 줄이거나 변동비로 바꿔야 한다. 극단적으로 고정비를 제로로 하고 모든 비용을 변동비로 바꾸면 손익분기점이 제로가 되어 어떤 상황에서도 죽지 않는 체질이 만들어진다.

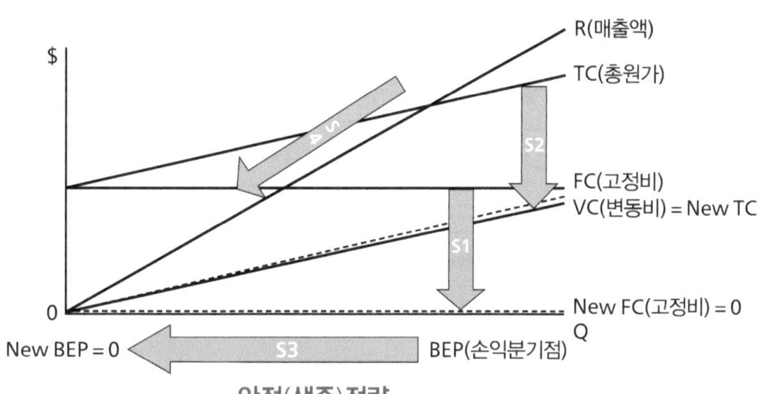

안정(생존)전략

고정비를 0으로 줄이면(S1), 총원가가 변동비와 같아지고(S2), 손익분기점이 0가 되어(S3), 매출액이 줄어도(S4) 이익이 창출됨

자료 1
고정비가 제로면 손익분기점도 제로가 된다.

4. 지속가능전략

과연 ESG, CSV등은 경영자가 살아남고 장수하는 기업을 만들기 위한 필요충분조건인가? AI는 기업의 무병장수 목표를 어떻게 도와줄 것인가? 보다 구체적으로 AI가 알려줄 기업의 '지속가능 전략'은 무엇인가?

(인간계의 답변) 이익 극대화라는 작금의 기업경영목표는 수정되어야 한다는데 거시적 차원에서 동의하지 않는 기업이 없을 것이다. 그러나 기업을 경영하는

CEO의 입장에서 이익추구를 넘어서는 미시적 목표를 만들기는 쉽지 않아 보인다. 20세기 말부터 뜻있는 분들에 의해 기업의 사회적책임에 대한 논의는 항상 있었고, 21세기 들어와서 윤리경영의 실천 등을 통해 우리나라에서도 많은 기업이 윤리경영을 대의명분으로 내세우고 있지만 아직은 장식용에 그치는 부분이 많았다. 그러나 AI시대에 새롭게 부상하는 ESG와 CSV는 인간의 삶과 행복, '무병장수'를 지향하는 인간의 궁극적 욕망과 연결되어 있어서 기업의 지속가능 경영에 실제적 열쇠가 될 것이다(<자료 2> 참고). 또 AI는 이처럼 수정된 경영목표 기반의 다양한 역할-스마트의료, 환경문제 해결, 안전보장 등-을 수행한다. 그러나 AI도 인간 삶의 궁극적 지향점을 만족시키기는 어려울 것이다. 그것은 어디까지나 인간의 행복을 위한 외적조건을 만족시킬 뿐이기 때문이다. 인간은 결국 자신이 스스로 선택하는 자유와 책임에 의해 온전히 행복할 수 있기 때문이다. 이에 대한 해답은 경영자가 기업을 자신의 몸이라고 생각하는 것이다. 자신의 몸을 아껴 무병장수를 추구하듯, 기업을 아끼면 그 기업은 지속가능해질 것이다.

자료 2
환경사회지배구조(ESG)와 공유가치창출(CSV)

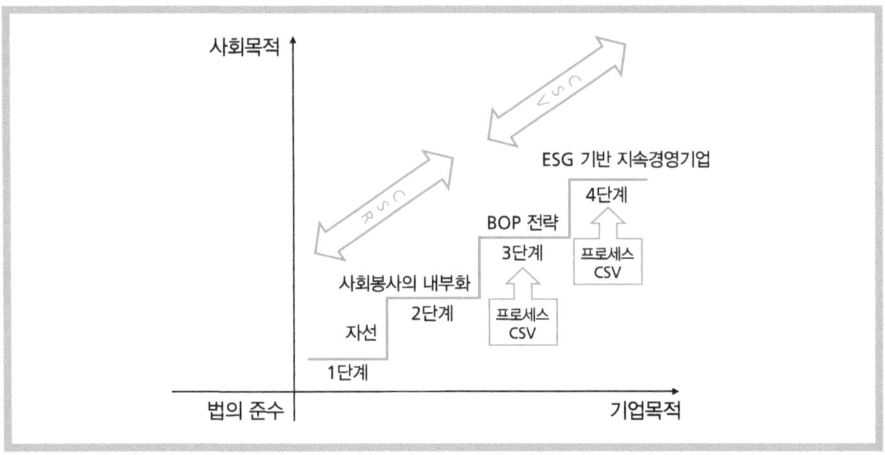

5. 리더십

인간은 AI만큼 유능하기도 어렵고, 공정하기도 어렵고, 투명하기도 어렵다. 이런 불리한 상황에서 인간이 AI와의 '리더십' 경쟁에서 이기려면 어떤 역량을 갖춰야 하는가?

(인간계의 답변) AI를 인간을 닮은 기계라고 정의할 때 AI 5.0은 가장 '인간적인' AI일 것 같다. 감성은 전통적으로 이성보다 떨어지는 인간의 인식능력이라고 생각하는 경향이 짙었다. 그래서 우리는 이성으로 감성을 통제해야 한다고 배웠다. 이

러한 감성과 이성의 이분법이 얼마나 허구였는지는 이미 포스트모던 철학자들에 의해 주장되었고 뇌과학자들에 의해 증명되었다. 감성(emotion)은 몸(soma)의 움직임과 연결되어 있지만, 이성을 넘어서 영성과 연결되는 힘을 갖고 있다. 그것은 인간의 전일적 힘(holistic power)이다. 인간이 이성만으로 AI와의 리더십 경쟁을 하면 지겠지만, 이성을 감성과 영성으로 보완한 전인적 능력을 갖춘다면 리더십 경쟁에서 우위를 차지할 수 있다.

단 이 질문에 등장하는 경쟁에 대해서 생각해보자. 경쟁은 놀이하는 인간(Homo Luens)이 수월성을 추구하기 위해 인간이 만들어낸 최고의 장치이자 서양문화의 꽃이다. 한마디로 서양의 스포츠 문화가 이 힘을 보여준다. 서양문화의 기원이 되는 그리스철학의 핵심은 바로 이 아레테(Arete) 정신이다. 인간과 AI 간의 경쟁은 서양문화의 관점에서 또는 이 경쟁모델을 숭상하고 뒤쫓아간 일본이나 한국, 중국에서는 여전히 유효하다. 그러나 경쟁에서 이기는 리더십이 아니라 궁극적 리더십, 즉 사람들과 협력해서 세상을 널리 이롭게 하는 리더십은 팔로워십의 역량이나 시대적 상황 등과 밀접하게 연결되어 있다. 그런 의미에서 동양철학에 기반을 둔 우리로서는 하늘의 뜻을 따르는 것이 최적의 리더십이 아닐까 한다.

미래를 드림 소사이어티라고 한다. 사회발전의 원동력으로 노동력, 화석에너지, 원자력을 사용해 온 인류는 이제 4세대 동력을 찾아 나서고 있고, 그 후보로는 꿈을 꾸는 능력, 즉 상상력을 꼽고 있다. 요즘은 상상력에 기초해서 꿈을 꿀 수 있게 해주는 지도자를 '최고몽상가(Chief Dreaming Officer, CDO)'라고 표현한다. 그 대표적인 존재로는 애플의 스티브 잡스, 아마존의 제프 베이조스, 테슬라의 일론 머스크를 들 수 있다(<자료 3> 참고). 그리고 이러한 대표적인 CDO가 이끄는 회사들이 증권시장에서 승승장구하고 있다.

자료 3
대표적인 Chief Dreaming Officer (CDO): Jobs, Bezos, and Musk

6. 지혜

인간은 실수한다. 고로 존재한다. 우리는 모두 '호모 에라투스 (Homo Erratus)', 실수하는 인간이다. 인간이 실수를 연발하면서도 잘 살아갈 수 있다면 얼마나 좋겠는가? 현실은 크게 다르다. AI 5.0이 현실이 되기 전까지는, 리더가 인간이건 AI 이건 관계없이, 우리의 실수를 용납하지 않을 것이다. 이런 숨 막히는 조직에서 AI 5.0이 나올 때까지 인간이 살아가는 데 필요한 '지혜'는 무엇인가?

(인간계의 답변) 지식이 과학을 통해 배우는 것이라면, 지혜는 인문학을 통해 깨달을 수 있다. 인문학은 인간에 대한 학문이다. 전통적으로는 학문을 인문학, 사회과학, 자연과학으로 나눈다. 인문학이 사회과학, 자연과학과 다른 점은 무엇인가? 이에 대한 답변은 인문학이 영원하다는 것이다. 자연과학, 사회과학적 저서는 동시대, 더 나아가 1~2백 년 정도는 가치를 발휘하지만, 시대적 패러다임이 바뀌면서 가치를 잃는 법이다. 뉴턴이 주장한 물리학 이론 중 상당 부분이 아인슈타인의 상대성 원리에 의해 뒤안길로 사라지고, 마키아벨리의 군주론을 오늘날 받아들이기 불편한 것처럼, 자연과학, 사회과학의 호흡은 몇 백 년을 넘어서기 어렵다. 그러나 인간의 삶을 다루는 인문학은 좀처럼 패러다임이 안 바뀌고, 설령 바뀐다고 할지라도 그 호흡이 천 년을 넘어선다. 가까운 미래는 사회과학, 자연과학으로 예측할 수 있지만 먼 미래는 인문학을 통해서 예측할 수 있다.[3]

어찌 보면 우리 인간에게 먼 미래는 죽음 이후의 세계, 종교마다 표현은 다르겠지만 기독교의 천당이나 불교의 극락까지 포함할 수 있다. 이러한 미래를 준비하는 데 가장 중요한 지혜로 '용서와 경천', 곧 다른 사람들의 실수를 받아들이고 하늘을 두려워하는 것을 들고 싶다. 인간의 실수하는 능력은 성경에서 인간과 악마의 위치를 바꾸어 놓을 만큼 강력한 에너지의 원천이다. "인간은 실수를, 신은 용서를(To err is human, to forgive divine)"이라는 속담이 생각난다. 기독교 신자가 매일 암송하는 주기도문에서 유일하게 내 자의로 할 수 있는 일 역시 '용서'이다. "… 우리가 우리에게 죄지은 자를 사하여 준 것 같이 …(… as we also have forgiven our debtors…)" 우리 죄를 사하여 주기를 기대하는 것이 인간의 마음이다. 그리고 용서하는 마음에서 나오는 '사랑'이야말로 우리 인간계가 추구하는 이상이 아니겠는가.

Post-AI 시대를 꿈꾸며

내 원고를 읽은 교수 한 분이 '전지전능한 AI'라는 단계가 '인간학습' 대신 AI 5.0을 차지할 것이라고 제안했다. 그 교수에 따르면 이 단계에서는 "인공위성을 통해 전 세계를 볼 수 있는 눈, 모든 소리를 들을 수 있는 귀, 데이터기반 고도의 판단능력을 가진 뇌를 가지게 되어, AI가 마치 전지전능한 신과 같은 능력을 갖추게" 된다는 것이다. "소위 말하는 기술적 특이점(technological singularity)을 벗어나는 단계가 되어 이때는 AI의 윤리문제, 통제문제가 핵심 관심사가 된다"고 한다.

그 교수는 전지전능 AI를 위한 질문도 제시했다. 다섯 번째 질문인 '리더십' 대신 "인간을 위한 최상의 AI는 무엇인가? 즉, 만물의 작동원리를 다 파악해서 오로지 인간을 위한 최상의 의사결정을 도와주는 AI는 무엇인가?" 그리고 여섯 번째 질문인 '지혜' 대신 "AI의 자율통제시스템은 무엇인가? 즉 인간은 전지전능한 능력을 보유한 AI를 어떻게 만들고 통제할 것인가?" AI발전단계를 통해 궁극적으로 기술발전의 최종 지향점은 무엇인가? 그러한 발전을 통해 궁극적으로 도달하는 미래세계모습, 그 속에서 신과 인간과 AI의 관계는 어떻게 될 것인가? AI 5.0 이후의 세상이 기다려진다.

주석

프롤로그

1. 이 내용은 조동성(2020)에 소개되어 있다.
2. 데미스 허사비스(Demis Hassabis) 등이 2010년에 만든 AI 프로그램 개발 회사로, 2014년 구글(Google)이 인수했다.
3. 한국에서는 접촉(contact)에 반대되는 개념으로 언(un)이라는 부정 접두어를 붙여서 언택트(untact)라는 단어를 사용하지만, 다른 나라에서는 사용하지 않는 한국적 영어이다.
4. Martin and Moore, 2020
5. Schlenker, 2019
6. CNN이 2012년에 주최한 이미지네트시합(ImageNet Large Scale Visual Recognition Challenge)에서 제프리 힌튼(Geoffrey Hinton) 교수가 이끄는 알렉스네트(AlexNet)가 오류비율에서 타 경쟁자보다 10.8% 낮은 압도적인 실력으로 1등을 하면서 중층인 공신경망을 활용한 심층학습이 대세가 되었다.
7. Bajwa, 2019
8. 조동성, "2020년의 키워드, 인공지능(AI)", 매일경제TV 2020. 12.26. http://mbnmoney.mbn.co.kr/news/view?news_no=MM1004220546
9. Drucker, 1969
10. https://www. businessinsider. com/steve-jobs-quote-misunderstood-katie-dill-2019-4
11. http://economychosun.com/client/news/view.php?boardName=C26&t_num=13610228
12. https://www.chosun.com/economy/tech_it/2021/01/26/WWF5P5WTDFAPZGT3LBAEAZRCOQ/?utm_source=naver&utm_medium=referral&utm_campaign=naver-news
13. https://ko.wikipedia.org/wiki/%EB%B0%94%EC%9D%B4%EC%84%BC%ED%85%8C%EB%8B%88%EC%96%BC_%EB%A7%A8_(%EC%98%81%ED%99%94)

14. https://www.google.com/search?bih=956&biw=1707&hl=ko&sxsrf=ALeKk-01dO_91ehzxI3wko7Z7mc2MR6QWXg%3A1610897854526&ei=vlkEYLO9H9P-8wAPNsbrAAQ&q=movie+AI&oq=movie+AI&gs_lcp=CgZwc3ktYWIQAzIEC-CMQJzIFCAAQywEyBQgAEMsBMgUIABDLATIFCAAQywEyBQgAEMsB-MgUIABDLATIFCAAQywEyBQgAEMsBMgUIABDLAToGCAAQBRAeOgYIA-BAIEB46AggAUJwcWL8dYNwhaABwAHgAgAGHAYgB7QKSAQMwLjOYAQC-gAQGqAQdnd3Mtd2l6wAEB&sclient=psy-ab&ved=0ahUKEwizlI2TpqPuAhVTP-nAKHc2YDhgQ4dUDCA0&uact=5

15. 시스템 다이내믹스 전문가인 신호상 서울과학종합대학원 교수에 의하면 AI와 시스템 다이내믹스를 결합하는 연구가 진행되고 있다고 한다. 그중 하나의 방법이 "Layer-wise Relevance Propagation"으로서 relevance score를 출력단에서 입력단 방향으로 top-down 방식으로 기여도를 재분배하는 방법이다.

16. Barnes & Noble은 1886년 설립된 미국 최대 서점으로 600여개의 점포를 운영하고 있다. 이 회사는 계속되는 적자로 허덕이다가 2019년 Elliott Management라는 헤지펀드에 인수되었다.

17. Peter Drucker가 저술한 1969년 저서의 제목이다.

18. 인도대사를 역임한 하버드대학 경제학과 교수인 John Kenneth Galbraith가 1977년 제작한 TV시리즈의 제목으로 후일 동명의 책으로 출판되었다.

1장

1. 이 내용은 "AI시대에, 경영학 박사만 경영대 교수 돼야 하나"라는 제목으로 Dong-A Business Review (Issue 1, No. 318, April 2021, pp. 100-106)에 소개되어 있다.

2. 하나의 학문이 과학이 되기 위해서는 다양한 이론이 축적돼 통일된 체계를 이뤄야 한다. 이론은 현상에 대한 원인을 규명하는 데서 만들어진다. 학자들은 현상을 종속변수(dependent variable), 원인을 독립변수(independent variable)라고 부른다. 독립변수는 주체(Subject), 환경(Environment), 자원(Resources), 메커니즘(Mechanism)이라는 네 가지 범주(category)로 나눌 수 있다.

3. 서울대 인문대학과 미술대학, 미술관은 경영자들에게 인기가 높은 '최고지도자 인문학 과정(Ad Fontes Program)'과 '예술문화 과정(Art and Culture Program)'을 각각 성공적으로 운영하고 있다.

4. 이 설문은 중복답변을 허용했다.

5. https://www.mk.co.kr/news/society/view/2021/02/174591/

6. https://news.sbs.co.kr/news/endPage.do?news_id=N1006224151&plink=ORI&cooper=NAVER&plink=- COPYPASTE&cooper=SBSNEWSEND

7. https://www.mk.co.kr/news/society/view/2021/02/174591/

8. https://www.hankookilbo.com/News/Read/201911271141024223

9. https://www.chosun.com/national/2020/11/20/2Y3WOD4S4JFNZEA43YQ3LIL-7FA/?utm_source=naver&utm_medi- um=referral&utm_campaign=naver-news

10. 이 내용은 부분적으로 조동성(1980, 1992b, 1993a,b, 1995a, 2000a, 2013)에 소개되어 있다.

11. Learned et al., 1965

12. Ansoff, 1965

13. Hax and Majluf, 1991. pp. 2~10의 내용을 수정해서 작성했다.

14. 이러한 차원의 전략의 주요 지지자들은 Gluek (1976)과 Minzberg (1987) 등이다.

15. 이러한 전략개념의 가장 중요한 지지자는 Chandler (1962)이다.

16. Porter, 1980, 1985

17. 전략에 있어서 세 가지 수준을 인정하는 학자들은 다음과 같다. Andrews (1980), Steiner (1977), Vancil and Lorange (1975), Hax and Majluf (1984), Hax (1984)

18. 전략에 있어서 과정학파에 대한 표현은 Bower and Doz (1979)에 나타나 있다.

19. 전략에 대한 공식적-분석적 접근 지지자들은 Ansoff (1984), Lorange (1980), Yavitz and Newman (1982) 등이다.

20. 전략에 대한 권력-행위학파의 주요 지지자들은 Cyert and March (1963), Lindblom (1959), Simon (1976), Wrapp (1984) 등이다.

21. Minzberg, 1976

22. 4S: Specialization(기계 공구의 전문화), Specification(부품의 규격화), Simplification(작업의 단순화), Standardization(제품의 표준화).

23. 경영학부를 가장 먼저 설치한 대학은 University of Pennsylvania의 Wharton School로 1881년, 그 다음으로는 University of Chicago 1898년, University of California, Berkeley 1898년, University of Wisconsin 1900년, Dartmouth College의 Amos Tuck School 1900년, Harvard University 1908년이다.

24. Fordism(Ford의 경영사상을 칭함)을 요약하면 "경영은 대중에 대한 봉사기관(instrument of service)이며 이 봉사는 곧 대중의 생활수준 향상을 의미한다. 그러기 위해서는 저가격, 고임금 원리의 적용으로 대량생산에 따른 염가 양질의 상품을 공급해야 한다. 그리고 기업의 목적이 이윤추구가 있는 게 아니라 봉사 결과로서 이윤이라는 보상을 받는 것이다."라는 것인데 기업의 경영과정에서는 종업원을 인격적으로 대우했다고 볼 수 없는 것 같다.

25. https://aflcio.org/about-us/history

26. 1917년 4월 2일 윌슨이 독일에 대항하여 1차대전에 참전할 것을 요청한 임시국회에서의 연설 중에서 나온 표현으로서 Augle (1961) 참조

27. Historical Statistics, 1945-1960 Main Economic Indicators

28. Ibid

29. Paul, 1979

30. Barnard, 1938

31. Chandler, 1962

32. Rumelt, 1974

33. Barnard (1938), Chandler (1977), Rumelt (1974)

34. Wernerfelt, 1984

35. Sen, 1985

36. Prahalad and Hamel, 1990

37. Teece, Pisano, and Shuen, 1990

38. Panopticism이란 "프랑스 현대철학자 미셸 푸코가 '감시와 처벌'에서 쓴 말로 파놉티콘은 1명의 교도관이 다수의 범죄자를 감시할 수 있는 원형 감옥인 파놉티콘(Panopticon: '모두'를 뜻하는 pan과 '본다'라는 뜻의 opticon 합성어)에서 유래됐다." 출처: 위키백과 https://ko.wikipedia.org/wiki/%ED%8C%8C%EB%86%89%ED%8B%B0%EC%BD%98

39. D'aveni, 2006

40. https://ko.wikipedia.org/wiki/%EC%8A%A4%ED%83%A0%EB%8D%94%EB%93%9C_%EC%98%A4%EC%9D%BC

41. https://en.wikipedia.org/wiki/List_of_largest_oil_and_gas_companies_by_revenue

42. https://en.wikipedia.org/wiki/List_of_manufacturers_by_motor_vehicle_production

43. Subject-Environment-Resource-Mechanism Framework은 제1파트에서, Combination-Permutation-Time Model과 Sequence-Weight Strategic Model은 제2파트에서 소개한다.

44. 2010년대 이후 전통적 대기업들을 대체하면서 전면에 나선 Microsoft, Apple, Google, Facebook, Amazon, Tesla의 두음을 따서 조어를 했다.

45. Google은 Alphabet로 불리기도 한다. Alphabet Inc.는 2015년 10월 2일 Google의 공동 설립자인 래리 페이지, 세르게이 브린이 설립한 미국의 복합 기업이다. Alphabet Inc.에는 Google을 위시해서 Calico, CapitalG, DeepMind, Google Fiber, GV, Sidewalk Labs, Verily, Waymo, Wing, X Development 등 여러 구글 자회사들이 있다. 이 중에서 DeepMind는 2016년 3월 이세돌과 바둑 5번기를 벌인 AlphaGo를 만든 AI 전문기업이다.

46. Alsaedi, 2017

47. 여기서 발표된 논문과 토론 내용은 Schendel and Hofer (1979)에 수록되어 있다.

48. Ansoff, 1979

49. 이 내용은 조동성(2005)에 소개되어 있다.

2장

1. https://en.wikipedia.org/wiki/Ren%C3%A9_Descartes

2. https://en.wikipedia.org/wiki/Isaac_Newton

3. 기원전 4세기 플라톤이 소크라테스 식 대화법으로 저술한 책

4. https://en.wikipedia.org/wiki/Organicism

5. 조동성, 2006

6. SER-M에 대한 초기 모델은 Cho and Lee (1998a), 趙東成(2000)에 소개되어 있다.

7. 포터가 <그림 2.8>에서 사용한 '기업전략, 구조 및 경쟁관계(firm strategy, structure, and rivalry)' 대신 이 책에서는 '경영여건(business context)'이라는 포괄적인 용어를 사용한다.

8. 다이아몬드 모델과 이하 다른 분석모델과의 비교는 문휘창(2006)에서 일부 발췌 및 발전시켰다. 다이아몬드 모델의 구체적인 내용, 이론적 발전 및 실증연구에 관해서는 다른 문헌을 참고. 문휘창(2009), 문휘창 · 박지민(2015), Parc and Moon (2013), Jin and Moon (2006), Moon and Lee (2004), Moon and Parc (2008), Moon and Jung (2010).

9. Peters and Waterman, 1982

10. 고객세분화는 시장세분화(Market Segmentation)이라고 부르기도 한다.

11. Kaplan and Norton, 2007

12. 이와 관련되어 더욱 구체적인 내용은 조동성 · 문휘창(Cho and Moon, 2013a) 참고

13. 자료: 위키피디아 손빈 편

14. 자료: 위키피디아

15. 그림 자료: https://www.google.com/imgres?imgurl=https%3A%2F%2Fmblogthumb-phinf.pstatic.net%2F20120214_142%2Fkmc820807_1329211438369t3uoz_JPEG%2F%25C7%25D0%25C0%25CD%25C1%25F82.jpg%3Ftype%3Dw2&imgrefurl=http%3A%2F%2Fm.blog.naver.com%2Fkmc820807%2F90136195779&tbnid=OAgIjxZqhheh-M&vet=12ahUKEwjH1Ielq6vyAhUK8ZQKHQ5zAzgQMygAegUIARCtAQ..i&docid=fPH3D1S6_h4gWM&w=577&h=309&q=%EC%9D%

B4%EC%88%9C%EC%8B%A0%20%ED%95%99%EC%9D%B5%EC%A7%84&ved=2a-hUKEwjH1Ielq6vyAhUK8ZQKHQ5zAzgQMygAegUIARCtAQ

3장

1. 이 내용은 부분적으로 조동성(1992a, 1999b, 2006a, 2007b, 조동성 · 문휘창(2012), Cho (1994a,b), Cho and Moon(1998, 2000, 2005, 2013a,b, 2020, 2013a), Cho, Moon, and Kim (2008, 2009), Cho, Moon, and Yim (2016)에 소개되어 있다.
2. IMD, 2014 (p. 502)
3. WEF, 2019 (p.13)
4. The Council on Competitiveness was founded in 1986 by the Chairman of President Ronald Reagan.
5. Cho, 1994
6. 출처: 국가기록원, "기록으로 만나는 대한민국", https://theme.archives.go.kr/next/koreaOfRe- cord/pohangJecheol.do
7. https://namu.wiki/w/%ED%8F%AC%EC%8A%A4%EC%BD%94
8. 월간조선 뉴스룸 2011. 1. http://monthly.chosun.com/client/news/viw.asp?n-NewsNumb=201101100076
9. https://ko.wikipedia.org/wiki/%EB%B0%95%ED%83%9C%EC%A4%80_(1927%EB%85%84) (위키백과 박태준 편), https://www.instiz.net/pt/831822
10. Porter and the Monitor Company, 1991
11. 러그만과 포터, 그리고 다른 학자들간의 다이아몬드 모델에 대한 논쟁은 조동성 · 문휘창(Cho and Moon, 2013a, Chapter 4) 참고
12. 더블다이아몬드 모델에 관한 구체적인 내용은 다음 문헌을 참고. Moon, Rugman, and Verbeke (1995, 1998), Moon (2016b, 2018), Moon and Lee (1995), Moon and Kim (1999), 문휘창 · 박지민 (2015), 문휘창 (1998). 이를 더욱 발전시켜 Global Value Chain과 연결시킨 연구는 다음 문헌들을 참고. Moon (2008, 2022), Yin and Moon (2022), 문휘창 · 김민영 (2004, 2006). 특히 문화관련 연구는 다음 문헌을 참고. Moon (1999, 2019), Parc and Moon (2019), Moon and Kim (2006), Moon and Choi (2001), Halper and Moon (1990), Lee, Moon, and Yin (2020), Lee and Moon (2020), Moon, Lee, and Yin (2015), 문휘창 (2005).
13. Porter(1986)는 새로운 국제화 모델을 소개하였다. 이를 발전시키고 현실에 적용시킨 내용에 관해서는 다음 문헌들은 참고. Moon and Kim (2008), Moon (1994, 1999, 2022), Moon, Hur, Yin, and Helm (2014), Moon, Parc, Yim, and Yin (2013), Moon and Geddis (2009), Moon, Geddis, and Kim (2009), Moon and Yu (2004),

Kim and Moon (2000), Moon and Peery (1995, 1997), Moon and Goodrich (1995, 1996). Porter의 본원적 전략에 관한 구체적인 내용 및 발전에 관한 연구는 다음 문헌을 참고. Moon (1993).

14. 포터의 국제화 모델을 더욱 발전시키고 해외직접투자 이론에 연결시킨 연구는 다음 문헌들을 참고. Moon and Roehl (1993, 2001), Moon (2004a,b, 2005, 2007, 2011, 2016a), Moon and Yim (2013, 2014), Moon and Kwon (2010), 문휘창 (1997, 1999, 2002, 2007), 이를 현실에 적용한 구체적인 사례 및 실증분석에 관한 연구는 다음 문헌들을 참고. Moon and Yin (2020a,b,c,d,e), Yin, Moon, and Lee (2019), Moon and Yin (2015), Moon, Cheng, Kim, and Kim (2011), Lim and Moon (2001), 문휘창 · 박지민 (2014), 문휘창 · 정진섭 (2007a,b, 2008a,b, 2010), 문휘창 · 조대우 (1990). 특히 FDI와 기술 및 경제정책 관련 분야는 다음 문헌을 참고. Moon (2000, 2016a), Zheng, Jiao, Gu, Moon, and Yin (2021), Moon and Moon (2002), Moon and Bark (2001, 2002), Moon and Lee (2020), Moon, Kim, and Lee (2003). Moon and Roehl (2001), Moon and Yin (2020b).
15. Cho and Moon, 2013a,b
16. Cho and Moon, 2021
17. Cho and Moon, 2013b; Cho, Moon, and Kim, 2009; Cho, Moon, and Yin, 2016; 조동성 · 문휘창, 2012

4장

1. 2014년 7월 5일 서울대학교 경영대학 수펙스홀에서 열린 메커니즘경영학회 창립총회 기념강연
2. Mathew and Cho (1999, 2000), 赵东成 · 约翰 · 马修斯(2009)
3. 저자(조동성)가 진행한 피터 드러커 등 세계 석학들과의 대담은 조동성 등(1994)에 수록되어 있다.
4. 이 내용도 부분적으로 조동성(2006c, 2014), Cho and Kim (2013), Cho and Ku (2017, 2011)에 소개되어 있다.
5. Cho and Chang (2005)의 내용 중 일부를 수록
6. 기계론(Mechanical Theory)은 세계는 그 자신의 의지로써 신이 정한 목적의 실현을 향해 움직인다고 생각하는 목적론이나, 세계의 근저에 있는 것은 힘이라고 생각하는 역본설(力本說, Dynamism)과 반대로 모든 현상은 원인 · 결과의 역학적 인과관계로 해명할 수 있다고 생각하는 사상을 말한다.
7. 기계론적 세계관이란 모든 현상의 원인과 결과가 명백하여 해명할 수 있다고 생각하는 사상으로, 세상을 구성하는 최소한의 단위까지 분석할 수 있다면 세상의 움직임을 완벽하게 이해할 수 있다고 본다.

8. https://www.investmentoffice.com/Observations/Capital_Markets/General_Electric_The_Fall- en_Giant.html
9. https://companiesmarketcap.com/general-electric/marketcap/
10. https://www.blackrock.com/corporate/investor-relations/larry-fink-ceo-letter
11. 종속변수를 설명하는 회귀방정식에서 매개변수를 도입함으로써 독립변수를 제외할 수 있으면 완전매개변수(full mediating variable), 독립변수와 매개변수가 함께 포함되면 부분매개변수(partial mediating variable)이다.
12. 조동성(2005), 서울대학교 메커니즘 연구회 working paper series의 내용을 바탕으로 작성했으며, 4장 2절에 자세한 내용을 기재했다.
13. 이 절은 조동성(2005), 서울대학교 메커니즘 연구회 working paper series의 내용을 발췌, 요약하여 번역했다.
14. Barney, 1991
15. Barney, 1995
16. VRIO framework라는 표현을 정식으로 쓴 것은 Barney (1997)이다.
17. Kreps, 1990
18. Amit and Shoemaker, 1993
19. 자원의 종류를 물리적 자원, 인적자원, 조직자원으로 나눌 때(Barney, 1991), 공장, 원재료, 자금 등 물리적 자원은 파악하기 쉬운 반면, 개인에 체화된 기술이나 경험 같은 인적자원과 계획, 조정, 통제 등과 같은 조직자원은 상대적으로 파악하기 어렵다.
20. Williams, 1992
21. Hannan and Freeman, 1984
22. 자세한 내용은 Schumpeter (1942) 및 Hannan and Carrol (1992)을 참조
23. 기업 경영에서 최고경영층의 역할이 가장 중요하다고 강조하는 이론
24. Chang, 1992
25. 자세한 내용은 Rumelt (1974), Bettis and Hall (1982), Montgomery and Singh (1984), Singh and Montgomery (1987)를 참고
26. Cho and Lee, 1998
27. Chattejee and Wernerfelt, 1991
28. 전통적인 다각화 연구와 달리 자원을 활용하거나(관련다각화) 새로운 자원을 습득하는(비관련다각화) 과정으로 다각화 현상을 설명하는 이론들이 등장하고 있다(Chang, 1992). 이들 연구는 기업의 행동원리로써 다각화를 다루고 있다는 점에서 메커니즘 패러다임과 유사한 연구방향을 제시하고 있다.
29. Cho and Lee, 1994

30. 자세한 내용은 Johnson (1984), Okimoto (1989), Thompson (1989)를 참고

31. Cho, Lee, Ryu, Cho, and Kim, 1996

5장

1. 이 내용은 부분적으로 조동성(1997a, 1999a), 조동성 등(1990, 1991, 1992, 1993, 1999), Cho (1989a, 1989b, 1999, 2002)에 소개되어 있다.
2. https://en.yna.co.kr/view/AEN20210622007400320
3. 이 내용은 부분적으로 조동성(1983, 1986, 1989), Cho (1984c, 1984d, 1984e, 1985, 1987)에 소개되어 있다.
4. 미국을 대표한 페리 제독과 일본 정부간의 정식 협정인 가나가와 조약(Convention of Kanagawa)은 1854년 3월 31일 체결되었다.
5. 조동성, 2006c
6. Ibid
7. 이 사례는 '대학을 버려야 대학이 산다: 아무도 몰랐던 인천대 혁신이야기 II' (인천대학교 가족 178명 공저, 한빛아카데미, 2020)의 '들어가며'와 '현장중심경영을 위한 혁신 프로젝트의 조합과 순열'을 수정 요약한 것이다.
8. 이 행사는 COVID-19 사태로 인해 취소되었다.
9. 이 책은 *Innovation of Higher Education: Change-makers at Incheon National University*(Cho, et. al., Seoul: Seoul Selection, 2020)란 제목으로 출판되었다.
10. WURI Ranking은 "World's Universities with Real Impact Ranking"이라는 대학의 혁신성을 평가하는 랭킹의 "Global Top 100 Innovative Universities"리스트에서 2020년에 35위, 2021년에 26위를 했다. https://www.wuri.world/global-top-100-innovative-universities-2020 and https://www.wuri.world/global-top-100-innovative-2021
11. https://www.wuri.world/top-50-industrial-application-2020
12. https://www.wuri.world/top-50-ethical-value-2020
13. https://www.wuri.world/top-50-student-mobility-and-opennes-2020
14. "대학이 혁신해야 나라가 산다: 재미있는 국립인천대학교 혁신이야기 I", 인천대학교 가족 102명 공저, 서울셀렉션, 2020.
15. "대학을 버려야 대학이 산다: 아무도 몰랐던 인천대 혁신이야기 II", 인천대 학교 가족 178명 공저, 한빛아카데미, 2020.
16. *Innovation of Higher Education: Change-makers at Incheon National University*, Cho, et. al., Seoul: Seoul Selection, 2020.
17. 'INU 교직원 실무영어'는 정식으로 출판되지 않았고 내부참고용 자료로 제작되었다. 제작시기는 2020년, 저자는 행정영어TF팀이다.

6장

1. 여기서는 출사표에서 일부분만 발췌했음.
2. 유비(劉備, 161~223)
3. 환경(Environment)을 자기 마음대로 해석해서 주어진 권한 밖의 전략을 사용한 마속(馬謖)은 결국 군법에 따라 제갈량에게 처형을 당한다(읍참마속/泣斬馬謖).
4. 당시 한달월급이 약15원으로 30,000원은 166년 일해야되는 돈이었다고 한다. 그 당시 15원을 2021년 기준 최저임금 8,720원으로 209시간을 근무할 때 한달 월급인 1,822,480원으로 환산하면 약 36.4억 원에 해당한다. https://ko.wikipedia.org/wiki/%EC%9D%B4%EB%B3%91%EC%B2%A0 (위키백과 이병철 편)
5. https://namu.wiki/w/%EC%A1%B0%ED%99%8D%EC%A0%9C (나무위키 조홍제 편)
6. 이 내용은 조동성(1997b, 2003, 2006b, 2011a, 2012), 조동성 · 김보영 · 최세영(2020), 조동성 · 최세영(2017), Cho (2002, 2004, 2007, 2011), 赵东成 · 吴立丽(2009)에 소개되어 있다.
7. 이 내용은 조동성 · 강경원(2020), 조동성 · 강상미(2020)에 소개되어 있다.
8. 이 내용은 조동성 · 신철호(1996), 조동성 · 신철호 · 조형기(1996)에, 그리고 혁신 적용사례는 Cho, Choi, Sung, and Lee (2011), Cho, Sung, and Choi (2011), Cho, Werder, and Talaulicar (2000)에 소개되어 있다.
9. 이 내용은 부분적으로 조동성(2007a, 2011b), 조동성 등(1992), 조동성 · 문휘창(2014), Cho, Moon, and Kim (2018)에 소개되어 있다.
10. 이 글은 2021년 7월 9일 매일경제신문에 게재되었다. '대학의 사회적 책임'에 관해서는 조동성-문휘창(2014) 참고. 일반적인 CSR 및 CSV의 발전 및 현실에의 적용에 관련된 문헌은 다음을 참고. Moon and Parc (2019), Moon and Lee (2014), Moon, Parc, Yim, and Park (2011), 문휘창(2012).
11. 이에 관련된 연구를 Cho and Kim (2006, 2013)을 들 수 있다.
12. 원래 '밑 줄'이라는 뜻의 '바텀라인(Bottom line)'이란 표현은 경제에 해당하는 손익계산서의 제일 밑 줄에 있는 '세후순이익' 이란 최종적 가치를 뜻한다. 따라서 트리플 바텀 라인은 사회, 환경에서도 경제에서와 같은 손익분계산서를 만들게 되면 제일 밑 줄에 있는 최종적 가치를 높여서 세가지 분야의 최종적 가치를 따져야 한다는 의미이다.
13. 지속경영 관련 연구의 예로서 Cho, Chung, and Youn (2012), Cho, Roh, Koo, and Youn (2014)를 들 수 있다.
14. "[TCFD 첫걸음]기업이 직면한 기후변화 리스크와 기회 정량화", 한경 ESG, July 22, 2021, https://www.hankyung.com/ economy/article/202106255884i
15. "한국거래소, ESG 정보공개 가이던스 제정", 법률신문 법무법인 지평, January 20, 2021, https://www.lawtimes.co.kr/Legal-News/Legal-News-View?serial=167475

16. 윤경포럼의 명칭은 윤경지속경영포럼(BEST Sustainability Management Forum)으로 바뀌었다가, 2021년 윤경 ESG 포럼으로 바뀌었다.

7장

1. 이 내용은 Cho (1997)에 소개되어 있다.
2. 이 책에서 주체(Subject: S)로 표현하는 지도자는 기업의 최고경영자 외에, 국가를 대표하는 대통령일 수도 있고, 대학의 총장, 병원의 원장일 수도 있다. 동창회 회장도, 가정의 가장도 모두 주체다. 스포츠 팀의 감독은 아마도 현대 사회에서 가장 대표적인 지도자일 듯 하다. 2002년 월드컵에서 한국 대표팀을 4등에 올려놓은 히딩크(Guus Hiddink, 1946~)는 당시 가장 인기가 높은 지도자였다. 히딩크의 리더십에 대한 내용은 조동성 등(2002a, 2002b)에 소개되어 있다.
3. 최고경영자를 영어로는 top manager보다는 이미 우리나라에서도 일상용어로 정립된 CEO, 즉 최고집행관(Chief Executive Officer)이라고 표현하는 것이 보통이다. 또 외부적으로 기업을 대표하는 CEO와 내부적으로 기업운영을 책임지는 COO(Chief Operating Officer)로 나누어 부르기도 한다. 한국 기업에서는 회장을 CEO, 사장을 COO로 부르기도 한다.
4. 스티브 잡스가 2005년 미국 스탠포드 졸업식 연설에서 했던 말로, 1970년대 스튜어트 브랜드가 쓴 '지구 백과' 뒤쪽 표지에 있던 글을 스티브잡스가 인용했다.
5. 제프 베이조스가 1982년 6월 플로리다 주 마이아미에 있는 Palmetto High School에서 한 졸업연설은 다음과 같다. "I want to build space hotels, amusement parks, yachts and colonies for two or three million people orbiting around the earth. The whole idea is to preserve the earth, (and my) final objective is to get all people off the earth and see it turned into a huge national park."
6. 이 내용은 부분적으로 조동성 등(1994), 조동성(1998, 1999c), 조동성 · 자본주의 5.0 연구회(2016), Cho (1984a,b, 1991, 1992), Cho, Hyun, and Lee (2007), Cho, Lee, Ryu, Cho, and Kim (1996), Cho and Park (2007), Cho, Suhand Yi (2005), Sakakibara and Cho (2002)에 소개되어 있다.
7. 자세한 내용은 Cho (1992) 참고
8. https://taxfoundation.org/biden-corporate-income/
9. '일본주식회사'는 일본이 1970년대에서부터 1980년대에 이르는 기간 동안 정부 관료와 기업들이 동맹하여 해외 기업들을 표적으로 불공정 거래 정책을 시행했다는 서구의 인식을 반영하는 표현이다. 출처: https://blog.naver.com/jc- mms/222172934062
10. 이 내용은 Cho and Lee (1998b), Dyer, Cho and Chu (1998)에 소개되어 있다.
11. 이 내용은 Cho and Chu (1994)에 소개되어 있다.

12. https://blog.naver.com/kma450815/222236137160
13. 출처: https://www.sedaily.com/NewsVIew/22LAAPVKZG
14. https://ourworldindata.org/
15. 글로벌 뉴스 미디어 채널 데일리포스트(http://www.thedailypost.kr)
16. https://www.chosun.com/national/2021/01/04/SQAB3WDGVREEXFWEFQ5BUM4XAE/
17. UNCTAD는 단순한 지원이 아닌 무역을 통해 개발도상국을 발전 · 개발시키기 위한 목적으로 창설된 유엔 상설기구다. 아시아 · 아프리카 등 주로 개도국이 포함된 그룹 A와 선진국 그룹 B, 중남미 국가가 포함된 그룹 C, 러시아 · 동국권 그룹 D 등 4개 그룹으로 구성된다. 그룹 B에는 유럽과 북미를 중심으로 구성돼 있었으며 아시아 국가는 일본이 유일했다. 그러나 이번 지위변경으로 B그룹의 회원국은 31개국에서 32개국으로 늘어났다. (출처: https://www.edaily.co.kr/news/read?newsId=01092246629111568&-mediaCodeNo=257)

8장

1. 엔론의 케네스 레이(Kenneth Lay) 회장은 45년의 징역형을 받을 예정이었으나, 형이 확정되지 않은 채 2004년 사망했다.
2. 여기에서 쓰이는 '사업'은 제품단위 사업을 뜻하는 것으로 '제품'과 같은 의미로 사용된다.
3. Hax and Majluf, 1984 또는 1991, p. 193
4. Hax and Majluf, 1984 또는 1991, pp. 188-192
5. Porter, 1996
6. 이 부분은 문휘창(2013)을 기본으로 WS 모델을 적용하여 발전시켰다.
7. 구체적인 내용은 문휘창(Moon, 2018, Introduction) 참고
8. 구체적인 내용은 문휘창(Moon, 2018) 참고. 손자병법에 관한 요약본은 文輝昌, 李瑞國(2021)
9. <손자병법>은 또한 ABCD 전략, 즉 민첩성(Agility), 밴치마킹(Benchmarking), 융합(Convergence) 및 전념(Dedication) 전략으로도 구분하여 분석할 수 있는데 ABCD 전략에 대한 자세한 설명은 다음 문헌을 참고. Moon (2016b,c), Moon and Yin (2020a), 문휘창 (2012, 2016b,c), 文輝昌 (2020). 특정분야의 구체적인 사례연구에 관한 문헌은 다음을 참고. Remy and Moon (2015), 문휘창 · 박지민 · 윤문연 (2012).

9장

1. 이 논문의 실린 사례의 출발점은 산업정책연구원 이동현 연구원이 산업정책연구원 조동성 이사장과 서울과학종합대학원 김보영 교수의 도움을 받아 작성하여 AI Odyssey에 실린 사례 'GE의 디지털 전환'이다. 이 논문의 일부를 발췌했다.
2. 이 내용은 부분적으로 조동성 (1985, 1997c), 조동성, 김병순(1984), Cho (1984e), Cho and Chang (2007), Cho, Choi, and Kwon (2007), Cho, Choi, and Yi (1994), Cho, Hyun and Lee (2007), Cho, Kang, and Ko (2018), Cho, Kim, and Rhee (1998), Cho, Lee, and Yang (514), Cho and Park (1997), Cho and Porter (1987), Cho, Roh, Moon, and Lee (2013), 趙東成(1991)에 소개되어 있다.
3. 앤소프는 기존시장의 심화 전략, 제품 개발 전략, 시장 개척 전략을 확장(expansion) 전략으로 보아 다각화(diversification) 전략과는 다른 차원의 기업 성장 형태로 구분했다.
4. Ansoff, 1965, 1979, 1984, pp. 127-128 참고.
5. Rumelt, 1974
6. 조동성, 1995c
7. Porter, 1987
8. 제4장에서 설명한 바와 같이 기업의 전략에는 수준에 따라 기업 전체전략, 사업전략, 기능별 전략이 있다.
9. Porter, 1985.
10. 값싼 컴퓨터가 널리 보급되면서 범용 컴퓨터를 공동으로 사용해야 하는 일이 줄어든 반면 컴퓨터 기술이 정보공유의 기회를 창출해 내는 경향은 더욱 확산되고 있다.

에필로그

1. 명지대학교 예술체육대학장을 지낸 김정명 교수, 순천향대학교 경영대학장을 지낸 표정호 교수, 울산대학교 경영대학장을 지낸 허영도 교수, 서울과학종합대학원 김문수 부총장, 김성민 교수에게 감사드린다.
2. 테슬라 창업자 일론 머스크는 뉴럴링크(Neuralink)라는 회사를 설립하여 2017년부터 인간의 뇌에 삽입할 수 있는 초소형 인공지능 컴퓨터 '뉴럴 레이스(Neural Lace)'에 대한 연구를 하고 있다. http://it. chosun. com/site/data/html_dir/2017/04/24/2017042485010.html
3. 오늘날은 인문학, 사회과학, 자연과학을 융합적으로 받아들여야 보다 체계적이고 포괄적인 예측을 할 수 있다. 이미 사회과학과 자연과학 간에는 경계가 많이 사라졌다. 공학 분야보다 더 높은 수준의 수학을 사용하는 경제학과 경영학은 물론이고, 뇌과학을

적극적으로 받아들인 심리학은 더 이상 사회과학이 아니다. 인문학과 사회과학, 자연과학 간의 경계도 많이 허물어져서 이제 인문학만으로 인간을 이해하는 시대는 지났다. 이러한 새로운 시대를 맞아 인문학의 의미를 재해석하고 경계를 확장하여 인문학을 새롭게 해석할 필요가 있을 듯하다.
특히 사람들이 모여 사는 사회가 상대적으로 단순하고, 자연의 위협을 수동적으로 막아내는 것에 급급하던 과거에는 자연에 대한 외경심을 감탄사로 뿜어내는 인문학이 전부였다. 그러나 오늘날 사회가 복잡해지고 자연을 정복해 나가는 시대에는 인문학이 보다 정교한 사회과학, 자연과학적 접근을 포용해야 한다.

참고문헌

한국어 문헌

- 문휘창, “국제경쟁력의 비교, 분석을 위한 일반화된 더블 다이아몬드 모델 접근법”, 국제지역연구, 1998, 7(1): 1-16.
- 문휘창, “해외 직접투자의 새로운 형태를 설명하는 새로운 접근법”, 국제지역연구, 1999, 8(2): 1-20.
- 문휘창, “해외직접투자 동기, 글로벌 조정 및 진입유형을 설명하는 새로운 이론: 한국기업의 실증분석을 위한 불균형 접근법”, 국제지역연구, 2002, 11(4): 1-20.
- 문휘창, “동아시아 문화와 경쟁력과의 관계: 한국, 일본, 중국의 비교연구”, 국제지역연구, 2005, 14(1): 1-19.
- 문휘창, 묘수와 정수, 크레듀 출판사, 2006.
- 문휘창, “한국기업의 해외직접투자가 한국기업 및 한국경제에 미치는 영향 - 다양한 투자동기를 포함하는 종합적 접근법”, 국제경영리뷰, 2007, 11(1): 115-139.
- 문휘창, 마이클 포터의 국가경쟁우위 (번역), 21세기 북스, 2009년 1월.
- 문휘창, Good to Smart, 레인메이커 (동아일보 출판사), 2012년 3월.
- 문휘창, K-전략, 미래의 창, 2012년 12월.
- 문휘창, “전략의 신, 경영의 대가와 만나다”, 동아비즈니스리뷰, 2013년 8월, Issue 1 (134호).
- 문휘창, “한국경제의 성공전략: 혁신성장과 실리콘밸리의 교훈”, 국제지역연구, 2017, 26(3): 1-33.
- 문휘창 · 김민영, “중심지 이론을 통한 다국적 기업의 해외진출 패턴 분석”, 국제지역연구, 2004, 8(3): 121-144.
- 문휘창 · 김민영, “한국과 BRICs의 협력과 경쟁”, 국제통상연구, 2006, 11(2): 69-94.
- 문휘창 · 박지민, “해외직접투자의 경제적효과: 삼성전자 휴대폰 부문 사례를 중심으로”, *Korea Business Review (KBR)*, 2014, 18(3): 125-145.
- 문휘창 · 박지민, “경영전략과 군사전략의 비교연구: 포터리언(Porterian) 관점에서 본 최

근의 자동차산업과 일본 전국시대에 대한 사례 비교분석", 연세경영연구, 2015, 52(1): 1-20.

- 문휘창 · 박지민 · 윤문연, "국가운영체제의 형태와 새로운 경제발전모델: 한국경제발전 사례", 국제지역연구, 2012, 21(2): 1-30.
- 문휘창 · 정진섭, "투자촉진기구(IPA)의 전략과 평가제도", 무역학회지, 2007a, 32(5): 293-322.
- 문휘창 · 정진섭, "문화와 경제적 성과의 경제발전 단계에 따른 전략적 고찰: OUI 모델과 실증분석", 국제경영연구, 2007b, 18(1): 105-126.
- 문휘창 · 정진섭, "클러스터 진화의 단계적 고찰과 새로운 글로벌 연계 클러스터의 생성", 경영사학, 2008a, 23(1): 77-104.
- 문휘창 · 정진섭, "한-미 FTA와 한국의 FDI 유치전략", 한구무역학회지, 2008b, 33(3): 185-216.
- 문휘창 · 정진섭, "외국인직접투자의 경제적 효과 – 한국의 사례를 중심으로", 기업경영연구, 2010, 17(2): 133-156.
- 문휘창 · 조대우, "전통적 해외직접투자이론의 확장을 위한 연구", 국제경영연구 1990, 4월: pp. 107-134.
- 조동성, 경영정책과 장기전략계획, 영지문화사, 1980.
- 조동성, 국제경영학, 경문사, 1985.
- 조동성, 이제는 전략경영시대, 민음사, 1993a.
- 조동성, 장기전략계획, 한국경제신문사, 1993b.
- 조동성, 한일 산업정책 비교연구 I, II, IBS 프레스, 1994.
- 조동성, 21세기 경영 패러다임, 민음사, 1995a.
- 조동성, 한국반도체의 신화: 미일에 도전한 한국기업의 성공, 비룡소, 1995b.
- 조동성, 한국경제연구원, 한국의 기업집단, 한국경제연구원, 1995c.
- 조동성, 기업의 환경창조 메커니즘, IBS 프레스, 1997a.
- 조동성, 21세기를 위한 국제경영, 서울경제경영, 1997b.
- 조동성, 구조조정 이렇게 하라, 서울경제경영, 1998.
- 조동성, SK그룹의 SUPEX: 최종현 경영학, 서울경제경영, 1999a.
- 조동성, 강한 기업 강한 국가 어떻게 만들 것인가, 대한상공회의소, 1999b.
- 조동성, 한국경제 더 물러설 수 없다, 한국경제신문사, 1999c.
- 조동성, 미래의 경영, 21세기북스, 2000a.
- 조동성, 21세기를 위한 경영학, 서울경제경영, 2000b.
- 조동성, E-비지니스, E-전략, 한국경제신문사, 2002.
- 조동성, 디자인혁명, 디자인경영, 디자인네트, 2003.

- 조동성, 유한킴벌리-세계가 배우는 한국기업의 희망, 한스미디어, 2005a.
- 조동성, "Antithesis to Barney's Definition of Resources", working paper, 서울대 메커니즘 연구회, 2005b.
- 조동성, 국가경쟁력, 한국경제신문사, 2006a.
- 조동성, 21세기 르네상스 시대의 디자인혁명, 한스미디어, 2006b.
- 조동성, 제4의 전략패러다임: M경영, 한스미디어, 2006c.
- 조동성, 지속가능경영, 서울경제경영, 2007a.
- 조동성, 한국의 국가경쟁력, 세계 5위 가능하다, 한국선진화포럼, 2007b.
- 조동성, 교육으로 미래를 그리다, 아이웰, 2010.
- 조동성, 디자인과 경영전략, 아이웰, 2011a.
- 조동성, 지속경영: 이론과 실천, 서울경제경영, 2011b.
- 조동성, 디자인이론, 디자인경영, 경영디자인, 서울경제경영, 2012.
- 조동성, 조동성 전략경영, 서울경제경영, 2013.
- 조동성, 메커니즘기반관점: 통합적경영을 위한 새로운 전략패러다임, 서울경제경영, 2014.
- 조동성, "메커니즘기반경영", 메커니즘경영학회 창립총회 기념강연, 서울대학교 경영대학, 2014.7.5.
- 조동성, 성공하는 CEO는 디자이너다, 서울경제경영, 2015.
- 조동성, "2020년의 키워드, 인공지능(AI)", 매일경제TV, 2020.12.26.
- 조동성, "AI시대에, 경영학 박사만 경영대 교수 돼야 하나", 동아비즈니스리뷰, 2021.4. Issue 1, No. 318.
- 조동성 등, 세계 석학에게 듣는다, 사회평론, 1994.
- 조동성 등, CEO가 본 CEO 히딩크, 백년사랑, 2002 a.
- 조동성 등, 경영학자가 본 경영자 히딩크, 백년사랑, 2002 b.
- 조동성 등, 재미있는 경영이야기 IV: 국제화로 성공한 기업들, UCG 프레스, 1993.
- 조동성 등, 재미있는 경영이야기 V, 서울경제경영, 1999.
- 조동성 · 강경원 등, 대학이 혁신해야 나라가 산다: 재미있는 국립인천대학교 혁신이야기 I, 서울실렉션, 2020.
- 조동성 외 인천대학교 가족 178명, 대학을 버려야 대학이 산다: 아무도 몰랐던 인천대 혁신이야기 II, 한빛아카데미, 2020.
- 조동성 · 김보영, 최세영 공저, 크리에이티브 솔류션: 창조의 벽을 뛰어넘는 방법, 지식 플랫폼, 2020.
- 조동성 · 김성민, 장미와 찔레, 아이웰, 2007.
- 조동성 · 김성민, 장미와 찔레, 2편, 아이웰, 2014.
- 조동성 · 문휘창, IPS 국가경쟁력 연구, 서울경제경영출판사, 2012.

- 조동성 · 문휘창, 대학의 사회적 책임: 나눔의 이론과 실천, 서울경제경영, 2014.
- 조동성 · 신철호, 14가지 경영혁신기법의 통합 모델, IBS 프레스, 1996.
- 조동성 · 신철호 · 조형기, 전략평가시스템, IBS 프레스, 1996.
- 조동성 · 이동현, 디자인, 디자인산업, 디자인정책, 디자인하우스, 1996.
- 조동성, 자본주의 5.0 연구회, 자본주의5.0: 공유가치 창출을 위한 클러스터 중심 자본주의, 위클리비즈북스, 2016.
- 조동성 · 최세영, 4FACT: 패러다임을 바꾸는 네 가지 창조적 전략, 안그라픽스, 2017.

영어 문헌

- Alsaedi, R., "Business Policy and Strategy", *International Journal of Sciences: Basic and Applied Research* (Print & Online), 2017.
- Amit, R. and P. Schoemaker, "Strategic Asset and Organizational Rent", *Strategic Management Journal*, 1993, 14(1).
- Andrews, K.R., *The Concept of Strategy*, Homewood: Richard D. Irwin, 1980.
- Ansoff, I., *Corporate Strategy: An Analytic Approach to Business Policy for Growth and Expansion*, McGraw-Hill, 1965.
- Ansoff, I., *From Strategic Planning to Strategic Management*, New York: Willey and Sons, 1979.
- Ansoff, I., *Implementing Strategic Management*, NJ: Prentice Hall, 1984.
- Augle, P. M., *The American Reader*, New York: Fawcett World Library, 1961, pp.129-135.
- Bajwa, A., "Traditional AI vs. Modern AI: The Evolution of Artificial Intelligence and the New Wave of Future AI", *Towards Data Science*, Dec 6, 2019.
- Barnard, C., *The Functions of the Executive*, Cambridge, MA: Harvard University Press, 1938.
- Barney, J., "Firm Resources and Sustained Competitive Advantage", *Journal of Management*, 1991, 17(March): 99-120.
- Barney, J., "Looking Inside for Competitive Advantage", *Academy of Management Executive*, 1995, 9(4): 49-61.
- Barney, J., *Gaining and Sustaining Competitive Advantage*, Addison-Wesley Publishing Company, 1997.
- Bettis, R.A. and W.K. Hall, "Diversification Strategy, Accounting Determined Risk and Accounting Determined Return", *Academy of Management Journal*, 1982, 25(2).
- Bowen, H.R., *The Social Responsibilities of the Businessman*, Iowa City: Iowa University Press, 1953.

- Bower, J.L. and Y. Doz, "Strategy Formulation: A Social and Political Process", in C.W. Hofer and D. Schendel (eds.), *Strategic Management: A New View of Business Policy and Planning*, MA: Little Brown and Co., 1979.
- Chandler, A.D., *Strategy and Structure: Chapters in the History of American Industrial Enterprise*, MA: MIT Press, 1962.
- Chandler, A.D., *The Visible Hand: The Managerial Revolution in American Business*, MA: Harvard University Press, 1977.
- Chang, S.J., "A Knowledge Based Perspective on Corporate Growth: Entry, Exit and Economic Performance During 1981-89", *Unpublished Doctoral Dissertation*, University of Pennsylvania, 1992.
- Chattejee, S. and B. Wernerfelt, 'The Link Between Resources and Type of Diversification: Theory and Evidence,' Strategic Management Journal, 12-1, January 1991, PP 33-48.
- Cho, D.S., "From Unilateral Asymmetry to Bilateral Symmetry: Retrospect of the Economic Relationship between Korea and the United States 1882-1981", in Young-Nok Koo and Dae-Sook Suh (eds.), *Korea and the United States: A Century of Cooperation*, University of Hawaii Press, 1984a.
- Cho, D.S., "Incentives and Restraints: Changing Government Roles in Bilateral Direct Investment Between Korea and the United States: From Patron to Partner", in K. Moskowitz (ed.), *The U.S.-Korean Economic and Business Relationship*, Lexington Books, 1984a.
- Cho, D.S., "The Anatomy of the Korean General Trading Company", *Journal of Business Research*, 1984c. 12(2): 241-255.
- Cho, D.S., "Diversification Strategies of the General Trading Company and the Multinational Corporation", *Working Paper* 9-785-005, Division of Research, Harvard Business School, July 1984d.
- Cho, D.S., "Shipbuilding Industry: Trends, Characteristics, and Global Competition", *V.R.F. Series*, No. 111, Institute of Developing Economies, Tokyo, Japan, July 1984e.
- Cho, D.S., "The Sogo-Shosha Transplanted", *Euro-Asia Business Review*, July 1985, 4(3).
- Cho, D.S., *The General Trading Company: Concept and Strategy*, Lanham, MD: Lexington Books, 1987.
- Cho, D.S., "'Daewoo Group', Management Behind Industrialization", in D.K. Kim and L. Kim (eds.), *Readings in Korean Business*, Seoul: Korea University Press, 1989a.
- Cho, D.S., "Gold Star Co. Ltd., Management Behind Industrialization", in D.K. Kim and L. Kim (eds.), *Readings in Korean Business*, Seoul: Korea University Press, 1989b.

- Cho, D.S., "Managing by Patriarchal Authority in Korea", in J. Putti (ed.), *Management: Asian Context*, Mcgraw-Hill Book Co., 1991.
- Cho, D.S., "From Subsidizer to Regulator - The Changing Role of Korean Government", *Long Range Planning*, 1992, 25(6): 48-55.
- Cho, D.S., "A Dynamic Approach to International Competitiveness: The Case of Korea", *Journal of Far Eastern Business* 1994, 1(1): 17-36.
- Cho, D.S., "What Can We Learn from Sun-Tzu's Art of War?-China's Ancient Military Strategy vs. Modern Business Strategy", *Seoul Journal of Business*, 3(1), Fall 1997.
- Cho, D.S., "From National Competitiveness to Bloc and Global Competitiveness", *Business Review*, 8(1), 1998.
- Cho, D.S., "The Mechanism for Industry Leadership: Seven Cases of Korea's Environment-Creating Companies", *International Studies of Management and Organization*, 1999, 28(4).
- Cho, D.S., "The Environment Creating Mechanism of a Firm: Sony and Samsung", in M. Lynskey and S. Yonekura (eds.), *Entrepreneurship and Organization: The Role of Entrepreneur in Organizational Innovation*, Oxford University Press, London, July 2002.
- Cho, D.S., "Design, Economic Development, and National Policy: Lessons from Korea", *Design Management Review*, Fall 2004, 15(4).
- Cho, D.S., "Four Phases of Design Revolution: Expansion of the Design Domain and Development of the Design Theory", in M. Avital (ed.), *Designing Information and Organizations with a Positive Lens*, Elsevier Science, January 2007.
- Cho, D.S., *Design Management, Management Design*, Seoul: SNU Press, 2011.
- Cho, D.S., *Innovation of Higher Education: Change-makers at Incheon National University*, Seoul: Seoul Selection, 2020a.
- Cho, D.S., "Focused Research University and Matrix College: Incheon National University's strategies based on combination and permutation", Chapter 6 in P. Kresl (ed.), *Towards a Competitive, Sustainable Modern City*, 17 Nov 2020b.
- Cho, D.S. and K.Y. Chang, "Sustainable Management of Korean Firms: A Case Study of Yuhan-Kimberly and Its Implications for Latin American Firms", in R. Grosse and L. Mesquita (eds.), *Can Latin American Firms Compete?* Oxford University Press, July, 2007.
- Cho, D.S., Y.J. Choi, and K.H. Kwon, "Subsidiary's External Networkability as a Source of Competitive Advantage", *Journal of Korea Trade*, May, 2007, 11(1).
- Cho, D.S., J.A. Choi, and Y.J. Yi, "International Advertising Strategies by NIC Multinationals: The Case of a Korean Firm", *International Journal of Advertising*, 1994, 13: 77-92.

- Cho, D.S., J.N. Choi, S.Y. Sung, and K.M. Lee, "Balancing Cognition and Emotion: Innovation Implementation as a Function of Cognitive Appraisal and Emotional Reactions toward the Innovation", *Journal of Organizational Behavior*, 32: 107-124, 2011. Published online 4 April 2010 in Wiley Online Library (wileyonlinelibrary.com) DOI: 10.1002/job.684.
- Cho, D.S. and W.J. Chu, "Determinants of Bargaining Power in OEM Negotiations", *Industrial Marketing Management*, 1994, 23.
- Cho, D.S., J.Y. Chung, and Y.C. Youn, "Evolutionary Governance Choice for Corporate Social Responsibility: A forestry campaign case in South Korea", *International Journal of Sustainable Development and World Ecology*, 2012, 19(4): 339-348.
- Cho, D.S., J.H. Han, and J.S. Oh "Implementation Mechanism of the Four-Group Shift System at Yuhan-Kimberly", *Seoul Journal of Business*, June 2010, 16(1).
- Cho, D.S. and Y.S. Hau, "E-Generic Strategies for E-Business Environment", *International Journal of E-Business Strategy Management*, August/September 2001, 3(1).
- Cho, D.S., E.J. Hyun, and S.H. Lee, "Can Newly Industrializing Economies Catch Up in the Science-Based Industries? A Study of the Korean Biotechnology Sector", *Journal of Interdisciplinary Economics*, 2007, 18(2).
- Cho, D.S., T.S. Kang, and Y.H. Ko,"The New Silk Road of BLACKYAK", *Asian Case Research Journal*, December 2018, 22(2): 325-355.
- Cho, D.S., D.J. Kim, and D.K. Rhee, "Late Comer Advantages: The Experience of Japanese and Korean Semiconductor Industries", *Organization Science*, July-August 1998, 9(4): 489-505.
- Cho, D.S. and J.T. Kim, "Outside Directors, Ownership Structure and Firm Profitability in Korea", *Corporate Governance: An International Review*, August 2006.
- Cho, D.S. and S.H. Kim, "POSCO's Key To Success : TMT's Role based on Mechanism-Based View", *Journal of CEO and Management Studies*, August 2013, 16(2): 65-86.
- Cho, D.S. and S.W. Ku, "New Product Development in the Mechanism-Based View", *Journal of Sustainability Management*, December 2007, 1(2).
- Cho, D.S. and S.W. Ku, "Platform Strategy: An Empirical Study on the Determinants of Platform Selection of Application Developers", *Journal of International Business and Economy*, June 2011, 12(1).
- Cho, D.S. and D.H. Lee, "A New Paradigm in Strategy Theory: 'ser-M'", *Monash Mt. Eliza Business Review*, July 1998a, 1(2).
- Cho, D.S. and D.H. Lee, "A Proposed Industrial Classification System Based on Core Competences", *Industry and Innovation*, 1998b, 5(2).

- Cho, D.S., D.H. Lee, S.J. Ryu, D.W. Cho, and D.J. Kim, "A Comparative Study of Korean and Japanese Industrial Policies through Content Analysis of Official Documents", *Hitotsubashi Journal of Commerce and Management*, 1996, 31(1).
- Cho, D.S., Y.C. Lee, and J.Y. Yang, "Three Mechanisms to Enter Under-Developed Markets: the Case of Investment on Mongolian Market by Korean Firms", *Asia Pacific Management Review*, October 2005, 5(11): 341-347.
- Cho, D.S., H.K. Jo Min, and B.Y. Kim, "Creating Shared Value based on Relational Benefits: A Case of Korean CJ Group's Project in Vietnam", *International Journal of Management Cases*. 2018, 20(2): 45-68.
- Cho, D.S. and H.C. Moon, "National Competitiveness: Implications for Different Groups and Strategies", *International Journal of Global Business and Competitiveness*, 2005, 1(1): 1-11.
- Cho, D.S. and H.C. Moon, "A Nation's International Competitiveness in Different States of Economic Development", *Advances in Competitiveness Research*, 1998, 6(1).
- Cho, D.S. and H.C. Moon, "National Competitiveness: A Nine-Factor Approach and Its Empirical Application", *Journal of International Business and Economy*, Fall 2000, pp. 17-38.
- Cho, D.S. and H.C. Moon, *From Adam Smith to Michael Porter (Extended Edition)*, Singapore: World Scientific Publishing Co., January 2013a.
- Cho, D.S. and H.C. Moon, *International Review of National Competitiveness*, UK, Edward Elgar Publishing Ltd., 2013b.
- Cho, D.S. and H.C. Moon, *IPS National Competitiveness Research 2019-2020*, Seoul: The Institute for Industrial Policy Studies, 2020.
- Cho, D.S. and H C. Moon, *The Competitiveness of Nations, First Edition*: Navigating the US-China Trade War and the COVID-19 Global Pandemic, Singapore: World Scientific Publishing Co., 2022.
- Cho, D.S., H.C. Moon, and M.Y. Kim, "Characterizing International Competitiveness in International Business Research: A MASI Approach to National Competitiveness", *Research in International Business and Finance*, June 2008, 22(1): 175-192.
- Cho, D.S., H.C. Moon, and M.Y. Kim, 'Does One Size Fit All? A Dual Double Diamond Approach to Country-Specific Advantages', *Asian Business and Management*, 2009, 8(1): 83-102.
- Cho, D.S., H.C. Moon, and W. Yin, "Enhancing National Competitiveness through National Cooperation: The Case of South Korea and Dubai", *Competitiveness Review*, UK: Emerald Group Publishing Ltd., 2016, 26(5): 482-499.
- Cho, D.S. and N.G. Park, "The Effect of Strategic Alliance on Performance: a Study of International Airline Industry", *Journal of Air Transport Management*, 1997, 3(3):

155-164.

- Cho, D.S. and W.J. Park, "Business-Government Relations in the Cultural Industry: The Evolution of the Government's Role in Korea", in R. Grosse (ed.), *International Business and Government Relations in the 21st Century*, Cambridge University Press, 2007.
- Cho, D.S. and M.E. Porter, "Changing Global Industry Leadership: The Case of Shipbuilding", in M. Porter (ed.), *Competition in Global Industries*, Boston: Harvard Business School Press, 1987.
- Cho, D.S., T.W. Roh, J.C. Koo, and Y.C. Youn, "Contingent Feasibility for Forest Carbon Credit: Evidence from South Korean firms", *Journal of Environmental Management*, November 2014, 144(1): 297-303.
- Cho, D.S., T.W. Roh, H.C. Moon, and Y.C. Lee, "The Effect of Culturally-determined Entry Mode on Firm Performance in the Global Retail Industry", *Nankai Business Review International*, 01/2013, 4(4).
- Cho, D.S., I.Y. Suh, and K.S. Yi, "CEO Competitiveness: CEO Type vs. Economic Development of Nations", *Journal of International Business and Economy*, 2005, 6(1): 43-66.
- Cho, D.S., S.Y. Sung, and J.N. Choi, "Who Initiates and Who Implements? Multi-stage, Multi-agent Model of Organizational Innovation", *Journal of Management and Organization*. May 2011, 17(3).
- Cho, D.S., A. Werder, and T. Talaulicar, "Argumentation Rationality in the German and Korean Automotive Industry", *Journal of International and Area Studies*, June 2000, 7(1): 15-58.
- Cyert, R. M. and J.G. March, *A Behavioral Theory of the Firm*, NJ: Prentice Hall, 1963.
- D'aveni, R., *Hypercompetition: Managing the Dynamics of Strategic Maneuvering*, New York: Simon and Schuster, 2006.
- Drucker, P.F., *The Age of Discontinuity: Guidelines to Our Changing Society*, UK: Butterworth- Heinemann, 1969.
- Dyer, J.H., D.S. Cho, and W.J. Chu, "Strategic Supplier Segmentation: The Next 'Best Practice' in Supply Chain Management", *California Management Review*, Winter 1998, 40(2).
- Galbraith, J.K., *The Age of Uncertainty*, BBC, 1977.
- Gallup, "State of the Global Workplace," 2013.
- Glueck, W.F., *Business Policy, Strategy Formation, and Management Action*, New York: McGraw-Hill, 1976.
- Halper, D. and H.C. Moon, "Striving for First-Rate Markets in Third-World Nations", *Management Review*, American Management Association, May 1990, pp. 20-22.

- Hannan, M.T. and G.R. Carrol, *Dynamics of Organizational Populations: Density, Competition and Legitimation*, New York: Oxford University Press, 1992.
- Hax, A.C., "The Corporate Strategic Planning Process", *Interfaces*, 1984, 14(1): 47-60.
- Hax, A.C and N.S. Majluf, *Strategic Management: An Integrative Perspective*, NJ: Prentice Hall, 1984.
- Hax, A.C and N.S. Majluf, *The Strategy Concept and Process-A Pragmatic Approach*, NJ: Prentice-Hall Inc., 1991.
- Hannan, M.T. and J. Freeman, "Structural Inertia and Organizational Change", *American Sociological Review*, 1984, 49(2).
- International Institute for Management Development (IMD), *The World Competitiveness Yearbook*, Lausanne, Switzerland, 2014.
- Jin, B. and H.C. Moon, "The Diamond Approach to the Competitiveness of Korea's Apparel Industry: Michael Porter and Beyond", *Journal of Fashion Marketing and Management*, 2006, 10(2): 195-208.
- Johnson, C., *Industrial Policy Debate*, CA: Institute for Contemporary Studies, 1984.
- Kaplan, R.S. and D.P. Norton, "Using the Balanced Scorecard as a Strategic Management System", *Harvard Business Review*, 2007, July-August: 150-161, (reprint of 1996).
- Kim, S. and H.C. Moon, "Contrasting Models of Corporations: Investing in People to Increase Competitiveness", *Harvard Asia Pacific Review*, Harvard University, 2000 Winter: 53-55.
- Kotler, P., *Principles of Marketing*, NJ: Prentice-Hall, 1980.
- Kotter, J.P., *Leading Change*, Boston: Harvard Business Review Press, 2012.
- Kreps, D.M., *A Course in Micromic Theory*, New York: Princeton University Press, 1990.
- Learned, E.P., C. Christensen, C. Roland, K. Andrews, and W. Guth, *Business policy: Text and Cases*, Homewood: Richard D. Irwin, 1965.
- Lee, Y. and H.C. Moon, "An Integrated Approach to the Global Strategy of Entertainment Firm: Motivation, Process, and Management", *European Journal of International Management*. 2020, DOI: 10.1504/EJIM.2020.10021393.
- Lee, Y., H.C. Moon, and W. Yin, "Innovation Process in the Business Ecosystem: The Four Cooperation Practices in the Media Platform", *Business Process Management Journal*, 2020, 26(4): 943-971.
- Lim, S. and H.C. Moon, "Effects of Outward Foreign Direct Investment on Home Country Exports: The Case of Korean Firms", *Multinational Business Review*, 2001, 11(1): 42-49.

- Lindblom, C.E., "The Science of Muddling through", *Public Administration Review*, 1959, 19(2): 79-88.
- Lorange, P., *Corporate Planning: An Executive Viewpoint*, NJ: Prentice Hall, 1980.
- Mathews, J.A. and D.S. Cho, "Combinative Capabilities and Organizational Learning in Latecomer Firms: the Case of the Korean Semiconductor Industry", *Journal of World Business*, 1999, 34(2).
- Mathews, J.A. and D.S. Cho, *Tiger Technology: The Creation of a Semiconductor Industry in East Asia*, Cambridge: Cambridge University Press, 2000.
- Martin, D. and A. Moore, "AI Engineers Need to Think Beyond Engineering", *Harvard Business Review*, October 28, 2020.
- Mintzberg, H., "Patterns in Strategy Formulation", *Management Science*, 1976, 24(9): 934-948.
- Mintzberg, H., "Crafting Strategy", Harvard Business Review, 1987, 65(1): 66-75.
- Montgomery, C. and H. Singh, "Diversification Strategy and Systematic Risk", *Strategic Management Journal*, 1984, 5(2).
- Moon, H.C., "The Dynamics of Porter's Three Generics in International Business Strategy", in A. Rugman (ed.), *Research in Global Strategic Management: A Research Annual*, 1993, 4: 51-64.
- Moon, H.C., "A Revised Framework of Global Strategy: Extending the Coordination-Configuration Framework", *The International Executive*, September/October 1994, 36(5): 557-574.
- Moon, H.C., "Choice of Entry Modes and Theories of Foreign Direct Investment", *Journal of Global Marketing*, 1997, 11(2): 43-64.
- Moon, H.C., "Education and Competitiveness of Japanese Firms in a Changing Global Economy", in R. Aggarwal (ed.), *Restructuring Japanese Business for Growth: Strategy, Finance, Management, and Marketing Perspective*, Boston: Kluwer Academic Publishers, 1999, pp. 31-41.
- Moon, H.C., "Dynamic Globalization in International Business", *Journal of International and Area Studies*, December 1999, 6(2): 19-30.
- Moon, H.C., "Competitiveness of the Internet Industry in Korea and Japan: Case Studies of Korea Telecom Freetel and NTT DoCoMo", *Journal of International and Area Studies*, 2000, 7(2): 37-52.
- Moon, H.C., "A Formal Modeling of the Imbalance Theory to Explain Two Directions of Foreign Direct Investment", *Journal of International Business and Economy*, 2004a, 5(1): 117-132.
- Moon, H.C., "The Evolution of Theories of Foreign Direct Investment", 경영사학, 2004b, 19(1): 105-126.

- Moon, H.C., "Investment Strategies by Foreign Automobile Firms in China: A Comparative Study of Volkswagen, Honda, and Hyundai", *Journal of Chinese Economic and Business Studies*, 2005, 5(2): 151-171.
- Moon, H.C., "Outward Foreign Direct Investment by Enterprises from the Republic of Korea", in UNCTAD (ed.), Global Players from Emerging Markets, New York and Geneva: United Nations, 2007.
- Moon, H.C., "Engineering Versus Marketing: An Appraisal in a Global Economic Environment", in K. Misra (ed.) *Handbook of Performability Engineering*, London: Springer, 2008.
- Moon, H.C., Chapter 7 – The Republic of Korea's Global Players: MNEs Show Solid Recovery in 2009 after the Global Crises, in K. Sauvant, V. Govitrikar, and K. Davies (eds.), *MNEs from Emerging Markets: New Players in the World FDI Market*, Vale Columbia Center, Columbia University, USA, 2011.
- Moon, H.C., *Foreign Direct Investment: A Global Perspective*, Singapore: World Scientific Publishing, 2016a.
- Moon, H.C., *The Strategy for Korea's Economic Success*, New York, US: Oxford University Press, 2016b.
- Moon, H.C., "*Insight: The Strategy for Korea's Economic Success*", *World Financial Review*, September – October, 2016c. pp. 31-34.
- Moon, H.C., *The Art of Strategy: Sun Tzu, Michael Porter, and Beyond*, UK: Cambridge University Press, 2018.
- Moon, H.C., "Increasing Opportunity and Value in Cultural Industries: A Comparative Analysis of the Successful Clusters and Implications for *Hallyu*", *Kritika Kultura*, 2019, 32: 308-333.
- Moon, H.C., *Global Business Strategy: Asian Perspective (2nd edition)*, Singapore: World Scientific Publishing, 2022.
- Moon, H.C. and T. Bark, "Globalization of Technologies: The Role of Foreign Direct Investment", *Tech Monitor*, 2002, 19(1): 20-25.
- Moon, H.C. and T. Bark, "Asian Economic Crisis, Foreign Direct Investment and Stabilized Economic Growth: Crisis Revisited and Implications for APEC Member Economies", *Journal of International Business and Economy*, 2021, 2(1): 39-56.
- Moon, H.C., J. Cheng, M.Y. Kim, and J. Kim, "FDI, Economic Decline and Recovery: Lessons from the Asian Financial Crisis", *Multinational Business Review*, 2011, 19(2): 120-132.
- Moon, H.C. and E. Choi, "Cultural Impact on National Competitiveness", *Journal of International and Area Studies*, 2001, 8(2): 21-36.
- Moon, H.C., Y. Hur, W. Yin, and C. Helm, "Extending Porter's Generic Strategies:

from Three to Eight", *European Journal of International Management*, 2014, 8(2): 205-225.

- Moon, H.C. and L. Geddis, "The Internationalization of Entrepreneurship in South Korea", *International Journal of Globalisation and Small Business*, 2009, 3(3): 263-274.
- Moon, H.C., L. Geddis, and J. Kim, "A Fresh Look at an Old Debate on Globalization versus Localization", *Journal of Organization and Management Development*, 2009, 2(1): 19-38.
- Moon, H.C. and J.A. Goodrich, "Making U.S. Industry More Competitive", *Review of Business*, 1996, 17(3): 18-23.
- Moon, H.C. and J.A. Goodrich, "Asian NICs - Korea, Taiwan, Hong Kong, and Singapore: Similarities, Differences, and their Strategic Implications", *Korean Economic and Business Review*, San Francisco State University, Spring 1995, pp. 68-77.
- Moon, H.C. and J. Jung, "Northeast Asian Cluster through Business and Cultural Cooperation", *Journal of Korea Trade*, 2010, 14(2): 29-53.
- Moon, H.C. and M.Y. Kim, "Enhancing Cooperation between Korea and Japan: An Interdisciplinary Approach of Business Competitiveness and Culture", *Hitotsubashi Journal of Commerce and Management*, 2006, 40(1): 19-33.
- Moon, H.C. and M.Y. Kim, "A New Framework for Global Expansion: A Dynamic Diversification-Coordination (DDC) Model", *Management Decision*, 2008, 46(1): 131-151.
- Moon, H.C., H. Kim, and D. Lee, "Cross-Border Mergers and Acquisitions: Case Studies of Korea, China, and Hong Kong China", *Asia-Pacific Economic Cooperation Research*, APEC, September 2003, pp. 1-24.
- Moon, H.C. and S. Kim, "Location Advantages of Korea for the Telecommunication Industry: The Generalized Double Diamond Approach", 국제경영연구, 1999, 10(1): 107-127.
- Moon, H.C. and D. Kwon, "Entry Mode Choice between Wholly-Owned Subsidiary and Joint Venture: A Case Study of the Automotive Industry in India", *International Journal of Performability Engineering*, 2010, 6(6): 605-614.
- Moon, H.C. and D. Lee, "The Competitiveness of Multinational Firms: A Case Study of Samsung Electronics and SONY", *Journal of International and Area Studies*, 2004, 11(1): 1-21.
- Moon, H.C. and K. Lee, "Testing Porter's Diamond Model: Competitiveness of U.S. Software Firms", *Journal of International Management*, 1995, 1(4): 373-387.
- Moon, H.C. and Y. Lee, "Corporate Social Responsibility: Peter Drucker, Michael Porter and Beyond", 창조와 혁신, 2014, 7(2): 45-74.

- Moon, H.C. and Y. Lee, "A Comparative Study of East Asian Economies: Business Structure and Innovation Strategy", in Y. Lee, T. Hoshi, and G. Shin (eds.), *Shifting Gears in Innovation Policy: Strategies from Asia*, APARC, Stanford, CA: Stanford University Brookings Institution Press, pp. 215-236.
- Moon, H.C., Y. Lee, and W. Yin, "A New Approach to Analysing the Growth Strategy of Business Groups in Developing Countries: The Case Study of India's Tata Group", *International Journal of Global Business and Competitiveness*, 2015, 10(1): 1-15.
- Moon, H.C. and W. Moon, "Technology Transfer and Organizational Learning through Foreign Direct Investment: Partnership between European and Korean Firms", 전략경영연구, 2002, 5(2): 29-48.
- Moon, H.C. and J. Parc, "Comparing Competitiveness of India and China: Are They Competing or Cooperating?" *International Journal of Global Business and Competitiveness*, 2008, 3(1): 1-8.
- Moon, H.C. and J. Parc, "Shifting Corporate Social Responsibility to Corporate Social Opportunity through Creating Shared Value", *Strategic Change*, 2019, 28(2): 115-122.
- Moon, H.C., J. Parc, S. Yim, and N. Park, "An Extension of Porter and Kramer's Creating Shared Value (CSV): Reorienting Strategies and Seeking International Cooperation", *Journal of International and Area Studies*, 2011, 18(2): 49-64.
- Moon, H.C., J. Parc, S. Yim, and W. Yin, "Enhancing Performability through Domestic and International Clustering: A Case Study of Samsung Electronics Corporation (SEC)", *International Journal of Performability Engineering*, 2013, 9(1): 75-84.
- Moon, H.C. and N. Peery, "Competitiveness of Product, Firm, Industry, and Nation in a Global Business", *Competitiveness Review*, 1995, 5(1): 37-43.
- Moon, H.C. and N. Peery, "Entrepreneurship in International Business: Concept, Strategy, and Implementation", *Entrepreneurship, Innovation, and Change*, 1997, 6(1): 5-20.
- Moon, H.C. and T. Roehl, "An Imbalance Theory of Foreign Direct Investment", *Multinational Business Review*, Spring, 1993, pp. 56-65.
- Moon, H.C. and T. Roehl, "Unconventional Foreign Direct Investment and the Imbalance Theory", *International Business Review*, 2001, 10(2): 197-215.
- Moon, H.C., A. Rugman, and A. Verbeke, "The Generalized Double Diamond Approach to International Competitiveness", in A. Rugman (ed.), *Research in Global Strategic Management: A Research Annual*, 1995, 5: 97-114.
- Moon, H.C., A. Rugman, and A. Verbeke, "A Generalized Double Diamond Approach to the Global Competitiveness of Korea and Singapore", *International Busi-*

ness Review, 1998, 7: 135-150.

- Moon, H.C. and S. Yim, "Re-interpreting Ownership Advantages and Re-categorizing Investment Motivations of Multinational Corporations: From the Perspective of Imbalance Theory", *Journal of International and Area Studies*, 2014, 21(1): 87-99.
- Moon, H.C. and S. Yim, *The Korean Multinationals: Setback and Turnaround Investments*, in Emerging Market Global Players (EMGP) Project, Vale Columbia Center, Columbia University, New York, 2013.
- Moon, H.C. and W. Yin, "The Top 20 Korean Multinationals: Changes and Continued Growth of Foreign Investment", in Emerging Market Global Players, Columbia Center on Sustainable Investment, Columbia University, New York, 2015.
- Moon, H.C. and W. Yin, "Industry Drivers of MNCs' Externalization Choice: A Conceptual Framework and Application to Korea-China Film Co-productions", *Journal of Business and Industrial Marketing*, 2020a, 35(11): 1633-1644.
- Moon, H.C. and W. Yin, "Four Fundamental Factors for Increasing the Host Country Attractiveness of Foreign Direct Investment: An Empirical Study of India", in K. Misra (ed.), *Handbook of Advanced Performability Engineering*, Switzerland: Springer 2020b.
- Moon, H.C. and W. Yin, "How Chinese Filmmakers Effectively Respond to Chinese Government Policy for Enhancing Their Competitiveness", *Global Policy*, 2020c, 11(2): 47-55.
- Moon, H.C. and W. Yin, "The Changing Patterns of North Korea's International Film Co-Productions Since the 1980s: A Global Value Chain Approach", *European Journal of Korean Studies*, 2020d, 19(2): 83-108.
- Moon, H.C. and W. Yin, "Enhancing Inter-Korean Economic Cooperation through International Cluster: Implications for the Kaesong Industrial Complex", *UNISCI*, 2020e, 52: 115-123.
- Moon, H.C. and Y. Yu, "The Competitiveness of China's Telecommunications Industry Before and After China's Accession to the WTO", *Global Economic Review*, 2004, 33(2): 79-98.
- Okimoto, D.I., *Between MITI and the Market*, CA, Stanford University Press, 1989.
- Paul, S., *The Angry Decade: The Sixties*, New York: Grown Publishers, 1979.
- Peters, T.J. and R.H. Waterman, *In Search of Excellence: Lessons from America's Best-Run Companies*. New York: Harper & Row, 1982.
- Parc, J. and H.C. Moon, "Korean Dramas and Films: Key Success Factors for their International Competitiveness", *Asian Journal of Social Science*, 2013, 41: 126-149.
- Parc, J. and H.C. Moon, "Accumulated and Accumulable Cultures: The Case of Public and Private Initiatives toward K-Pop", *Kritika Kultura*, 2019, 32: 429-452.

- Porter, M.E., *Competitive Strategy: Techniques for Analyzing Industries and Competitors*, New York: The Free Press, 1980.
- Porter, M.E., *Competitive Advantage: Creating and Sustaining Superior Performance*, New York: The Free Press, 1985.
- Porter, M.E., *Competition in Global Industries*, Boston: Harvard Business School, 1986.
- Porter, M.E., "From Competitive Advantage to Corporate Strategy", *Harvard Business Review*, 1987, 65(3): 1-21.
- Porter, M.E., "What is Strategy?" *Harvard Business Review*, 1996, 74(6): 61-78.
- Porter, M.E. and M.R. Kramer, "Creating Shared Value: How to reinvent capitalism—and unleash a wave of innovation and growth", Harvard Business Review, January – February 2011.
- Porter, M.E. and The Monitor Company, *Canada at the Crossroads: The Reality of a New Competitive Environment*, MA: The Monitor Company, 1991.
- Prahalad, C.K. and G. Hamel, "The Core Competence of the Corporation", *Harvard Business Review*, 1990, 68(3): 79-91.
- Rousseau, J.J., *On the Social Contract; or, Principles of Political Right (French: Du contrat social; ou Principes du droit politique)*, Amsterdam: Marc Michel Rey, 1762.
- Remy, S. and H.C. Moon, "The K-Strategy: Strategic Social Capital for Urban Competitiveness", *Asian Geographer*, 2015, 32(1): 1-18.
- Rugman, A. and J. D'Cruz, "The Double Diamond Model of International Competitiveness: The Canadian experience", *Management International Review*, 1993, 33(2): 17-39.
- Rumelt, R.P., *Strategy, Structure, and Economic Performance*, MA: Harvard University Press, 1974.
- Sakakibara, M. and D.S. Cho, "Cooperative R&D in Japan and Korea: a Comparison of Industrial Policy", *Research Policy*, 2002, 31.
- Schendel, D.E. and C.W. Hofer, *Strategic Management: A New View of Business Policy and Planning*, MA: Brown and Company, 1979.
- Schlenker, L., "As a Manager, What Will You Really Need to Know about AI?" *Towards Data Science*, https://towardsdatascience. com/as-a-manager-in-2019-what-will-you-really-need-to-know-about-ai-afb3cb356fd3, 2019.
- Schumpeter, J.A., *Capitalism, Socialism and Democracy*, New York: Harper, 1942.
- Sen, A. *Commodities and Capabilities* (1st ed.), New York: Elsevier Science Publishing Co., 1985.

- Simon, H.A., *Administrative Behavior: A Study of Decision-Making Process in Administrative Organizations*, New York: The Free Press, 1976.
- Singh, H. and C. Montgomery, "Corporate Acquisition Strategy and Economic Performance", *Strategic Management Journal*, 1987, 8(4).
- Chatterjee, S. and B. Wernerfelt, "The Link Between Resource and Type of Diversification: Theory and Evidence", *Strategic Management Journal*, 1991, 12(1).
- Steiner, G.A. and J.B. Miner, *Management Policy and Strategy*, New York: Macmillan, 1977.
- Teece, D.J., G. Pisano, and A. Shuen, "Dynamic Capabilities and Strategic Management", *Working Paper*, Center for Research on Management, University of California at Berkeley, 1990.
- Thompson, G., *Industrial Policy: USA and UK Debates*, London: Routledge, 1989.
- Vancil, R.F. and P. Lorange, "Strategic Planning in Diversified Companies", *Harvard Business Review*, 1975, 53(1): 81-90.
- Williams, J.R., "How Sustainable is Your Competitive Advantage?" *California Management Review*, 1992, 34(3).
- World Economic Forum (WEF), *The Global Competitiveness Report*, Geneva, Switzerland, 2019.
- Wernerfelt, B., "A Resource-based View of the Firm", *Strategic Management Journal*, 1984, 5(2).
- Wrapp, E.H., "Good Managers Don't Make Policy Decisions", MA: *Harvard Business Review Case Service*, 1984.
- Yavitz, B. and W.H. Newman, *Strategy in Action: The Execution, Politics and Pay-off of Business Planning*, New York: The Free Press, 1982.
- Yin, W., H.C. Moon, and Y. Lee, "The Success Factors of Korean Global Start-ups in the Digital Sectors through Internationalization", *International Journal of Global Business and Competitiveness*. 2019, 14(1): 42-53.
- Yin, W. and H.C. Moon, "Switching Governance Modes to Improve the Resilience of Global Value Chains against External Disruptions", in R. Tulder, A. Verbeke, L. Piscitello, and J. Puck (eds.), *International Business in Times of Crisis*, UK: Emerald Publishing Limited, 2022.
- Zheng, F., H. Jiao, J. Gu, H.C. Moon, and W. Yin, "The Impact of Knowledge Flows on Asset Specificity from the Perspective Open Innovation", *Journal of Knowledge Management*, 2021, DOI 10.1108/JKM-08-2020-0590.

중국어 문헌

- 文辉昌, 韩国经济发展模式探讨, 企业管理(Enterprise Management), 33-34, 2020年 第二期.
- 文辉昌, 李瑞国,《孙子兵法》与波特钻石模型, 企业管理(Enterprise Management), 37-38, 2021年 11月.
- 赵东成, 南朝鲜企業业的国际经营事例, 人民出版社, 1991.
- 赵东成, SER-M经营, 南开大学出版社, 2000.
- 赵东成 · 金圣民, 决定女人一生的两种选择, 中国友谊出版公司, 2009.
- 赵东成 · 约翰 · 马修斯, 技术撬动战略: 21世纪产业升级之路, 北京大学出版社, 2009.
- 赵东成 · 吴立丽, 哈尔滨国际冰雪节的发展特点及经营模式分析, 哈尔滨市委党校学报, 2009.
- 赵东成 · 文国现, 柳韩金佰利经营之道, 机械工业出版社, 2014.

찾아보기

한글 찾아보기

ㄱ

ㄴ

ㅅ

ㅇ

ㅈ

영문 찾아보기

| I |

| J |

| K |

| L |

| M |

| N |

| O |

| P |

저자소개

조동성

조동성 교수는 서울대학교 경영학과를 졸업하고 하버드대학 경영대학원(Harvard Business School)에서 경영학박사를 취득했다. 미국 걸프오일회사(Gulf Oil Corporation)의 피츠버그(Pittsburgh) 소재 본사에서 국제전략개발업무를 담당한 후, 귀국해서 서울대학교 경영대학에서 전략 및 국제경영 교수로 봉직하면서 국제지역원 원장과 경영대학 학장을 역임했다. 2014년 서울대에서 정년퇴임한 후, 2014~2016년에 중국 북경에 있는 미국형 경영대학인 장강상학원(長江商學院/CKGSB) 전략전공 교수직을 맡았고, 2016~2020년에는 국립인천대학교 총장으로 재직하며 대학 혁신을 이끌었다. 2020년부터는 산업정책연구원 이사장으로 재직하고 있다.

조 교수는 세계 국제경영학자들의 모임인 '국제경영학회(Academy of International Business)'의 프로그램위원장(Program Co-Chairperson)을 역임하고 펠로(Fellow)로 헌정되었다. 국내에서는 전략경영학회 창립회장, 디자인브랜드경영학회 창립 회장, 지속경영학회 창립회장, 메커니즘경영학회 창립회장, 자원경제학회 회장, 국제경영학회 회장, 경영학회 회장, 학술단체총연합회 회장, 코리아바이오경제포럼 공동회장, 바른과학기술사회 실현을 위한 국민연합 공동회장, 윤경포럼 창립공동회장을 역임했다. 정부에서는 기업구조조정위원회 의원, 무역위원회 위원, 공업발전심의위원회 위원장, 대중소기업상생협력위원회 공동위원장, 정부혁신관리위원회 위원장, 대통령 직속 국가경쟁력위원회 위원을 역임했다. 사회에서는 사회복지공동모금회 위원 및 모금위원장, 코리아오토포럼 회장, 국제백신연구소 후원회장, 안중근의사기념관 관장, 한국오페라단 이사, K-리그 이사 직을 맡았다. 현재 핀란드 명예총영사, 피터드러커 소사이어티 이사장, 자연환경국민신탁 이사장, 대검찰청 감찰위원장, 한국인공지능(AI)포럼 공동회장 직을 맡고 있다.

조 교수는 경영전략과 국제경영 분야에서 영어 5권, 중국어 4권을 포함한 60여 권의 저서와 120여 편의 학술논문, 300여 편의 경영사례를 저술했다. 조 교수가 학자로서 평생 다뤄온 연구주제는 SER-M, MBV, CPT라는 개념으로 집약된 세 단계로 나뉜다. 첫 단계에서는 경영학, 경제학, 정치학을 비롯한 모든 사회과학의 연구대상인 사회적 현상의 원인을 주체(Subject), 환경(Environment), 자원(Resource), 메커니즘(Mechanism)으로 분류해서 체계적이고 포괄적으로 접근하는 'SER-M 패러다임(SER-M Paradigm)'을 개발했다. 둘째 단계에서는 SER-M 패러다임에서 네 번째 요소인 메커니즘의 원리와 체계, 그리고 생성방법을 집중적으로 연구해서 '메커니즘기반관점(Mechanism-Based View: MBV)'을 개발했다. 셋째 단계에서는 원하는 메커니즘을 위한 방법으로 조합(Combination), 순열(Permutation), 시간(Time)으로 구성된 'CPT 모델(CPT Model)'을 개발했다. 2020년부터는 순열과 가중치를 결합한 '가중치-순서 모델(Weight-Sequence Model)'을 문휘창 교수와 공동으로 연구하고 있다.

조 교수는 세상 만물이 창조되는 과정을 덧셈, 뺄셈, 곱셈, 나눗셈이라는 4칙연산으로 체계화 할 수 있다는 '4FACT(4 Functions of Arithmetic for Creative Thought: 창조적 사고를 위한 4칙연산) 모델'을 구상하고, 이 모델을 응용해서 현실 세계에서 누구든지 창조할 수 있는 체계적 방법을 김보영 교수와 공동으로 연구하고 있다.

산업정책연구원에서는 국제경쟁력연구원과 공동으로 'IPS 모델'을 이용해서 세계 62개 국가/지역의 국가경쟁력 랭킹을 매년 발표하고, 국가브랜드진흥원과 공동으로 '국가브랜드파워지수 모델'을 이용해서 세계 33개국의 국가브랜드가치를 매년 발표하고 있다.

경영학과 디자인, 예술, 윤리 등 학문 간의 통섭을 추구하며 끊임없이 새로운 분야를 개척하고 도전하는 그의 연구와 활동은 국내뿐 아니라 해외에서도 널리 소개되어, 그를 한국을 대표하는 경영학자인 동시에 세계적인 명성을 가진 학자로 자리매김하고 있다. 매일경제신문은 1991년 경영학자로서는 두 번째로 '이커너미스트'상을 시상했고, 2010년에는 '한국의 경영구루 1위'로 선정했다.

조 교수의 서울대학교 경영대학 연구실이었던 선경관 308호와 LG관 612호는 한국 경영전략 학자들의 산실이었다. 조 교수 문하의 제자 80여 명이 국내외 경영대학 경영전략 분야에서 이론 개발과 후진 양성에 앞장서고 있다.

조 교수는 한국방송통신대학교 학부과정에서 중어중문학을 공부하고 있고, 서울과학종합대학원(aSSIST)에서 개설한 주말 석사과정인 'AI경영전략 MBA' 과정에서 AI를 공부하면서, AI를 경영전략에 접목시켜서 경영학의 새로운 지평을 여는 연구를 병행하고 있다.

인제대학교와 핀란드 Aalto University는 조 교수에게 명예박사학위를 수여했고, 한국 정부는 대통령 표창과 황조근정훈장을, 핀란드 정부는 '1급백장미기사(The Knight, First Class of the Order of The White Rose of Finland)'를 수여했다.

홈페이지: dongsungcho.net

문휘창

문휘창 교수는 한국외국어대학교 영어과를 졸업하고 서울대학교 대학원 경영학과 석사과정을 수료한 후 미국 워싱턴대학교(University of Washington)에서 국제경영전공으로 경영학 박사학위를 취득했다. 워싱턴대, 퍼시픽대, 헬싱키경제경영대, 게이오대, 히토츠바시대, 북경사범대, 뉴욕주립대, 스탠포드대 등에서 정규 또는 초빙교수로 강의했다. 서울대학교 국제대학원 교수 및 원장을 역임했고 명예교수로 퇴직 후 현재 국제경쟁력연구원 이사장 및 서울과학종합대학원 석좌교수로 재직하고 있다.

학문적으로는 국내외 유명 출판사 및 국제저명학술지에 다수의 저서와 논문을 발표한 연구업적을 인정받아 서울대 학술연구상 수상자로 선정되었다. 특히 Oxford 대학 출판사에서 2016년 간행된 The Strategy for Korea's Economic Success에서는 한국경제발전의 원동력을 경제학이 아닌 경영전략적 접근방법인 ABCD 모델(Agility, Benchmarking, Convergence, Dedication)로 새롭게 해석했다. 이와 관련해서 스톡홀름 대학, 스탠포드 대학 등에서 초청 강의를 했고 특히 북경사범대학에서는 ABCD 모델을 중국경제에 적용해 달라는 부탁을 받고 특강 및 자문을 해서 북경사범대학 해외 특임교수로 임명되었다.

Cambridge 대학 출판사에서 2018년 간행된 The Art of Strategy: Sun Tzu, Michael Porter, and Beyond에서는 <손자병법>과 마이클 포터의 경영전략 모델들을 비교 분석하면서 경영전략을 더욱 풍부하게 할 수 있는 <손자병법>의 전략적 도구를 경영에 맞게 재해석하였다. 이를 활용해서 최근 심화되고 있는 미국과 중국간의 무역분쟁을 큰 싸움없이 효율적으로 해결할 수 있는 전략에 대해 북경사범대학 등에서 특강을 했다. 이 책은 경영자들이 더욱 쉽게 이해하기 위해서 각색을 하고 사례들을 더 많이 포함하여 중국어로 번역하여 중국에서 출간될 예정이다.

문 교수는 또한 해외직접투자(Foreign Direct Investment, FDI)에 관한 새로운 이론인 불균형이론(Imbalance Theory)을 개발해서 다국적기업은 소유한 자원의 활용뿐 아니라 새로운 자원을 획득하기 위해서도 해외로 나간다는 것을 밝혔다. FDI를 전문적으로 연구하는 UN 산하의 UNCTAD에서는 이러한 새로운 유형의 FDI의 중요성을 인식해서 문교수는 수년간 이 기관의 자문위원으로서 FDI관련 연구 및 자문에 응하고 있으며 다른 FDI 전문기관인 미국 콜럼비아대학의 Vale Columbia Center에서도 이러한 투자를 심층적으로 분석하고 있는데 한국은 문교수가 담당해서 수차례 연구결과를 발표했다. 또한 문교수는 현재 한국정부의 투자홍보대사직도 맡고 있다.

이러한 국제화 이론을 더욱 발전시켜 마이클 포터의 경쟁력 이론인 다이아몬드 모델(Diamond Model)의 문제점을 보완하고 발전시킨 일반화된 다이아몬드 모델(Generalized Double Diamond Model)을 Alan Rugman, Alain Verbeke 교수와 함께 개발했다. 이 모델은 조동성 교수의 9-팩터 모델(9-Factor Model)과 통합되어 새로운 IPS 모델로 발전되었으며 이를 활용해서 말레이시아, 두바이, 아제르바이잔, 중국 광동성 등의 경제발전에 대해 해당 정부기관을 자문하고 연구보고서를 발간하였다.

이러한 연구를 기반으로 문교수는 미국의 국가경쟁력위원회가 중심이 되어 세계 20여 개 국가가 참가한 국가경쟁력 강화위원회(Global Federation of Competitiveness Councils, GFCC)의 연차회의에 수차례 초대받아 국가경쟁력의 이론적 발전과 실제 활용에 대해 특별 발표를 했다. 이밖에 다수의 다국적기업 및 국제기관을 자문했으며, 한국 및 세계경제 현황과 관련된 경영 및 사회적 이슈에 관해 미국 New York Times, USA Today, 일본 NHK World TV, 영국 Reuters 등 국내외 언론매체 초청 인터뷰 및 토론에 참여하였다.

홈페이지: hwychangmoon.com

AI시대의 경영전략
전략의 고수가 되는 비법

2022년 4월 28일 | 제1판 1쇄 인쇄
2022년 5월 6일 | 제1판 1쇄 발행

지 은 이 조동성 · 문휘창 공저
발 행 인 김은중
발 행 처 서울경제경영출판사
북디자인 (주)우일미디어디지텍

주 소 03767 서울특별시 서대문구 신촌로 205, 506호
전 화 02) 313-2682
팩 스 02) 313-8860
등 록 1998년 1월 22일 제5-63호

ISBN 979-11-6282-093-3 93320

정가 35,000원

※ 파본은 바꾸어 드립니다.